本报告为

国家社会科学基金 2013 年度重点项目（项目号：13AKG001）
"中华文明探源及其相关文物保护技术研究"子课题"中华文明
起源过程中区域聚落与居民研究"（2013BAK08B05）项目
国家重点文物保护专项补助经费资助项目
张家港市人民政府文化遗产保护重点项目

東山村

新石器时代遗址发掘报告

［上册］

南京博物院　张家港市文管办　张家港博物馆　编著

文物出版社

北京 · 2016

图书在版编目（CIP）数据

东山村：新石器时代遗址发掘报告／南京博物院，
张家港市文管办，张家港博物馆编著．—北京：文物
出版社，2016.5

ISBN 978 - 7 - 5010 - 4445 - 0

Ⅰ.①东… Ⅱ.①南… ②张… ③张… Ⅲ.①新石器
时代文化 - 文化遗址 - 考古发掘 - 发掘报告 - 张家港市
Ⅳ.①K878.05

中国版本图书馆 CIP 数据核字（2015）第 272701 号

东山村——新石器时代遗址发掘报告

编　　著：南京博物院　张家港市文管办　张家港博物馆

封面题签：周金宣
责任编辑：谷艳雪
美术编辑：周小玮
责任印制：张道奇
出版发行：文物出版社
社　　址：北京市东直门内北小街 2 号楼
邮　　编：100007
网　　址：http://www.wenwu.com
邮　　箱：web@ wenwu.com
经　　销：新华书店
印　　刷：北京图文天地制版印刷有限公司
开　　本：889×1194　1/16
印　　张：86.25　插页4
版　　次：2016 年 5 月第 1 版
印　　次：2016 年 5 月第 1 次印刷
书　　号：ISBN 978 - 7 - 5010 - 4445 - 0
定　　价：1480.00 元（全三册）

DONGSHANCUN SITE

The Neolithic Period Excavation Report

I

(With an English Abstract)

by

Nanjing Museum

Zhangjiagang Municipal Commission for Conservation of Ancient Monuments

Zhangjiagang Museum

Cultural Relics Press

Beijing · 2016

序

张忠培

周润垦郑重其事，邀了宋小军，将他写成的且即要出版的《东山村——新石器时代遗址发掘报告》交给了我，还就这《报告》的编写作了较长时间的认真又较仔细的说明，要我为这本著作写个序。这本大书放在我的这个窄小的书房已有两个月了，虽然我时不时地拿出来翻一翻，间或也较仔细地读过其中的一些章节，但精力不济，终未认真地将其看过一遍。这粗略地阅读，使我认为这是一本报道重要考古发现的考古报告，又是一本编写得较好的考古报告，还是一本对发掘所见遗存及其释放的信息进行了着力用心研究的考古报告。下面，就我对这一考古报告所有的这些认识作点简单的说明。

一　这是一本报道重要考古发现的考古报告

凡人们能通过新见的考古遗存及其释放的信息的研究，在以往相关遗存认知的基础上，能使研究者产生出新的认识的那些考古发现，是这里所说的重要考古发现。据我所知，东山村的考古发掘，是林留根领着周润垦等人进行的。发掘一开始见到的遗存及其释放的信息，就引起林留根们的注意，认为自己所进行的考古发掘，已呈现出来的乃是十分重要的发现，或为了宣传他们的认识，或为了进行更深入的研究，他们多批次地请了一些同行来到工地、观摩遗存，进行学术讨论，结果反映强烈。从发掘到室内整理，再到他们搞出个颇有气质、又具特色、小巧却气势惊人的展览这整个期间，我被多次邀请摩挲了东山村发现的资料，进行了一些思考，参与了讨论，发表了一些意见，也认为东山村发掘所见，乃是关于马家浜文化，尤其是崧泽文化考古的重要发现。关于这方面的认识，在这里我只能撮要地讲讲。

1. 关于马家浜文化 M97 发现的意义

M97 随葬的尖底瓶（M97：7）的造型、纹饰及装饰和颜色，与西阴文化早期同类制品酷似，甚至可以说完全一致。《报告》将东山村发现的马家浜文化遗存分为前后两段，M97 被定在第二段。M97：7 这样的尖底瓶被东山村马家浜文化二段居民用于随葬，说明这二段的年代已落于西阴文化早期外，也显示着东山村马家浜二段居民和西阴文化居民之间已通过某种途径出现了某种方式的文化交流。我头次见到 M97：7 这件尖底瓶，就向林留根讲了我这个意见，还提醒他应对 M97：7 这件尖底瓶进行成分测试，看它是当地制造的，还是舶来品。第二次能有机会摩挲这件陶器之前，我便向林留根提出要将 M97 随葬的陶器都拿来看看。M97 共随葬陶器两件，还有一件编号为 M97：8 的陶罐。林留根照我的要求拿来了这两件随葬品，那是一个晚上，便在灯光下将这两件陶器看了一会儿，认为这两件陶器风格迥异，一看 M97：8 这件陶罐的颜色与造型，便知是本地货。看完之后，没有说话，交还给他们，便转到另外的话题讲了起来。谈话之间，我忽然想起我刚才的观察太粗疏，便要他们拿来再看看。此时周润垦已将这两件陶器打包装箱了。但他们听了我的话，二话没说，便又开了箱，拆开了包，将两件陶器再次放到我面前。这样地麻烦人家，心中生出深深的内疚，心想顾不得这些了，眼光立即转向放在我面前的陶器，仔细地将它们端详起来，经过一番观察，终于在这两件表皮颜色完全相异的器表上，看到了同样大小、同样紫红色的沙粒。这样的沙粒，是我摸过的成卡车的西阴文化陶器上从未见过的，结论便从我脑中蹦了出来：M97：7 尖底瓶是用本地的黏土在本地制造的。我立即将这一认识及其依据告知了林留根及周润垦。同时对他俩说，还得对这些陶器作科技的成分分析，并说交付分析之时，不要告知我的这些认识，以便让他们独立地做出自己的结论。这次我看了《报告》附录十，即由崔剑锋做的《东山村遗址出土陶器成分分析》得出的结论，和我提出的上述认识一致。我又查了这《分析》表 2－2"东山村新石器遗址出土陶器的化学成分"所刊 M97 两件陶器测试出来的化学成分的具体数据，见到它们之间仍存在着一些差异。M97 这两件陶器化学成分的具体数据为何存在着这样的区别？其颜色又为什么呈现出那样的反差？我想合理的解释，是两件陶器虽同是用本地黏土在本地烧造的，但却是用不同批次的本地黏土（取土的具体地点或有区别）制作和不同窑次烧造的。至于 M97：7 尖底瓶是本地陶工制作的，还是外来的西阴文化陶工制作出来的问题，这还得思考，还待讨论下去。但通过马家浜文化墓葬用西阴文化型陶器随葬的事实，我们看到的却是这两类考古学文化居民的文化交流，尤其是马家浜文化居民接受西阴文化居民的文化影响，已经相当深入了。

2. 关于东山村见到的崧泽文化遗存的学术意义

以往我对崧泽文化说过一些意见。关于东山村崧泽文化遗存的发现，我受相关单位之邀，于 2009 年 11 月 25 日和 2011 年 11 月 1 日，先后题写过"崧泽之光"与"良渚文明之源"这样两幅字。当然，我这两幅字不是随意题的。前一幅字，是从以往崧泽文化的发现这一视角，来看东山村发掘见到的崧泽文化遗存，并对东山村发现的崧泽文化遗存所做出的评价。"崧泽之光"是什么意思呢？简单言之，是指东山村发现的崧泽文化遗存，所能产生的对崧泽文化所处经济、文化和社会等发展阶段的认识，超越了以往崧泽文化的发现，从而使我们对崧泽文化的研究能构建成一个接近其真实的新的认知平台。后一幅字，是以良渚文化为视角，来看东山村崧泽文化遗存发现所产生的意义。我在 1994 年写成了《良渚文化的年代和其所处社会阶段——五千年前中国进入文明的一个例证》，2011 年 10 月，即我于 2011 年 11 月 1 日题写《良渚文明之源》之前不久，对 2005 年写成的一文做了一次不小的修改，成为于 2012 年第 4 期《考古学报》刊出的《良渚文化墓地与其表述的文明社会》这一拙著。在这两文，我将环太湖的良渚文化的年代定在花厅期—大汶口文化和西夏侯期—大汶口文化两个阶段，指出这文化已进入文明时代的门槛，其国家，即政权形态是神王之国。崧泽文化是良渚文化的前身。我在对良渚文化确认其政权形态为神王之国的时候，环观崧泽文化已有的发现，常常觉得良渚文化步入文明门槛相当突兀，颇有空穴来风之感。我在题写"良渚文明之源"之前，再次认真仔细地看了东山村崧泽文化遗存，特别是那 M89～M96、M98 和 M102 十座大墓，我才认识到良渚文化步进神王之国，并非空穴来风，而是渊源有序。这灵感一来，出现了兴奋，便写了"良渚文明之源"这六个字。

这就是我对东山村的发现与报道这一发现的考古报告的重要性，做出的简单的说明。

二　这是对遗存及其释放的信息做了尽心用力的研究、编写得较好的一本考古报告

这本报告除以第三、四、五章，六个附表和附录四至附录十一共计 8 个附录，详细地报道发掘所见遗存及对一些遗存做的科技测试外，用了第六、第七两章，即《分期与年代》和《相关问题研究》，发表了报告编写者通过对东山村遗存的研究所产生的认识。这两章达 184 面的篇幅，占了除附篇之外的整个报告篇幅的近 1/4，足足有 20 余万言，涉及的问题是"马家浜文化遗存的分期与年代"、"崧泽文化遗存的分期与年代"、"聚落形态分析"、"墓地布局研究"、"墓葬形制探讨"、"社会性质探讨"、"生业、手工业与环境"以及"与周边文化的关系"，内涵比较广泛，也可以说较为全面。是否还有问题未能涉及？所涉及问题的认识是否正确？是否与所持论据契合或充分？是否深入？是否透彻？是否释读还不那么到位？是否阐释不怎么清晰？我想这些问题或许存在，同时我也想指出这些问题的认识，除反映学者学术素养、水平之同时，也属仁者见仁、智者见智的范畴，何况这些问题还可通过齐放、争鸣的学术自由讨论达至清晰、透彻、深进和到位，使学界的认识更接近东山村遗存的真实。我认为说了这些之后，应着重指出的是：《报告》编写者能写出如上所指出这样规模的第六、第七章，已足以说明他对发掘所见遗存及其释放的信息进行了认真的观察与梳理，做了较为全面的和相当深入的研究，可以说，这是一本具有一定研究水平的考古报告。

我还要说的是，考古学是通过一次一次地对遗存的发掘、室内整理以及报告的编写，去走近考古学文化的历史的真实。遗存的考古发掘、室内整理和报告的编写是考古研究的最基本的程序，走近考古学文化的历史的真实是考古学的最根本的追求。而要实现这根本的追求，每次考古发掘、室内整理及报告的编写则需无误地确认并说明这样三个内容：

一是要确认和说明被埋葬的人的死亡年龄、性别及种族，和处于什么样的状态、条件及环境之中；

二是所见遗存的形态、大小规模、材质、制作工艺、功能、性质和相互关系，以及释放的信息；

三是遗存与人自在的时、空位置。

至于为什么得在每次考古发掘、室内整理及报告的编写需无误地确认并说明这样三个内容，和每次考古发掘、室内整理及报告的编写无误地确认并说明了这样三个内容，才能为考古学走近考古学文化的历史的真实构建起一坚实的平台，以及考古学者凭借这一平台进而需采用什么方法，通过怎样的途径，才能使考古学走进考古学文化的历史的真实？这是些相当复杂的问题，远不是三言两语能讲清楚的，既不是这个序的篇幅能讨论得了的，也不是这个序该讲明白的问题，我在这里需指出的是，既然这样三项内容关涉到考古学走近考古学文化的历史的真实这一考古学的根本追求，其重要性则不言而喻，故这三项内容应是评估考古报告好坏、质量和水平的标准。附带要说明的是，编写的考古报告是考古发掘与室内整理的结果。前提怎样，结果就怎样，故能透过结果看到导致结果的前提。因此，评估了考古报告，也就评估了考古室内整理与考古发掘。

以如上所述三项内容作为标准，审视《东山村——新石器时代遗址发掘报告》可以看到：

一是我们从这本考古报告可以看到，《报告》的作者，或这项考古发掘的负责人，为了确认某些墓主人是否被放置在棺椁之中，实在是花尽了心思，付出了艰辛的劳动，从而取得了一定的收益，但是我们也同时见到基于人骨或"朽蚀较甚，仅残留部分头骨及下肢骨"，或"朽蚀严重，仅残留部分骨渣"，或"朽蚀严重，仅下肢骨痕迹依稀可辨"，或"基本朽蚀殆尽"，或"朽蚀殆尽"等客观事实，和限于吸取人骨信息学科迄今的时代局限性这一既是客观、又是主观的原因，只从总共发掘出的53座墓葬中鉴定出了3座墓葬，即M101和M91及M95这三座墓葬的墓主人的性别及死亡年龄。我们对出现这一结果感到遗憾的同时，也当首先肯定《报告》的作者，或这项考古发掘的负责人和鉴定人骨的科学工作者对此做出的努力。

二是我们从这本考古报告也可以看到，《报告》的作者用了附表一至附表六共六个附表，和附录四至附录十共计七个附录，以及第四、五两章等大量篇幅，从不同角度、多层次较详细叙述了发掘所见到的遗存，仔细认真地说清楚了它们的形态、大小规模、材质、制作工艺、功能和性质，以及遗存之间的相互关系及其释放的信息。从当今认识能力以及当前相关学术要求来看，《报告》作者已讲明白了遗存自身、相互关系及其释放的信息。

三是我们从这本考古报告还可以看到，《报告》的作者以土质、土色区分出了"地层"、灰坑、房屋和墓葬等"单位"，确认出所属层位、时空位置和层位关系，同时，作者又以这些"单位"所处层位和层位关系作为前提和检验认识的根据，对"单位"所出器物，进行了类型学的排比，将它们归入所属的考古学文化，对其做出了组、段、期的类型学的年代研究，这就从类型学上明确了这些"单位"的时间和空间。这是《报告》的作者构筑成的两个平台，即层位学平台和类型学平台。这两个平台十分重要，因为只有这两个平台的构建，我们才能从这两个平台的任一平台去进行人、遗存、时、空这四维，或遗存、时、空这三维进行观察，发现其间存在的关系、差异、变异和矛盾。研究便是对这关系、差异、变异和矛盾的释读。释读得如何？是否是科学的？凭据或有好几种，归根结底，一是取决于对人和遗存的认识，是否符合人本体或遗存本体的真实；二是依赖于这关系、差异、变异和矛盾的认识，是否符合这关系、差异、变异和矛盾诸本体的真实，以及是否符合这关系、差异、变异和矛盾所呈现的自在逻辑。层位学和类型学平台的构建，是研究考古学文化的社会和文化，乃至对考古遗存的一切研究的基础的基础。故至为关键的是，考古学需将这两个平台搭建得符合其各自的客观实际。如何检验这两个平台的搭建符合其各自的客观实际？关键是检验这两个平台的凭据。检验这类型学平台的凭据：一是看其是否符合已搭建的符合客观实际的层位学平台；二是是否遵循了器物的自身谱系进行了器物的类型学排比。检验这层位学平台的凭据，就是这搭建的层位学平台，是否符合遗存堆积的实际，反过来说，即能否根据这搭建的层位学平台，复原出这实在的遗存堆积。这"复原"终归是概念的，但必须是符合客观实际的。说到这里，我感到还得将以往讲过的话，在此再重复一遍：我们的研究，只能走近考古学文化的历史真实，而不能走到考古学文化的历史真实。我不想依据这里提出的凭据，来对这《报告》所构筑的这两个平台展开讨论，只想在此指出的是，《报告》作者所构建的层位学平台，基本上符合东山村遗存堆积的实际。

《东山村——新石器时代遗址发掘报告》，是一报道重要考古发现的报告，是一本编写得较好的考古报告，是一本作者对发掘所见遗存及其释放的信息作了相当研究的报告，人们不读这本《报告》，就很难知道马家浜文化，尤其是崧泽文化所达到的发展水平，所创造的辉煌。

自 2016 年 2 月 20 日动笔，至 2016 年 3 月 28 日下午写成这个稿子

于小石桥

目　　录

插图目录

插表目录

附表目录

第一章 遗址概况

第一节 自然环境

张家港市位于江苏省东南部，长江下游南岸，行政区划上隶属于苏州市，地理坐标处于北纬31°43′12″~32°02′，东经120°21′57″~120°52′（图1-1-1）。张家港市北滨长江，与如皋、靖江相望；南近太湖，与无锡、苏州相邻；东连常熟、太仓，距上海98千米；西接江阴、常州，距南京200千米。全市总面积998.48平方千米。其中，陆地面积785.55平方千米，长江水域212.93平方千米，分别占78.67%和21.33%。陆地东西最大直线距离44.58千米，南北最大直线距离33.71千米。古长江岸线把境内陆地分为南北两个部分，北宽南窄，呈三角形。西北部有江中小岛双山沙，面积18平方千米。境内有沿江岸线71.78千米，其中不冻不淤的深水岸线有33.7千米；大小河道8073条，总长4074.3千米。

境内中部有一条依稀可见的高岗，从西面的长山，经香山、三甲里、泗港、杨舍、庆安、鹿苑，到西旸一线，称为岗身，是古岸线。以岗身为界，南部属老长江三角洲的古代沙嘴区，成陆

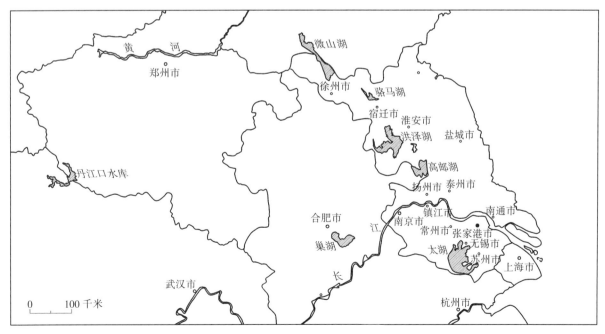

图1-1-1 张家港市地理位置图

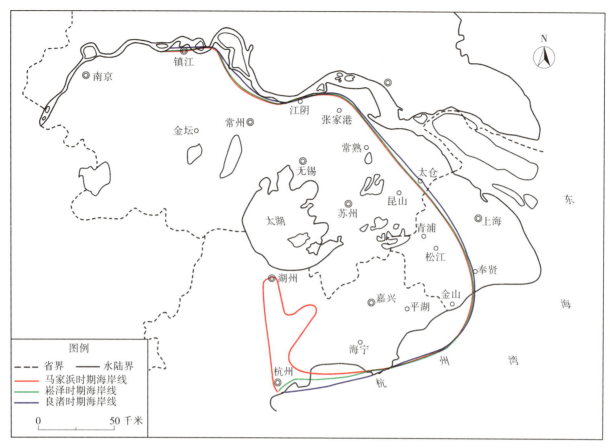

图 1-1-2 距今 7000～4000 年（马家浜时期—良渚时期）江南地区海岸线示意图

年代在 7000 年以上，是海相河相沉积平原；北部是近 2000 年来，在长江江阴以下河口演变过程中逐步形成的新长江三角洲，大部分是七八百年以来才形成的，是河相海相沉积平原。

大约 12000 年前，张家港境内还是一片汪洋的浅海环境。当时的长江口还在扬州、镇江附近。8000 余年前，长江口外的浅海南侧先形成一条沙嘴，由镇江向东偏南方向逐步延伸，经江阴、杨舍、鹿苑一线扩展，逐步形成南部陆地（图 1-1-2）。

张家港最重要的地理特征之一，就是沿江地区沙洲众多，这也是张家港市前身"沙洲县"得名之由来。而所谓沙洲，就是长江、浅海中由于泥沙堆积而露出水面的沙滩。千百年来，长江泓道逐步北移，大江两岸出现南涨北塌的现象。在长江南岸，江边发育迅速，沙洲积涨速度加快。到清代末期，原来散落江中的十几个沙洲，基本合并形成三个大沙洲，称南沙洲、中沙洲和北沙洲，这就是张家港北部地区的早期雏形。

南沙洲俗称老沙，面积最大，出现最早，发育时间最长。中沙洲包括盘蓝沙和东兴沙。江心沙洲与江岸之间、沙洲与沙洲之间的长江支流即汊江，俗称夹江。南沙洲、中沙洲与北沙洲原来均有夹江阻断。大陆与南沙洲之间的夹江，称为老夹；南沙洲与中沙洲之间的夹江叫南夹；中沙洲与北沙洲之间的夹江，称作北夹。因为南夹和北夹是经段山之后向东分流的，故又称段山南夹和段山北夹。在南北夹不断筑海坝后，三大沙洲连成一体，奠定了张家港如今的地域基础（图 1-1-3，1-1-4）

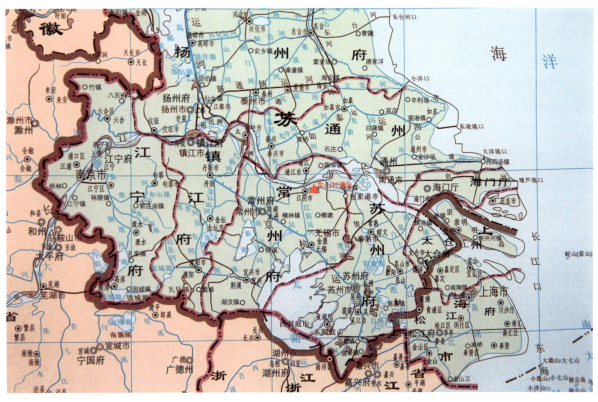

图 1-1-3　明代张家港区域海岸图（明万历十年）

（资料来源：《中国文物地图集·江苏分册》，中国地图出版社，2008 年）

图 1-1-4　清代张家港区域海岸图（清嘉庆二十五年）

（资料来源：《中国文物地图集·江苏分册》，中国地图出版社，2008 年）

目前港区内尚未铺设铁路专用线，但港口后枕京沪铁路，已与无锡站建立了联运，沟通了铁水口转业务渠道。江苏省在港区兴建铁路已有规划。港口与苏南地区均有公路相通，澄扬公路拓宽40~60米竣工后，公路运输更为通畅。距港口57千米的无锡与常州，分别建有苏南硕放机场和奔牛机场，空中运输便捷。水路溯江而上，可与皖、赣、湘、鄂、川沿江各港相通；顺流而下东出大海，可与中国南北沿海及世界各港通航；北经通扬运河连接苏北各地；南经京杭运河及太湖水系，贯通苏南，并与上海和浙江的杭、嘉、湖地区相连。

张家港市地处北亚热带南部湿润气候区，季风环流是支配境内气候的主要因素。四季分明，雨水充沛，气候温和，无霜期长，冬季寒冷干燥，夏季温高湿润，春温多变，秋高气爽，是典型的季风气候。全年光照充足，降水充沛。7月、8月为最热月份，1月为最冷月份。6月中旬至7月上旬是梅雨期，降水季节变化明显，夏季多雨，冬季少雨。冬季受极地大陆气团主宰，盛行偏北风，寒冷干燥；夏季多受热带海洋气团控制，盛行低纬太平洋的偏南风，温高湿润；春秋为冬夏季风的更换季节，冷暖气团互相争雄，锋面交错，气旋活动频繁，形成了张家港市四季分明的气候特征。

风况：年常风向南南东及东南东，强风向东南东及东南，年平均风速3.8米/秒，最大风速20米/秒，强风影响作业年平均为8.4天。

降水：年平均降水量1000毫米左右，雨水集中在4~9月，7月份降水最多，约占全年降水量的15%。

雾况：年平均雾日28.7天，但雾气较淡，持续时间较短，一般在上午9时消失。

气温：年平均气温15.2℃，最高气温38℃，最低气温14.2℃。

冰况：港口地处温带（低于0度时），冬季无冰冻有浮冰（不包括张家港港）。

张家港港位于感潮河段内，属非正规半日潮，最高潮位6.69米，最低潮位0.74米，平均潮差3.19米。张家港港的潮流流态为往复流，但在洪水季节有时为单向流，流向均与岸线走向基本一致，无回流等现象。大潮平均流速0.32米/秒，落潮平均流速0.48米/秒。航道吃水限制为13~14米，受铜沙金浅滩影响，船舶吃水在淡水9.5米以下可乘潮而进。

第二节 历史沿革

在新石器时代的马家浜文化时期，张家港地区就有人类活动。商末，这里属勾吴之地；春秋属吴国；战国，越灭吴，楚灭越，为楚地。

秦代，属会稽郡。晋代，置暨阳县，县治杨舍镇。梁代，在暨阳之墟建梁丰县。唐以后，分属常熟、江阴两县。

自宋代开始，香山、东横河、盐铁塘以北的江海沙洲及边滩逐渐积涨成陆，以南、北川港为界，东部属常熟，西部属江阴县。境域陆地面积约280.72平方千米。

元代、明代沿袭宋制。明末，境域陆地面积约增至355.38平方千米，增加的部分主要在南沙、后塍、杨舍、泗港、鹿苑以及东莱、中兴、大新等镇的局部，大部分属于老沙洲地区。

清康熙六年（1667年），寿兴沙以南北川港为界，东部属常熟县，西部属江阴县；常阴沙以朝阳港为界，东部属常熟县，西部属江阴县。

同治十三年（1874 年），东部于常阴沙开通常通港，港南属常熟县，港北隶通州府，称刘海沙（民国时期属南通县，现为张家港市锦丰镇北部地区）。

宣统二年（1910 年），在常阴沙东部设沙洲市（大乡），西部设大桥镇、章卿镇、马嘶镇和杨舍镇。随着涨沙，在寿兴沙设中山镇、德顺镇、福善镇和年丰镇；在常阴沙设西兴镇和常安镇。陆地面积不断扩大，境域陆地面积约增至 622.02 平方千米。

民国 16 年（1927 年），县以下设区，区辖乡、镇。东部（常熟）有塘桥区的 4 个乡和 2 个镇，梅李区的 2 个乡，沙洲区（原沙洲市）的 5 个乡；西部（江阴）有 8 个乡和杨舍镇。除上述新增各镇继续扩展以外，以后还增双山、兆丰等镇及常阴沙农场，妙桥也有扩大。境域陆地面积约增至 706.68 平方千米。

1949 年 4 月 22 日，沙洲全境解放。沿袭民国建制，东部属常熟县，西部属江阴县，常通港南面划归常熟县。1953 年，苏南行政公署、苏北行政公署和南京直辖市合并，成立江苏省。下设苏州市（直辖）和苏州专区，苏州专区辖 1 市（常熟），9 县（常熟、吴县、吴江、太仓、昆山、无锡、宜兴、江阴、震泽），专署驻苏州市。

1957 年 6 月，苏州地委给江苏省委呈报划建沙洲县和阳湖县的请示，称武进、江阴、常熟和无锡 4 县人口过大、地区过大，"如果我们对这几个大县不采取适当的组织措施，组织上会增加领导困难"，"因此我们打算根据这几个县的情况，按照农业生产、经济区划和群众生活习惯，并结合历史条件，对县的区划作适当调整，要求新建沙洲、阳湖两个县"。

江苏省委 1957 年 9 月 11 日批复"同意设立沙洲县，待省人民委员会上报国务院批准后执行，至于阳湖县的设立问题，暂缓考虑"。1957 年 11 月 9 日，国务院第 63 次会议通过"关于设置沙洲县的决定"。由于在县址选择上，是建在后塍还是杨舍颇多争议，因此，直到 1962 年，沙洲县才正式成立。

1962 年 1 月，由原江阴县的杨舍、后塍、南沙、中兴、晨阳、德积、大新、泗港、塘市和原常熟县的塘桥、西张、恬庄、凤凰、妙桥、乘航、东莱、合兴、锦丰、三兴、乐余、兆丰、南丰、鹿苑等乡镇（时称人民公社），正式成立沙洲县，隶苏州地区行政专员公署，杨舍镇为县政府所在地。

20 世纪 80 年代中期，由于乡镇工业的发展，县城的经济和建设已经达到撤县建市的标准。1985 年 9 月 9 日，沙洲县委、县政府正式向苏州市委、市政府提交了《关于设置沙洲市加快张家港建设和沙洲经济发展的报告》，重点陈述了沙洲撤县建市的意义和已经具备的条件，并提出沙洲县改为县级市后仍隶属苏州市领导。同年 9 月 11 日，苏州市政府向江苏省政府提交了《关于建立张家港市撤销沙洲县建制的请示报告》，并提出撤销沙洲县建制后，以张家港港命名，建立张家港市。

适逢 1986 年 4 月，国务院批准民政部《关于调整设市标准和市领导县条件的报告》，该报告明确："总人口 50 万以上的县，县人民政府所在地的非农业人口一般在 12 万以上，年国民生产总值在 4 亿元以上，可以设市撤县"。1985 年沙洲县人口 78.3 万，县政府所在地杨舍镇国民生产总值超 4 亿元，满足撤县建市的条件。

1986 年 9 月 16 日，经国务院正式批准，撤销沙洲县，设立张家港市（县级），以原沙洲县的行政区域为张家港市的行政区域。市人民政府所在地为杨舍镇。

张家港市中的"张家港"名称由来，有相关文献记载。据南沙镇山村六组张兴生珍藏的《重修张氏宗谱（孝友堂）》载，明代万历元年（1573 年），有张南山者，自靖江生祠堂卜居香山北麓，此为张氏香山支始迁祖。南山公在此化钱买券，开发圩塘，流渠旁边遂形成村落张家埭。由于开发的圩田常受山洪的涝渍，于万历二十四年（1596 年）张氏合族集议，子孙齐心协力，将流漕拓宽成河。新河面宽 3 丈，底宽 1 丈，长 300 余米，由此免除了涝渍之苦，但未有河名。至万历四十一年（1613 年），张氏为经营粮米自备木船 3 条，往返于扬州、高邮之间，数载后获利甚丰。为让木船能停泊到自家门口，再出资募工拓宽此河，并在屋旁河之尽头拓成倒潭 1 处，以便木船调头。此时河面宽 7 丈，底宽 3 丈，重载木船可进出自如，已蔚为大河，但仍无河名。清代康熙二年（1663 年），江阴县衙拟在澄江门和巫山之间修建马路，勘察丈量到此河时，发现此河无名，于是请大桥镇镇董吴翼之提议起名。吴翼之知道此河乃是张氏祖上所开，后来又是张氏裔孙拓宽，遂提名称"张家港"，并报江阴县衙认定备案。康熙三年（1664 年）冬，江阴县衙正式批文命名此河为张家港。

自 1986 年撤县建市后，全市的行政区划经过了不断调整，截至 2007 年 4 月 4 日，全市共有 8 个镇——杨舍镇、锦丰镇、塘桥镇、乐余镇、南丰镇、金港镇、凤凰镇、大新镇，一个农场——常阴沙农场。

第三节　遗址概况

一　遗址周边环境

东山村遗址位于张家港市金港镇南沙办事处东山村的北部，西边紧邻香山（图 1-3-1；图版 1-3-1：1、2），中心地理坐标为北纬 31°55′，东经 120°24′。香山是张家港境内海拔最高的山，高度为 136.6 米。全山占地面积 4.37 平方千米。山体呈菱形状，由大、小香山组成。北坡险峻，南坡平缓，顶部开阔，素有江南名山之誉。清康熙《江阴县志》中载："香山突出平壤，高峻磅礴，甲于他山。"东山村遗址即坐落在香山东脊向东延伸的坡地上（图版 1-3-2：1）。

香山，因传说春秋时吴王夫差遣美人上山采香而得名。香山上长有成片的马尾松、水杉、毛竹，山坡有桃、梨果园，品种多样的野生药材遍及全山。树木覆盖率达 87%，山草覆盖率为 100%。自然风光秀丽，加上扑朔迷离的传奇故事，历来吸引文人墨客来此观光赏游。宋代诗人苏东坡游香山时曾为梅花堂题匾额；明代地理学家徐霞客多次登上香山，他在《游小香山梅花堂序》中赞叹曰："千年迹冷荒丘，一旦香生群玉，不特花香、境香、梦亦香，可谓不负此山矣！"

在香山的西南坡，有采香径，起于香山东南山麓，经香山寺，至山北坡下。采香径全长约 2.5 千米，径宽 1 米多。原先两旁松树繁茂，修篁夹道，奇花异草，争艳吐芳。《乾隆志》卷二《山川》篇记载："由麓而上，曲蹬盘行，攀萝扪石，足底生云，相传吴王尝遣美人采香其上，曰采香径。"清同治初年，江阴县令汪坤厚也曾写下《采香径》一诗："我踏香山峰，上有采香径。采采马蹄香，寂寞为谁赠？美人今不来，云林静疏磬。"

华丽轻盈的香山，数千年来，不仅留下了美丽的传说，更是留下了许多宝贵的物质文化遗产。

据初步调查，在香山的山脊上分布有数量众多的周代石室土墩墓。1997 年，苏州博物馆和张

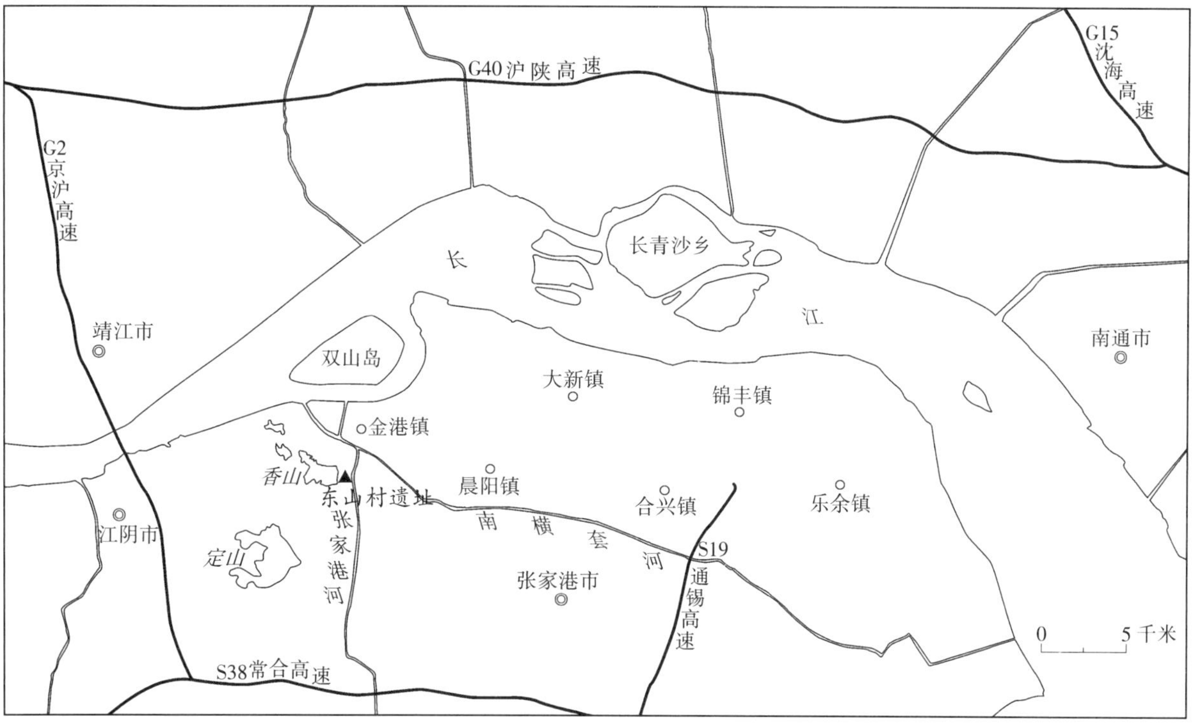

图 1-3-1　东山村遗址地理位置示意图

家港市文物管理委员会办公室联合对香山部分石室土墩进行了考古发掘，共清理了 4 个石室土墩墓，出土器物 34 件，其中多数是江南地区常见的几何印纹陶器。香山石室土墩墓群在 1984 年被公布为张家港市文物保护单位，2006 年被公布为江苏省文物保护单位。2008 年 10 月，在对香山进行考古调查时，还在山坡地发现有个别六朝砖石墓暴露在外。

在东山村遗址的北面约 500 米处，原有座小山，名为镇山（图版 1-3-2：2）。后因取土开发，已夷为平地。镇山往北约 3.5 千米，即为长江。江中为双山岛，面积约 16 平方千米，民国以后由江中的沙洲不断涨积而成。长江在双山岛处向北拐弯后，转而向东南入海。

在东山村遗址的东南面，约 2.3 千米处为南横套河。南横套河西起张家港市金港镇双山岛最西边对过的长江口，经港区、福前镇、南丰镇、农场，再从永泰码头进入长江，河流从张家港市的西北处蜿蜒向东南贯穿全市北部。

在东山村遗址的东边，约 300 米处为张家港河。张家港河北起张家港船闸江口，向南途经张家港、江阴、常熟、昆山四市，在昆山市境内的青阳港入海口。

东山村遗址北近长江，西靠香山，南面为较广阔的平地，河流纵横，有着得天独厚的自然资源和地理优势。

二　遗址发现经过

1989 年 3 月，南沙镇政府（现为金港镇南沙办事处）在兴建镇政府办公大楼时，工作人员在基建中发现了大量的陶片、红烧土块等。经群众上报，张家港市文物管理委员会办公室缪自强同志第一时间赶到施工现场。经仔细查看，确认为是一处新石器时代村落遗址。

东山村遗址所在，当地百姓称为邬家大坟。新中国成立后在上面种植桃树，成为一大片桃园，是东山村的副业队基地。

遗址发现时，其西南部、东南部、东部均为水稻田，中部及北部是高岗旱田和果树园。整个遗址中部、北部高，向南、东、北三面倾斜。除西面外其他三面均为水稻田，比遗址低 4～6 米。遗址北面、东面都有小河，南部有池塘。

张家港市文物管理委员会办公室发现遗址后，随即上报苏州博物馆。苏州博物馆会同张家港市文物管理委员会办公室组成联合考古队，对遗址展开全面的调查和试掘，分别于 1989 年 4 月、1990 年 5～6 月进行了两次抢救性考古发掘，共计发掘面积 170 平方米。主要发现了马家浜文化和崧泽文化时期的文化层堆积以及若干房址和墓葬等。

1995 年，东山村遗址被公布为江苏省文物保护单位。在 1996 年 11 月建档的"江苏省省级文物保护单位记录档案——东山村遗址"中，对东山村遗址的保存现状这样描述：

> 东山村遗址原有面积约 6 万平方米，东西长 240 米，南北宽 250 米。其保存现状分三部分。
>
> 一、镇政府大院内
>
> 镇政府大院东西 140 米，南北 150 米，面积约 2 万平方米。因搞基建，遗址部分被破坏，现存未破坏的地段有：
>
> 1. 大门进来到食堂一线的水泥路及两旁的花圃这一范围内遗址未破坏，面积约 3000 平方米（100 米×30 米）。
>
> 2. 灯光球场及东部的环形水泥路未破坏路面积约 4000 平方米（80 米×50 米）。
>
> 3. 党委楼以南，食堂以北一段未破坏，面积约 1200 平方米（30 米×40 米）。
>
> 镇政府大院内除以上三处总面积约 8200 平方米未被破坏外，其余 12000 平方米均遭到不同程度的破坏。
>
> 二、永久性保留部分
>
> 以镇政府西围墙为界向西至东山村办公大楼及南沙医院围墙中间，共分二段，北段为 2100 平方米，南北长 70 米，东西 30 米（西面是南沙医院围墙）。南段为 2720 平方米，南北长 68 米，东西 40 米（西面是东山村办公楼的围墙）。以上南、北二段共有 4820 平方米为永久性保护范围。此处为本遗址的最高位置（海拔 9.0～11.1 米）。
>
> 三、遗址的北部大街（水泥街）下面的遗址未被破坏，面积约 8000 平方米（200 米×40 米）。其他部分均被基建、做路破坏。

实际保存面积 2 万余（8200＋4820＋8000）平方米。其中除永久性保护范围 4820 平方米为农田外，其余部分均为水泥面覆盖住。

从 1996 年 11 月东山村遗址作为省保单位建档以来，除了镇政府大院内的现状没有多大变化外，上面所叙述的"二、三部分"均有不同程度的变化。

其中第二部分"永久性保留部分"由原来的农田转为苗圃，在上面建了简易的花房，并种植了较多的香樟树。

第三部分"遗址的北部大街"，即现在的香山西大街，在 2010 年修路并铺设管道，将原来大街道路下的垫土全部推掉，重新换成三合土，再在上面修筑柏油路。考古队利用此次修路机会，在香山西大街西部和东部开了几条探沟，进一步了解了遗址北部的情况，由此也扩大了东山村遗址向东的界限。结合 2009 年春对遗址南部和西部的调查和勘探，东山村遗址的面积约为 27 万平方米。

现如今，在东山村遗址 1996 年省保单位记录的保存现状的外围，也基本上是民房、厂房、商铺以及水泥路面。在这些建筑物的下面，遗址均遭到不同程度的破坏，相当多部分可能已经破坏殆尽。

三 周边新石器时代遗址

在东山村遗址的周围，分布有较多新石器时代的遗址或墓地。在张家港境内有塘桥镇徐家湾、蔡墩遗址，杨舍镇许庄遗址，凤凰镇西张、妙桥和凤凰山遗址；江阴境内有祁头山、南楼和龙爪墩遗址以及高城墩墓地；常熟境内有钱底巷遗址等（图 1-3-2）。

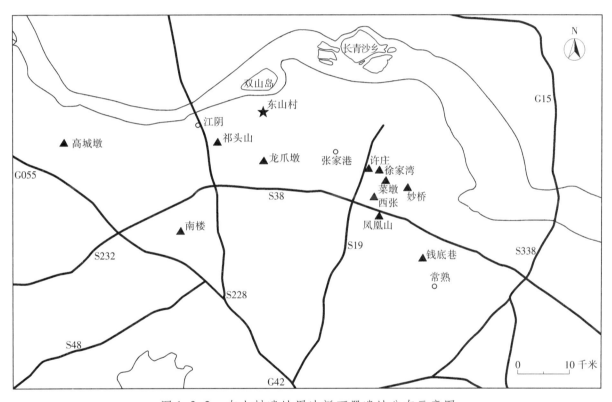

图 1-3-2 东山村遗址周边新石器遗址分布示意图

其中，经过正式发掘的有徐家湾遗址、许庄遗址、祁头山遗址、南楼遗址、高城墩遗址以及钱底巷遗址。许庄和祁头山遗址均发现有马家浜文化晚期的堆积和遗迹；徐家湾、南楼和钱底巷遗址的内涵则主要以崧泽文化为主；许庄遗址马家浜文化堆积之上还有良渚文化的堆积；高城墩遗址则为良渚文化早期的高台墓地。此外，如蔡墩、西张、妙桥等遗址，在 20 世纪七八十年代调查时，均发现有较为丰厚的新石器时代文化堆积，后由于城市建设，这些古遗址多破坏严重，更多的文物已经难以寻觅。

第二章　工作概况

第一节　以往考古工作

1989 年 3 月，东山村遗址在集镇建设中被发现。经张家港市文物管理委员会办公室上报后，苏州博物馆和张家港市文物管理委员会办公室联合组成了考古队，于 1989 年 4 月、1990 年 5 月～6 月对遗址进行了抢救性考古发掘。两次共计发掘面积约 170 平方米（图 2-1-1）。

图 2-1-1　东山村遗址 1989、1990 年发掘探方位置图
（图内①～⑨为规划的建筑）

第一次试掘位置在今南沙办事处的东北和西南，即人大楼东侧和党委楼南边，各开 2×5 米探沟一个（编号 T1、T2），共 20 平方米。

第二次发掘位置分别在南沙办事处大门内西侧以及政府楼南侧的池塘处。前者布 5×10 米探方一个（T3），后者布 10×10 米探方一个（T4），共 150 平方米。

前后两次发掘共发现房址 6 座、灰坑 2 处、墓葬 8 座，出土文物 200 多件，其中有石器、玉器、陶器，并发现了稻谷、稻草、红烧土、兽骨、木炭等遗存，收集陶片标本近万件。采集的木炭和土样标本分别由北京大学、南京师范大学作 ^{14}C 测定和孢粉化验分析，其中 T3⑧木炭（BK90149）^{14}C 测年距今 7260 ± 60 年（无年轮校正），T3⑦木头（BK90148）^{14}C 测年距今 6060 ± 130 年（年轮校正后距今 6715 ± 77 年）[①]。

2007 年 4 月 4～16 日，为进一步确定遗址的分布范围和文化内涵，划定遗址区域，更好地保护和研究东山村遗址，在张家港市文化广播电视管理局的申请下，由苏州博物馆牵头，联合张家港博物馆组成考古勘探队，对东山村遗址进行了 10 多天的考古勘探和调查。由于遗址周围大部分为民房、厂房、商铺以及水泥路面等，考古勘探队重点对省级文保单位即苗圃院内、苗圃南围墙外、东山村村委会院内、南沙办事处院内、南沙办事处东墙外、南沙办事处南墙外等有土壤地带进行了钻探。通过勘探，得出了钻探范围为遗址的中心区域、东山村遗址有功能分区等比较合理的认识。

第二节　本次考古工作

随着国家经济的不断发展和科学发展观的深入人心，越来越多的城市开始意识到，在大力发展经济的同时，文化建设也必须齐头并进。为了实施文化战略，建设文化强市，张家港市委和市政府经过认真研究讨论，部署制定了《张家港市"十一五"期间重点推进十大文化工程》和《张家港市"十一五"期间重点建设十大文化设施项目》两大重要文件，并于 2007 年 4 月 28 日印发实施。

在《张家港市"十一五"期间重点推进十大文化工程》文件中的第三个"文化资源保护工程"里写道："进一步加大资金投入，对我市重要历史文化资源进行积极保护和合理开发，加快恬庄古镇、乐余民国商贸街的修复工程，加强对东山村遗址、黄泗浦东渡遗址的保护开发，筹建焦家老宅民俗博物馆、杨舍民俗风情街区和长江流域戏曲博物馆。"

在《张家港市"十一五"期间重点建设十大文化设施项目》文件中提及了对东山村遗址进行保护开发："组织力量加强对东山村遗址的考古论证，进一步勘探、确定埋藏区范围，并在此基础上，对其进行研究性挖掘保护和开发利用。"

东山村遗址新一轮的保护和考古工作正是在这样的背景下推动开展的。同时，由于遗址的周边环境不断恶化，周边建设和开发已对遗址构成了严重威胁（图版 2-2-1），也亟须对遗址开展保护工作。2007 年底，张家港市政府与南京博物院取得联系，对东山村遗址的保护和试掘进行了初步沟通。在南京博物院龚良院长的安排下，由江苏省考古研究所具体与张家港方面就东山村遗址的考古工作进行商议和计划。

2008 年 1 月，考古所在对东山村遗址进行现场考察后，编写了《张家港市东山村遗址抢救性考古发掘及保护规划》，在此规划中的二、三部分分别写了"抢救性考古发掘工作的必要性及其意义"和"工作思路和方法"。现摘录如下：

---

① 张照根、姚瑶：《张家港东山村遗址发掘的主要收获》，《东南文化》1999 年 4 期；陈瑞近、姚瑶、张照根：《张家港市东山村遗址发掘简报》，《文物》2000 年 10 期。

二、抢救性考古发掘工作的必要性及其意义

东山村遗址所处地势较高，居民区非常集中。近若干年来，遗址周边环境不断恶化，小区建设和开发对遗址构成了严重威胁。遗址之上和遗址周围不断增加的建筑物以及土地利用已经对遗址造成严重毁坏，须立即进行抢救性发掘，为科学保护规划的制订提供依据。

在目前情况下，首先必须对遗址进行全面勘探，科学确定遗址的范围，配合考古发掘，确定遗址的中心区域和重点区域，在其基础上划定科学合理的保护范围，制定保护方案。在考古发掘的基础上将东山村遗址申报为全国重点文物保护单位。通过东山村遗址的考古发掘，推动张家港市的文物保护工作，进一步发掘和彰显张家港市深厚的文化底蕴，对张家港市生态环境和人文环境的建设增添新的内容。目前我省正在建设文化江苏，建设文化张家港与省委省政府的目标相一致；而我国的大中型城市目前正处在从功能城市向文化城市的转型时期，东山村遗址的考古发掘也可为张家港市的转型发挥积极的作用。

三、工作思路和方法

1. 确定遗址范围，全面了解东山村遗址的聚落结构。

距今7000～6000年的古代遗址，往往是一个完整的聚落系统，包括生产区、居住区、埋葬区、公共活动区、手工业区以及聚落内外的道路、河流、山川等生态系统。东山村遗址虽然遗址表面被大量的建筑覆盖。建筑多为3～4层楼，建筑基础对遗址构成了一定的损害，但是程度不大。因而通过进一步的勘探和试掘可以将它的面貌得到完整的揭示。由于前两次发掘的规模不大，目前尚难以显示本地区史前文化的鲜明风格，无法突出本遗址在史前时期沿江地区的显著地位。只有通过考古勘探和发掘才能对遗址功能区以及各种遗迹间复杂的时空关系进行确认。

2. 保护性发掘，为遗址展示服务。

拟在拆掉办公楼和水泥篮球场的原地进行考古勘探和局部的试掘。现代考古发掘的发展趋势是越来越重视考古发掘现场的保护。《中国文物古迹保护准则》第十八条规定：必须原址保护。只有在发生不可抗拒的自然灾害或因国家重大建设工程的需要使迁移保护成为唯一有效的手段才可以原状迁移，异地保护。本次考古工作计划在办公楼和水泥篮球场的拆地原址进行考古勘探和局部的考古试掘。虽然试掘的面积较小，但是不会像以往的考古抢救发掘那样，考古工作结束后，发掘过程中发现的重要的考古遗迹和现象也已荡然无存，只是变成了一袋袋碎陶片，一堆堆图纸和一沓沓照片。包括发掘者在内，之后只能从图纸和照片中去构想史前居民的居住形态和埋葬方式。即便异地复原，那也失去了原地的环境，其时的背景。

因此，原址保护的理念在本次考古工作过程中必须始终贯彻，必须以此来指导我们的考古工作。在考古发掘过程中，遇到重要的迹象比如墓葬、房址、窑址、道路等等，必须停留在该层面，做好考古发掘现场的保护，对文物和迹象通过物理和化学的方法进行加固。同时在重要遗迹的上方搭建临时性的保护棚，避免雨水和阳光等环境对文物和迹象的破坏和侵蚀。为将来建立遗址博物馆做好现场保护工作。

3. 全面保护，建设东山村遗址公园。

文物是一种不可再生的资源，是一种可持续发展的生产力。

东山村遗址的保护不是条条块块、支离破碎的保护，而是全面的保护。在考古工作的基础上，恢复古遗址的原生态面貌。把遗址上面一些荒废的办公楼和水泥篮球场拆掉，恢复为绿地加以保护。为了更好地保护遗址，保护先人留下的文化遗产，为建设遗址公园奠定基础。为张家港和苏州地区乃至全省的大遗址和文化遗产保护工作做出一个样板。

东山村遗址的考古发掘，可以说从一开始就考虑到了遗址保护的问题。在实际的工作过程中，也一直秉此思路。

2008 年 6 月，在院领导和考古所领导的安排下，由周润垦担任东山村遗址的考古发掘领队，并填报《考古发掘申请书》上报国家文物局审批。

2008 年 8 月，东山村遗址抢救性考古发掘申请通过了国家文物局的批准。随后，考古队正式进场。为统一思想，进一步提高广大民众对文化遗产的保护意识，在正式开工前，张家港市委宣传部、张家港市文化广播电视管理局和考古队组织了一次简短的"东山村遗址考古发掘启动仪式"（图版 2-2-2），张家港市委副书记、市委宣传部部长梁一波出席并做了重要讲话。此次发掘由时任江苏省考古研究所副所长的林留根研究员为总负责，并邀请了原考古所所长邹厚本研究员担任总顾问，参加发掘的有花纯强、刘锁才、刘乃会、贺存定、张永泉、钱峻、赵宗强、肖向红、董强等。

考古队进场时，在南沙办事处大院内的情况基本和 1996 年省级文物保护单位建档时一样，院内是办公楼、篮球场（图版 2-2-3：1）、水泥路面等。在张家港市政府、市文化广播电视管理局、金港镇政府以及南沙办事处的全力支持下，首先选择南沙办事处东南部的篮球场进行布方。考古队组织人员对篮球场地水泥面和南北看台全部进行拆除，拆除后布了两个探方进行发掘（图版 2-2-3：2）。此外，在南沙办事处党委楼和食堂之间的花圃地带开了一条探沟 T1（图 2-2-1）。

本次考古一直持续到 2008 年 10 月份结束。期间根据一些遗迹现象进行了局部扩方，总共发掘面积为 375 平方米。经过发掘，主要在篮球场地探方内揭示了 10 座崧泽文化时期的墓葬。这些墓葬方向基本一致，相互间没有叠压打破关系。虽然有的墓葬被后期扰乱，还是出土了不少器物。为了保护考古现场，考古工作基本上停留在崧泽文化墓葬层面，仅个别探方或是探方内开条小探沟发掘至生土，以了解遗址堆积情况。在考古队的建议下，张家港博物馆在这批墓葬上方搭建了大棚，作为临时性保护（图版 2-2-4：1）。

2009 年春，为进一步了解东山村遗址的聚落布局，同时扩大发掘成果，经国家文物局批准，考古队对东山村遗址再次进行了抢救性考古发掘和勘探。考古领队仍由周润垦担任，发掘成员有陈刚、花纯强、李保国、刘乃会、翟呈周、刘红庆、张永泉、钱峻、赵宗强、肖向红、钱春峰、董强等。此次发掘除了在篮球场地内原探方的东西两侧进行布方连成一片外，还在南沙办事处的香宾阁以北、政府楼和党委楼以南的中轴线水泥路面和花圃地带进行布方和发掘（图版 2-2-4：2，2-2-5：1）。之前在香宾阁以北的花圃空地进行勘探时，钻探到较多的红烧土颗粒，表明有丰富的遗迹现象。通过发掘，在该区域主要揭示了崧泽文化时期的 5 座房址，其中有两座房址保留有大面积的红烧土倒塌堆积（图版 2-2-5：2）。在对这些房址进行保护性清理后，田野工作也基本停留在房址层面上。其后，在崧泽文化房址上方搭建了临时性保护大棚（图版 2-2-6：1）。此外，在发掘的同时，对遗址的外围进行了勘探，确定了遗址的南界、西界和北界。

东山村遗址 1995 年被省政府公布为省级文物保护单位，其中南沙街道办事处西围墙以西约

图 2-2-1 东山村遗址范围及布方图

4820 平方米的遗址区域划定为永久性保护范围。其后，该区域为东山花木公司使用，在遗址上方种植了较多的林木（图版 2-2-6：2）。2009 年下半年，为了更好地保护南沙办事处围墙西侧东山花木公司苗圃范围内的遗址，避免大树根系对遗址造成进一步的破坏，张家港市政府、市文化广播电视管理局、金港镇政府做出了决定，对苗圃内的林木进行整体收购搬迁。利用此次迁移机会，考古队对该区域进行了初步勘探。为进一步了解该区域的堆积情况和文化内涵，根据勘探结果，在原苗圃花房的东侧布了四个探方（图版 2-2-7：1），并在后期根据发掘情况在南边及西边又布了几个探方。经过发掘，此区域主要是新石器时代的墓葬区，不仅发现马家浜文化时期的墓葬，而且还有崧泽文化时期的墓葬（图版 2-2-7：2）。其中马家浜文化和崧泽文化时期的高等级大墓在长江下游地区属首次发现。田野发掘结束后，同样在该区域搭建大棚，作为临时性保护。

此外，为验证遗址南界勘探的结果，在遗址的南部开了一条探沟 T2。2010 年下半年，南沙办事处香山西大街重新修路之际，同时也为了验证遗址北界勘探的结果，在香山西大街上开了 4 条探沟 T3～T6（图 2-2-1）。

从 2008 年 8 月至 2010 年初，东山村遗址进行了两次抢救性考古发掘。发掘取得了重要收获，尤其是首次在长江下游地区揭示了一批崧泽文化时期的高等级大墓，而且高等级大墓和同时期的小墓已经有了分区埋葬的现象。这种分区埋葬的现象在同时期的国内其他地区极其罕见。东山村遗址的发现为中国文明起源的研究提供了极其重要的资料。

东山村遗址的考古发现，引起了国内众多专家和学者的广发关注。先后有诸多领导和专家到工地进行考察和指导。2009 年 11 月 21 日，黄景略先生、严文明先生、赵辉先生、杨晶女士等专家到东山村遗址进行考察和指导（图版 2-2-8：1～3）。2009 年 11 月 24 日，张忠培先生、朱延平先生等专程到东山村遗址进行考察和指导（图版 2-2-9：1）。2009 年 11 月 28 日李伯谦先生、王巍先生、徐良高先生、宫希成先生、张照根先生等专家到东山村遗址进行考察和指导（图版 2-2-9：2）。2009 年 12 月 18 日，国家文物局副局长张柏等一行到东山村进行考察和指导（图版 2-2-9：3）。2010 年 1 月 23 日，关强司长、徐光冀先生、宋健先生、陈星灿先生、丛德新先生、高蒙河先生、杨立新先生、裴安平先生、解冰先生、李政女士等领导和专家到东山村遗址进行考察和指导（图版 2-2-10：1～3）。2010 年 6 月 11 日，国家文物局局长单霁翔等一行到东山村遗址进行考察和指导（图版 2-2-11：1）。2011 年 3 月 18 日，国家文物局顾玉才副局长到东山村遗址进行考察和指导（图版 2-2-11：2）。2014 年 5 月 28 日，国家文物局励小捷局长参观东山村遗址文物展（图版 2-2-11：3）。南京博物院院长龚良（图版 2-2-12：1），江苏省文物局局长刘谨胜，苏州市文化广电新闻出版局局长陈嵘、副局长尹占群，张家港市委宣传部副部长、文化广电新闻出版局（文物局）局长陈世海等各级文物部门领导均考察调研过遗址现场。期间，时任苏州市市长闫立、张家港市委书记黄钦、市长徐美健、市委副书记梁一波、市委宣传部部长单玉珍，现任张家港市委书记姚林荣、市长朱立凡、市委宣传部部长杨芳等领导多次到工地调研和指导（图版 2-2-12：2、3，2-2-13：1～3）。众多领导和专家对东山村遗址的发现给予了高度评价，并对今后的工作提出了宝贵的建议和意见（见附录 X）。其中张忠培先生、严文明先生、李伯谦先生、张柏先生和王巍先生在参观完考古工地后，还欣然给遗址题了字（图版 2-2-14～2-2-16）。

2009 年 12 月，在张家港市召开东山村遗址专家论证会。

2010 年 1 月，在张家港市召开东山村遗址学术讨论会。

2010 年 1 月，东山村遗址的考古发现被中国社会科学院考古研究所评为 2009 年六大考古新发现之一，并于 1 月 13 日参加了由中国社会科学院主办、考古研究所和考古杂志社承办的"中国社会科学院考古学论坛·2009 年中国考古新发现"的汇报。

2010 年 6 月 11 日，东山村遗址的考古发现入选国家文物局"2009 年度全国十大考古新发现"。

2012 年 5 月，由中国社会科学院考古研究所、北京大学考古文博学院、南京博物院、张家港市人民政府主办，中国社会科学院古代文明研究中心、张家港市文化广电新闻出版局（文物局）承办的"中国文明起源与形成学术研究研讨会"在张家港召开，会议再次肯定了东山村遗址对中华文明起源的重要价值。

2013 年 5 月，东山村遗址被公布为第七批全国重点文物保护单位。

2013 年 9 月，东山村遗址入选第二批江苏省大遗址名录。"江苏大遗址"的评定，旨在采取多种措施推动遗址的保护和利用。通过编制"江苏大遗址"保护规划，对条件成熟的"江苏大遗址"，经过评定为省级考古遗址公园，并优先申报国家考古遗址公园。

东山村遗址经过 2008 年和 2009 年的考古发掘和勘探，对遗址的范围、文化内涵、结构布局等有了新的认识，遗址的价值也进一步凸显。为更好保护和利用东山村遗址，张家港市人民政府委托南京博物院开展《张家港市东山村遗址保护规划》编制工作，并于 2011 年通过省文物局组织的专家评审。为了更好地保护遗址核心区，并在原址展示东山村遗址近几年考古取得的重大成果，张家港市委、市政府在充分听取国家、省有关专家、领导的意见和建议后，决定在遗址地筹建遗址保护展示设施，并于 2012 年下半年委托东南大学建筑设计研究院开展东山村遗址保护展示设施方案设计，计划将主要的三个考古发掘现场用一整个大棚性建筑物保护起来，在这里面主要展示考古发掘现场。另外，计划将南沙街道办事处东北部的人大楼改造成综合楼，其中一楼为展厅，主要介绍遗址的价值和相关背景资料、展陈遗址出土的器物等，二楼为库房、办公和研究等功用。同时，委托陕西省考古研究院、兰州大学应用技术研究院开展遗址本体保护及地下水防治方案设计。目前，有关设计方案正在整合，有待上报国家文物局审批。

第三节　资料整理和报告编写

东山村遗址的第二次发掘一直到 2010 年 2 月 8 日才结束。2010 年 2 月 25 日开始，即着手安排人员对墓葬出土陶器进行拼对和修复，修复人员先后有花纯强、李保国、刘乃会、唐根顺等。

2010 年 3 月初，胡颖芳、朱晓汀、费玲伃等到工地参加整理，主要负责器物绘图和卡片制作。本次对陶器的绘图尝试了用摄影和电脑相结合的办法进行。实验效果比较理想，误差不大。经过纠正后，基本上比较精确。具体由周润垦、陈刚、胡颖芳等负责。期间陈刚还负责了部分墓葬平剖面的清绘。3 月下旬，由于考古所其他考古工地的需要，陈刚和费玲伃调到盱眙县大云山汉墓考古工地参加发掘。朱晓汀也回南京准备参加吉林大学体质人类学博士生的考试。因此，大量的绘图工作由胡颖芳完成。

2010 年 5 月底，因为工作安排，花纯强、李保国调到邳州博物馆修复梁王城遗址出土器物。6~9 月，为配合新沂花厅遗址保护规划的编制，在院领导的安排下，由周润垦、花纯强和刘乃会对花厅遗址进行小规模的发掘。在这期间，由唐根顺继续对东山村遗址出土器物进行修复。10 月份后，东山村遗址资料整理暂停，人员调到泰东河工程沿线文物点参加抢救性考古发掘。

2011 年 8~10 月、2011 年 12 月~2012 年 1 月，胡颖芳继续对东山村遗址考古资料进行整理。此次整理包括对墓葬出土器物全部进行核对，对墓葬线图进行电脑清绘，对出土器物进行摄影绘图。

2012 年 2~5 月，东山村遗址资料整理工作继续开展。李保国对个别剩余陶器进行修复，周润垦、胡颖芳对地层出土陶片进行统计、挑选标本，高伟对部分陶片标本绘底图。朴润武对遗址出土玉石器重新描绘线图。同时，周润垦、胡颖芳对东山村遗址报告的体例进行商讨，并初步拟写了一个提纲。此后，即着手东山村遗址报告的编写工作。2012 年 6 月份以后，因考古所其他工地发掘，报告整理暂停。

2013 年 2~8 月，周润垦、胡颖芳继续对报告内容进一步修改完善，同时聘请台湾杨建芳师生古玉研究会陈启贤先生和北京故宫博物院杨晶女士，以及北京大学考古文博学院、南京大学地理与海洋科学学院等多位学者和多家科研机构，对东山村遗址出土的玉器、石器、陶器、植物种子以及古代环境做科学鉴定和研究分析，并完成了相关的鉴定研究报告。

2013 年 6 月，东山村遗址考古发掘报告通过国家社会科学基金项目的审批，成为 2013 年度国家社会科学基金重点项目。

2014 年 2～6 月，朴润武对遗址出土陶器线图重新描绘。

2014 年 5 月，东山村遗址考古发掘报告完成初稿。

2014 年 6 月，完成定稿，交付出版社编辑出版。

报告中的研究部分由周润垦、胡颖芳共同完成。

田野发掘照片由周润垦、陈刚、花纯强、李保国、刘乃会拍摄。

器物照片由周润垦、胡颖芳拍摄。

出土器物线图由朴润武、仪张敏、胡颖芳等完成。

周润垦负责报告的改定和总撰。

其间，为了让学术界尽快了解东山村遗址的考古发掘成果，分别在《考古》2010 年第 8 期、《东南文化》2010 年第 6 期和《东南文化》2013 年第 3 期发表了《张家港东山村新石器时代遗址》、《张家港东山村遗址 M91 发掘报告》、《江苏张家港东山村遗址 M101 发掘报告》三篇文章。其后，又在《考古学报》2015 年 1 期、《考古》2015 年 3 期各发表了《张家港东山村新石器时代遗址发掘报告》、《江苏张家港市东山村遗址崧泽文化墓葬 M90 发掘简报》。由于整理时间仓促，文章中的部分数据统计有误。鉴于此，文章中的内容和观点与本报告相抵牾的，均以本报告为准。

第三章　地层堆积

第一节　布方情况

东山村遗址从 1989 年发现以来，遗址上面和周围的地貌发生了很大的改变。但从南沙办事处大院和西侧苗圃的现状依然可以看出这块区域的地势自东山村村委向东倾斜，以办事处大院围墙为界，内外有明显的落差，比北面、东面和南面高出 2 ~ 4 米。因此，在考虑布方时，采取了坐标象限法，将办事处大院和西侧苗圃区域坐落在第一象限内，而基点处于办事处大院南面的虎苑路和东山村村委大门的交汇处。2008 年和 2009 年发掘的探方，也基本上是坐落在第一象限内。探方规格为 10 × 10 米（图 3-1-1）。

2008 年 8 月，在清理掉南沙办事处大院东南篮球场的水泥地后，布了相连的两个探方，探方号为 T1706 和 T1806（图 3-1-1）。在这两个探方内均发现有崧泽文化时期的墓葬。为进一步了解墓葬的布局，从 T1706 向西即向 T1606 内整体扩进 2.5 米、从 T1806 向南即向 T1805 整体扩进 5 米。T1706 西扩方发掘时未保留东隔梁，实际发掘为 2.5 米 × 9 米。T1806 南扩方发掘时保留了北隔梁，实际发掘为 4 米 × 9 米，并编号为 T1805。经过发掘，在 T1706 及西扩方、T1805、T1806 内共发现崧泽文化时期墓葬 10 座。由于在不到 300 平方米的范围内发现了相对较多的崧泽文化时期墓葬，并且多数墓葬随葬有较多的器物，因此考古队决定把发掘层面控制在崧泽文化墓葬所在的层面上，暂时不再整体往下发掘。通过勘探了解，在崧泽文化墓葬层面下尚有 2 米左右的文化层。为摸清遗址整个的文化层堆积情况，同时也尽可能地保留崧泽文化墓葬所在层面的完整性，我们选择了 T1706 西扩方的西壁中间开了一条小探沟（由于 T1706 西扩方正好位于 T1606 内，其后在 2009 年的发掘时，我们把 T1606 剩下的部分也发掘至崧泽文化墓葬层面，因此在后期整理中，我们将 T1706 西扩方内发掘的小探沟编号为 T1606-1）。小探沟规格为 5 米 × 1.8 米，一直发掘至生土。

2008 年 9 月，为了解办事处大院西部的文化堆积情况，在办事处食堂北面和党委楼南面的花坛地带开了一条探沟，该探沟编号为 T1（图 3-1-1）。T1 为正南北方向，南北长 10 米，东西宽 5 米。在发掘时保留了北隔梁和东隔梁。T1 实际上位于遗址 T1009 和 T1010 两个探方的东部。T1 的东壁和两个探方的东壁重合，其中南北向有 7 米位于 T1009 内，余 3 米位于 T1010 内。后由于发现有大面积红烧土堆积，T1 向西整体扩出 5 米，形成了一个 10 米 × 10 米的探方。

2008 年的发掘至此告一段落，开挖的探方有 T1706 及西扩方、T1806、T1805 和 T1，共 375 平方米。其后，对 T1 进行了回填，在 T1706 及西扩方、T1806、T1805 等探方上搭建了保护大棚。

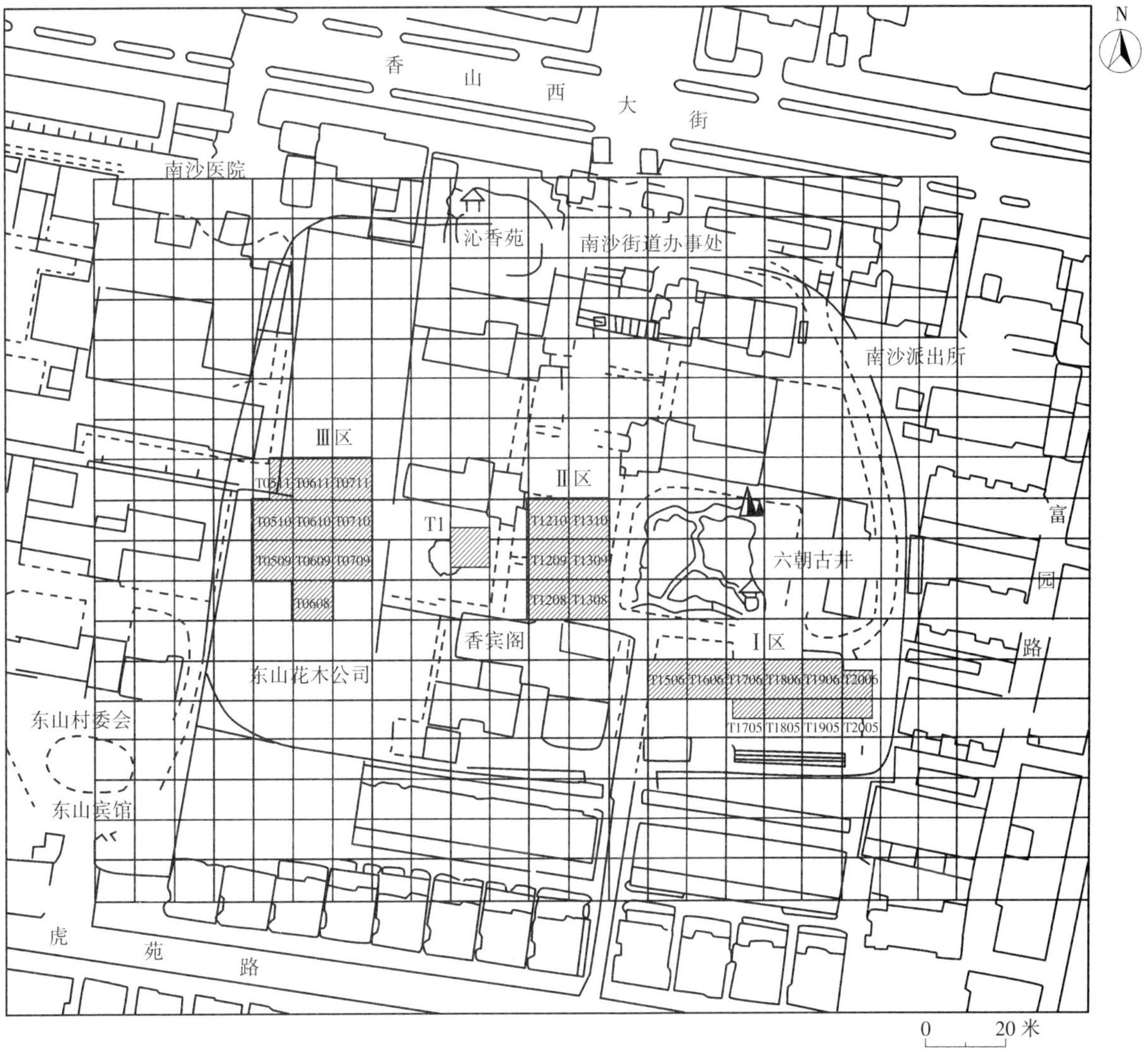

图 3-1-1　东山村遗址发掘探方位置图

2009 年 3 月，经国家文物局的批准，由南京博物院和张家港博物馆联合组成考古队再次对东山村遗址进行发掘。本次发掘的目的主要有两点，一是进一步搞清崧泽文化墓葬的分布规律，二是了解墓葬区外的遗迹分布和文化层堆积情况。本次发掘地点主要还是选择在南沙办事处大院以及西侧花木公司苗圃区域，发掘位置主要分布在三个区域。

首先，还是在办事处大院东南部的篮球场区域进行布方。对 2008 年发掘的 T1706 和 T1806 两个探方所在区域分别向西、向东进行了布方。所布探方为 T1506、T1606（含去年 T1706 的西扩方）、T1906、T2006、T1705、T1905、T2005 等（图 3-1-1）。由于 T2006 往东、T1705 和 T1905 等往南，已紧靠办事处大院围墙，围墙外即为小区楼房，因此，为防探方深挖对小区楼房造成影响，东边及南边的探方面积都做了缩减。其中，T2006 探方规格为 8.3 米 × 7 米，T1705 为 8 米 × 5 米，T1905 为 10 米 × 5 米，T2005 为 8.3 米 × 5 米，其余探方均为 10 米 × 10 米。至此，该区域所布探方有 T1506、T1606、T1706、T1806、T1906、T1705、T1805、T1905

和 T2005 等，总面积为 739.6 平方米。发掘时，将 T1506、T1606、T1706 和 T1806 等四个探方的东隔梁打掉。由于多数探方保留在崧泽文化墓葬层面，除去年发掘的探沟 T1606-1 清理至生土外，还对 T1905 和 T2006 两个探方清理至生土。T1905 和 T2006 两个探方文化层堆积深厚，为防塌方，T2006 在发掘至距地表 2 米深度时（以探方东南角计算），东边和南边各缩进 1 米，T1905 在发掘至距地表 2.1 米深度时（以探方西南角计算），南边和西边亦各缩进 0.8 米，之后在继续往下发掘。

经过发掘，该区域主要发现了马家浜文化墓葬 6 座、灰坑 1 个，崧泽文化墓葬 22 座、灰坑 3 个，马桥文化灰坑 1 个，六朝灰坑 1 个、水井 1 口，宋代水井 2 口，明清时期墓葬 29 座、灰坑 3 个等遗迹（图 3-1-2）。

其次，在办事处大院香宾阁以北，党委楼和政府楼以南的中轴线水泥道路区域布了 6 个探方，探方号分别是 T1208、T1209、T1210、T1308、T1309 和 T1310 等（图 3-1-1），布方总面积为 600 平方米。主要揭露崧泽文化房址 5 座，其中 F1 和 F2 保存较好，保留有大面积的红烧土倒塌堆积。为完整揭示 F1，把 T1209 的北隔梁清理掉。

经过发掘，该区域主要发现了马家浜文化墓葬 1 座，崧泽文化房址 5 座、灰坑 4 个，六朝水井 1 口，宋代墓葬 1 座，以及明清时期墓葬 10 座等遗迹（图 3-1-3）。

第三，在南沙街道办事处大院西侧花木公司苗圃区域进行布方。先是布了 T0610、T0611、T0710 和 T0711 等四个探方（图 3-1-1）。后期由于发现了崧泽文化时期的大墓，为了解墓地的布局，分别向南、向西进行了扩方。所布探方有 T0509、T0510、T0511、T0608、T0609 和 T0709 等。其中除了 T0511 布方规格为 6 米×10 米外，余均为 10 米×10 米。大多数探方保留在马家浜文化或崧泽文化墓葬层面。为了解该区域的文化层堆积情况，对 T0608 进行深入发掘，并沿东壁开了探沟清理至生土。该区域发掘总面积为 960 平方米。

经过发掘，该片主要发现马家浜文化房址 1 座、墓葬 8 座、灰坑 14 个，崧泽文化墓葬 15 座、灰坑 4 个，马桥文化水井 1 个，西晋墓葬 1 座，唐代墓葬 1 座，宋代墓葬 1 座等遗迹（图 3-1-4）。

为叙述方便，我们将以上南沙街道办事处东南篮球场地的发掘区域、香宾阁以北的发掘区域、办事处大院西侧花木公司苗圃的发掘区域分别编为遗址Ⅰ区、Ⅱ区和Ⅲ区。

为验证遗址南界勘探的结果，在遗址的南部开了条探沟，面积为 1.5 米×10.5 米，编号为 T2（参见图 2-2-1）。

此外，在 2010 年下半年，利用南沙办事处香山西大街重新修路之际，在香山大街上开了 4 条探沟，分别编号为 T3、T4、T5 和 T6（参见图 2-2-1）。

T3，位于香山西大街与府前街交界处，南沙办事处北大门的北面，规格为 1.5 米×10.5 米。

T4，位于办事处和香山医院中间，规格为 6.6 米×3.5 米。

T5，位于香山西大街的中国工商银行南沙分理处与宏达油漆店之间，规格为 1.5 米×15 米。

T6，位于香山医院与南沙邮电局营业大厅之间，规格为面积 6.6 米×1.5 米。

东山村遗址 2008 年、2009 年和 2010 年共计发掘面积 2761.6 平方米。

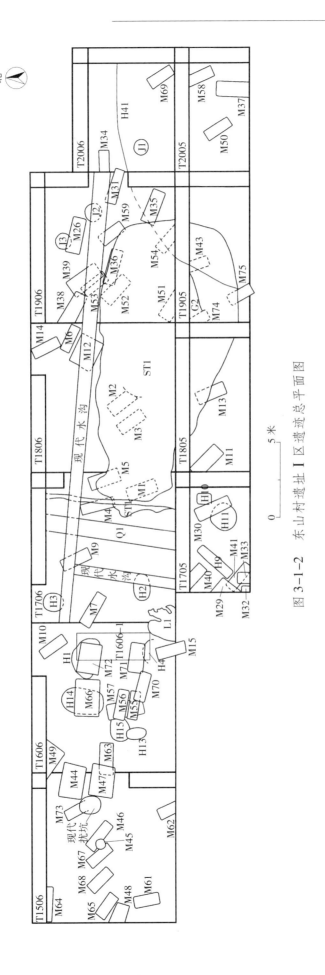

图 3-1-2 东山村遗址 I 区遗迹总平面图

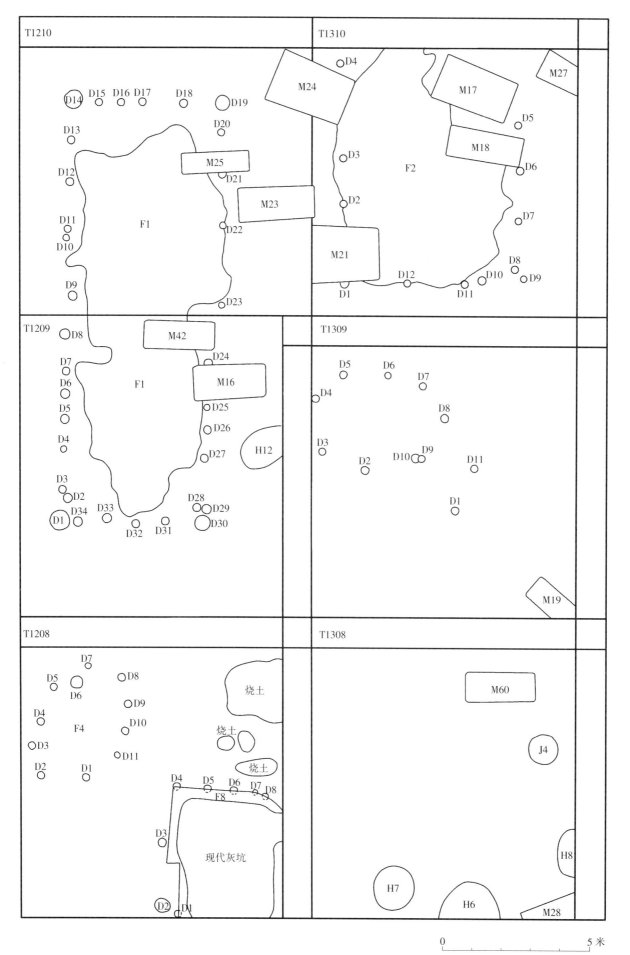

图 3-1-3　东山村遗址 Ⅱ 区遗迹总平面图

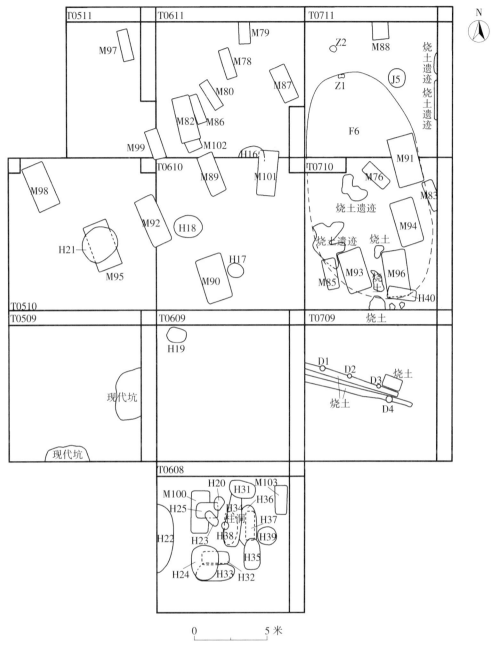

图 3-1-4 东山村遗址Ⅲ区遗迹总平面图

第二节 地层堆积

东山村遗址处于香山东侧，从东山村村委、苗圃、南沙办事处大院这一片看，此区域原应是香山延伸下来的高岗，地表明显高出北面、东面和南面约 2～4 米。从发掘的情况看，苗圃、南沙办事处大院内发掘探方的生土面也比香山大街上所开探沟的生土面高出甚多。此外，由于地势自西向东、南倾斜，文化层堆积也表现出这种状况。从Ⅰ区、Ⅱ区、Ⅲ区的发掘情况显示，文化层堆积分布不均，整体上自西向东渐厚。以下分别介绍：

一 Ⅰ区地层堆积

Ⅰ区内的探方多数保留在马家浜文化和崧泽文化墓葬层面，为了解该区的文化层堆积状况，在T1706西扩方即T1606的东部中间开了条探沟T1606-1，并对T1905和T2006两个探方发掘清理至生土（图版3-2-1：1、2，3-2-2：1）。综合Ⅰ区的发掘情况，Ⅰ区的地层堆积总体上自西向东渐厚。在Ⅰ区的西部，马家浜文化地层出露的较早，越往东越偏下，而崧泽文化层逐渐增多。

以T1506～T2006南壁和北壁剖面（图3-2-1：1、2）、T1606-1南壁和西壁剖面（图3-2-1：3、4）、T1706东壁剖面（图3-2-1：5）、T1905南壁和西壁剖面（图3-2-1：6、7）、T2006东壁剖面（图3-2-1：8）为例，介绍如下：

第1层，表土，黄褐色。该层为清理掉篮球场上面的水泥层和小石子层后出露的堆积。厚约0.1～0.65米。遍布全区，西部略薄东部略厚。表土层内出土有现代电线、塑料等杂物，以及一些青花瓷片、新石器时代的夹砂红陶片等。此层下开口有一些明清时期墓葬，为M29、M30、M44、M47～M49、M55、M56、M70、M71等。

第2层，灰褐色夹杂青灰色土，土质较疏松。距地表深0.1～0.65米，厚0.1～0.5米。本层堆积除在T1805、T1806、T1905、T1906等探方内被现代水塘和扰坑破坏外，在其他探方均有分布。堆积厚度西部薄东部厚。该层出土有明清时期青花瓷片、白瓷片、砖瓦，以及新石器时代的一些夹砂红褐陶片等。此层下开口有M6、M7、M11、M12、M26、M31～M33、M35、M36、M38、M39、M45、M46、M57、M63、M64、M66、M72等明清墓葬，H1、H9、H10等明清时期灰坑以及宋代水井J1等遗迹。

第3层，可分为3a、3b、3c三个小层。其中第3a层基本分布于全区，第3b、3c层主要分布在Ⅰ区的东部，即T1905、T1906、T2005和T2006等探方内。

第3a层，灰褐色土，土质较硬，夹杂有青砖块、红烧土块、小石块等。距地表深0.2～1.15米，厚0～0.5米。除T1806、T1906等探方内为现代水塘和扰坑破坏外，基本遍布全区。该层堆积分布起伏较大，从T1806和T1906两个探方处呈坡状堆积向下倾斜后再逐渐趋于平缓，并且东边的堆积比西边的堆积厚。该层出土器物较杂，有隋唐时期底部有支钉烧痕迹的青瓷碗底、西晋时期的口沿下饰细小菱形格纹带的青瓷碗、马桥文化时期的席纹灰陶罐腹片，以及马家浜文化和崧泽文化的陶片等。此层下开口有宋代墓葬M34，唐代墓葬M37，六朝时期灰坑H13、H14和水井J2，马桥文化灰坑H11，以及崧泽文化墓葬M1、M4、M5、M14、M41等。

第3b层，青灰色土，土质稍硬，夹杂有红烧土块、青砖块和草木灰、植物根系等。距地表深0.78～1.55米，厚0～0.45米。该层堆积主要分布于Ⅰ区的东部，即T1905、T1906、T2005和T2006等探方内。堆积的西边同样呈坡状，往东渐趋平缓，堆积厚度往东逐渐增厚。出土有六朝时期的青瓷碗片、马桥文化时期的印纹硬陶罐片，以及马家浜文化和崧泽文化时期的陶片等。

第3c层，灰白色土，土质较硬，含水锈斑块，夹杂有红烧土颗粒。距地表深1.1～1.8米，厚0～0.4米。该层堆积主要分布于Ⅰ区的东部，于T1905、T1906及其以东的探方内，分布范围比第3b层有所缩小，更加往东；堆积厚度分布较为均匀。出土有马桥文化时期的叶脉纹或梯格纹的泥质红陶罐腹片、锥状灰陶足，叶脉纹、云雷纹或戳点纹的硬陶片，以及少量的云雷纹原始瓷片等；另见有马家浜文化和崧泽文化的陶片，器形有陶豆、陶罐等。该层下开口有崧泽文化墓葬

M43、M51～M54、M74 等。

第 4 层，可分为 4a、4b 两个小层。其中第 4a 层基本分布于全区，第 4b 层则主要分布于 I 区的东部，范围基本与第 3b 层同。

第 4a 层，浅红褐色土，土质较硬、细腻，含水锈斑，夹杂有较多的红烧土颗粒。距地表深 0.3～2 米，厚 0～0.5 米。该层堆积除了在 T1806 被现代水塘扰乱殆尽外，在其他探方内都有分布。堆积分布有起伏，厚薄不均。在 I 区西大部的堆积较薄且平缓，从 T1806 和 T1805 的东部开始向东，堆积厚度有所加大，且呈坡状堆积，往东渐趋平缓。出土陶片以夹砂红褐陶为主，次为泥质红褐陶，相当数量的泥质红褐陶外施红衣，此外还有泥质灰陶、灰褐陶以及夹砂黑褐陶等；器形有陶鼎、陶豆、陶罐、陶壶等，铲形鼎足、分段式弦纹镂孔豆柄及折腹豆盘等为崧泽文化的典型器物。该层下开口有崧泽文化灰坑 H2、H3 和墓葬 M15、M59、M69，以及马家浜文化墓葬 M61、M62、M65、M67、M68、M73 等。

第 4b 层，黑褐色土，土质较硬，含水锈斑，夹杂有红烧土块、小石块等。距地表深约 1.63～2.2 米，厚约 0.23～0.45 米。该层堆积主要分布于 T1905 和 T1906 及其以东的探方内。堆积西高东低，呈缓坡状。出土陶片与上层基本相同，有少量的泥质红陶；器形有陶鼎、陶豆、陶壶、陶罐等。该层下开口有崧泽文化墓葬 M50、M75。

第 5 层，灰褐色土，土质较硬，夹杂有较多的红烧土颗粒。距地表深约 0.4～2.45 米，厚约 0～0.38 米。该层堆积除了在 T1506、T1806 不见分布外，其他探方均有分布。堆积厚薄不均，I 区东部的堆积比西部的深厚。出土陶片以夹砂的红褐、灰褐陶为主，次为泥质的红褐陶和灰褐陶；器形有铲形鼎足、弦纹镂孔豆柄、折腹豆盘、敛口陶罐口沿、鸡冠形鋬手等。该层下开口有崧泽文化墓葬 M9、M10、M58 和灰坑 H41 等，另有马家浜文化墓葬 M40。

由于东山村遗址在发掘时考虑到今后对遗址的保护和展示，重要的遗迹在清理完后即停留在该遗迹层面，而未整体向下发掘。因此，有较多的马家浜文化墓葬或崧泽文化墓葬就停留在 6 层、5 层或 4 层。为了更好地了解遗址地层的堆积情况，仅选取个别探方或以开探沟形式清理至生土。在 I 区的西部，对 T1606-1 发掘至生土。在 I 区的东部，对 T1905 和 T2006 两个探方清理至生土。由于 T1606-1 与 T1905 和 T2006 探方之间相隔有 20 多米，没有再开探沟把前后者的地层统一起来，只按照各自的层位进行编号（T1905 和 T2006 两个相邻探方的地层有统一）。因此，以下将分别介绍探沟 T1606-1、探方 T1905 和 T2006 自第 6 层开始往下的堆积情况。

探沟 T1606-1 的西壁、南壁剖面（小探沟规格为 1.8 米×5 米，西边距 T1606 西壁 7.5 米，南边距 T1606 南壁 1.75 米）：

第 6 层，灰褐色土，土质较硬、细腻，夹有少量的红烧土颗粒。距地表深约 0.74～0.8 米，厚 0.1～0.25 米。堆积分布较为均匀。出土陶片以夹砂红褐陶为主，次为泥质红褐陶、夹砂灰褐陶，泥质灰陶基本不见，部分泥质红褐陶内外施红衣，另有少量的夹粗砂厚胎白陶片，器表饰以横向细绳纹。有少量的厚胎尖底缸残底片。腰檐釜的残片较多，器形大致有侈口弧肩和直口直肩两种类型。另外还有牛鼻形罐耳、正面按有捺窝的铲形鼎足、泥质红陶豆柄等。豆柄上部有多道突棱，棱间饰以两横排未透的圆形小孔，棱下有横向细长条镂孔。

第 7 层，红褐色土，土质较硬，夹杂有较多的红烧土块。距地表深 0.95～1 米，厚 0.1～0.25 米。堆积略有起伏。出土陶片以夹砂红褐陶为主，次为夹砂灰褐陶、泥质红陶；可辨器形有侈口筒形腰檐釜、夹粗砂厚胎尖底缸残底部、泥质红陶豆柄、外红里黑的豆盘、夹砂盉流等。泥质红陶豆柄上部折棱明显,上饰有未透的横向短条孔和小圆孔。

第 8 层,灰褐色土,土质较硬、细腻,夹杂有少量的红烧土块。距地表深 1.18 ~ 1.3 米,厚 0.05 ~ 0.35 米。堆积分布不均匀,南面薄北面厚。出土陶片以夹砂红褐陶为主,可辨器形有腰檐釜、尖底缸、豆、灶、盉把及鼎足等。其中,腰檐釜的种类较多,有宽沿弧肩、侈口弧肩、直口筒形、敞口直腹等器形;灶为上部残片,口部近直,沿近平,唇外卷,沿下附鋬手;盉把呈三角形,把下方附加有一横突,以利于抓握;鼎足呈铲形,正面饰以捺窝;有的豆柄有明显的折棱,并饰有未透的小圆孔。

第 9 层,红褐色土,土质较硬,夹杂有较多的红烧土块。距地表深 1.3 ~ 1.4 米,厚 0.05 ~ 0.2 米。堆积分布有起伏,南侧高北侧低。出土陶片以夹砂红褐陶为主,次为夹砂黑褐、泥质红褐陶等;可辨器形有腰檐釜、陶鼎、陶盆、尖底缸等。鼎足数量较多,多为铲形,正面饰捺窝,有的中间附加有绞索状堆纹;尖底缸残存底部,为夹粗砂厚胎。

第 10 层,灰黄色土,土质较硬、紧密,含少量的红烧土颗粒。距地表深 1.45 ~ 1.65 米,厚 0.1 ~ 0.35 米。堆积有起伏,南侧高北侧低。出土陶片以夹砂红褐陶居多,见有腰檐釜残片、正面饰捺窝的铲形鼎足、牛鼻形罐耳、厚胎尖底缸残底部等。该层下开口的遗迹粗马家浜文化灰坑 G2。

第 11 层,灰褐色土,土质稍硬、细腻,较为纯净。距地表深 1.68 ~ 1.89 米,厚 0.2 ~ 0.5 米。堆积略有起伏,南侧高北侧低。出土陶片以红褐陶为主,次为夹砂灰褐陶、泥质红;见有外施红衣内黑的夹细砂大豆盘、泥质红陶豆柄、管状盉流及折沿短肩腰檐釜残片等。

第 12 层,黄褐色土,土质较硬、细腻。含有红烧土颗粒。距地表深 2.1 ~ 2.14 米,厚 0.1 ~ 0.35 米。堆积有起伏,南侧低北侧高。出土陶片较少,以夹砂红褐陶为主,有泥质红陶豆柄、腰檐釜残片等。

第 13 层,灰黄色土,土质坚硬、细腻,含少量红烧土颗粒。距地表深 2.17 ~ 2.52 米,厚 0.1 ~ 0.45 米。堆积有起伏,南侧低北侧高。出土陶片夹砂红褐、黑褐为,少量的泥质红陶,见有宽折沿弧肩腰檐釜残片、外施红衣的夹细砂粗豆柄、外红内黑的豆盘等。该层下开口遗迹有马家浜文化灰坑 H4。

第 13 层下为黄灰色生土。

T1905 的南壁和西壁剖面,T2006 的东壁剖面:

第 6 层,黄褐色土,土质较硬,有水锈斑,夹杂有较多的红烧土块。距地表深 2.25 ~ 3.15 米,厚 0 ~ 0.36 米。在 T1905 内仅分布于西部,在 T2006 内北高南低呈斜坡状分布于整个探方。出土陶片以夹砂红褐陶为主,泥质红陶、红褐陶占有一定数量;器形有泥质黑褐陶豆柄,柄上部有道折棱,棱下分布有 3 个或 6 个圆形镂孔,另外还有泥质红褐陶粗豆柄、牛鼻形罐耳、铲形鼎足、夹粗砂的厚胎尖底缸残片等,腰檐釜较少见。

第 7 层,灰黄色土,土质较硬、细腻。距地表深 2.5 ~ 3.75 米,厚 0 ~ 0.4 米。在 T1905 均有分布,堆积西高东低成斜坡状,在 T2006 内分布于北大部。出土陶片以夹砂红褐陶为主,次为夹砂灰褐陶、泥质红陶、灰陶;可辨器形以腰檐釜片较多,多为敞口或直口;另出有泥质黑褐陶豆柄,柄上部有道折棱,棱下圆形镂孔;有少量的铲形鼎足、扁半环状盉把等。

第 8 层,灰褐色土层,土色较浅,土质较硬,有水锈斑,夹杂有少量的红烧土块。距地表深

3.0～3.6米，厚0～0.4米。在T1905内西高东低呈坡状分布于探方西部，在T2006内分布于探方的北大部。出土陶片以夹砂红褐陶为主，次为夹砂灰褐陶；见有侈口短肩或卷沿直腹腰檐釜、施红衣夹粗砂豆柄、牛鼻形罐耳等。

第9层，深褐色土，土性较黏，有水锈斑，夹杂有较多的红烧土颗粒。距地表深3.25～3.6米，厚0～0.25米。在T1905内仅分布于探方西南大部，在T2006内除了东北部，余均有分布外。出土陶片以夹砂红褐陶为主，泥质红陶、黑褐陶占有一定比重；出有牛鼻形罐耳、腰檐釜残片、泥质红陶豆柄、厚胎尖底缸残底等。

第10层，灰色土层，土质松软，夹杂有较多的烧土块、炭屑以及小块兽骨等。距地表深3.25～3.55米，厚0～0.4米。在T1905内仅分布于探方西北部，在T2006内仅分布于探方西南部。出土陶片以夹砂红褐陶为主，见有敞口腰檐釜片、铲形足鼎等。

第11层，青灰色土，土质松软、细腻，夹有零星烧土颗粒。距地表深3.3～3.8米，厚0～0.33米。在T1905内仅分布于探方东部，在T2006内大部有分布。出土陶片以夹砂红褐陶为主，见有牛鼻形罐耳、折棱或无棱的泥质红陶豆柄、矮领罐口沿等。

第12层，灰褐色土，土质疏松，有黄绿色水锈斑，夹有细砂及烧土颗粒。距地表深3.75～4.05米，厚0～0.15米。在T1905内仅分布于探方东部，在T2006内仅分布在西南部。出土陶片较少，见有腰檐釜片、夹粗砂或泥质红陶豆柄等。

第13层，灰黄色土，土质较硬、纯净，含有少量的烧土颗粒。距地表深3.5～3.65米，厚0～0.25米。在T1905内仅分布于探方西南部，在T2006内均有分布。出土陶片以夹砂红褐陶为主，见有直口筒形黑陶腰檐釜片、敛口黑陶钵、泥质红陶豆柄、带折棱黑褐陶豆柄等。

第14层，黄褐色土，土质较硬、细腻。距地表深3.55～3.9米，厚0～0.36米。在T1905内仅分布于探方西部，在T2006内分布较散。出土陶片以夹砂红褐陶为主，泥质红陶、灰陶、夹砂黑陶占有一定比重；可辨器形有泥质红陶豆柄、牛鼻形罐耳、宽折沿黑陶罐片、正面饰有多个捺窝的矮鼎足等。

第15层，青灰色黏土，土质湿软、纯净。距地表深3.75～4.05米，厚0～0.25米。该层仅分布于T1905的西南部。未见有包含物。

第15层下即为黄灰色生土。

二　Ⅱ区地层堆积

Ⅱ区的探方基本保留在崧泽文化时期房址层面。从已发掘的情况显示，Ⅱ区的西北部地势较高，往东、南地势渐低。现以T1208～1210东壁（图3-2-2：1）、T1308～1310东壁（图3-2-2：2）及T1209～1309北壁（图3-2-2：3）为例说明：

第1层，表土，黄褐色土。该层为清理掉上面的水泥路面及其下小石子层而出露的堆积。厚约0.05～0.3米。该层内出土近现代杂物及陶瓷碎片等。本层开口下遗迹有清代墓葬M16、M42。

第2层，可分为2个小层。

第2a层，灰褐色土，土色较浅，土质较软。距地表深0.05～0.3米，厚0～0.75米。除了T1310东部和T1309的东北角外，堆积分布于Ⅱ区大部。该层堆积厚薄不均，往东、南渐厚。出土器物有青花瓷片、青白瓷碗底片、砖瓦以及新石器时代的夹砂红褐陶和泥质灰陶片等。该层下开口有 M23、M25 等明清墓葬。

第2b层，青灰色土，土质较硬。距地表深0.1～0.93米，厚0.1～0.75米。本层堆积除了Ⅱ区西北部外均有分布。堆积厚薄不均，北部较厚，往南渐薄。该层出土器物有韩瓶残片、酱釉或青釉瓷碗等，以及新石器时代的残石钺、石镰、石锛等。该层下开口有明清墓葬 M17、M18、M21、M24、M27、M60、宋墓 M28 和六朝水井 J4 等遗迹。

第3层，灰褐色土，土质较硬。距地表深0.6～0.7米，厚0～0.3米，仅分布于Ⅱ区的西南部，即 T1208 大部和 T1209 的东南角。出土器物有青瓷碗和钵残片，以及新石器时代的夹砂红褐陶片等。从土质土色和包含物看，Ⅱ区的第3层与Ⅰ区的第3a层相同。

第4层，红褐色土，土质坚硬、细腻。夹杂有较多的红烧土块。距地表深0.25～1.1米，厚约0.08～0.35米。堆积基本上遍布Ⅱ区，并呈由北向南渐低的坡状堆积，且北部堆积较厚，南部堆积较薄。出土陶片以夹砂红褐陶为主，次为泥质红褐陶、泥质灰褐陶，以及少量的夹砂黑褐陶等。另见有极个别的的夹砂白陶残片。出土陶片有泥质灰褐陶弦纹及镂孔豆柄、泥质红褐陶施红衣鸡冠耳罐、夹粗砂红褐陶豆盘等。该层下开口有崧泽文化时期 F1、F2、F3、F4、F5 和 H6、H7、H8，以及马家浜文化 M19、H12 等遗迹。从出土包含物看，Ⅱ区第4层的年代与Ⅰ区的第5层基本相当。

第5层，黄褐色土，土质较硬。在Ⅱ区内均有分布。因考虑遗址的整体保护并未全区往下清理，仅在 T1308 南部进行小面积的发掘。距地表深0.93～1.1米，厚0.15～0.2米。出土陶片以夹砂红褐陶为主，可辨器形有罐、釜等。

第6层，红褐色土，土质较硬、纯净。仅在 T1308 的东南角进行小面积的发掘。距地表深1.15～1.3米，厚0.4米。出土少量的夹砂红褐陶片，

第6层下为黄灰色生土。

三　Ⅲ区地层堆积

从现地表来看，Ⅲ区往北约 10 米为该区域的最高点，再往北则为斜坡。Ⅲ区往南亦有点坡度，不过比较平缓。Ⅲ区往东即为南沙办事处大院，中间以围墙相隔，上下落差约 1 米。发掘情况显示，Ⅲ区的地层堆积大体与现地表显露的状况相似，西北处的堆积较高，东部和南部的堆积较低。可能是由于Ⅲ区西北部地势略高的缘故，整个文化层堆积向东和向南倾斜，并且西北处的早期地层出露的早。现以 T0608～T0611 东壁（图3-2-3：1）、T0510～T0710 北壁（图3-2-3：2；图版3-2-2：2）和 T0610～T0611 西壁（图3-2-3：3）为例说明：

第1层，表土，黄褐色土。土质疏松，原地表种植有花木。厚约0.08～0.28米。该层内含有大量的植物根系、现代建筑垃圾、农药包装袋以及陶瓷碎片等。

第2层，灰白色土，土质疏松。距地表深0.08～0.28米，厚0～0.45米。除 T0611 和 T0711 的北部没有分布外，其他均有覆盖。出土有青花瓷片、白瓷片、砖瓦，以及新石器时代的夹砂红褐陶、泥质红陶、灰陶等陶片等。由于该层下局部出露早期文化层堆积，因此在该层下见有不同时期的遗迹。本层下开口遗迹有马桥文化时期 H16，六朝时期 H19、M82，唐墓 M88，以及马家浜文化 M97 等。

第3层，灰褐色土，土质稍松、细腻。距地表深0.2～0.4米，厚0～0.4米。该层堆积主要分布于Ⅲ区的南部，即 T0510～T0710 等探方的南部及以南区域。该层出土了青瓷小碗、青瓷钵残片

等，另外还出土了新石器时代的夹砂红褐陶、泥质红陶、灰陶等陶片，可辨器形有陶壶、陶豆、陶罐等。该层下开口遗迹有马桥文化时期 J5 和崧泽文化 M76、M83。

第4层，灰黄色土，土质坚硬、紧密，含有较多的红烧土颗粒。距地表深 0.2 ~ 0.62，厚 0 ~ 0.35 米。除了 T0511 和 T0611 两个探方的北部外，向南、向东均有分布。堆积北高南低，呈坡状向东、向南延伸，并且往东、往南堆积渐厚。出土陶片以夹砂红褐陶为主，次为泥质红褐、夹砂黑褐、泥质灰褐陶等；器形有亚腰形或喇叭形弦纹镂孔豆柄、四矮方足的瓠形杯、铲形鼎足等。该层下开口遗迹有崧泽文化 H17、H21、H22、H40、M85、M91、M93、M94、M96 等。

第5层，黄褐色土，土色较上层偏灰暗，土质较硬，含有较多的红烧土块。距地表深 0.3 ~ 0.8 米，厚 0 ~ 0.35 米。除了在 T0511 和 T0611 探方北部没有分布外，其他探方均有覆盖。堆积自Ⅲ区的西北部始，呈坡状堆积向南、向东延伸，并且逐渐增厚。出土陶片以夹砂红褐陶、灰褐陶为主，次为泥质红陶、灰陶，见有个别的夹砂白陶片；可辨器形有鼎、豆、罐、壶、器盖等。鼎足有素面窄铲形及两侧略凹的凿形；器盖的纽半环状，两侧捏起，中间捺窝；此外还有泥质灰陶或灰褐陶的直壁折腹钵、敛口折壁豆盘、亚腰形弦纹豆柄等。该层下开口遗迹有崧泽文化 M87、M89、M90、M92、M95、M98、M99、M102 和马家浜文化 H18、M78、M79、M80、M86、M101 等。

第6层，红褐色土，土质坚硬、紧密，夹杂有大量的红烧土块。距地表深 0.15 ~ 1.1 米，厚 0.1 ~ 0.5 米。堆积基本遍布Ⅲ区内，由西北处呈下坡状堆积向东和向南延伸，堆积逐渐增厚。由于多数探方停留在第5层或第6层层面上，对第6层及以下堆积并未全部发掘清理。仅选取 T0608 进行深入发掘。在 T0608 内，除了保留西边的崧泽文化灰坑 H22 和马家浜文化墓葬 M103 等遗迹外，探方的东大部则清理至生土。出土陶片以夹砂红褐陶为主，次为夹砂黑褐陶、泥质红褐陶，相当数量的泥质红褐陶外壁或内外壁施红衣，另有零星的夹砂白陶片，外饰细绳纹或施红衣；可辨器形有腰檐釜、鼎、灶、豆、尖底缸等。其中，腰檐釜的形式多样，有直口筒形、侈口筒形、宽折沿弧肩等；鼎足多呈宽铲形，上有捺窝，有的中间附加有绞索状堆纹；少量鼎足为窄铲形，中部捏细脊；豆为泥质红陶或红褐陶，豆盘外壁或内外壁施红衣，豆柄较粗，大喇叭形圈足，近足底处常有小圆形或小方形镂孔；另见有牛鼻形或桥形耳，以及少量的炉算条等。该层下开口遗迹有马家浜文化 F6、H20、H23 ~ H25、H31 ~ H36、M100 等。

第7层，黄灰色土层，土质坚硬、细腻，夹杂有少量红烧土颗粒。目前仅在 T0608 内的东大部对该层进行了清理。距地表深 1.35 ~ 1.40 米，厚 0.15 ~ 0.55 米。从 T0608 内的发掘看，该层分布较为平缓。但由于下层层面起伏不平，导致该层堆积厚薄不均。出土陶片以夹砂红褐陶、灰褐为主，次为泥质红陶；可辨的器形有腰檐釜、陶豆、盉等。腰檐釜片有敞口筒形、敛口弧肩等形制，豆柄较粗大，另见有盉流、半环状器耳等。该层下开口遗迹有马家浜文化时期 H37 ~ H39、M103 等。

第7层下为黄灰色生土。

四　探沟地层堆积

东山村遗址除了Ⅰ区、Ⅱ区、Ⅲ区的布方外，还发掘了几条探沟。2008 年 8 月，在党委楼和食堂的中间花坛地开了一条探沟，编号为 T1。2010 年 3 月，为验证考古勘探结果，确认遗址的南界，在遗址南边开了条探沟，编号为 T2。2010 年下半年，南沙办事处北门前的香山西大街水泥路改造提升，将水泥路面改铺为柏油路。我们利用此次修路机会，在香山西大街上开了4条探沟，自东向西编号为T5、T3、T4、T6。由于4条探沟均是在施工队清理掉大街水泥路面和其下砂石垫土层后进行布方发掘的，因此，以下各探沟所编的第1层堆积实际距原水泥路面多在1米左右。另外，由于各探沟之间相隔较远，并没有统一地层，层位按各自探沟进行编号。现将各探沟的地层堆积情况分别介绍如下：

T1

位于党委楼南边的花坛地。T1为正南北方向，东西宽5米，南北长10米。在发掘时保留了北隔梁和东隔梁。T1处于统一布方T1009和T1010两个探方的东部。T1的东壁和两个探方重合，其中南北向有7米位于T1009内，余3米位于T1010内。后由于发现有大面积红烧土堆积，T1向西整体扩出5米，形成了一个10米×10米的探方。现以东壁为例（图3-2-4：1），介绍如下：

第1层，表土，土质疏松。厚0.2~0.35米。

第2层，灰黑土，土质疏松。距地表0.2~0.35米，厚0.31~0.45米。包含物有青花瓷片等。

第3层，灰白土，略泛青，土质较细腻松软。距地表0.8~0.86米，厚0.13~0.24米。包含物有青、白瓷残片。

第4层，红褐色土，土质坚硬，含较多的烧土颗粒。距地表1.0~1.1米，厚0.18~0.22米。包含物有夹砂红褐陶片、灰褐陶片等。

第5层，红褐色土，略泛黄，距地表1.0~1.08米。该层清理了约0.2米。

T2

位于东山新村小区东边的菜地里。探沟规格为1.5米×10.5米，正南北方向。以东壁剖面为例（图3-2-4：2），介绍如下：

第1层，表土，土质疏松。厚0.4~0.65米。地层内包含现代杂物。

第2层，灰黄土，土质疏松，颗粒大，比较纯净。距地表0.63~0.92米，厚0.24~0.43米

第3层，青灰土，土质细腻、松软，纯净。距地表0.75~0.9米，厚0.23~0.28米。未见有包含物出土。

第4层，黄褐土，土质较硬、纯净，含有极少量的红烧土颗粒。距地表1.1~1.2米，厚约0.4米。未见有包含物出土。

第5层，灰黑土，土质湿软、纯净。由于发掘该层时，地下水较多，难以继续往下清理。该层清理了约0.2厘米，即停止往下发掘。未见包含物出土。经过勘探，从该层往下2米多，基本是灰黑土层。此处很可能为遗址外围的河道。

T3

位于香山西大街与府前街交界处，南沙办事处北大门的北面，西距T4约50米。探沟规格为1.5米×10.5米，方向10度。现以西壁剖面（图3-2-4：3）为例，介绍如下：

第1层，表土，青灰色，土质较硬。厚0.1~0.35米。探沟北部为现代沟所破坏。地层内包含现代杂物。

第2层，灰黄褐色土，土质较硬、纯。深0.1~0.35，厚0~0.35米，略呈南高北低的坡状堆积，北部被现代沟所破坏。以下第3层至第10层的堆积同样略呈南高北低的坡状堆积，不再赘述。该层内出土有青花瓷片、白瓷片等。

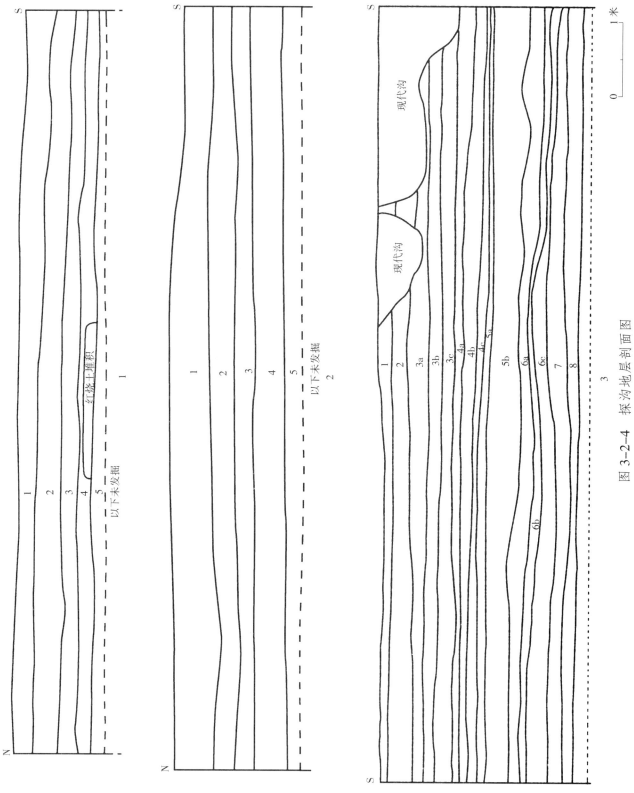

图 3-2-4 探沟地层剖面图

1.T1 东壁剖面图 2.T2 东壁剖面图 3.T3 西壁剖面图

第3层，根据土质土色又可细分3a、3b、3c三小层。

3a层，浅黄褐色土，土质硬、纯。深0.4~0.7米，厚0~0.4米，部分被现代沟渠破坏。土层内无包含物。

3b层，黄褐色土，土质硬。深0.5~0.95米，厚0.15~0.25米，部分被现代沟渠破坏。土层内包含零星砖块。

3c层，灰黄色土，土质较硬。深0.65~1.15米，厚0.15~0.3米，部分被现代沟渠破坏。土层内包含零星碎瓦片。

第4层，根据土质土色的差异，分为4a、4b、4c三小层。

4a层，灰褐色土，土质湿软、细腻、纯净。深0.95~1.3米，厚0.1~0.2米，部分被现代沟渠破坏。土层内未见包含物。

4b层，灰黑色土，土质湿软、细腻、纯净。深1.15~1.55米，厚0.05~0.15米。土层内未见包含物。

4c层，灰褐色土，土质湿软。深1.18~1.65米，厚0.05~0.15米。土层内未见包含物。

第5层，根据土质的差异，细分为5a、5b两层。

5a层，黑灰色土，土质较软、细腻、纯净。深1.3~1.7米，厚0.08~0.2米。土层内有零星夹砂红陶残片。

5b层，青灰色土，土质湿软、细腻，含有少量红烧土颗粒。深1.45~1.8米，厚0.3~0.55米。土层内含少量陶片，以夹砂红褐陶和泥质灰陶为主。

第6层，根据土质土色的差异，分为6a、6b、6c三小层。

6a层，青灰色土，含有较多灰黄土斑及少量红烧土颗粒，土质较软。深1.8~2.25米，厚0.05~0.25米。土层内包含零星兽骨及较多的陶片，以夹砂红褐陶和夹砂黑褐陶为主，少量的泥质灰陶和红褐陶等。可辨器形有泥质黑褐陶的弦纹豆柄、鸡冠形罐耳以及素面铲形鼎足等。

6b层，灰黑色土，土质湿软、细腻、纯净。深2.0~2.35米，厚0.05~0.2米。未见出土遗物。

6c层，灰黄色土，土质软、细腻、纯净。深2.1~2.45米，厚0.14~0.4米。土层内包含零星夹砂红褐陶片，可辨器形有釜口沿等。

第7层，黑灰色土，含有少量红烧土颗粒，土质软、细腻。深2.45~2.65米，厚0.15~0.25米。土层内包含零星夹砂陶片，可辨器形有釜残片、夹粗砂的粗豆柄等。

第8层，青黑色淤土，土质湿软。深2.6~2.88米，因水位较高向下仅发掘约0.25米厚即停止。土层内未见包含物。经过勘探，该层下2米多还是青黑色淤土，该区域可能是水塘或古河道所在。

　　T4

位于办事处和香山医院中间，T6以东约33米处。探沟规格为6.6米×3.5米，方向10度。T4内的文化层堆积同样是整体向北倾斜，可能与该探沟处于遗址Ⅲ区高地的北坡延伸地带有关。现以西壁剖面为例（图3-2-5：1），介绍如下：

第1层，表土，青灰土，土质较硬、细腻。厚0.1~0.3米。该层出有现代杂物。此层土的性质与T6的相同，此区域原应为农田。

第2层，灰黄色土，土质细腻。深0.1~0.3米，厚0.15~0.4米，遍布探沟。出土了青花瓷片、白瓷片等。

第3层，黄褐色土，含水锈斑，土质略硬。深0.45~0.6米，厚0~0.4米。仅分布于探沟的中、北部，南高北低呈斜坡状堆积。未出土遗物。

第4层，灰黑色土，土质硬。深0.2~0.7米，厚0~0.15米。南高北低呈斜坡状堆积分布于探沟的北大部。土层内包含红烧土块、陶片等。出土陶片较散碎，多为夹砂红陶，器表饰梯格纹，少量泥质红陶和灰陶；器形有鼎足、豆柄等。

第5层，灰白色土，土质较硬，夹杂有较多的红烧土块。深0.25~1.05米，厚0~0.35米。基本分布于全探沟，呈南高北低坡状堆积。出土的陶片，夹砂红陶器表饰梯格纹，夹砂黑陶器表饰细绳纹，还有少量的泥质灰、红陶；可辨器形有泥质凸棱细柄豆等。该层下开口遗迹有马桥文化时期G3。

第6层，深灰褐色土，土质较硬。含有一些红烧土块。深0.35~0.6米，厚0~0.1米。分布于探沟南部，呈南高北低坡状堆积。出土有少量饰梯格纹的夹砂红褐陶及硬陶残片等，可辨器形有泥质灰陶的浅弧壁豆盘。

第7层，红烧土层，土质硬。夹杂有大量的红烧土块。深0.5~0.8，厚0~0.45米。堆积分布于探沟南部，南高北低呈坡状，北部被马桥文化时期G3打破。几乎不见包含物。

第8层，青灰色黏土，土质较硬，含较多的水锈斑。深0.6~1.1米，厚0~0.25米。主要分布于探沟的南部，南高北低呈坡状堆积。出土有较多的陶片，以夹砂红褐陶和泥质灰陶为主，前者器表多饰绳纹和梯格纹；可辨器形有沿外折的鼎口沿、圆柱状足尖外撇的鼎足、泥质灰陶的矮三足器，以及凸棱或凹弦纹的细柄豆等。

第9层，浅灰色土，土质较硬，含少量水锈斑。深0.85~1.05米，厚0~0.25米，仅分布于探沟南部。出土遗物较少。

第10层，青灰色黏土，土质硬，含较多的水锈斑。深1.05~1.1米，厚0~0.7米，仅分布于探沟南部。出土陶片多为质地疏松的夹砂红褐陶，少量泥质灰陶片，可辨器形有铲形鼎足、弦纹豆柄等。该层下开口遗迹有崧泽文化时期H26、H27、H30等。

第11层，灰黄色土，土质硬，含水锈斑。深1.1~1.6米，厚0~0.6米，仅分布于探沟南部。出土陶片残碎，多为夹砂红褐陶。该层下开口遗迹有崧泽文化时期H28、H29及G4。

第12层，黄褐色土，土质较软。深1.6~1.75米，厚0~0.2米，分布于探沟北大部。土层内含草木灰及零星碎陶片等。

第12层下即为黄灰色生土。

T5

T5位于香山西大街的中国工商银行南沙分理处与宏达油漆店之间。探沟规格为15米×1.5米，方向104度。该条探沟是顺着香山西大街开的，在探沟内，文化层堆积是东薄西厚，越往东，生土面越高，直至近水平。现以北壁剖面为例（图3-2-5：2），介绍如下：

第1层，表土，青灰色，土质较硬、细腻、纯净。厚0~0.25。土层内包含现代杂物。

第2层，灰土层，土质较软，含有少量的红烧土颗粒。距地表深0.15~0.25米，厚0~0.3米。主要分布在探沟的西部，堆积东部薄西部厚。出土有青花瓷片等。

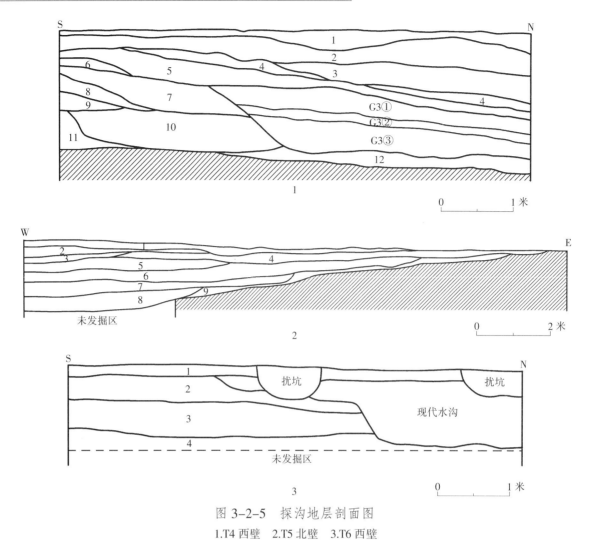

图 3-2-5　探沟地层剖面图
1.T4 西壁　2.T5 北壁　3.T6 西壁

　　第3层，黑灰色土，土质较硬。距地表深约 0.25 ~ 0.45 米，厚 0 ~ 0.15 米。堆积东部高，西部略低，呈坡状。出土有青瓷片、白瓷片及陶片等。

　　第4层，青灰色土，土质湿软，夹杂有较多的红烧土颗粒。距地表深约 0 ~ 0.25 米，厚 0 ~ 0.25 米。主要分布于探沟中、东部，探沟东部由于道路施工，该层上部的堆积略有破坏。堆积东高西低呈坡状。出土陶片主要是泥质灰陶、几何印纹硬陶片及部分原始瓷片，印纹硬陶片上的纹饰有席纹、方格纹、波浪纹、回纹等。

　　第5层，青灰色土，土质湿软。夹杂有红烧土颗粒。距地表深约 0.4 ~ 0.6 米，厚 0 ~ 0.35 米。分布在探沟的西部，堆积东部薄西部厚。出土陶片有泥质红陶、灰陶片等，泥质红陶片上饰有叶脉纹、方格纹等。

　　第6层，青灰色土，土质湿软。距地表深 0.2 ~ 0.85 米，厚 0 ~ 0.4 米。主要分布于探沟的中、西部，堆积东高西低呈坡状。未见出土遗物。

　　第7层，灰黄色土，土质湿软。距地表深 0.7 ~ 1.1 米，厚 0 ~ 0.4 米。分布于探沟中西部，堆积东高西低呈坡状。未见出土遗物。

　　第8层，浅灰色土，土质湿软。距地表深 1.1 ~ 1.5 米。厚 0 ~ 0.5 米。分布于探沟的西部，堆积东高西低呈坡状。未见出土遗物。

第9层，灰黄色土，土质较硬。距地表深0.1~1.1米，厚0~0.2米。主要分布在探沟的中、东部，堆积东高西低呈坡状。未见出土遗物。

在探沟的中、东部，9层下已见黄褐色生土。由于地下水位较高，探沟西部未能再往下发掘。

从T5的发掘情况看，探沟东部生土层出露得很早，而探沟往西，文化层逐渐增厚。结合考古勘探，在T5的东边，已经不见有文化层的存在，均为生黄土。从解剖的情况显示，此处应该是东山村遗址的东北界。

T6

位于香山西大街的香山医院与南沙邮电局营业大厅之间。探沟规格为6.6米×1.5米，方向10度。现以西壁剖面为例（图3-2-5：3），介绍如下：

第1层，表土，青灰土，土质较硬、细腻。厚0.15~0.2米。遍布全探沟。土层内包含近现代杂物。该层下有两条现代沟和一个大水塘。本层青灰土较为纯净，土质细腻，土质土色应是长期浸水而成，推测此区域原应为农田。

第2层，黄褐色土，细腻较纯净，土质较硬，含少量红烧土颗粒。距地表深约0.2米，厚约0~0.36米。探沟北部被现代沟和水塘破坏。未出土遗物。

第3层，灰黄色土，土质较硬、纯净。距地表深约0.5~0.6米，厚0.3~0.5米。该层堆积北部被现代水塘所破坏。出土有宋代时期的白瓷碗残片。

第4层，黄褐色土，土质较硬，含点状水锈斑。距地表深约0.9~1.0米。因地下水位较高，该层向下发掘约0.25米后暂停，未再往下继续清理。该层堆积北部被现代水塘破坏。未出土遗物。

第三节 小 结

东山村遗址自发现以来，前后共进行了4次发掘。历次发掘主要在南沙办事处大院内进行。包括20世纪90年代前后的发掘，总共发掘面积有2936.6平方米。发掘显示，东山村遗址主要是新石器时代的聚落遗址。经过2008~2010年的考古勘探和发掘，基本确认了遗址的范围。整个遗址平面近圆角长方形，南北相距约500米，东西相距约600米，总面积约27万平方米。需要说明的是，这个遗址的总面积并非单纯的指示为新石器时代的聚落遗址范围，还包含晚期的遗址范围在里面。从在遗址东北处T5的解剖发掘情况看，在探沟内尚未清理出新石器时代的堆积层，甚至不见有新石器时代的遗物出土，因此，东山村遗址新石器时代的聚落遗址范围应比目前勘探和发掘到的遗址范围要小。对东山村遗址新石器时代的聚落遗址范围的确认，还需下一步考古工作来提供依据。

东山村遗址的文化内涵以马家浜文化和崧泽文化为主，有丰富的文化层堆积和遗迹现象。

目前的发掘显示，在马家浜文化时期，大致经历了两大时段：

早段偏早时期的先民当是以Ⅲ区第7层下的M103的墓主为代表的一群人。此时Ⅲ区可能作为墓地使用，同时在该层面发现有较多的灰坑，显示生活区应离这边不远。

到了早段的晚些时候，约相当于Ⅲ区北部第6层下的房址F6时，在Ⅲ区的南部同样发现有墓葬和较多的灰坑，说明Ⅲ区仍然是先民居住和埋葬的中心区域。同时，在Ⅱ区内揭露有若干个与Ⅲ区内相同的专门存放红烧土的灰坑。Ⅲ区的红烧土灰坑不远处即为F6，推测在Ⅱ区内，红烧土灰坑的附近亦存在有房址。如此，在这个阶段，先民们的居住区域有所扩大。而在Ⅰ区内，发现的同时期的遗迹依然较少，说明该区域还未成为先民活动的重心。

到了晚段，由于某种原因，Ⅲ区不再作为居住区使用，而是作为纯粹的墓地。即在Ⅲ区第6层面上埋葬了以M101为代表的一群先民。不仅如此，在这段时间里，先民还把Ⅰ区作为另一块墓地进行使用。两块墓地的同时期并存，究竟是因为社会结构发生了变化产生了阶层，导致上层人群把持特权占有稀缺资源，或是由于墓地的空间不够再开辟另外一块，还是存在分别有各自墓地的两个对等的人群，等等，需要从时空关系、埋葬习俗、文化特征等各方面进行深入探讨。总之，在这一阶段，社会复杂化进程已经开始加速。反映在遗址上的遗迹现象也相应地丰富起来。

经过一个时期的自身嬗变和外部因素的催化，马家浜文化最终演变为崧泽文化。崧泽文化在继承传统的同时，亦形成了自身的风格，并在马家浜文化的基础上，有了更为长足的发展。东山村遗址的崧泽文化也大致经历了三大阶段：

在第一阶段，我们看到有较多的因素是从马家浜文化传承而来。反映在遗址上，我们可以看到，在崧泽文化时期，Ⅲ区和Ⅰ区仍然作为同时并存的两块墓地在使用。同时，在Ⅰ区和Ⅲ区中间，即在Ⅱ区内，有若干座较为集中的崧泽文化时期的房址。上述两点，与马家浜文化时期的相似。而在此时，崧泽文化对墓地使用的规定，已经越来越严格，明显的标上了社会阶层的印记。Ⅲ区严格作为大中型墓埋葬的区域，而Ⅰ区均是埋葬小型墓。如果说，在马家浜文化时期，两块墓地的同时并存使用，带给我们诸多的困惑，那么在崧泽文化时期已经比较明显地指向了社会结构的变化，显示已经产生了贵族阶层。Ⅲ区内大墓的形制和随葬品的种类和数量在这个时段张扬得仅可以用"令人震撼"四个字来感叹了。

第二个阶段，Ⅰ区和Ⅲ区依然作为墓地在使用，Ⅰ区仍然是埋葬小型墓，Ⅲ区埋葬大中型墓。而在Ⅱ区，却没有发现同时期的房址，说明该区域在前阶段作为居住区此时已经废弃不用，而选择其他地方。

进入第三个阶段时，东山村遗址的崧泽文化似乎开始衰落，出土的陶器与前两个阶段相比，大部分显得比较小。此外，我们在Ⅲ区也未发现该阶段的墓葬。一个原因可能是该区域不再作为墓地使用，另一个原因可能是由于发掘规模的不足；在Ⅱ区依然不见有该时期的房址，居住区另有他处；在Ⅰ区揭露有该阶段的若干座墓葬，说明Ⅰ区作为墓地一直在使用。如此这些说明，该阶段的聚落规模有所缩小，聚落的中心也已偏离了该区域。

东山村遗址在崧泽文化之后目前没有发现良渚文化时期的文化层堆积和遗迹，不过在遗址内出土了极个别的良渚文化时期器物，例如锥形玉器和兽面纹陶片，说明在良渚文化时期东山村遗址遭到废弃，已经不是先民们的栖身之所，仅有极个别的良渚先民路过或做短暂的停留。

在崧泽文化层的上面，于Ⅰ区的东部边缘局部有较薄的马桥文化时期的堆积，另外还在Ⅰ区、Ⅲ区以及香山西大街上的T3等清理了若干个马桥文化时期的灰坑等。堆积较薄或遗迹较少的原因可能与马桥文化时期遗址上的人口数量规模较少有关，也存在着后期的人类活动破坏了较多马桥文化遗存的可能。在Ⅰ区、Ⅱ区和Ⅲ区的多数探方内，在崧泽文化层之上多数是唐宋时期的文化层堆积。

在遗址的东北处，即香山西大街东部的 T5 内，发现有春秋时期的文化层堆积，显示在春秋时期人类活动主要在遗址的外围进行。

六朝时期的文化层堆积仅分布在Ⅰ区的东部边缘，此外在Ⅰ区的东部发现有若干个水井，在Ⅲ区发现有个别的土坑砖室墓。

唐宋时期的文化堆积在Ⅰ～Ⅲ区内均有发现，遗址中心区外围的探沟内，也发现了唐宋时期的堆积，Ⅰ、Ⅲ区内发现有个别唐代墓葬，Ⅱ、Ⅲ区内发现有个别宋代墓葬及若干水井。

遗址地表之下普遍发现有明清时期的文化堆积，特别是在Ⅰ、Ⅱ区，发现了数量众多的明清墓葬，表明该遗址直至明清时期仍有人类活动的足迹。

第四章　马家浜文化遗存

　　由于考虑到考古现场的保护，多数探方都停留在崧泽文化层面，仅个别探沟或探方发掘至生土。相对于崧泽文化遗存来讲，马家浜文化遗存发现的数量似乎少了些。但是从已经发掘至生土的 T1606-1、T1905、T2006 等探沟或探方中可以看到，马家浜文化时期的文化层堆积相当深厚，甚至超过了崧泽文化时期的文化层堆积。马家浜文化时期的遗存也是比较丰富的，发现有房址、灰坑、灰沟、墓葬等众多遗迹，出土了较多的遗物。

第一节　房　　址

　　仅发现 1 座，编号为 F6。

F6

　　位于遗址Ⅲ区 T0711 和 T0710 内，开口于第 6 层下，平面近椭圆形，总面积约 50 平方米（图 4-1-1A；图版 4-1-1）。F6 有大面积的红烧土倒塌堆积，连成一片。目前仅在 T0711 内揭露出房址的北半部，南半部尚未发掘。但是从清理崧泽文化 M91、M93、M94、M96 等墓葬时发现，F6 的红烧土堆积向南延伸进来，部分被这些墓葬所打破。从在 T0711 揭露的部分看，平面呈

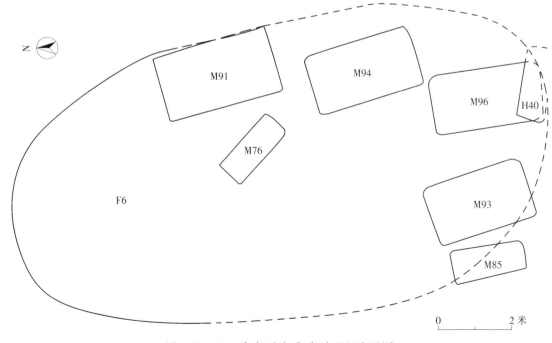

图 4-1-1A　马家浜文化房址 F6 平面图

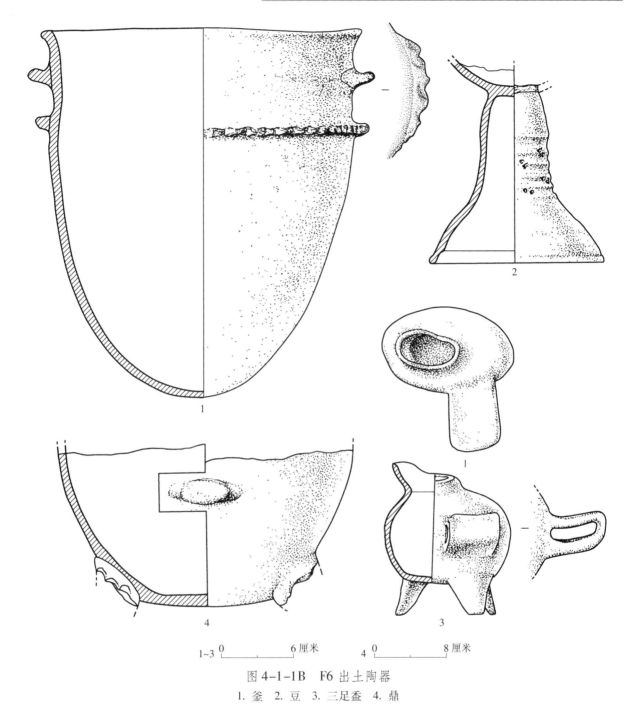

图 4-1-1B　F6 出土陶器
1. 釜　2. 豆　3. 三足盉　4. 鼎

半椭圆形，中间区域的红烧土较厚（图版 4-1-2：1）。堆积中含有较多的印有芦苇秆或木柱痕迹的红烧土块，即通常说的木骨泥墙。印痕有大有小，大的宽有 6 厘米左右，应该是木柱的痕迹（图版 4-1-2：2）；小的宽有 1 厘米左右，这类痕迹通常排列比较紧密，应该是芦苇秆或是细竹子之类的植物秆（图版 4-1-2：3）。这种红烧土块基本都是一面印有痕迹，一面比较平整，厚度一般在 8 厘米左右，据此可推测当时房墙的厚度至少有 16 厘米。在北部的红烧土堆积中还压有几件陶器，分别是釜、鼎、豆、盉等，其中釜经修复还比较完整。考虑到考古现场的保护，并未对 F6 进行清理，仅把这几件露出的器物进行了提取。因此，对房址的结构、居住面等情况尚不清楚。

共出土器物 4 件，为陶釜、鼎、豆、盉各 1 件。（图 4-1-1B）

陶釜　1件。

F6：1，圜底釜。夹砂红褐陶。侈口，筒形腹，圜底。沿下饰一对鸡冠形錾耳，錾下方有一周窄腰沿，边缘呈锯齿状。口径25.8、高29.3厘米。（图4-1-1B；图版4-1-3）

陶鼎　1件。

F6：4，夹砂红褐陶。口、上腹部及三足残。下腹圆弧，平底，足上有捺窝。腹中部残留一断錾。残高16.4厘米（图4-1-1B；图版4-1-4：1）。

陶豆　1件。

F6：2，泥质红陶。豆盘残，仅残豆柄。柄较矮，喇叭形圈足。柄饰6道凸棱，间饰以圆形小镂孔，孔均未钻透。底径14.4、残高15.7厘米。（图4-1-1B；图版4-1-4：2）

陶盉　1件。

F6：3，三足盉。泥质红陶。短流上扬，蛋形腹，平底，底附三个扁凿形足，腹侧装一宽扁环状把手。流长径5.3、短径2.1、高11.6厘米（图4-1-1B；图版4-1-4：3）。

第二节　灰坑与灰沟

Ⅰ、Ⅱ、Ⅲ区内共发现马家浜文化灰坑16个、灰沟1条，以Ⅲ区T0608内分布最为集中。

一　灰坑

灰坑16个，其中H4位于Ⅰ区T1606-1内，H12位于Ⅱ区T1209内，H18位于Ⅲ区T0610内，其余均位于Ⅲ区T0608内（图4-2-1）。由于多数探方未清理至生土，因此灰坑分布并不能反映当时的实际情况。

依据灰坑的坑口形状，大致可分为椭圆形、长方形、长条形和圆形四种类型。

椭圆形灰坑共11个，为H4、H12、H18、H20、H23、H24、H31、H33、H35、H36、H38，除H4开口于Ⅰ区T1606-1第13层下、H12开口于Ⅱ区第4层下、H18开口于Ⅲ区第5层下、H38开口于Ⅲ区第7层下外，其余均开口于Ⅲ区第6层下。长方形灰坑共3个，为H25、H32、H37，H25、

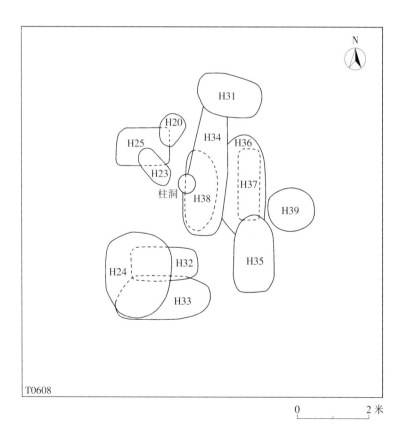

图4-2-1　T0608内马家浜文化灰坑平面图

H32 开口于Ⅲ区第6层下，H37 开口于Ⅲ区第7层下。长条形灰坑1个，为 H34，开口于Ⅲ区第6层下。圆形灰坑1个，为 H39，开口Ⅲ区第7层下。

坑壁有斜壁、弧壁两类，底有平底、圜底和缓坡状底之分。各类灰坑的口径在 0.5~3.3 米不等，深度多在 0.7 米以内。灰坑内填土有灰褐色、灰黑色及浅灰色等，以灰褐色居多，多数灰坑填土内含烧土块或颗粒。大部分灰坑内出土的陶片数量少，散碎的厉害，几乎没有可以复原的器物。极少数灰坑内发现零星的动物残骸。从灰坑的形制和包含物来看，马家浜文化时期的灰坑大致可分为两类：第一类是废弃的窖穴，这类灰坑均较为规整；第二类是生活垃圾坑，这些灰坑多不规整，一些灰坑是利用原地表的凹坑或洼地作为垃圾倾倒场所。

（一）Ⅰ区灰坑

H4

椭圆形灰坑。位于 T1606-1 西南角，开口于第13层下，打破生土层，向西向南延伸至探方内未作清理。从揭露的部分来看，坑口东西长径 1.3、南北短径 0.5 米，坑深 0.6 米，弧壁，圜底。坑内填土呈灰黑色，土质较硬，夹杂烧土颗粒。出土陶片以夹砂黑褐陶为主，少量的泥质及夹砂红褐陶，可辨器形有盆残片及牛鼻形罐耳等。（图 4-2-2）

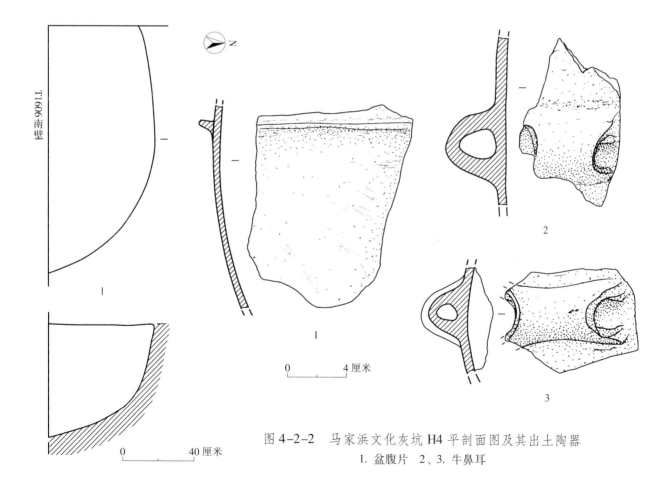

图 4-2-2　马家浜文化灰坑 H4 平剖面图及其出土陶器
1. 盆腹片　2、3. 牛鼻耳

陶牛鼻耳　2 件。

H4:2，夹砂灰黑陶。耳略宽圆。耳长 6.0、宽 5.0 厘米。（图 4-2-2）

H4:3，泥质红褐陶。耳显细长。耳长 7.8、宽 4.6 厘米。（图 4-2-2）

陶盆腹片　1 件。

H4:1，夹砂灰黑陶。盆腹斜弧，中饰一周窄腰沿。残高 13.4 厘米。（图 4-2-2）

（二）Ⅱ区灰坑

H12

椭圆形灰坑。位于 T1209 东部，开口于第 4 层下，打破第 5 层，向东延伸至隔梁内未作清理。坑口长径 1.4、短径 1.2 米，坑深 0.15 米，坑壁斜直，坑底平整。坑内填土呈灰褐色，土质坚硬，内含烧土块、石块，以及泥质、夹砂红陶片等。为保留坑内的堆积原状，仅对坑内的填土进行了清理，坑内的烧土块、石块和陶片未进行清理和提取。坑内陶片多为夹砂红褐陶，次为泥质红陶，陶片中有腰檐釜片、陶豆柄等。（图 4-2-3；图版 4-2-1：1）

（三）Ⅲ区灰坑

1. 椭圆形灰坑

H18

位于 T0610 中部偏西处，开口于第 5 层下，打破第 6、7 层。坑口

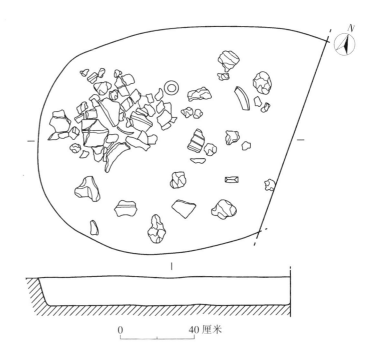

图 4-2-3　马家浜文化灰坑 H12 平剖面图

东西长径 1.9、南北短径 1.5 米，坑深 0.3 米，坑壁斜直，坑底平整。坑内填土呈红褐色，土质较硬。出土陶片较多，以夹砂陶为主，有釜、豆、罐等陶器残片。（图 4-2-4；图版 4-2-2：1）

陶釜　1 件。

H18:1，夹砂红褐陶。侈口，圆唇，弧腹较深，下腹及底残。口沿下饰两个对称的宽梯形錾手，錾手下堆贴一周窄腰沿，腰沿外侧饰浅捺窝。口径 25.2、残高 23.4 厘米。（图 4-2-4；图版 4-2-2：2）

陶豆盘　1 件。

H18:2，泥质红陶，器表施红衣，多已剥落。口微敛，圆唇，弧壁。口径 28.2、残高 4.0 厘米。（图 4-2-4）

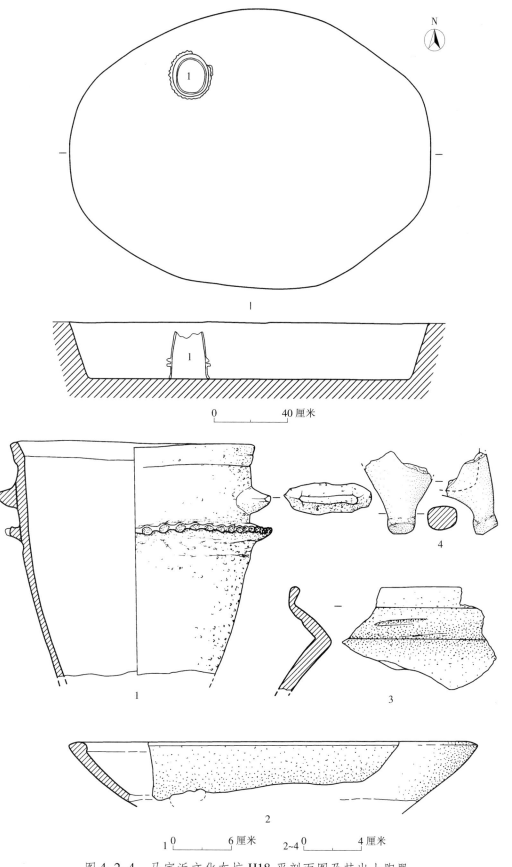

图 4-2-4 马家浜文化灰坑 H18 平剖面图及其出土陶器

1. 釜 2. 豆盘 3. 罐口沿 4. 器足

陶罐口沿 1件。

H18:3，泥质红陶，器表施红衣，多已剥落。敛口，圆唇，束颈，弧肩。残高6.8厘米。（图4-2-4）

陶器足 1件。

H18:4，夹砂红褐陶。足上部中空，足尖呈实心圆柱状。残高5.5厘米。（图4-2-4）

H20

位于T0608略偏西北处，开口于第6层下，打破开口于同一层位下的H25及第7层。坑口南北径0.9、东西径0.67米，坑深0.35米，坑壁斜弧，坑底圜状。坑内填土呈浅灰色，土质较硬。出土陶片以夹砂陶为主，有豆、罐、盆等陶器残片。（图4-2-5A）

陶豆柄 2件。

H20:2，泥质红陶，器表施红衣，已剥落殆尽。大喇叭形圈足。残高15.2、足径22.0厘米。（图4-2-5B）

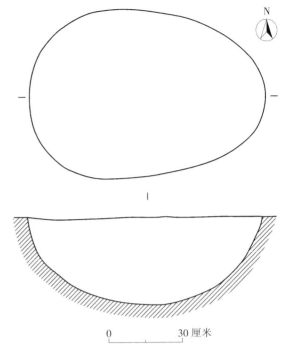

图4-2-5A 马家浜文化灰坑H20平剖面图

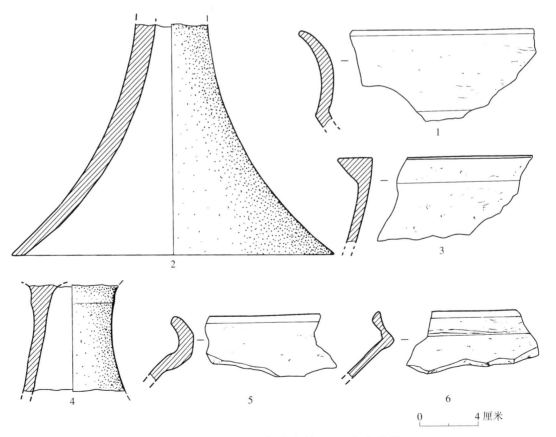

图4-2-5B 马家浜文化灰坑H20出土陶器

1. 盆口沿 2、4. 豆柄 3、5、6. 罐口沿

H20：4，泥质灰黑陶。近盘底处微束。残高7.0厘米。（图4-2-5B）

陶罐口沿 3件。

H20：3，夹砂黑陶。口微敛，尖唇，斜腹。残高5.6厘米。（图4-2-5B）

H20：5，夹砂灰黑陶。侈口，圆唇，束颈。残高4.2厘米。（图4-2-5B）

H20：6，泥质红褐陶，器内外壁施红衣，基本剥落殆尽。口微敛，方圆唇，束颈。残高4.4厘米。（图4-2-5B）

陶盆口沿 1件。

H20：1，泥质红陶，器表施红衣，已剥落殆尽。敞口，圆唇，上腹弧凹。残高6.4厘米。（图4-2-5B）

H23

位于T0608略偏西北处，开口于第6层下，打破开口于同一层位下的H25及第7层。坑口长径1.15、短径0.6米，坑深0.25～0.3米，坑壁斜直，坑底略呈缓坡状。填土呈灰褐色，土质较硬。出土陶片以夹砂陶为主。出土石锛1件。（图4-2-6；图版4-2-1：2）

石锛 1件。

H23：1，器表呈青灰色。上半部残。背、腹面均较平直，背、腹面大体同宽，单面锋，直刃。残长6.3、残宽2.8、厚1.5厘米。（图4-2-6）

H24

位于T0608西南部，开口于第6层下，打破开口于同一层位下的H32、H33以及第7层。坑口南北长径2.3、东西短径1.8米，坑深0.3米，坑壁斜弧，坑底平整。填土呈灰褐色，土质较硬，内含烧土颗粒及零星的动物骨骼残骸。出土陶片以夹砂红褐陶为主，夹

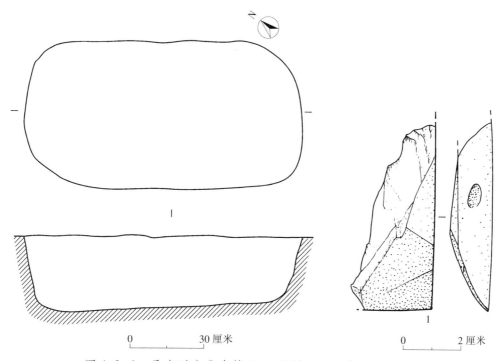

图4-2-6　马家浜文化灰坑H23平剖面图及其出土石器

1. 残石锛

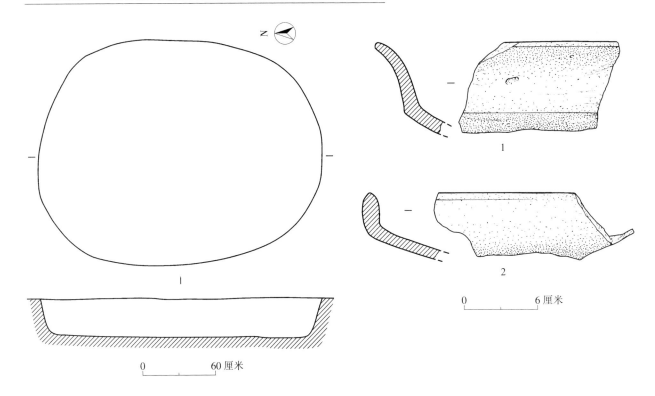

图 4-2-7 马家浜文化灰坑 H24 平剖面图及其出土陶器

1. 盆口沿 2. 豆盘残片

砂黑褐、红陶次之，泥质陶片少，可辨器形有豆、盆等。（图 4-2-7）

陶豆盘 1 件。

H24：2，泥质红陶。直口微敛，尖圆唇，弧壁。残高 5.2 厘米。（图 4-2-7）

陶盆口沿 1 件。

H24：1，夹砂红褐陶。侈口，圆唇，折壁。残高 7.2 厘米。（图 4-2-7）

H31

位于 T0608 近北隔梁处，开口于第 6 层下，打破 H34、第 7 层直至生土。坑口东西长径 1.8、南北短径 1.15 米，坑深 0.3 ~ 0.4 米，弧壁，缓坡状底。坑内填土呈灰褐色，土质较硬，内含烧土颗粒。出土陶片以夹砂陶为主，少量泥质陶，有零星夹砂白陶残片，陶片较碎，有罐等陶器残片。（图 4-2-8）

陶罐口沿 2 件。

H31：1，夹砂红褐陶。侈口，圆唇，束颈，弧肩。残高 4.1 厘米。（图 4-2-8）

H31：2，夹砂红褐陶。侈口，尖圆唇，束颈，折肩。残高 3.0 厘米。（图 4-2-8）

H33

位于 T0608 西南部，开口于第 6 层下，打破第 7 层，且被开口于同一层位下的 H24 和 H32 打破。坑口东西长径 2.3、南北短径 1.1 米，坑深 0.7 米，坑壁略弧，坑底略呈缓坡状。坑内填土呈灰褐色，土质较硬，内含烧土块。出土陶片以夹砂陶为主，较碎，器形难以辨认。（图 4-2-9）

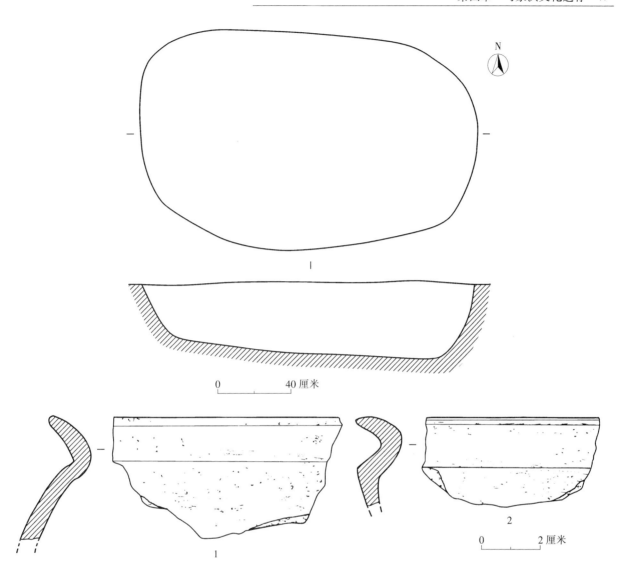

图 4-2-8 马家浜文化灰坑 H31 平剖面图及其出土陶器
1、2. 罐口沿

H35

位于 T0608 中部，开口于第 6 层下，打破 H36、H37 及第 7 层。坑口南北长径 2.05、东西短径 1.1 米，坑深 0.55 米，坑壁斜直、平底。坑内填土呈灰黄色，土质较硬，内含烧土颗粒。出土陶片以夹砂红褐陶为主，有罐、盆等陶器残片，另并出有小玉玦 1 件。（图 4-2-10A；图版 4-2-3：1）

陶罐口沿 1 件。

H35：1，夹砂红褐陶。侈口，圆唇，束颈，折肩。残高 7.7 厘米。（图 4-2-10B）

陶盆口沿 1 件。

H35：2，夹砂红陶。侈口，卷沿。残高 2.6 厘米。（图 4-2-10B）

玉玦 1 件。

H35：3，青白色，有黑色沁斑。异形玦，器体近似半圆形，缺口一侧平齐，另一侧圆弧。外径 1.9～2.3、内径 0.5、厚 0.25、玦口宽 0.15～0.3 厘米。（图 4-2-10B）

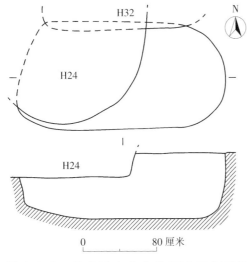

图 4-2-9　马家浜文化灰坑 H33 平剖面图

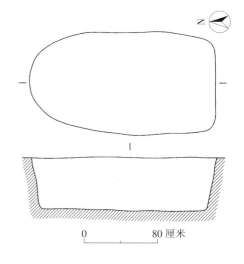

图 4-2-10A　马家浜文化灰坑 H35 平剖面图

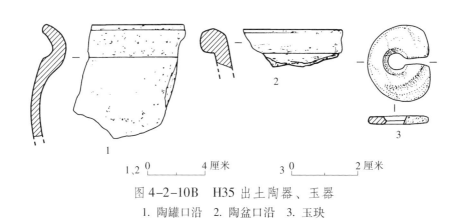

图 4-2-10B　H35 出土陶器、玉器
1. 陶罐口沿　2. 陶盆口沿　3. 玉玦

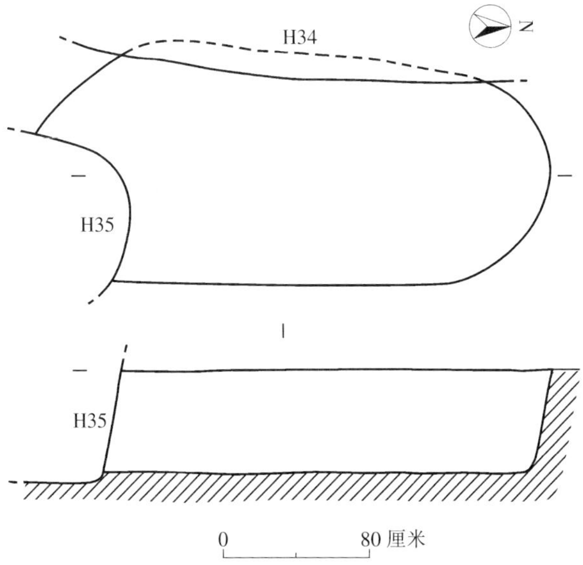

图 4-2-11　马家浜文化灰坑 H36 平剖面图

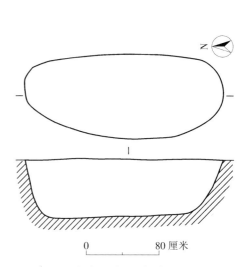

图 4-2-12　马家浜文化灰坑 H38 平剖面图

H36

位于 T0608 略偏东南部，开口于第 6 层下，打破第 7 层，且被开口于同一层位下的 H34 和 H35 打破。坑口南北长径 2.7、东西短径 1.25 米，坑深 0.5 米，坑壁斜直，平底。坑内填土呈灰褐色，土质较硬，内含烧土颗粒。出土陶片以夹砂红褐陶为主，有釜、罐等陶器残碎片。（图 4-2-11）

H38

位于 T0608 中部，开口于第 7 层下，打破生土层，叠压于 H34 下。坑口南北长径 2.15、东西短径 0.9 米，坑深 0.6 米，坑壁斜直，坑底平整。坑内填土呈灰黑色，土质较软，内含有烧土颗粒，未见陶片。（图 4-2-12）

2. 长方形灰坑

H25

位于 T0608 略偏西北部，开口于第 6 层下，打破第 7 层，且被开口于同一层位下的 H20 和 H23 打破。坑口呈圆角长方形，长 1.5、宽 1.0 米，坑深 0.35～0.5 米，坑壁较直，坑底呈缓坡状。填土呈灰褐色，土质硬，内含烧土颗粒。出土陶片以夹砂陶为主，少量泥质陶，出有釜等陶器残片。出土玉管 1 件。（图 4-2-13；图版 4-2-3：2）

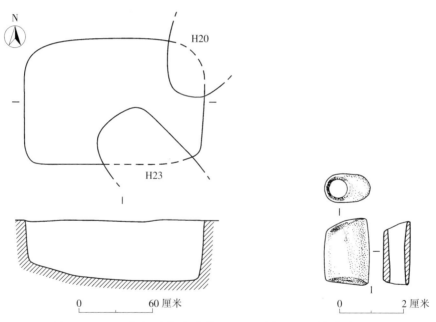

图 4-2-13　马家浜文化灰坑 H25 平剖面图及其出土玉器
1. 管

玉管　1 件。

H25：1，青绿色，略透明。横剖面近椭圆形，上下端对钻一孔，孔径较大。长径 1.6、短径 0.9、高 1.8、孔径约 0.7 厘米。（图 4-2-13；图版 4-2-3：3）

H32

位于 T0608 中部略偏西南，开口于第 6 层下，打破开口于同一层位下的 H33 及第 7 层，且被 H24 打破。坑口近圆角长方形，长 1.9、宽 1.05 米，坑深 0.55 米，坑壁斜弧，坑底较平整。坑内填土呈灰褐色。出土陶片以夹砂陶为主，少量泥质陶，有零星夹砂白陶残片，陶片较碎，器形难以辨认。（图 4-2-14）

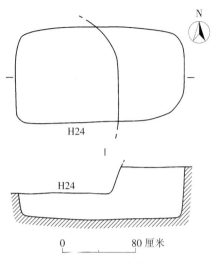

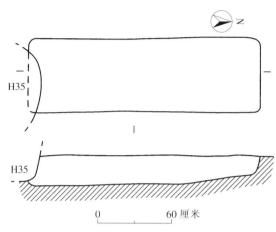

图 4-2-14　马家浜文化灰坑 H32 平剖面图　　　图 4-2-15　马家浜文化灰坑 H37 平剖面图

H37

位于 T0608 中部略偏东南部，开口于第 7 层下，打破生土层，且被开口于第 6 层下的 H35 打破。坑口长 1.9、宽 0.6、深 0.15～0.23 米，坑壁斜直，坑底呈缓坡状。坑内填土呈灰褐色，土质较软，内含有烧土颗粒。未见陶片。（图 4-2-15）

3. *长条形灰坑*

H34

位于 T0608 中部略偏北处，开口于第 6 层下，打破第 7 层和 H36，且被开口于同一层位下的 H31及一柱洞打破。坑口呈不甚规则的长条形，南北长约 3.3 米，东西最宽处 1.2 米，坑深 0.45～0.5米，坑壁斜直，坑底略呈缓坡状。坑内填土呈浅灰色，土质较硬，内含烧土块。出土陶片以夹砂红褐陶为主，有零星白陶残片，有釜等陶器残片。（图 4-2-16）

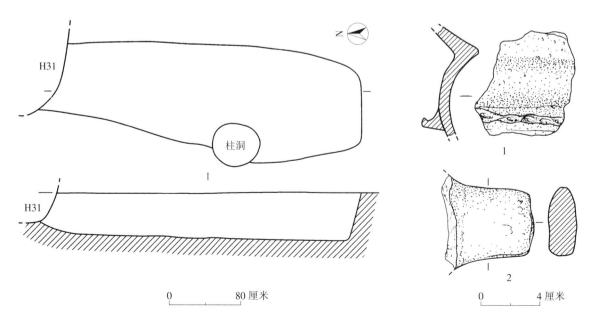

图 4-2-16　马家浜文化灰坑 H34 平剖面图及其出土陶器
1. 釜腹片　2. 器錾

陶釜腹片　1件。

H34:1，夹粗砂红褐陶。圆弧肩。肩部饰一周腰沿，沿外侧饰以浅捺窝。残高7.2厘米。（图4-2-16）

陶器錾　1件。

H34:2，夹砂红褐陶。近方形。长6.2、宽6.0厘米。（图4-2-16）

4. 圆形灰坑

H39

位于T0608东部，开口于第7层下，打破生土层。坑口直径约1.3米，坑深0.5米，坑壁斜直，坑底平整。坑内填土呈灰褐色，土质较疏松，内含烧土颗粒。出土陶片以夹砂陶为主，见零星夹砂白陶片，外壁施红衣，有豆等陶器残片。（图4-2-17）

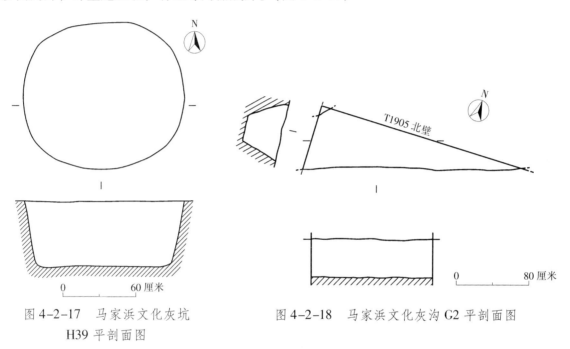

图4-2-17　马家浜文化灰坑
H39平剖面图

图4-2-18　马家浜文化灰沟G2平剖面图

二　灰沟

马家浜文化时期的灰沟仅一条G2，位于Ⅰ区。

G2

位于T1905西北角，开口于第10层下，打破第13～15层直至生土。向北向西延伸至其他探方中未清理，仅在T1905内清理了一小段。从现已发掘的情况看，沟口长2.4、宽0.6米，沟底长1.3、宽0.3米，沟深0.4米，沟壁斜直，沟底较平。沟内填土呈灰色，土质疏松，内含烧土颗粒、炭屑及草木灰。出土陶片较少，多夹砂红褐、黑褐陶以及泥质红衣陶等。（图4-2-18）

第三节　墓　葬

一　概述

共清理马家浜文化墓葬16座，在遗址Ⅰ、Ⅱ、Ⅲ区内均有分布。

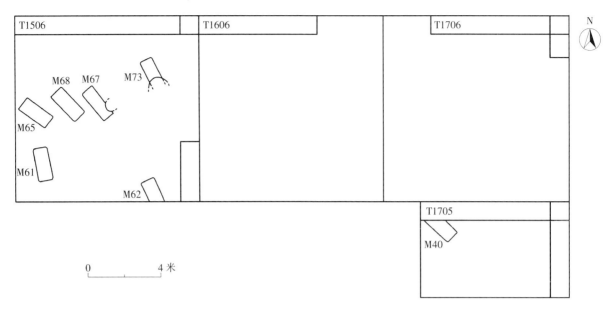

图 4-3-1　Ⅰ区马家浜文化墓葬平面图

Ⅰ区内计 7 座，其中 M61、M62、M65、M67、M68 及 M73 等 6 座分布在 T1506 内，M40 分布在 T1705 内（图 4-3-1；图版 4-3-1：1）。T1506 内的六座墓葬均开口于第 4a 层下，打破第 6 层。T1705 内的 M40 开口于第 5 层下，打破第 6 层。这七座墓葬的的方向基本一致，均为西北—东南方向。墓葬内人骨多朽蚀殆尽，随葬品 2～5 件不等，器类有陶豆、钵、罐等，个别随葬有小玉饰。

Ⅱ区仅 M19 一座，位于 T1309 内，开口于第 4 层下，打破第 5 层（图 4-3-2）。呈西北—东南向，墓内人骨朽蚀殆尽，随葬有陶豆、甑、釜等陶器 5 件。

Ⅲ区共有 8 座，其中 M78、M79、M80 和 M86 位于 T0611 内，开口于第 5 层下，打破第 6 层；M97 位于 T0511 内，开口于第 2 层下、第 6 层面上；M101 位于 T0610 内，开口于第 5 层下；M100 和 M103 位于 T0608 内，M100 开口于第 6 层下，M103 开口于第 7 层下（图 4-3-3；图版 4-3-1：2）。

这八座墓葬中，位于 T0611 内的 M78 等 4 座墓葬以及 M97 方向一致，为西北—东南向，M100、M101 及 M103 方向一致，基本为南北向。墓葬内的人骨除 M101 及 M103 尚有部分保留外，其余基本朽蚀殆尽。随葬品种类及多寡有所差别：M103 内未见随葬品；M78、M79、M80 及 M86 等 4 座墓葬随葬品 1～4 件，多为陶器，偶见小石锛，未见玉器；M97 随葬品有陶器、玉器共 8 件；M100 随葬品有陶器、石器共 6 件；M101 的随葬品最为丰富，除随葬陶器 12 件外，还随葬有璜、玦、管等玉器 21 件，是东山村遗址史前墓葬中出土玉器数量最多的一座墓葬。

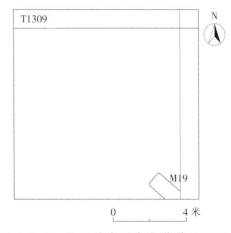

图 4-3-2　Ⅱ区马家浜文化墓葬平面图

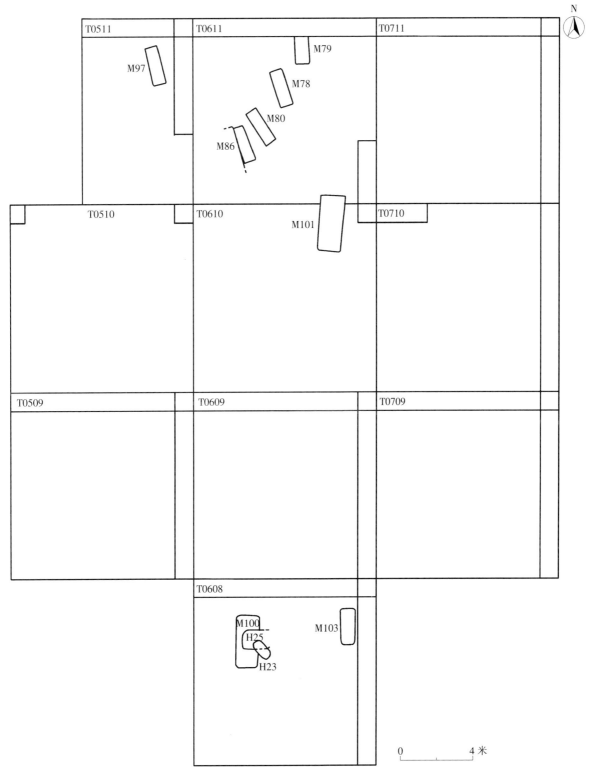

图 4-3-3 Ⅲ区马家浜文化墓葬平面图

二 Ⅰ区墓葬

M40

位于 T1705 西北角，部分叠压于北隔梁及西壁下，开口于第 5 层下，打破第 6 层。方向 320 度。长方形竖穴土坑墓，已清理部分墓坑长 0.75～1.65、宽 0.76 米，深 0.21 米。填土土质较硬，土色呈灰褐色，内含有烧土颗粒。墓内人骨朽蚀殆尽。随葬品有陶豆 1 件，墓坑内散落较多的碎陶片。（图 4-3-4A；图版 4-3-2：1）

陶豆 1 件。

M40：1，钵形豆。夹粗砂夹蚌末红褐陶。敛口，尖圆唇，弧壁，深盘，细高柄，喇叭形圈足。足边缘有一周明显的突起。口径 13.7、足径 15.2、高 22.0 厘米。（图 4-3-4B；图版 4-3-2：2）

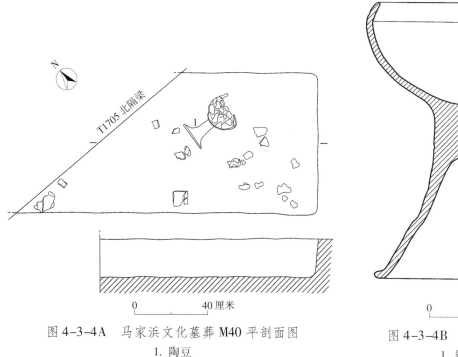

图 4-3-4A 马家浜文化墓葬 M40 平剖面图
1. 陶豆

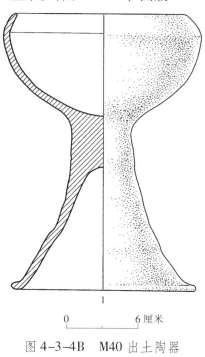

图 4-3-4B M40 出土陶器
1. 钵形豆

M61

位于 T1506 西南角，开口于第 4a 层下。方向 347 度。长方形竖穴土坑墓，墓坑长 1.75、宽 0.75～0.8、深 0.25 米。填土呈灰褐色，内含烧土颗粒。墓内人骨基本朽蚀殆尽。出土陶钵、豆及器盖共计 3 件，沿墓坑东壁放置。（图 4-3-5A；图版 4-3-3：1）

陶豆 1 件。

M61：2，泥质灰黑陶。豆盘残碎无法复原。矮柄，喇叭形圈足。柄部整体呈凹腰状，近盘底处鼓突明显，鼓突下饰三个对称分布的圆形镂孔。足径 13.5、残高 13.0 厘米。（图 4-3-5B）

陶钵 1 件。

M61：3，泥质灰黑陶。侈口，圆唇，溜肩，弧腹，肩、腹处转折明显，小平底。上腹部饰数道细弦纹。口径 17.2、底径 7.4、高 12.0 厘米。（图 4-3-5B；图版 4-3-3：2）

陶器盖 1 件。

M61：1，夹砂红褐陶。乳突状实心盖纽，弧壁，敞口。盖口径 14.4、高 8.6 厘米。（图 4-3-5B；

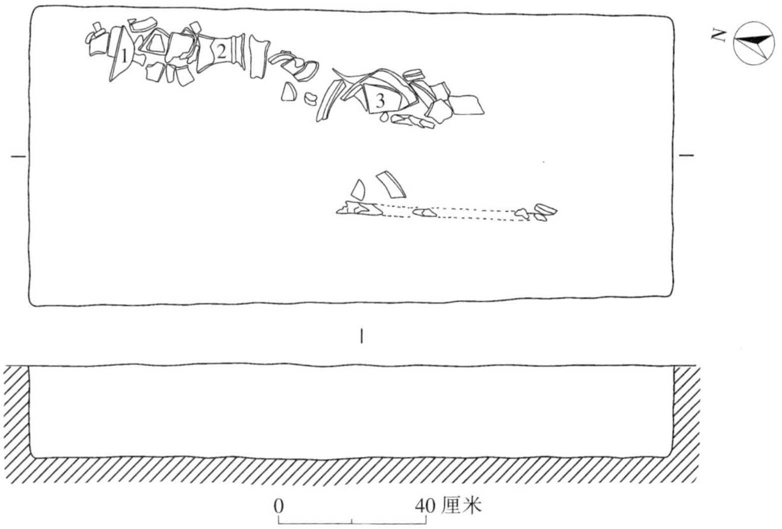

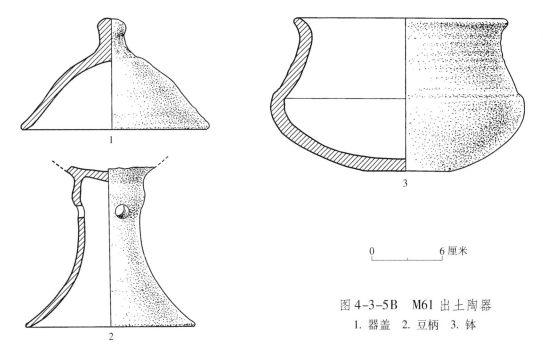

图 4-3-5A　马家浜文化墓葬 M61 平剖面图
1. 陶器盖　2. 陶豆　3. 陶钵

图 4-3-5B　M61 出土陶器
1. 器盖　2. 豆柄　3. 钵

图版 4-3-3：3）

M62

位于 T1506 东南部，部分叠压于南壁下，开口于第 4a 层下。方向 338 度。长方向竖穴土坑墓，现清理部分墓口长 1.25～1.6、宽 0.8 米，深 0.35 米。填土呈灰褐色。墓内人骨朽蚀殆尽。随葬陶器多残碎，散落于墓坑中、北部，修复罐、钵、盉等陶器 3 件。（图 4-3-6；图版 4-3-4：1、2）

陶罐　1 件。

M62：3，泥质红褐陶。口微侈，圆唇，溜肩，弧折腹，平底。折腹处按一圆柱状把手。口径 8.2、底径 5.6、高 8.2 厘米。（图 4-3-6；图版 4-3-5：1）

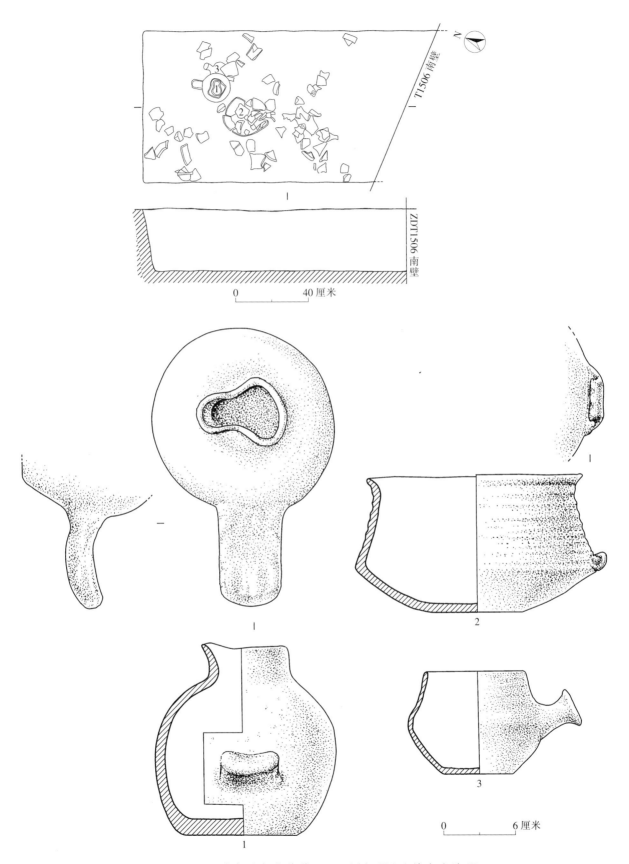

图 4-3-6 马家浜文化墓葬 M62 平剖面图及其出土陶器
1. 盉 2. 钵 3. 罐

陶钵　1件。

M62：2，泥质红褐陶。侈口，圆唇，溜肩，折腹，小平底。上腹部饰数道弦纹，折腹处按一耳錾。口径17.2、底径7.7、高10.8厘米。（图4-3-6；图版4-3-5：2）

陶盉　1件。

M62：1，夹粗砂夹蚌红褐陶。侈口，圆唇，鸭嘴状流，圆肩，弧腹，平底。腹中部按一长方形把手，把手略向上弯曲。口径5.4～7.3、底径9.6、高15.3厘米。（图4-3-5：3、4）

M65

位于T1506中部近西壁处，开口于第4a层下。方向305度。长方形竖穴土坑墓，墓口长1.8、宽0.7～0.8米，深0.2米。填土呈灰褐色。墓内人骨朽蚀殆尽。出土随葬品计有陶豆、玉管各1件。（图4-3-7；图版4-3-6：1）

陶豆　1件。

M65：2，盘形豆。泥质灰陶，胎色发黄，内黑外红，器表施红衣。口近直，尖唇，弧壁，浅盘，粗高柄，喇叭形圈足。柄中部饰四道弦纹，圈足上饰一个圆形小镂孔。口径19.8、足径20.0、高29.2厘米。（图4-3-7；图版4-3-6：2）

玉管　1件。

M65：1，半透明。横截面近椭圆形，两端对钻一孔，一端的孔侧另钻一小孔。管长径1.6、短径0.9、高2.5厘米，孔径0.2～0.4厘米。（图4-3-7；图版4-3-6：3）

M67

位于T1506中部，开口于第4a层下，被开口于第2层下的M45打破。方向323度。长方形竖穴土坑墓，墓口长1.9、宽0.7～0.75米，深0.25米。填土呈灰褐色。墓内人骨朽蚀殆尽。随葬品有陶豆、罐、杯等3件，置于墓坑中部。（图4-3-8；图版4-3-7：1、2）

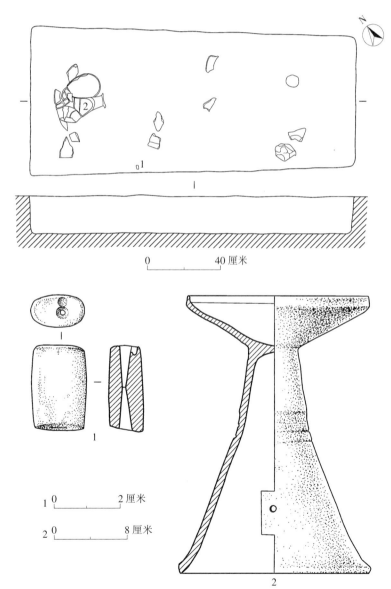

图4-3-7　马家浜文化墓葬M65平剖面图及其出土陶器、玉器
1. 玉管　2. 盘形陶豆

陶豆 1件。

M67：1，盘形豆。泥质陶，烧制不均匀，红、黑参半。敛口，尖唇，弧壁，高柄，喇叭形圈足。柄中部饰凹弦纹。口径16.6、足径17.1、高26.2厘米。（图4-3-8；图版4-3-8：1）

陶罐 1件。

M67：3，泥质灰黑陶。侈口，尖圆唇，束颈，折腹，平底。口径9.6、底径4.1、高8.6厘米。（图4-3-8；图版4-3-8：2）

陶杯 1件。

M67：2，圈足杯。泥质灰黑陶。直口，圆唇，直腹至下部微鼓，矮圈足。口径7.8、足径7.6、高11.0厘米。（图4-3-8；图版4-3-8：3）

M68

位于T1506中部偏西，开口于第4a层下，打破第6层。方向315度。长方形竖穴土坑墓，墓口长1.85、宽0.75~0.8米，深0.25米。填土呈灰褐色。墓内人骨朽蚀殆尽。随葬品有豆、盆以及玉管等共计6件。陶器多置于墓坑中部；2件玉管，1件置于墓坑近西南角，另1件叠压于陶盆之下。（图4-3-9；图版4-3-9：1~3）

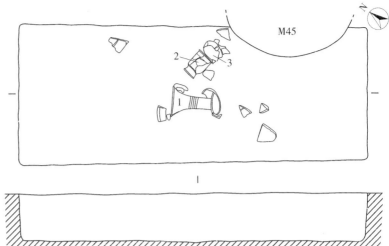

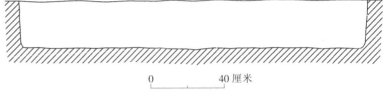

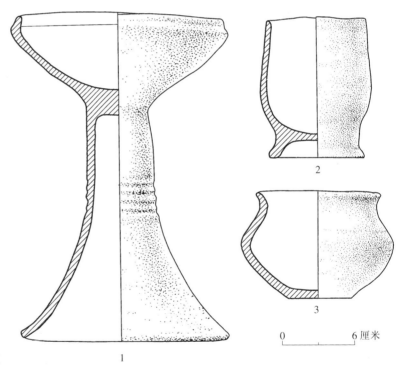

图4-3-8　马家浜文化墓葬M67平剖面图及其出土陶器
1. 盘形豆　2. 圈足杯　3. 罐

陶豆 3件。

M68：2，泥质红褐陶。因残碎较甚，无法复原。

M68：3，盘形豆。泥质红陶。直口，尖圆唇，斜直壁，高柄，喇叭形圈足。口径21.2、足径18.0、高27.4厘米。（图4-3-9；图版4-3-10：1）

M68：5，盘形豆。泥质红陶。直口，尖圆唇，斜直壁，高柄，喇叭形圈足。口径21.4、足径18.6、高27.4厘米。（图4-3-9；图版4-3-10：2）

陶盆 1件。

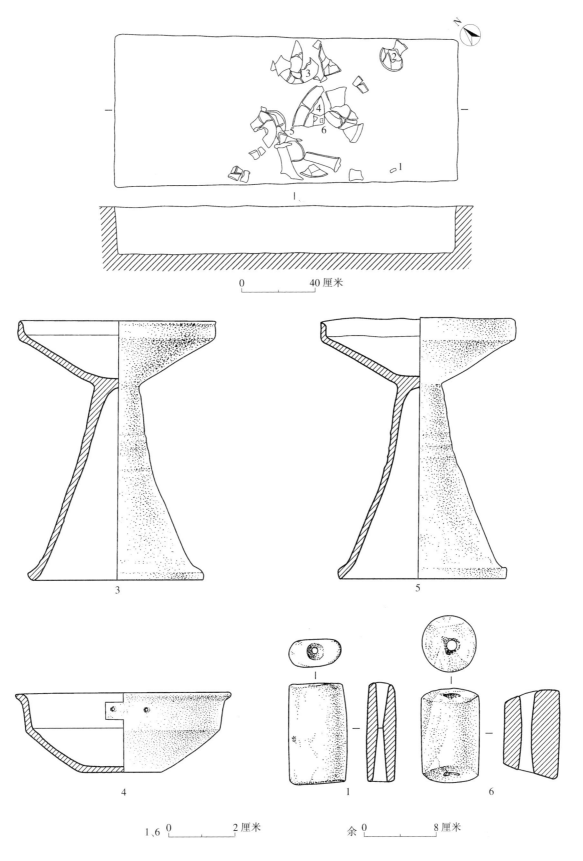

图 4-3-9　马家浜文化墓葬 M68 平剖面图及其出土陶器、玉器

1、6. 玉管　2. 陶豆　3、5. 盘形陶豆　4. 陶盆

M68：4，泥质红陶。侈口，圆唇，上腹较直，下腹弧收为平底。口沿下饰两个圆形小镂孔。口径23.6、底径8.6、高8.4厘米。（图4-3-9；图版4-3-10：3）

玉管　2件。

M68：1，半透明。横剖面近椭圆形，两端对钻一孔。长径1.6、短径0.8、高3.0厘米，孔径0.1～0.45厘米。（图4-3-9；图版4-3-9：4）

M68：6，青绿色，有红褐色沁斑。横剖面近圆形，两端对钻一孔。直径1.7、孔径0.4～0.6、高2.35厘米。（图4-3-9；图版4-3-9：5）

M73

位于T1506东北部，南部被现代扰坑破坏，开口于第4a层下，打破第6层。方向334度。长方形竖穴土坑墓，墓坑残长1.2～1.45、宽0.7、深0.15米。填土呈灰黄色。墓内人骨基本朽蚀殆尽。随葬有陶豆、纺轮共计2件，置于墓坑近北壁处。（图4-3-10；图版4-3-11：1、2）

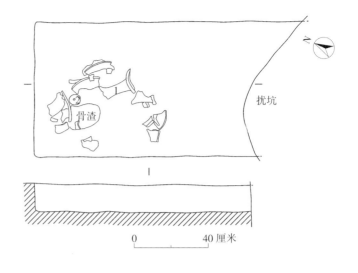

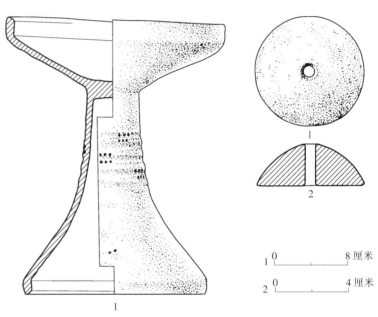

图4-3-10　马家浜文化墓葬M73平剖面图及其出土陶器
1. 盘形豆　2. 纺轮

陶豆　1件。

M73：1，盘形豆。泥质红褐陶，外红内黑，器表施红衣。直口，厚方唇，斜壁，高柄，喇叭形圈足，圈足边缘内折。柄中部饰数道细弦纹，间饰以数组圆形小镂孔，孔均未钻透。口径23.2、足径19.2、高29.4厘米。（图4-3-10；图版4-3-12：1）

陶纺轮　1件。

M73：2，泥质灰陶。平面呈圆形，剖面近半圆形，中有一孔。直径5.8、孔径0.6、厚2.2厘米。（图4-3-10；图版4-3-12：2）

三　Ⅱ区墓葬

M19

位于T1309东南角，部分叠压于东壁、南壁之下，开口于第4层下，打破第5层。方向310

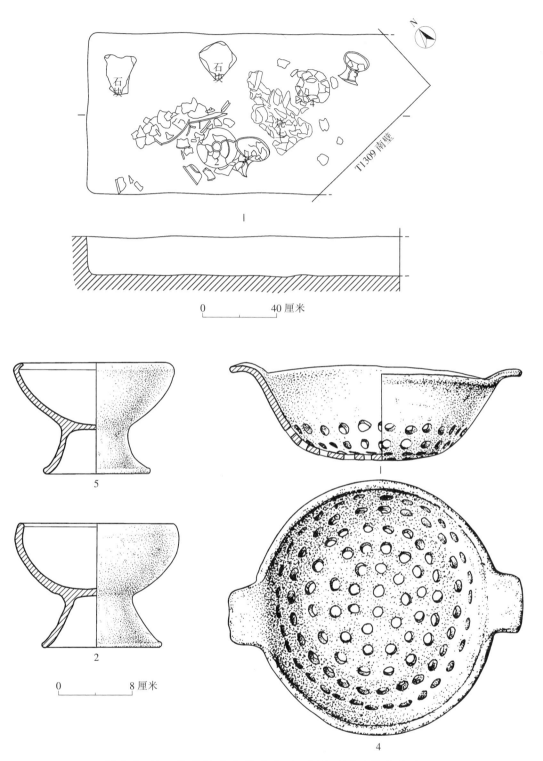

图 4-3-11　马家浜文化墓葬 M19 平剖面图及其出土陶器
1. 釜　2、5. 钵形豆　3. 豆　4. 甑

度。长方形竖穴土坑墓，北壁清理部分长 1.6、南壁清理部分长 1.25、宽 0.85 米，深 0.2 米。填土土质较硬，土色呈灰褐色，内含烧土颗粒。墓内人骨朽蚀殆尽。随葬陶器多残碎，放置于墓坑中部，可辨认的随葬陶器共计 5 件，修复 3 件。（图 4-3-11；图版 4-3-13：1）

陶釜 1 件。

M19：1，夹砂红褐陶。残碎较甚，未能复原。

陶甑 1 件。

M19：4，夹砂红褐陶。侈口，圆唇，弧腹，底近圜。口部饰两个对称的錾手，略弯曲，下腹及底部满布圆形箅孔。口径 25.0、高 10.2 厘米。（图 4-3-11；图版 4-3-14）

陶豆 3 件。

M19：2，钵形豆。夹砂红褐陶。敛口，圆唇，弧壁，深盘，矮圈足。口径 16.7、足径 13.0、高 13.0 厘米。（图 4-3-11；图版 4-3-13：2）

M19：3，夹砂红褐陶。残碎较甚，未能复原。

M19：5，钵形豆。夹砂红褐陶。敛口，尖圆唇，弧壁，深盘，矮圈足。口径 15.6、足径 11.4、高 11.8 厘米。（图 4-3-11；图版 4-3-13：3）

四 Ⅲ区墓葬

M78

位于 T0611 中部近北隔梁处，开口于第 5 层下。方向 345 度。长方形竖穴土坑墓，墓坑长 2.0、宽 0.7、深 0.2 米。填土土质较硬，土色呈黄褐色，内含烧土颗粒及碎陶片。墓内人骨朽蚀殆尽。随葬品有陶釜、灶、豆共计 4 件。其中，陶灶置于墓坑东南角，陶釜、豆等置于墓坑中部。（图 4-3-12A；图版 4-3-15：1、2）

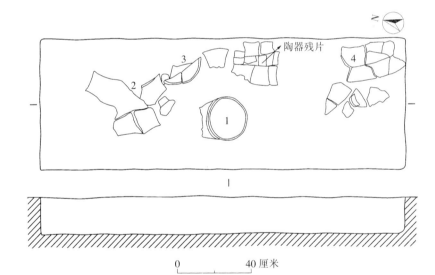

图 4-3-12A 马家浜文化墓葬 M78 平剖面图
1、2. 陶釜 2. 陶豆（盘） 4. 陶灶

陶釜 2 件。

M78：1，底部缺失，推测为圜底釜。夹砂红褐陶。侈口，圆唇。沿下饰两个对称的宽梯形錾手，錾手下饰一周窄腰沿。口径 24.8、残高 19.8 厘米。（图 4-3-12B；图版 4-3-16：1）

M78：2，圜底釜。夹砂红褐陶。侈口，圆唇，深弧腹，圜底。沿下饰两个对称的宽梯形錾手，錾手下面各有一个捺窝，錾手下一周腰沿，腰沿边缘修饰成花边状。口径 28.4、高 34.8 厘米。（图 4-3-12B；图版 4-3-16：2）

陶灶 1 件。

M78：4，夹砂红褐陶。口沿及灶身残损较甚，仅剩一足及灶膛。残高 13.2 厘米。（图 4-3-12B；图版 4-3-17：1、2）

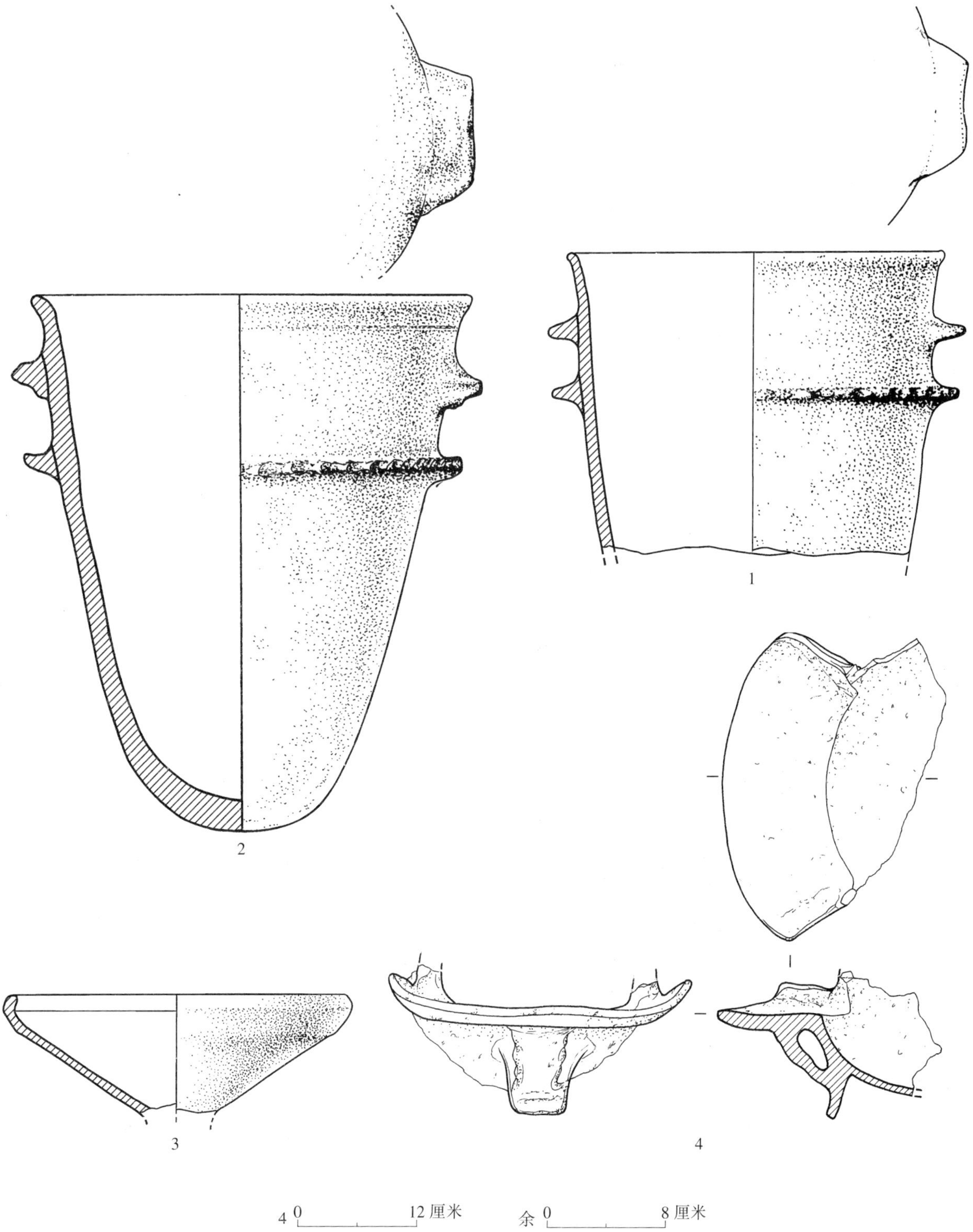

图 4-3-12B M78 出土陶器
1、2. 圜底釜 3. 盘形豆豆盘 4. 灶

陶豆 1件。

M78:3，盘形豆。泥质红褐陶。敛口，圆唇，斜直壁，盘腹较深，豆盘以下残。口径22.0、残高7.5厘米。（图4-3-12B；图版4-3-17:3）

M79

位于 T0611 北部，部分叠压于北隔梁下，开口于第 5 层下。方向 355 度。长方形竖穴土坑墓，已经清理部分长 1.2 ~ 1.35、宽 0.8 米，深 0.2 米。填土呈黄褐色，内含烧土颗粒。墓内人骨朽蚀严重，仅残留部分骨渣。随葬品有陶豆、石锛共计 2 件，陶豆置于墓坑近南壁处，石锛紧贴墓坑东壁。（图 4-3-13A；图版 4-3-18：1）

陶豆 1 件。

M79：1，盘形豆。泥质红褐陶，器表施红衣。口近直，尖圆唇，弧壁，浅盘，高柄，大喇叭形圈足。柄中部饰四道凸弦纹。口径 16.1、足径 20.0、高 27.6 厘米。（图 4-3-13B；图版 4-3-18：2）

石锛 1 件。

M79：2，硅质岩。顶部较粗糙，器身磨制光滑，器身有崩损。上部略窄，下部略宽，背、腹大致同宽，单面锋，直刃。长 11.8、上宽 3.2、下宽 3.8、厚 2.4 厘米。（图 4-3-13B；图版 4-3-18：3）

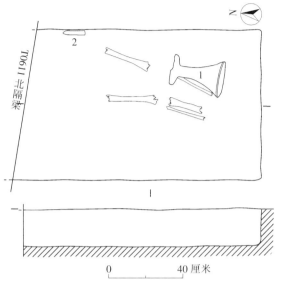

图 4-3-13A 马家浜文化墓葬 M79 平剖面图
1. 陶豆 2. 石锛

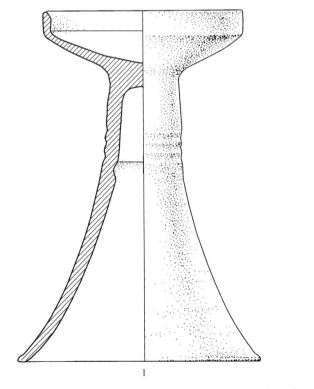

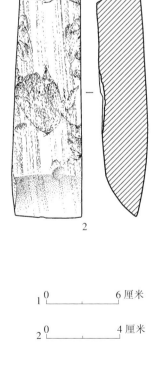

图 4-3-13B M79 出土陶器、石器
1. 盘形陶豆 2. 石锛

M80

位于T0611中部略偏西南，开口于第5层下。方向340度。长方形竖穴土坑墓，长2.0、宽0.75米，深0.2米。填土呈黄褐色，内含烧土颗粒。墓内人骨朽蚀殆尽。随葬品仅陶釜1件，位于墓坑正中。（图4-3-14；图版4-3-19：1）

陶釜　1件。

M80：1，平底釜。夹粗砂红褐陶。口沿残，鼓肩，深筒形腹，平底。沿下饰两个对称的宽梯形鋬，鋬略上翘，鋬下饰一周腰沿。底径8.8、残高27.6厘米。（图4-3-14；图版4-3-19：2）

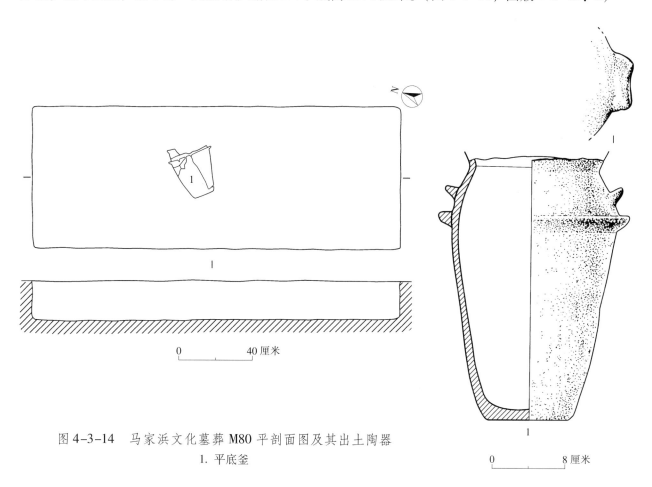

0　　　40厘米

图4-3-14　马家浜文化墓葬M80平剖面图及其出土陶器
1. 平底釜

0　　　8厘米

M86

位于T0611西南处，开口于第5层下，被M82打破。方向350度。长方形竖穴土坑墓，墓坑长1.95、宽0.7米，深0.2米。填土呈黄褐色，内含烧土颗粒。墓内人骨朽蚀殆尽。随葬品有陶釜、豆共计2件，陶釜置于墓坑中部近西壁处，陶豆置于墓坑东南角。（图4-3-15；图版4-3-20：1）

陶釜　1件。

M86：1，圜底釜。夹砂红褐陶。敞口，圆唇，弧腹，圜底。腹上部饰一周腰沿，边缘被加工成花边状。口径30.0、高23.4厘米。（图4-3-15；图版4-3-20：2）

陶豆　1件。

M86：2，盘形豆。泥质灰陶，胎色发黄。口、足均残，盘壁斜直，柄部较粗。柄上部饰三组

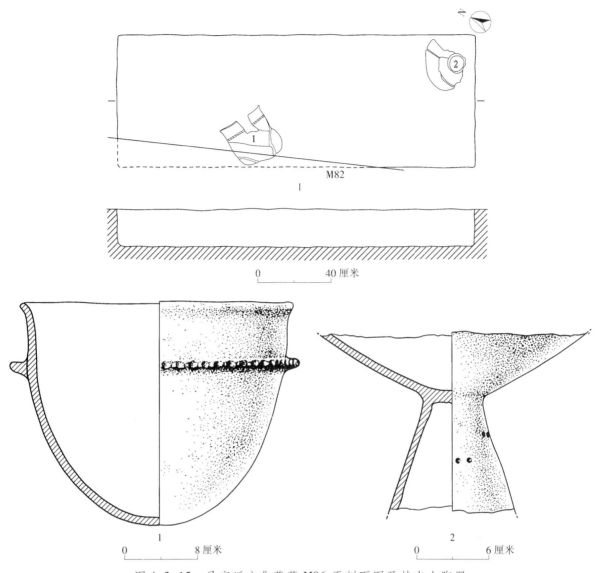

图 4-3-15 马家浜文化墓葬 M86 平剖面图及其出土陶器
1. 圜底釜 2. 盘形豆

圆形小镂孔，孔均未钻透。残高 14.3 厘米。（图 4-3-15；图版 4-3-20：3）

M97

位于 T0511 东北处。开口于第 2 层下、第 6 层面上。方向 350 度。长方形竖穴土坑墓，墓口长 2.36、宽 0.8 米，墓深 0.2 米。墓葬填土为黄褐色，含较多的红烧土块。墓内人骨朽蚀殆尽。出土随葬品 8 件，其中陶器 2 件，为尖底瓶及陶罐各 1 件，置于墓坑中部；玉饰件 5 件及小玉锛 1 件，集中置放于墓坑北部靠近东壁处。（图 4-3-16A；图版 4-3-21：1、2）

陶罐 1 件。

M97：8，夹砂红褐陶。侈口，尖圆唇，束颈，溜肩，鼓腹，平底，最大径在器腹中部。腹中部饰两个錾手，一高一低。口径 9.0、底径 10.2、高 15.2 厘米。（图 4-3-16B；图版 4-3-22：1）

陶尖底瓶 1 件。

M97：7，夹砂红陶。口微敛，深弧腹，尖底尖部平。肩部饰七个桥形系，多残损。颈部饰凸弦纹，腹中部饰左斜线纹，中部略下饰交错线纹，最下部饰右斜线纹。口径 11.1、底径 1.5、高

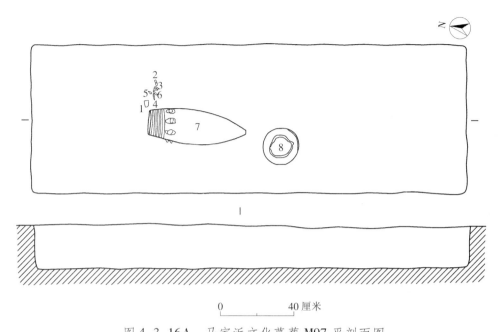

图 4-3-16A 马家浜文化墓葬 M97 平剖面图
1. 玉锛 2. 玉璜 3. 玉玦 4、6. 长条形玉饰 5. 带柄钺形玉饰 7. 陶尖底瓶 8. 陶罐

47.3 厘米。（图 4-3-16B；图版 4-3-23）

玉锛 1 件。

M97：1，阳起石—透闪石，乳白色，有墨色沁斑。顶部及两侧略残损，刃部完好。上部略窄薄，下部略宽厚。长 4.8、上宽 2.1、下宽 3.4、上厚 0.6、下厚 0.7 厘米。（图 4-3-16B；图版 4-3-22：2）

玉璜 1 件。

M97：2，透闪石—阳起石，乳白色，有褐色沁斑。折角形璜，内凹很浅，仅残存一段，端首单面钻一孔，残断处磨平。残长 4.5、厚约 0.3、孔径 0.22 ~ 0.33 厘米。（图 4-3-16B；图版 4-3-22：3）

玉玦 1 件。

M97：3，阳起石—透闪石，乳白色，有墨绿色沁斑。器形不甚规则，近梯形，玦口一侧近长方形，另一侧呈圆角方形，中孔单面钻成。外径最长 3.3、内径 0.9 ~ 1.3、厚 0.67、玦口宽 0.22 厘米。（图 4-3-16B；图版 4-3-22：4）

带柄钺形玉饰 1 件。

M97：5，铝含量较高的蛇纹石，乳白色，有褐色沁斑，表面风化残损严重。形状近似带柄钺。长 2.9、宽 1.2、最厚 0.7 厘米。（图 4-3-16B；图版 4-3-22：5）

长条形玉饰 2 件。

M97：4，乳白色，有墨色及褐色沁斑。器体扁平，两端较尖，一端单面钻有一系孔。长 5.2、最宽 0.9、最厚 0.45、孔径 0.22 ~ 0.45 厘米。（图 4-3-16B；图版 4-3-22：6）

M97：6，乳白色，有褐色沁斑。器体扁平，一端略窄，一端略宽，较窄的一端对钻一系孔。长 4.4、宽 0.7 ~ 1.1、厚 0.33、孔径 0.12 ~ 0.27 厘米。（图 4-3-16B；图版 4-3-22：7）

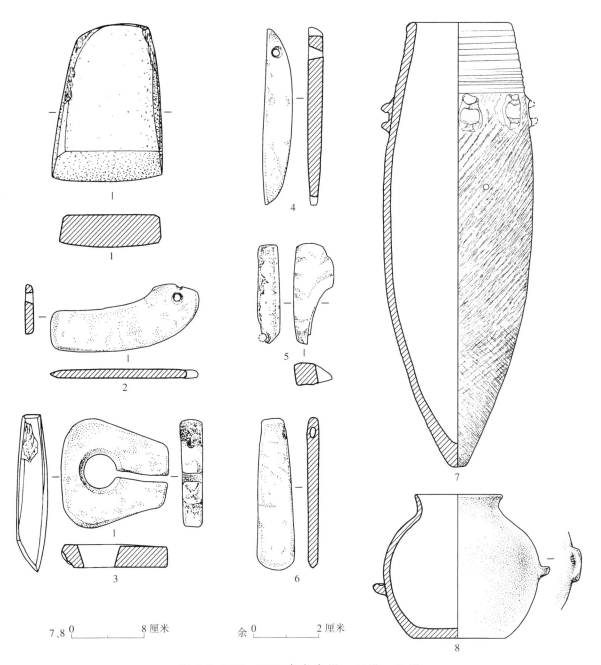

7,8　0 _____ 8 厘米　　　　余 0 _____ 2 厘米

图 4-3-16B　M97 出土陶器、石器、玉器
1. 玉锛　2. 玉璜　3. 玉玦　4、6. 长条形玉饰　5. 带柄钺形玉饰　7. 陶尖底瓶　8. 陶罐

M100

位于 T0608 西北部，开口于第 6 层下，被 H23 及 H25 打破。方向 0 度。长方形竖穴土坑墓，墓口长 2.7、墓底长 2.6 米，宽 1.15 ~ 1.25 米，深 0.2 米。土质较硬，内含烧土粒。墓内人骨朽蚀较甚，仅残留部分头骨及下肢骨。出土随葬品 6 件，其中陶器仅 1 件陶豆，从豆盘处断开分置两处放置：豆盘置于头骨旁，豆柄置于墓坑东北角。随葬石器 5 件，2 件石锛置于墓坑西北角，3 件石钺置于墓坑东北近豆柄处，其中 2 件石钺斜插入墓底，呈半立状态放置。（图 4-3-17A；图版 4-3-24：1、2，4-3-25：1）

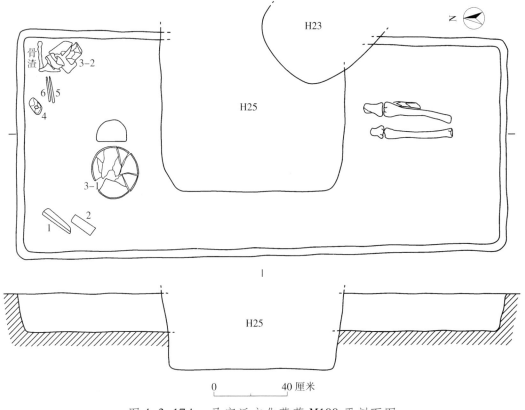

图 4-3-17A 马家浜文化墓葬 M100 平剖面图
1. 石凿 2. 石锛 3-1. 陶豆盘 3-2. 陶豆柄 4~6. 石钺

陶豆 1 件。

M100：3，盘形豆。泥质红褐陶，外红内黑，器表施红衣。敛口，方唇，直壁，高柄，高喇叭形圈足。柄部饰三道凸棱。口径 24.0、足径 20.8、高 30.8 厘米。(图 4-3-17B；图版 4-3-25：2)

石钺 3 件。

M100：4，砂岩。因残碎较甚，无法复原。

M100：5，基性侵入岩。整体近方形，顶端圆弧，留有打制成坯时的石片疤，双面刃，刃部尖锐，中孔两面管钻。长 12.2、上宽 7.9、下宽 8.9、最厚 1.5、孔径 1.8~2.8 厘米。(图 4-3-17B；图版 4-3-26：1)

M100：6，泥岩。表面风化剥落残损严重。残长 10.6、残宽 6.4、最宽处 1.3、孔径 1.7~2.6 厘米。(图 4-3-17B；图版 4-3-26：2)

石锛 1 件。

M100：2，硅质泥岩。长条形，通体磨制光滑，背面有数道规整的刻槽。上部略窄，下部略宽，单面锋，直刃。长 14.6、上宽 4.0、下宽 5.3、最厚 1.8 厘米。(图 4-3-17B；图版 4-3-26：3)

石凿 1 件。

M100：1，硅质岩。细长条形，顶部较粗糙，余均磨制光滑，器身稍有崩损。上部略宽厚，下部略窄薄，单面锋，直刃。长 18.0、上宽 2.8、下宽 1.9、上厚 2.6、下厚 1.8 厘米。(图 4-3-17B；图版 4-3-26：4)

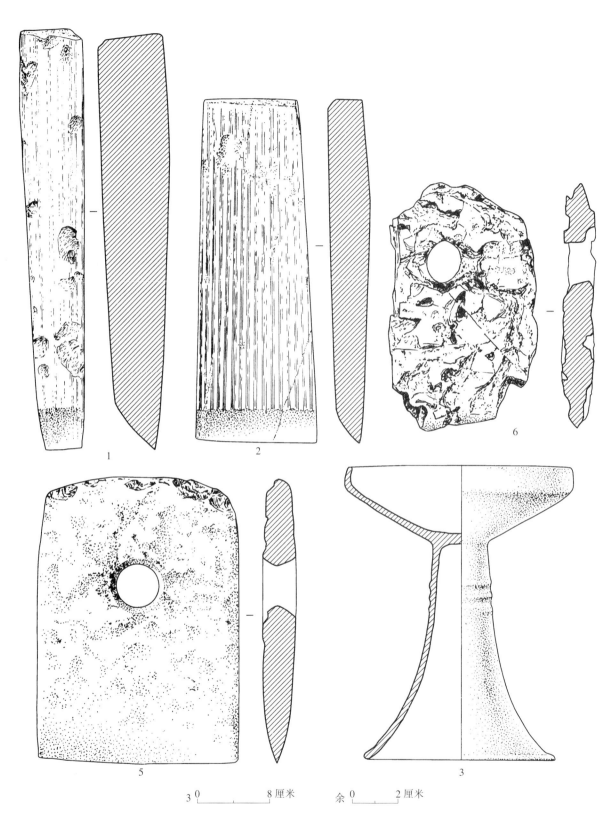

图 4-3-17B M100 出土陶器、石器
1. 石凿 2. 石锛 3. 盘形陶豆 5、6. 石钺

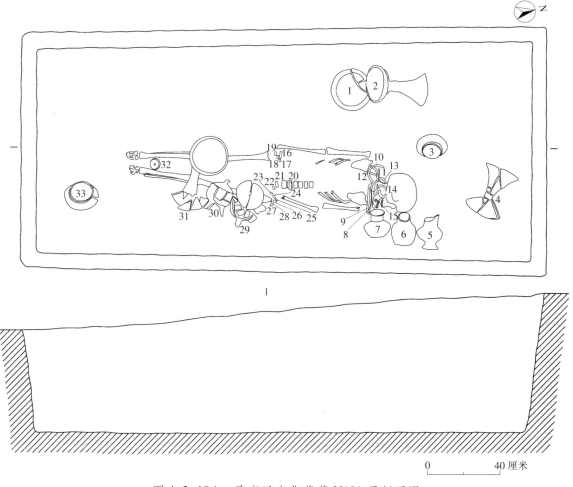

图 4-3-18A　马家浜文化墓葬 M101 平剖面图

1. 陶盆　2、4、31. 陶豆　3、33. 陶钵　5、7. 陶盉　6. 陶罐　8~12. 玉璜　13、14. 玉玦　15~22、24~26、28. 玉管　23、27. 管形玉饰　29、30. 陶鼎　32. 石纺轮

M101

位于 T0610 东北，部分进入 T0611 内，开口于第 5 层下。方向 10 度。长方形竖穴土坑墓，墓口长 2.9、宽 1.25~1.35 米，墓底长 2.7、宽 1.1~1.2 米，墓深 0.55~0.7 米。墓坑内填土为黄褐色，土质较硬，含烧土颗粒。墓葬内的人骨位于墓底的中部偏东，整体骨架保存尚好。墓主仰身直肢，头向北，面向东。经鉴定，墓主为成年女性。（图 4-3-18A；图版 4-3-27，4-3-28：1、2）

墓葬内共出土随葬品 33 件（套），其中陶器 11 件（套），玉器 21 件，石器 1 件。

陶器主要分两处放置，一处是在墓主上半身及头部周围，身体右侧置豆、盆各 1 件；头部上方置罐、豆各 1 件；头部左侧放置圈足盉、平底盉和罐等（图版 4-3-29：1）。另一处陶器集中放置于墓主左下肢骨旁，有陶鼎 2 件及陶豆 1 件（图版 4-3-29：2）。另在墓坑近东南角处置陶钵 1 件。

玉器数量较多，有璜、玦、管、玉饰件等 21 件。其中，在墓主下颌骨处集中出土了 5 件玉璜、2 件玉玦及 1 件玉管（图版 4-3-30：1），其中的 2 件玉璜及 1 件玉玦在出土时就已经残断。在墓主的右手腕处出土玉管 4 件，左手腕处出土玉管 7 件、管形饰 2 件（图版 4-3-30：2）。

另外在墓主近脚踝处的左右胫骨之间，出土石纺轮 1 件。

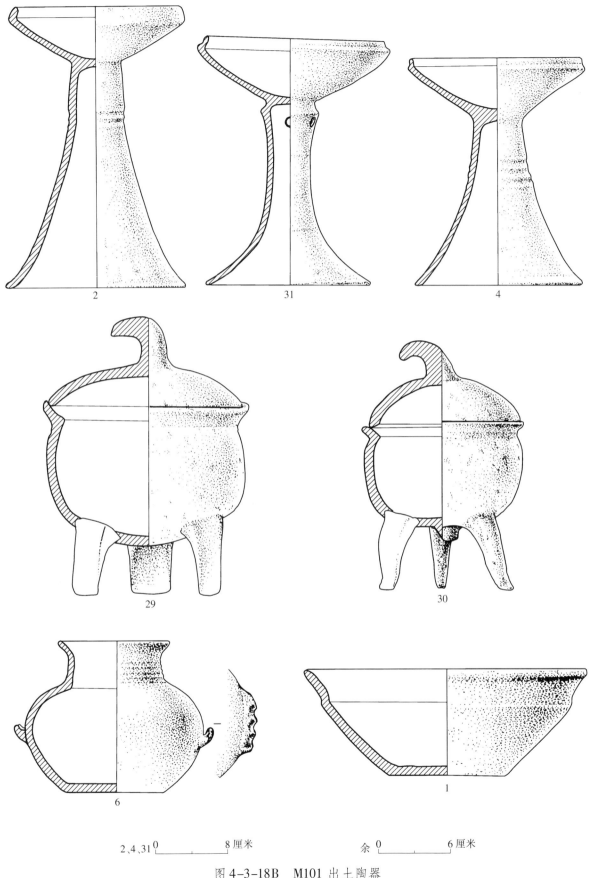

2、4、31 0 ⊢⊢⊢⊢⊢⊢⊢ 8厘米　　　余 0 ⊢⊢⊢⊢⊢⊢⊢ 6厘米

图 4-3-18B　M101 出土陶器

1. 盆　2、4. 盘形豆　6. 罐　29、30. 凿形足鼎　31. 子母口豆

现按器类将随葬品介绍如下。

陶鼎　2件。均凿形足鼎。

M101：29，带盖。夹砂红褐陶。敞口，折沿，尖圆唇，弧腹，圜底，凿形实足。盖鸟首状钮，弧壁，敞口。盖径15.8、高7.0厘米，鼎口径16.5、高15.5厘米，通高22.1厘米。（图4-3-18B；图版4-3-31：1）

M101：30，带盖。夹砂红褐陶。敞口，折沿，圆唇，弧腹，圜底近平，凿形实足。底部有一乳丁状突起。盖鸟首状钮，弧壁，敞口。盖径12.2、高7.0厘米，鼎口径13.0、高13.3厘米，通高19.8厘米。（图4-3-18B；图版4-3-31：2）

陶豆　3件。

M101：2，盘形豆。泥质红陶，器表施红衣。敛口，尖圆唇，弧壁，高柄，高喇叭形圈足。柄部饰两道凸棱。口径16.8、足径19.0、高29.6厘米。（图4-3-18B；图版4-3-32：1）

M101：4，盘形豆。泥质红褐陶，外红内黑，器表施红衣。敛口，尖圆唇，斜直壁，高柄，喇叭形圈足。柄部饰三道突棱。口径18.3、足径17.8、高23.8厘米。（图4-3-18B；图版4-3-32：2）

M101：31，子母口豆。泥质灰黑陶，胎色发红。敛口，圆唇，弧壁，高柄，喇叭形圈足。沿下一道折棱，柄近盘底处凸棱明显，其下饰三个圆形镂孔。口径19.4、足径18.0、高26.4厘米。（图4-3-18B；图版4-3-32：3）

陶罐　1件。

M101：6，泥质红陶，器表有红衣。侈口，尖圆唇，直颈，圆肩，弧腹，平底。器腹中部饰两个对称的耳錾，颈部饰数道细弦纹。口径8.9、底径8.2、高11.9厘米。（图4-3-18B；图版4-3-32：4）

陶盆　1件。

M101：1，泥质红陶。敞口，圆唇，弧腹略折，平底。口径22.6、底径9.4、高8.3厘米。（图4-3-18B；图版4-3-32：5）

陶钵　2件。

M101：3，泥质黑陶。侈口，尖圆唇，溜肩，弧腹略扁，平底。腹中部饰一宽梯形錾手。口径11.6、底径8.4、高10.6厘米。（图4-3-18C；图版4-3-33：1）

M101：33，泥质红褐陶。侈口，圆唇，溜肩，弧折腹，平底。腹中部饰一宽梯形錾手。口径13.4、底径8.5、高11.8厘米。（图4-3-18C；图版4-3-33：2）

陶盉　2件。

M101：5，圈足盉。泥质黑陶。侈口，宽短流，上腹弧凹，下腹弧鼓，矮圈足。腹中部略偏下饰一扁环形把手，上腹部饰数道细弦纹，圈足处饰三个圆形镂孔。口径7.0～8.6、足径10.4、高16.2厘米。（图4-3-18C；图版4-3-33：3）

M101：7，平底盉。夹砂红褐陶。口近直，短流，圆肩，腹较直，平底。腹一侧近底部饰一近方形把手，把手向上卷曲。口径6.6～7.6、底径9.3、高14.5厘米。（图4-3-18C；图版4-3-33：4、5）

石纺轮　1件。

M101：32，泥岩。平面呈圆形，剖面近梯形，两侧较直，中有一孔。直径5.9～6.4、孔径0.7、厚1.3厘米。（图4-3-18C；图版4-3-33：6）

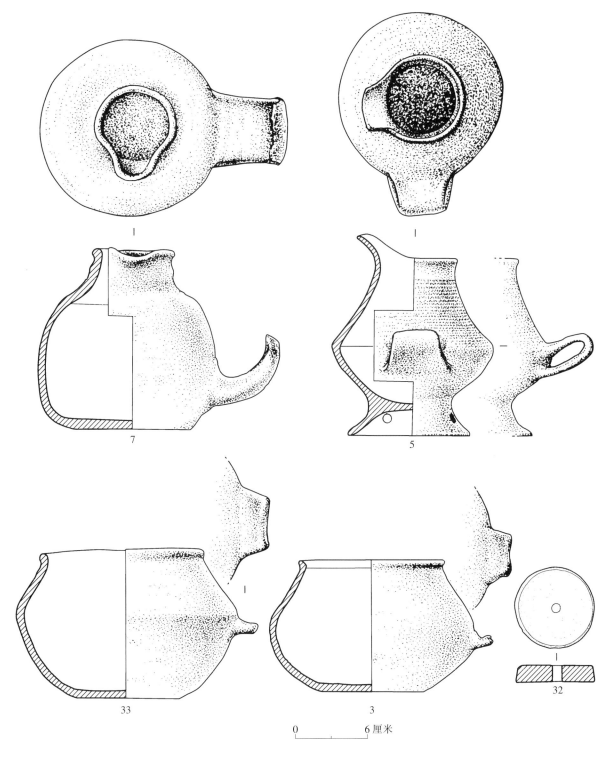

图 4-3-18C　M101 出土陶器、石器

3、33. 陶钵　5、7. 陶盉　32. 石纺轮

玉璜　5 件（图版 4-3-34）。

M101：8，含紫苏辉石的石英岩，黑色。折角形璜，内径大于边宽，内、外缘平弧，两端折收，内凹较深，两端略扁薄，中间略厚，两端各对钻一孔。外径 14.2、内径 10.9、中间厚 0.4、边缘厚 0.15、孔径 0.15～0.25 厘米。（图 4-3-18D；图版 4-3-35：1～3）

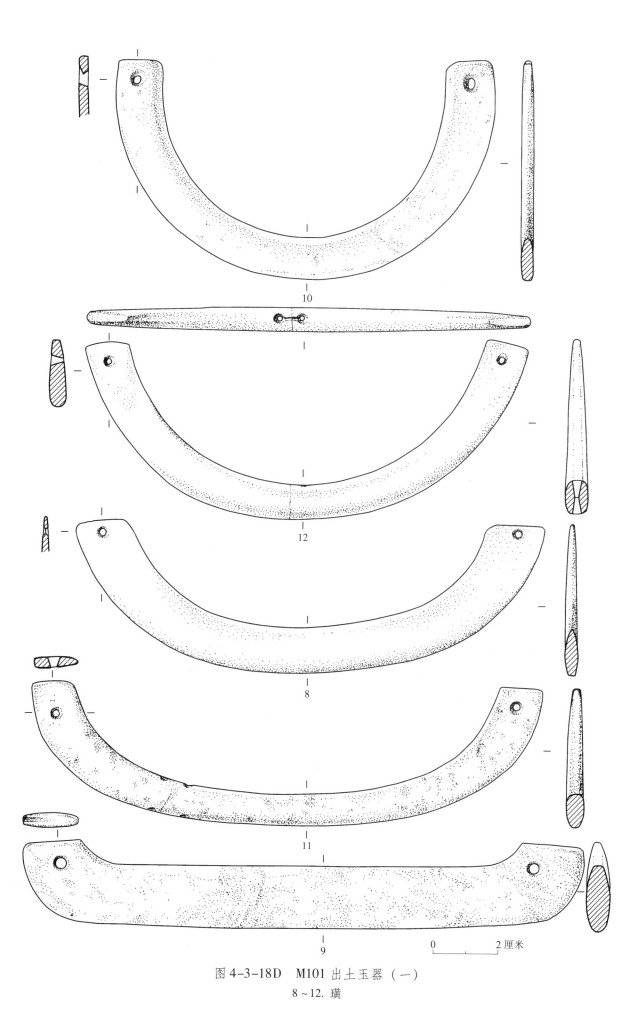

10

12

8

11

0　　　　2厘米

9

图 4-3-18D　M101 出土玉器（一）

8~12. 璜

M101：9，铝含量较高的蛇纹石，乳白色，有较多的墨绿色沁斑。折角形璜，内凹较浅，横截面近扁椭圆形，两端略扁薄，两端各对钻一孔。外径17.0、内径13.3、中间厚0.7、边缘厚0.2、孔径0.3~0.4厘米。（图4-3-18D；图版4-3-36：1~3）

M101：10，透闪石—阳起石，灰白色，有少量的褐色沁斑。半环形璜，内、外缘圆弧，两端弧收平齐，器体较扁薄，两端各对钻一孔。外径11.2、内径8.5、孔径0.4、厚0.3厘米。（图4-3-18D；图版4-3-37：1~3）

M101：11，透闪石—阳起石，青白色，有墨绿色及褐色沁斑。器形两端扁薄，中部圆厚，内凹较深，已断为两半，在残断两端之处各留有一个修补孔，以便于系缚连缀，璜两端各单面钻一孔。外径15.5、内径13.0、中间厚0.5、边缘厚0.22、孔径0.3~0.4厘米。（图4-3-18D；图版4-3-38：1~3）

M101：12，玉髓，半透明。半环形璜，两端斜直，器体两端略薄，中间略厚，断为两半，在残断两端之处各横向对钻一修补孔，孔的上下也刻有一道浅槽，用以系缚连接，璜两端各单面钻一孔。外径13.3、内径10.8、中间厚约0.7、边缘厚约0.35、孔径0.1~0.3厘米。（图4-3-18D；图版4-3-39：1~5）

玉玦 2件。

M101：13，含白云母片、绿泥石矿物的石英岩，青绿色，半透明。环形，孔径明显大于边宽，横截面近椭圆形。外径6.1、内径3.7、玦口宽0.5、厚0.8~1.0厘米。（图4-3-18E；图版4-3-40：1）

M101：14，滑石含量较高的透闪石，青色，半透明。环形，断为两半，在残断两端之处各留有两个修补孔，其中靠近残断处的两个孔为对钻，且上下各凿浅槽一道，用以系缚相连，远离残断处的两个孔为单面钻，孔径上大下小。外径5.0、内径2.4、玦口宽0.33~0.5、厚0.6~0.7厘米。（图4-3-18E；图版4-3-40：2、3）

玉管 12件（图版4-3-41）。

M101：15，乳白色，有褐色沁斑。弧形管，两端粗，中间细，横截面近椭圆形，两端对钻一孔。长径1.6、短径1.3、孔径0.3~0.7、高1.0厘米。（图4-3-18E；图版4-3-42：1）

M101：16，含白云母片、三水铝石含量较多的石英岩，半透明。柱形管，横截面近椭圆形，两端对钻一孔。长径1.4、短径0.9、孔径0.1~0.4、高4.0厘米。（图4-3-18E；图版4-3-42：2）

M101：17，含白云母片、绿泥石矿物的石英岩，青绿色。平面近梯形，一面有一亚腰形凹浅槽，首尾对钻一孔。长径1.6、短径0.7、孔径0.15~0.45、高2.5厘米。（图4-3-18E；图版4-3-43：1）

M101：18，含白云母片、绿泥石矿物的石英岩，青绿色。平面近梯形，首尾略凹，对钻一孔。长径1.6、短径0.8、孔径0.15~0.4、高2.6厘米。（图4-3-18E；图版4-3-43：2）

M101：19，含白云母片、三水铝石含量较多的石英岩，半透明。柱形管，横截面近椭圆形，两端对钻一孔。长径1.4、短径0.9、孔径0.1~0.3、高2.6厘米。（图4-3-18E；图版4-3-42：3）

M101：20，含白云母片、绿泥石矿物的石英岩，青绿色。柱形管，横截面近半圆形，两端对钻一孔。长径1.3、短径1.0、孔径0.13~0.42、高3.8厘米。（图4-3-18E；图版4-3-42：4）

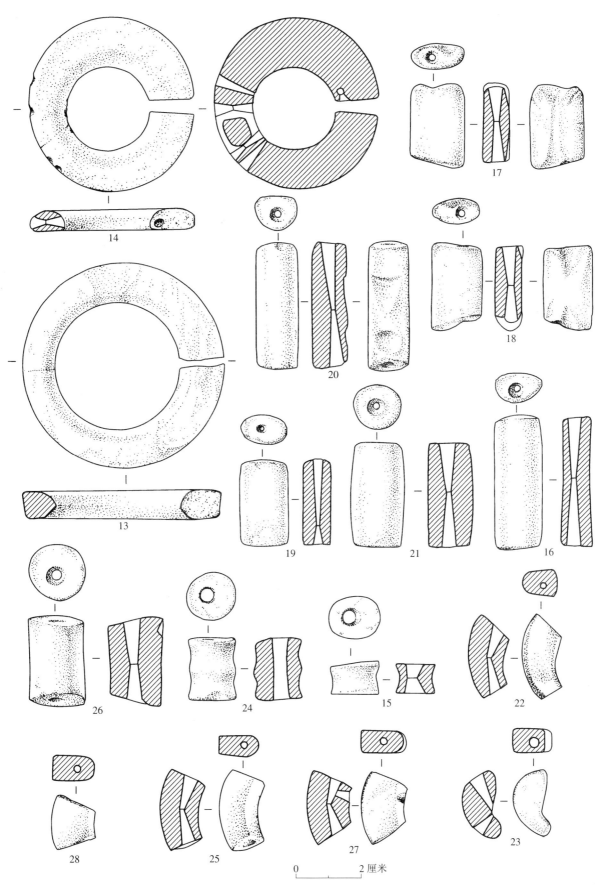

图 4-3-18E　M101 出土玉器（二）

13、14. 玦　15～22、24～26、28. 管　23、27. 管形饰

M101：21，含白云母片、三水铝石含量较多的石英岩，半透明。柱形管，横截面近圆形，两端对钻一孔。长径1.47、短径1.3、孔径0.2～0.6、高3.1厘米。（图4-3-18E；图版4-3-42：5）

M101：22，白云母片、绿泥石矿物的石英岩，青色。弧形管，横截面近方形，两端对钻一孔。长径1.0、短径0.8、孔径0.15～0.45、高2.4厘米。（图4-3-18E；图版4-3-42：6）

M101：24，含白云石、云母片的石英岩，黄白色。柱形管，横截面近圆形，两端对钻一孔，中间一周凸棱。直径1.5、孔径0.3～0.5、高1.8厘米。（图4-3-18E；图版4-3-42：7）

M101：25，含白云母片、绿泥石矿物的石英岩，青色。弧形管，横截面近方形，两端对钻一孔。长径1.2、短径0.6、孔径0.1～0.45、高2.4厘米。（图4-3-36；图版4-3-42：8）

M101：26，青灰色。柱形管，横截面近圆形，两端对钻一孔。直径1.7、孔径0.3～0.6、高2.6厘米。（图4-3-18E；图版4-3-43：3）

M101：28，含白云母片、绿泥石矿物的石英岩，青绿色，半透明。弧形管，横截面近长方形，两端对钻一孔。长径1.2、短径0.8、孔径约0.2、高1.6厘米。（图4-3-18E；图版4-3-43：4）

管形玉饰　2件。

M101：23，青绿色，半弧状，两端各斜向单面钻一孔。最长1.9、最宽1.2、厚0.7、孔径0.1～0.4厘米。（图4-3-18E；图版4-3-43：5）

M101：27，含白云母片、绿泥石矿物的石英岩，青色。器形扁方，弯弧状，首尾对钻一孔，其中一端又横向单面钻一孔。外径2.1、内径1.2、孔径0.3～0.4、厚0.7厘米。（图4-3-18E；图版4-3-43：6）

M103

位于T0608东北处，开口于第7层下。方向0度。长方形竖穴土坑墓，墓口长1.95、宽0.78米，深0.25米。填土呈灰褐色，内含烧土颗粒。墓内人骨保存状况一般，仰身直肢葬，头向北，面向上。墓葬内未发现有随葬品。（图4-3-19；图版4-3-44：1、2）

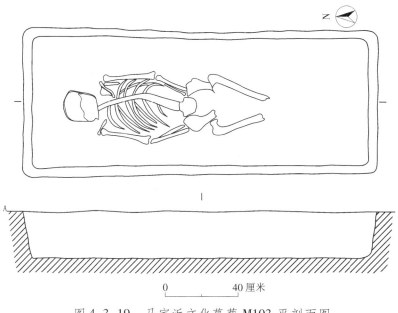

0　　　　40厘米

图4-3-19　马家浜文化墓葬M103平剖面图

第四节 地层出土遗物

尽管发掘面积有限，东山村遗址马家浜文化的地层堆积中，还是出土了相当数量的遗物。这些遗物大多为陶器残片，少量石器。地层中出土的遗物大部分是生产生活直接遗留的废弃品，在一定程度上反映了当时人们的生产与生活状况，也在一定程度上体现了遗址这一时段的发展脉络与节奏。

马家浜文化时期的陶器以夹砂红褐陶为主，有相当数量的泥质红褐陶，少量的夹砂黑褐陶和泥质灰黑陶，有零星的白陶残片。器表多以素面为主，有的泥质陶表面施以红衣。纹饰中捺窝、弦纹、镂孔较为常见。其中捺窝多饰于各类鋬手边缘或下方、鼎足的根部或足面以及釜腰沿的边缘等。弦纹和镂孔多饰于豆柄，镂孔的孔径一般较小。可复原的完整器极少，多为陶片标本，可辨器形有釜、鼎（足）、灶、甑、豆、罐、盆、钵、盉、尖底缸、纺轮、球、拍等。大件器物采用泥条盘筑法并分段拼接成型，小件器物直接用手制成。器物成型后一般经过慢轮修整。相当数量的泥质或夹砂红褐陶外壁施红衣且经过磨光。

马家浜文化地层中出土的石器数量较少，主要为锛，有个别的纺轮。未见有钺出土，主要材质有砂岩、泥岩及硅质岩等。

以下按区介绍各层位出土遗物。由于Ⅱ区基本保留在崧泽文化层面，发掘至生土的T1308探方东南角内的马家浜文化地层中基本未见遗物，故本文在此仅介绍Ⅰ、Ⅲ区马家浜文化地层中出土的遗物标本。

一 Ⅰ区地层出土遗物

Ⅰ区中清理了马家浜文化地层的探方（沟）主要是T1606-1、T1905和T2006，这三个探方均清理至生土。由于T1606-1与T1905、T2006相隔较远，之间的地层没有统一，而T1905和T2006相邻，地层进行了统一。因此按层位介绍地层出土遗物时，也与前文地层堆积介绍保持一致，将两者分开进行介绍。

1. T1606-1出土遗物

第6层

多为陶器残片，可辨器形有釜、鼎（足）、豆、牛鼻耳等，有个别完整的小钵。

陶釜口沿 2件。

T1606-1⑥：3，夹粗砂红褐陶。侈口，尖唇，短折沿，上腹部略弧，下腹弧收。沿下堆贴一周宽扁泥条，上腹部饰一周窄腰沿，腰沿边缘装饰浅捺窝。残高14.6厘米。（图4-4-1：1；图版4-4-1：1）

T1606-1⑥：4，夹砂红褐陶。口近直，方唇，上腹较直。上腹堆贴一周窄腰沿，腰沿边缘饰以浅捺窝。残高10.5厘米。（图4-1-1：2；图版4-4-1：2）

陶鼎足 1件。

T1606-1⑥：2，夹砂灰黑陶。铲形，上略宽下略窄，足面略内凹。足根饰一个浅捺窝。残高约11.4厘米。（图4-4-1：3；图版4-4-1：3）

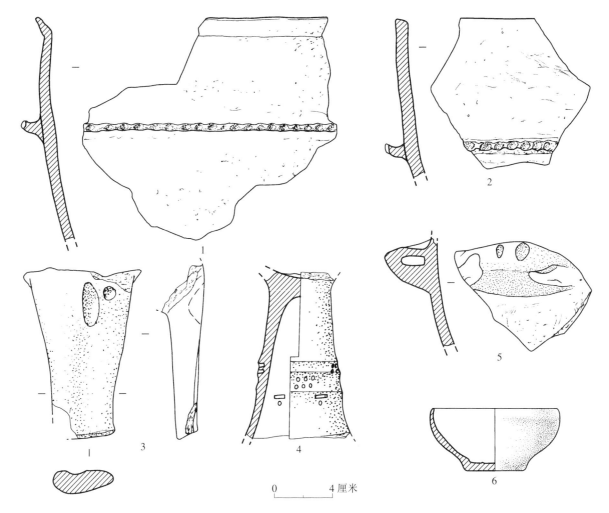

图 4-4-1　马家浜文化地层 T1606-1⑥层出土陶器

1、2. 釜口沿（T1606-1⑥：3、4）　3. 鼎足（T1606-1⑥：2）　4. 豆柄（T1606-1⑥：5）　5. 牛鼻耳（T1606-1⑥：1）
6. 小钵（T1606-1⑥：6）

陶豆柄　1件。

T1606-1⑥：5，泥质红褐陶，器表施红衣。柄上部较细，中部略鼓，下部外撇。柄中部饰三道细凸弦纹，其间饰有小圆圈镂孔及长方形镂孔，孔均未钻透。残高11.3厘米。（图4-4-1：4；图版4-4-1：4）

陶钵　1件。

T1606-1⑥：6，泥质红褐陶。直口，尖圆唇，弧壁，平底。口径8.4、底径4.0、高4.0厘米。（图4-4-1：6；图版4-4-1：5）

陶牛鼻耳　1件。

T1606-1⑥：1，夹砂红褐陶。近似水饺形。长约7.5、宽约3.6厘米。（图4-4-1：5；图版4-4-1：6）

第7层

出土标本较少，可辨器形有陶釜、豆等。

陶釜口沿　1件。

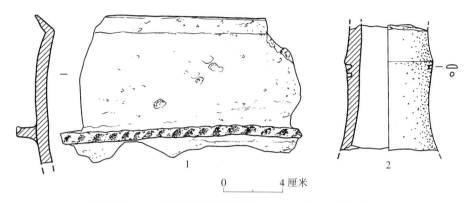

图 4-4-2 马家浜文化地层 T1606-1⑦层出土陶器
1. 釜口沿（T1606-1⑦：1） 2. 豆柄（T1606-1⑦：2）

T1606-1⑦：1，夹砂红褐陶。侈口，尖唇，短折沿，上腹略弧。沿下堆贴一周宽扁泥条，上腹饰一周窄腰沿，腰沿边缘装饰浅捺窝。残高9.9厘米。（图4-4-2：1；图版4-4-2：1）

陶豆柄 1件。

T1606-1⑦：2，泥质红褐陶，胎发黑，器表施红衣。柄上部略细，中部微鼓，下部略外撇。柄中部饰一道细弦纹，弦纹下饰两组长方形和圆形小镂孔组合，孔均未钻透。残高8.4厘米。（图4-4-2：2；图版4-4-2：2）

第8层

出土陶器标本较多，可辨器形有釜、鼎足、豆柄、盉把、尖底缸底等。

陶釜口沿 8件。

T1606-1⑧：4，夹粗砂红褐陶。敞口，宽折沿，弧鼓肩，肩部的鋬手残断。残高11.5厘米。（图4-4-3A：1；图版4-4-3：1、2）

T1606-1⑧：5，夹砂红褐陶。侈口，尖圆唇，短折沿。沿下堆贴一周宽扁泥条，沿下有鋬手，残，鋬手下饰一周窄腰沿，腰沿边缘装饰浅捺窝。残高11.5厘米。（图4-4-3A：2；图版4-4-3：3）

T1606-1⑧：6，夹砂红褐陶。侈口，尖圆唇，短折沿，上、下腹壁较直。沿下堆一周宽扁泥条，上腹壁饰一周窄腰沿，腰沿边缘装饰浅捺窝。残高11.6厘米。（图4-4-3A：4）

T1606-1⑧：7，夹砂红褐陶。侈口，沿近平，方圆唇，上腹壁斜直。上腹壁饰一周窄腰沿。残高9.0厘米。（图4-4-3A：3；图版4-4-3：4）

T1606-1⑧：8，夹砂红褐陶。侈口，尖圆唇，短折沿，颈部微束，上腹略弧鼓。沿下堆一周宽扁泥条、一对鋬手，鋬手边缘饰捺窝，鋬手下堆贴一周细窄的腰沿。口径21.9、残高9.2厘米。（图4-4-3A：5；图版4-4-3：5）

T1606-1⑧：9，泥质红褐陶。侈口，尖唇，短折沿，颈微束，上腹弧鼓。沿下饰一对宽梯形的鋬手，鋬手下方饰2个捺窝，鋬手下饰一周窄腰沿。口径23.6、残高9.4厘米。（图4-4-3A：7；图版4-4-3：6）

T1606-1⑧：10，夹砂红褐陶。直口微敛，方唇，腹壁微弧。沿下残有一个宽梯形鋬手，鋬手下方有一细窄的突起。残高9.1厘米。（图4-4-3A：6；图版4-4-4：1）

T1606-1⑧：11，夹粗砂红褐陶。宽折沿。口径21.4、残高6.6厘米。（图4-4-3A：8；图

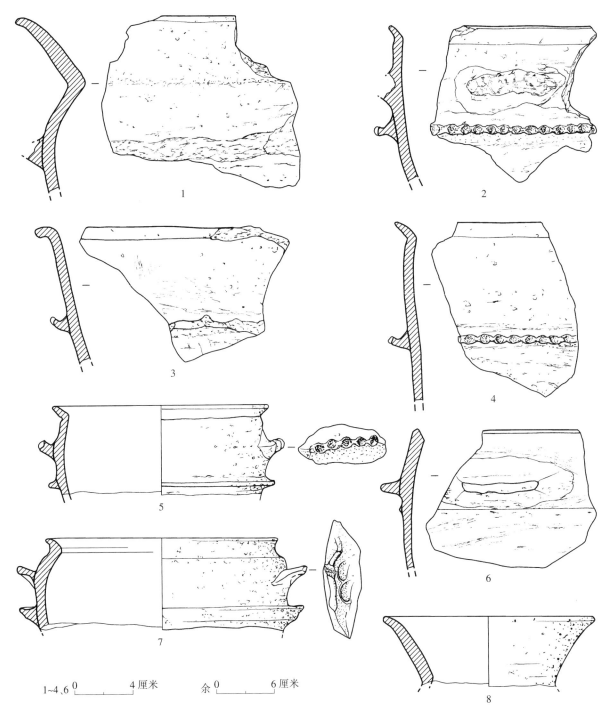

图 4-4-3A 马家浜文化地层 T1606-1⑧层出土陶器

1～8. 釜口沿（T1606-1⑧：4、5、7、6、8、10、9、11）

版 4-4-4：2）

陶鼎足 1 件。

T1606-1⑧：1，夹砂红褐陶。宽铲形，下部残。足面中部竖向堆贴一道泥条，泥条上及两旁竖向饰有大捺窝。残高 9.2 厘米。（图 4-4-3B：1；图版 4-4-4：3）

陶豆柄 2 件。

T1606-1⑧：13，泥质红褐陶，胎发黑，器表施红衣。柄上部略细，中部微鼓，下部略外撇。

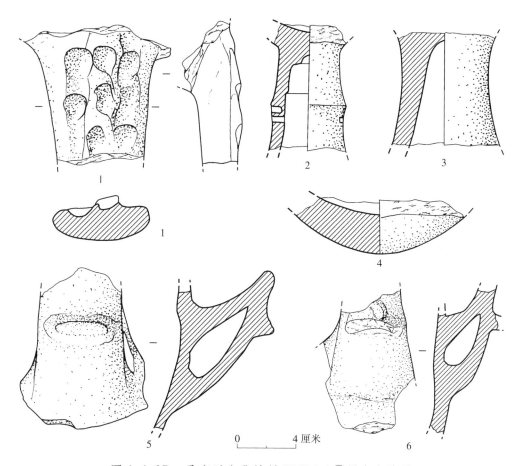

图 4-4-3B　马家浜文化地层 T1606-1⑧层出土陶器

1. 鼎足（T1606-1⑧：1）　　2、3. 豆柄（T1606-1⑧：13、14）　　4. 尖底缸底（T1606-1⑧：12）　　5、6. 盉把
（T1606-1⑧：2、3）

柄中部饰一周弦纹，弦纹下饰两组圆形与长条形组合的镂孔，部分镂孔未钻透。残高 8.4 厘米。
（图 4-4-3B：2；图版 4-4-4：4）

　　T1606-1⑧：14，夹粗砂红褐陶，器表施红衣。粗柄。残高 7.4 厘米。（图 4-4-3B：3；图
版 4-4-4：5）

　　陶盉把　2 件。

　　T1606-1⑧：2，夹砂红褐陶。鋬手尾端上翘，形似鸟尾。鋬手下方有一窄泥条状突起。长
10.6、宽约 6.5 厘米。（图 4-4-3B：5；图版 4-4-4：6）

　　T1606-1⑧：3，夹砂红褐陶。鋬手下方的泥条状突起残断。长 8.3、宽约 6.5 厘米。（图 4-4-
3B：6）

　　陶尖底缸底　1 件。

　　T1606-1⑧：12，夹粗砂红褐陶。圜底。残高 3.5 厘米。（图 4-4-3B：4；图版 4-4-4：7）

　　第 9 层

　　出土陶器标本较少，可辨器形有鼎足等。

　　陶鼎足　3 件。

　　T1606-1⑨：1，夹砂红褐陶。宽铲形，下部残。足面中部竖向堆贴一道泥条，泥条上及两旁竖

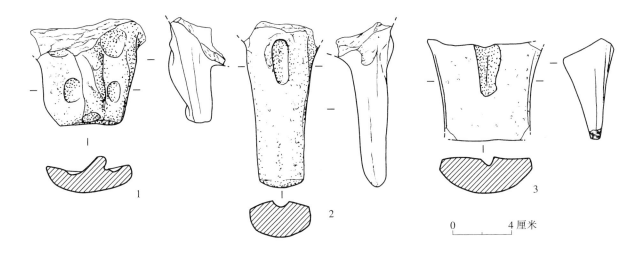

图 4-4-4　马家浜文化地层 T1606-1⑨层出土陶器

1～3. 鼎足（T1606-1⑨：1～3）

向饰有大捺窝。残高 7.1 厘米。（图 4-4-4：1；图版 4-4-5：1）

T1606-1⑨：2，夹砂红褐陶。窄铲形，上略宽下略窄。足根部饰一个浅捺窝。残高 11.0 厘米。（图 4-4-4：2；图版 4-4-5：2）

T1606-1⑨：3，夹砂红褐陶。宽铲形，足较短矮。足面有一个大捺窝。残高 6.9 厘米。（图 4-4-4：3；图版 4-4-5：3）

第 10 层

出土陶片极少，仅为陶器腹片，未挑选标本。

第 11 层

出土陶片较少，可辨器形有豆、牛鼻耳等。

陶豆盘　1 件。

T1606-1⑪：3，夹砂红褐陶，胎发红，内壁发黑，器表施红衣。豆盘宽大，敛口，圆唇，弧壁，柄部残。口径 26.8、残高 10.8 厘米。（图 4-4-5：1；图版 4-4-5：6）

陶豆柄　2 件。

T1606-1⑪：2，泥质红褐陶，胎发黑，器表施红衣。细柄，柄上部内收。残高 5.0 厘米。（图 4-4-5：2；图版 4-4-5：4）

T1606-1⑪：4，泥质红陶，胎发黑。粗柄。残高 14.3 厘米。（图 4-4-5：3，图版 4-4-5：5）

陶牛鼻耳　1 件。

T1606-1⑪：1，夹砂红褐陶。管状，略粗。长约 8.5、宽约 3.9 厘米。（图 4-4-5：4；图版 4-4-5：7）

第 12 层

出土陶片极少，未能挑选出标本。

第 13 层

出土陶片较少，可辨器形有釜、豆等。

陶釜口沿　2 件。

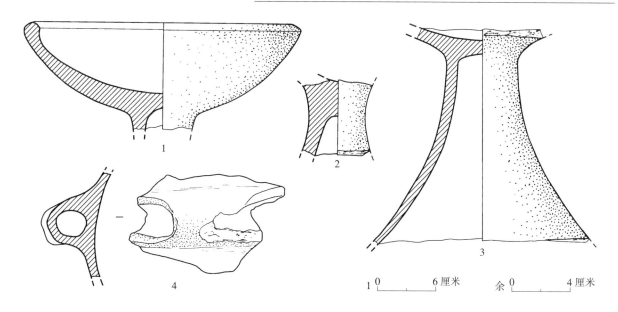

图 4-4-5　马家浜文化地层 T1606-1⑪层出土陶器

1. 豆盘（T1606-1⑪:3）　2、3. 豆柄（T1606-1⑪:2、4）　4. 牛鼻耳（T1606-1⑪:1）

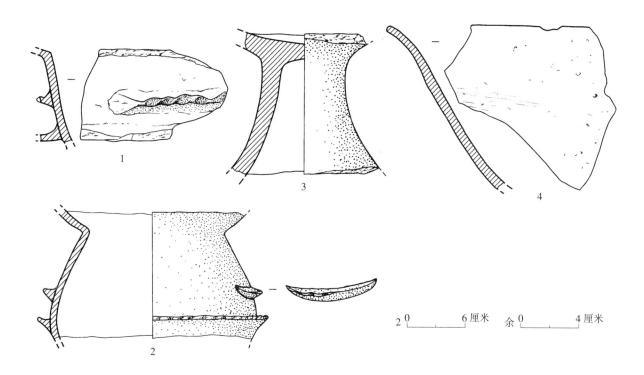

图 4-4-6　马家浜文化地层 T1606-1⑬层出土陶器

1、2. 釜口沿（T1606-1⑬:2、1）　3. 豆柄（T1606-1⑬:4）　4. 盆口沿（T1606-1⑬:3）

T1606-1⑬:2，夹砂红褐陶。口沿残，腹壁较直。沿下饰较细的宽梯形錾手，边缘饰浅捺窝，錾手下堆贴一周窄腰沿。残高 6.3 厘米。（图 4-4-6:1；图版 4-4-6:1）

T1606-1⑬:1，夹砂红褐陶。宽折沿，沿略残。沿下有半弧状窄錾，錾手边缘饰浅捺窝，錾手下堆贴一周窄腰沿。残高 12.4 厘米。（图 4-4-6:2；图版 4-4-6:2）

陶豆柄　1 件。

T1606-1⑬：4，夹粗砂黄褐陶，器表施红衣。柄较粗。残高9.4厘米。（图4-4-6：3；图版4-4-6：3）

陶盆口沿　1件。

T1606-1⑬：3，夹砂黑褐陶。侈口，圆唇，腹壁较直。残高10.9厘米。（图4-4-6：4；图版4-4-6：4）

2. T1905、T2006内出土遗物

第6层

出土陶片较多，可辨器形有豆、罐、盆、牛鼻耳等，有个别的石锛。

陶豆盘　1件。

T1905⑥：4，泥质红褐陶，胎发红，外壁施红衣，内壁发黑。口近直，尖唇，弧壁。唇下有一道折痕。口径18.0、残高3.8厘米。（图4-4-7：1；图版4-4-7：1）

陶豆柄　2件。

T1905⑥：2，泥质黑陶。柄与豆盘交接处略束，其下微鼓。鼓突处饰2组对称的圆形镂孔。残高3.0厘米。（图4-4-7：2；图版4-4-7：2）

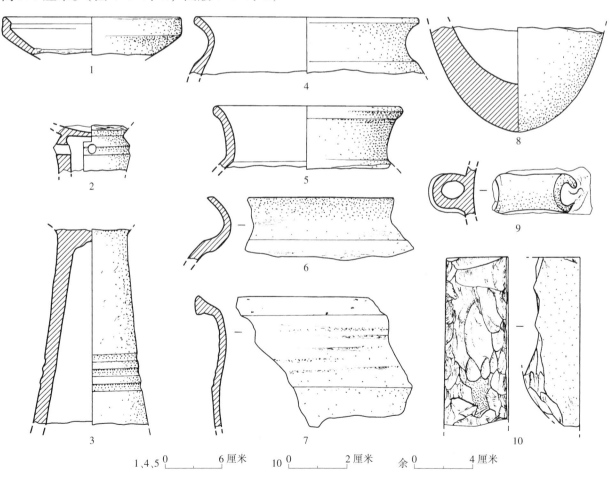

图4-4-7　马家浜文化地层T1905、T2006⑥层出土陶器、石器

1. 陶豆盘（T1905⑥：4）　2、3. 陶豆柄（T1905⑥：2、3）　4～6. 陶罐口沿（T1905⑥：5、6、7）　7. 陶盆口沿（T1905⑥：8）　8. 陶尖底缸底（T2006⑥：1）　9. 陶牛鼻耳（T1905⑥：1）　10. 石锛（T1905⑥：9）

T1905⑥:3，泥质红褐陶，器表施红衣。细柄，柄较直，略外撇。柄下部饰三道较宽的浅凹弦纹。残高约12.9厘米。（图4-4-7：3；图版4-4-7：3）

陶罐口沿　3件。

T1905⑥:5，夹砂红褐陶。侈口，圆唇，束颈，肩部略折。口径22.8、残高5.7厘米。（图4-4-7：4；图版4-4-7：4）

T1905⑥:6，泥质红褐陶，胎发黑。侈口，圆唇，高颈微束。口径18.8、残高6.1厘米。（图4-4-7：5；图版4-4-7：5）

T1905⑥:7，夹砂红褐陶。侈口，尖唇，矮束颈，折肩。残高4.2厘米。（图4-4-7：6；图版4-4-7：6）

陶盆口沿　1件。

T1905⑥:8，泥质红褐陶。敞口，折沿，方圆唇，肩部略弧凹，腹壁较直。残高8.7厘米。（图4-4-7：7；图版4-4-7：7）

陶尖底缸底　1件。

T2006⑥:1，夹粗砂红褐陶。圜底略尖。残高7.0厘米。（图4-4-7：8；图版4-4-7：8）

陶牛鼻耳　1件。

T1905⑥:1，泥质红褐陶。管形。长约3.8、宽约2.2厘米。（图4-4-7：9）

石锛　1件。

T1905⑥:9，硅质泥岩。背面较直，腹面及刃部崩损。残长5.6、宽2.2、厚1.3厘米。（图4-4-7：10）

第7层

出土陶片较多，可辨器形有釜、豆、盉（把）、罐、盆、纺轮、球等。

陶釜口沿　2件。

T1905⑦:2，夹粗砂红褐陶。侈口，尖圆唇，上腹壁较直。沿下残留一宽梯形鋬手，边缘饰浅捺窝。残高7.8厘米。（图4-4-8：1；图版4-4-8：1）

T1905⑦:3，夹粗砂红褐陶。侈口，方唇。沿下残留一鋬手，边缘饰浅捺窝。残高7.8厘米。（图4-4-8：2；图版4-4-8：2）

陶豆柄　2件。

T1905⑦:4，泥质黑陶。柄上部略鼓突。鼓突下饰三个对称分布的圆形镂孔。残高7.9厘米。（图4-4-8：4；图版4-4-8：3）

T1905⑦:8，泥质黑陶。柄上部略鼓突。鼓突下饰三个对称分布的圆形镂孔。残高9.1厘米。（图4-4-8：3；图版4-4-8：4）

陶罐口沿　3件。

T1905⑦:5，泥质红褐陶，器表施红衣。直口，圆唇，短颈，宽弧肩。口径15.2、残高3.8厘米。（图4-4-8：5；图版4-4-8：5）

T1905⑦:6，泥质红褐陶，器表施红衣。侈口，圆唇，束颈，弧肩略折。口径15.6、残高5.1厘米。（图4-4-8：9；图版4-4-8：6）

T2006⑦:1，泥质红褐陶，器表施红衣。口近直，圆唇，沿下略鼓折，高束颈，弧肩。残高

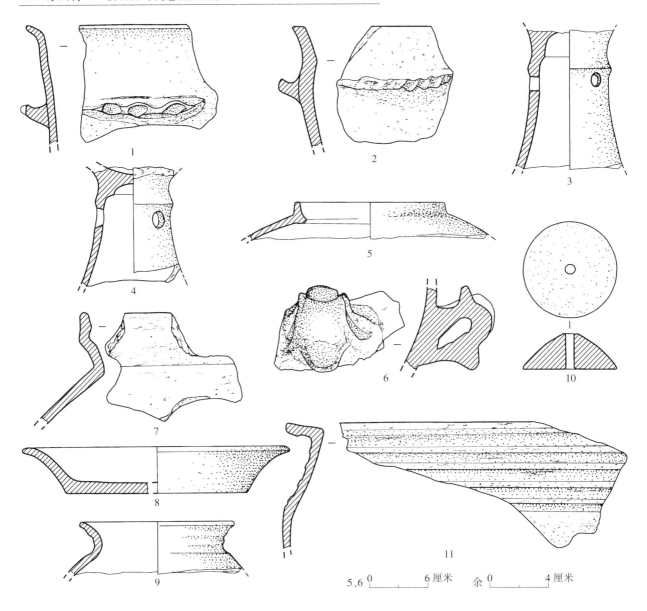

图 4-4-8　马家浜文化地层 T1905、T2006⑦层出土陶器

1、2. 釜口沿（T1905⑦：2、3）　　3、4. 豆柄（T1905⑦：8、4）　　5、7、9. 罐口沿（T1905⑦：5、T2006⑦：1、T1905⑦：6）　　6. 盉把（T1905⑦：1）　　8. 盆（T2006⑦：2）　　10. 纺轮（T1905⑦：9）　　11. 盆口沿（T1905⑦：7）

7.4 厘米。（图 4-4-8：7；图版 4-4-8：7）

陶盆　1 件。

T2006⑦：2，泥质红褐陶，器表施红衣。敞口，圆唇，浅弧腹，平底。口径 18.1、底径 12.4、高 3.1 厘米。（图 4-4-8：8；图版 4-4-8：8）

陶盆口沿　1 件。

T1905⑦：7，泥质红褐陶，器表施红衣。口沿残件。口微敛，宽折沿近平，肩部略弧凹，腹壁较直。残高 8.2 厘米。（图 4-4-8：11；图版 4-4-8：9）

陶盉把　1 件。

T1905⑦：1，夹砂红褐陶。近扁环状。上下各有一道宽凸棱。长 5.5、宽 5.1 厘米。（图 4-4-8：6）

陶纺轮 1件。

T1905⑦:9，泥质红褐陶。残缺。平面呈圆形，剖面近半圆形，中有一孔。直径6.4、孔径0.5、高2.4厘米。（图4-4-8：10）

第8层

出土陶片较少，可辨器形有釜、牛鼻耳等。

陶釜口沿 3件。

T1905⑧:1，夹粗砂红褐陶。侈口，尖圆唇，肩部略弧凹。沿下残留一宽梯形鋬手，边缘饰以浅捺窝。残高9.9厘米。（图4-4-9：1；图版4-4-9：1）

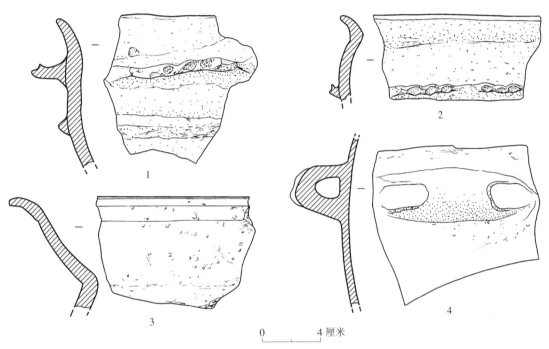

图4-4-9 马家浜文化地层 T1905、T2006⑧层出土陶器

1~3. 釜口沿（T1905⑧:1、2，T2006⑧:2） 4. 牛鼻耳（T2006⑧:1）

T1905⑧:2，夹粗砂红褐陶。侈口，尖圆唇，上腹部略弧鼓。上腹堆贴一周窄腰沿，腰沿边缘饰浅捺窝。残高5.9厘米。（图4-4-9：2；图版4-4-9：2）

T2006⑧:2，夹砂红褐陶。宽折沿，残高7.5厘米。（图4-4-9：3；图版4-4-9：3）

陶牛鼻耳 1件。

T2006⑧:1，泥质黄褐陶。近似菱角形。长10.5、宽3.5厘米。（图4-4-9：4；图版4-4-9：4）

第9层

出土陶片较少，可辨器形有牛鼻耳、罐、盆及尖底缸底等。

陶罐口沿 1件。

T1905⑨:2，夹砂红褐陶。侈口，圆唇，高束颈。口径13.9、残高6.4厘米。（图4-4-10：1；图版4-4-10：1）

陶盆口沿 1件。

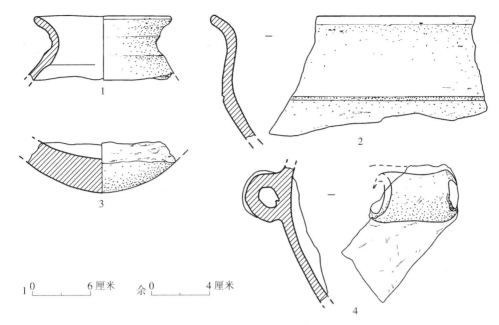

图 4-4-10 马家浜文化地层 T1905、T2006⑨层出土陶器

1. 罐口沿（T1905⑨:2） 2. 盆口沿（T1905⑨:3） 3. 尖底缸底（T2006⑨:1） 4. 牛鼻耳（T1905⑨:1）

T1905⑨:3，夹砂红褐陶。侈口，圆唇，折腹。折腹处有一道凹弦纹。残高8.2厘米。（图4-4-10:2；图版4-4-10:2）

陶尖底缸底 1件。

T2006⑨:1，夹粗砂黑褐陶。圜底。残高3.3厘米。（图4-4-10:3；图版4-4-10:3）

陶牛鼻耳 1件。

T1905⑨:1，泥质红褐陶。近似管形。长约5.6、宽约3.5厘米。（图4-4-10:4）

第10层

出土陶片极少，可辨器形有釜、豆等。

陶釜口沿 2件。

T1905⑩:1，夹砂红褐陶。侈口，圆唇，腹壁较直。口下残留一宽梯形錾手，錾手边缘较尖薄，上饰以浅捺窝。残高7.8厘米。（图4-4-11:1）

T1905⑩:2，夹砂红褐陶。直口微侈，尖圆唇，上腹壁较直。残留一宽梯形錾手。残高4.3厘米。（图4-4-11:2）

陶豆柄 1件。

T2006⑩:1，泥质红陶，胎发黑，器表施红衣。柄较粗，上部略收，下部外撇。残高10.1厘米。（图4-4-11:3）

第11层

出土陶片较少，可辨器形有罐、釜、豆、牛鼻耳、器把等。另有一定数量的骨器，如骨环、骨针等。

陶釜口沿 1件。

T1905⑪:2，夹粗砂红褐陶。侈口，尖圆唇。唇下堆贴一周宽扁泥条，沿下残留一宽梯形錾

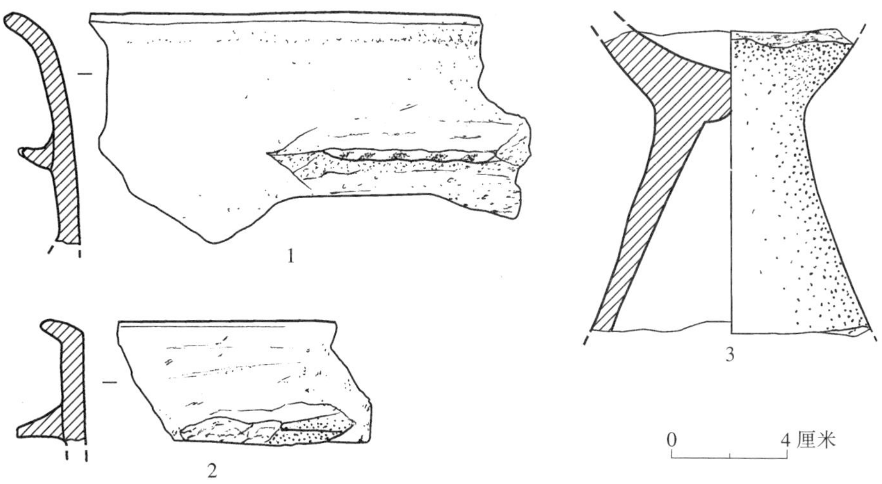

图 4-4-11　马家浜文化地层 T1905、T2006⑩层出土陶器
1、2. 釜口沿（T1905⑩：1、2）　3. 豆柄（T2006⑩：1）

手，錾手下饰一周窄腰沿，錾手及腰沿边缘饰以浅捺窝。残高9.8厘米。（图4-4-12：1；图版4-4-11：1）

陶豆盘　1件。

T2006⑪：5，口近直，唇面内凹，弧壁浅盘。残高3.5厘米。（图4-4-12：2；图版4-4-11：5）

陶豆柄　3件。

T1905⑪：3，泥质红褐陶，胎发黑，器表施红衣。细柄，上部略弧凹。残高9.2厘米。（图4-4-12：4；图版4-4-11：2）

T1905⑪：5，泥质红褐陶，胎色发红，器表施红衣。粗柄，上部略细，下部外撇。柄中部饰有不规则的浅凹痕。残高10.3厘米。（图4-4-12：5；图版4-4-11：3）

T2006⑪：4，泥质红褐陶，器表施红衣。柄部整体较直，中部残留两道凸棱，每道凸棱上饰两组圆形小镂孔，孔均为钻透。残高10.7厘米。（图4-4-12：6；图版4-4-11：4）

陶罐口沿　1件。

T1905⑪：1，泥质红褐陶。敛口，圆唇，唇下折痕明显，颈微束，弧鼓肩。残高5.3厘米。（图4-4-12：3；图版4-4-11：6）

陶盆口沿　1件。

T1905⑪：4，泥质灰陶，器表施红衣。侈口，圆唇，折腹。残高5.0厘米。（图4-4-12：7；图版4-4-12：1）

陶牛鼻耳　3件。

T2006⑪：1，泥质灰陶。近管状，耳上有一圆形镂孔。长约8.4、宽约3.9厘米。（图4-4-12：9；图版4-4-12：2）

T2006⑪：2，泥质红褐陶。近似椭圆形。长约8.5、宽约3.5厘米。（图4-4-12：8；图版4-4-12：3）

T2006⑪：3，泥质红褐陶，器表施红衣。扁环状。耳下饰两个捺窝。长约6.1、宽约3.9厘米。（图4-4-12：10；图版4-4-12：4）

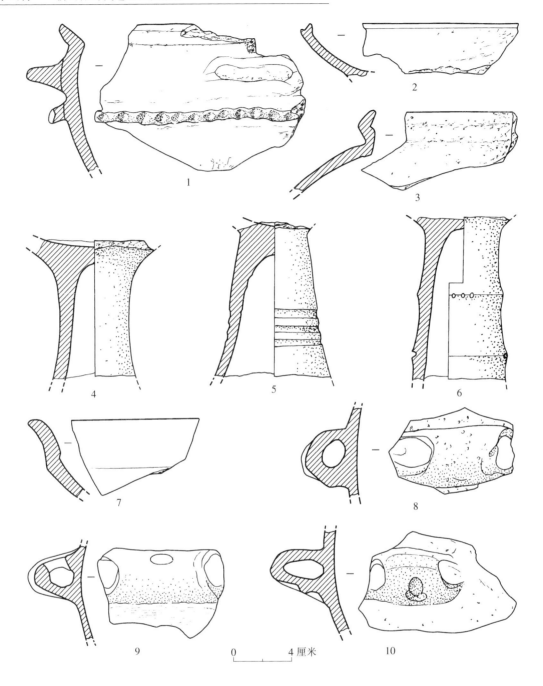

图 4-4-12　马家浜文化地层 T1905、T2006⑪层出土陶器

1. 釜口沿（T1905⑪：2）　2. 豆盘（T2006⑪：5）　3. 罐口沿（T1905⑪：1）　4～6. 豆柄（T1905⑪：3、5，T2006⑪：4）　7. 盆口沿（T1905⑪：4）　8～10. 牛鼻耳（T2006⑪：2、1、3）

骨环　11 件。均为亚腰形。

T1905⑪：6，上口径 2.2、下口径 2.4、高 1.2、最厚 0.2 厘米。（图 4-4-13：1；图版 4-4-13：1、2）

T1905⑪：7，上口径 2.6、下口径 2.8、高 1.3、最厚 0.13 厘米。（图 4-4-13：2；图版 4-4-13：3）

T1905⑪：8，上口径 2.4、下口径 2.9、高 1.2、最厚 0.25 厘米。（图 4-4-13：3；图版 4-4-13：4）

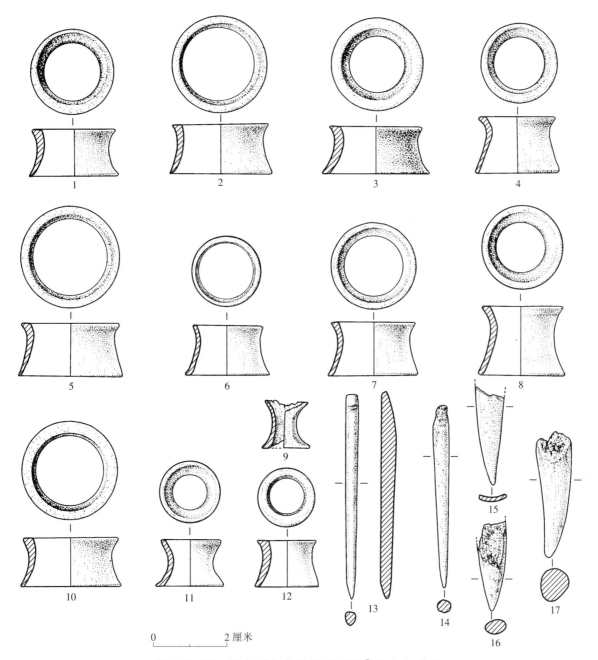

图 4-4-13　马家浜文化地层 T1905⑪层出土骨器

1~12. 环（T1905⑪：6~10、12~18）　　13、14. 针（T1905⑪：19、21）　　15~17. 锥（T1905⑪：20、23、22）

T1905⑪：9，上口径 2.0、下口径 2.3、高 1.45、最厚 0.15 厘米。（图 4-4-13：4；图版 4-4-13：5）

T1905⑪：10，上口径 2.6、下口径 2.8、高 1.35、最厚 0.15 厘米。（图 4-4-13：5；图版 4-4-14：1、2）

T1905⑪：12，上口径 1.8、下口径 2.3、高 1.3、最厚 0.1 厘米。（图 4-4-13：6；图版 4-4-14：3）

T1905⑪：13，上口径 2.3、下口径 2.5、高 1.4、最厚 0.14 厘米。（图 4-4-13：7；图版 4-4-13：6）

T1905⑪：14，上口径2.1、下口径2.3、高1.8、最厚0.2厘米。（图4-4-13：8；图版4-4-14：4）

T1905⑪：15，上口径1.23（残）、下口径1.28（残）、高1.33（残）、最厚0.1厘米。（图4-4-13：9；图版4-4-14：5）

T1905⑪：16，上口径2.6、下口径2.8、高1.26、最厚0.22厘米。（图4-4-13：10；图版4-4-14：6）

T1905⑪：17，上口径1.6、下口径1.83、高1.2、最厚0.15厘米。（图4-4-13：11；图版4-4-14：7）

T1905⑪：18，上口径1.6、下口径1.7、高1.2、最厚0.15厘米。（图4-4-9：12；图版4-4-14：8）

骨针　2件。

T1905⑪：19，通体打磨光滑，尾端较平。近尾端处有两道浅刻槽。长5.34、直径0.25厘米。（图4-4-13：13；图版4-4-15：1）

T1905⑪：21，通体打磨光滑，尾端较细略呈菱形。长4.78、直径（最厚）0.35厘米。（图4-4-13：14；图版4-4-15：2）

骨锥　3件。

T1905⑪：20，整体呈锥形，器身扁薄。长2.65（残）厘米。（图4-4-13：15；图版4-4-15：3）

T1905⑪：22，整体呈锥形，横截面近椭圆形。长3.3（残）厘米。（图4-4-13：17；图版4-4-15：4）

T1905⑪：23，整体呈锥形，横截面近椭圆形。长2.3（残）厘米。（图4-4-13：16；图版4-4-15：5）

第12层

出土零星陶片，可辨器形有豆。另有一定数量的骨器，如骨环等。

陶豆柄　1件。

T2006⑫：1，泥质红褐陶，胎发黑，器表施红衣。柄上部略细，中部有一道明显的折棱使得柄中部呈台状外撇。折棱下饰两组圆形小镂孔，孔未钻透。残高10.4厘米。（图4-4-14：1；图版4-4-16：1、2）

骨环　3件。均为亚腰状。

T1905⑫：1，上径2.5、下径2.85、高1.32、厚0.25厘米。（图4-4-14：2；图版4-4-17：1）

T1905⑫：2，高1.2、厚0.2厘米。（图4-4-14：3；图版4-4-17：2）

T1905⑫：8，高1.2、厚0.1厘米。（图4-4-14：4；图版4-4-17：3）

骨锥　2件。

T1905⑫：9，横截面椭圆形。残长2.2、最厚0.5厘米。（图4-4-14：10；图版4-4-17：4）

T1905⑫：10，横截面近圆形。残长1.35、直径0.45厘米。（图4-4-14：11；图版4-4-17：5）

骨器　5件。略呈亚腰状。

T1905⑫：3，高1.2、最厚0.35厘米。（图4-4-14：5；图版4-4-17：6）

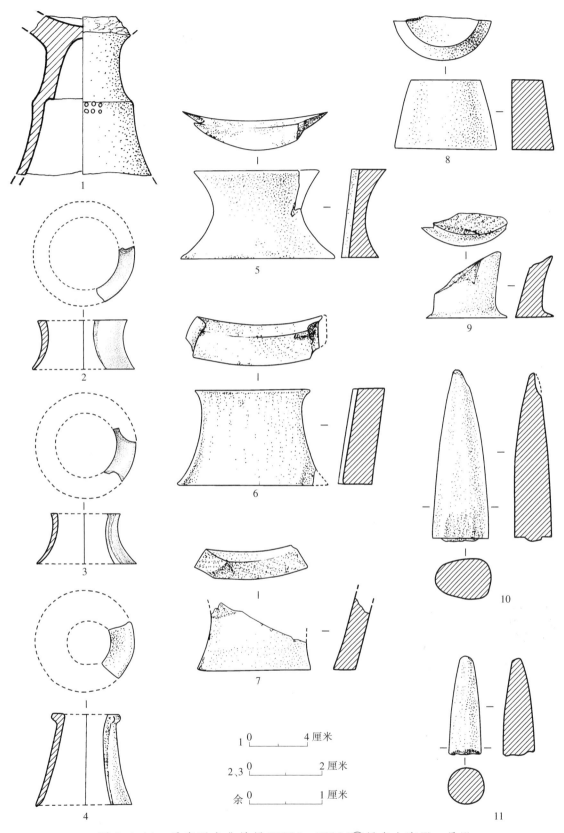

图 4-4-14　马家浜文化地层 T1905、T2006⑫层出土陶器、骨器

1. 陶豆柄（T2006⑫：1）　　2~4. 骨环（T1905⑫：1、2、8）　　5~9. 骨器（T1905⑫：3、4、6、7、5）　　10、
11. 骨锥（T1905⑫：9、10）

T1905⑫：4，高1.3、最厚0.35厘米。（图4-4-14：6；图版4-4-17：7）

T1905⑫：5，残高0.9、最厚0.6厘米。（图4-4-14：9；图版4-4-17：8）

T1905⑫：6，残高0.9、厚0.3厘米。（图4-4-14：7；图版4-4-17：9）

T1905⑫：7，高0.95、厚0.5厘米。（图4-4-14：8；图版4-4-17：10）

第13层

T1905内有零星陶片出土，器形难辨，另出有一些骨器。T2006出土少量陶片，可辨器形有
釜、豆、盆、钵等。

陶釜口沿　1件。

T2006⑬：1，夹砂红褐陶。胎壁较厚。侈口，尖圆唇，上腹壁较直。唇下堆贴一周宽扁的泥
条，上腹堆贴一周窄腰沿，腰沿边缘饰以浅捺窝。残高8.4厘米。（图4-4-15：1；图版4-4-
18：1）

陶豆柄　3件。

T2006⑬：2，泥质黑陶。柄较细，上部鼓突明显。鼓突处饰有四个圆形镂孔。残高8.3厘米。
（图4-4-15：5；图版4-4-18：2）

T2006⑬：3，泥质红褐陶，胎发黑，器表施红衣。柄部较细直。残高6.0厘米。（图4-4-15：3；
图版4-4-18：3）

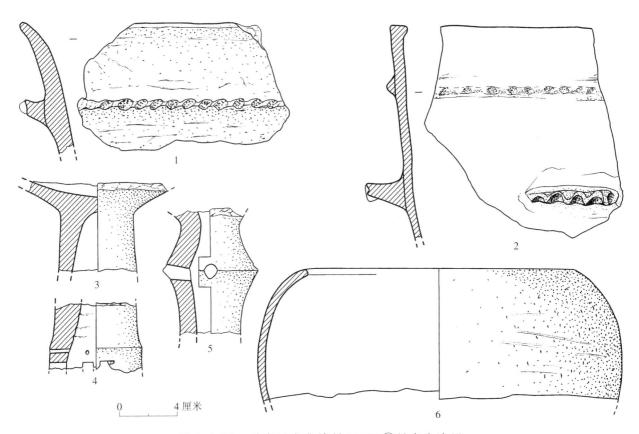

图4-4-15　马家浜文化地层T2006⑬层出土陶器

1. 釜口沿（T2006⑬：1）　2. 盆口沿（T2006⑬：5）　3～5. 豆柄（T2006⑬：3、4、2）　6. 钵口沿（T2006⑬：6）

T2006⑬：4，泥质红褐陶，胎发黑，器表施红衣。柄中部有一道明显的折棱使其略呈台状。折棱处饰有圆形及长条形小镂孔。残高4.7厘米。（图4-4-15：4；图版4-4-18：4）

陶盆口沿　1件。

T2006⑬：5，泥质黑陶。直口，方唇，腹壁斜直。口沿下堆贴一周附加堆纹，堆纹上饰浅捺窝，堆纹下残留一宽梯形鋬手。残高13.9厘米。（图4-4-15：2；图版4-4-18：5）

陶钵口沿　1件。

T2006⑬：6，泥质灰黑陶，器表施红衣。敛口，圆唇，圆弧腹。口径18.3、残高8.6厘米。（图4-4-15：6；图版4-4-18：6）

骨环　1件。

T1905⑬：2，亚腰状。上口径1.5、下口径1.9、高1.2厘米。（图4-4-16：1；图版4-4-19：1）

骨针　1件。

T1905⑬：4，尾端残。残长4.3、直径0.3厘米。（图4-4-16：4；图版4-4-19：2）

骨锥　2件。

T1905⑬：5，尾端有台状突起，残。残长3.6、直径0.6厘米。（图4-4-16：5；图版4-4-19：3）

T1905⑬：6，首、尾端残断。残长1.9厘米。（图4-4-16：6；图版4-4-19：4）

骨器　2件。

T1905⑬：1，台状，中间为实心。上径1.75、下径1.9、高1.2厘米。（图4-4-16：2；图版4-4-19：5）

T1905⑬：3，尖部呈镞状，柄部为扁圆体，长5.5、柄部直径0.35～0.5厘米。（图4-4-16：3；图版4-4-19：6）

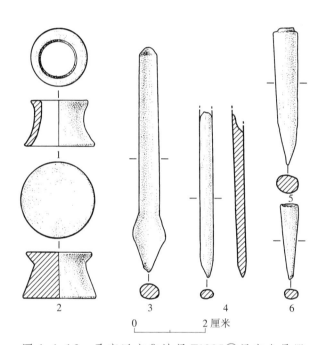

图4-4-16　马家浜文化地层T1905⑬层出土骨器
1. 环（T1905⑬：2）　　2、3. 骨器（T1905⑬：1、3）
4. 针（T1905⑬：4）　　5、6. 锥（T1905⑬：5、6）

第14层

T2006出土少量陶片，可辨器形有釜、豆、盆、鼎、牛鼻耳等。

陶釜口沿　1件。

T2006⑭：4，夹粗砂红褐陶。侈口，尖圆唇，上腹壁较直。口下残留一宽梯形鋬手，边缘饰有浅捺窝。残高6.4厘米。（图4-4-17：1；图版4-4-20：1）

陶鼎口沿　1件。

T2006⑭：3，夹砂黑陶。敞口，宽折沿，弧腹。口径16.2，残高9.0厘米。（图4-4-17：2；图版4-4-20：2）

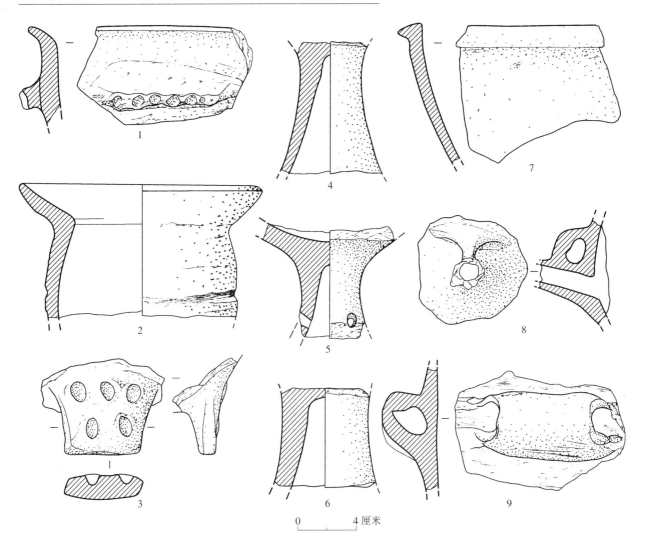

图4-4-17 马家浜文化地层 T2006⑭ 层出土陶器

1. 釜口沿（T2006⑭：4） 2. 鼎口沿（T2006⑭：3） 3. 鼎足（T2006⑭：2） 4～6. 豆柄（T2006⑭：6、5、8） 7. 盆口沿（T2006⑭：7） 8. 盉流（T2006⑭：9） 9. 牛鼻耳（T2006⑭：1）

陶鼎足 1件。

T2006⑭：2，夹砂红褐陶。宽矮足，足正面呈上略宽下略窄的倒梯形，上饰五个捺窝。足高约6.4厘米。（图4-4-17：3）

陶豆柄 3件。

T2006⑭：5，泥质红陶，胎发黑，器表施红衣。细柄，上部弧凹，残留两个圆形镂孔。残高7.5厘米。（图4-4-17：5；图版4-4-20：3）

T2006⑭：6，泥质红褐陶，胎发黑，器表施红衣。细高柄。残高8.8厘米。（图4-4-17：4；图版4-4-20：4）

T2006⑭：8，夹粗砂黄褐陶，器表施红衣。柄略细。残高6.5厘米。（图4-4-17：6；图版4-4-20：5）

陶盆口沿 1件。

T2006⑭：7，泥质红褐陶，器表施红衣。口近直，方唇外折，弧腹。残高9.1厘米。（图4-

4-17：7；图版 4-4-20：6）

陶盉流 1件。

T2006⑭：9，泥质红褐陶。细管状，略上翘，流上附一半环状提梁。残高7.3厘米。（图4-4-17：8）

陶牛鼻耳 1件。

T2006⑭：1，红褐陶。近似管状。长约10.0、宽约4.6厘米。（图4-4-17：9）

二 Ⅲ区地层出土遗物

Ⅲ区发掘时统一了地层，现按照层位介绍出土遗物。

第6层

出土陶片数量较多，可辨器形有釜、鼎、灶、甑、豆、罐、钵、牛鼻耳、尖底缸底，以及纺轮等。出土石器主要有锛、纺轮等。

陶釜口沿 10件。

T0511⑥：2，夹砂红褐陶。侈口，圆唇，上腹壁略弧。沿下残留一宽梯形錾手，边缘饰小捺窝，錾手下饰两个大捺窝。残高7.5厘米。（图4-4-18：1；图版4-4-21：1）

T0511⑥：3，夹砂红褐陶。侈口，尖圆唇，腹壁略弧。沿下残留一宽梯形錾手，錾手下饰两个大捺窝，其下堆贴一周细腰沿，边缘饰以浅捺窝。残高11.8厘米。（图4-4-18：2；图版4-4-21：2）

T0511⑥：4，夹砂红陶。侈口，圆唇，上腹壁略弧鼓。沿下残留一宽梯形錾手，錾手下饰两个大捺窝。残高7.8厘米。（图4-4-18：3；图版4-4-21：3）

T0611⑥：4，夹粗砂红褐陶。侈口，宽折沿。口径14.8、残高5.8厘米。（图4-4-18：4；图版4-4-21：4）

T0611⑥：5，夹砂红褐陶。侈口，尖圆唇，腹壁斜直。上腹壁堆贴一周细腰沿，边缘饰浅捺窝。残高14.1厘米。（图4-4-18：6；图版4-4-21：5）

T0611⑥：6，夹砂红褐陶。直口，尖唇，腹壁较直。沿下饰一对宽梯形的錾手，略残，錾手下堆贴一周窄腰沿，腰沿边缘饰浅捺窝。残高6.4厘米。（图4-4-18：5；图版4-4-21：6）

T0611⑥：12，夹粗砂红褐陶。口近直，圆唇，腹壁较薄略弧。唇下堆贴一周宽扁泥条，有宽梯形錾手，较宽厚。残高8.5厘米。（图4-4-18：7；图版4-4-22：1）

T0611⑥：14，夹粗砂红褐陶。宽折沿，上腹壁弧鼓。沿下堆贴一周较宽的腰沿，腰沿边缘饰浅捺窝。残高7.0厘米。（图4-4-18：10；图版4-4-22：2）

T0611⑥：15，夹粗砂红陶。器壁较薄。侈口，尖圆唇，上腹壁略弧。唇下堆贴一周宽扁的泥条，上腹堆贴一周细窄的腰沿。残高8.8厘米。（图4-4-18：8；图版4-4-22：3）

T0611⑥：16，夹粗砂红陶。器壁较薄。侈口，尖圆唇，上腹壁略弧。唇下堆贴一周宽扁的泥条，沿下有一宽梯形錾手，较扁薄，上腹堆贴一周细窄的腰沿。残高8.6厘米。（图4-4-18：9；图版4-4-22：4）

陶鼎足 8件。

T0511⑥：1，夹砂红褐陶。宽铲形，下部残断，足面内凹。内凹处饰多个捺窝。残长13.8厘

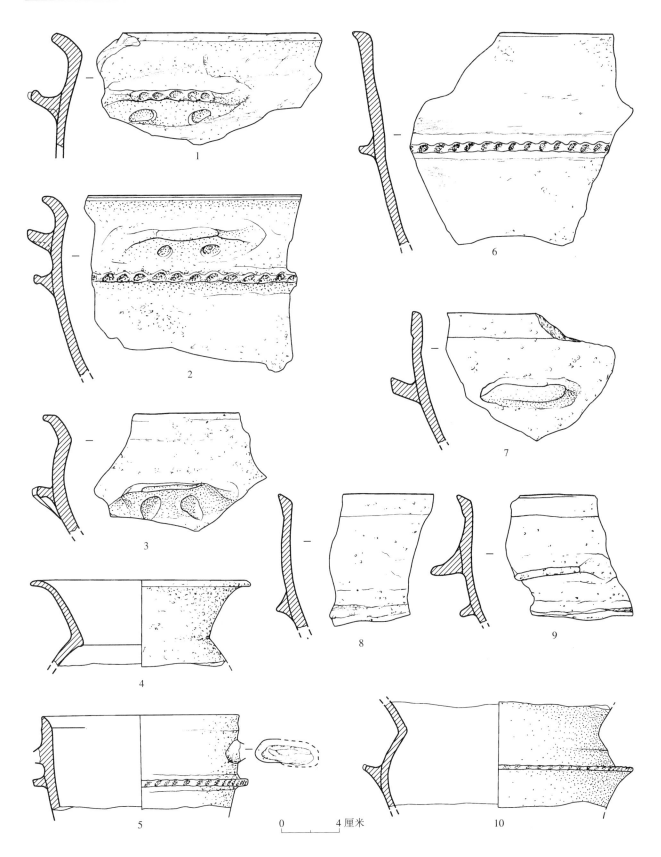

图 4-4-18 马家浜文化地层 T0511、T0611⑥层出土陶器

1~10. 釜口沿（T0511⑥：2~4，T0611⑥：4、6、5、12、15、16、14）

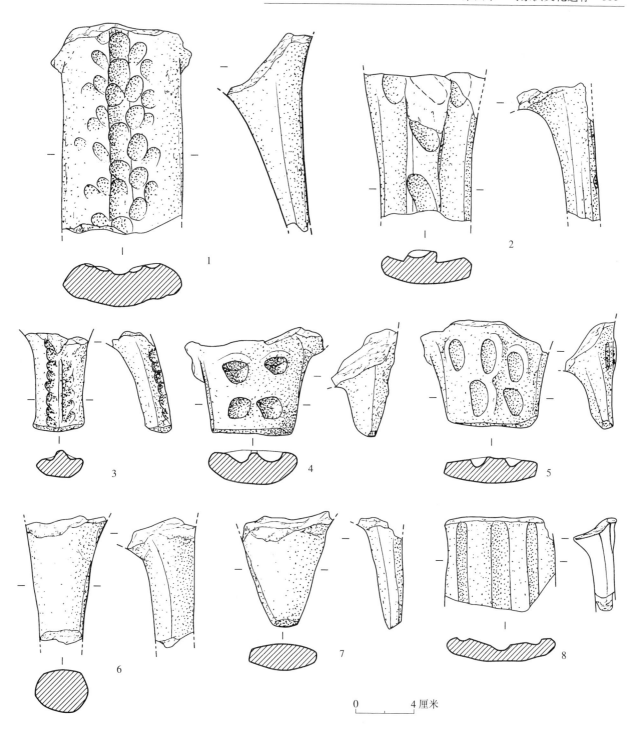

图 4-4-19　马家浜文化地层 T0511、T0610、T0611、T0711⑥层出土陶器

1~8. 鼎足（T0511⑥:1，T0611⑥:2，T0610⑥:3，T0611⑥:1，T0711⑥:1~3、11）

米。（图 4-4-19:1；图版 4-4-23:1）

T0610⑥:3，夹砂灰黑陶。窄铲形。足面正中有一道细突脊，两侧饰有数个浅捺窝。残长 6.6 厘米。（图 4-4-19:3；图版 4-4-23:3）

T0611⑥:1，夹砂红褐陶。宽矮足，足正面呈上略宽下略窄的倒梯形。足正面上饰四个捺窝。足高约 7.1 厘米。（图 4-4-19:4；图版 4-4-23:2）

T0611⑥：2，夹砂红褐陶。宽铲形，上、下略残。足面正中饰一道突脊，足根部及突脊上饰有浅捺窝。残高9.7厘米。（图4-4-19：2；图版4-4-23：4）

T0711⑥：1，夹砂红褐陶。宽矮足，足正面呈上略宽下略窄的倒梯形。上饰五个捺窝。足高约7.0厘米。（图4-4-19：5）

T0711⑥：2，夹砂红褐陶。上、下略残，圆柱状足，横剖面近圆形。残高8.6厘米。（图4-4-19：6；图版4-4-23：5）

T0711⑥：3，夹砂红褐陶。上部略残，三角形足，横剖面近扁椭圆形。残高7.8厘米。（图4-4-19：7；图版4-4-23：6）

T0711⑥：11，夹砂红褐陶。宽铲形，下部残。足面饰三道凹槽。残高6.3厘米。（图4-4-19：8；图版4-4-23：7）

陶豆盘   7件。

T0511⑥：5，泥质陶，外红内黑，胎发红。敛口，圆唇，弧壁。残高4.8厘米。（图4-4-20：1；图版4-4-24：1）

T0610⑥：6，泥质红陶，胎发黑。敛口，圆唇，唇下略折，弧壁。口径15.2，残高2.8厘米。（图4-4-20：2；图版4-4-24：2）

T0610⑥：7，夹砂陶，胎色发黑，外红内黑。敛口，圆唇。唇下有一道折棱，折棱处附一角状

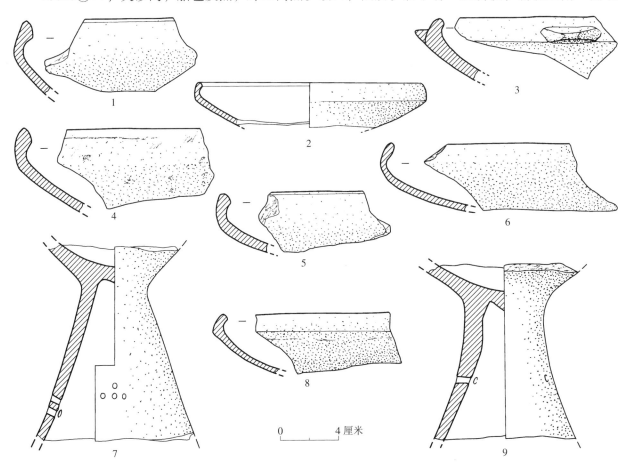

图4-4-20   马家浜文化地层T0511、T0610、T0611、T0711⑥层出土陶器

1~6、8. 豆盘（T0511⑥：5，T0610⑥：6、7，T0611⑥：9、10，T0711⑥：4、5）   7、9. 豆柄（T0611⑥：7、8）

突起。残高4.1厘米。（图4-4-20：3；图版4-4-24：3）

T0611⑥：9，泥质红褐陶，胎色发黑。敛口，尖圆唇，唇下略折，弧壁。残高5.3厘米。（图4-4-20：4；图版4-4-24：4）

T0611⑥：10，泥质陶，胎色发黑，外红内黑。敛口，圆唇，弧壁。残高3.9厘米。（图4-4-20：5；图版4-4-24：5）

T0711⑥：4，泥质红褐陶，内壁发黑。器壁较薄，敛口，圆唇，弧壁。残高4.5厘米。（图4-4-20：6；图版4-4-24：6）

T0711⑥：5，泥质陶，胎色发红，外红内黑。敛口，方圆唇，唇下有一道折痕，弧壁。残高4.1厘米。（图4-4-20：8；图版4-4-24：7）

陶豆柄　2件。

T0611⑥：7，泥质黄陶，胎色发黑，器表施红衣。柄较粗，下部外撇成喇叭状，柄中部饰圆形小镂孔。残高12.9厘米。（图4-4-20：7；图版4-4-25：1）

T0611⑥：8，泥质红褐陶，胎色发黑。柄较粗，下部外撇成喇叭状。柄中部饰圆形小镂孔。残高11.5厘米。（图4-4-20：9；图版4-4-25：2）

陶罐口沿　3件。

T0711⑥：7，泥质灰黑陶。侈口，圆唇，短折沿，颈部微束，弧腹。残高5.1厘米。（图4-4-21：4；图版4-4-25：5）

T0711⑥：8，泥质灰黑陶。口近直，圆唇，颈部微束，腹壁较直。上腹壁残留一道竖向的突脊。残高8.8厘米。（图4-4-21：1；图版4-4-25：3）

T0711⑥：9，夹砂红褐陶。宽折沿，圆唇。残高5.5厘米。（图4-4-21：2）

陶盆口沿　1件。

T0711⑥：6，泥质红褐陶，器表施红衣。侈口，唇外翻，上腹壁较直，下腹弧收。残高4.9厘米。（图4-4-21：3；图版4-4-25：4）

陶盉把　1件。

T0610⑥：4，夹砂红褐陶。把手较宽，上翘。长7.1、宽5.0厘米。（图4-4-21：6；图版4-4-25：6）

陶尖底缸底　1件。

T0611⑥：11，粗泥红陶。下腹壁弧收成尖底。残高15.6厘米。（图4-4-21：5；图版4-4-26：1）

陶牛鼻耳　4件。

T0610⑥：1，泥质红陶。较细，近似菱角形。长约7.6、宽约2.8厘米。（图4-4-21：7；图版4-4-26：2）

T0610⑥：2，泥质红褐陶。管状，略粗。长约7.4、宽约4.6厘米。（图4-4-21：8；图版4-4-26：3）

T0610⑥：5，錾下饰一个捺窝。长约6.1、宽约6.5厘米。（图4-4-21：9；图版4-4-26：4）

T0611⑥：3，粗泥红陶。上下各饰一个浅捺窝。长约9.8、宽约6.3厘米。（图4-4-21：10）

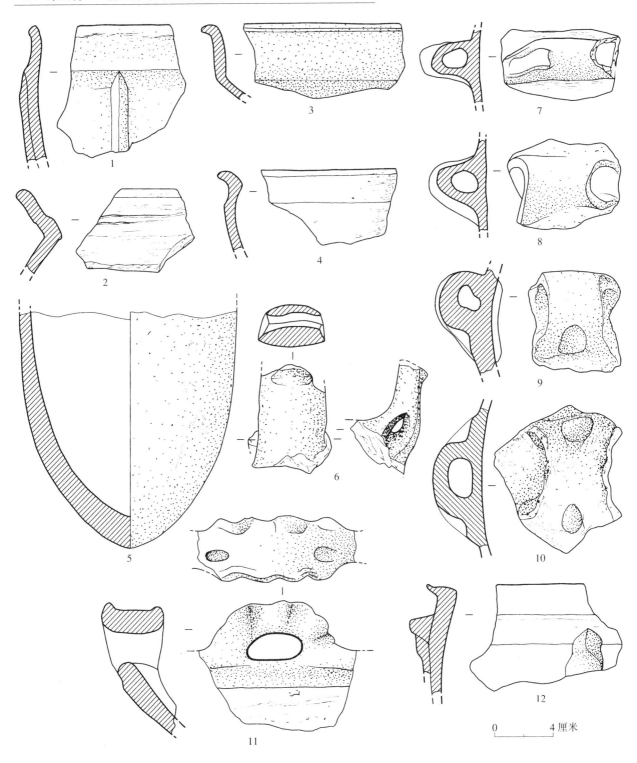

图 4-4-21　马家浜文化地层 T0610、T0611、T0711⑥层出土陶器

1、2、4. 罐口沿（T0711⑥：8、9、7）　3. 盆口沿（T0711⑥：6）　5. 尖底缸底（T0611⑥：11）　6. 盉把（T0610⑥：4）　7～10. 牛鼻耳（T0610⑥：1、2、5，T0611⑥：3）　11. 甗把（T0610⑥：8）　12. 灶口沿（T0611⑥：13）

陶甗把　1件。

T0610⑥：8，夹砂红褐陶。半环状。把手两边捏起呈花边状，两侧各饰一个浅捺窝。长约10.9厘米。（图4-4-21：11；图版4-4-22：5）

陶灶口沿　1件。

T0611⑥：13，粗泥红褐陶。口微敛，折沿，尖唇，沿下一道较宽的腰沿，残高7.1厘米。（图4-4-21：12；图版4-4-22：6）

陶纺轮　2件。

T0711⑥：10，泥质黑陶。略残。平面近圆形，横剖面近长条形，两端近直，中有一孔。直径6.0、孔径0.78、厚1.18厘米。（图4-4-22：1）

T0711⑥：14，泥质黑陶。平面近圆形，剖面近长方形，两端略弧，中有一孔。直径6.0~6.5、孔径0.63、厚1.3厘米。（图4-4-22：2）

石锛　1件。

T0711⑥：13，黏土岩。整器较宽扁，背面较弧，腹面较直，背面略宽于腹面，单面锋，直刃。长7.8、宽2.6、厚1.4厘米。（图4-4-22：6）

石凿　2件。

T0610⑥：9，泥岩。整器较细窄，背面较弧，腹面较直，背面略宽于腹面，双面锋，直刃。长7.3、宽2.4、厚2.2厘米。（图4-4-22：4）

T0610⑥：10，砂岩。整器较宽扁，背面较弧，腹面较直，背面略宽于腹面，双面锋，直刃。长7.7、宽3.7、厚2.3厘米。（图4-4-22：5）

石纺轮　1件。

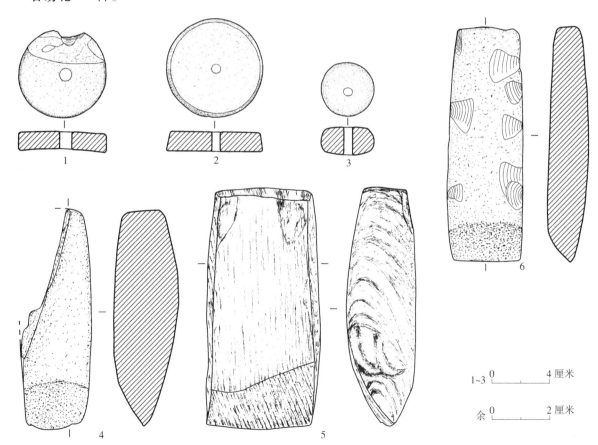

图4-4-22　马家浜文化地层T0610、T0711⑥层出土陶器、石器

1、2. 陶纺轮（T0711⑥：10、14）　3. 石纺轮（T0711⑥：12）　4、5. 石凿（T0610⑥：9、10）　6. 石锛（T0711⑥：13）

T0711⑥：12，略残。平面呈圆形，剖面近长条形，两侧较直，中有一孔。直径3.6、孔径0.5、厚1.9厘米。（图4-4-22：3）

第7层

仅T0608、T0610、T0711等探方出土少量陶片，可辨器形有釜、鼎足、豆、罐、牛鼻耳、拍等。有个别的石凿。

陶釜口沿 1件。

T0711⑦：4，夹砂红褐陶。侈口，尖圆唇，上腹壁弧鼓。唇下堆贴一周宽扁的泥条，沿下残留一宽梯形錾手，錾手下堆贴一周窄腰沿，腰沿边缘饰浅捺窝。残高10.2厘米。（图4-4-23：1；图版4-4-27：1）

陶鼎足 3件。

T0610⑦：2，夹砂红褐陶。窄铲形，下部残，足面中部有一道细突脊。残高6.3厘米。（图4-4-23：4）

T0711⑦：2，夹砂红褐陶。宽矮足，下部略残，足正面呈上略宽下略窄的倒梯形。足正面上饰三个捺窝。足高约6.5厘米。（图4-4-23：6；图版4-4-27：2）

T0711⑦：3，夹砂红褐陶。窄铲形足，上部略残。足面中部饰1道竖向的窄突脊，脊两侧饰浅捺窝。残高8.6厘米。（图4-4-23：5；图版4-4-27：3）

陶豆盘 2件。

T0608⑦：3，泥质红褐陶，胎色发红，内外壁均施红衣。敛口，方圆唇，唇下略折，弧壁。口径19.0、残高3.6厘米。（图4-4-23：2；图版4-4-28：4）

T0610⑦：1，泥质灰黑陶，胎色发黑。敛口，尖唇，唇下有一道明显的折棱，弧壁。残高3.3厘米。（图4-4-23：3；图版4-4-28：5）

陶豆柄 3件。

T0608⑦：1，泥质红褐陶，胎色发黑，器表施红衣。柄上部略细，中部有一道明显的折棱使得柄中部呈台状略外撇。折棱处饰有圆形及长条形镂孔，孔未钻透。残高10.9厘米。（图4-4-23：7；图版4-4-28：1）

T0608⑦：2，夹粗砂陶，外红内黑，器表施红衣。柄较粗。残高8.3厘米。（图4-4-23：8；图版4-4-28：2）

T0711⑦：5，泥质红褐陶，胎色发黑。柄较粗。柄部饰有凸弦纹。残高7.3厘米。（图4-4-23：9；图版4-4-28：3）

陶罐口沿 2件。

T0608⑦：4，泥质黑陶，胎色发红，器表施红衣。侈口，圆唇，束颈，颈部饰数道凹弦纹。口径16.8、残高5.1厘米。（图4-4-23：10；图版4-4-27：4）

T0608⑦：5，泥质红褐陶，胎色发黑，器表施红衣。直口微敛，圆唇，内侧沿面微凹，宽圆肩。口径15.3、残高2.3厘米。（图4-4-23：11；图版4-4-27：5）

陶牛鼻耳 1件。

T0711⑦：1，泥质红褐陶。管状，略扁。长约9.6、宽约4.0厘米。（图4-4-23：12；图版4-4-28：6）

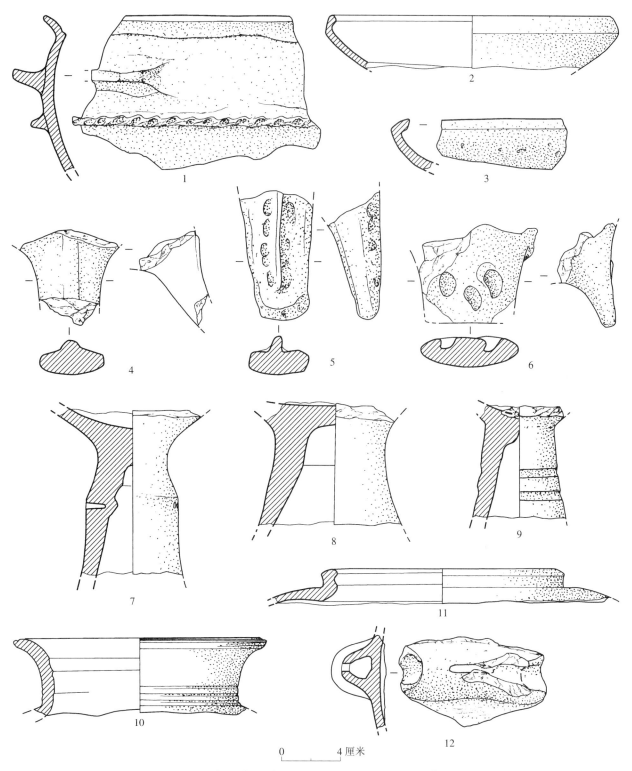

图4-4-23 马家浜文化地层 T0608、T0610、T0711⑦层出土陶器

1. 釜口沿（T0711⑦:4） 2、3. 豆盘（T0608⑦:3、T0610⑦:1） 4~6. 鼎足（T0610⑦:2、T0711⑦:3、2） 7~9. 豆柄（T0608⑦:1、2、T0711⑦:5） 10、11. 罐口沿（T0608⑦:4、5） 12. 牛鼻耳（T0711⑦:1）

陶拍 1件。

T0610⑦:3，泥质黄褐陶。整器近长方体，其中一面戳较为密集的点。长3.6、宽2.0、厚1.6厘米。（图4-4-24:1；图版4-4-29:1）

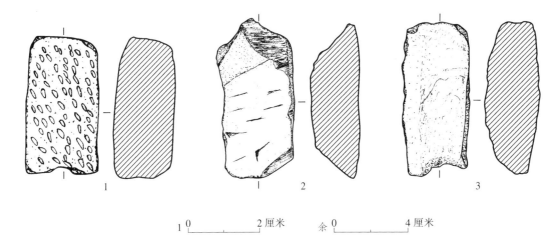

1 0   2 厘米   余 0   4 厘米

图 4-4-24   马家浜文化地层 T0608、T0610⑦层出土陶器、石器
1. 陶拍（T0610⑦：3）   2、3. 石凿（T0608⑦：6、7）

石凿 2 件。

T0608⑦：6，整器较宽厚。器身崩损较甚。背、腹面均较直，背、腹面大体同宽，刃部残。残长 8.5、宽约 4.0、最厚 2.4 厘米。（图 4-4-24：2；图版 4-4-29：2）

T0608⑦：7，整器较宽厚。器身崩损较甚。背面略，腹面较直，背面略宽于腹面，刃部残。残长 8.0、最宽 3.5、最厚 3.0 厘米。（图 4-4-24：3；图版 4-4-29：3）

三   遗址北部探沟地层出土遗物

主要为 T3 内出土。

陶釜口沿 1 件。

T3⑦：1，夹砂灰黑陶。侈口，颈微束，弧腹较直。沿下附鸡冠状耳鋬，鋬下一周窄腰沿。残高 10.0 厘米。（图 4-4-25：1）

陶豆柄 1 件。

T3⑧：1，夹砂红褐陶。较粗。残高 8.1 厘米。（图 4-4-25：2）

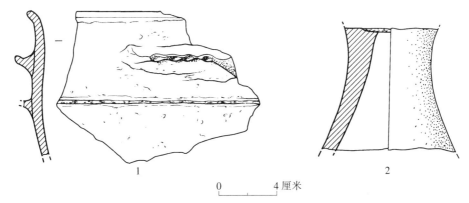

0   4 厘米

图 4-4-25   遗址北部探沟 T3 马家浜文化地层出土陶器
1. 釜口沿（T3⑦：1）   2. 豆柄（T3⑧：1）

第五章　崧泽文化遗存

崧泽文化时期的遗存是东山村遗址最重要的文化遗存。经过近几年的发掘，揭露出了众多崧泽文化时期的遗迹，结合勘探，基本确定南沙街道办事处大院和西侧苗圃这一高出周围的坡地是遗址的中心区域。该区域内发现的崧泽文化时期的遗迹有房址、灰坑、灰沟、灶址以及较多的墓葬，另外还发现多处红烧土堆积。

其中遗址Ⅰ区发现了崧泽文化时期的数十座小墓以及少量灰坑；遗址Ⅱ区发现了崧泽文化时期的 5 座房址、2 处红烧土堆积以及少量灰坑；遗址Ⅲ区主要揭示了崧泽文化时期的大中型墓，以及若干处红烧土堆积、少量灰坑。从崧泽文化小墓集中在遗址Ⅰ区、大中型墓集中在遗址Ⅲ区以及多座房址集中在遗址Ⅱ区等现象来看，东山村遗址崧泽文化时期的先民对自己的居住区和埋葬区有了比较明确的规划，尤其是小墓和大中型墓分开进行埋葬，更是说明了当时社会出现了管理阶层，该阶层在社会生产、生活以及其他活动中占据着领导和支配地位。

以下分类进行介绍。

第一节　房址、红烧土堆积与灶址

东山村遗址共发现崧泽文化时期的房址 5 座，分别编号为 F1、F2、F3、F4 和 F5（图 5-1-1；图版 5-1-1）。五座房址全部位于遗址Ⅱ区，均开口于第 4 层下，打破第 5 层。其中，F3、F4 和 F5 等三座仅残存柱洞，未见基槽、红烧土倒塌堆积等；F1 和 F2 两座保存有大面积的红烧土倒塌堆积，在红烧土倒塌堆积外围发现有一圈柱洞。

一　房址

F1

位于 T1210 及 T1209 内，开口于第 4 层下。方向约为 90°度。平面近长方形，南北长 14.7、东西宽 5.75 米，面积约 85 平方米。房址东边被三座明清时期的墓葬打破。

F1 保存有大面积的红烧土倒塌堆积，房址周围未发现明显墙体和基槽，四周共发现柱洞34 个，其中房屋四角的柱洞直径较大，四边的柱洞直径较小（图 5-1-2A；图版 5-1-2：1、2，5-1-3：1）。在房屋内部，有大面积的红烧土倒塌堆积，其中较多的红烧土块上印有芦苇状痕迹（图版 5-1-3：2）。因此，F1 的建筑方法应是在较为平坦的坡地上开挖柱洞，然后立柱，构筑木骨泥墙。此外，在倒塌的红烧土堆积中发现有较多的遗物，如石斧、陶罐等，在北部还发现有一处陶片比较密集的陶片堆（图版 5-1-4：1、2）。

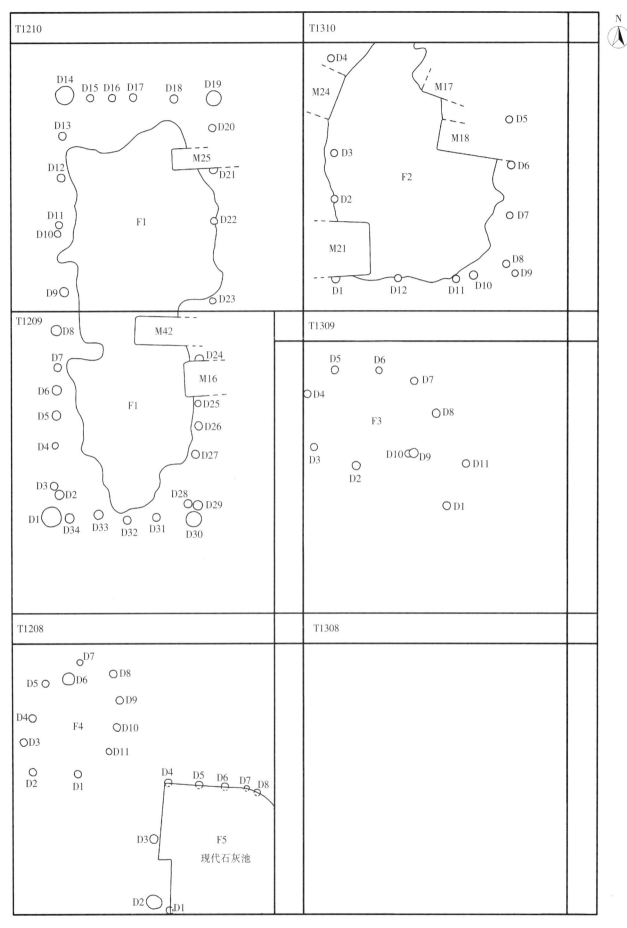

图 5-1-1　崧泽文化房址 F1～F5 平面图

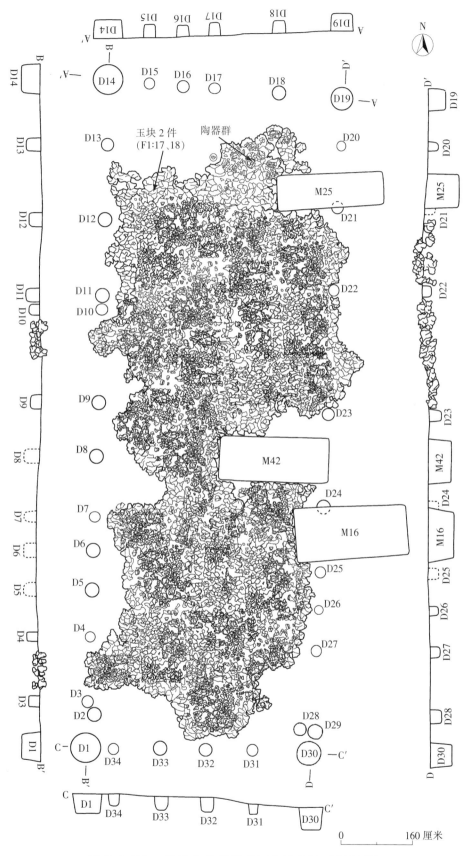

图 5-1-2A 崧泽文化房址 F1 平剖面图（解剖前）

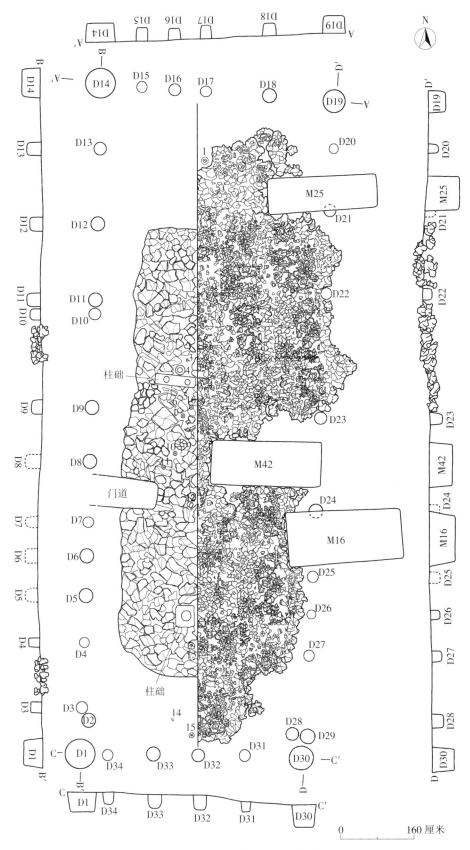

图 5-1-2B　F1 平剖面图（解剖后）

1. 陶豆　2、3、5. 石锛　4、12. 陶釜　6. 陶瓮　7、10、16. 陶纺轮　8. 陶钵　9. 陶器盖　11. 石纺轮　13. 陶钵
14. 玉管　15. 陶罐底　17、18. 玉玦　19. 石锤

为进一步了解 F1 的活动面及房屋结构，对 F1 进行了解剖。先是开一条南北向的长探沟，之后沿长探沟向西采用 1/2 发掘法对 F1 进行解剖（图 5-1-2B；图版 5-1-5，5-1-6）。解剖显示，F1 的居住面未经特殊处理，起伏不平。可能是由于日常频繁踩踏，房址中间部分的地面要低于房址四周的地面。在西部中间发现有长方形缓坡，应该是门道所在（图版 5-1-7：1）。另外在南部和北部的中间分别发现长方形、方形的土柱础，略高于居住面，内部有柱洞（图版 5-1-7：2、3）。说明 F1 应是一座单间大房址，利用中间柱支撑房顶。其中房屋四角的柱洞直径较大，圆形，底多近平，直径 50～65 厘米，深 38～48 厘米；四边的柱洞直径较小，直径多在 20～30 厘米，深度也多在 30 厘米以内。四角的大柱洞均以红烧土块填实，并含有陶片，十分坚实，而四边的小柱洞，则以略加烧过的红褐色烧土填实（图版 5-1-8：1、2）。在房屋内部，有大面积的红烧土倒塌堆积，其中较多的红烧土块上印有芦苇状痕迹（图版 5-1-3：2）。解剖时，在红烧土堆积下揭露出较多的遗物，如陶釜、陶豆、陶罐、石锛、陶纺轮、石纺轮、小玉管等，但未发现灶等生活使用的遗迹。为保留遗迹，未对房址北部发现的陶片堆进行提取。现将解剖区内的出土遗物介绍如下。

共提取陶器 11 件、石器 5 件、玉器 3 件。

陶釜　2 件。

F1：4，夹粗砂红褐陶。侈口，圆唇，颈微束，弧鼓肩，腰沿以下残。肩下一周较宽的腰沿，边缘饰浅捺窝加工成花边状。口径 13.5、残高 8.4 厘米。（图 5-1-2C；图版 5-1-9：1）

F1：12，夹砂红陶。口、肩部残，直腹，腹中部用泥条堆贴一周窄腰沿，平底。底径 11.6、残高 10.5 厘米。（图 5-1-2C；图版 5-1-9：2）

陶豆　1 件。

F1：1，钵形豆。泥质灰黑陶。口微侈，圆唇，弧壁，矮柄，喇叭形圈足。柄上部饰三道凹弦纹，其上饰四个对称分布的长方形镂孔。口径 16.5、足径 12.6、高 12.3 厘米。（图 5-1-2C；图版 5-1-10：1）

陶罐　1 件。

F1：15，泥质红陶。口、腹部残，仅剩底部。底径 9.2、残高 6.4 厘米。（图 5-1-2C；图版 5-1-9：3）

陶钵　2 件。

F1：8，泥质红褐陶。侈口，尖唇，折腹，腹下部残。口径 14.7、残高 5.0 厘米。（图 5-1-2C；图版 5-1-9：4）

F1：13，夹砂灰黑陶。敛口，圆肩，弧腹，平底。腹中部饰两个对称的鸡冠形耳錾。口径 15.0、底径 10.7、高 11.6 厘米。（图 5-1-2C；图版 5-1-9：5）

陶瓮　1 件。

F1：6，泥质陶。器表烧制不均，红褐、灰黑参半。敛口，圆唇，鼓肩，弧腹，平底。器腹中部堆贴一周细泥条用以加固，其上附四个对称的宽梯形耳錾，錾手边缘两角微微捏起。口径 23.5、底径 19.5、高 28.0 厘米。（图 5-1-2C；图版 5-1-10：2）

陶器盖　1 件。

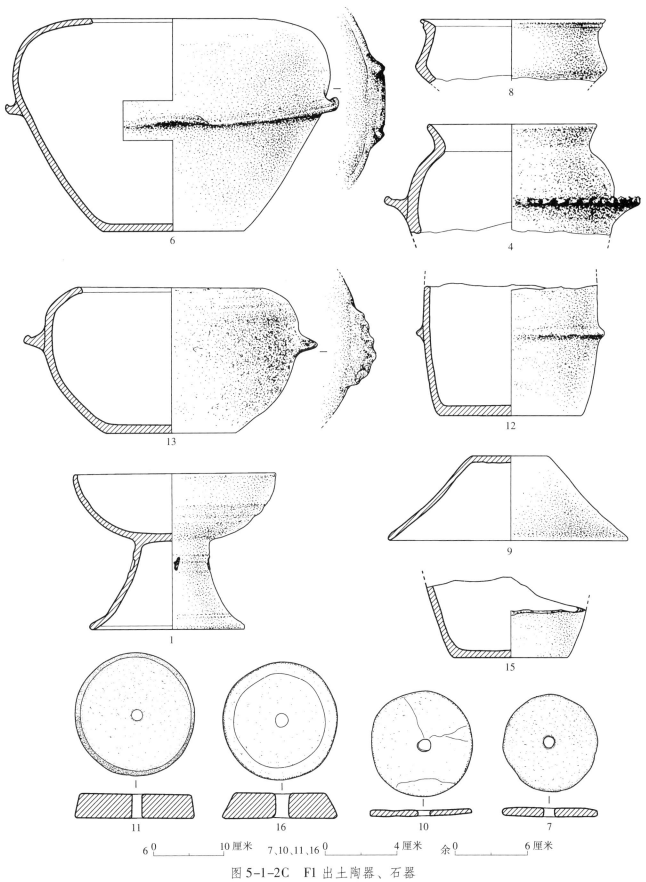

图 5-1-2C　F1 出土陶器、石器

1. 钵形陶豆　4、12. 陶釜　6. 陶瓮　7、10、16. 陶纺轮　8、13. 陶钵　9. 陶器盖　11. 石纺轮　15. 陶罐底

F1:9，泥质灰黑陶。平顶，弧壁，大敞口。顶径6.0、口径19.5、高6.6厘米。（图5-1-2C；图版5-1-9：6）

陶纺轮 3件。

F1:7，泥质黄褐陶。器形扁薄，似利用残陶片加工打磨而成。平面近圆形，剖面呈扁长条形，中间钻有一圆孔。直径5.1、厚0.4、孔径0.6厘米。（图5-1-2C；图版5-1-11：1）

F1:10，泥质红陶。器形扁薄，似利用残陶片加工打磨而成。平面近圆形，剖面呈扁长条形，中间钻有一圆孔。直径5.4、厚0.1～0.3、孔径0.6厘米。（图5-1-2C；图版5-1-11：2）

F1:16，夹砂红褐陶。平面近圆形，剖面呈梯形，两侧斜直，中间钻有一孔。直径5.0～6.2、厚1.3、孔径0.7厘米。（图5-1-2C；图版5-1-11：3）

石锤 1件。

F1:19，闪长岩，灰黑色，表面粗糙。顶部弧钝，上部略窄薄，下部略宽厚，剖面扁圆形，双面刃，刃部圆钝、略残。长12.5、上宽5.4、下宽8.0、上厚3.8、下厚5.4厘米。（图5-1-2D；图版5-1-11：4）

石锛 1件。

F1:3，表面呈青灰色。顶部有崩损，上部略窄，下部略宽，背面较平，腹面略呈凸弧面，腹面略宽于背面，单面锋，刃部较直。长3.6、上宽2.4、下宽3.1、厚0.8厘米。（图5-1-2D；图版5-1-11：5）

石凿 2件。

F1:2，硅质泥岩，表面略呈灰白色。上端略厚，下端略薄，顶部有崩损，背面较平，腹面弧凸，背、腹面大致同宽，单面锋，直刃。长11.2、最宽3.5、最厚2.8厘米。（图5-1-2D；图版5-1-12：1）

F1:5，表面青灰色中掺杂褐色。顶部及背面有崩损，背面平直，腹面弧凸，背面与腹面大体同宽，单面锋，直刃。长7.7、宽1.8、厚1.5厘米。（图5-1-2D；图版5-1-12：2）

石纺轮 1件。

F1:11，凝灰岩，器表呈深紫色。平面近圆形，剖面呈梯形，两侧斜直，中间钻有一孔。直径6.0～6.4、厚1.3、孔径0.5厘米。（图5-1-2C；图版5-1-11：6）

玉玦 2件。

F1:17，透明，灰白色。表面琢磨光滑润亮。剖面内厚外薄，玦口处有线切痕，另一玦口处残断，断面粗糙，中孔两面对钻。外径3.0、内径0.9、最厚0.7厘米。（图5-1-2D；图版5-1-12：3）

F1:18，半透明，灰白色。表面琢磨光滑。剖面内略厚外略薄，一端的玦口处有线切痕，另一端玦口处的切痕不明显，玦口面光滑，中孔两面对钻。外径2.8、内径0.9、最厚0.6厘米。（图5-1-2D；图版5-1-12：4）

玉管 1件。

F1:14，灰白色略透明。表面琢磨光滑。横截面近似椭圆形，纵截面呈梯形，两端实心对钻一孔。直径0.7～1.1、孔径0.1～0.2、高1.5厘米。（图5-1-2D；图版5-1-12：5）

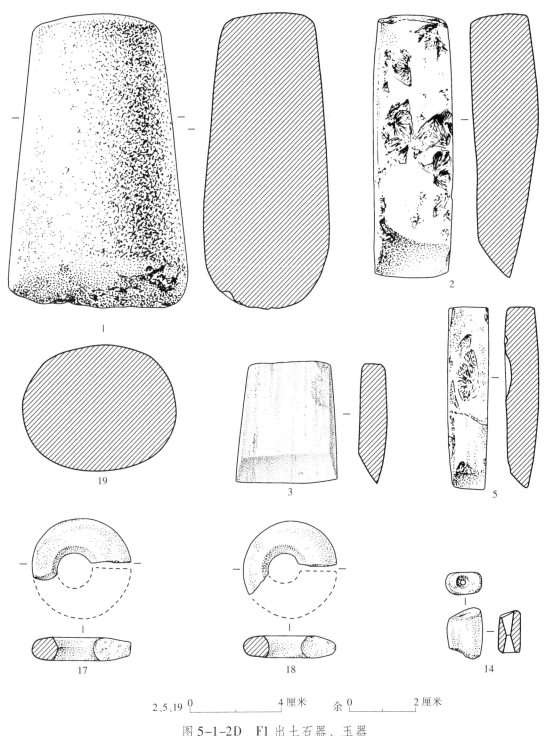

2,5,19 ⌊0＿＿＿＿＿4厘米　余 ⌊0＿＿＿＿＿2厘米

图5-1-2D　F1 出土石器、玉器

2、5. 石凿　3. 石锛　14. 玉管　17、18. 玉玦形饰　19. 石锤

F2

位于 T1310 及以北探方，目前仅揭露 T1310 内的部分，房址北部尚向北延伸出探方外。F2 开口于第 4 层下，打破第 5 层。揭露部分平面为长方形，南北长 8.1、东西宽 6.4 米，面积约 51 平方米。房址东、西两侧分别被明清时期的墓葬打破。F2 的形制与 F1 相似，四周发

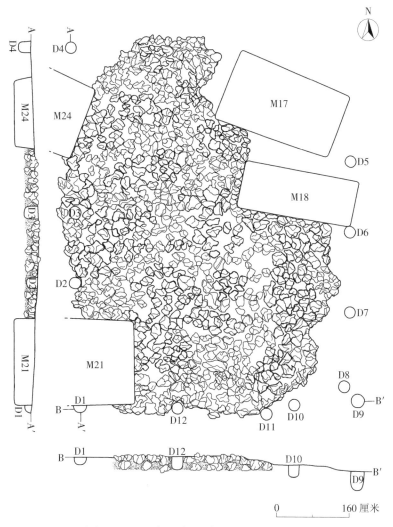

图 5-1-3　崧泽文化房址 F2 平剖面图

现柱洞 12 个。柱洞大小基本接近，圆形，圜底，直径 25～30 厘米，深 20～30 厘米，柱洞内填以密实的烧土块及碎陶片。房屋内部同样有大面积的红烧土倒塌堆积，故 F2 的建筑方式应与 F1 相似，即平地挖柱洞，立柱构筑木骨泥墙。为保护遗迹，未对 F2 进行解剖，对露于红烧土表面和叠压于红烧土下面的器物亦未进行清理和提取。（图 5-1-3；图版 5-1-13：1、2）

F3

位于 F2 的南面，开口于第 4 层下，打破第 5 层。方向约 145 度。平面近椭圆形，西北—东南向长约 4.4、东北—西南向宽约 3.6，面积约 15.8 平方米。房屋周围未发现基槽和红烧土倒塌堆积，主体四周仅发现柱洞 9 个，另在东南部发现柱洞 2 个，可能是门道所在。柱洞均为圆形，圜底，直径 22～32 厘米，深 14～30 厘米，内填以烧土块及碎陶片。居住面未经处理。推测可能是杆栏式建筑。（图 5-1-4；图版 5-1-14：1、2）

F4

F4 在 F1 的南部略偏西约 5 米处，开口于第 4 层下，打破第 5 层。仅残存柱洞，平面近椭圆形，南北长约 3.9、东西宽约 3.15，面积约 12.2 平方米。房址周围未见基槽，也未见红烧土倒

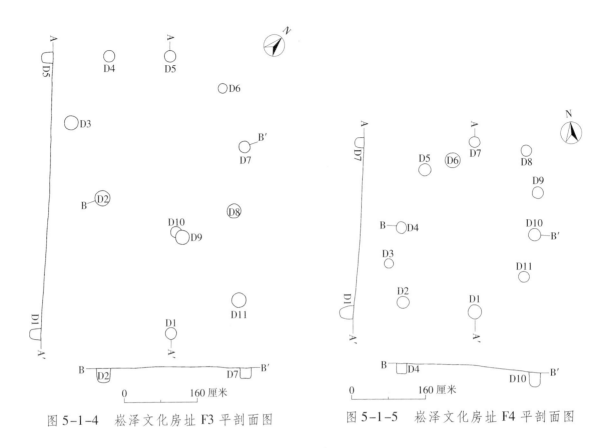

图 5-1-4　崧泽文化房址 F3 平剖面图　　　图 5-1-5　崧泽文化房址 F4 平剖面图

塌堆积，四周发现柱洞 11 个。柱洞圆形，圜底，直径 20～30 厘米，深 20～30 厘米，柱洞内填以烧土块及碎陶片。居住面未经处理，略有起伏。推测可能为杆栏式建筑。（图 5-1-5；图版 5-1-15：1、2）

F5

位于 T1208 东南部，并延伸至东、南壁外，开口于第 4 层下，打破第 5 层。仅残存柱洞，平面近长方形，南北现存长度 4.3、东西现存最宽 4 米，现存面积约 17 平方米。房址整体被一现代石灰池破坏。柱洞 8 个，平面近圆形，圜底，直径 20～50 厘米，深 15～30 厘米，柱洞内填以烧土块及碎陶片。屋内的居住面未经过处理。未发现基槽和红烧土倒塌堆积，推测 F5 可能为杆栏式建筑。（图 5-1-6；图版 5-1-16：1、2）

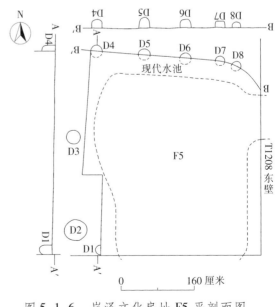

图 5-1-6　崧泽文化房址 F5 平剖面图

F1、F2、F3、F4 及 F5 等五座房址，均位于遗址Ⅱ区，其中 F1、F3、F4 三座房址均完整揭示，F2 仅揭示南半部，F5 残留北部柱洞。从这些房址的规模看，F1 和 F2 都是大房子，F3、F4 和 F5 都是小房子；从形制看，F1 和 F2 都是地面建筑，保留有大面积的红烧土倒塌堆积，F3、F4 和 F5 可能是杆栏式建筑；从空间位置看，F3

位于 F2 的南面，F4 位于 F1 的南面。因此，从规模、形制和空间分析看，F3、F4 可能分别是 F2、F1 的附属建筑；F5 由于受发掘规模限制，其归属尚不好判断。

二 红烧土堆积

在 T1 和 T0709 内发现有两处红烧土堆积。现介绍如下：

T1 内红烧土堆积

T1 原来规格为 10 米 × 5 米，正南北方向。清理时在探沟中部和南部于第 4 层下发现有较多的红烧土堆积，并延伸出探沟外。为了解其平面形状，整体向西扩挖了 5 米。清理结束后发现，由于后期破坏比较厉害，T1 内的红烧土堆积呈不规则状（图 5-1-7；图版 5-1-17：1）。中部的红烧土堆积平面呈弯曲状，边缘不甚规整，内部主要有 3 处被破坏殆尽，最宽处约 2.4 米。南部的红烧土堆积面积较小，同样被破坏得不甚规整，其北面靠近中部的红烧土堆积。两处红烧土堆积均比较紧密，面上比较均匀，系用大小相仿的红烧土块铺垫而成，厚度在 10 厘米左右。由于在红烧土上面及周围未发现有柱洞，红烧土堆积间也未发现压有陶器，铺垫亦比较均匀，因此推测该片红烧土堆积为某一活动场所。

T0710 内红烧土堆积

T0710 内的红烧土堆积开口于第 4 层下，位于第 5 层面上，分别被 M93、M94、M96 等所破坏。主要残存有 3 处：一处位于 M93 的西北处，一处位于 M91 的西南处，一处位于 M96 的西侧（图 5-1-8；图版 5-1-17：2）。这三处原应为一个整体，现比较散乱。三处红烧土堆积比较紧

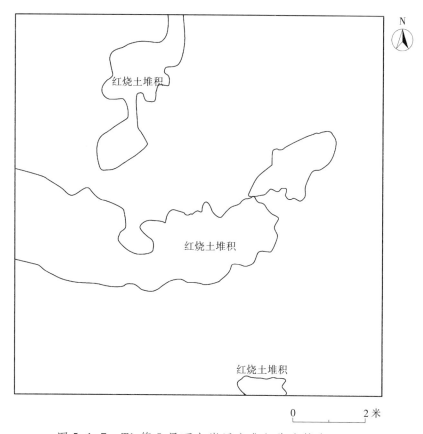

0   2 米

图 5-1-7　T1 第 5 层面上崧泽文化红烧土堆积平面图

图 5-1-8　T0710 内崧泽文化红烧土堆积

密，面上比较均匀，同样系用红烧土块铺垫而成，厚度约 10 厘米。红烧土堆积周围同样没有发现有柱洞，堆积间亦未发现压有陶器，铺垫亦比较均匀，不似倒塌的房址堆积，推测是某一活动场所。

三　灶址

发现崧泽文化时期的灶址 2 座，均位于Ⅲ区 T0711 内，开口于第 4 层下，打破第 5 层。

Z1

由东西两个圆形灶眼组成，两灶眼之间及两灶眼外围均有宽 6 ~ 8 厘米的红烧土块。两灶眼的底部均铺满一层夹砂陶片，似各将 1 件器物打碎后铺于底部。在东侧灶眼的陶片局部有一层明显的烧土堆积，应是长期烧燎形成。东侧灶眼直径 0.18 米，深 0.04 米；西侧灶眼直径 0.19 米，深 0.01 米。两灶眼内填土为黄褐色，土质坚硬，未见有陶片出土。（图 5-1-9；图版 5-1-18：1 ~ 3）

Z2

单眼灶。平面略呈椭圆形，圜底。直径 0.38 ~ 0.47 米，最深约 0.07 米。填土为黄褐色，土质较硬，未见包含物。灶的一半及其底部有明显的烧土结层，另一半边不明显。（图 5-1-10；图版 5-1-19：1 ~ 3）

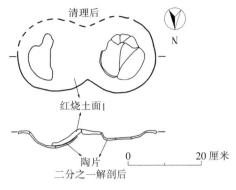

图 5-1-9　崧泽文化 Z1 平剖面图

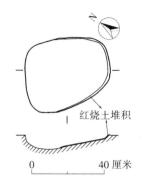

图 5-1-10　崧泽文化 Z2 平剖面图

第二节　灰坑与灰沟

崧泽文化时期的灰坑共发现 16 个，除了在遗址 I 、 II 、 III 区内有分布外，在遗址北部探沟 T4 中也发现有崧泽文化时期的灰坑；发现的灰沟数量较少，仅在 T4 内发现 1 条；灶址的数量也不多，仅在 T0711 内发现 2 处。（图 5-2-1 ～ 5-2-4）

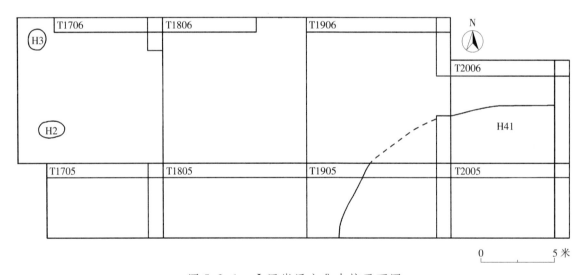

图 5-2-1　 I 区崧泽文化灰坑平面图

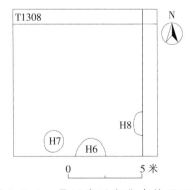

图 5-2-2　 II 区崧泽文化灰坑平面图

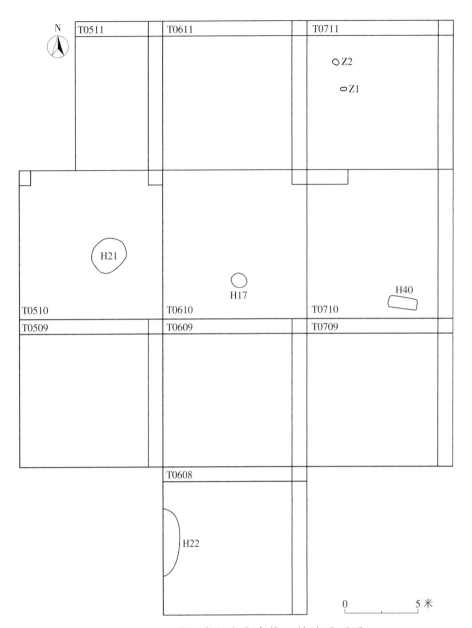

图 5-2-3 Ⅲ区崧泽文化灰坑、灶址平面图

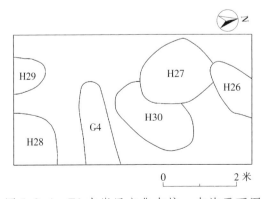

图 5-2-4 T4 内崧泽文化灰坑、灰沟平面图

一　遗址发掘区内灰坑

共计发现 10 个，开口于第 4 层或第 5 层下，在墓葬、房址的周围都有分布。部分灰坑为保留其原始的堆积状况，仅对坑内的部分填土进行了清理，对坑内的遗物并未进行清理和提取。

依据坑口的形状，大致可分为圆形、椭圆形、长方形和不规则形四类。以圆形灰坑居多。

圆形灰坑共计发现 5 个，Ⅰ～Ⅲ区内均有分布，全部开口于第 4 层下，编号为 H3、H6、H7、H17、H21。椭圆形灰坑共计 3 个，分别位于Ⅰ区、Ⅱ区、Ⅲ区内，编号为 H2、H8 和 H22。长方形灰坑 1 个，位于Ⅲ区，编号为 H40。不规则灰坑 1 个，位于Ⅰ区，编号为 H41。

坑壁有斜壁、弧壁和斜直壁，底分平底和缓坡状底。除位于 T2006 等探方内的大灰坑外，其余灰坑坑口径 1.35～4.7 米，已清理灰坑的深度多在 0.9 米以内。坑内填土有灰褐色、红褐色和灰黑色等，以灰褐色居多，相当数量灰坑的填土内含大量的烧土块。大部分灰坑内出土的陶片数量不多，部分器物完整或能够进行复原。与马家浜文化时期的灰坑相比，崧泽文化时期的灰坑形态较规范、坑壁较规整，可能多为废弃的窖穴再利用。

（一）Ⅰ区灰坑

3 个。其中，椭圆形灰坑、圆形灰坑、不规则形灰坑各 1 个。

H2

椭圆形灰坑。位于 T1706 西南部，开口于第 4a 层下，打破第 5、6 层。坑口呈椭圆形，东西长径 1.8、南北短径 1.1 米，坑深 0.15 米，坑壁较直，坑底平整。坑内填土为灰褐色，土质较硬，内含大量夹砂及泥质陶片，以红陶为主，少量褐陶，可辨器形有盉、宽梯形的釜鋬、花边状釜腰沿及豆圈足等，其间夹杂烧土块。为保留坑内的堆积情况，仅提取了一件完整器，坑内其他的陶片未提取。（图 5-2-5；图版 5-2-1：1）

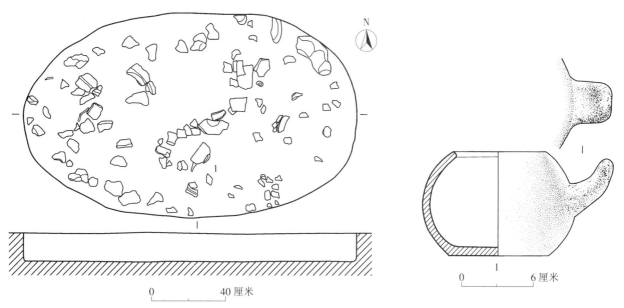

0　　　　　　40 厘米

0　　　1　　　6 厘米

图 5-2-5　崧泽文化灰坑 H2 平剖面图及其出土陶器

1. 盉

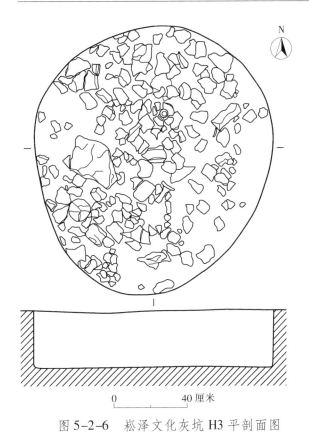

N

0   40厘米

图 5-2-6 崧泽文化灰坑 H3 平剖面图

陶盉 1件。

H2：1，夹砂灰黑陶。敛口，圆唇，弧腹，平底。腹一侧按一近方形把手。口径 7.5、底径 8.3、高 8.3 厘米。（图 5-2-5；图版 5-2-1：2、3）

H3

圆形灰坑。位于 T1706 西北部，开口于第 4a 层下，打破第 5 层。坑口近圆形，直径 1.3～1.4 米，坑深 0.3 米，坑壁较直，坑底平整。坑内填土为灰褐色，土质疏松，内含大量夹砂及泥质陶片，可辨器形有釜、豆、盆、罐等，其间夹杂烧土块和石块。为保留坑内的堆积状况，仅清理了坑内填土，对坑内的陶片未进行清理和提取。（图 5-2-6；图版 5-2-1：4）

H41

不规则形灰坑。位于 I 区 T1905、T1906、T2005、T2006 等探方内，开口于第 5 层下。目前仅清理了 T1905 和 T2006 内的部分，已清理部分坑口形状不甚规则，大体为扇形，弧壁，底部不平整。揭露部分东西长径长约 15.2、南北长径约 8.9 米。填土按土质土色可分为 3 层：第 1 层，浅灰土，最厚处约 0.3 米；第 2 层，灰褐土，最厚处约 0.34 米；第 3 层，红褐土，最厚处约 0.27 米。三层内均出土一定数量的陶、石器。（图 5-2-7A）

现按层位将出土标本介绍如下。

H41①层

陶鼎口沿 1件。

H41①：4，夹砂红褐陶，器内壁发黑，胎体轻薄。侈口，折沿，沿近平，腹壁较直。口径 29.7、残高 9.9 厘米。（图 5-2-7B；图版 5-2-2：1）

陶鼎足 4件。

H41①：1，夹砂红褐陶。凿形，略窄较薄，足尖略外撇。长约 13.4 厘米。（图 5-2-7C；图版 5-2-2：2）

H41①：2，夹砂红褐陶。鱼鳍形，足尖外撇。足一侧饰一道浅凹槽，另一侧饰四个捺窝及一道浅槽。长约 16.0 厘米。（图 5-2-7C；图版 5-2-2：3）

H41①：13，夹砂红褐陶。圆柱形，较粗。足根饰两个对称的捺窝。长约 12.8 厘米。（图 5-2-7C；图版 5-2-2：4）

H41①：14，夹砂红褐陶，较厚。足尖略外撇。两侧各饰两道凹槽。长约 11.8 厘米。（图 5-2-7C；图版 5-2-2：5）

陶豆盘 2件。

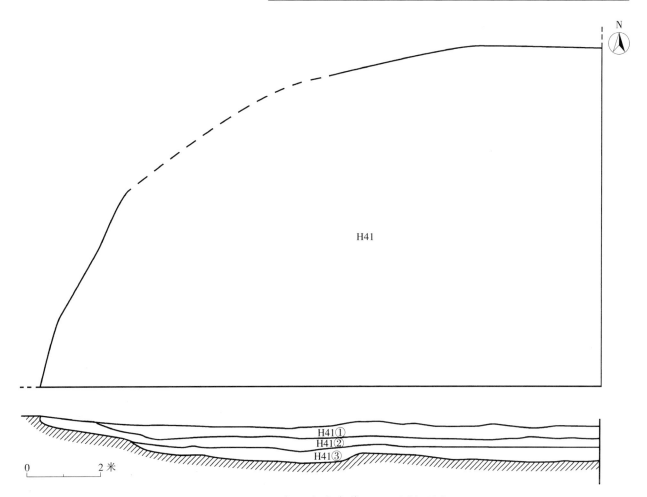

图 5-2-7A　崧泽文化灰坑 H41 平剖面图

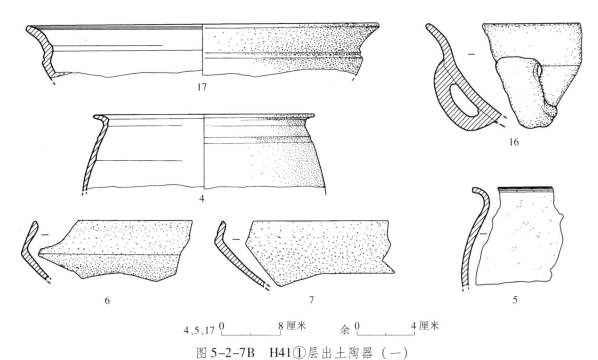

图 5-2-7B　H41①层出土陶器（一）

4. 鼎口沿　5. 罐口沿　6、7. 豆盘　16、17. 盆口沿

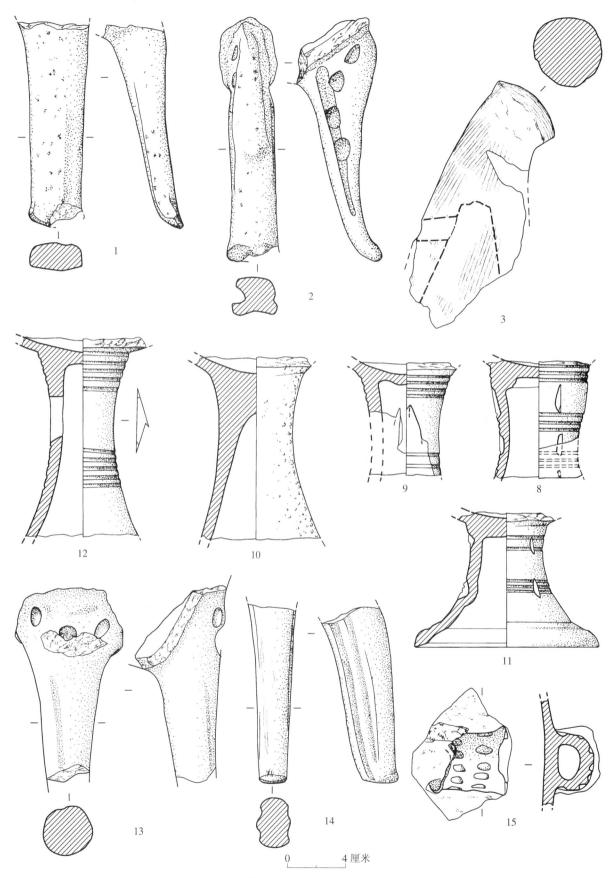

0　　　　4厘米

图 5-2-7C　H41①层出土陶器（二）

1、2、13、14. 鼎足　3. 支座　8～12. 豆柄　15. 盖纽

H41①:6，泥质灰陶，器形轻薄。口微敛，圆唇，折壁。残高约3.9厘米。（图5-2-7B；图版5-2-3：1）

H41①:7，泥质灰陶。口微敛，圆唇，折壁。残高约4.3厘米。（图5-2-7B；图版5-2-3：2）

陶豆柄　5件。

H41①:8，泥质灰黑陶。上部略鼓突，中部略弧凹。残存三组细弦纹，每组弦纹间饰三个对称的细长条形镂孔。残高7.8厘米。（图5-2-7C；图版5-2-3：3）

H41①:9，泥质灰黑陶。略细，柄上部饰细弦纹。残高12.0厘米。（图5-2-7C；图版5-2-3：4）

H41①:10，夹粗砂红褐陶。粗柄略呈喇叭状。残高约7.5厘米。（图5-2-7C；图版5-2-3：6）

H41①:11，泥质灰黑陶。喇叭形圈足。圈足上残留两组细弦纹，间饰以细椭圆形镂孔。残高9.1厘米。（图5-2-7C；图版5-2-3：5）

H41①:12，泥质灰黑陶。细柄，柄中部略弧。柄部饰两组细弦纹，弦纹间饰两个对称的三角形镂孔。残高约13.0厘米。（图5-2-7C；图版5-2-3：7）

陶罐口沿　1件。

H41①:5，夹粗砂红褐陶。侈口，圆唇，束颈，弧腹。唇面一道凹槽。残高约13.0厘米。（图5-2-7B；图版5-2-4：1）

陶盆口沿　2件。

H41①:16，泥质灰黑陶。敞口，圆唇，颈微束，斜腹，腹残留一半环形耳。残高约6.8厘米。（图5-2-7B；图版5-2-4：2）

H41①:17，泥质红褐陶，器表施红衣。敞口，圆唇，颈微束。口径47.4、残高6.8厘米。（图5-2-7B；图版5-2-4：3）

陶支座　1件。

H41①:3，夹砂红褐陶。残高约16.4厘米。（图5-2-7C；图版5-2-4：5、6）

陶盖纽　1件。

H41①:15，夹砂红褐陶。半环状纽，细两侧略捏起，中间饰数个捺窝。残高约3.7厘米。（图5-2-7C；图版5-2-4：4）

H41②层

陶鼎口沿　3件。

H41②:10，夹砂红褐陶，胎体轻薄。侈口，折沿，圆唇，颈微束。口径26.1、残高8.1厘米。（图5-2-7D；图版5-2-5：1）

H41②:11，夹砂红褐陶，内壁发黑。侈口，圆唇，束颈，弧肩。口径19.2、残高9.3厘米。（图5-2-7D；图版5-2-5：2）

H41②:12，夹砂红褐陶，胎体轻薄，内壁发黑。侈口，折沿，颈微束，弧腹。残高约10.0厘米。（图5-2-7D；图版5-2-5：3）

陶鼎足　6件。

H41②:3，夹粗砂红褐陶。锥形，较厚，横剖面近长方形。长约12.0厘米。（图5-2-7E；图版5-2-5：4）

H41②:4，夹粗砂红褐陶。凿形，宽厚，足尖略外撇。足两侧各有一道刻槽。长约14.8厘米。

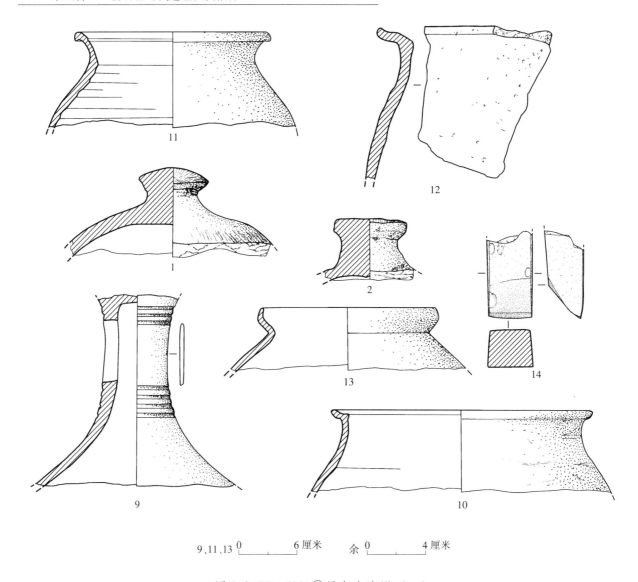

9、11、13 0 ⌊_____⌋ 6厘米　　余 0 ⌊_____⌋ 4厘米

图 5-2-7D　H41②层出土陶器（一）

1、2. 陶器盖　9. 陶豆柄　10～12. 陶鼎口沿　13. 陶罐口沿　14. 石凿

（图 5-2-7E；图版 5-2-5：5）

　　H41②：5，夹砂红褐陶。凿形，较宽，足尖较平。足两侧各饰两道凹槽。长约 11.8 厘米。（图 5-2-7E；图版 5-2-5：6）

　　H41②：6，夹粗砂红褐陶。锥形，较宽圆，剖面近圆形，足尖外撇。长约 12.6 厘米。（图 5-2-7E；图版 5-2-5：7）

　　H41②：7，夹砂红褐陶。圆柱状，剖面近圆形，足整体内弯。近足根处有一周平行短线刻划纹。长约 10.8 厘米。（图 5-2-7E；图版 5-2-5：8）

　　H41②：8，夹砂红褐陶。凿形，整体较扁薄，足尖外撇。两侧各有两道刻槽。长约 9.6 厘米。（图 5-2-7E；图版 5-2-5：9）

陶豆柄　1 件。

　　H41②：9，泥质灰黑陶。细矮柄。柄中部饰两个对称的细长条形镂孔。上部饰 3 道凹弦纹，下部饰 4 道凹弦纹。残高约 12.6 厘米。（图 5-2-7D；图版 5-2-6：1）

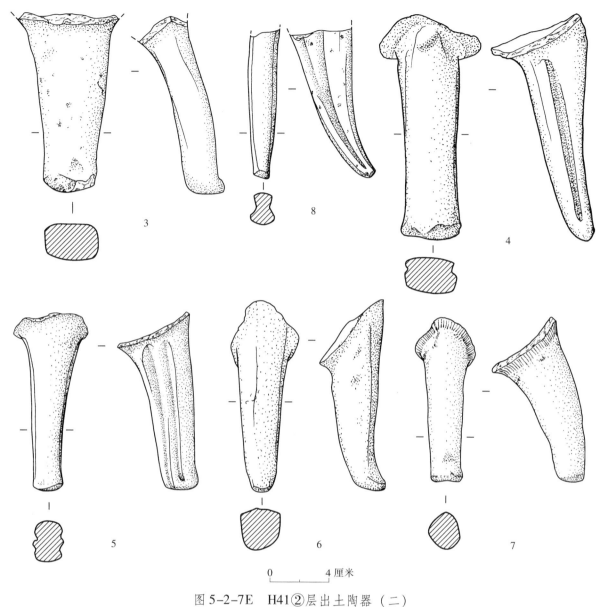

图 5-2-7E　H41②层出土陶器（二）
3~8. 鼎足

陶罐口沿　1 件。

H41②：13，泥质红褐陶。敛口，圆唇，束颈，弧肩。口径 17.7、残高 6.3 厘米。（图 5-2-7D；图版 5-2-6：2）

陶器盖　2 件。

H41②：1，夹砂红褐陶。蘑菇状纽，顶面略弧。残高约 5.8 厘米。（图 5-2-7D；图版 5-2-6：3）

H41②：2，夹砂红褐陶。蘑菇状纽，顶面较平。残高约 4.0 厘米。（图 5-2-7D；图版 5-2-6：4）

石凿　1 件。

H41②：14，泥岩。器身残断，背、腹面较直且大体同宽。长 5.7、宽 2.7~3.0、最厚 2.4 厘米。（图 5-2-7D）

H41③层

陶豆柄 2件。

H41③:3，泥质灰黑陶。矮柄。柄部饰两个对称的长条形镂孔，镂孔上下饰细弦纹。残高约10.0厘米。（图5-2-7F；图版5-2-7：1）

H41③:4，泥质灰黑陶。盘柄相接处微鼓突。鼓突下饰三个对称的圆形镂孔。残高约9.2厘米。（图5-2-7F；图版5-2-7：2）

陶罐口沿 3件。

H41③:7，夹粗砂红褐陶。口微侈，圆唇，直颈，弧肩。口径15.3、残高6.0厘米。（图5-2-7F；图版5-2-7：3）

H41③:8，泥质红陶，器表施红衣。口微敛，圆唇，直颈微束，弧肩。唇下一道凹槽。口径

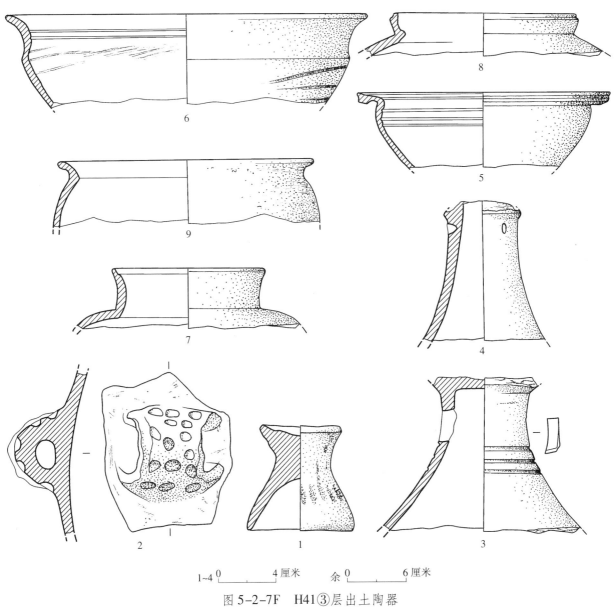

图5-2-7F H41③层出土陶器

1、2. 器盖　3、4. 豆柄　5、6. 盆口沿　7~9. 罐口沿

18.3，残高4.2厘米。（图5-2-7F；图版5-2-7：4）

H41③：9，夹砂红陶。侈口，尖圆唇，束颈，弧肩。口径26.1、残高6.3厘米。（图5-2-7F；图版5-2-7：5）

陶盆口沿 2件。

H41③：5，泥质红褐陶，器表施红衣。敞口，折平沿，方唇，弧腹。口径25.5、残高7.5厘米。（图5-2-7F；图版5-2-8：1）

H41③：6，泥质黄褐陶，器表施红衣。敞口，折沿，圆唇，颈微束，弧折腹。口径36.6、残高8.7厘米。（图5-2-7F；图版5-2-8：2）

陶器盖 2件。

H41③：1，夹粗砂红褐陶。圆柱状纽，纽顶面微凹。残高约7.0厘米。（图5-2-7F；图版5-2-8：3）

H41③：2，夹砂红褐陶，器表有红衣。半环状纽，纽两端稍捏起。纽面饰数个小捺窝。残高约4.3厘米。（图5-2-7F；图版5-2-8：4）

（二）Ⅱ区灰坑

3个。其中，圆形灰坑2个，椭圆形灰坑1个。

H6

圆形灰坑。位于T1308南部，开口于第4层下，打破第5、6层直至生土，向南延伸至南壁下未作清理。从已揭露的部分来看，坑口近半圆形，东西径2.1，已清理深度0.2米。坑内填土呈红褐色，土质坚硬，内含大量的烧土块及少量夹砂、泥质红陶和泥质灰褐陶残片，可辨器形有豆、罐等。为保留坑内的堆积状况，仅对坑内的上半部填土进行了清理，坑内的烧土块和陶片未进行清理和提取。（图5-2-8；图版5-2-9：1、2）

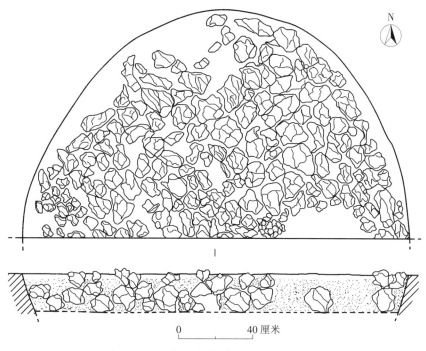

图5-2-8 崧泽文化灰坑H6平剖面图

H7

圆形灰坑。位于 T1308 西南角，开口于第 4 层下，打破第 5、6 层直至生土。坑口近圆形，直径约 1.35 米，已清理深度 0.2 米。坑内填土呈灰褐色，土质坚硬，内含大量的烧土块及夹砂、泥质红陶和泥质灰褐陶残片，可辨器形有釜、豆等。为保留坑内的堆积状况，仅对坑内的上半部填土进行了清理，坑内的烧土块和陶片未进行清理和提取。（图 5-2-9；图版 5-2-10：1、2）

H8

椭圆形灰坑。位于 T1308 东南角，开口于第 4 层下，打破第 5 层直至生土，向东延伸至隔梁内未作清理。从已揭露的部分来看，坑口呈半椭圆形，南北长径 1.6、东西短径 0.6 米，已清理深度 0.2 米。坑内填土呈红褐色，土质坚硬，内含大量的烧土块及少量的红陶残片等。为保留坑内的堆积原状，仅对坑内的上半部填土进行了清理，坑内的烧土块和陶片未进行清理和提取。（图 5-2-10；图版 5-2-11：1）

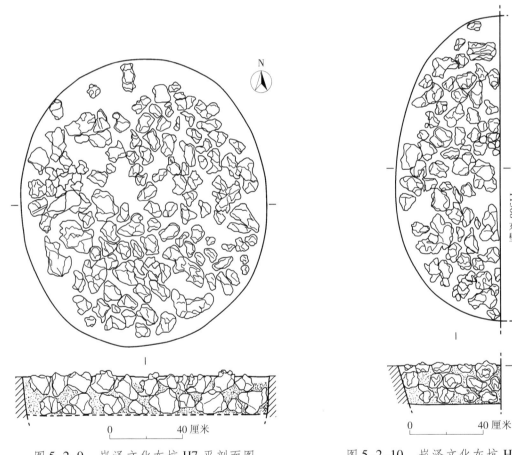

图 5-2-9　崧泽文化灰坑 H7 平剖面图　　　　图 5-2-10　崧泽文化灰坑 H8 平剖面图

（三）Ⅲ区灰坑

4 个。其中，圆形灰坑 2 个，椭圆形灰坑 1 个，长方形灰坑 1 个。

H17

圆形灰坑。位于 T0610 中部偏南处，开口于第 4 层下，打破第 5、6 层。坑口近圆形，直径

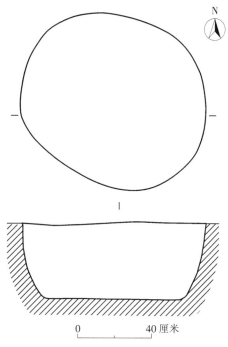

图5-2-11　崧泽文化灰坑H17平剖面图

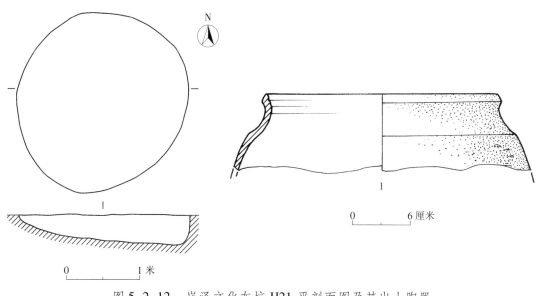

图5-2-12　崧泽文化灰坑H21平剖面图及其出土陶器
1. 罐口沿

约1.0米，坑深0.4米，坑壁斜弧，坑底平整。坑内填土呈灰黑色，土质疏松，内含泥质红陶、灰陶及夹砂红陶残片，可辨器形有豆柄、釜鏊等。（图5-2-11）

H21

圆形灰坑。位于T0510中部略偏东南处，开口于第4层下，打破第5层。坑口近圆形，直径约2.3米，坑深0.35米，坑壁斜弧，坑底坡状。坑内填土呈黄褐色，土质较硬，内含烧土颗粒，出土陶片以夹砂红褐陶为主，泥质红褐及灰褐陶次之，有罐、釜等陶器残片。（图5-2-12）

陶罐口沿 1 件。

H21:1，泥质红陶，器表施红衣。直口微敛，尖圆唇，颈微束，弧肩。口径 23.7、残高 7.5 厘米。（图 5-2-12）

H22

椭圆形灰坑。位于 T0608 西部，部分叠压于西壁下未作清理。开口于第 4 层下，打破第 5、6 层。从已揭露的部分看，坑口近半椭圆形，南北长径 4.7、东西短径 1.15 米，坑深 0.9 米，坑壁斜弧，圜底。为保留坑内的堆积状况，采用二分之一法对灰坑的南半部分进行了清理。根据坑内填土的差异，可将其分为 4 小层：第 1 层，红褐色土，土质较硬，含大量的烧土块和碎石块；第 2 层，灰褐色土，土质较硬，含少量的烧土块；第 3 层，红褐色土，土质硬，含大量烧土块，堆积于坑内已清理部分的北部；第 4 层，灰褐色土，土质较硬，含少量烧土块，堆积于坑内已清理部分的南部。以上四层均没有陶片出土。（图 5-2-13；图版 5-2-11：2、3）

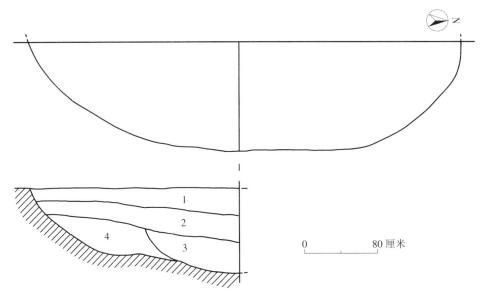

图 5-2-13　崧泽文化灰坑 H22 平剖面图

H40

长方形灰坑。位于 T0710 近南壁处，开口于第 4 层下，打破 M96。坑口长 2.0、宽约 0.85、深 0.45 米，直壁，平底。填土土质较硬，土色呈红褐色，内含较多的陶片，可辨器形有大口缸、罐、钵等 4 件陶器。（图 5-2-14A；图版 5-2-12：1）

陶大口缸 1 件。

H40:2，圜底大口缸。夹砂红褐陶。口近直，圆唇，唇下有道折棱，深腹，圜底。口径 32.0、高 40 厘米。（图 5-2-14B；图版 5-2-14）

陶罐 2 件。

H40:3，有腰脊罐。泥质灰陶。侈口，圆唇，束颈，鼓肩，弧腹，平底。腹中部饰一周细凸棱，其上堆贴两个对称的鸡冠形耳鋬。口径 15.0、底径 11.0、高 28.0 厘米。（图 5-2-14C；图版 5-2-12：2）

H40:4，有腰脊罐。泥质灰黑陶。侈口，圆唇，束颈，鼓肩，弧腹，平底。肩部及上腹部饰四道细折棱，第一、二道折棱与第三、四道折棱间各饰一组连环"回"字纹，器腹中部略偏下饰一周附加堆纹，其上堆贴两个对称的鸡冠形耳鋬。口径 15.6、底径 14.8、高 34.2

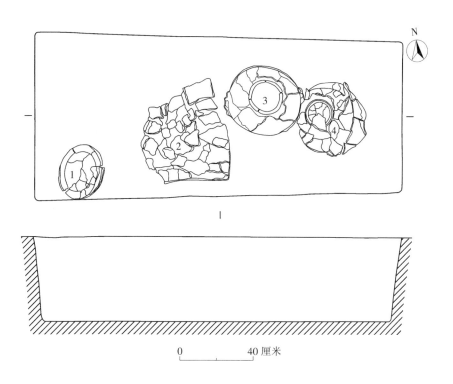

图 5-2-14A　崧泽文化灰坑 H40 平剖面图

1. 陶钵　2. 陶大口缸　3、4. 陶罐

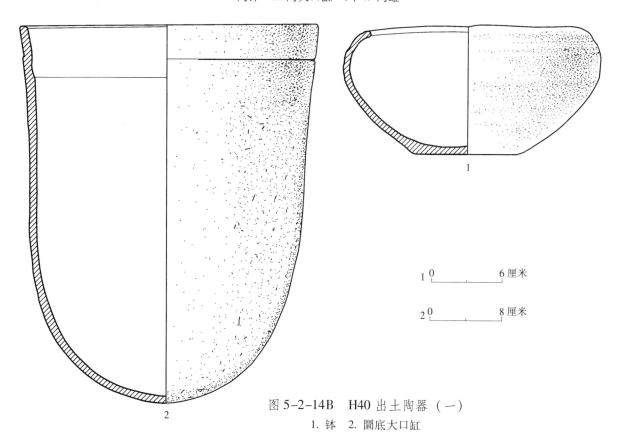

图 5-2-14B　H40 出土陶器（一）

1. 钵　2. 圜底大口缸

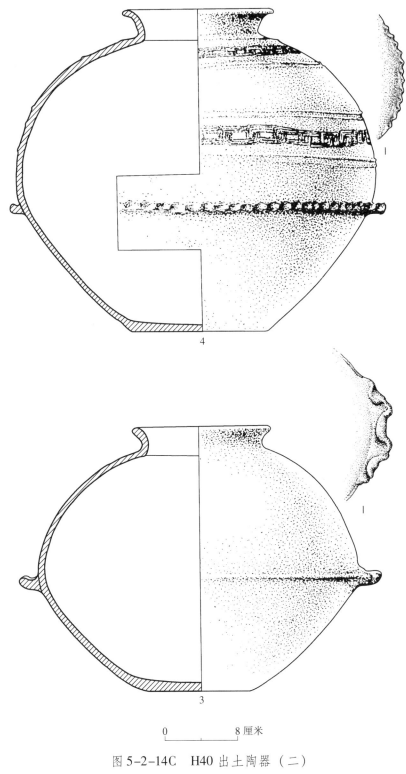

0   8厘米

图 5-2-14C H40 出土陶器（二）

3、4. 有腰脊罐

厘米。（图 5-2-14C；图版 5-2-13：1～3）

陶钵 1 件。

H40：1，泥质红褐陶。敛口，圆唇，弧腹，平底。口径 17.1、底径 8.4、高 10.2 厘米。（图
5-2-14B；图版 5-2-12：3）

二　遗址北部探沟内灰坑

共计5座，集中分布于T4内，其中H26、H27、H30开口于第10层下，H28、H29开口于第11层下。

依据坑口的形状，大致可分为椭圆形、方形和不规则形。

椭圆形坑3个，为H27、H29、H30。方形坑1个，为H28。不规则形坑1个，为H26。

坑壁多为弧壁，坑底多圜底。坑口径1.1～2.4米不等，深0.2～0.5米。坑内填土有黄褐色和灰褐色，多数灰坑含烧土颗粒。灰坑内出土的陶片数量少，散碎得厉害，几乎没有可以复原的器物。与遗址发掘区内的灰坑相比，遗址北部的灰坑多不规整，多是利用地表的凹坑或洼地作为垃圾倾倒场所。

H27

椭圆形坑。位于T4西北部，开口于第10层下，打破第12层，被开口于同一层位下的H26打破，向下打破H30。坑口长径2.1、短径1.6米，坑深0.4米，弧壁，圜底。坑内填土呈黄褐色，土质较硬，内含烧土块。出土陶器以夹砂陶为主，少量泥质陶，有鼎、豆、釜等陶器残片。（图5-2-15）

陶器圈足　1件。

H27：1，夹砂灰黑陶，胎质疏松轻薄。足径13.8、残高4.2厘米。（图5-2-15）

H29

椭圆形坑。位于T4南部，开口于第11层下，打破生土层，向南延伸至南壁内未作清理。从已发掘的部分看，坑口东西长径1.1、南北短径0.9米，坑深0.5米，弧壁，圜底。坑内填土呈灰褐色，土质较硬，含水锈斑块，内含夹砂、泥质的红陶、夹炭陶及黑衣陶等。（图5-2-16）

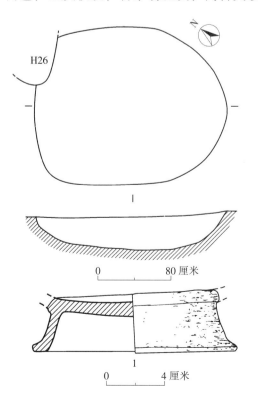

图5-2-15　崧泽文化灰坑H27平剖面图及其出土陶器
1. 器圈足

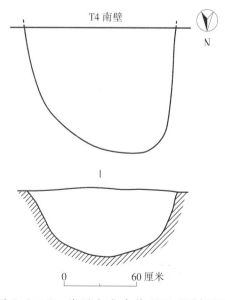

图5-2-16　崧泽文化灰坑H29平剖面图

H30

椭圆形坑。位于 T4 中东部，开口于第 10 层下，打破第 12 层，且被 H27 打破。坑口东西长径 2.4、南北短径 1.4米，坑深 0.5 米，弧壁，圜底。坑内填土呈灰褐色，土质较硬，内含烧土颗粒、动物骨骼残骸。出土陶片以夹砂红褐、黑褐陶为主，有零星泥质陶，有鼎、豆、盆等陶器残片。（图 5-2-17A）

陶鼎足　2 件。

H30:3，夹砂红褐陶，胎质疏松轻薄。扁铲形。残长 10.4 厘米。（图 5-2-17B）

H30:4，夹砂红褐陶，胎质疏松轻薄。扁铲形。残长 8.0 厘米。（图 5-2-17B）

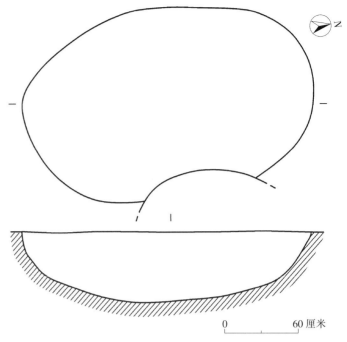

图 5-2-17A　崧泽文化灰坑 H30 平剖面图

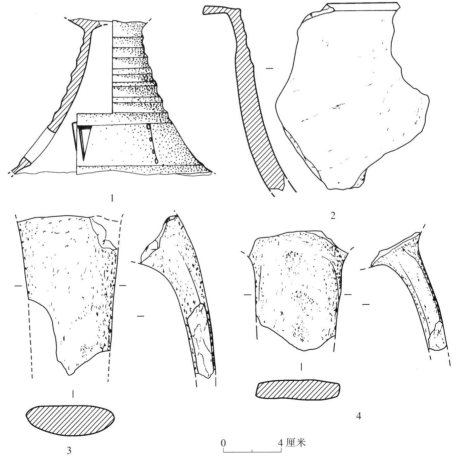

图 5-2-17B　H30 出土陶器

1. 豆柄　2. 盆口沿　3、4. 鼎足

陶豆柄　1件。

H30:1，泥质灰黑陶。喇叭形圈足。足上部饰数道凹棱，凹棱下饰四个对称的三角形镂孔。残高10.0厘米。（图5-2-17B）

陶盆口沿　1件。

H30:2，夹砂红褐陶，胎质疏松轻薄。口近直，宽沿，方唇，弧腹。残高12.2厘米。（图5-2-17B）

H28

方形坑。位于T4内东南角，开口于第11层下，打破生土层，向东、南延伸至探沟东壁、南壁内未作清理。从已发掘的部分看，坑口边长约1.2米，坑深0.35米，坑壁斜直，坑底平整。坑内填土呈灰褐色，土质较硬，含水锈斑块，出土陶片少，有鼎足、罐、豆等陶器残片。（图5-2-18）

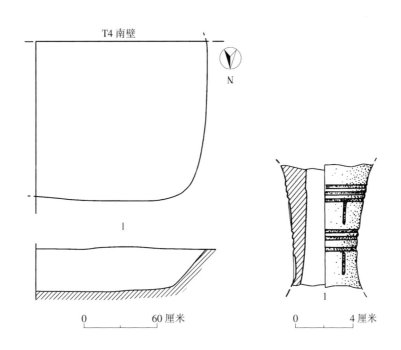

图5-2-18　崧泽文化灰坑H28平剖面图及其出土陶器
1. 豆柄

陶豆柄　1件。

H28:1，泥质灰黑陶，胎色发红。柄部残留两组弦纹，每组弦纹下各饰三个对称分布的细长条形镂孔，孔未钻透。残长7.4厘米。（图5-2-18）

H26

不规则形坑。位于T4内北端，开口于第10层下，打破第12层直至生土层，且打破开口于同一层位下的H27，向北延伸至T4北壁外未作清理。从已发掘的部分看，坑口西南—东北向最长径2.0米，坑深0.2米，坑壁略弧，圜底。坑内填土呈黄褐色，土质较硬，内含烧土颗粒，出土陶片以夹砂陶为主，泥质陶少量，有釜残片等。（图5-2-19）

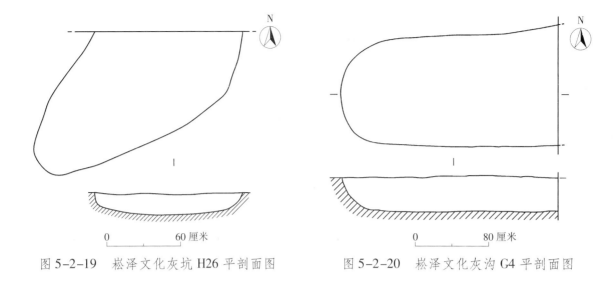

图 5-2-19 崧泽文化灰坑 H26 平剖面图   图 5-2-20 崧泽文化灰沟 G4 平剖面图

三 灰沟

崧泽文化时期的灰沟仅一条，编号为 G4，位于遗址北部探沟 T4 内。

G4

位于 T4 内，开口于第 11 层下，打破第 12 层。大部分延伸至探沟东壁内未作清理。从现已发掘的情况看，沟口呈长条形，沟口长 2.3、最宽处 1.26 米，深 0.36 米，弧壁，平底。沟内填土呈灰黄色，土质硬，内含烧土块。出土陶片较少，多夹砂红、黑陶，以及泥质灰陶及泥质红衣陶等，可辨器形有鼎、豆、罐等。（图 5-2-20）

第三节 墓 葬

一 概述

崧泽文化墓葬共清理了 37 座，主要分布于遗址 Ⅰ 区和 Ⅲ 区内，Ⅱ 区目前尚没有发现。

遗址 Ⅰ 区的墓葬共计 22 座，编号分别为 M1～M5、M9、M10、M13～M15、M41、M43、M50～M54、M58、M59、M69、M74、M75。除 T1506 外，各探方都有分布。（图 5-3-1；图版 5-3-1，5-3-2）

其中，M1、M4、M5 和 M41 开口于第 3a 层下，打破第 4a 层；

M43、M51～M54、M74 开口于第 3c 层下，打破第 4a 层；

M59、M69 开口于第 4a 层下，打破第 4b 层；

M2、M3、M13 开口于清代水塘 ST1 下，打破第 5 层；

M15 开口于第 4a 层下，打破第 5 层；

M50、M75 开口于第 4b 层下，打破第 5 层；

M58 开口于第 5 层下，打破 H41；

M14 开口于第 3a 层下，打破第 6 层；

M9、M10 开口于第 5 层下，打破第 6 层。

这 22 座墓葬大小基本相当，多数长 2 米、宽 0.8 米。墓葬的方向也大体一致，头向西北，脚

朝东南。墓葬内人骨多朽蚀殆尽，仅个别保留有痕迹。墓葬内普遍发现有随葬品。随葬品数量多数在 10 件以内，其中 1~5 件的有 13 座，6~10 件的有 3 座；随葬品数量在 11~20 件之间的有 5 座，另有 1 座随葬品数量较多，达到了 31 件。随葬器类以普通陶器为主，有鼎、豆、罐、钵、杯、鬹、匜等；有约三分之一的墓葬随葬有中型或小型的石钺、石锛；随葬玉器的墓葬数量不多，仅有 3 座，随葬 1 件或 3 件小型玉饰。

Ⅲ区墓葬共计 15 座，编号分别为 M76、M83、M85、M87、M89~M96、M98、M99、M102，集中分布于 T0510~T0710 及其以北的探方内。（图 5-3-2；图版 5-3-3~5-3-5）

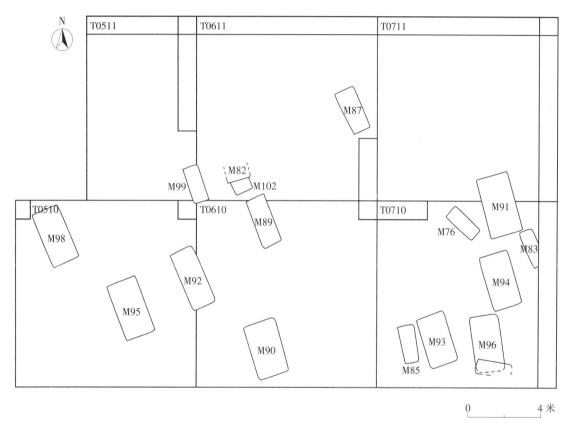

图 5-3-2　Ⅲ区崧泽文化墓葬平面图

其中，M76、M83 开口于第 3 层下，打破第 4 层；

M85、M91、M93、M94 和 M96 等 5 座墓葬开口于第 4 层下，打破第 5 层；

M87、M89、M90、M92、M95、M98、M99 和 M102 等 8 座墓葬开口于第 5 层下，打破第 6 层。

Ⅲ区的 15 座墓葬与Ⅰ区的崧泽文化墓葬方向基本一致，头向西北，脚朝东南。除 M91、M95 等个别墓内人骨保存尚好外，余基本朽蚀殆尽。这 15 座墓葬的规模及随葬品的种类、多寡有所差别。

其中，M89~M96、M98、M102 等 10 座墓葬，除 M102 被晚期墓葬打破，墓坑长度不明确外，其余墓坑规模都较大，长度多在 3 米以上，宽度多在 1.6 米左右。除 M102 被打破、随葬品残存 6 件外，其余墓葬随葬品的数量多在 30 件以上：其中 31~40 件的有 4 座，41~50 件的有 2 座，51~60 件的有 1 座，61~70 件的有 1 座，另有 1 座随葬 22 件。

10 座大型墓中，随葬品种类除普通的生活日用陶器如鼎、豆、鬹、罐、壶、盆、钵、杯等外，还随葬有相当数量的玉、石器。其中，位于 T0510 和 T0610 内的 M89、M90、M92、M95 和 M98 等 5 座大墓，共计出土石钺、石锛 33 件。这些锛、钺的体型较大，通体打磨光滑，大多数未见有使用痕迹。另外，这五座大墓还出土了相当数量的玉器，共计有玉器 53 件，器类主要有玉璜、镯、玦、管、坠及玉饰件等。

相比之下，位于 T0710、T0711 探方内的 M91、M93、M94 和 M96 等 4 座大墓，出土的石器数量却比较少甚或不见石器出土。其中，M93 和 M96 不见石器，M91 和 M94 各出 2 件。然而，这 4 座墓葬出土的玉器却还比较多，共计出土玉器 46 件。

M76、M83、M85、M87 及 M99 等 5 座墓葬，墓坑的规模略小，长度为 2.0 ~ 2.5、宽 0.8 ~ 1.0 米。随葬品的数量也略少，多在 10 件左右，以陶器为主，普遍出土 1 ~ 2 件玉器。石器比较罕见，仅个别墓葬出土若干件。因此，无论从墓葬的形制和规模，还是从随葬品的数量和质量来看，它们与上述 10 座大墓相比，存在有明显的差距。但与遗址 I 区的崧泽文化小墓相比，却又略胜于后者。因此，在这里，不妨以中型墓称之。这一点，将在下文中有详细探讨。

以下按区对各墓葬加以介绍。

二　I 区墓葬

M1

位于 T1706 东南角，开口于第 3a 层下，打破第 4a 层。方向 340 度。长方形竖穴土坑墓，墓口长 2.1、宽 0.9 米，深 0.2 米。填土土色为灰褐色，土质较软。墓内人骨无存。随葬品较多，共计 17 件。其中陶器 12 件，有鼎、豆、杯、罐等，多置于墓坑中部近东壁处，另有个别陶器置于墓坑的西北、西南及东北角；玉饰件 3 件，置于墓坑西北角的陶豆周围；石锛 2 件，1 件置于墓坑西北角的陶豆及玉饰件旁，另 1 件置于墓坑中部。（图 5-3-3A；图版 5-3-6：1、2，5-3-7：1 ~ 3）

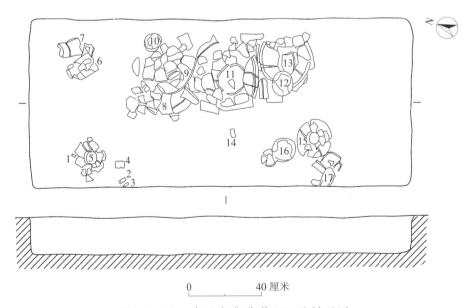

图 5-3-3A　崧泽文化墓葬 M1 平剖面图

1、2. 长条形玉饰　3. 三角形玉饰　4、14. 石锛　5、15. 陶豆　6、7. 陶杯　8、11. 陶罐　9、13、16、17. 陶鼎
10、12. 陶壶

陶鼎　4 件。

M1：9，夹砂灰褐陶。残碎较甚，无法复原。

M1：13，铲形足鼎。带盖。夹砂灰褐陶。直口微敛，平沿微内凹，圆唇，鼎腹较直，大圜底，铲形足。上腹部饰三道凹弦纹，腹中部饰一道凸棱，每只鼎足的中部自上而下堆附一条附加堆纹，足根部饰三个捺窝。附盖，三矮足状纽，弧壁，敞口。盖径 28.0、高 7.0 厘米，鼎口径 28.6、高 22.2 厘米，通高 29.2 厘米。（图 5-3-3B；图版 5-3-8：1）

M1：17，铲形足鼎。夹砂灰褐陶。侈口，折沿，沿面微凹，方唇，弧腹略鼓，圜底，铲形实足。附盖，三矮足状纽，弧壁，盖口沿处内外均内凹。盖径 11.0、高 3.9 厘米，鼎口径 13.0、高 17.0 厘米，通高 20.4 厘米。（图 5-3-3B；图版 5-3-9：1）

M1：16，带盖。夹砂红褐陶。因鼎身残碎较甚无法复原，仅修复器盖。器盖 M1：16-2，夹砂红褐陶。实心鸟形纽，弧壁，敞口。盖径 8.5、高 3.6 厘米。（图 5-3-3B；图版 5-3-9：2）

陶豆　2 件。

M1：5，碟形豆。泥质灰陶，胎色发黄。敞口，圆唇，弧壁，浅盘，三段式豆柄，柄中部微束，圈足处折痕明显。柄部饰有圆形、弧线三角形以及细长条形镂孔组成的纹饰。口径 19.2、足径 15.6、高 12.8 厘米。（图 5-3-3C；图版 5-3-9：3）

M1：15，盘形豆。泥质灰黑陶，胎色发黄。敛口，尖圆唇，弧壁略折，豆盘较深，矮喇叭形圈足。柄上部饰一道细弦纹，中部饰三组圆形及三角形镂孔组成的纹饰。口径 16.0、足径 11.4、高 11.7 厘米。（图 5-3-3C；图版 5-3-9：4）

陶罐　2 件。

M1：8，无腰脊罐。泥质灰陶。侈口，束颈，圆肩，圆腹，平底。口径 11.4、底径 10.8、高 18.5 厘米。（图 5-3-3C；图版 5-3-10：1）

M1：11，有腰脊罐。泥质灰黑陶，胎色发红。侈口，圆唇，唇面略凹，矮直颈，圆肩，圆腹，平底。颈、肩及腹中部各饰两道凸棱，腹中部的凸棱上堆贴两个对称的鸡冠形耳錾。口径 14.0、底径 10.6、高 25.2 厘米。（图 5-3-3C；图版 5-3-8：2）

陶杯　2 件。

M1：6，觚形杯。泥质灰黑陶。口近直，圆唇，深筒形腹，底近平，四个花瓣形足。腹中、下部饰数道细凸弦纹。口径 8.5、高 13.8 厘米。（图 5-3-3B；图版 5-3-10：4）

M1：7，觚形杯。泥质黑陶，胎色发红。直口，圆唇，深筒形腹，下腹略垂鼓，底略内凹，六个花瓣形足。器身饰数道凸弦纹。口径 7.5、高 13.8 厘米。（图 5-3-3B；图版 5-3-10：5）

陶壶　2 件。

M1：10，泥质灰黑陶。口及上腹部残，下腹弧折，底略内凹，六个花瓣形足。残高 9.6 厘米。（图 5-3-3B；图版 5-3-10：2）

M1：12，泥质红褐陶。口及上腹部残，下腹弧折，底略内凹，五个花瓣形足。残高 9.0 厘米。（图 5-3-3B；图版 5-3-10：3）

石锛　2 件。

M1：4，泥岩，表面呈青灰色。上下大体同宽，腹面略宽于背面，单面锋，直刃。长 4.6、腹宽 3.3、背宽 2.9、最厚 1.3 厘米。（图 5-3-3B；图版 5-3-11：1）

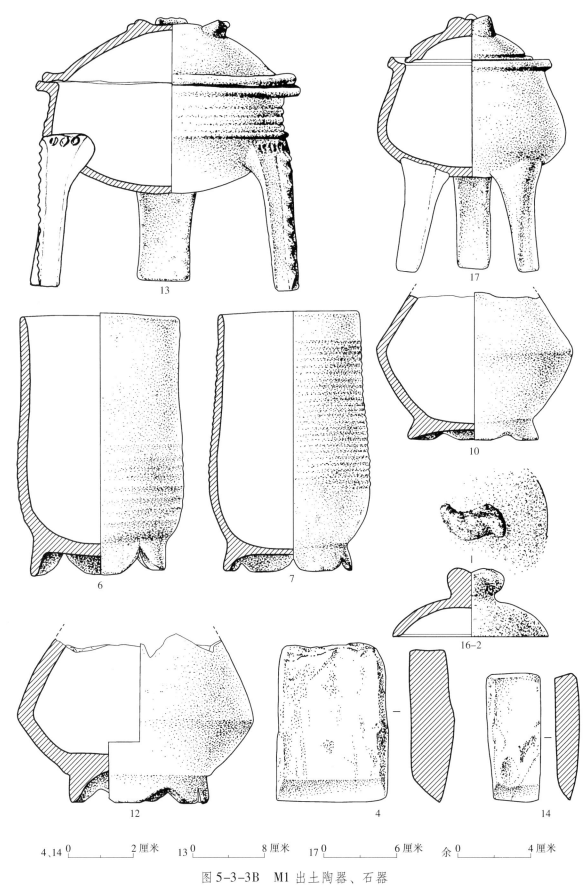

图 5-3-3B M1 出土陶器、石器
4、14. 石锛 6、7. 觚形陶杯 10、12. 陶壶 13、17. 铲形足陶鼎 16-2. 陶鼎盖

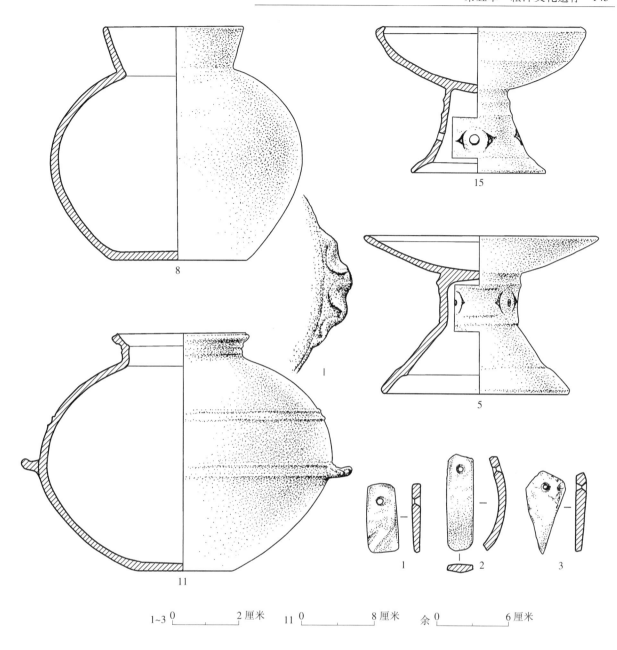

图 5-3-3C　M1 出土陶器、玉器

1、2. 长条形玉饰　3. 三角形玉饰　5. 碟形陶豆　15. 盘形陶豆　8. 无腰脊陶罐　11. 有腰脊陶罐

M1∶14，泥岩，表面呈青灰色。上部略宽，下部略窄，单面锋，直刃。长 3.8、上宽 1.7、下宽 1.4、最厚 0.7 厘米。（图 5-3-3B；图版 5-3-11∶2）

长条形玉饰　2 件。

M1∶1，灰白色，有墨绿色沁斑。平面近长条形，上部对钻一孔。长 2.0、最宽 1.0、孔径 0.2～0.35、最厚 0.25 厘米。（图 5-3-3C；图版 5-3-11∶3）

M1∶2，墨绿色。平面呈长条形，略弯弧，上部对钻一孔。长 2.7、最宽 0.7、厚 0.22、孔径 0.1～0.2 厘米。（图 5-3-3C；图版 5-3-11∶4）

三角形玉饰　1 件。

M1∶3，乳白色，横截面近三角形，上部对钻一孔。长 2.4、最宽 1.2、厚 0.3、孔径 0.1～0.2 厘

米。(图5-3-3C；图版5-3-11：5)

M2

位于T1806中部，开口于清代水塘ST1下，打破第5层。上半部及南侧为水塘所破坏。方向325度。长方形竖穴土坑墓，墓口长2.1、宽0.89米，深0.15米。填土土色为灰褐色，土质较硬。墓内人骨朽蚀殆尽。随葬陶器共计14件，集中堆放于墓坑的中、南部，器形有鼎、豆、罐、杯、甗等。(图5-3-4A；图版5-3-12，5-3-13)

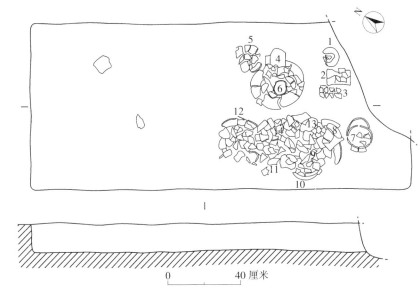

图5-3-4A　崧泽文化墓葬M2平剖面图

1、4、5、10、11. 陶罐　2、3. 陶杯　6、8、12. 陶豆　7. 陶甗　9、13、14. 陶鼎

陶鼎　3件。

M2：9，锥形足鼎。夹砂红褐陶。侈口，尖圆唇，扁垂腹，圜底，锥形足，足尖外撇。一足上方装一近长方形把手，把手两侧及尾部捏塑成花边状。口径16.0、高14.8厘米。(图5-3-4B；图版5-3-14：1)

M2：13，铲形足鼎。夹砂红褐陶。残剩鼎足，铲形足，两侧捏起。足根部饰一个捺窝。长约10.0厘米。(图5-3-4B)

M2：14，带盖。器身为夹砂红褐陶。器盖为夹砂灰陶。器身因残碎较甚，无法复原，仅修复器盖。盖M2：14-2，矮喇叭形纽，弧壁，敞口。盖纽径4.0、口径12.0、高5.0厘米。(图5-3-4C；图版5-3-14：2)

陶甗　1件。

M2：7，夹砂红褐陶。器形制作不甚规整。口近直，圆唇，直腹，底近圜。器底有八个箅孔，中间一个较大，周围七个较小。口径14.8、高14.4厘米。(图5-3-4C；图版5-3-15：1、2)

陶豆　3件。

M2：6，盘形豆。残豆盘。泥质灰黑陶，胎色发红。敛口，尖圆唇，弧壁。盘壁中部饰一道凸棱。口径21.4、残高9.4厘米。(图5-3-4B；图版5-3-14：3)

M2：8，残豆柄。泥质灰陶。三段式豆柄。柄中部饰小圆形及三角形镂孔组成的纹饰。残高

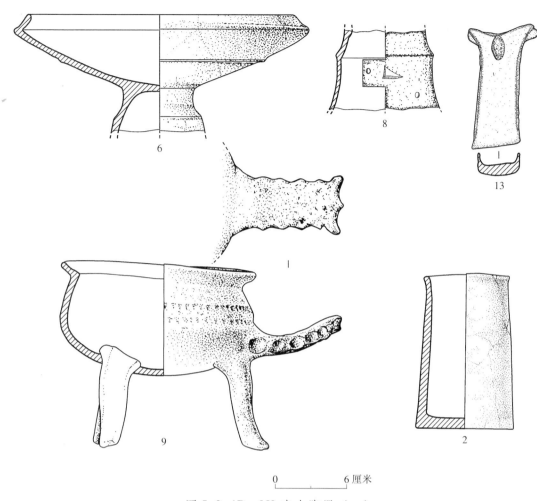

图5-3-4B　M2出土陶器（一）

2. 瓠形杯　6、8. 豆　9. 锥形足鼎　13. 铲形鼎足

6.4厘米。（图5-3-4B）

M2：12，泥质灰黑陶。因残碎较甚，无法复原。

陶罐　5件。

M2：1，无腰脊罐。泥质黑陶，胎色发红。侈口，尖圆唇，束颈，鼓腹，平底。颈下部钻一圆孔，肩部饰三道凸弦纹。口径7.6、底径8.8、高11.5厘米。（图5-3-4C；图版5-3-15：4）

M2：4，无腰脊罐。泥质黑陶。侈口，圆唇，束颈，弧肩，圆鼓腹，平底。口径7.2、底径8.8、高11.5厘米。（图5-3-4C；图版5-3-15：5）

M2：5，无腰脊罐。泥质灰陶。侈口，尖圆唇，束颈，圆鼓腹，平底。口径8.4、底径7.4、高11.1厘米。（图5-3-4C；图版5-3-15：6）

M2：10，有腰脊罐。泥质灰陶，胎色发黄。侈口，圆唇，颈微束，圆肩，弧腹，平底。腹中部饰一周附加堆纹，其上堆贴两个对称的鸡冠形耳錾。口径17.4、底径13.2、高25.4厘米。（图5-3-4C；图版5-3-14：4）

M2：11，泥质灰陶。因残碎较甚，无法复原。

陶杯　2件。

M2：2，瓠形杯。泥质黑陶。口微侈，圆唇，斜直腹，平底。口径7.0、底径8.0、高12.2厘

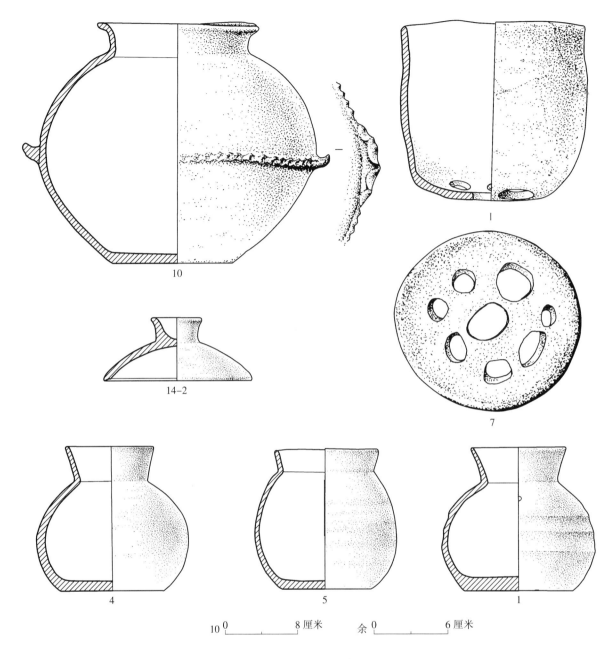

图 5-3-4C　M2 出土陶器（二）

1、4、5. 无腰脊罐　10. 有腰脊罐　7. 甑　14-2. 鼎盖

米。（图 5-3-4B；图版 5-3-15：3）

M2：3，泥质灰黑陶。因残碎较甚，无法复原。

M3

位于 T1806 中部略偏西南，开口于清代水塘 ST1 下，打破第 5 层。上半部被水塘所破坏。方向 328 度。长方形竖穴土坑墓，墓口长 2.0、宽 0.78 米，深 0.1 米。填土土色为灰褐色，土质较硬。墓内人骨朽蚀严重，仅下肢骨痕迹依稀可辨。出土随葬品 6 件，其中陶器 5 件，石器 1 件。陶器多残碎，自北向南置于墓坑近东壁处，有豆、罐、盆等；石锛 1 件，置于墓主两股骨之间近盆骨处。（图 5-3-5A；图版 5-3-16：1）

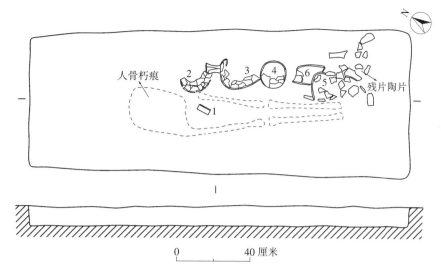

图 5-3-5A　崧泽文化墓葬 M3 平剖面图
1. 石凿　2. 陶豆　3. 陶罐　4、5. 陶鼎　6. 陶盆

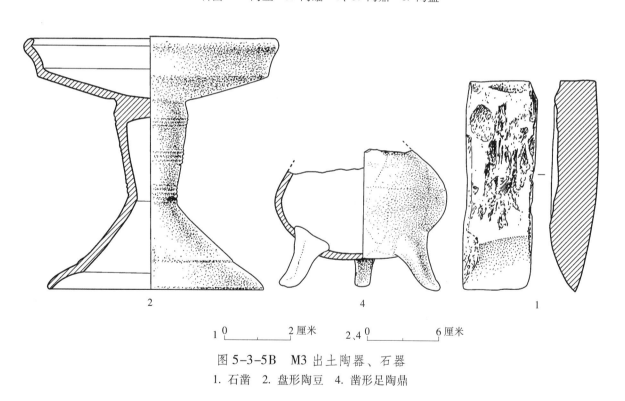

图 5-3-5B　M3 出土陶器、石器
1. 石凿　2. 盘形陶豆　4. 凿形足陶鼎

陶鼎　2 件。

M3:5，夹砂灰陶。残碎较甚，无法复原。

M3:4，凿形足鼎。泥质灰黑陶。口及上腹部残，扁鼓腹，底近圜，矮凿形足。残高 11.0 厘米。（图 5-3-5B；图版 5-3-16:2）

陶豆　1 件。

M3:2，盘形豆。泥质灰黑陶。敛口，尖圆唇，折壁，盘壁中部有一道明显的折痕；柄部整体呈束腰状，上部略鼓突，下部转折明显成大宽沿。柄部饰三组细弦纹。口径 19.6、足径 17.0、高

20.1 厘米。（图 5-3-5B；图版 5-3-16：3）

陶罐 1 件。

M3：3，泥质灰陶。残碎较甚，无法复原。

陶盆 1 件。

M3：6，夹砂灰陶。残碎较甚，无法复原。

石凿 1 件。

M3：1，硅质岩。长条形，器身崩损较甚。上、下，背、腹面均大致同宽，单面刃。长 6.2、最宽 2.1、最厚 1.4 厘米。（图 5-3-5B；图版 5-3-16：4）

M4

位于 T1706 中部近东隔梁处，开口第 3a 层下，打破第 4a 层。方向 340 度。长方形竖穴土坑墓，墓口长 2.4、宽 0.7 米，深 0.15 米。填土土色为灰褐色，含烧土颗粒。墓内人骨朽蚀殆尽。随葬品共计 31 件，其中陶器 24 件、石器 6 件、玉器 1 件。陶器主要放置于墓坑中部和北部，东南角亦放置有几件，器形主要有陶鼎、鬶、豆、花边足罐、花边足杯等。石锛 3 件，分别放置于墓坑北部、中部及中部略偏南处；石凿 2 件，放置于墓坑北部；石钺 1 件，放置于墓坑中部靠近西壁处，刃部朝西，与西壁垂直。玉饰件 1 件，叠压于墓坑北部的陶器堆下。（图 5-3-6A；图版 5-3-17：1、2，5-3-18：1~3）

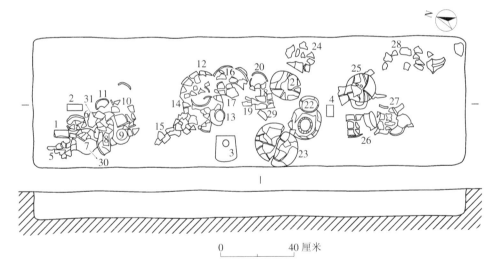

图 5-3-6A 崧泽文化墓葬 M4 平剖面图

1、4、29. 石锛 2、31. 石凿 3. 石钺 5. 陶壶 6~9、12、16、21、24. 陶罐 10、11、13、14、15、17~20、26. 陶杯 22. 陶豆 23. 陶匜 25. 陶鬶 27、28. 陶鼎 30. 三角形玉饰

陶鼎 2 件。均铲形足鼎。

M4：27，夹砂红褐陶。侈口，折沿，尖圆唇，弧鼓腹，圜底，细高足。口径 13.4、高 19.2 厘米。（图 5-3-6B；图版 5-3-19：1）

M4：28，夹砂红褐陶。残碎较甚，仅残留鼎足。铲形足。足面中部堆贴一道附加堆纹。足高约 16.0 厘米。（图 5-3-6B）

陶鬶 1 件。

M4：25，凿形足鬶。夹砂夹蚌末灰褐陶。侈口，尖圆唇，直颈，溜肩，球腹，圜底，凿形足。

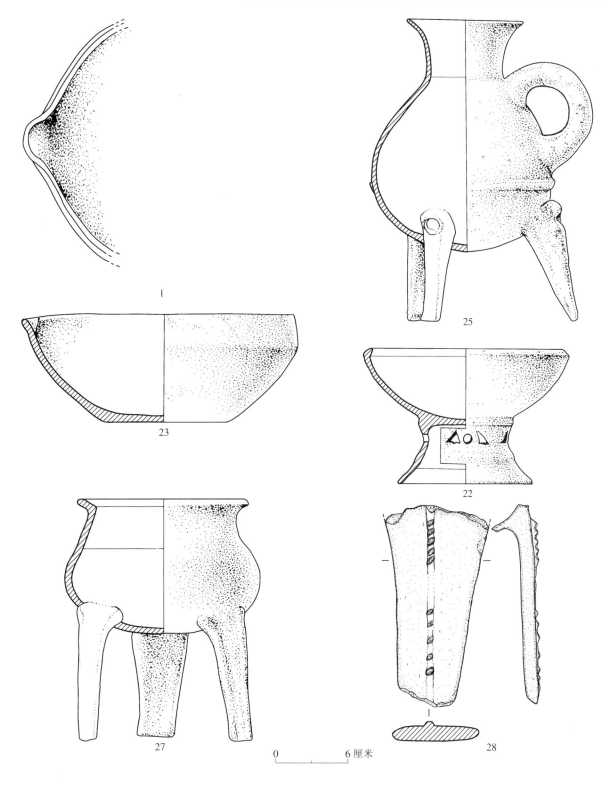

图 5-3-6B M4 出土陶器 (一)
22. 盘形豆 23. 匜 25. 凿形足鬶 27. 铲形足鼎 28. 铲形鼎足

一足上方附一半环状把手，腹中部饰一道凸棱，每只足的根部饰一个捺窝。口径9.4、高24.0厘米。(图5-3-6B；图版5-3-19：2)

陶豆 1件。

M4：22，盘形豆。泥质灰黑陶，胎色发红。敛口，圆唇，弧壁，深盘，矮柄，喇叭形圈足。柄部饰三组圆形及三角形镂孔组成的纹饰。口径15.5、足径11.0、高10.8厘米。（图5-3-6B；图版5-3-19：3）

陶罐 8件。

M4：6，折肩折腹罐。泥质灰陶。口及上腹部残，下腹弧折，底近平，三个矮凿形足。残高7.0厘米。（图5-3-6C；图版5-3-20：1）

M4：7，无腰脊罐。带盖。器盖为泥质灰黑陶，器身泥质褐陶。罐侈口，方圆唇，束颈，圆肩，弧腹，平底。盖小蘑形纽，纽中空，弧壁，敞口。盖径8.8、高5.0厘米，罐口径8.9、底径8.0、高12.8厘米，通高17.8厘米。（图5-3-6C；图版5-3-21：1）

M4：8，圜底罐。夹砂红褐陶，器表施红衣。口近直，尖圆唇，直颈微束，圆弧腹，底近圜。腹中部饰四个对称的耳錾。口径10.4、高12.9厘米。（图5-3-6C；图版5-3-21：2）

M4：9，无腰脊罐。泥质灰陶，胎色发黄。侈口，尖圆唇，颈微束，圆肩，弧腹，腹中下部略凹，平底。口径8.5、底径5.7、高11.0厘米。（图5-3-6C；图版5-3-21：3）

M4：12，折肩折腹罐。带盖。泥质灰陶，胎色发红。侈口，圆唇，颈微束，折肩，弧折腹，七个花瓣状足。肩、腹部饰四道凸弦纹。盖实心圆形纽，弧壁，盖面有浅刻划的弧线纹。盖口径11.0、高4.0厘米，罐口径10.6、高17.3厘米，通高21.3厘米。（图5-3-6C；图版5-3-20：3、4）

M4：16，折肩折腹罐。泥质灰陶。口微侈，尖圆唇，颈微束，宽折肩，折腹，底近平，六个花瓣形足。肩、腹部有三道明显的折痕。口径10.0、高12.6厘米。（图5-3-6C；图版5-3-20：2）

M4：21，无腰脊罐。泥质灰黑陶。侈口，圆唇，颈微束，弧肩，弧折腹，五个花瓣状足。肩部饰四道凸弦纹，腹中部饰一道凸棱，凸棱上堆贴四个对称的细耳錾。口径8.0、高12.1厘米。（图5-3-6C；图版5-3-21：4）

M4：24，有腰脊罐。泥质灰黑陶，胎色发红。侈口，圆唇，平沿，沿面略凹，束颈，圆肩，下腹及底部残。腹中部饰一周附加堆纹，其上堆贴两个对称的耳錾。口径13.8、残高13.2厘米。（图5-3-6C；图版5-3-19：4）

陶壶 1件。

M4：5，泥质灰陶。口微侈，直颈略收，弧肩，弧腹，平底。口径6.4、底径6.2、高11.9厘米。（图5-3-6D；图版5-3-21：5）

陶杯 8件，均为花瓣足。

M4：10，觚形杯，带盖。盖为泥质红褐陶，杯身为泥质黑陶，胎色发黄。直口，直壁，近底部略外鼓，底近平，四个花瓣状足。腹部饰五道凸弦纹，足部有近似菱形的刻划纹。盖纽为圈足状、中空，盖弧壁，敞口。盖径8.4、高3.3厘米，杯口径8.3、高12.9厘米，通高16.2厘米。（图5-3-6D；图版5-3-22：1）

M4：11，觚形杯。泥质红褐陶。口及上腹部残，下腹弧鼓，底近平，七个花瓣状足。腹部残留三道凸弦纹。残高8.8厘米。（图5-3-6D）

M4：13，泥质灰黑陶。残碎较甚，未能复原。

M4：14，觚形杯。泥质黑陶，胎质发黄。口近直，尖圆唇，杯身较直，近底部略外鼓，底近平，四个花瓣形足。口径7.0、高12.4厘米。（图5-3-6D；图版5-3-22：2）

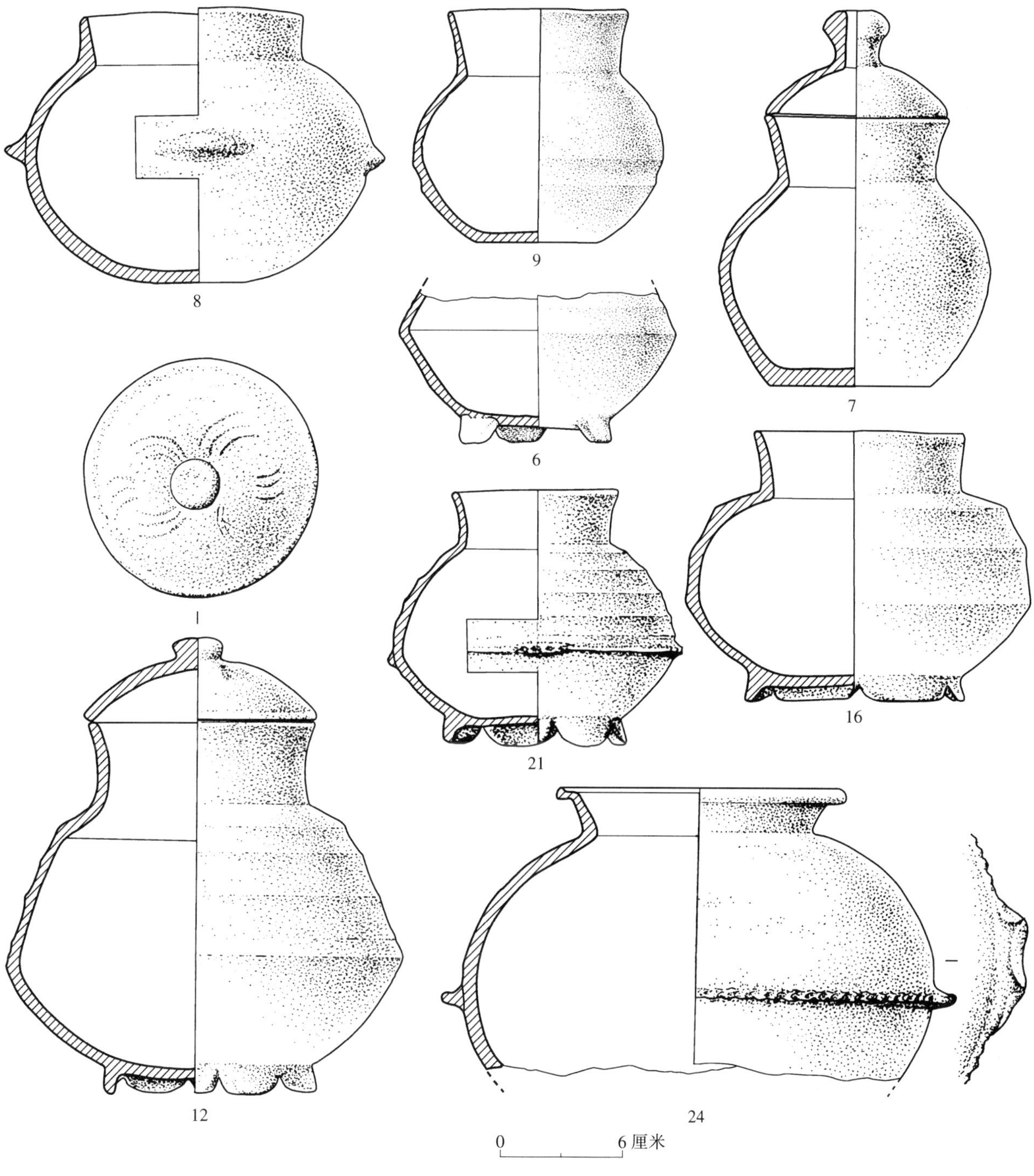

图5-3-6C　M4出土陶器（二）

6、12、16. 折肩折腹罐　7、9、21. 无腰脊罐　8. 圜底罐　24. 有腰脊罐

M4：15，觚形杯。泥质灰陶。口及腹部残，仅剩杯底，底微鼓，六个花瓣状足。残高5.4厘米。（图5-3-6D）

M4：17，觚形杯。泥质黑陶，胎色发红。口近直，尖圆唇，杯身上部较直，下部鼓突，底微鼓，六个花瓣形足。口径7.6、高15.5厘米。（图5-3-6D；图版5-3-22：3）

M4：18，觚形杯，带盖。泥质灰黑陶，胎色发黄。口近直，尖圆唇，杯身上部较直，下部鼓突，底近平，七个花瓣形足。盖疙瘩状实心纽，弧壁。盖口径6.5、高2.1厘米，杯口径7.0、高

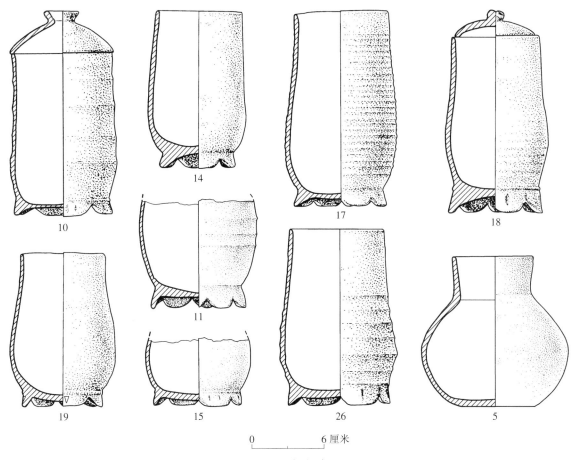

图 5-3-6D M4 出土陶器（三）
5. 壶 10、11、14、15、17～19、26. 觚形杯

14.4 厘米，通高 16.3 厘米。（图 5-3-6D；图版 5-3-22：4）

M4：19，觚形杯。泥质灰黑陶，胎质发黄。口微侈，尖圆唇，杯身上部较直，下部鼓突，底近平，七个花瓣形足。足部饰小三角形刻划纹。口径 6.8、高 12.2 厘米。（图 5-3-6D；图版 5-3-22：5）

M4：26，觚形杯。泥质灰陶。口近直，方圆唇，杯身上部较直，下部鼓突，底近平，六个花瓣形足。腹中、下部饰六道凸弦纹。口径 7.5、高 14.0 厘米。（图 5-3-6D；图版 5-3-22：6）

M4：20，泥质灰黑陶。残碎较甚，未能复原。

陶匜 1 件。

M4：23，泥质灰黑陶。口微敛，圆唇，短流，弧腹，平底。口径 21.0～22.0、底径 9.0、高 8.6 厘米。（图 5-3-6B；图版 5-3-21：6）

石钺 1 件。

M4：3，泥岩。整体呈"风"字形，通体磨制光滑，顶端斜平，刃部圆弧尖锐，两面管钻，孔中留有对钻痕迹。长 14.3、上宽 9.9、下宽 11.9、最厚 1.1、孔径 2.2～2.6 厘米。（图 5-3-6E；图版 5-3-23）

石锛 3 件。

M4：1，泥岩。长方形，顶部一角及刃部略有崩损，器身磨制光滑。锛上、下及背、腹面均大

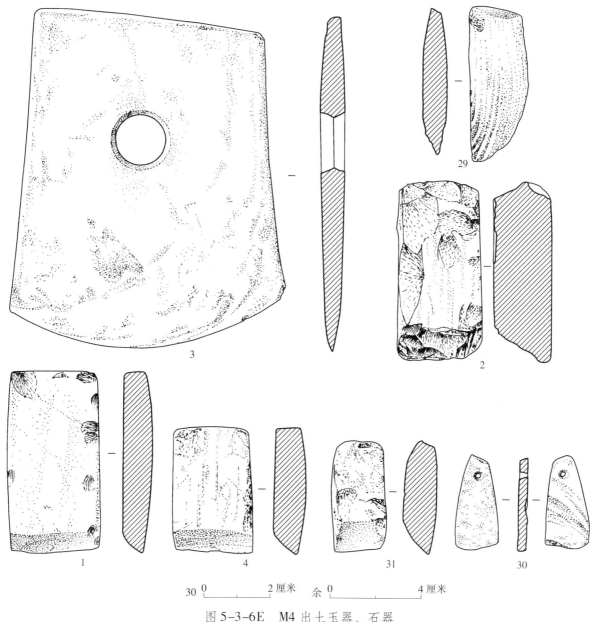

图 5-3-6E　M4 出土玉器、石器

1、4、29. 石锛　2、31. 石凿　3. 石钺　30. 三角形玉饰

致同宽，腹面略弧，背面平直，单面锋，直刃。长 7.7、宽 4.0、最厚 1.3 厘米。（图 5-3-6E；图版 5-3-24：1）

　　M4:4，硅质岩。方形，锛上、下及背、腹面均大致同宽，腹面略弧，背面平直，单面锋，直刃。长 5.4、宽 3.4、最厚 1.4 厘米。（图 5-3-6E；图版 5-3-24：2）

　　M4:29，粉砂岩。背面崩残，近似船形，磨制光滑，背、腹大致同宽，刃部残。长 6.6、最宽 2.6、最厚 1.1 厘米。（图 5-3-6E；图版 5-3-24：3）

　　石凿　2 件。

　　M4:2，硅质泥岩。长方形，器身崩损较甚。背、腹面大体同宽，两面平直，单面锋，直刃。长 7.7、宽 3.7、厚 2.5 厘米。（图 5-3-6E；图版 5-3-24：4）

　　M4:31，粉砂岩。长方形，器身崩损严重。上部略薄下部略厚，两面略弧。长 4.6、宽 2.4、

上厚1.3、下厚1.4厘米。（图5-3-6E；图版5-3-24：5）

三角形玉饰 1件。

M4：30，乳白色，有淡灰色沁斑，似用残玉璜改制而成，横截面近细长条形，首端对钻一孔。残长2.6、最宽1.3、厚0.2、孔径0.1~0.2厘米。（图5-3-6E；图版5-3-24：6）

M5

T1706中部东隔梁处，大部分叠压于东隔梁下，开口于第3a层下，打破第4a层。方向340度。长方形竖穴土坑墓，墓口长2.1、宽0.9米，深0.15米。填土土色呈灰褐色，内含零星烧土颗粒等。墓内人骨朽蚀殆尽。随葬品15件，陶器13件，玉、石器各1件。其中，杯、罐等陶器在墓坑中部自东向西一字摆放，其南侧自北向南又摆放有杯、罐、豆等。玉饰件1件，置于墓坑中部近西壁处；石锛1件，置于墓坑南部的陶杯下。（图5-3-7A；图版5-3-25：1、2，5-3-26：1）

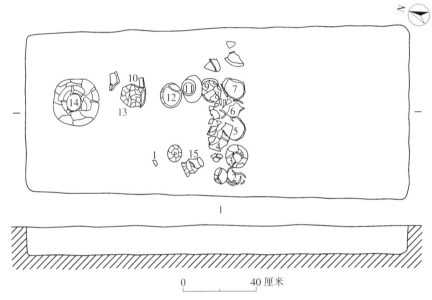

图5-3-7A 崧泽文化墓葬M5平剖面图
1. 船形玉饰　2、4、9、11、13. 陶杯　3、5~7、12. 陶罐　8、15. 陶壶　10. 石锛　14. 陶豆

陶豆 1件。

M5：14，盘形豆。泥质红褐陶。敛口，尖圆唇，弧壁，深盘，盘壁中部饰一道凸棱，矮柄，喇叭形圈足。柄部饰四个对称的圆形镂孔。口径20.2、足径15.0、高12.8厘米。（图5-3-7B；图版5-3-27：1）

陶罐 5件。

M5：3，折肩折腹罐。泥质灰黑陶。侈口，圆唇，束颈，折肩，折腹，底近平，七个花瓣状足。肩、腹部有四道折痕，足上有浅刻划三角纹。口径8.6、高11.2厘米。（图5-3-7B；图版5-3-27：2）

M5：5，无腰脊罐。泥质灰黑陶。口及上腹部残，下腹圆弧，底近平，三个堆捏的小足。残高7.1厘米。（图5-3-7B；图版5-3-27：5）

M5：6，折肩折腹罐。泥质灰黑陶。侈口，圆唇，唇面略内凹，颈微束，折肩，折腹，底微

图 5-3-7B　M5 出土陶器、石器、玉器

1. 船形玉饰　2-2. 陶杯盖　3、6、7. 折肩折腹陶罐　4、9、11. 觚形陶杯　5、12. 无腰脊陶罐　8、15. 陶壶
10. 石锛　14. 盘形陶豆

圜，四个花瓣状足。肩、腹部有四道折痕。口径8.2、高12.0厘米。（图5-3-7B；图版5-3-27：3）

M5：7，折肩折腹罐。泥质灰黑陶。口、颈部残，上腹斜直，下腹弧折，底近平，四个花瓣状足。残高11.3厘米。（图5-3-7B；图版5-3-27：6）

M5：12，无腰脊罐。泥质灰黑陶。侈口，圆唇，束颈，弧肩，肩部有数道折痕，折腹，底近平，三个矮方形足。口径9.5、高11.5厘米。（图5-3-7B；图版5-3-27：4）

陶壶 2件。

M5：8，夹细砂灰陶。直口，尖圆唇，直颈，鼓腹，平底。口径6.8、底径7.4、高11.2厘米。（图5-3-7B；图版5-3-28：1）

M5：15，带盖。盖为泥质灰黑陶，身为泥质灰陶。侈口，圆唇，上腹弧凹，下腹折收，圜底，四个花瓣形足。器盖为圆纽，纽中空，盖弧壁，敞口。盖口径8.0、高2.9厘米，壶口径7.4、高10.5厘米，通高13.4厘米。（图5-3-7B；图版5-3-28：2）

陶杯 5件。

M5：4，觚形杯。泥质红褐陶。口近直，尖圆唇，杯身上部较直，下部鼓突，底近圜，十个花瓣形足。腹中、下部饰八道凸弦纹。口径8.7、高13.4厘米。（图5-3-7B；图版5-3-28：4）

M5：9，觚形杯。泥质灰黑陶。口近直，尖圆唇，杯身上部较直，下部鼓突，底近平，四个花瓣形足。腹下部饰一道凸棱，每瓣足上各饰一个三角形小镂孔，孔未钻透。口径7.8、高12.8厘米。（图5-3-7B；图版5-3-28：5）

M5：11，觚形杯。泥质灰黑陶，胎色发红。侈口，尖圆唇，杯身上部较直，下部鼓突，圜底，四个花瓣形足。腹下部有轮修痕迹。口径7.8、高14.0厘米。（图5-3-7B；图版5-3-28：6）

M5：2，带盖。泥质灰黑陶。因残碎较甚，无法复原，仅修复杯盖。盖M5：2-2，实心鸟形纽，弧壁，敞口。盖口径14.0、高6.2厘米。（图5-3-7B；图版5-3-28：3）

M5：13，泥质红褐陶。因残碎较甚，无法复原。

石锛 1件。

M5：10，泥岩。长方形，器身两侧有崩损，背部、腹面磨制光滑。上端窄厚，下端宽扁，背面较直，腹面较弧，单面刃。长6.6、上宽2.4、下宽3.1、最厚1.5厘米。（图5-3-7B；图版5-3-26：2）

船形玉饰 1件。

M5：1，墨绿色，有乳白色沁斑。两端扁薄，中间略厚，横截面近梯形，首端对钻一孔。长3.6、宽1.6、最厚0.4、孔径0.1～0.3厘米。（图5-3-7B；图版5-3-26：3）

M9

位于T1706略偏西北处，开口于第5层下，打破第6层。方向335度。长方形竖穴土坑墓，墓口长2.1、宽0.8米，深0.25米。填土呈灰褐色，内含烧土颗粒。墓内人骨已朽蚀殆尽。随葬陶器共计11件，多在墓坑南部沿东、西壁放置，仅一件澄滤器在靠近墓坑北壁处放置。（图5-3-8A；图版5-3-29：1、2）

陶鬶 1件。

M9：4，凿形足鬶。泥质灰陶。喇叭形口，尖圆唇，溜肩，腹壁深直，圜底，凿形实足。一足

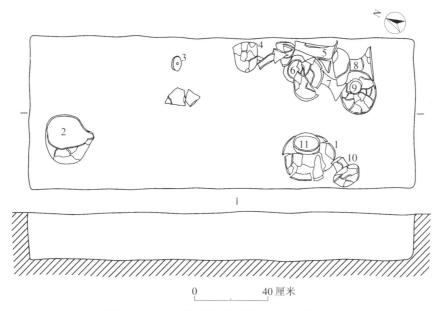

图 5-3-8A　崧泽文化墓葬 M9 平剖面图

1、5、7、8. 陶豆　2. 陶澄滤器　3. 陶纺轮　4. 陶鬶　6. 陶盉　9、11. 陶罐　10. 陶壶

上方附一三角形把手。口径 5.6、高 23.1 厘米。（图 5-3-8B；图版 5-3-30：1）

陶豆　4 件。

M9：1，钵形豆。泥质灰黑陶。口微敛，深盘，细高柄，喇叭形圈足。柄上部饰一组细弦纹，其下饰三个对称分布的圆形小镂孔。口径 17.5、足径 15.5、高 20.2 厘米。（图 5-3-8C；图版 5-3-31：1）

M9：5，盘形豆。泥质黑陶。敛口，尖圆唇，弧壁，深盘，高柄，喇叭形圈足。盘壁中部略偏下饰一道凸棱，柄部饰五组细弦纹。口径 18.0、足径 16.8、高 31.2 厘米。（图 5-3-8C；图版 5-3-31：3）

M9：7，盘形豆。泥质灰黑陶。口微敛，圆唇，折壁，细高柄，喇叭形圈足，盘腹处及圈足处折痕明显。柄上部饰圆形小镂孔及细弦纹组成的纹饰。口径 22.2、足径 17.0、高 20.2 厘米。（图 5-3-8C；图版 5-3-31：4）

M9：8，钵形豆。泥质灰黑陶。口近直，圆唇，弧壁，柄较高，喇叭形圈足。圈足处饰一道凹弦纹。口径 18.5、足径 16.6、高 19.4 厘米。（图 5-3-8C；图版 5-3-31：2）

陶罐　2 件。

M9：9，有腰脊罐。泥质灰黑陶，胎色发红。侈口，圆唇，圆肩，弧腹略扁，平底。腹中部饰一周较宽的附加堆纹。口径 9.1、底径 8.8、高 16.8 厘米。（图 5-3-8B；图版 5-3-32：1）

M9：11，无腰脊罐。泥质灰黑陶。侈口，圆唇，矮颈，圆肩，鼓腹，平底。颈部饰两道弦纹，腹中部偏下处饰两个对称的耳錾。口径 12.3、底径 11.0、高 20.1 厘米。（图 5-3-8B；图版 5-3-32：2）

陶盉　1 件。

M9：6，夹粗砂夹蚌红褐陶。敛口，圆唇，圆弧腹，平底。腹中部按一宽扁状把手，把手上

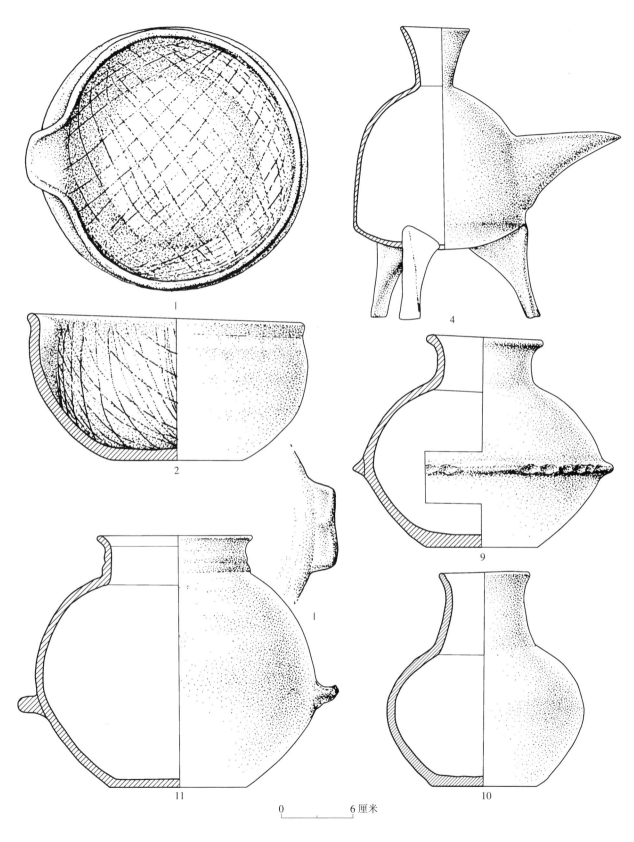

图 5-3-8B　M9 出土陶器（一）

2. 澄滤器　4. 凿形足鬶　9. 有腰脊罐　10. 壶　11. 无腰脊罐

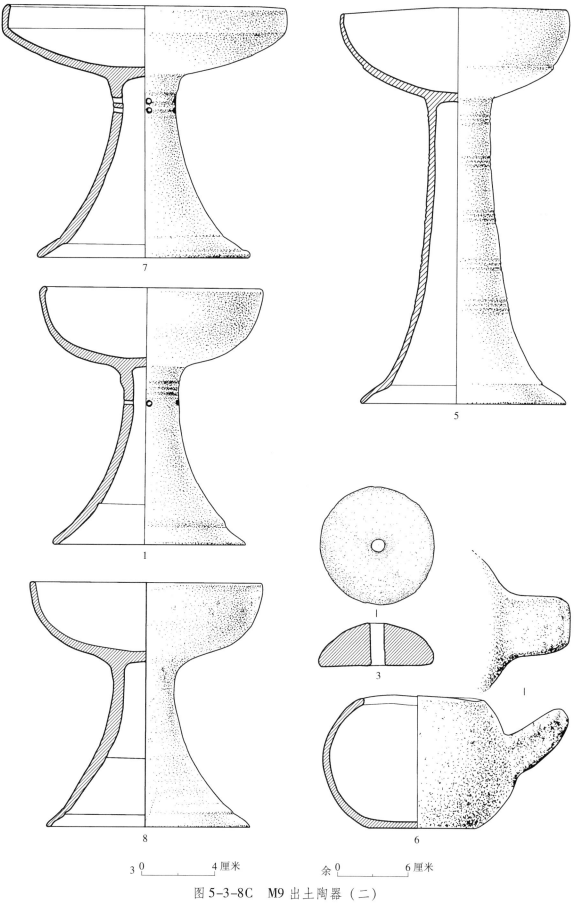

图 5-3-8C M9 出土陶器（二）
1、8. 钵形豆 3. 纺轮 5、7. 盘形豆 6. 盉

翘。口径 10.0、底径 9.1、高 10.3 厘米。（图 5-3-8C；图版 5-3-30：2）

陶壶 1 件。

M9：10，泥质红陶。侈口，圆唇，颈微束，圆肩，弧腹，平底。口径 7.2、底径 8.4、高 17.0 厘米。（图 5-3-8B；图版 5-3-32：3）

陶澄滤器 1 件。

M9：2，夹砂红褐陶。口微侈，短流，弧腹，平底。器腹内有网格状刻槽。口径 20.4～22.5、底径 10.5、高 11.7 厘米。（图 5-3-8B；图版 5-3-30：3、4）

陶纺轮 1 件。

M9：3，泥质红褐陶。平面呈圆形了，剖面近半圆形，中有一孔。直径 6.2、孔径 0.7、厚 2.2 厘米。（图 5-3-8C；图版 5-3-32：4）

M10

位于 T1606 东北角，开口于第 5 层下，打破第 6 层。方向 336 度。长方形竖穴土坑墓，墓坑长 2.0、宽 0.7、深 0.15 米。填土呈灰褐色，内含烧土颗粒。墓内人骨已朽蚀殆尽。随葬品有陶豆、罐、钵等共计 3 件，置于墓坑中部及东南角。（图 5-3-9A；图版 5-3-33：1）

陶豆 1 件。

M10：1，钵形豆。泥质灰黑陶。敛口，尖圆唇，弧壁，深盘，细高柄，圈足残。盘壁中部饰一道细凸棱，柄部饰四组细弦纹，每组弦纹下各饰三组对称分布的圆形小镂孔。口径 16.8、残高 21.7 厘米。（图 5-3-9B；图版 5-3-33：2）

陶罐 1 件。

M10：2，无腰脊罐。夹

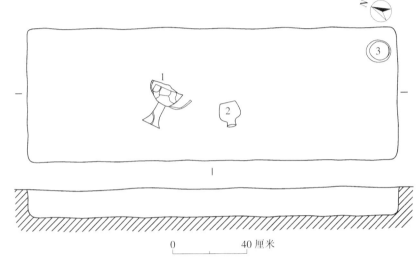

图 5-3-9A　崧泽文化墓葬 M10 平剖面图
1. 陶豆　2. 陶罐　3. 陶钵

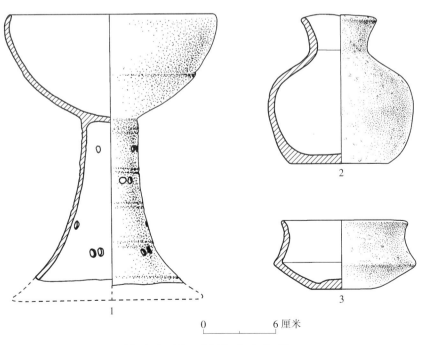

图 5-3-9B　M10 出土陶器
1. 钵形豆　2. 无腰脊罐　3. 钵

砂红褐陶。侈口，圆唇，束颈，鼓肩略折，弧直腹，平底。口径6.0、底径8.0、高11.0厘米。（图5-3-9B；图版5-3-33：3）

陶钵　1件。

M10：3，泥质灰陶。侈口，圆唇，上腹弧凹，下腹折收，平底。口径10.2、底径5.1、高5.5厘米。（图5-3-9B；图版5-3-33：4）

M13

位于T1805中部近北壁处，开口于ST1下，打破第5层。方向335度。长方形竖穴土坑墓，墓坑长2.1、宽0.8米，深0.2米。填土土呈灰褐色，内含烧土颗粒。墓内人骨已朽蚀殆尽。随葬品有陶豆、罐等共计2件，置于墓坑中部。（图5-3-10A；图版5-3-34：1）

陶豆　1件。

M13：1，盘形豆。泥质灰黑陶，胎色发红。口微敛，圆唇，唇下有一道明显的折痕，弧壁。豆柄下半部及圈足残。盘壁中部饰一道细凸棱，柄上部饰细刻划纹及三角形镂孔组成的纹饰。口径21.4、残高12.4厘米。（图5-3-10B；图版5-3-34：2）

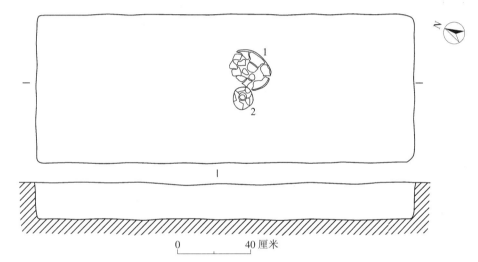

图5-3-10A　崧泽文化墓葬M13平剖面图
1. 陶豆　2. 陶罐

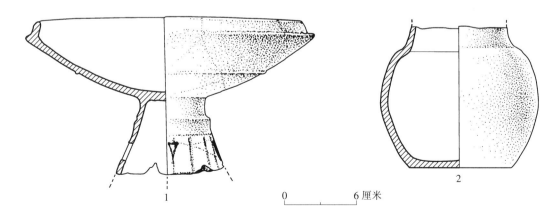

图5-3-10B　M13出土陶器
1. 盘形豆　2. 无腰脊罐

陶罐　1件。

M13：2，无腰脊罐。泥质红褐陶陶，胎色发黑。口残，圆肩，圆腹，平底。底径8.4、残高11.5厘米。（图5-3-10B；图版5-3-34：3）

M14

位于T1806东北角，开口于第3a层下，打破第6层。方向330度。长方形竖穴土坑墓，墓口长2.1、宽0.8米，深0.45米。填土呈红褐色，土质较硬。墓内人骨基本朽蚀殆尽，仅残留一小段肢骨。随葬品共有鼎、豆、罐、壶、盉、杯、尊形器等陶器8件，多在墓坑南部沿东、西壁放置，仅在墓坑东北角有陶罐1件。（图5-3-11A；图版5-3-35：1、2）

陶鼎　1件。

M14：8，锥形足鼎。夹砂夹蚌末红褐陶。器身变形严重，侈口，圆唇，短折沿，鼓腹，圜底，三足残。口径13.0、残高8.7厘米。（图5-3-11B；图版5-3-36：1）

陶豆　1件。

M14：7，盘形豆。泥质灰黑陶。敛口，圆唇，弧壁，盘壁中部有一道折痕，柄部整体呈束腰状，矮喇叭形圈足。柄部饰三组细弦纹，其间饰以细长条形浅镂孔，孔均未钻透。口径19.9、足径12.8、高18.4厘米。（图5-3-11B；图版5-3-36：2）

陶罐　1件。

M14：1，无腰脊罐。夹粗砂蚌末红褐陶。侈口，圆唇，束颈，溜肩，弧腹，平底。颈部饰一周浅掐印纹，腹中部饰两个对称的鸡冠形耳錾。口径9.5、底径10.7、高14.8厘米。（图5-3-11B；图版5-3-36：3）

陶壶　1件。

M14：3，泥质灰黑陶。残碎较甚，无法复原。

陶盉　2件。

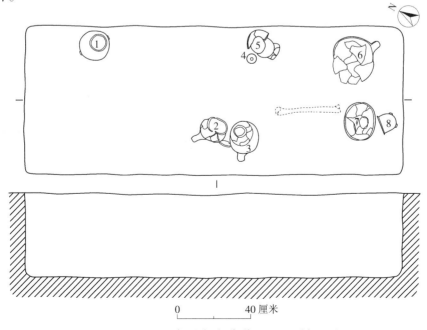

0　　　　40厘米

图5-3-11A　崧泽文化墓葬M14平剖面图

1. 陶罐　2、6. 陶盉　3. 陶壶　4. 陶纺轮　5. 陶尊形器　7. 陶豆　8. 陶鼎

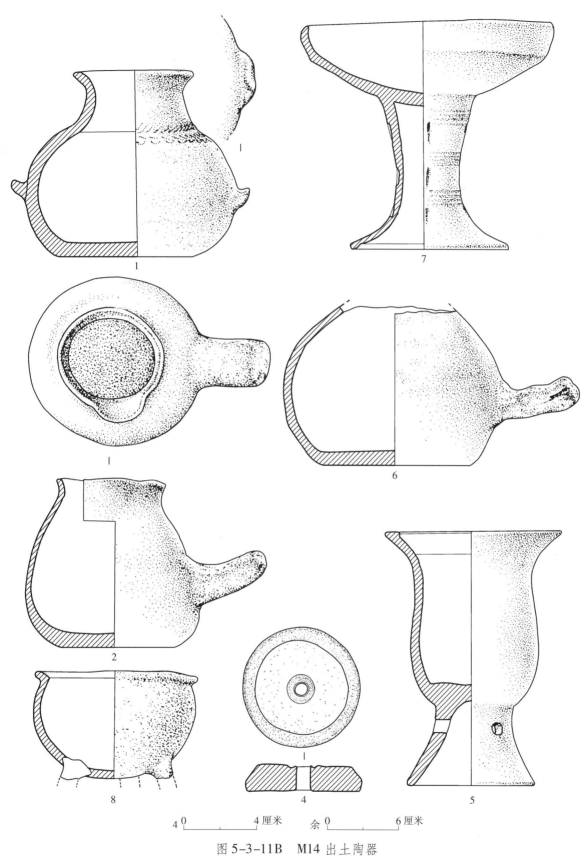

图 5-3-11B　M14 出土陶器

1. 无腰脊罐　2、6. 盉　4. 纺轮　5. 尊形器　7. 盘形豆　8. 锥形足鼎

M14：2，夹粗砂蚌末红褐陶。侈口，圆唇，短流，颈微束，溜肩，弧腹，平底。与流呈90度角的腹一侧装一长条形宽扁状把手。口径8.5～9.2、底径9.1、高13.2厘米。（图5-3-11B；图版5-3-37：1、2）

M14：6，夹粗砂蚌末红褐陶。口残，溜肩，鼓腹，平底。腹侧装一长条形宽扁把手。底径12.2、残高12.7厘米。（图5-3-11B；图版5-3-37：3）

陶尊形器　1件。

M14：5，夹粗砂蚌末红陶。敞口，尖圆唇，沿近平，深腹，下腹部略鼓，圈足较高。圈足上部饰三个对称分布的圆形小镂孔。口径14.5、足径10.4、高20.1厘米。（图5-3-11B；图版5-3-36：4）

陶纺轮　1件。

M14：4，泥质灰陶。平面呈圆形，剖面近梯形，中有一孔，孔周围微凹。直径5.2～6.3，孔径0.6、厚1.3厘米。（图5-3-11B；图版5-3-37：4）

M15

位于T1606东南角，部分叠压于南壁之下，开口于第4a层下，打破第5层。方向345度。长方形竖穴土坑墓，墓口长2.2、宽0.8米，深0.3米。填土土质较硬，土色呈灰褐色，内含烧土颗粒。墓内人骨已朽蚀殆尽。随葬品共计有14件，陶器9件、石器5件。其中陶器零散地放置于墓坑中；2件石斧置于墓坑北部，刃部一朝东北，一朝东南，其中的一件石斧上叠压石锛1件，另外1件石锛置于墓坑西北部的陶壶和陶杯间，1件石凿置于墓坑中部偏南的陶豆旁。（图5-3-12A；图版5-3-38）

陶鼎　2件。

M15：8，夹砂红褐陶。残碎较甚，无法复原。

M15：13，小陶鼎。夹砂红褐陶。侈口，圆唇，短颈，圆腹，圜底，矮方足略残。一足上方附一宽方形把手，略上翘。口径8.4，高9.8厘米。（图5-3-12B；图版5-3-39：1）

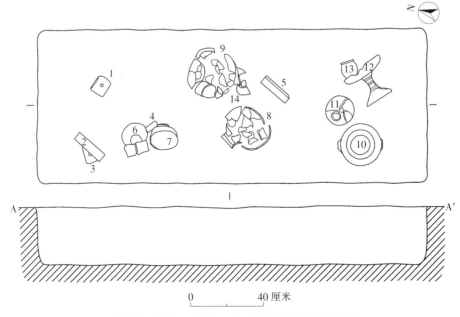

图5-3-12A　崧泽文化墓葬M15平剖面图

1、3. 石斧　2、4. 石锛　5. 石凿　6、14. 陶壶　7. 陶杯　8、13. 陶鼎　9、12. 陶豆　10. 陶罐　11. 陶鬶

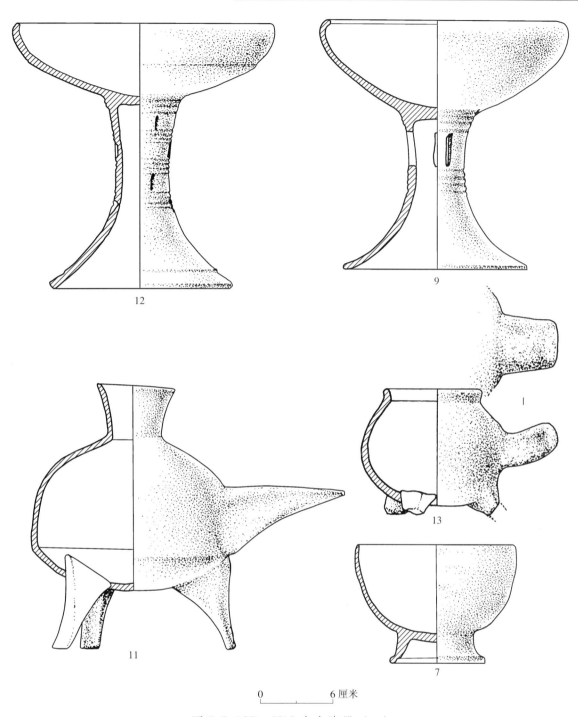

图 5-3-12B M15 出土陶器（一）

7. 圈足杯 9. 钵形豆 12. 盘形豆 11. 凿形足鬶 13. 鼎

陶鬶 1件。

M15：11，凿形足鬶。泥质灰陶。喇叭形口，尖圆唇，宽圆肩，腹壁较直，大圜底。一足上附一个三角形把手，尾部略翘。口径 6.1、高 20.9 厘米。（图 5-3-12B；图版 5-3-39：2）

陶豆 2件。

M15：9，钵形豆。泥质灰黑陶。敛口，圆唇，弧壁，盘腹较深，细柄，喇叭形圈足。柄部饰两组弦纹，其间饰三个对称分布的细长条形镂孔。口径 18.7、足径 15.0、高 19.8 厘米。（图

5-3-12B；图版5-3-40：1）

M15：12，盘形豆。泥质灰黑陶。敛口，圆唇，弧壁，盘壁中部饰一道细凸棱，细高柄，略呈束腰状，喇叭形圈足。柄部饰四组细弦纹，每组弦纹间饰以细长镂孔。口径20.6、足径14.0、高21.2厘米。（图5-3-12B；图版5-3-40：2）

陶罐　1件。

M15：10，圜底罐。夹砂红褐陶。侈口，圆唇，宽颈微束，圆肩，弧腹，小平底。肩部饰细小的掐印纹，腹中部饰两个对称的耳錾。口径17.3、高20.3厘米。（图5-3-12C；图版5-3-39：3）

陶壶　2件。

M15：6，泥质黑陶。侈口，圆唇，长颈微束，溜肩，扁鼓腹，平底。口径8.2、底径7.0、高14.2厘米。（图5-3-12C；图版5-3-40：3）

M15：14，泥质红褐陶。侈口，圆唇，直颈，宽折肩，腹壁较直，至底部弧收，平底微凹。口径7.2、底径5.9、高12.8厘米。（图5-3-12C；图版5-3-40：4）

陶杯　1件。

M15：7，圈足杯。泥质灰陶。敛口，尖圆唇，弧壁，深腹，矮圈足。口径12.6、足径7.8、高9.6厘米。（图5-3-12B；图版5-3-39：4）

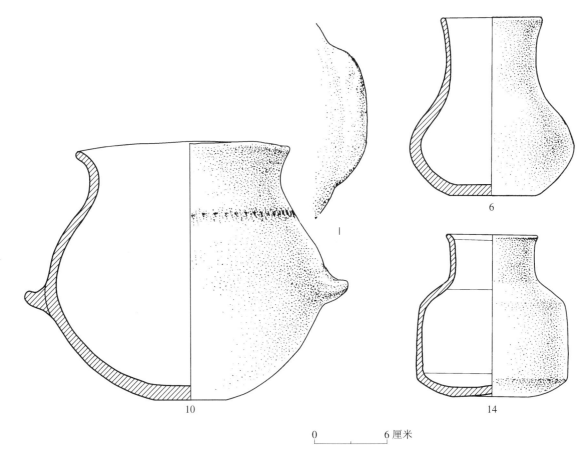

0　　　　6厘米

图5-3-12C　M15出土陶器（二）

6、14. 壶　10. 圜底罐

石斧　2件。

M15：1，泥岩。整体较扁薄，通体磨制光滑。顶部较平，整器上宽下窄，上厚下薄，刃部圆弧略有崩损，两面管钻，孔中留有对钻痕迹。长11.3、上宽7.6、下宽9.6、最厚0.9、孔径2.6～3.1厘米。（图5-3-12D；图版5-3-41：1）

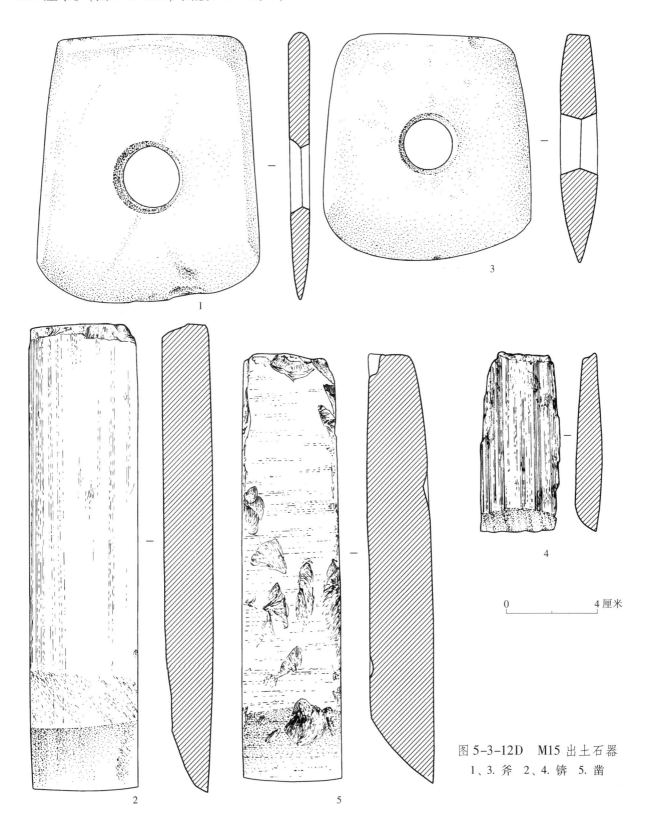

0　　　　　4厘米

图5-3-12D　M15出土石器
1、3. 斧　2、4. 锛　5. 凿

M15：3，浅层侵入岩。整体较宽厚，通体磨制光滑。整器上宽下窄，上厚下薄，刃部圆弧较尖，两面管钻，孔中留有对钻痕迹。长9.6、上宽5.0、下宽9.0、厚1.7、孔径2.1～2.6厘米。（图5-3-12D；图版5-3-41：2）

石锛 2件。

M15：2，硅质泥岩。长条形，顶部较粗糙。上、下及背、腹面均大体同宽，单面锋，直刃。长19.8、宽4.7、厚1.8～2.2厘米。（图5-3-12D；图版5-3-41：3）

M15：4，泥岩。长方形，器身崩损较甚。上部略扁薄，下部略宽厚，单面锋，直刃。长7.6、宽3.4、厚0.9～1.2厘米。（图5-3-12D；图版5-3-41：4）

石凿 1件。

M15：5，泥岩。长条形，上部略薄，下部略厚，单面锋，直刃。长18.2、宽4.2、上厚1.8、下厚2.8厘米。（图5-3-12D；图版5-3-41：5）

M41

位于T1705的西南部，开口于第3a层下，打破4a层，明清墓葬被M29和M33打破。方向310度。长方形竖穴土坑墓，墓口长2.0、宽0.75米，深0.3米。填土土质较硬，土色呈灰褐色，内含有烧土颗粒。墓内人骨朽蚀殆尽。墓坑内散落较多的碎陶片，收集石锛及小陶饰各1件。（图5-3-13A；图版5-3-42：1）

陶饰 1件。

M41：2，泥质灰陶。圆形亚腰状。直径1.8、高1.2厘米。（图5-3-13B；图版5-3-42：2）

石锛 1件。

M41：1，硅质岩。长方形，上部略窄薄，下部略宽厚，腹面略弧，背面较直，单面锋，刃部斜直。长7.4、上宽3.6、下宽4.2、上厚1.2、下厚1.5厘米。（图5-3-13B；图版5-3-42：3）

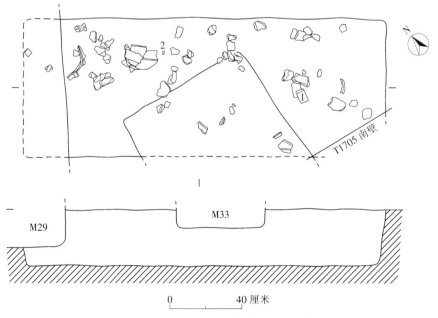

图5-3-13A　崧泽文化墓葬M41平剖面图

1. 石锛　2. 陶饰

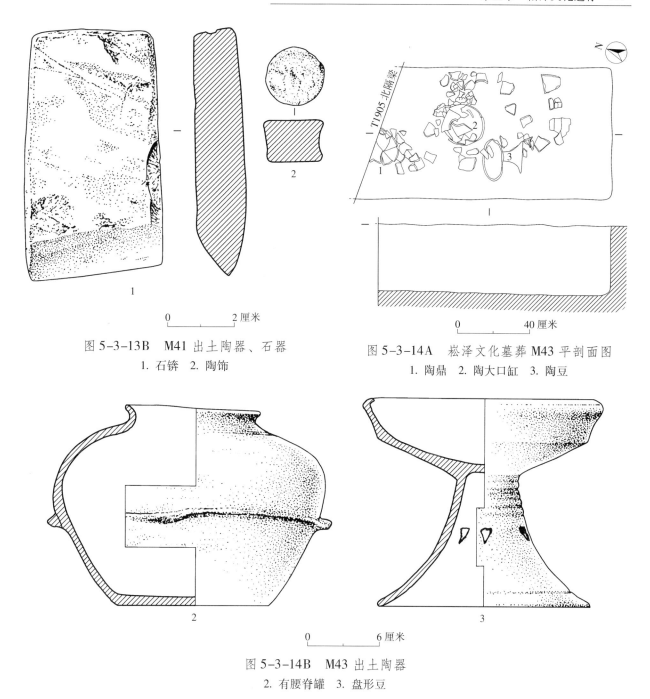

图 5-3-13B　M41 出土陶器、石器
1. 石锛　2. 陶饰

图 5-3-14A　崧泽文化墓葬 M43 平剖面图
1. 陶鼎　2. 陶大口缸　3. 陶豆

图 5-3-14B　M43 出土陶器
2. 有腰脊罐　3. 盘形豆

M43

位于 T1905 北部，部分叠压于北隔梁下，开口于第 3c 层下，打破第 4a 层。方向 340 度。长方形竖穴土坑墓，现已清理的部分墓坑长 1.15～1.4、宽 0.7 米，深 0.37 米。填土土质较硬，土色呈黑褐色，内含烧土颗粒。墓内人骨朽蚀殆尽。墓坑内散置较多的碎陶片，可辨认随葬品有鼎、罐、豆 3 件，可修复罐、豆 2 件。（图 5-3-14A；图版 5-3-43：1）

陶鼎　1 件。

M43：1，夹砂灰褐陶。残碎较甚，无法复原。

陶豆　1 件。

M43：3，盘形豆。泥质灰陶。敛口，尖圆唇，折壁，矮柄，喇叭形圈足。盘腹中部折痕明

显，柄上部饰数道凹弦纹，其下饰有五个三角形镂孔。口径18.1、足径17.4、高16.6厘米。（图5-3-14B；图版5-3-43：2）

陶罐　1件。

M43：2，有腰脊罐。泥质黄褐陶，器表施红衣。侈口，圆唇，矮束颈，宽圆肩，弧腹，平底。器腹中部饰一周附加堆纹，其上堆贴四个对称的小耳鋬。口径10.6、底径12.3、高16.0厘米。（图5-3-14B；图版5-3-43：3）

M50

位于T2005中部略偏西，开口于第4b层下，打破第5层。方向325度。长方形竖穴土坑墓，墓口长2.0、宽0.76米，深0.6米。填土土质较硬，土色呈黑褐色。墓内人骨朽蚀殆尽。随葬器物较少，仅在坑底北部出土器物1件陶鼎及1件石锛。（图5-3-15A；图版5-3-44：1）

陶鼎　1件。

M50：2，铲形足鼎。夹砂粗砂蚌末红陶。敞口，圆唇，束颈，弧腹，底残，足略残。口径29.8、残高23.0厘米。（图5-3-15B；图版5-3-44：2）

图5-3-15A　崧泽文化墓葬M50平剖面图
1.石锛　2.陶鼎

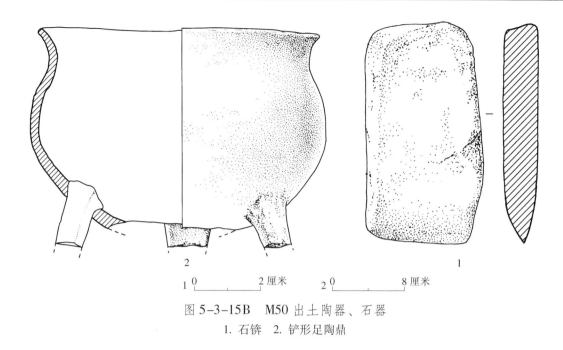

图 5-3-15B　M50 出土陶器、石器
1. 石锛　2. 铲形足陶鼎

石锛　1 件。

M50：1，砂岩。长方形，背、腹面大体同宽，均较平直，单面锋，斜直刃。长 6.5、最宽 3.6、厚 1.05 厘米。（图 5-3-15B；图版 5-3-44：3）

M51

位于 T1906 的西南角，部分叠压于探方南壁之下，开口于第 3c 层下，打破第 4a 层。方向 304 度。长方形竖穴土坑墓，已清理部分的墓坑长 0.8～2.2、宽 0.9 米，深 0.3 米。填土土质较硬，土色呈黑褐色。墓内人骨朽蚀殆尽。墓底铺散较多的碎陶片，可辨器形有盉、罐等。从器物残存的形状分析，墓葬被后期扰乱较甚，墓葬上部被破坏，多数器物仅存底部。由于随葬器物比较破碎很难修复，故未对这些器物进行提取。（图 5-3-16；图版 5-3-45：1）

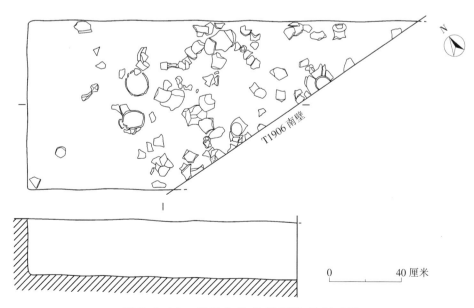

图 5-3-16　崧泽文化墓葬 M51 平剖面图

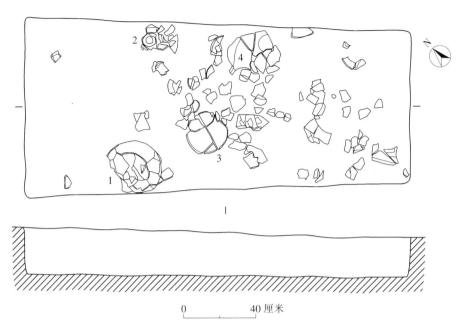

图 5-3-17A　崧泽文化墓葬 M52 平剖面图
1. 陶鼎　2. 陶豆　3. 陶盆　4. 陶澄滤器

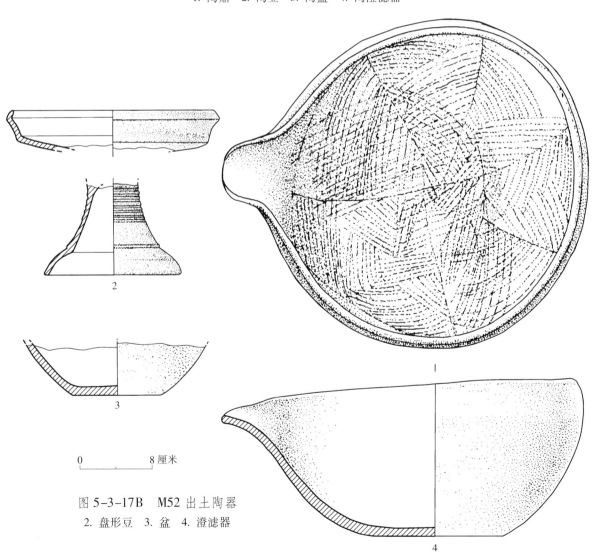

图 5-3-17B　M52 出土陶器
2. 盘形豆　3. 盆　4. 澄滤器

M52

位于 T1906 的中部偏西处，开口于第 3c 层下，打破第 4a 层。方向 314 度。长方形竖穴土坑墓，墓坑长 2.1、宽 0.8~0.95 米，深 0.2~0.27 米。填土土质较硬，土色呈黑褐色，内含烧土颗粒。墓内人骨朽蚀殆尽。墓底铺散较多的碎陶片，可辨器形有鼎、豆、盆、澄滤器等，这些陶器多不是完整器打碎后铺于墓底的，故可复原的器物极少。（图 5-3-17A；图版 5-3-46：1、2）

陶鼎　1 件。

M52：1，夹砂红褐陶。残碎较甚，无法复原。

陶豆　1 件。

M52：2，盘形豆。泥质灰黑陶。可复原豆盘及圈足。敛口，尖圆唇，折壁。柄中部略细，下部外撇成大宽沿。口径 21.9、足径 14.8 厘米。（图 5-3-17B）

陶盆　1 件。

M52：3，泥质灰黑陶。仅剩底部。底径 9.6、残高 5.3 厘米。（图 5-3-17B）

陶澄滤器　1 件。

M52：4，夹砂红陶。修复完整。口微敛，宽短流，弧腹，平底。器腹内壁有叶脉状刻槽。口径 32.8~39.0，底径 13.6、高 16.8 厘米。（图 5-3-17B；图版 5-3-47：1、2）

M53

位于 T1906 的中部略偏西北，开口于第 3c 层下，打破第 4a 层。方向 322 度。长方形竖穴土坑墓，墓坑长 1.9、宽 0.77 米，深 0.21~0.25 米。填土呈黑褐色，土质较硬，内含烧土颗粒。墓内人骨朽蚀殆尽。墓底铺散较多的碎陶片，可辨器形有鼎、罐、匜等，这些陶器多不是完整器打碎后铺于墓底的，仅可复原澄滤器 1 件。（图 5-3-18A；图版 5-3-48：1）

陶鼎　1 件。

M53：3，夹砂红褐陶。残碎无法复原。

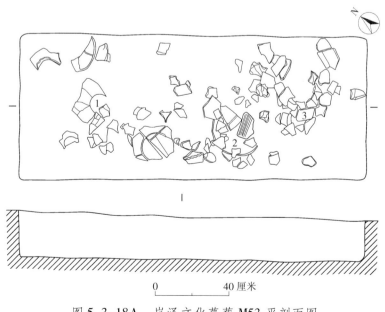

0　　　　40厘米

图 5-3-18A　崧泽文化墓葬 M53 平剖面图
1. 陶罐　2. 陶澄滤器　3. 陶鼎

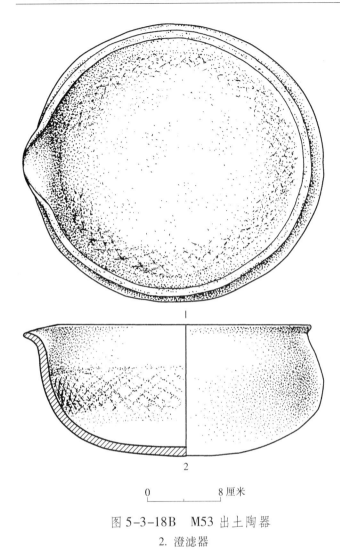

图 5-3-18B　M53 出土陶器

2. 澄滤器

陶罐　1 件。

M53：1，泥质红褐陶。残碎无法复原。

陶澄滤器　1 件。

M53：2，夹砂红褐陶。侈口，短流，圆弧腹，底近圜。内壁刻槽不甚规则，多被磨平。口径 28.0 ~ 31.2、高 13.6 厘米。（图 5-3-18B；图版 5-3-48：2）

M54

位于 T1906 的南部，部分叠压于南壁下，开口于第 3c 层下，打破第 4a 层。方向 310 度。长方形竖穴土坑墓，已清理部分墓口长 1.2 ~ 2.1、宽 0.75 米，深 0.25 ~ 0.3 米。填土呈花色，土质较硬，内含烧土颗粒。墓内人骨朽蚀殆尽。墓坑底部铺散较多的陶器碎片，可辨认器形有罐、豆等，因多残碎较甚，无法复原。（图 5-3-19A；图版 5-3-45：2）

陶豆　1 件。

M54：2，盘形豆。泥质灰陶。仅复原豆盘，口微敛，尖圆唇，弧壁。口径 21.4、残高 6.0 厘米。（图 5-3-19B）

陶罐　1 件。

M54：1，泥质红褐陶。无法复原。

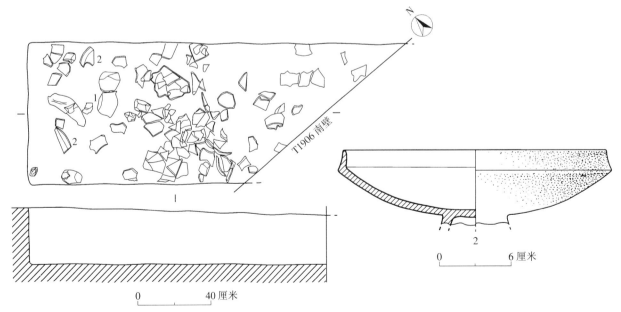

图 5-3-19A　崧泽文化墓葬 M54 平剖面图

1. 陶罐　2. 陶豆

图 5-3-19B　M54 出土陶器

2. 盘形豆盘

M58

位于 T2005 东北部，部分叠压于北隔梁下，开口于第 5 层下，打破 H41。方向 335 度。长方形竖穴土坑墓，已清理部分墓坑口长 1.5 ~ 1.85、宽 0.8 米，深 0.17 米。填土呈灰褐色，内含烧土颗粒。墓内人骨朽蚀殆尽。墓坑底部铺散较多的陶器碎片，多已残碎无法复原，修复陶鼎 1 件。（图 5-3-20A；图版 5-3-49：1）

陶鼎　1 件。

M58：1，铲形足鼎。夹砂红褐陶。直口微侈，方唇，溜肩，扁鼓腹，圜底，铲形足。口径 16.8、高 24.8 厘米。（图 5-3-20B；图版 5-3-49：2）

M59

位于 T1906 中部，开口于第 4a 层下，打破第 4b 层。方向 324 度。长方形竖穴土坑墓，墓坑长 1.8、宽 0.7 ~ 0.8 米，深 0.17 米。填土呈灰褐色，土质较硬，内含烧土颗粒。墓内人骨朽蚀殆尽。墓坑底部铺散有陶器碎片，复原陶钵 1 件。（图 5-3-21A；图版 5-3-50：1）

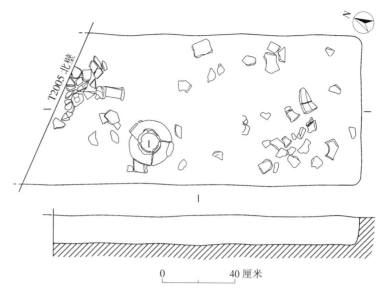

图 5-3-20A　崧泽文化墓葬 M58 平剖面图
1. 陶鼎

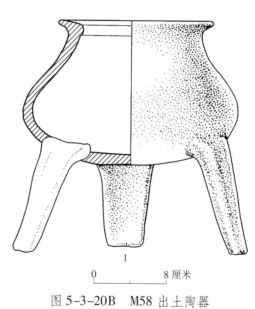

图 5-3-20B　M58 出土陶器
1. 铲形足鼎

陶钵　1 件。

M59：1，泥质红陶。侈口，圆唇，颈微束，弧折腹，平底。口径 9.8、底径 8.0、高 8.6 厘米。（图 5-3-21B；图版 5-3-50：2）

圆陶片　2 件。

M59：2，泥质灰陶。平面近圆形，剖面近长条形，近边缘处钻一圆孔。直径约 4.5、厚 0.35 ~ 0.5、孔径 0.3 厘米。（图 5-3-21B；图版 5-3-50：3）

M59：3，泥质灰陶。器形规整，平面圆形，剖面长条形。直径 1.5、厚 0.3 厘米。（图 5-3-21B；图版 5-3-50：4）

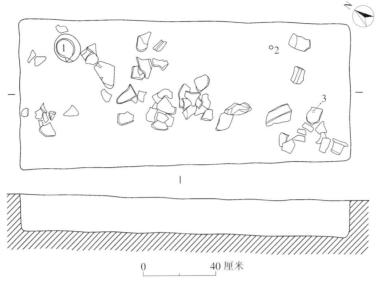

图 5-3-21A 崧泽文化墓葬 M59 平剖面图
1. 陶钵 2、3. 圆陶片

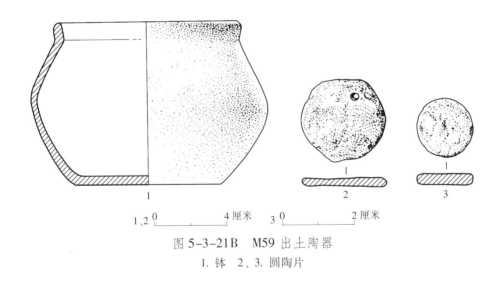

图 5-3-21B M59 出土陶器
1. 钵 2、3. 圆陶片

M69

位于 T2006 东南部，开口于第 4a 层下，打破第 4b 层。方向 330 度。长方形竖穴土坑墓，墓口长 1.85、宽 0.75~0.8 米，深 0.3 米。填土呈灰褐色，土质较硬，内含有烧土颗粒。墓内人骨朽蚀严重。墓坑底部铺散少量陶器碎片。可辨器形有罐、豆等。（图 5-3-22A；图版 5-3-51：1）

陶豆 1 件。

M69：1，盘形豆。泥质灰陶。敛口，圆唇，弧壁，柄部以下残。口径 17.7、残高 8.4 厘米。（图 5-3-22B；图版 5-3-51：2）

陶罐 1 件。

M69：2，泥质灰陶。无法复原。

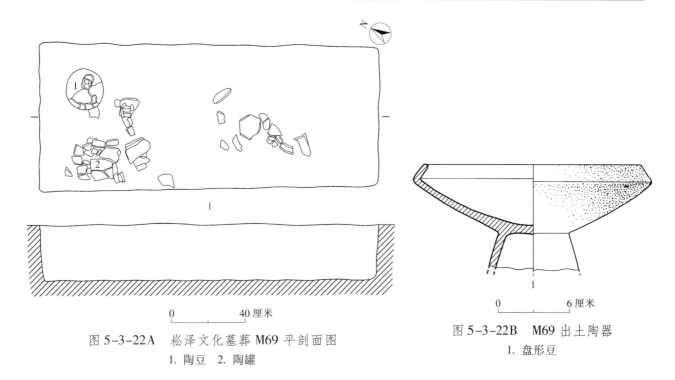

图 5-3-22A　崧泽文化墓葬 M69 平剖面图
1. 陶豆　2. 陶罐

图 5-3-22B　M69 出土陶器
1. 盘形豆

M74

位于 T1905 西北角，部分叠压于西壁及北隔梁下，开口于第 3c 层下，打破第 4a 层。方向 330 度。长方形竖穴土坑墓，清理部分墓坑长 0.5～1.15、宽 0.7 米，深 0.38 米。填土灰褐色，土质较硬。墓内人骨朽蚀严重。随葬品计 3 件，陶豆 1 件，石凿及石钺各 1 件。（图 5-3-23A；图版 5-3-52：1、2）

陶豆　1 件。

M74：3，盘形豆。泥质灰陶。敛口，圆唇，盘壁上腹弧凹，下腹斜直，柄部整体呈束腰状，上部较粗，下部外折成大宽沿，沿下、盘壁中部及圈足处折痕明显。柄部饰七道细凸弦纹，近圈足处饰四组圆形与三角形镂孔组合，其中圆形镂孔未钻透。口径 21.6、足径 17.3、高 19.7 厘米。（图 5-3-23B；图版 5-3-53：1）

石钺　1 件。

M74：2，花岗斑岩。器形较扁薄，整器上略窄下略宽，顶部圆钝，留有打制成坯时的石片疤，刃部圆弧，双面刃。两面管钻，孔中留有对钻痕迹。长 13.3、上宽 9.1、下宽 10.7、厚 1.1、孔径 2.4～2.9 厘米。（图 5-3-23C；图版 5-3-53：3、4）

石凿　1 件。

M74：1，硅质岩。细长条形，器身有崩损。上、下部大体同宽，背面较平直，腹面略弧，单面锋，直刃。长 9.2、宽 1.3、厚 1.8 厘米。（图 5-3-23C；图版 5-3-53：2）

M75

位于 T1905 西南部，部分叠压于南壁下。开口于第 4b 层下，打破第 5 层。方向 332 度。长方形竖穴土坑墓，已清理部分墓坑口长 1.8、宽 0.76 米，深 0.3 米。填土呈灰褐色，土质较硬。墓内人骨朽蚀严重，残留部分头骨渣。出土随葬品共计 7 件，其中陶器 5 件，墓主头部上方放置豆、罐各 1 件，脚部下方放置背壶及鼎各 1 件，1 件纺轮置于墓坑中部近西壁处；石器 2 件，为石锛、石凿各 1 件，置于墓主头部周围。（图 5-3-24A；图版 5-3-54：1、2）

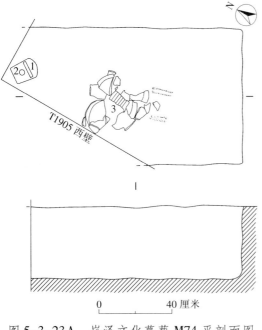

图 5-3-23A　崧泽文化墓葬 M74 平剖面图
1. 石凿　2. 石钺　3. 陶豆

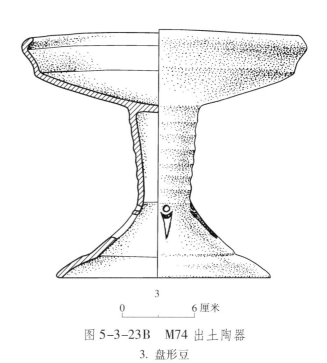

图 5-3-23B　M74 出土陶器
3. 盘形豆

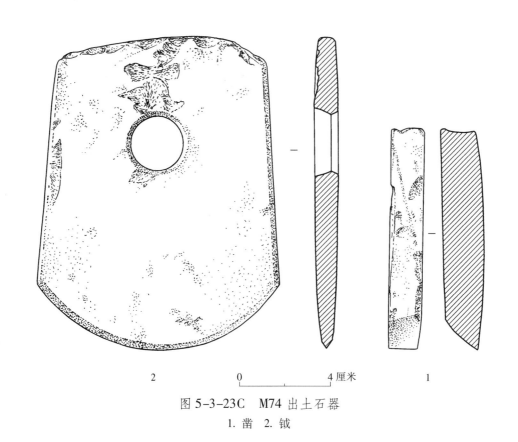

图 5-3-23C　M74 出土石器
1. 凿　2. 钺

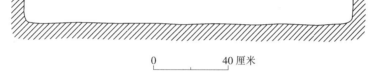

图 5-3-24A　崧泽文化墓葬 M75 平剖面图
1. 陶豆　2. 陶罐　3. 陶纺轮　4. 石锛　5. 石凿　6. 陶背壶　7. 陶鼎

陶鼎　1 件。

M75:7，铲形足鼎。夹砂红褐陶。侈口，折沿，圆唇，溜肩，鼓腹略扁，圜底，铲形足。其中两只足的根部各饰一个圆形捺窝。口径 18.7、高 24.0 厘米。（图 5-3-24B；图 5-3-55：1）

陶豆　1 件。

M75:1，盘形豆。泥质灰黑陶。敛口，圆唇，折壁，柄部整体呈束腰状，上部略粗，下部略细，外折成大宽沿，盘壁中部及圈足处各有一道明显的折痕。柄部饰数道细凸弦纹，间饰以四组细长镂孔，孔均未钻透。口径 24.2、足径 17.4、高 19.8 厘米。（图 5-3-24B；图版 5-3-55：2）

陶罐　1 件。

M75:2，无腰脊罐。泥质灰黑陶。口微侈，尖圆唇，直颈微束，折肩，斜直腹，平底。颈部饰数道凸弦纹。口径 6.7、底径 7.8、高 10.7 厘米。（图 5-3-24B；图版 5-3-56：3）

陶背壶　1 件。

M75:6，泥质红陶。口微侈，方圆唇，高颈，圆肩，深筒形腹，平底略凹。腹中部略偏上饰一对半环形耳，两耳正中略偏下处有一鸟喙状泥突。颈部饰两道凹弦纹。口径 6.8、底径 13.5、高 26.0 厘米。（图 5-3-24B；图版 5-3-56：1、2）

陶纺轮　1 件。

M75:3，泥质红陶。平面近圆形，略弧，剖面近长条形，中间对钻一孔。直径 6.8、孔径 0.4、厚 0.5 厘米。（图 5-3-24C；图版 5-3-56：4）

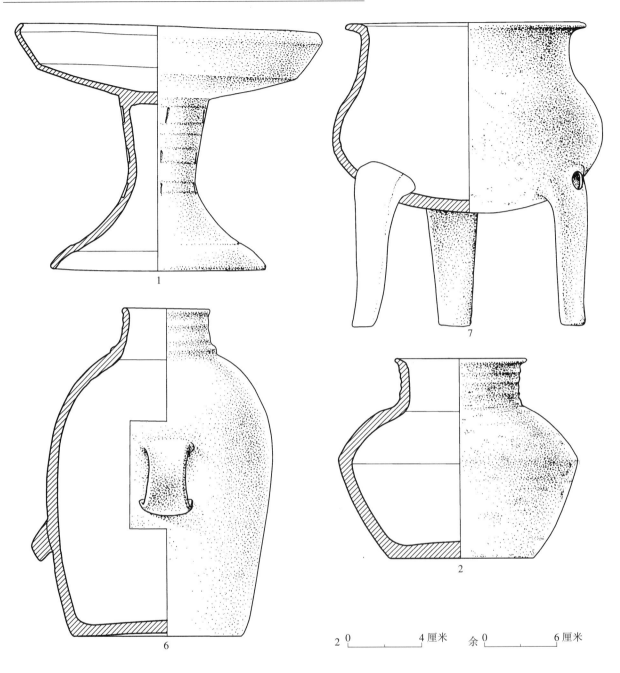

图 5-3-24B M75 出土陶器
1. 盘形豆 2. 无腰脊罐 6. 背壶 7. 铲形足鼎

石锛 1件。

M75:4，硅质泥岩。长方形，器形较小，上、下及背、腹面均大体同宽，两面较直。长4.7、宽2.7、厚0.8~1.0厘米。（图5-3-24C；图版5-3-56：5）

石凿 1件。

M75:5，辉绿岩。长条形，器身有崩损，上、下及背、腹面均大体同宽，腹面略弧，背面较直。长14.5、宽4.3、厚3.6厘米。（图5-3-24C；图版5-3-56：6）

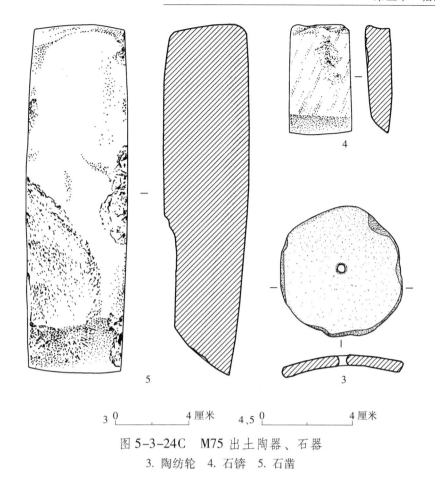

图 5-3-24C　M75 出土陶器、石器

3. 陶纺轮　4. 石锛　5. 石凿

三　Ⅲ区墓葬

M76

位于 T0710 北部，部分叠压于北隔梁下。开口于第 3 层下，打破第 4 层。方向 315 度。长方形竖穴土坑墓，墓口长 2.0、宽 0.8～0.85 米，深 0.15 米。填土呈灰褐色，土质较硬。墓内人骨朽蚀殆尽。出土随葬品共计 5 件，在墓坑东南角置陶罐 1 件，陶豆、圈足盘、杯各 1 件，置于墓坑中部近西壁处，1 件玉系璧置于陶圈足盘旁。（图 5-3-25A；图版 5-3-57：1～3）

陶豆　1 件。

M76：3，泥质红褐陶。残碎未能复原。

陶罐　1 件。

M76：4，泥质灰黑陶。残剩口沿。侈口，圆唇外翻，束颈，圆肩。口径 11.5、残高 7.0 厘米。（图 5-3-25B）

陶圈足盘　1 件。

M76：2，泥质灰黑陶。敛口，尖唇，折壁，粗矮短柄，圈足残。柄上部饰一周凸棱以及四个对称分布的圆形镂孔。口径 19.5、残高 7.0 厘米。（图 5-3-25B；图版 5-3-58：1）

陶杯　1 件。

M76：5，瓦足杯。泥质灰黑陶，胎色发红。侈口，尖圆唇，筒形腹呈束腰状，底微凹，四个瓦片状方足。近底部饰细弦纹一周。口径 8.6、高 15.1 厘米。（图 5-3-25B；图版 5-3-58：2）

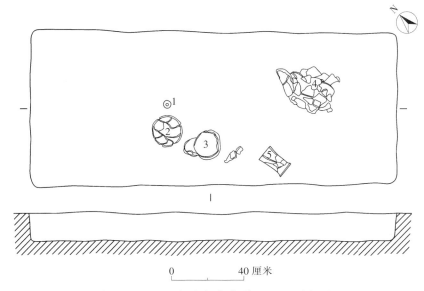

图 5-3-25A　崧泽文化墓葬 M76 平剖面图
1. 玉系璧　2. 陶圈足盘　3. 陶豆　4. 陶罐　5. 陶瓦足杯

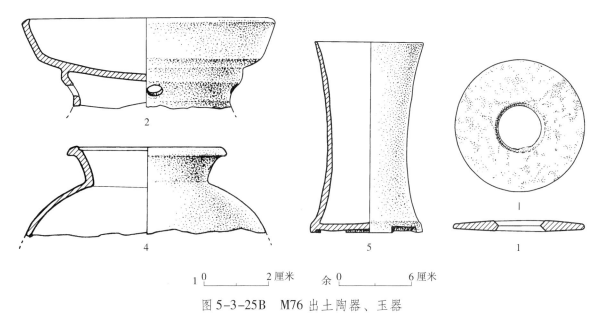

图 5-3-25B　M76 出土陶器、玉器
1. 玉系璧　2. 陶圈足盘　4. 陶罐　5. 瓦足陶杯

玉系璧　1 件。

M76:1,乳白色,有墨绿色沁斑。孔径略小于宽边,横截面近扁长方形。外径 3.9、内径 1.2、厚 0.2~0.35 厘米。(图 5-3-25B;图版 5-3-58:3)

M83

位于 T0710 东北角,部分叠压于东隔梁下,开口于第 3 层下,打破第 4 层。方向 335 度。长方形竖穴土坑墓,墓坑长 2.05、宽 0.83 米,深 0.25 米。填土呈灰黑色,土质松软。墓内人骨朽蚀严重。出土随葬品共计 13 件,其中陶器 11 件,沿墓坑中部自北向南摆放有豆、杯、鼎、壶、罐等;玉器 2 件,玉环及玉管各 1 件,均置于墓坑近北壁处。(图 5-3-26A;图版 5-3-59:1、2,5-3-60:1~3)

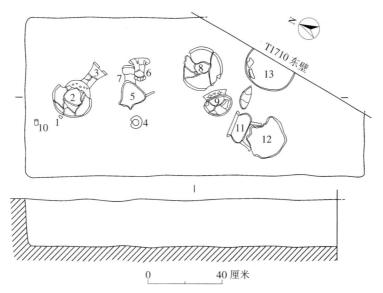

图 5-3-26A　崧泽文化墓葬 M83 平剖面图

1. 玉环　2、6、8、9. 陶豆　3. 陶杯　4. 陶器盖　5、11. 陶鼎　7、12. 陶壶　10. 玉管　13. 陶罐

陶鼎　2 件。

M83：5，铲形足鼎。夹砂红褐陶。侈口，厚圆唇，溜肩，弧腹，圜底。口径 15.0、高 17.0 厘米。（图 5-3-26B；图版 5-3-61：1）

M83：11，锥形足鼎。带盖。夹砂红褐陶。侈口，折沿，方唇，肩部略折，弧腹，圜底。肩、腹部饰三道凸棱，唇部及肩部各饰一道掐印纹。盖倒三角形实心纽，弧壁，敞口。盖口径 13.1、高 5.0 厘米，鼎口径 13.4、高 15.0 厘米，通高 20.0 厘米。（图 5-3-26B；图版 5-3-61：2）

陶豆　4 件。均为盘形豆。

M83：2，泥质灰陶，胎色发红。敛口，沿下有一道明显的折痕，尖唇，弧壁，三段式矮柄，喇叭形圈足。盘壁下部饰一道凸棱，圈足上饰有八组圆形镂孔及三角形镂孔组成的纹饰，其中三角形镂孔未钻透。口径 19.1、足径 14.1、高 9.0 厘米。（图 5-3-26B；图版 5-3-61：3）

M83：6，泥质灰陶。豆盘残，矮柄，喇叭形圈足。柄部饰五道细凸弦纹，足部饰七组圆形镂孔、弧线三角形镂孔及细刻划纹组成的纹饰。底径 11、残高 10.3 厘米。（图 5-3-26B；图版 5-3-61：4）

M83：8，泥质红褐陶。直口微敛，尖唇，唇下折痕明显，弧壁，无柄，豆盘下直接接圈足，盘与圈足相接处内凹，喇叭形圈足。圈足上饰有八组弧线菱形镂孔及三角形镂孔组成的纹饰，部分镂孔未钻透。口径 15.5、足径 12.6、高 9.0 厘米。（图 5-3-26B；图版 5-3-61：5）

M83：9，泥质红褐陶。敛口，尖圆唇，折壁，三段式矮柄，喇叭形圈足。盘壁中部有一道明显的折痕，柄上部饰一周凹棱，中部饰六组弧线长方形、半圆形、圆形及三角形镂孔组成的纹饰。口径 22.8、足径 19.1、高 14.8 厘米。（图 5-3-26B；图版 5-3-61：6）

陶罐　1 件。

M83：13，有腰脊罐。泥质灰褐陶。侈口，尖唇，束颈，圆鼓肩，弧腹，平底。肩部饰三道凸棱，器腹中部饰一周附加堆纹，其上堆贴四个对称的鸡冠形耳錾。口径 14.4、底径 9.0、高 19.6

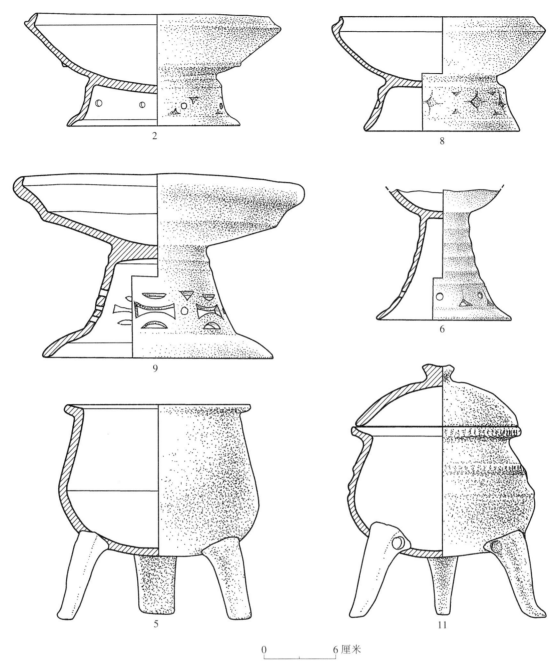

0 |_____| 6厘米

图 5-3-26B M83 出土陶器
2、6、8、9. 盘形豆 5. 铲形足鼎 11. 锥形足鼎

厘米。（图 5-3-26C；图版 5-3-62：1）

陶壶 2件。

M83：7，泥质灰黑陶，胎色发红。直口，直颈，折肩，上腹弧凹，下腹折收，平底。口径 4.6、底径4.0、高8.8厘米。（图 5-4-26C；图版 5-3-62：2）

M83：12，泥质灰黑陶。残碎较甚，无法复原。

陶杯 1件。

M83：3，瓦足杯。泥质灰陶。侈口，尖圆唇，筒形腹呈束腰状，平底，底附三个瓦片状方足。器腹中部饰一周凹棱，近底部饰一周细凸弦纹。口径8.3、高18.4厘米。（图 5-3-26C；

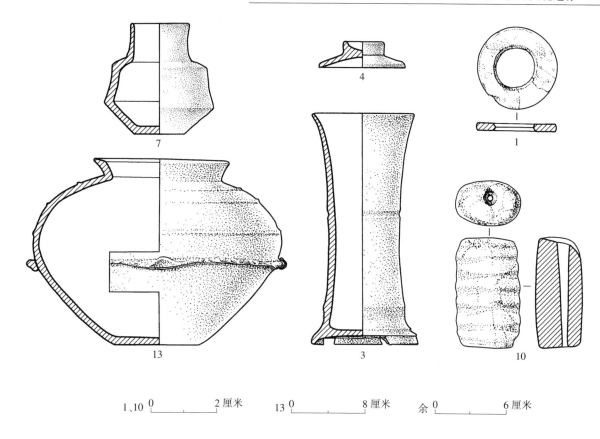

图 5-3-26C　M83 出土陶器、玉器

1. 玉环　3. 瓦足陶杯　4. 陶器盖　7. 陶壶　10. 玉管　13. 有腰脊陶罐

图版 5-3-62：3）

陶器盖　1 件。

M83：4，泥质红陶。圈足状纽，斜直壁，敞口。口径 6.9、纽径 3.2、高 2.0 厘米。（图 5-3-26C；图版 5-3-62：4）

玉环　1 件。

M83：1，乳白色，有墨绿色沁斑。窄边环，横截面近扁长方形。外径 2.4、内径 1.3、厚 0.1～0.2 厘米。（图 5-3-26C；图版 5-3-62：5）

玉管　1 件。

M83：10，含毒重石、铁含量较高的白云石，青白色，半透明。横剖面近椭圆形，管身六道凸弦纹，两端单面管钻。长径 1.8、短径 1.2、孔径 0.2～0.3、高 3.2 厘米。（图 5-3-26C；图版 5-3-62：6）

M85

位于 T0710 西南角，开口于第 4 层下，打破第 5 层。方向 345 度。长方形竖穴土坑墓，墓口长 2.05、宽 0.8～0.9 米，墓底长 2.0、宽 0.75～0.85 米，深 0.25 米。填土呈灰褐色，土质疏松。墓内人骨朽蚀殆尽。共计出土随葬品 13 件，其中陶器 11 件，多沿墓坑西壁放置，自北向南有罐、豆、鼎等，2 件杯置于墓坑东北角；出土玉环及玉璜各 1 件，置于墓坑略偏东北处。（图 5-3-27A；图版 5-3-63：1、2，5-3-64：1、2）

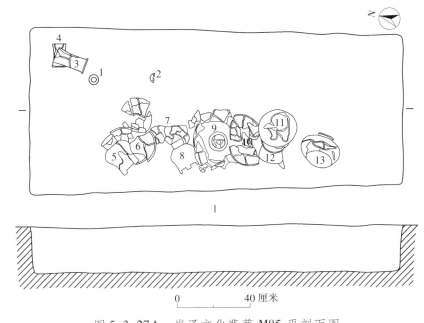

图 5-3-27A 崧泽文化墓葬 M85 平剖面图

1. 玉环 2. 玉璜 3、4. 陶杯 5、8、9、11、13. 陶罐 6、7、10. 陶豆 12. 陶鼎

陶鼎 1 件。

M85：12，铲形足鼎。夹砂红褐陶。侈口，折沿，尖圆唇，溜肩，弧腹，圜底，铲形实足。口径 12.4、高 17.6 厘米。（图 5-3-27B；图版 5-3-65：1）

陶豆 3 件。

M85：6，盘形豆。泥质灰黑陶，胎色发红。敛口，尖圆唇，折壁，上腹弧凹，下腹弧收，束腰状豆柄，喇叭形圈足。盘腹中部及圈足处折痕明显，柄上部饰一道凸弦纹，中下部饰三道凸弦纹，两组弦纹间饰有两组由圆形、三角形等镂孔以及细刻划纹组成的纹饰，神似兽面，近圈足处饰两个圆形及弧线三角形镂孔，两两交错对称分布。口径 19.6、足径 17.0、高 16.6 厘米。（图 5-3-27B；图版 5-3-65：3、4）

M85：7，泥质灰黑陶。残碎较甚，无法复原。

M85：10，盘形豆。泥质灰黑陶。敛口，尖圆唇，折壁，上腹弧凹，下腹弧收，束腰状豆柄，喇叭形圈足。柄部饰三组细弦纹，近圈足处饰一个圆形镂孔。口径 22.9、足径 19.6、高 20.5 厘米。（图 5-3-27B；图版 5-3-65：2）

陶罐 5 件。

M85：5，三足罐。泥质灰陶，胎色发红。侈口，尖圆唇，圆肩，弧腹内凹，平底，底附三个矮方足。腹下部饰数道细弦纹。口径 7.9、高 16.0 厘米。（图 5-3-27C；图版 5-3-66：1）

M85：8，三足罐。泥质灰黑陶。口微侈，尖圆唇，圆肩，弧腹内凹，平底，底附三个矮方足。口径 7.4、高 15.4 厘米。（图 5-3-27C；图版 5-3-66：2）

M85：9，无腰脊罐。泥质红陶。侈口，尖圆唇，矮束颈，圆肩，弧腹，平底。腹中部略偏下处饰两个对称的鸡冠形耳鋬。口径 12.7、底径 13.5、高 20.0 厘米。（图 5-3-27B；图版 5-3-67：1）

M85：11，无腰脊罐。泥质红陶。口沿残，束颈，圆肩，弧腹，平底。腹中部略偏下处饰两个

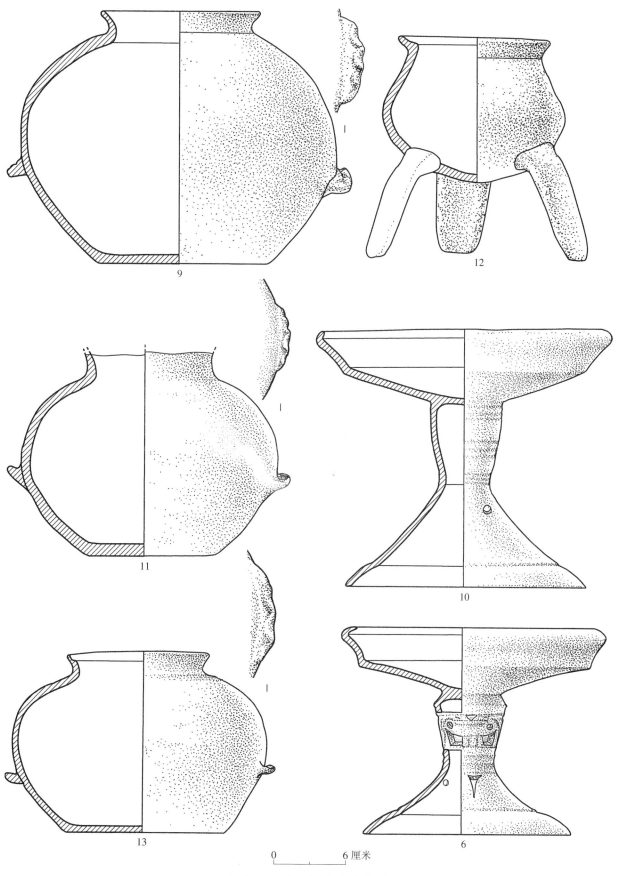

0 ————— 6厘米

图 5-3-27B　M85 出土陶器

6、10. 盘形豆　9、11、13. 无腰脊罐　12. 铲形足鼎

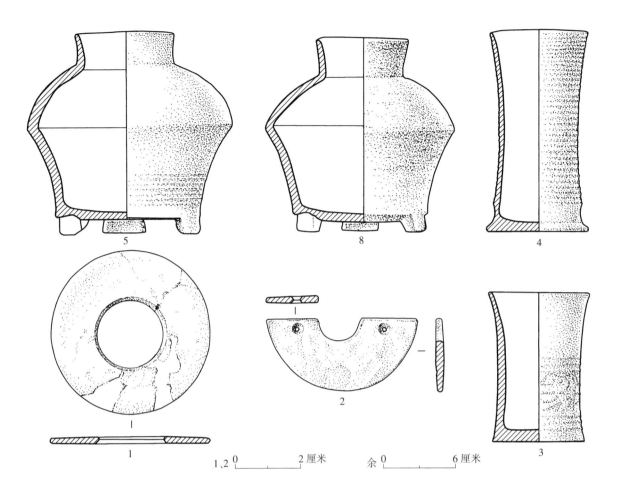

图 5-3-27C   M85 出土陶器、玉器
1. 玉环   2. 玉璜   3、4. 觚形陶杯   5、8. 三足陶罐

对称的鸡冠形耳鋬。底径10.0、高16.4厘米。（图5-3-27B；图版5-3-66：3）

M85：13，无腰脊罐。夹砂红褐陶。侈口，尖圆唇，唇面微凹，束颈，圆肩，弧腹略扁，平底。腹中部偏下饰两个对称的鸡冠形耳鋬。口径11.3、底径12.7、高14.4厘米。（图5-3-27B；图版5-3-66：4）

陶杯   2件。

M85：3，觚形杯。泥质黑陶，胎色发红。侈口，尖圆唇，筒形腹略呈束腰状，平底。器身饰数道凸弦纹，间饰以不规则的浅弧线纹。口径8.1、底径7.5、高11.9厘米。（图5-3-27C；图版5-3-67：2）

M85：4，觚形杯。泥质灰陶。侈口，尖唇，筒形腹呈束腰状，至底部略收，平底。器身满饰弦纹。口径7.9、底径8.0、高16.0厘米。（图5-3-27C；图版5-3-67：3）

玉环   1件。

M85：1，灰白色略泛黄，有褐色沁斑。宽边环，环外缘略薄，中部略厚，环内侧有对钻痕迹，横截面近扁长方形。外径4.8、内径1.9、厚0.1~0.2厘米。（图5-3-27C；图版5-3-68：1）

玉璜   1件。

M85：2，墨绿色。半璧形璜，中间略厚，边缘较薄，两端各对钻一孔，横截面近扁长方形。外径

4.6、内径1.3、孔径0.2～0.3、厚0.1～0.2厘米。（图5-3-27C；图版5-3-68：2～4）

M87

位于T0611东部，开口于第5层下，打破第6层。方向338度。长方形竖穴土坑墓，墓口长2.46、宽1.0～1.04米，深0.25米。填土呈黄褐色，土质较硬，内含烧土颗粒。墓内人骨朽蚀殆尽。出土随葬品共计9件，其中陶器5件，置于墓坑的北部及西壁中部，器类有鼎、豆、壶、盉等；另出土石锛3件、石钺1件，沿墓坑东壁处放置。（图5-3-28A；图版5-3-69：1、2）

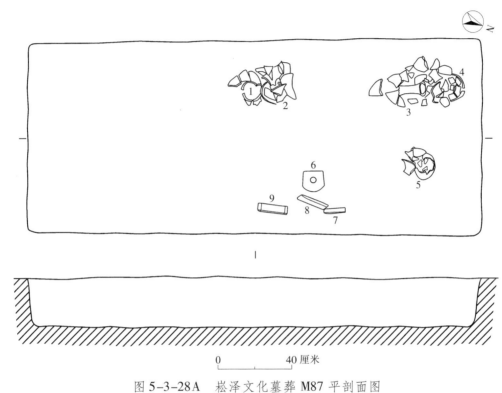

图5-3-28A　崧泽文化墓葬M87平剖面图
1. 陶鼎　2、3. 陶豆　4. 陶盉　5. 陶壶　6. 石钺　7～9. 石锛

陶鼎　1件。

M87：1，锥形足鼎。夹砂红褐陶。侈口，尖圆唇，束颈，圆腹略扁，底近平，锥形足。口径11.2、高14.4厘米。（图5-3-28B；图版5-3-70：1）

陶豆　2件。

M87：2，钵形豆。泥质黑陶。口近直，圆唇，深弧腹，豆柄较直，矮喇叭形圈足。盘壁下部饰一道细凸棱，圈足处有一道明显的折痕，柄部饰有圆形、长方形镂孔及弦纹组合的纹饰。口径16.3、足径13.8、高13.8厘米。（图5-3-28B；图版5-3-70：2）

M87：3，盘形豆。泥质灰黑陶。敛口，尖圆唇，折壁，高柄，略呈束腰状，喇叭形圈足。盘壁中部及圈足近边缘处各有一道折痕，柄中上部饰两组弦纹，其间饰两个对称分布的三角形镂孔。口径18.8、底径14.5、高21.4厘米。（图5-3-28B；图版5-3-70：3）

陶壶　1件。

M87：5，泥质灰黑陶。直口微侈，高直颈，鼓肩，弧腹内收，平底。颈部饰数道凹弦纹，肩部饰一道凹弦纹，其下饰一周捺窝。口径7.8、底径6.6、高17.4厘米。（图5-3-28B；图版5-3-70：5）

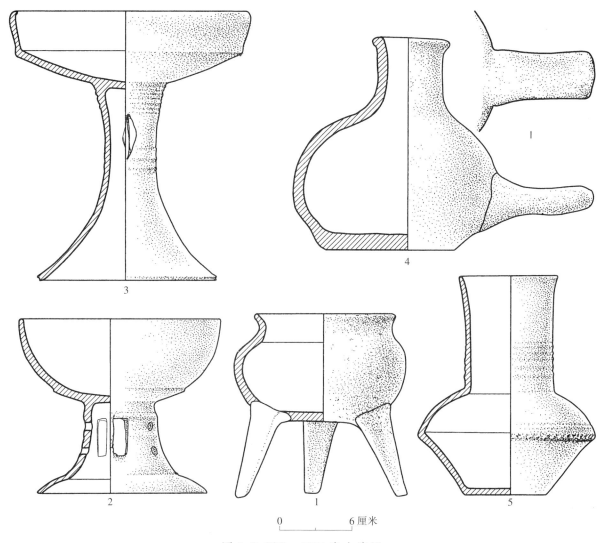

图 5-3-28B　M87 出土陶器

1. 锥形足鼎　2. 钵形豆　3. 盘形豆　4. 盉　5. 壶

陶盉　1 件。

M87：4，带把。夹粗砂蚌末红褐陶。直口微侈，圆唇，高颈，圆肩，弧腹，平底。腹一侧按一长方形扁平把手。口径 5.9、底径 10.2、高 17.0 厘米。（图 5-3-28B；图版 5-3-70：4）

石钺　1 件。

M87：6，器体宽厚，表面风化残损较甚。残长 11.9、宽 12.0、最厚 1.7、孔径 3.0～3.7 厘米。（图 5-3-28C；图版 5-3-71：1）

石锛　3 件。

M87：7，灰岩。顶部略有崩损，上部略窄薄，下部略宽厚，背、腹面均较平直，单面锋，直刃。长 11.9、最宽 3.2、上厚 1.4、下厚 1.8 厘米。（图 5-3-28C；图版 5-3-71：2）

M87：8，硅质岩。顶部较粗糙，上、下大体同宽，上部较薄，下部略厚，背、腹面均较平直。长 17.1、最宽 4.8、上厚 1.6、下厚 2.2 厘米。（图 5-3-28C；图版 5-3-71：3）

M87：9，泥岩。顶部较粗糙，上部较窄薄，下部略宽厚，背、腹面均较平直。长 18.2，上宽 5.2、下宽 5.8、上厚 1.4、下厚 1.9 厘米。（图 5-3-28C；图版 5-3-71：4）

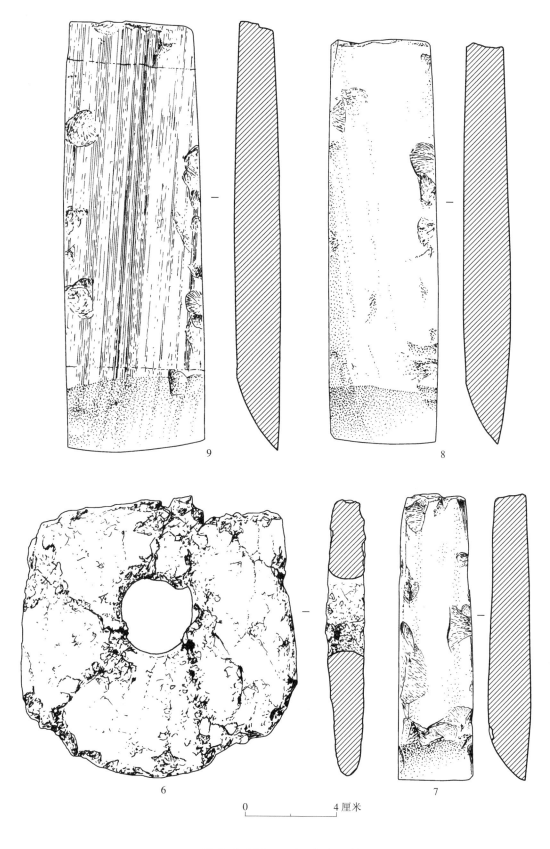

图 5-3-28C　M87 出土石器

6. 钺　7~9. 锛

M89

位于 T0610 北部，部分进入 T0611 的南部。开口于第 5 层下，方向 330 度。长方形竖穴土坑墓，墓口长 2.65、宽 1.1 米，墓底长 2.55、宽 1.0 米，墓深 0.4 米。填土土色为黄褐色。墓内的人骨位于墓底的中部，保存较差。残留头骨，以及左侧的上、下肢骨。墓主仰身直肢，头向西北。因朽腐较甚，性别年龄难以鉴定。（图 5-3-29A；图版 5-3-72 ~ 5-3-76）

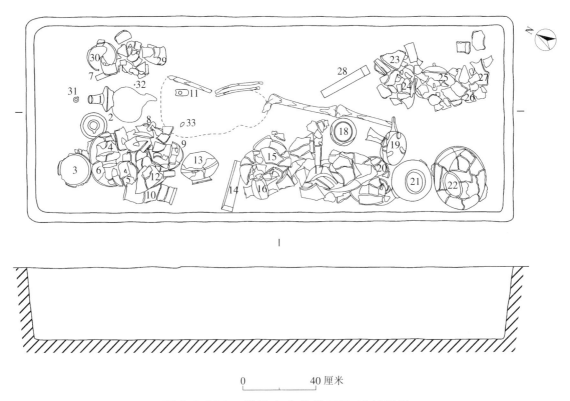

0　　　　　40 厘米

图 5-3-29A　崧泽文化墓葬 M89 平剖面图

1、8、18、23、29、30. 陶壶　2. 陶钵　3、5、6、20. 陶豆　4、12、13、15、17、21、22、27. 陶罐　7、14、28. 石锛　9. 陶匜　10. 陶杯　11. 石钺　16、19. 陶鬶　24、25. 陶鼎　26. 残豆盘　31. 环形玉饰　32. 玉管　33. 三角形玉饰　01. 玉珠

墓葬内共出土随葬器物 33 件，其中陶器 26 件、石器 4 件、玉器 3 件。陶器主要置于墓主身体的左右两侧。其中左侧陶器分两处：一处在墓坑的东南角，沿墓坑边自南向北摆放有罐、豆、鼎、壶等；一处在墓坑的东北角，为 2 件陶壶。墓主身体右侧的随葬陶器同样南北向整齐地排列在墓坑边，从南向北依次为罐、鬶、豆、杯等。此外，在墓主的左膝盖右侧放置陶钵 1 件，左脚右侧放置陶鬶 1 件，头上部置陶壶 1 件。3 件玉器主要置于墓主的上半身及头部，其中，1 件玉管置于头部左侧，1 件环状玉饰置于头部上方的陶壶北部，另 1 件玉饰则置于右侧胸部。4 件石器，其中 1 件石钺置于墓主左侧胸部，刃部向东南；另 3 件均为石锛，分别置于头部左上方、右上肢骨旁和左下肢骨旁。另填土中出土玉料（珠）1 件。

陶鼎　2 件，均为铲形足鼎。

M89:24，夹粗砂红褐陶。侈口，圆唇，折沿近平，肩部圆弧，弧腹，圜底，铲形鼎足。口径 15.5、高 18.9 厘米。（图 5-3-29B；图版 5-3-77:1）

图 5-3-29B　M89 出土陶器（一）

6、20. 盘形豆　16、19. 凿形足鬶　24、25. 铲形足鼎

M89:25，带盖。夹砂红褐陶。侈口，方唇，短折沿，溜肩，鼓腹，圜底，铲形鼎足较宽扁。一足上方装一铲形把手，把手弯曲上翘。盖方形纽，弧壁。盖径14.4、高6.0厘米，口径14.0、高17.2厘米，通高22.5。（图5-3-29B；图版5-3-77：2）

陶鬶　2件，均为凿形足鬶。

M89:16，夹细砂灰陶。喇叭形口，圆唇，弧肩，直腹，下腹内收成浅圜底，凿形实足。一足上方附一实心凿形把手，略上翘。口径7.0、高18.0厘米。（图5-3-29B；图版5-3-77：4）

M89:19，夹细砂灰陶。喇叭形口，尖圆唇，束颈，溜肩，直腹略弧，圜底，凿形实足。一足上方附一实心凿形把手，尾部近平。口径7.8、高25.0厘米。（图5-3-29B；图版5-3-77：3）

陶豆　5件。

M89:3，碟形豆。泥质灰陶。侈口，尖唇，折壁，浅盘，细柄高直，喇叭形大圈足。柄部饰四组细凸弦纹，每组弦纹间刻有圆形及三角形镂孔组成的纹饰。口径17.3、足径15.8、高16.0厘米。（图5-3-29C；图版5-3-78：1）

M89:5，钵形豆。泥质灰陶。直口微侈，尖圆唇，深盘，上腹略弧凹，下腹弧折，喇叭形圈足。足上饰四组圆形镂孔纹饰。口径14.1、足径13.2、高13.4厘米。（图5-3-29C；图版5-3-78：2）

M89:6，盘形豆。泥质灰黑陶。口微敛，尖圆唇，折壁，柄部整体呈束腰状，柄上部较粗，下部转折明显成大宽沿。柄部饰三组细弦纹，每组弦纹间各饰四组对角弧线三角形镂孔组成的纹饰。口径23.2、足径18.0、高18.5厘米。（图5-3-29B；图版5-3-78：3）

M89:20，盘形豆。泥质黑灰陶。敛口，圆唇，折壁，柄部整体呈束腰状，柄上部较粗，下部转折明显呈大宽沿。柄部饰三组细弦纹，每组弦纹间饰有三角形、圆形、细长条形镂孔组成的纹饰。口径26.0、足径17.4、高20.0厘米。（图5-3-29B；图版5-3-78：4）

M89:26，碟形豆，残剩豆盘。泥质灰陶。直口微敛，圆唇，折壁。近盘底处有一道明显的折棱。口径23.7、残高4.4厘米。（图5-3-29C）

陶罐　8件。

M89:4，三足罐。泥质灰黑陶，胎色发红。直口，尖圆唇，弧肩，弧腹内凹，平底微凸，三矮方足。腹部饰三组凹弦纹。口径7.0、高14.4厘米。（图5-3-29E；图版5-3-79：1）

M89:12，三足罐。泥质灰黑陶。直口，圆唇，直颈，广肩，斜直腹，底部微鼓，三个矮方足。颈下部出一级台阶。口径7.4、高17.2厘米。（图5-3-29E；图版5-3-79：2）

M89:13，无腰脊罐。泥质灰陶。侈口，尖圆唇，束颈，广肩，腹部较扁，平底。腹中部堆贴两个对称的鸡冠形耳錾。口径11.1、底径8.6、高14.4厘米。（图5-3-29D；图版5-3-80：1）

M89:15，三足罐。泥质灰陶，胎色发红。直口微侈，圆唇，直颈，广肩，弧腹内收，平底，三足残断。肩上部出二级台阶，肩部饰有竖向连续"之"字纹，腹部的纹饰较凌乱。口径10.2、残高21.7厘米。（图5-3-29E；图版5-3-79：3）

M89:17，无腰脊罐。侈口，尖圆唇，矮颈，圆弧腹，平底。腹中部略偏下饰一对鸡冠形耳錾。口径13.4、底径17.4、高25.3厘米。（图5-3-29D；图版5-3-80：2）

M89:21，无腰脊罐。泥质黑灰陶。口残，直颈，弧肩，弧腹，平底。腹中部两个对称的耳錾，略残，残断处经磨平。颈部饰数道弦纹。底径11.4、残高19.2厘米。（图5-3-29D；图版5-3-80：3）

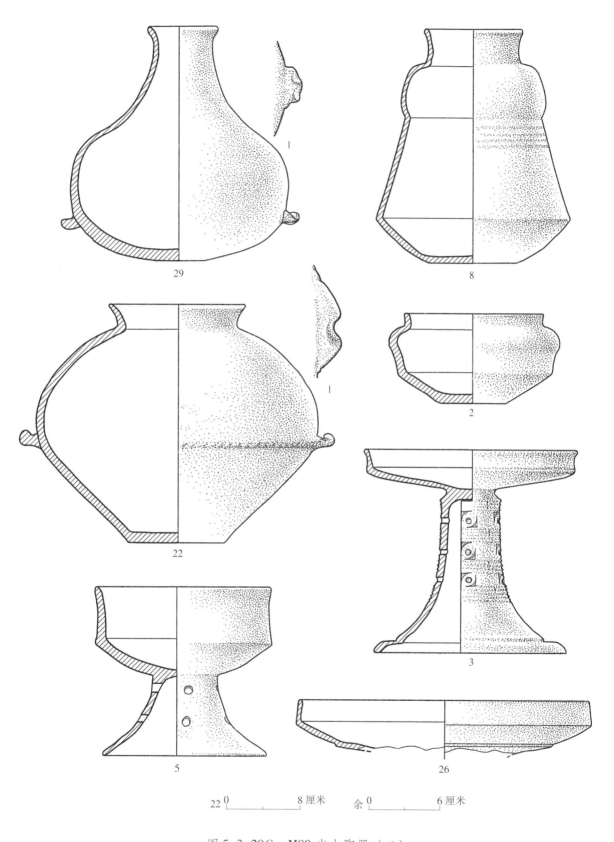

图 5-3-29C M89 出土陶器（二）

2. 钵 3. 碟形豆 5. 钵形豆 8、29. 壶 22. 有腰脊罐 26. 碟形豆残豆盘

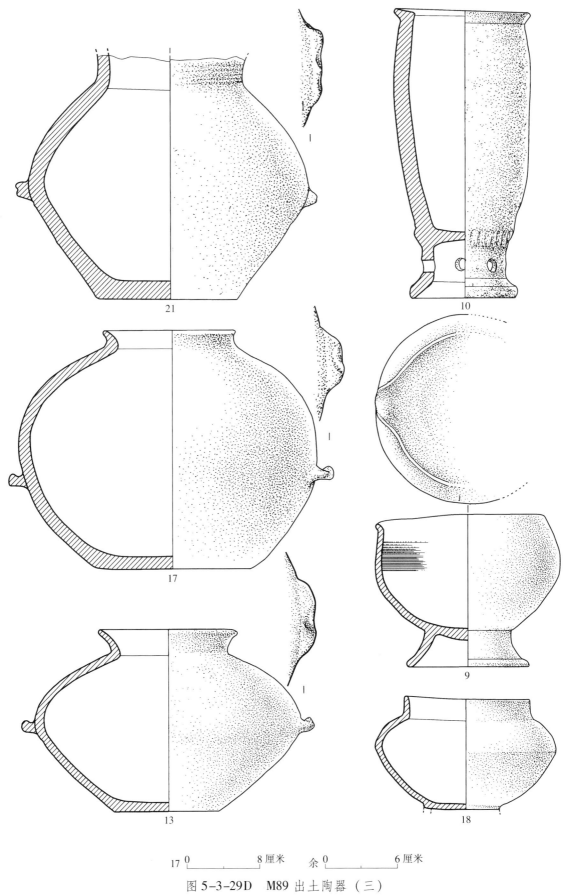

17 0 |_____| 8厘米   余 0 |_____| 6厘米

图 5-3-29D   M89 出土陶器（三）

9. 匜   10. 圈足杯   13、17、21. 无腰脊罐   18. 壶

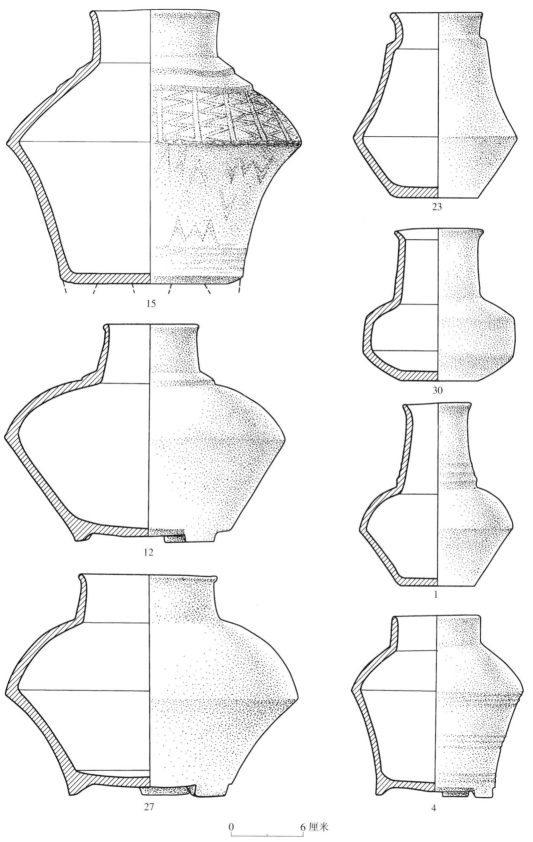

0　　　　6厘米

图 5-3-29E　M89 出土陶器（四）

1、23、30. 壶　4、12、15、27. 三足罐

M89：22，有腰脊罐。泥质灰陶。侈口，圆唇，束颈，鼓肩，弧腹，平底。腹中部饰一周附加堆纹，堆纹上堆贴两个对称的耳錾。口径14.5、底径10.2、高25.2厘米。（图5-3-29C；图版5-3-80：4）

M89：27，三足罐。泥质灰陶，胎色发红。直口略侈，宽直颈，圆肩，弧腹内收，底近平，附三个矮方足。口径11.1、高17.6厘米。（图5-3-29E；图版5-3-79：4）

陶壶　6件。

M89：1，泥质灰黑陶。侈口，尖圆唇，高颈，圆肩，斜弧腹微凹，平底。颈部饰三道凸弦纹。口径5.6、底径6.0、高14.5厘米。（图5-3-29E；图版5-3-81：1）

M89：8，泥质灰陶。侈口，圆唇，上腹外鼓，器身中部斜直，下腹折收为平底。上腹部饰数道凹弦纹。口径7.7、底径7.0、高18.5厘米。（图5-3-29C；图版5-3-81：2）

M89：18，泥质灰陶。直口微侈，直颈，鼓肩，弧腹，圈足残，残断处被磨平。口径10.0、底径6.1、残高9.0厘米。（图5-3-29D；图版5-3-82：2）

M89：23，泥质灰陶。侈口，圆唇，束颈，上腹内凹，下腹折收，平底。口径7.3、底径6.8、高14.7厘米。（图5-3-29E；图版5-3-81：3）

M89：29，夹细砂红陶。外表施红衣。侈口，尖圆唇，长颈微束，鼓腹，圜底。下腹部饰两个对称的鸡冠形小錾。口径5.3、高18.6厘米。（图5-3-29C；图版5-3-81：4）

M89：30，泥质灰陶。侈口，尖圆唇，直颈，折肩，腹壁较直，下腹弧收为平底，平底。口径7.2、底径6.4、高12.1厘米。（图5-3-29E；图版5-3-82：1）

陶钵　1件。

M89：2，泥质灰陶。侈口，方圆唇，鼓肩，上腹弧凹，下腹弧收，平底。口径11.4、底径5.5、高7.1厘米。（图5-3-29C；图版5-3-82：3）

陶杯　1件。

M89：10，圈足杯。夹粗砂红褐陶。短侈口，折沿，深筒形腹，上腹略外鼓，矮圈足。近圈足处饰一周刻划纹，其下饰五个较对称的圆形镂孔。口径10.7、足径8.3、高22.9厘米。（图5-3-29D；图版5-3-82：4）

陶匜　1件。

M89：9，泥质黑陶，胎色发红。短流，圆唇，圆弧腹，矮圈足。内壁有轮修细痕。口径12.3～13.6、足径10.0、高12.0厘米。（图5-3-29D；图版5-3-82：5）

石钺　1件。

M89：11，凝灰岩，灰白色。通体磨制精细。上部残，双面刃，刃部圆钝，中孔对钻。残长10.5、最宽6.1、厚1.4、孔径约1.8厘米。（图5-3-29G；图版5-3-83：1、2）

石锛　3件。

M89：7，凝灰岩，灰白色。平面呈长条形，器形扁薄，单面锋，直刃。长8.6、上宽2.6、下宽3.0、上厚0.25、下厚0.55厘米。（图5-3-29G；图版5-3-83：3）

M89：14，泥岩，青灰色。长条形，刃部及侧面有崩损痕迹，背、腹面大体同宽，上部略窄薄，下部略宽厚，单面锋，直刃。长28.2、上宽6.2、下宽7.3、上厚1.7、下厚2.2厘米。（图5-3-29F；图版5-3-83：4）

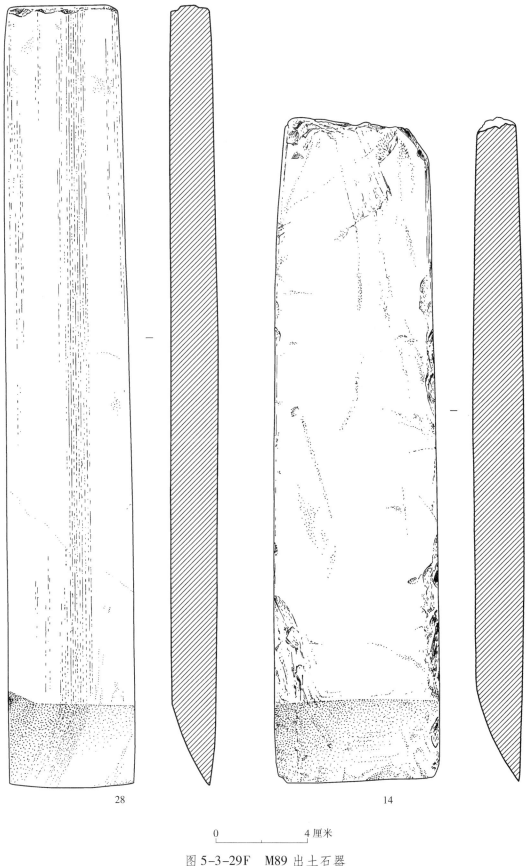

28   14

0 —————————— 4厘米

图 5-3-29F　M89 出土石器

14、28. 锛

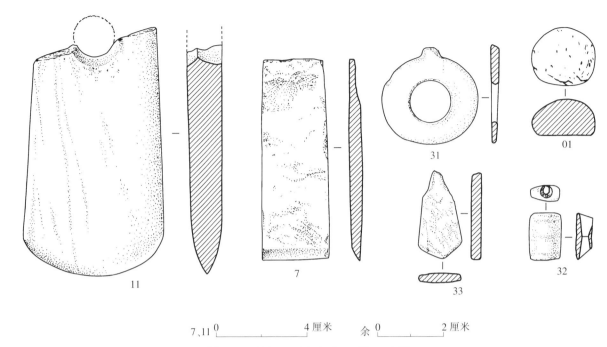

7、11 0 ⸺ 4厘米　余 0 ⸺ 2厘米

图 5-3-29G　M89 出土石器、玉器

01. 玉珠　7. 石锛　11. 石钺　31. 环形玉饰　32. 玉管　33. 三角形玉饰

M89：28，泥岩。长条形，顶部未经打磨，器身磨制光滑，背、腹面大体同宽，上部略窄薄，下部略宽厚，单面锋，直刃。长 33.0、上宽 4.8、下宽 5.6、上厚 1.6、下厚 2.0 厘米。（图 5-3-29F；图版 5-3-84）

玉管　1 件。

M89：32，青白色。柱形管，横截面呈椭圆形，两端对钻一孔。长径 0.8、短径 0.45、孔径 0.25～0.45、高 1.3 厘米。（图 5-3-29G；图版 5-3-85：1、2）

环形玉饰　1 件。

M89：31，乳白色。平面近圆形，剖面扁平，中孔对钻。环外侧有一突起，残断。外径约 2.9、内径 1.1～1.2、厚 0.1～0.2 厘米。（图 5-3-29G；图版 5-3-85：3）

三角形玉饰　1 件。

M89：33，乳白色，有墨绿色沁斑。器体较扁平，一端宽，一端窄，平面近不甚规则的三角形，剖面两面略弧，两侧平直，顶部略残。最长 2.6、最宽 1.3、最厚 0.3 厘米。（图 5-3-29G；图版 5-3-85：4）

玉珠　1 件。

M89：01，墓葬填土中出土。剖面近半圆形。直径 1.7～2.0、最厚 1.1 厘米。（图 5-3-29G；图版 5-3-85：5）

M90

位于 T0610 中南部，开口于第 5 层下，打破第 6 层。方向 340 度。长方形竖穴土坑墓，墓口长 3.05、北宽 1.8、南宽 1.7 米，墓底长 2.95、北宽 1.7、南宽 1.60 米，墓深 0.4 米。填土为灰黑色土，含烧土颗粒。墓内的人骨基本腐朽殆尽，仅头骨痕迹尚有保存，墓主大致位于墓底的中部略偏西。（图 5-3-30A；图版 5-3-86～5-3-90）

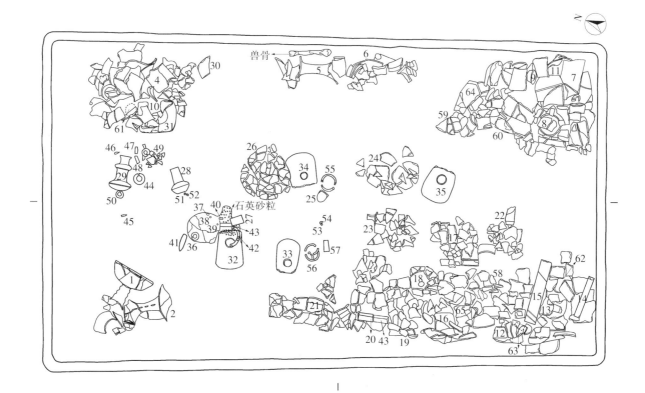

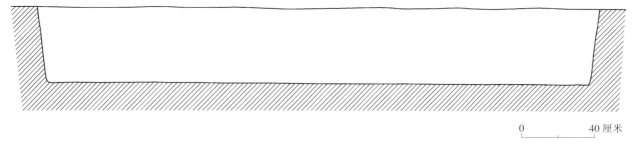

图 5-3-30A 崧泽文化墓葬 M90 平剖面图

1、2、5、11、21、63. 陶豆 3、8、10、12、16、17、19、62、64. 陶罐 4、22、28、29. 陶壶 6、13、23、61. 陶鼎 7、18. 大口缸 9、59、60. 陶鬶 14. 石凿 15、57. 石锛 20、25、27、43. 砺石 24. 陶盆 26. 陶盘 30、58. 陶豆柄 31~35. 石钺 36、44、49~52. 玉玦 37、53、54. 纽形玉饰 38~40、47. 玉管 41. 石锥 42. 玉璜 45、46. 三角形玉饰 48. 玉管形饰 55、56. 玉镯 65. 陶豆盘

　　墓内共出土随葬器物 65 件（套），其中陶器 33 件、玉器 19 件、石器 13 件。陶器主要置于墓主身体的两侧，其中左侧的陶器分以下几处放置：一是在墓坑的东北角，有陶罐、陶壶、带盖陶鼎等（图版 5-3-91：1）；一是在墓坑中部靠近坑边处，置陶豆、陶鼎各 1 件（图版 5-3-91：2）；另一处是紧靠墓主的上、下肢骨处，置陶盘、盆各 1 件。另外在墓坑的东南角有陶鬶 3 件，以及陶罐、陶豆及大口缸各 1 件（图版 5-3-92：1）。墓主右侧的陶器分两处放置：一处是在墓坑的西北角，为陶豆 2 件（图版 5-3-92：2）；另一处沿墓坑边缘由南向北依次摆放有鼎、豆、罐、大口缸等。另外，在大致位于墓主右下肢骨及右脚下方依次放置鼎、罐、壶各 1 件。

　　出土石钺 5 件，其中 1 件叠压于东北角的陶器群下，刃部向东。另外 4 件两两置于墓主身体的左右两侧：左侧的 2 件分别置于左手腕旁及下肢骨旁，刃部分别朝向东和西；右侧的 2 件分别置于下颌骨旁及上肢骨旁，刃部分别一西一东（图版 5-3-93：1、2）。出土石锛 2 件、石凿 1 件，其中

1件长条形石锛和石凿置于墓坑西南角的陶器群中（图版5-3-94：1），1件小石锛置于墓主右侧的手腕处。另外，在墓主头部的右侧上方置石锥1件（图版5-3-94：2，5-3-96：1）；在墓主颈部放置砺石1件，墓中部近西壁处放置砺石2件，左手腕处置砺石1件。

19件玉器主要放置于墓主的头部、头部左上方及上半身处。其中，在墓主额骨处放置玉玦1件；左耳处置蘑菇纽形玉饰、小玉管各1件；近下颌处置小玉管及玉管各1件；颈部置玉璜1件，出土时已残断（图版5-3-94：2）。另外，在墓主头部略偏东北处出土2件小块形玉饰；在墓主的左、右手腕处各出土玉镯1件，出土时已残断；盆骨处置纽形玉饰2件（图版5-3-95：1）；在墓主头部左上方靠近东北角陶器群的附近还出土有玉玦3件、玉管和管形饰各1件以及小玉饰2件（图版5-3-95：2，5-3-96：2、3）。在墓主的下颌及颈部周围散落很多的石英砂粒。

此外，在墓坑中部近东壁处发现有残碎的兽骨，因腐朽较甚，已难辨其种属。

现按器类将出土器物介绍如下。其中M90：62因残碎较甚，未能复原。

陶鼎 4件。

M90：6，铲形足鼎。夹砂红褐陶。侈口，圆唇，溜肩，腹略垂，圜底，细长的铲形足。口径21.8、高25.9厘米。（图5-3-30B；图版5-3-97：1）

M90：13，铲形足鼎。夹砂红褐陶。侈口，圆唇，折沿，肩部较直，肩、腹部转折明显，深弧腹，圜底，细高的铲形鼎足。口径21.2、高27.5厘米。（图5-3-30B；图版5-3-97：2）

M90：23，凿形足鼎。泥质灰陶。带盖。侈口，圆唇，弧腹，圜底，腹、底交接处折痕明显且出细脊，凿形足。足根处各饰一个捺窝。盖扁长方形纽，弧壁，敞口。盖口径12.5、高8.1厘米，鼎口径10.7、高11.9厘米，通高18.6厘米。（图5-3-30B；图版5-3-97：3）

M90：61，凿形足鼎。带盖。器盖及鼎足为夹砂红褐陶，鼎身为夹砂黑褐陶。敞口，方唇，盆形腹，腹壁略内凹，浅圜底，凿形足。腹部加工成瓦楞状。盖纽为手捏，不甚规整，弧壁，敞口。盖口径13.7、高6.6厘米，鼎口径15.0、高15.5厘米，通高22.1厘米。（图5-3-30B；图版5-3-97：4）

陶鬶 3件。

M90：9，凿形足鬶。泥质灰黑陶，胎色发红。喇叭形口，尖圆唇，圆肩，圆腹，浅圜底。一足上方附凿形把手一只。口径7.2、高24.2厘米。（图5-3-30C；图版5-3-98：1）

M90：59，凿形足鬶。泥质灰陶。喇叭形口，尖圆唇，弧肩略折，斜直腹较深，下折收为浅圜底，矮凿形足。一足上方附一凿形把手，略上翘。腹、底转折处饰两道凹弦纹。口径4.8、高18.9厘米。（图5-3-30C；图版5-3-98：2）

M90：60，凿形足鬶。泥质灰陶。喇叭形口，尖圆唇，圆肩，圆弧腹，下部折收为浅圜底。一足上方附一凿形把手，略上翘。口径6.4、高19.8厘米。（图5-3-30C；图版5-3-98：3）

陶豆 8件。

M90：1，盘形豆。泥质红褐陶。敛口，圆唇，深盘，豆盘下部折痕明显，喇叭形圈足。柄部的凸棱间饰五组细弦纹，每组弦纹的上部各饰四个不太对称的浅弧形镂孔，孔未钻透。口径23.2、足径16.6、高23.0厘米。（图5-3-30D；图版5-3-99：1）

M90：2，盘形豆。泥质红褐陶，胎色发黄。敛口，尖圆唇，豆盘中部折痕明显，柄部整体呈亚腰状，上部略粗，下部转折成大宽沿。柄部饰四组凸弦纹，每组弦纹间饰四个细长条形镂孔，

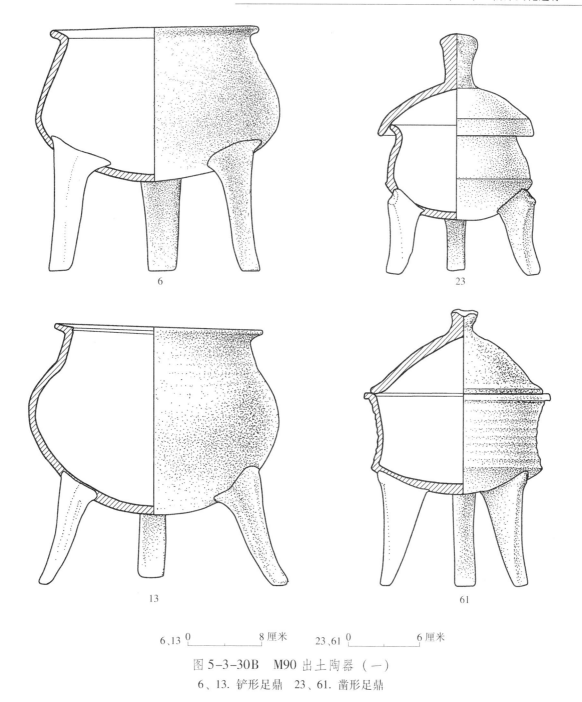

6、13 0 ⎣____⎦ 8厘米   23、61 0 ⎣____⎦ 6厘米

图5-3-30B M90出土陶器（一）

6、13. 铲形足鼎 23、61. 凿形足鼎

孔多未钻透。口径23.2、足径15.5、高23.0厘米。（图5-3-30D；图版5-3-99：2）

M90：5，盘形豆。泥质灰黑陶。直口，圆唇，浅盘，近盘底处折痕明显，细高柄，喇叭形圈足。柄部饰四组细凹弦纹，在第三组弦纹下有一圆形镂孔，孔未钻透。口径15.8、足径16.6、高24.8厘米。（图5-3-30D；图版5-3-99：3）

M90：11，盘形豆。泥质红褐陶。口微敛，尖圆唇，浅盘，豆盘下部折痕明显，细高柄，喇叭形圈足。柄部饰有六组细凹弦纹。口径22.7、足径15.4、高22.0厘米。（图5-3-30E；图版5-3-99：4）

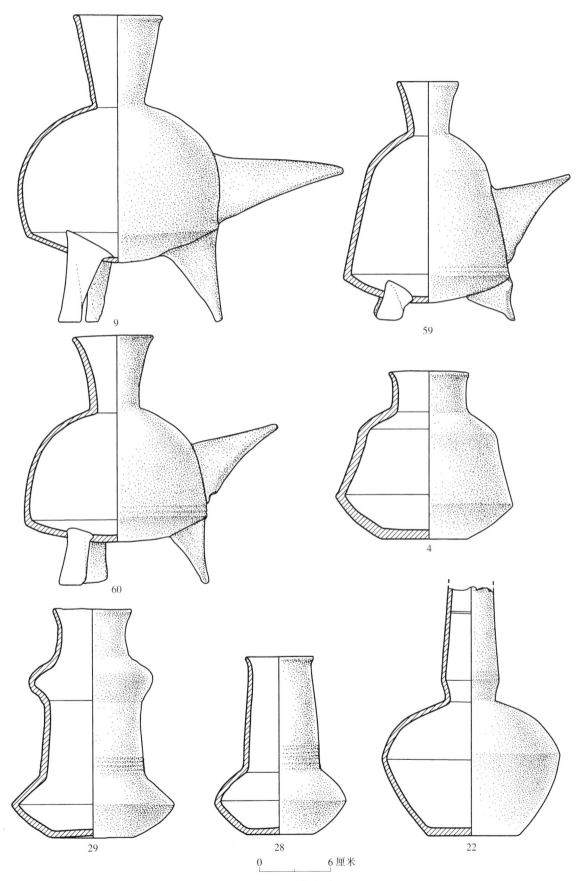

图 5-3-30C　M90 出土陶器（二）

9、60. 凿形足鬶　59. 异形足鬶　4、22、28、29. 壶

图 5-3-30D　M90 出土陶器（三）
1、2、5、21. 盘形豆

M90：21，盘形豆。泥质灰黑陶。口微敛，尖圆唇，深盘，近盘底处折痕明显，喇叭形圈足。柄部饰有数道细弦纹，弦纹间饰以浅弧形镂孔，孔均未钻透。口径 24.2、足径 17.8、高 23.3 厘米。（图 5-3-30D；图版 5-3-100：1）

M90：58、M90：65，M90：58，豆柄，泥质黑陶。柄部上方断处经细心打磨，较为平整，柄部整体呈亚腰形，上部较粗，下部转折明显成宽沿。柄部饰四组细弦纹，第一组弦纹上饰四个圆形

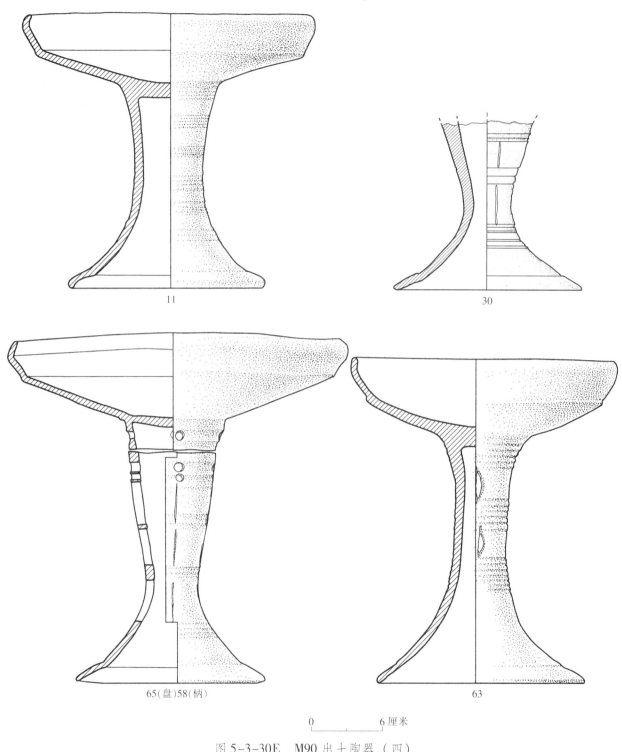

11

30

65(盘)58(柄)

63

0 ————————— 6厘米

图5-3-30E　M90 出土陶器（四）
11、63. 盘形豆　30、58. 豆柄　65. 豆盘

镂孔，四组弦纹间饰有细长条形镂孔。在近柄部残断处钻有四个对称的穿孔。足径15.6、残高
18.4厘米。M90:65，豆盘，泥质黑陶。敛口，尖圆唇，豆盘上部折痕明显，柄下部及圈足残，残
断处经细心打磨，极为平整。柄与M90:58相似，在近柄部残断处钻有四个对称的穿孔。口径
27.2、残高9.4厘米。M90:58为豆柄，M90:65为豆盘，两者均在近残断处钻有四个小穿孔，把两

者叠放在一起，残断处的柄部粗细基本相同，两者的四个小穿孔位置也基本吻合。如以细绳类从四个小穿孔绑系，又可以当成一件豆使用。但是这样合成的豆，柄部的比例明显偏长。因此，推测豆柄和豆盘原应为两件豆，使用过程中各自损坏了豆柄和豆盘，经加工再次组合利用。M90：58 和 M90：65 出土时靠在一起，亦可以说明这一点。（图 5-3-30E；图版 5-3-100：2）

M90：63，盘形豆。泥质灰陶。敛口，圆唇，豆盘中部折痕明显，细高柄，喇叭形圈足。柄部饰三组凹弦纹，每组弦纹间饰两个近三角形镂孔。口径 21.0、足径 16.7、高 25.8 厘米。（图 5-3-30E；图版 5-3-100：3）

M90：30，仅存豆柄，泥质黑陶。柄上部粗鼓，下部细凹，喇叭形圈足。柄饰三组细弦纹，间饰两组细长条形镂孔。足径 15.4、残高 13.2 厘米。（图 5-3-30E；图版 5-3-100：4）

陶罐　9 件。

M90：3，无腰脊罐。泥质红陶，器表施红衣。侈口，圆唇，束颈，颈下折痕明显，肩部明显一侧较弧鼓，另一侧弧凹，扁腹，平底。腹中部堆贴两个对称的錾手。口径 12.7、底径 12.0、高 18.6 厘米。（图 5-3-30F；图版 5-3-101：1）

M90：8，折肩折腹罐。泥质黑陶。侈口，圆唇，颈微束，肩略折，上腹斜直，下腹弧收，平底。肩部及上腹部饰数道细弦纹。口径 11.0、底径 8.2、高 19.2 厘米。（图 5-3-30F；图版 5-3-102：1）

M90：10，无腰脊罐。泥质红陶罐。侈口，圆唇，束颈，圆肩，弧腹略扁，平底。腹中部饰两个对称的鸡冠形小錾。口径 9.4、底径 10.8、高 16.9 厘米。（图 5-3-30G；图版 5-3-101：2）

M90：12，无腰脊罐。泥质红陶，器表施红衣。侈口，方唇，束颈，圆肩，扁鼓腹，底近圜。腹中部略偏下饰两个对称的鸡冠形耳錾。口径 13.5、高 18.1 厘米。（图 5-3-30F；图版 5-3-101：3）

M90：16，有腰脊罐。泥质灰黑陶。侈口，圆唇，直颈，圆鼓肩，弧腹，平底。腹中部略偏下饰一周附加堆纹，堆纹上有细长的十字交叉纹饰。口径 11.8、底径 8.2、高 26.4 厘米。（图 5-3-30F；图版 5-3-102：4）

M90：17，无腰脊罐。夹砂红褐陶。直口微侈，颈微束，圆肩，弧腹，底近平。腹中部饰一对小錾。口径 13.0、底径 12.0、高 21.2 厘米。（图 5-3-30G；图版 5-3-101：4）

M90：19，无腰脊罐。夹砂红褐陶。侈口，圆唇，束颈，圆肩，弧腹，平底。腹中部饰一对小錾。口径 12.0、底径 10.4、高 14.0 厘米。（图 5-3-30F；图版 5-3-102：3）

M90：62，泥质红褐陶。由于破碎较甚，未能复原。

M90：64，折肩折腹罐。泥质灰陶。侈口，圆唇，束颈，折肩，折腹，平底。颈部饰三道凹弦纹，肩部及上腹部各有一道明显的折痕。口径 8.8、底径 6.8、高 16.8 厘米。（图 5-3-30F；图版 5-3-102：2）

陶壶　4 件。

M90：4，泥质灰黑陶。口微侈，直颈，折肩，上腹弧凹，下腹弧收，平底。口径 6.2、底径 7.0、高 13.3 厘米。（图 5-3-30C；图版 5-3-103：1）

M90：22，泥质灰黑陶，胎色发红。口沿残，细长颈，颈下部略收，圆肩，弧腹，平底。颈下部饰两道细弦纹。最大腹径 14.5、底径 7.3、残高 19.8 厘米。（图 5-3-30C；图版 5-

16 ⌞0 _____ 8厘米⌟   余 ⌞0 _____ 6厘米⌟

图5-3-30F　M90出土陶器（五）

3、12、19. 无腰脊罐　8、64. 折肩折腹罐　16. 有腰脊罐

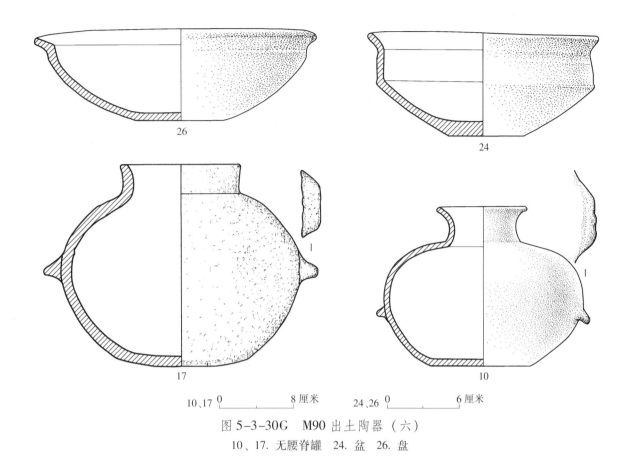

图 5-3-30G　M90 出土陶器（六）

10、17. 无腰脊罐　24. 盆　26. 盘

3-103：2）

M90：28，泥质黑陶。口微侈，尖圆唇，高直颈，扁折腹，平底。颈下部饰有数道细凸弦纹。口径 5.5、底径 5.4、高 14.1 厘米。（图 5-3-30C；图版 5-3-103：3）

M90：29，泥质灰陶。口微侈，尖圆唇，上腹鼓突明显，器身中部较直，下腹扁折，平底微内凹。腹中部饰有数道细凹弦纹。口径 6.3、底径 6.4、高 18.2 厘米。（图 5-3-30C；图版 5-3-103：4）

陶盘　1 件。

M90：26，泥质灰褐陶。敞口，圆唇，折沿，弧腹，平底。口径 22.7、底径 7.0、高 7.2 厘米。（图 5-3-30G；图版 5-3-103：5）

陶盆　1 件。

M90：24，泥质灰黑陶。敞口，圆唇，折沿，折腹，平底。口径 18.5、底径 6.2、高 8.3 厘米。（图 5-3-30G；图版 5-3-103：6）

陶大口缸　2 件。

M90：7，圜底大口缸。夹粗砂红陶，胎体厚重。敞口，圆唇，深腹，圜底。口径 35.2、高 48.4 厘米。（图 5-3-30H；图版 5-3-104）

M90：18，尖底大口缸。夹粗砂红陶，胎体厚重。敞口，口内有道折棱，圆唇，沿略卷，深腹，尖底。沿下饰两个不对称的鸡冠形小錾。口径 29、底径 3.4、高 52.1 厘米。（图 5-3-30H；图版 5-3-105）

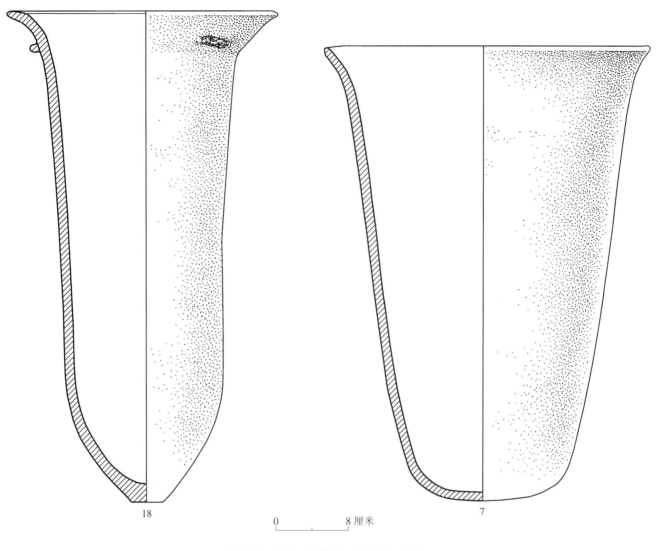

图 5-3-30H　M90 出土陶器（七）

7. 圜底大口缸　18. 尖底大口缸

石钺　5 件。

M90：31，火山角砾凝灰岩。整体呈舌形，顶部略平，留有打制成坯时的石片疤，器身磨制光滑，双面刃，刃部短圆，未见使用痕迹，两面管钻，孔中留有对钻痕迹。出土提取时在石钺下方的土壤印痕上发现有数道朱砂纹饰，应是石钺穿孔上方的彩绘纹饰（参见图版 5-3-93：2）。长19.4、最宽19.1、厚1.3、孔径7.6 ~ 8.3厘米。（图5-3-30I；图版5-3-106：1、2）

M90：32，火山凝灰岩。通体磨制光滑，上部略窄，下部略宽，双面刃，刃部短圆，未见使用痕迹，两面管钻，孔中留有对钻痕迹。长20.2、上宽11.2、下宽13.5、厚1.2、孔径4.0 ~ 4.9厘米。（图5-3-30J；图版5-3-107：1 ~ 4）

M90：33，火山凝灰岩。整体略呈梯形，除顶部及两角未经打磨外余均磨制光滑，上部略窄，下部略宽，双面刃，刃部短圆，未见使用痕迹，两面管钻，孔中留有对钻痕迹。长18.1、最宽12.2、最厚1.2、孔径3.6 ~ 4.4厘米。（图5-3-30L；图版5-3-108：1、2）

M90：34，基性侵入岩。整体近方形，顶部圆弧，留有打制成坯时的石片疤，短刃尖圆，两

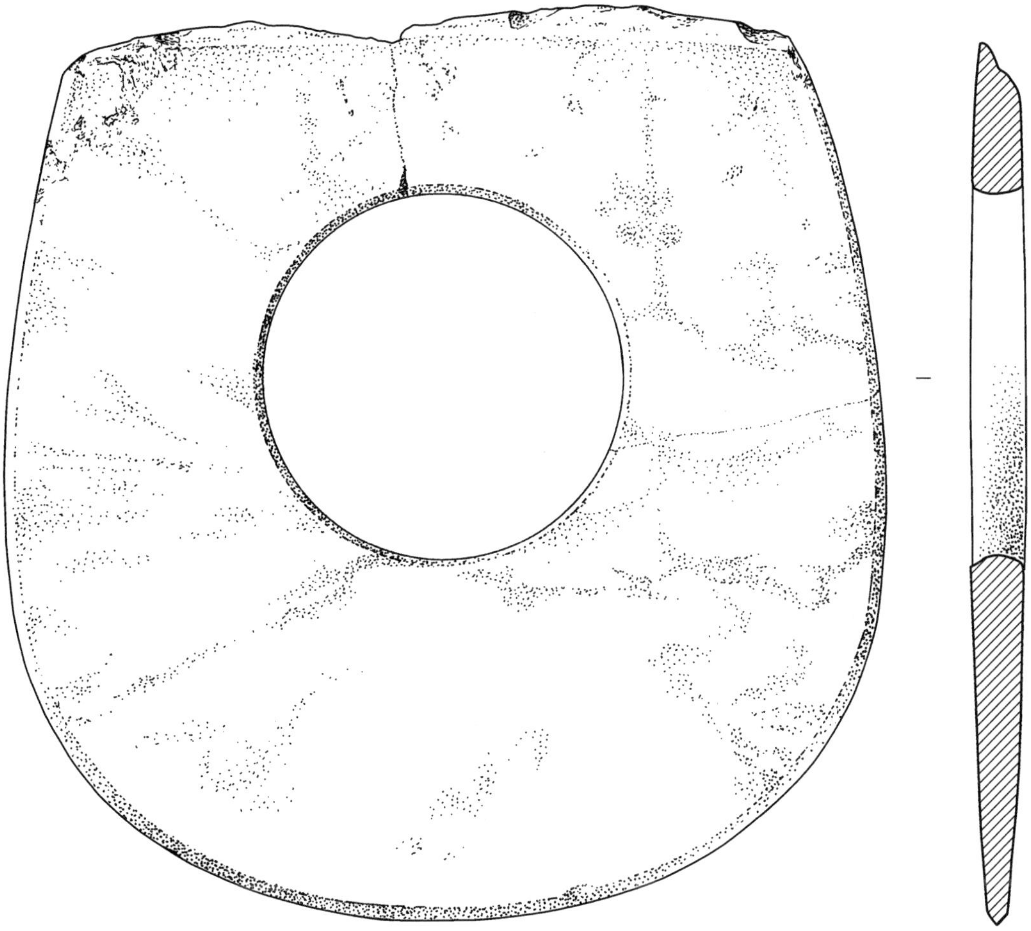

31

0 ————————— 4厘米

图 5-3-30I　M90 出土石器（一）

31. 石钺

面管钻，孔中留有对钻痕迹。长17.1、最宽15.0、厚1.3、孔径3.1～3.6厘米。（图5-3-30K；图版5-3-108：3、4）

M90：35，基性侵入岩。整体近方形，顶部圆弧，留有打制成坯时的石片疤，短刃尖圆，两面管钻，孔中留有对钻痕迹。长16.2、最宽14.7、厚1.0、孔径5.6～5.8厘米。（图5-3-30K；图版5-3-109：1～4）

石锛　2件。

M90：15，泥岩。长条形，顶部较粗糙，未打磨，余均磨制光滑，背、腹面大体同宽，上部略薄，下部略厚，单面锋，长直刃。长34.3、最宽6.8、上厚2.6、下厚3.4厘米。（图5-3-30M；图版5-3-110：1）

M90：57，硅质泥岩。平面略呈梯形，顶部未经打磨，器身磨制光滑，上部略窄薄，下部略宽厚，单面锋，直刃。长5.6、上宽2.1、下宽2.5、上厚0.5、下厚0.65厘米。（图5-3-30M；图版5-3-110：2）

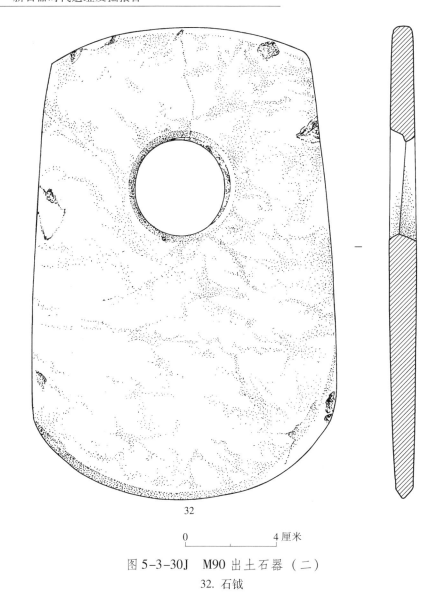

32

0   4厘米

图 5-3-30J   M90 出土石器 （二）

32. 石钺

石凿   1件。

M90：14，泥岩。长条形，顶部未打磨，器身磨制光滑，上、下大体同宽等厚，单面锋，直刃。长 21.8、宽 3.1、厚 3.2 厘米。（图 5-3-30M；图版 5-3-110：3）

石锥   1件。

M90：41，含铁量较高的铁矿石。深红褐色，圆锥状柱形，横截面近圆形，锥尖刃部为小扁平，有疤痕。长 8.8、最宽径 2.56 厘米。（图 5-3-30L；图版 5-3-111）

砺石   4件。

M90：27，砂岩。长条形，两端较厚，中间内凹。长 23.8、宽约 4.1、厚 1.9～3.3 厘米。（图 5-3-30N；图版 5-3-112：1）

M90：20，残断，平面呈长条形，横截面一侧略凹。残长 13.2、宽 3.6、厚 2.7 厘米。（图 5-3-30N；图版 5-3-112：2）

M90：25，平面略呈倒梯形，剖面呈长条形。长 4.6、最宽 3.6、厚 1.5 厘米。（图 5-3-30N；图版 5-3-112：4）

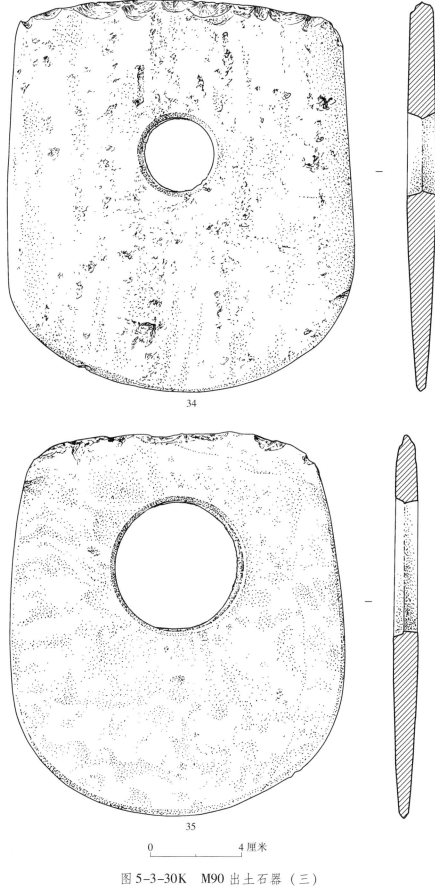

34

35

0   4厘米

图 5-3-30K　M90 出土石器（三）

34、35. 石钺

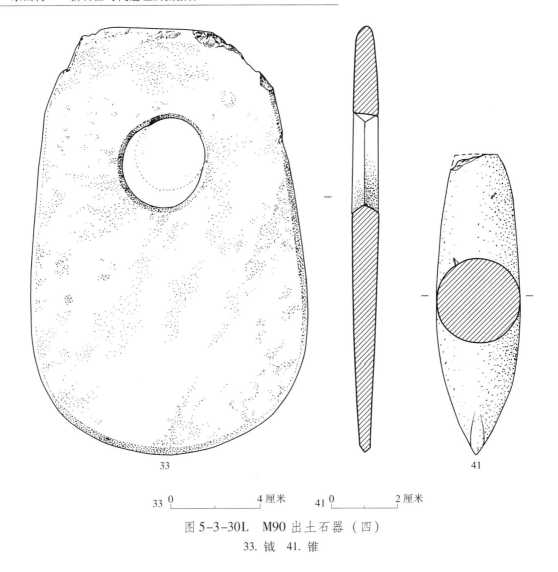

图 5-3-30L　M90 出土石器（四）
33. 钺　41. 锥

　　M90∶43，残断，平面呈长条形，横截面一侧略凹。残长 11.3、最宽 3.5、厚 2.3 厘米。（图 5-3-30N；图版 5-3-112∶3）

　　玉璜　1 件。

　　M90∶42，含叶蜡石、蛇纹石的透闪石—阳起石，乳白色，有褐色沁斑。半环形璜，内、外缘圆弧，两端弧收平齐，器体微圆钝，璜的两端还各单面钻一孔。断为两半，在残断两端的之处各横向对钻一修补孔，两个修补孔之间还刻有一道浅槽，以便于系缚连缀。外径 10.1、内径 7.3、厚 0.3～0.6、孔径 0.2～0.6 厘米。（图 5-3-30O；图版 5-3-113∶1～5）

　　玉镯　2 件。

　　M90∶55，蛇纹石，乳白色，有墨绿色沁斑。外缘尖薄，横断面近棱形。断为两截，残断处各在镯外侧对钻一孔，用以系缚相连。外径 7.3、内径 5.7、孔径 0.1～0.4、厚 0.3～0.6 厘米。（图 5-3-30O；图版 5-3-114∶1～3）

　　M90∶56，青灰色。外缘尖薄，横截面近棱形。外径 7.8、内径 6.2、厚约 0.6 厘米。（图 5-3-30O；图版 5-3-115∶1）

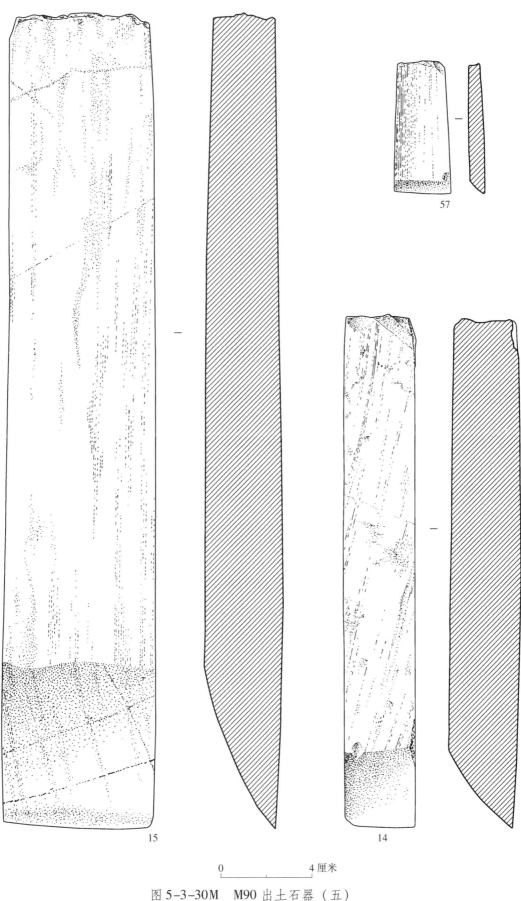

0 ——————— 4厘米

图5-3-30M　M90出土石器（五）

14. 凿　15、57. 锛

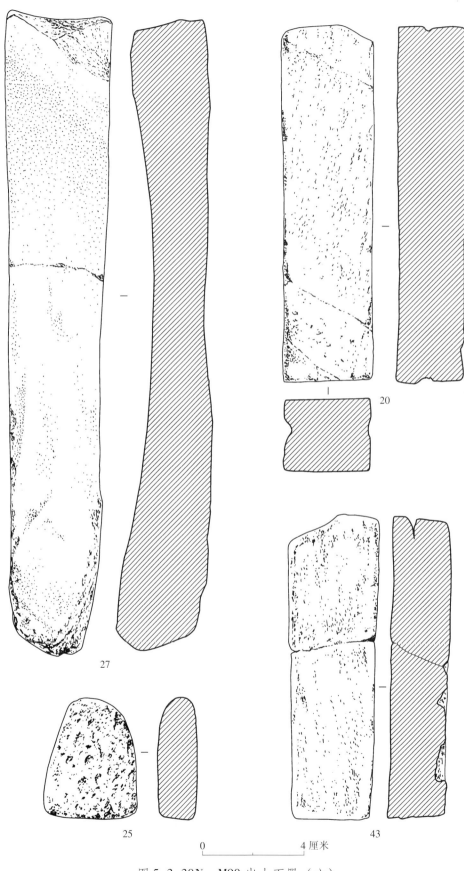

图 5-3-30N　M90 出土石器（六）

20、25、27、43. 砺石

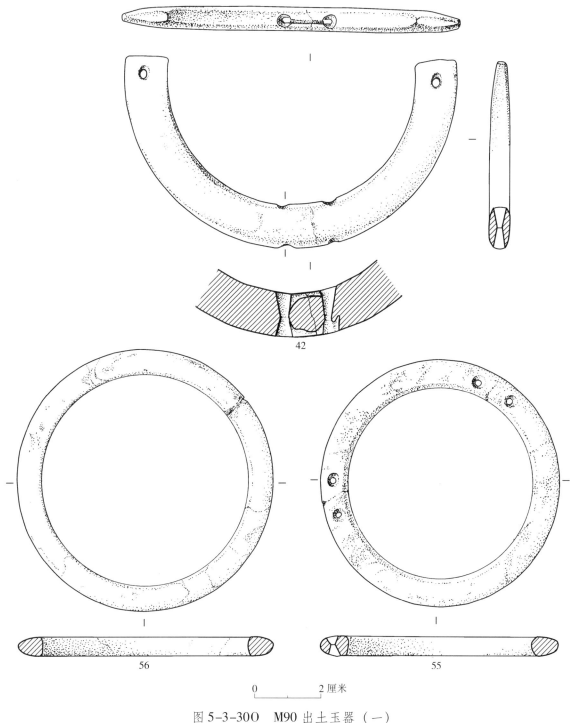

42

0 _____ 2厘米

图 5-3-30O M90 出土玉器（一）

42. 璜 55、56. 镯

玉玦 6 件。

M90：36，铝含量较高的透闪石，青白色，青色部分呈半透明状。环形，孔径大于边宽，横截面近长方形。外径 4.2～4.8，内径约 1.9、玦口宽 0.1～0.35，厚 0.5 厘米。（图 5-3-30P；图版 5-3-116：1）

M90：44，含三水铝石、蛋白石的石英岩，半透明。环形，孔径大于边宽，横截面近梭形。外

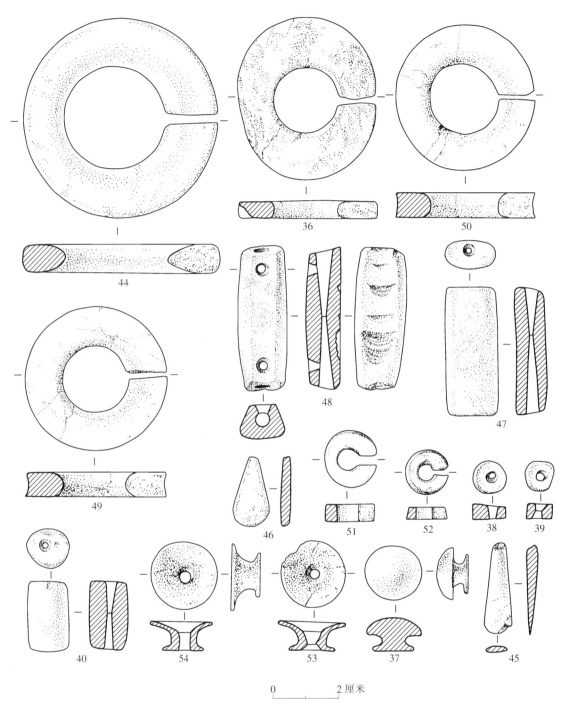

图 5-3-30P　M90 出土玉器（二）

36、44、49~52. 玦　37、53、54. 纽形饰　38~40、47. 管　45、46. 三角形饰　48. 管形饰

径 5.9、内径 3.0、厚 0.85、玦口宽 0.2~0.4 厘米。（图 5-3-30P；图版 5-3-116：2）

　　M90：49，含叶蜡石的蛇纹石，乳白色。环形，外缘略凹，内侧面略凸。外径 4.3、内径 1.9、玦口宽 0.15~0.3、厚 0.7 厘米。（图 5-3-30P；图版 5-3-117：1）

　　M90：50，乳白色。环形，外侧面略凹，内侧面略凸。外径 4.2、内径 2.1、玦口宽 0.2~0.3、厚约 0.8 厘米。（图 5-3-30P；图版 5-3-117：2）

　　M90：51，乳白色。璧形玦，孔径与边宽相近，剖面略呈梯形。外径 1.7、内径 0.5~0.6、玦

口宽 0.25 ~ 0.35、厚约 0.5 厘米。(图 5-3-30P;图版 5-3-117:3)

M90:52,乳白色,璧形玦,孔径与边宽相近,剖面略呈梯形。外径 1.3 ~ 1.5、内径 0.5、玦口宽 0.17 ~ 0.25、厚约 0.35 厘米。(图 5-3-30P;图版 5-3-117:4)

玉管 4 件。

M90:38,乳白色,有少量褐色沁斑。器形较矮,横截面近圆形,两端单面钻一孔。直径约 1.0、孔径 0.2 ~ 0.3、高约 0.5 厘米。(图 5-3-30P;图版 5-3-117:5)

M90:39,乳白色,有少量褐色沁斑。器形较矮,横截面近圆形,两端对钻一孔。直径约 0.9、孔径 0.15 ~ 0.35、高约 0.5 厘米。(图 5-3-30P;图版 5-3-117:6)

M90:40,含三水铝石、蛋白石、微量水镁石的石英岩(玉髓),半透明。柱形管,横截面呈不甚规则的圆形,两端对钻一孔。直径约 1.3、孔径 0.17 ~ 0.35、高约 2.1 厘米。(图 5-3-30P;图版 5-3-118:1)

M90:47,含三水铝石、蛋白石的石英岩(玉髓),半透明。柱形管,横截面近椭圆形,两端对钻一孔。长径 1.6、短径 0.85、孔径 0.13 ~ 0.4、高约 3.8 厘米。(图 5-3-30P;图版 5-3-118:2)

管形玉饰 1 件。

M90:48,含三水铝石、微量水镁石的石英岩(玉髓),半透明。方柱体,横截面呈梯形,两端对钻一孔,在两端处又各单面钻一孔与中孔相通。长径 1.4、短径 0.8、高 4.2、孔径 0.15 ~ 0.55 厘米。(图 5-3-30P;图版 5-3-118:3、4)

纽形玉饰 3 件。

M90:37,含蛇纹石的透闪石,深绿色,略透明。呈蘑菇形。上部呈半球状、下部呈圆饼状、中间无孔。上部圆径 1.7、底径 1.2、高 1.0 厘米。(图 5-3-30P;图版 5-3-119:1)

M90:53,含铁绿泥石、铝含量较高的蛇纹石,灰白色,有墨绿色沁斑。喇叭形,中间穿孔。上径 1.9、下径 1.4、高 0.9、孔径 0.2 ~ 1.5 厘米。(图 5-3-30P;图版 5-3-119:2)

M90:54,含铁绿泥石、铝含量较高的蛇纹石,灰白色,有墨绿色沁斑。喇叭形,中间穿孔。上径 2.0、下径 1.3、高 0.9、孔径 0.4 ~ 1.6 厘米。(图 5-3-30P;图版 5-3-119:3)

三角形玉饰 2 件。

M90:45,灰白色,有墨绿色沁斑。细长三角形,首尾略残,横剖面呈扁椭圆形。残长 2.7、最宽 0.85、最厚 0.35 厘米。(图 5-3-30P;图版 5-3-115:2)

M90:46,灰白色,有墨绿色沁斑。横剖面近长方形。最长 2.0、最宽 1.1、厚 0.28 厘米。(图 5-3-30P;图版 5-3-115:3)

M91

位于 T0711 的东南角,部分进入 T0710 的北部,开口于第 4 层下,打破第 5 层。方向 345 度。长方形竖穴土坑墓,墓口长 3.15、宽 1.76 米,墓底长 3.05、宽 1.66 米,墓深 0.5 米。墓坑内填土为黄褐色,含有少量的烧土颗粒。墓葬内的人骨位于墓底的中部偏西,虽已朽腐,但是整体骨架保存尚好。墓主仰身直肢,头部偏向东侧,两手垂放于腰部。经初步鉴定,墓主为成年男性。(图 5-3-31A;图版 5-3-120 ~ 5-3-123,5-3-124:1)

共出土随葬品 38 件(套),其中陶器 22 件(套)、玉器 14 件、石器 2 件。陶器主要置于墓主

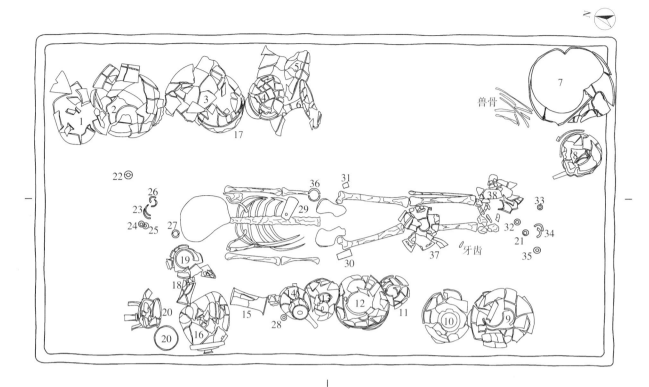

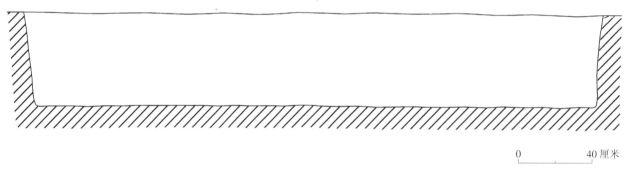

图 5-3-31A　崧泽文化墓葬 M91 平剖面图

1、2、9～12、16、19. 陶罐　3. 陶甑　4～6、37. 陶豆　7. 陶大口缸　8、17、20. 陶鼎　13、14. 陶鬶　15、18. 陶杯　21、22、24～28、32、33、35. 玉环　23、34、36. 玉镯　29. 玉钺　30、31. 石锛　38. 陶匜

的左右两侧，其中左侧陶器分两处：一处在墓坑的东南角，有陶大口缸和带盖鼎（图版 5-3-125：1）；另一处在墓坑的东北部，南北向整齐地排列在墓坑边，从北至南依次有罐、甑、豆等（图版 5-3-125：2）。墓主右侧的随葬陶器同样南北向整齐地排列在墓坑边，依次有鼎、罐、杯、鬶等（图版 5-3-126：1、2）。此外，在墓主的左脚部放置 1 件陶匜，右膝盖处放置 1 件镂孔陶豆。

出土石器为 2 件石锛，放置于墓主贴近盆骨的股骨处，左右各一。

玉器主要放置在墓主的脚部下方、上半身和头部上方（图版 5-3-127：1、2）。在脚部下方出有 1 件玉镯和 4 件玉环，其中玉镯从中间断为两半，4 件玉环组成三角形状分布于玉镯周围（图版 5-3-127：2）；头部上方出有 1 件玉镯和 5 件玉环，玉镯同样从中间断为两半，5 个玉环组成三角形状围绕在其周围（图版 5-3-127：1）；墓主左侧手腕处出土 1 件玉镯，出土时断为两半（图版 5-3-124：1）；墓主胸部左下方出土有一把玉钺，其刃部朝向东侧（图版 5-3-124：2）。另外，在墓主右侧陶鬶的西侧，还出土了 1 件小玉环。

此外，在墓坑东南角大口缸的北侧，还发现了一堆兽骨，由于腐朽较甚，已难判别其种属。

随葬陶器中 M91：7 大口缸及 M91：8 鼎因质地疏碎，未能复原。

陶鼎 3 件。

M91：8，带盖。夹砂红褐陶。未能修复，仅修复鼎盖。鼎盖 M91：8-2，夹砂红褐陶。纽手捏，不甚规整，弧壁，敞口。口径 13.4、高 5.0 厘米。（图 5-3-31C；图版 5-3-129：2）

M91：17，铲形足鼎。夹砂红褐陶。口微敛，平沿略内凹，方唇，唇面内凹，圆弧腹，圈底，铲形足。每足的两侧边缘捏起呈花边状，肩部饰三道凸棱，棱上有浅掐印纹。口径 21.4、鼎高 19.8 厘米。（图 5-3-31B；图版 5-3-128 下）

M91：20，铲形足鼎，带盖。夹砂红陶。圆唇，卷沿，上腹内收，圈底。一足上方鼓腹处接宽扁形把手。上腹部饰有数道浅凹弦纹。器身稍有倾斜，带把手侧略高。盖为实心纽。器盖口径 13.1、高 5.0 厘米，鼎口径 13.2、高 16.6 厘米，通高 21.6 厘米。（图 5-3-31B；图版 5-3-129：1）

陶甗 1 件。

M91：3，带盖。夹砂红褐陶。直口微侈，腹略弧，平底。腹部饰两个对称的鸡冠形耳錾，底部中心钻一大圆形箅孔，周围七个圆形小箅孔，箅孔形制不甚规整。盖矮喇叭形纽，弧壁，敞口。盖口径 26.6、高 7.6 厘米，甑口径 26.4、底径 12.6～13.8、高 23.4 厘米，通高 31.0 厘米。（图 5-3-31B；图版 5-3-128 上）

陶鬶 2 件，均为凿形足鬶。

M91：13，泥质灰陶。带盖。喇叭形口，尖圆唇，短颈，溜肩，斜腹，下腹急收，浅圈底，足尖扁平，器身修饰成瓦楞状。一足上方附绞索状半环形把手，颈部饰有数道凹弦纹。器盖上有扁平穿孔环形纽。器盖口径 6.9、高 3.2 厘米，鬶口径 9.4、高 27.6 厘米，通高 29.6 厘米。（图 5-3-31B；图版 5-3-129：3）

M91：14，带盖。喇叭形口，圆唇，束颈，肩部不明显，斜腹，下腹急收，浅圈底，足尖扁平，器身修饰成瓦楞状。一足上方附实心把手，把手近三角状，略上翘，尾部卷曲较甚，把手两侧各有三道凹痕。器盖无纽，有四个穿孔。盖口径 8.2、高 1.0 厘米，鬶口径 9.3、高 24.6 厘米，通高 25.8 厘米。（图 5-3-31B；图版 5-3-129：4）

陶豆 4 件。

M91：4，盘形豆。泥质灰黑陶，胎色发红。近子母口，圆唇，斜壁，豆把呈三段式，上束颈，中间为台状，底口为大宽沿。盘壁中部施一道细凸棱，颈部饰三道凹弦纹，台部刻有半圆形、圆形、弧线三角形镂孔等多个组合，台部中间有一道凹弦纹，将组合画面分为上下两个部分。口径 21.3、足径 16.8、高 14.4 厘米。（图 5-3-31C；图版 5-3-130：1）

M91：5，盘形豆。泥质灰陶。口沿变形，敛口，圆唇，内折沿面较宽，折腹，柄部呈束腰状，较细。柄上饰三组凹弦纹，上下空白处装饰若干弧线三角形镂孔。口径 21.5、足径 17.4、高 20.4 厘米。（图 5-3-31C；图版 5-3-130：2）

M91：6，盘形豆。泥质灰黑陶，胎色发红。敛口，圆唇，内折沿面较窄，折腹，柄部整体呈束腰状，较粗，柄上部外鼓突出，柄下部转折明显成大宽沿。豆柄上分饰三组凹弦纹，第一、二组弦纹间装饰有小圆形、半圆形、弧线三角形镂孔等，第三组弦纹及其下分饰有小圆形、弧线

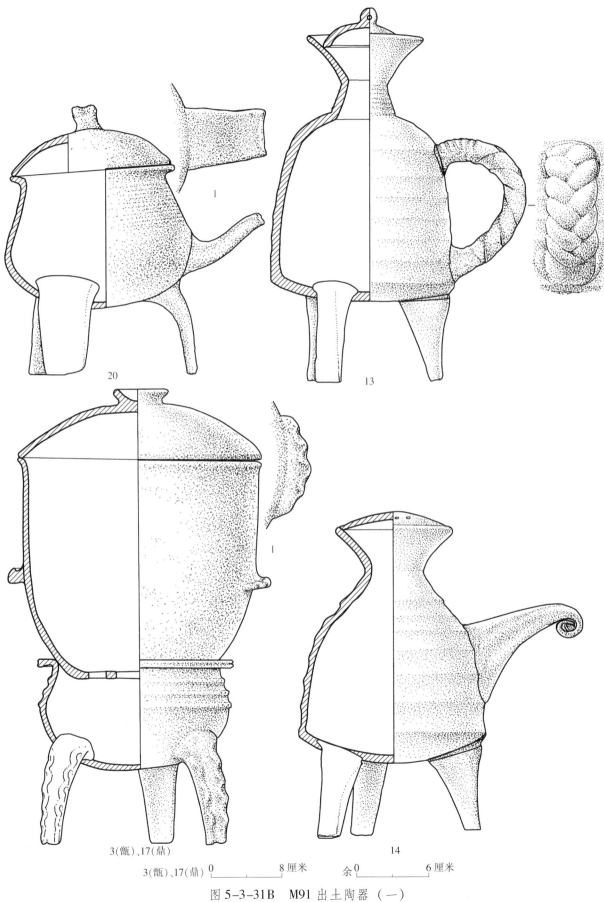

20

13

3(甗)、17(鼎)

14

3(甗)、17(鼎) 0 ⸺ 8厘米　　余 0 ⸺ 6厘米

图 5-3-31B　M91 出土陶器（一）

3、17. 甗、鼎组合　13、14. 凿形足鬶　20. 铲形足鼎

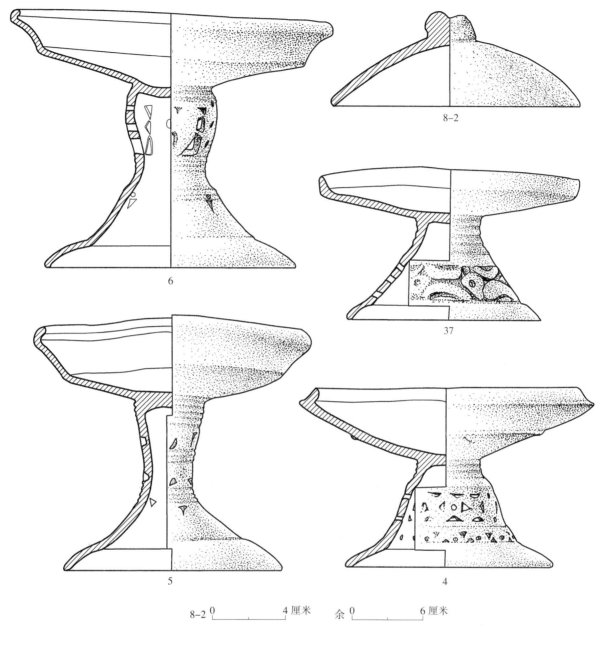

图 5-3-31C　M91 出土陶器（二）

4~6. 盘形豆　8-2. 鼎盖　37. 碟形豆

三角形镂孔。口径 25.2、足径 20.1、高 20.4 厘米。（图 5-3-31C；图版 5-3-130：3）

M91:37，碟形豆。泥质灰黑陶，胎色发红。直口，尖唇，折壁，浅盘，三段式豆柄。颈部饰有数道凹弦纹，台部刻有半圆形、圆形、弧线三角形、弧线四边形镂孔等组合。口径 21.4、足径 16.0、高 11.9 厘米。（图 5-3-31C；图版 5-3-130：4）

陶罐　8 件。

M91:1，无腰脊罐。泥质灰陶。直口，方圆唇，矮颈，圆肩，弧腹，平底。肩部堆贴四个较对称的鸡冠形耳錾。口径 17.6、底径 11.2、高 21.2 厘米。（图 5-3-31D；图版 5-3-131：1）

M91:2，有腰脊罐。泥质灰陶。侈口，卷沿，厚圆唇，短颈，圆肩，弧腹，平底。肩部饰两

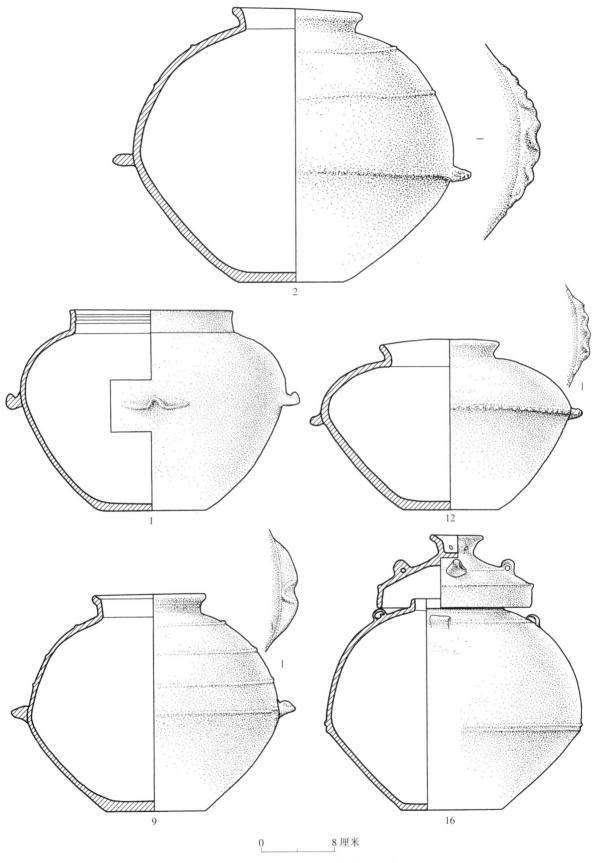

0 8厘米

图 5-3-31D M91 出土陶器 (三)
1. 无腰脊罐 2、9、12、16. 有腰脊罐

道凸棱，腹中部堆贴一道细附加堆纹，其上有两个对称的鸡冠形耳錾。口径13.8、底径11.2、高28.8厘米。（图5-3-31D；图版5-3-132：1）

M91：9，有腰脊罐。泥质灰陶。侈口，小卷沿，圆唇，沿面微凹，矮束颈，圆肩，弧腹，平底。颈部饰细弦纹，肩部三道细凸棱，腹中部堆贴一道细附加堆纹，其上堆贴两个对称的鸡冠形耳錾。口径11.9、底径10.8、高23.0厘米。（图5-3-31D；图版5-3-132：2）

M91：10，有腰脊罐。泥质灰黑陶。侈口，圆唇，卷沿，束颈，圆肩，弧腹，平底。腹中部堆贴四个对称的鸡冠形耳錾，以绳索状细堆条相连。口径12.2、底径8.9、高20.9厘米。（图5-3-31E；图版5-3-131：2）

M91：11，三足罐。泥质灰黑陶。直口，尖圆唇，矮颈，折肩，肩部略外鼓，下腹内收，底内凹，附三个矮方足，均已残断。口径7.8、残高13.0厘米。（图5-3-31E；图版5-3-130：5）

M91：12，有腰脊罐。泥质灰黑陶，胎色发红。侈口，圆唇，广肩，弧腹，平底。肩部堆贴两个对称的鸡冠形耳錾，其间附加一周绳索状凸棱。口径12.6、底径10.2、高18.1厘米。（图5-3-31D；图版5-3-131：3）

M91：16，有腰脊罐。带盖，器身为泥质灰陶，器盖为泥质灰黑陶。器身直口，尖圆唇，短颈，圆肩，弧腹，平底。肩上部附加两道细凸棱，其上堆贴四个对称的桥形贯耳。腹中部略下堆饰一周条纹带。器盖为直口，折壁，喇叭形纽。盖腹上附加一道细凸棱，其上堆贴有四个对称的桥形纽。器盖口径16.2、高7.7厘米，器身口径9.2、底径10.8、高22.2厘米，通高29.0厘米。（图5-3-31D；图版5-3-133：1、2）

M91：19，无腰脊罐。泥质红陶。侈口，圆唇，卷沿，折肩，肩部略外鼓，下腹斜内收，平底。折肩处堆贴两个对称的鸡冠形耳錾。口径9.7、底径7.2、高10.3厘米。（图5-3-31E；图版5-3-130：6）

陶杯　2件。

M91：15，觚形杯。泥质灰陶。侈口，尖圆唇，筒形腹，束腰，平底微凹。近底部饰有一周细弦纹。口径8.5、底径8.6、高19.0厘米。（图5-3-31E；图版5-3-134：1）

M91：18，觚形杯。泥质黑陶，胎色发红。侈口，尖圆唇，筒形腹，束腰，平底微凹，近底部有明显转折。腹中部以下饰有数道凹弦纹。口径8.5、底径9.0、高20.1厘米。（图5-3-31E；图版5-3-134：2）

陶匜　1件。

M91：38，泥质灰黑陶。敛口，圆唇，短流，折肩，下腹急收，平底。口径17.1～19.6、底径6.0、高7.8厘米。（图5-3-31E；图版5-3-134：3）

陶大口缸　1件。

M91：7，夹砂红褐陶。未修复。

石锛　2件。

M91：30，硅质岩。长方形，顶部未打磨，较粗糙，器身磨制光滑，器身上、下大体同宽，腹面略宽于背面，单面锋，直刃。长8.1、腹宽3.6、背宽3.4、厚1.1厘米。（图5-3-31F；图版5-3-135：1）

M91：31，硅质岩。长方形，磨制较细，通体光滑，器身上部略厚，下部略薄，腹面略宽于背面，单面锋，直刃。长3.2、腹宽1.9、背宽1.7、上厚0.65、下厚0.5厘米。（图5-3-31F；图版

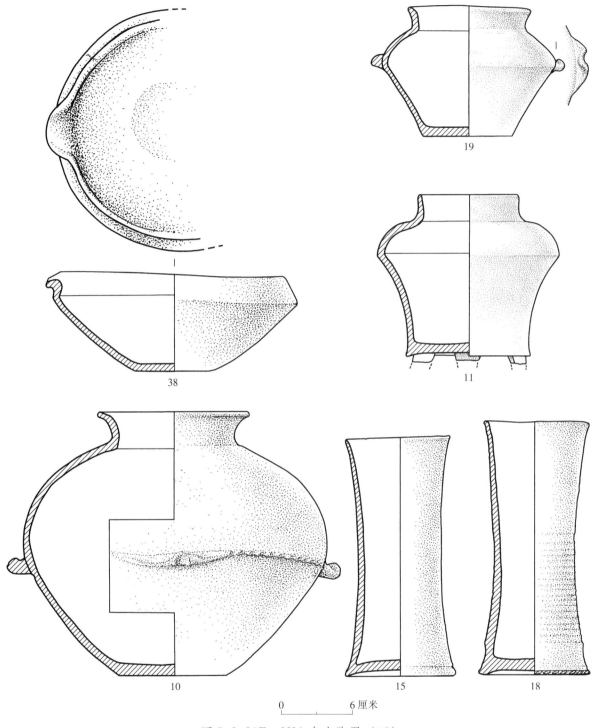

0 ____ 6 厘米

图 5-3-31E M91 出土陶器 (四)

10. 有腰脊罐 11. 三足罐 15、18. 觚形杯 19. 无腰脊罐 38. 匜

5-3-135：2）

玉钺 1 件。

M91：29，斜绿泥石含量较高的透闪石，玉色灰绿，有白色沁斑。通体打磨光滑。整体近长梯形，上端略窄，残缺一角，下端较宽，舌形刃，一面中间留有细长切割痕。两面管钻，孔中留有对钻痕迹。长 14.1、刃宽 6.2、厚 1.0、孔径 1.1~1.3 厘米。（图 5-3-31H；图版 5-3-136）

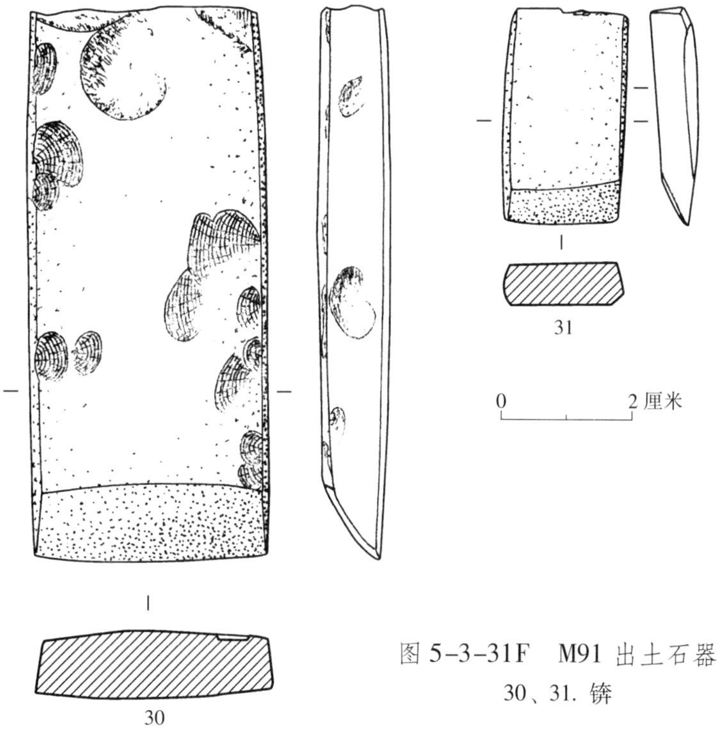

图 5-3-31F　M91 出土石器
30、31. 锛

玉镯　3 件。

M91:23，透闪石—阳起石，灰白色，有灰褐色沁斑。断为两半，其中一残断处在两端外侧各对钻一孔，另一残断处在内、外侧各对钻一孔，以便系缚。镯外缘尖薄，内侧留有明显的对钻痕迹，横截面近三角形。外径7.5、内径5.8、最厚0.67厘米。（图5-3-31G；图版5-3-137：1、2）

M91:34，阳起石—透闪石，灰白色，有墨绿色沁斑。器形较为规整，外侧圆钝，内侧无明显对钻痕迹，横截面近等腰三角形。断为两半，两端各在内侧对钻一孔，用以系缚相连。外径6.7、内径5.2、厚0.75厘米。（图5-3-31G；图版5-3-138：1、2）

M91:36，阳起石—透闪石，灰白色，有墨绿色沁斑。器形不甚规整，镯外缘尖薄，内侧有明显对钻痕迹，镯体表面有切割痕，横截面近等腰三角形。断为两半，未见在两端对钻系孔。结合出土位置判断，应是入葬后断为两半。外径6.6、内径4.8、厚0.9厘米。（图5-3-31G；图版5-3-135：3）

玉环　10 件。

M91:21，灰白色，有褐色沁斑。窄边环，环内侧有单面钻痕迹，横截面近梯形。外径3.2、内径2.2、厚0.2厘米。（图5-3-31H；图版5-3-140：1）

M91:22，灰白色，有较多的褐色沁斑。窄边环，环内外侧有对钻痕迹，横截面呈六边形。外径3.1、内径1.7、厚0.3厘米。（图5-3-31H；图版5-3-140：2）

M91:24，灰白色，有褐色沁斑。宽边环，环内外侧有对钻痕迹，横截面近扁长方形。外径3.0、内径1.4、厚0.2厘米。（图5-3-31H；图版5-3-140：3）

M91:25，灰白色，有褐色沁斑。窄边环，环内外侧有单面钻痕迹，横截面近扁三角形。外径2.8、内径1.8、厚0.2厘米。（图5-3-31H；图版5-3-140：4）

M91:26，器形不甚规整，出土时断为两半。窄边环，环内外侧留有对钻痕迹，横截面呈六边

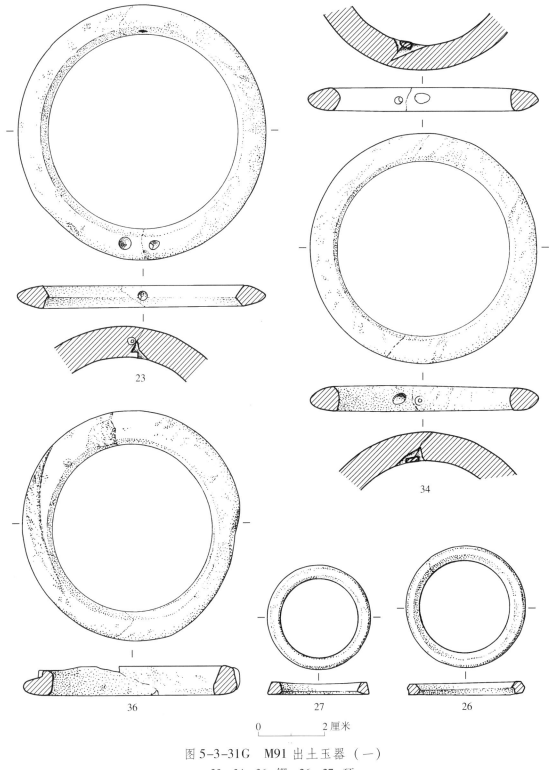

图 5-3-31G　M91 出土玉器（一）

23、34、36. 镯　26、27. 环

形。外径 3.6、内径 2.8、厚 0.4 厘米。（图 5-3-31G；图版 5-3-139：1、2）

　　M91：27，灰白色，有褐色沁斑。窄边环，环内外侧有对钻痕迹，横截面近不规则四边形。外径 3.1、内径 2.3、厚 0.2～0.4 厘米。（图 5-3-31G；图版 5-3-140：5）

　　M91：28，灰白色，有褐色沁斑。宽边环，环内外侧有单面钻痕迹，横截面近扁长方形。外径

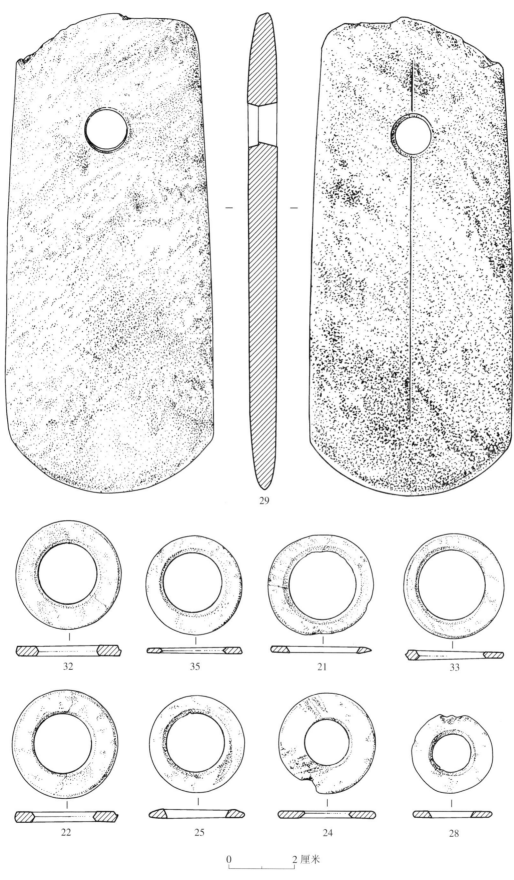

0 _____ 2厘米

图 5-3-31H　M91 出土玉器（二）

21、22、24、25、28、32、33、35. 环　29. 钺

2.4、内径1.2、厚0.2厘米。（图5-3-31H；图版5-3-140：6）

M91：32，灰白色，有褐色沁斑扁。窄边环，环内外侧虽经打磨，仍然留有对钻痕迹。横截面近扁六边形。外径3.2、内径1.8、厚0.3厘米。（图5-3-31H；图版5-3-140：7）

M91：33，灰白色，局部有褐色沁斑。窄边环，环内外侧留有对钻痕迹，横截面近扁长方形。外径3.1、内径2.0、厚0.14～0.3厘米。（图5-3-31H；图版5-3-140：8）

M91：35，灰白色，局部有褐色沁斑。窄边环，环内外侧留有对钻痕迹，横截面近五边形。外径2.8、内径1.7、厚0.11～0.18厘米。（图5-3-31H；图版5-3-140：9）

M92

M92位于T0610西部，部分进入T0510内，开口于第5层下，打破第6层。方向335度。长方形竖穴土坑墓，墓口长3.3、宽1.26米，墓底长3.2、宽1.16米，墓深0.6米。墓内填土为灰褐色块状花土，内含有少量的烧土颗粒。墓内的人骨位于墓底中部略偏北处，仅头骨和上肢骨尚有部分保存。墓主仰身直肢，双臂垂放于身体两侧。因朽腐较甚，性别、年龄难以鉴定。（图5-3-32A；图版5-3-141～5-3-143）

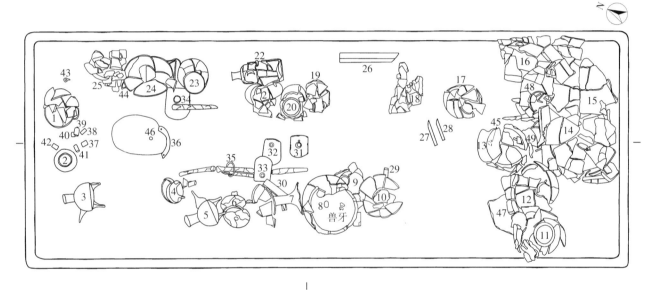

0   40厘米

图5-3-32A　崧泽文化墓葬M92平剖面图

1、23. 陶钵　2、18、20、21、25. 陶壶　3、5. 陶鬶　4、6、8. 陶鼎　7、10、24、49. 陶豆　9、11、12、14、16、17、19、48. 陶罐　13. 陶簋　15. 陶大口缸　22. 陶背壶　26、27. 石凿　28. 玉凿　29、30. 石锛　31～34、44. 石钺　35. 玉镯　36、45. 玉璜　37～42、46. 玉管　43. 钥匙形玉饰　47. 砺石

墓内共出土随葬品49件（套），其中陶器27件（套）、玉器12件、石器10件。陶器主要摆放于墓主的头部、身体两侧及脚部下方（图版5-3-144：1）；头部有钵、壶、鬶等3件；身体左侧自北向南摆放有壶、豆、钵、背壶等（图版5-3-145：1、2）；右侧陶器自北向南有陶鼎、鬶、鼎、豆等（图版5-3-144：2）；脚部下方的陶器数量较多，几乎堆满整个墓坑的南部，主要有陶大口缸、陶簋、陶罐等（图版5-3-146：1）。

10件石器中，石钺5件、石锛2件、石凿2件、砺石1件。其中，在墓主的右上肢骨旁置长条形石锛1件，在约右下肢骨的位置放小石锛1件；在大致左脚处的位置摆放小石凿1件；另外在墓坑中部近东壁处放置长条形大石凿1件。5件石钺，在墓主左肩处置一，刃部朝西；右上肢骨处置一，刃部朝东；腹部自北向南置2件，刃部均向西。另在墓坑东侧近头部的豆、壶下叠压1件石钺，刃部朝东。砺石1件，叠压于西南角的陶罐下。

12件玉器中，有6件玉管置于墓主头部上方的壶、钵之间，近似环状摆放（图版5-3-147：1），另1件玉饰则放于陶钵东侧近墓坑的东北角处。1件玉璜置于墓主的下颌处（图版5-3-146：2），在大致口、鼻之间的位置放置玉管1件。墓主右上肢骨的中部，环套玉镯1件，出土时完好（图版5-3-147：3）。在墓主左脚下方的夹砂红陶簋下，叠压玉璜1件。在大致左脚位置的小石凿南侧放置玉凿1件（图版5-3-147：2）。

此外，在墓主左侧近盆骨处的陶鼎内，发现兽牙2颗，因残碎较甚，种属难以鉴定。

随葬品中M92：18陶壶因残碎厉害，未能复原。

陶鼎 3件。

M92：4，曲形足鼎。带盖。夹砂红褐陶。侈口，沿微卷，矮颈，浅弧腹，圜底，鼎足弯曲，截面近变偏平。一足上方附一宽梯形把手，尾部卷曲。每只足的足根两侧各饰一捺窝。盖浅喇叭形纽，弧壁近平。盖径11.3、高4.3厘米；口径10.2、高13.5厘米，通高17.8厘米。（图5-3-32B；图版5-3-148：1）

M92：6，锥形足鼎。带盖。夹砂红褐陶。侈口，圆唇，束颈，球腹，圜底，锥形实足，下部残断。盖为实心纽，斜直壁，敞口。盖口径13.1、高5.4厘米，鼎口径12.0、残高12.1厘米。（图5-3-32B；图版5-3-148：2）

M92：8，铲形足鼎，带盖。夹砂红褐陶。盆形鼎，口近直，宽平沿，圆唇，折腹，圜底，铲形实足。折腹处饰三道细凸弦纹。盖为实心纽，弧壁，敞口。盖口径25.8、高10.4厘米，鼎口径25.8、高16.8厘米，通高27.2厘米。（图5-3-32B；图版5-3-148：3）

陶鬶 2件，均为凿形足鬶。

M92：3，泥质灰陶，胎色发黄。喇叭形口，尖圆唇，圆肩，上腹圆鼓，至底部折收为浅圜底。一足上方附三角形把手，略上翘。口径6.3、高21.1厘米。（图5-3-32B；图版5-3-149：1）

M92：5，泥质灰陶，胎色发红。喇叭形口，尖圆唇，圆肩，上腹圆鼓，至底部折收为浅圜底。一足上方附三角形把手，略上翘。口径6.6、通高22.0厘米。（图5-3-32B；图版5-3-149：2）

陶豆 4件。

M92：7，盘形豆。泥质灰黑陶，胎色发红。敛口，圆唇，折壁，细高柄，上部略粗下部略细，喇叭形圈足。豆盘中部及圈足处各有一道明显的折痕，豆柄上部饰有数道细凹弦纹，柄中

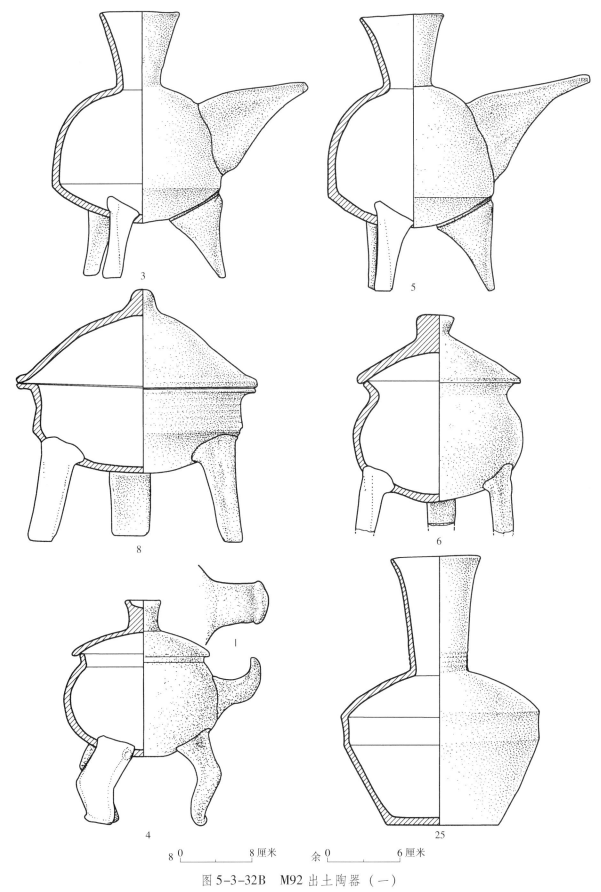

8 0 _____ 8厘米　　余 0 _____ 6厘米

图 5-3-32B　M92 出土陶器（一）

3、5. 凿形足鬶　4. 曲形足鼎　6. 锥形足鼎　8. 铲形足鼎　25. 壶

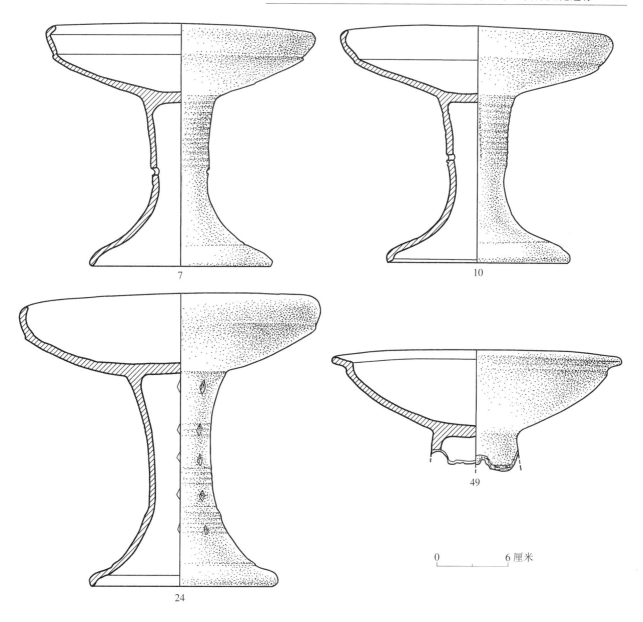

图 5-3-32C　M92 出土陶器（二）

7、10、24、49. 盘形豆

部饰 4 个对称的圆形小镂孔。口径 20.8、足径 14.5、高 19.2 厘米。（图 5-3-32C；图版 5-3-150：1）

　　M92：10，盘形豆。泥质灰黑陶，胎色发红。敛口，尖圆唇，折壁，细高柄，上部略粗下部略细，喇叭形圈足。豆盘中部及圈足处各有 1 道明显的折痕，豆柄上部饰有数道细凹弦纹，弦纹上有 4 组竖向刻划的浅镂孔，孔未钻透；柄中部饰 4 个对称的圆形小镂孔。口径 21.3、足径 14.7、高 18.9 厘米。（图 5-3-32C；图版 5-3-150：2）

　　M92：24，盘形豆。泥质灰陶，胎色发黄。敛口，尖圆唇，折壁，柄部呈束腰状，上部略粗，下部略细，喇叭形圈足。豆盘及圈足处折痕明显。柄部饰 3 组细弦纹，间饰以菱形镂孔。口径 22.8、足径 14.6、高 23.2 厘米。（图 5-3-32C；图版 5-3-150：3）

　　M92：49，盘形豆，残剩豆盘，泥质灰黑陶。敞口，圆唇，唇下内折，弧壁，豆盘以下残。口径 23.3、残高 9.8 厘米。（图 5-3-32C；图版 5-3-150：4）

陶罐 8 件。

M92：9，折肩折腹罐。泥质灰黑陶，胎色发红。侈口，尖圆唇，直颈微束，圆肩，上腹斜直，下腹折收为平底。肩部及下腹部各饰有两道凹弦纹。口径 7.8、底径 7.7、高 17.1 厘米。（图 5-3-32E；图版 5-3-151：1）

M92：11，无腰脊罐。泥质灰陶。侈口，圆唇，鼓肩，弧腹，平底。腹中部饰两个对称的鸡冠形耳錾。口径 13.6、底径 12.1、高 24.0 厘米。（图 5-3-32D；图版 5-3-152：1）

M92：12，无腰脊罐。泥质灰陶。侈口，圆唇，折肩，折腹，平底。口径 12.0、底径 10.7、高 24.0 厘米。（图 5-3-32D；图版 5-3-152：2）

M92：14，无腰脊罐。泥质灰陶。侈口，圆唇，鼓肩，弧腹，平底。腹中部饰两个对称的鸡冠形耳錾。口径 12.7、底径 10.0、高 22.4 厘米。（图 5-3-32D；图版 5-3-151：4）

M92：16，有腰脊罐。泥质灰陶。侈口，圆唇，矮颈，广肩，折腹略扁，平底。肩、腹转折处饰一周细窄的附加堆纹，堆纹上堆贴两个对称的鸡冠形耳錾。口径 13.2、底径 10.7、高 24.8 厘米。（图 5-3-32D；图版 5-3-152：3）

M92：17，折肩折腹罐。泥质灰褐陶。侈口，圆唇，束颈，折肩，上腹弧凹，下腹折收为平底。上、下腹部转折明显，肩、腹部各饰一周细窄的附加堆纹。口径 7.5、底径 7.6、高 16.6 厘米。（图 5-3-32E；图版 5-3-151：2）

M92：19，折肩折腹罐。泥质灰黑陶。直口微侈，圆唇，矮颈，鼓肩，上腹弧凹，下腹弧收为平底。口径 8.5、底径 6.0、高 11.3 厘米。（图 5-3-32E；图版 5-3-151：3）

M92：48，有腰脊罐。泥质灰陶。侈口，尖圆唇，矮颈，鼓肩，弧腹，平底。器腹中部略偏下处饰一周附加堆纹。口径 9.4、底径 6.5、高 17.2 厘米。（图 5-3-32D；图版 5-3-152：4）

陶壶 5 件。

M92：2，泥质灰黑陶，胎色发红。口残，折肩，上腹略弧凹，下腹弧收为平底。底径 6.3、残高 13.4 厘米。（图 5-3-32E；图版 5-3-153：1）

M92：18，泥质灰陶。未修复。

M92：20，泥质灰黑陶，胎色发红。侈口，圆唇，高颈，折肩，上腹弧凹，下腹折收为平底。口径 7.8、底径 6.8、高 13.6 厘米。（图 5-3-32E；图版 5-3-153：2）

M92：21，泥质灰黑陶，胎色发红。侈口，尖圆唇，高颈，溜肩，上腹斜直，下腹弧收为平底。腹中部饰有不甚规则的交叉刻划纹。口径 7.1、底径 6.2、高 16.4 厘米。（图 5-3-32E；图版 5-3-153：3）

M92：25，泥质灰黑陶。侈口，尖圆唇，高颈至下部略收，圆肩折收，上腹部略弧凹，下腹部直收为平底。颈下部饰四道凹弦纹。口径 7.2、底径 9.1、高 21.4 厘米。（图 5-3-32B；图版 5-3-153：4）

陶钵 2 件。

M92：1，泥质灰黑陶，胎色发红，口微侈，圆唇，溜肩，折腹，平底。口径 12.0、底径 7.1、高 13.1 厘米。（图 5-3-32E；图版 5-3-154：1）

M92：23，泥质灰黑陶，胎色发红。敛口，圆唇，弧折腹，平底。口径 12.8、底径 8.1、高 10.2 厘米。（图 5-3-32E；图版 5-3-154：2）

陶簋 1 件。

图 5-3-32D　M92 出土陶器（三）

11、12、14. 无腰脊罐　16、48. 有腰脊罐

图 5-3-32E　M92 出土陶器 （四）

1、23. 钵　2、20、21. 壶　9、17、19. 折肩折腹罐

　　M92：13，夹粗砂红陶，胎体厚重。敞口，方唇，直腹较深，高圈足。器表施有红衣，多已剥落。腹部饰有一道凹弦纹，圈足处饰有五道凹弦纹。口径24.8、足径13.2、高23.1厘米。（图5-3-32G；图版5-3-155）

　　陶大口缸　1件。

　　M92：15，尖底大口缸。夹砂红褐陶。敞口，方圆唇，束颈，深弧腹内收为尖圆底。器表施有红衣，多已剥落。口沿一周饰五个对称的圆孔，颈部饰八道凹弦纹。口径34.4、高57.6厘米。

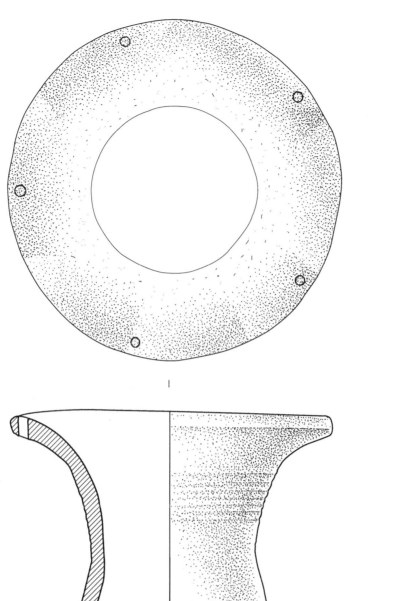

图 5-3-32F M92 出土陶器（五）

15. 尖底大口缸

0 ⸻ 8 厘米

15

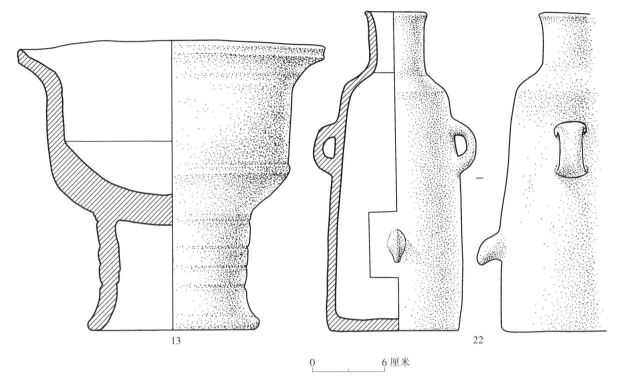

图 5-3-32G　M92 出土陶器（六）
13. 簋　22. 背壶

（图 5-3-32F；图版 5-3-156）

陶背壶　1 件。

M92：22，泥质灰黑陶。口微侈，方圆唇，高颈，窄折肩，深筒形腹，平底。肩下部饰一对半环形耳，两耳正中靠近底部处有一鸟喙状泥突。口径 4.8、底径 10.1、高 25.2 厘米。（图 5-3-32G；图版 5-3-154：3、4）

石钺　5 件。

M92：31，玄武岩，器表呈黑灰色。整器上略窄下略宽，顶端圆弧，留有打制成坯时的石片疤，刃部圆弧，留有砸琢痕，器身中部对钻一大圆孔，其上对钻一小圆孔。长 12.0、上宽 9.0、下宽 10.5、厚 1.4 厘米，上孔径 0.6～1.1、下孔径 3.2～4.0 厘米。（图 5-3-32H；图版 5-3-157：1、2）

M92：32，石英岩，器表呈青灰色。整器上略窄下略宽，通体磨制光滑，顶端圆弧，留有打制成坯时的石片疤，刃部圆弧，未见使用痕迹，两面管钻，孔中留有对钻痕迹。长 14.1、上宽 9.0、下宽 10.2、厚 1.4、孔径 1.6～2.2 厘米。（图 5-3-32H；图版 5-3-157：3）

M92：33，硅质岩。整器上略窄下略宽，顶部留有打制成坯时的石片疤，器身磨制光滑，刃部圆弧，未见使用痕迹，两面管钻，孔中留有对钻痕迹。长 13.3、上宽 7.8、下宽 9.0、厚 1.2、孔径 2.4～3.1 厘米。（图 5-3-32H；图版 5-3-157：4）

M92：34，玄武岩。整器上略窄下略宽，顶部留有打制成坯时的石片疤，器身磨制光滑，刃部圆弧，两面管钻，孔中留有对钻痕迹。长 18.2、上宽 11.4、下宽 14.0、厚 1.2、孔径 4.0～4.6 厘米。（图 5-3-32I；图版 5-3-158：1、2）

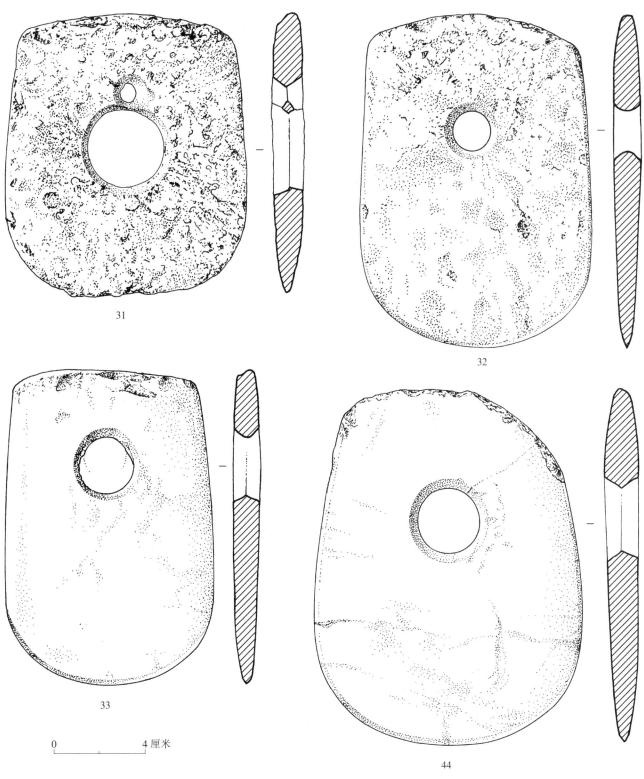

31

32

33

0 ⊢—⊢—⊢—⊣ 4 厘米

44

图 5-3-32H　M92 出土石器（一）

31 ~ 33、44. 钺

M92：44，花岗岩。整器上窄下宽，顶部圆弧，留有打制成坯时的石片疤，器身磨制光滑，刃部圆弧，未见使用痕迹，两面管钻，孔中留有对钻痕迹。长 15.1、最宽 11.7、厚 1.4、孔径 2.6 ~ 3.6 厘米。（图 5-3-32H；图版 5-3-158：3、4）

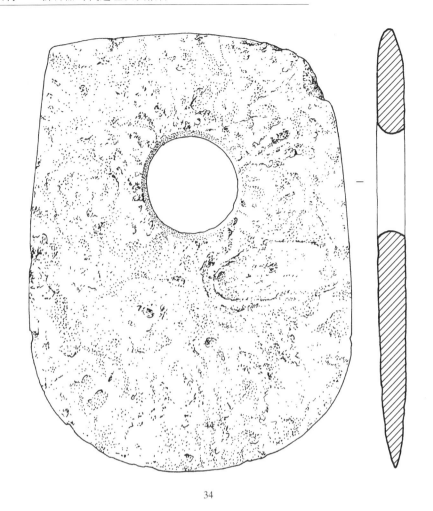

34

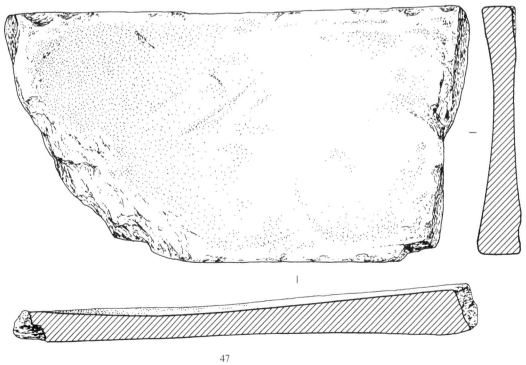

47

0 _____ 4厘米

图 5-3-32I　M92 出土石器（二）

34. 钺　47. 砺石

石锛 2件。

M92：29，硅质泥岩。长条形，器身有崩损，上、下部及背、腹面均大体同宽。长8.0、宽2.4、厚1.0厘米。（图5-3-32J；图版5-3-159：1）

M92：30，硅质泥岩。平面呈长条形，顶部未经打磨，器身磨制较光滑，上部略薄，下部略厚，上、下部大体同宽，单面锋，直刃。长18.4、宽3.8、上厚1.4、下厚2.1厘米。（图5-3-32J；图版5-3-159：2）

石凿 2件。

M92：26，泥灰岩。长条形，顶部未经打磨，器表略有崩损，器身磨制光滑，上、下部以及背、腹面均大体同宽，单面锋，直刃。长33.4、宽4.25、厚4.2厘米。（图5-3-32J；图版5-3-160）

M92：27，泥岩。长条形，器表有崩损，通体较粗糙，未经打磨，上部略宽，下部略窄，背、腹面大体同宽。长11.0、上宽1.4、下宽1.0、厚1.5厘米。（图5-3-32J；图版5-3-159：3）

砺石 1件。

M92：47，砂岩。近方形，中部略凹薄，四边较厚。最长20.2、最宽10.6、厚0.8～1.8厘米。（图5-3-32I；图版5-3-159：4）

玉璜 2件。

M92：36，透闪石—阳起石，灰白色，有褐色沁斑。半环状璜，内、外缘圆弧，两端斜直，器体较扁平，除两端各对钻一孔外，器身边缘处还单面钻有三个小孔。外径16.7、内径12.1、孔径0.3～0.4、厚0.35厘米。（图5-3-32K；图版5-3-161：1、2）

M92：45，含三水铝石的玉髓，半透明。半壁形璜，内径略大于边宽，器形宽厚，横剖面近半圆形，两端的系孔是斜向对钻的。外径5.7、内径2.9、厚0.7～1.95、孔径0.1～0.4厘米。（图5-3-32K；图版5-3-162：1～3）

玉镯 1件。

M92：35，灰绿色。外缘尖薄，横截面近梭形。外径8.6、内径7.2、厚0.7厘米。（图5-3-32L；图版5-3-163：1）

玉凿 1件。

M92：28，长条形，通体磨制光滑。上部略窄，下部略宽，背、腹面大体同宽，单面锋，直刃。长10.7、上宽1.6、下宽1.8、厚1.7厘米。（图5-3-32J；图版5-3-163：4）

玉管 7件。其中6件出土在一起，可能为串饰。（图版5-3-164）

M92：37，含蛋白石的石英岩（玉髓），半透明。方柱形管，横截面近长方形，两端对钻一孔。长径2.3、短径1.2、高3.0、孔径0.3～0.6厘米。（图5-3-32L；图版5-3-165：1）

M92：38，含蛋白石的石英岩（玉髓），乳白色微透明。柱形管，横截面近椭圆形，两端对钻一孔。长径1.6、短径0.9、高3.1、孔径0.2～0.4厘米。（图5-3-32L；图版5-3-165：2）

M92：39，含蛋白石的石英岩（玉髓），黄白色，半透明。柱形管，横截面近扁椭圆形，两端对钻一孔。长径2.2、短径0.9、高4.4、孔径0.1～0.5厘米。（图5-3-32L；图版5-3-165：3）

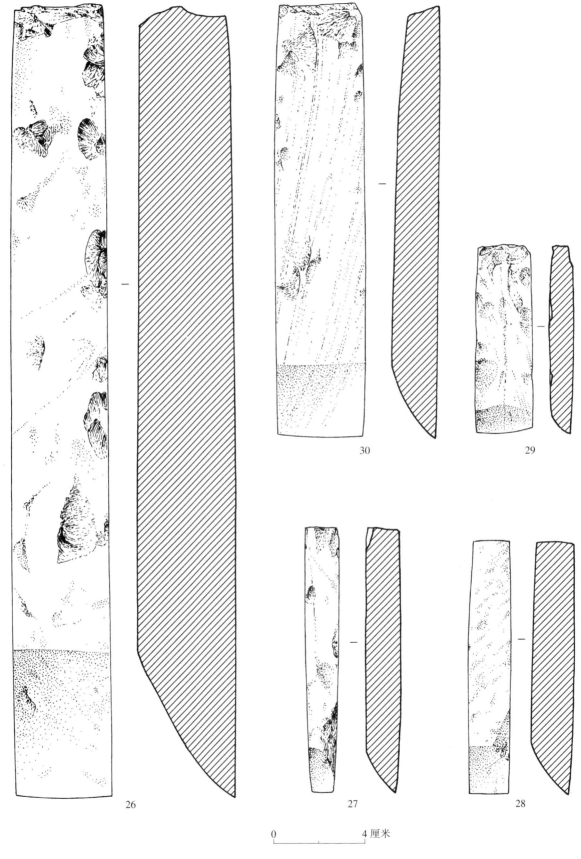

0　　　　　　　　4厘米

图 5-3-32J　M92 出土石器、玉器
26、27. 石凿　28. 玉凿　29、30. 石锛

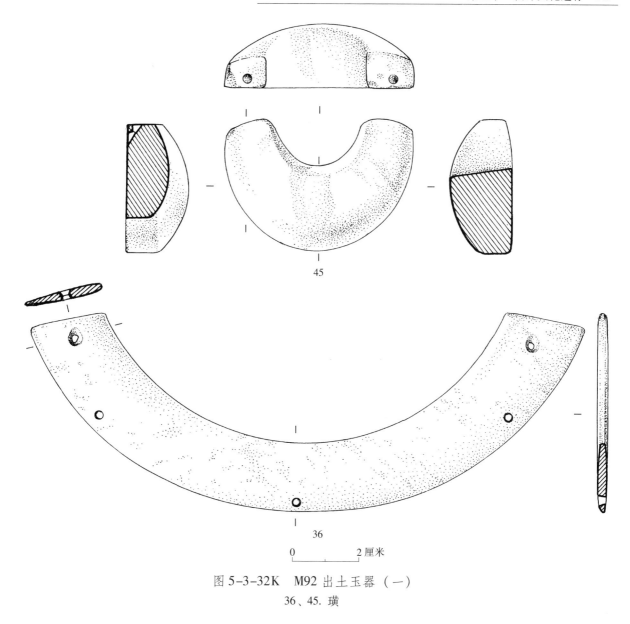

图5-3-32K M92出土玉器（一）

36、45. 璜

M92：40，含蛋白石的石英岩（玉髓），半透明。矮柱形管，横截面近椭圆形，两端对钻一孔。长径2.1、短径1.8、高2.3、孔径0.2~0.45厘米。（图5-3-32L；图版5-3-165：4）

M92：41，含蛋白石的石英岩（玉髓），乳白色微透明。柱形管，横截面近椭圆形，两端对钻一孔。长径1.9、短径1.4、高3.6、孔径0.2~0.6厘米。（图5-3-32L；图版5-3-165：5）

M92：42，含蛋白石的石英岩（玉髓），半透明。柱形管，横截面近椭圆形，两端对钻一孔。长径2.0、短径1.4、高2.8、孔径0.2~0.4厘米。（图5-3-32L；图版5-3-165：6）

M92：46，含蛋白石的石英岩（玉髓），半透明。柱形管，横截面近椭圆形，两端对钻一孔。长径1.3、短径0.9、高1.9、孔径0.1~0.3厘米。（图5-3-32L；图版5-3-163：3）

钥匙形玉饰 1件。

M92：43，灰绿色，有墨绿色沁斑。一端为环状，一端为尖状。长2.8、最宽2.0、厚0.15~0.3、孔径0.8~1.1厘米。（图5-3-32L；图版5-3-163：2）

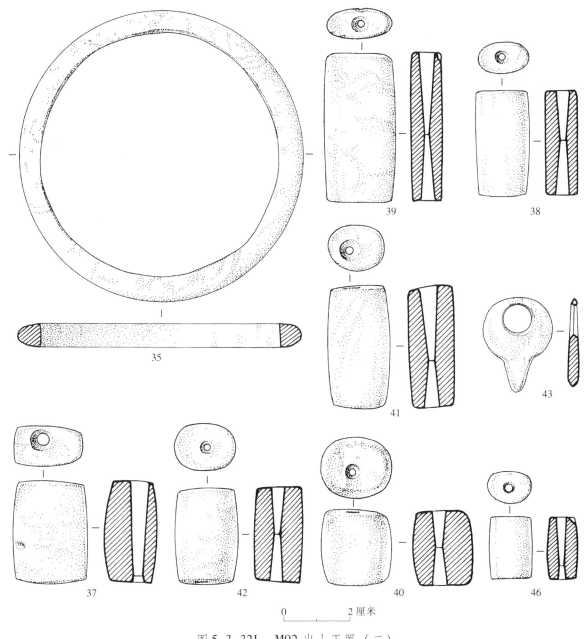

0　　　　　2厘米

图 5-3-32L　M92 出土玉器（二）

35. 镯　37~42、46. 管　43. 钥匙形饰

M93

位于 T0710 西南处，开口于第 4 层下，打破第 5 层。方向 335 度。长方形竖穴土坑墓，墓口长 2.8、宽 1.6~1.65 米，墓底长 2.7、宽 1.5~1.55 米，墓深 0.4 米。墓内填土为灰黑色块状花土，内含有少量的烧土颗粒。墓内的人骨位于墓底的中部偏西，骨架保存较差，仅头骨及下肢骨尚有部分保存。墓主的性别年龄难以鉴定。（图 5-3-33A；图版 5-3-166~5-3-168）

墓葬内共出土随葬品 33 件（套），其中陶器 20 件（套），玉器 13 件。陶器主要置于墓主身体的左右侧。左侧有两排，一排近东壁处，自墓坑东南角往北放置有大口缸、罐、鼎、甗等（图版 5-3-169：1），一排贴近墓主；自南向北放置有鼎、鬶、圈足盘、盘、钵等（图版 5-3-170：1），墓坑东北角摆放有豆、罐、钵（图版 5-3-169：2）。墓主的身体右侧自北向南稀疏地置有鬶、罐

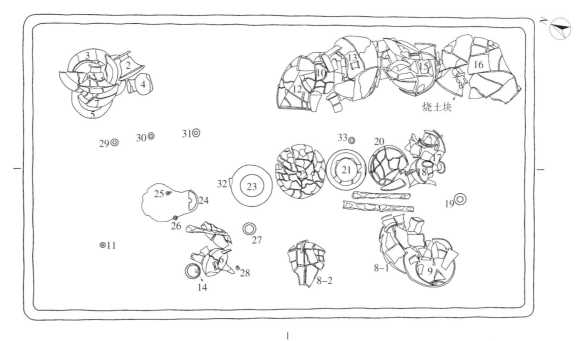

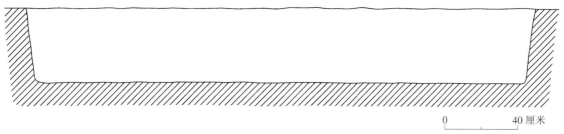

图 5-3-33A　崧泽文化墓葬 M93 平剖面图

1~3. 陶豆　4、8、9、15. 陶罐　5、23. 陶钵　6、18. 陶鬶　7、20、21. 陶圈足盘　10、13、17. 陶鼎　11、14、26、29~31、33. 玉环　12. 陶甗　16. 陶大口缸　19. 镯形玉饰　22. 陶盘　24. 玉璜　25. 钩形玉饰　27. 玉镯　28. 半圆形玉饰　32. 钥匙形玉饰

等（图版 5-3-171：1、2），其中一件陶罐是打碎后将碎片分两处放置，一处大致在墓主的盆骨处，另一处则置于下肢骨旁。

出土玉器的种类有璜、镯、环及玉饰等。其中 1 件玉璜置于墓主的下颌骨处（图版 5-3-170：2）。1 件玉镯大致在墓主右上肢骨的中部，出土时完好；1 件玉镯形饰放置在墓主脚部。玉环的分布较散落，在墓主的头部周围、身体左侧及脚部下方都有出土。此外，在墓主头骨大致耳朵的位置左右分别置 1 件玉环及 1 件钩形玉饰，身体右侧的陶鬶下及左侧的陶钵下也各叠压有玉饰 1 件。

陶鼎　3 件。均为铲形足鼎。

M93：10，夹砂红褐陶。敞口，圆唇，溜肩，圆弧腹，圜底，铲形实足。肩部饰有细弦纹。口径 17.1、器高 20.7 厘米。（图 5-3-33C；图版 5-3-172 下）

M93：13，带盖。夹砂红褐陶。敞口，宽沿近平，盆形腹，浅圜底，宽扁铲形足，每只足的两侧折起。沿面有三道凹弦纹，肩部饰数道细弦纹，足、腹交接处饰五至七个捺窝，折起外侧各饰一个捺窝。盖桥形纽，纽中部微凹，弧壁，口微敛。盖口径 27.6、高 9.8 厘米，鼎口径 31.0、高 20.6 厘米，通高 30.4 厘米。（图 5-3-33B；图版 5-3-173：1）

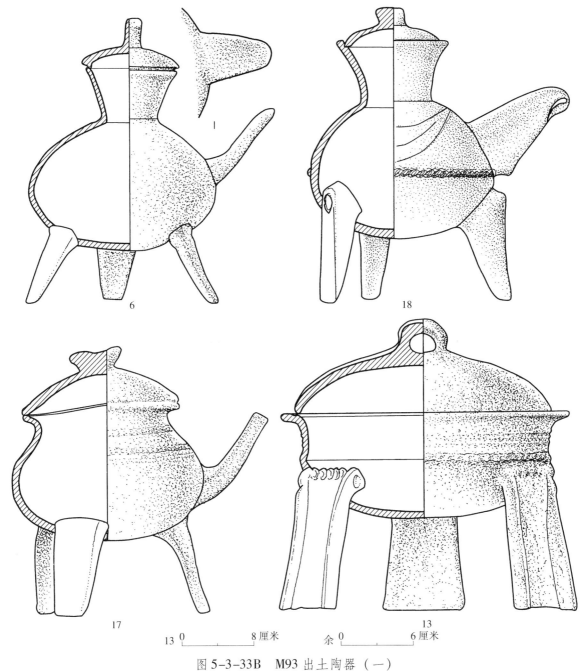

6　18

17　13 0 _____ 8厘米　余 0 _____ 6厘米

图 5-3-33B　M93 出土陶器（一）

6. 铲形足鬶　18. 凿形足鬶　13、17. 铲形足鼎

M93：17，铲形足鼎。带盖。夹砂红褐陶。圆唇，卷沿，束颈，溜肩，圆腹，圜底，铲形足。一足上方鼓腹处附一铲形把手，把手上翘。颈部及上腹部各饰一周浅掐印纹，腹部掐印纹下饰两道细弦纹。器身稍有倾斜。盖实心鸡冠形纽，弧壁，敞口。器盖口径 12.4、高 4.6 厘米，鼎口径 12.4、高 17.0 厘米，通高 21.6 厘米。（图 5-3-33B；图版 5-3-174：1）

陶甑　1件。

M93：12，带盖。夹砂红褐陶。口微敛，方唇微凹，斜弧腹，平底。器腹中部饰两个对称的鸡冠形耳鋬，器底有五个近圆形的箅孔。盖桥形纽，弧壁，敞口。盖口径 18.3、高 6.6 厘米；甑口径 20.2、底径 13.8、高 14.0 厘米，通高 20.6 厘米。（图 5-3-33C；图版 5-3-172 上）

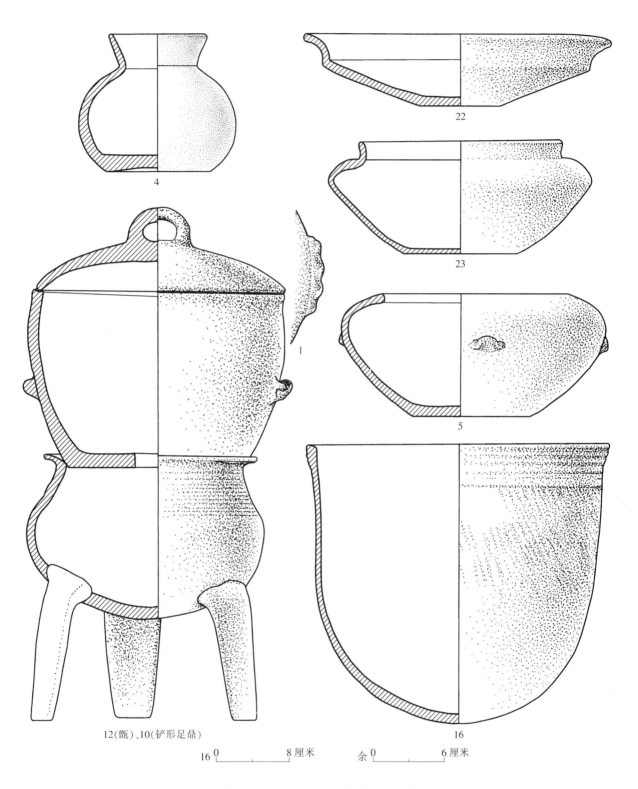

图 5-3-33C　M93 出土陶器（二）

4. 无腰脊罐　5、23. 钵　12、10. 甗、鼎组合　16. 圜底大口缸　22. 盘

陶鬶   2件。

M93：6，铲形足鬶。带盖。器身为夹砂红褐陶，器盖为泥质灰黑陶。喇叭形口，圆唇，束颈，溜肩，鼓腹略扁，圜底。一足上方附一宽扁的三角形把手，把手上翘。盖为实心圆柱形纽，弧壁，子母口。盖口径6.8、高3.9厘米，器口径7.1、高18.7厘米，通高22.6厘米。（图5-3-33B；图版5-3-174：2）

M93：18，凿形足鬶。带盖。器盖为夹砂红褐陶，质轻；器身为夹砂灰陶，器重胎厚。喇叭形口，尖圆唇，束颈，弧肩，圆腹，圜底。一足上方附一三角形把手，把手上翘，尾部卷曲。上腹部饰不规则的浅刻划纹，腹中部堆贴一周附加堆纹，每只足的根部饰有一个捺窝。盖为实心柱状纽，弧壁。盖径7.8、高3.1厘米，器口径8.7、高20.9厘米，通高23.4厘米。（图5-3-33B；图版5-3-175：1、2）

陶豆   3件，均为盘形豆。

M93：1，泥质灰陶，胎色发黄。敛口，圆唇，斜壁，三段式豆柄，豆柄束颈、中间为台状、底口为宽沿。外壁口沿下有一道折痕，中部饰一道细凸棱，颈部饰一周弦纹，台部刻有圆形及弧线三角形镂孔组成的纹饰。口径21.0、足径15.7、高15.5厘米。（图5-3-33D；图版5-3-176：1）

M93：2，泥质灰陶，胎色发红。敛口，圆唇，斜壁，三段式豆柄，豆柄束颈、中间为台状、底口为宽沿。外壁口沿下有一道折痕，中部饰一道细凸棱，颈部饰一周弦纹，台部刻有圆形及弧线三角形镂孔组成的纹饰。口径21.4、足径16.2、高15.4厘米。（图5-3-33D；图版5-3-176：2）

M93：3，泥质灰陶，胎色发红。敛口，圆唇，斜壁，三段式豆柄不甚明显。外壁口沿下有一道折痕，中部饰一道细凸棱，台部饰有圆形小镂孔。口径22.2、足径16.1、高14.4厘米。（图5-3-33D；图版5-3-176：3）

陶罐   4件。

M93：4，无腰脊罐。泥质红褐陶。侈口，圆唇，束颈，鼓腹，平底微内凹。口径7.8、底径8.3、高10.6厘米。（图5-3-33C；图版5-3-176：4）

M93：8，有腰脊陶罐。泥质灰黑陶。侈口，圆唇，矮颈，圆肩，鼓腹，平底。肩、腹部饰三道凸棱，腹中部棱上附两个对称的鸡冠形耳錾。口径11.0、底径10.0、高22.4厘米。（图5-3-33E；图版5-3-177：1）

M93：9，有腰脊陶罐。带盖。泥质红褐陶。器身直口，圆唇，短颈，球腹，平底，最大径在腹中部。肩部附两道凸弦纹，其上堆贴三个对称的桥形纽；腹中部两道凹弦纹及一周凸棱，其上堆贴两个对称的鸡冠形耳錾；肩腹间饰有变形的卷云纹。盖喇叭形纽，折壁，直口微敞。盖折腹处附加一道凹弦纹，其上堆贴三个对称的桥形纽。盖口径10.8、高3.9厘米，器口径8.6、底径9.6、高21.8厘米，通高25.7厘米。（图5-3-33F；图版5-3-178：1、2）

M93：15，有腰脊陶罐。泥质灰陶，胎色发黄。侈口，圆唇，沿面微凹，矮颈，鼓肩，弧腹，平底。肩部饰有两组细弦纹，弦纹间饰弧线刻划纹；腹中部饰一周细附加堆纹，其上堆贴两个对称的鸡冠形耳錾。口径15.0、底径12.4、高23.4厘米。（图5-3-33E；图版5-3-177：2）

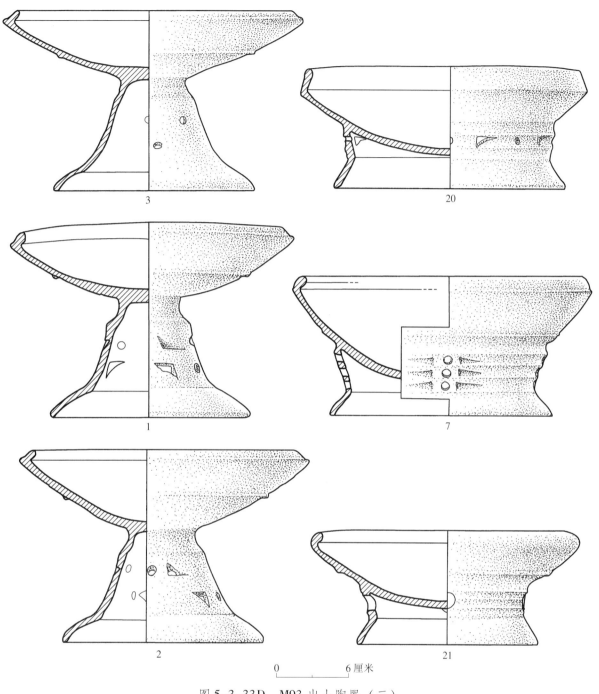

图 5-3-33D　M93 出土陶器（三）

1~3. 盘形豆　7、20、21. 圈足盘

陶钵　2 件。

M93：5，泥质灰黑陶。敛口，圆唇，鼓肩，弧腹，平底。肩部饰四个对称的鸡冠形小錾。口径 15.2、底径 9.7、高 9.6 厘米。（图 5-3-33C；图版 5-3-173：2）

M93：23，泥质灰陶。直口微侈，圆唇，耸肩，斜直腹，平底。口径 16.3、底径 9.3、高 9.0 厘米。（图 5-3-33C；图版 5-3-173：3）

陶圈足盘　3 件。

M93：7，泥质灰陶，胎色发红。敛口，圆唇，深盘，盘中部施一道细凸棱，矮喇叭形圈足。

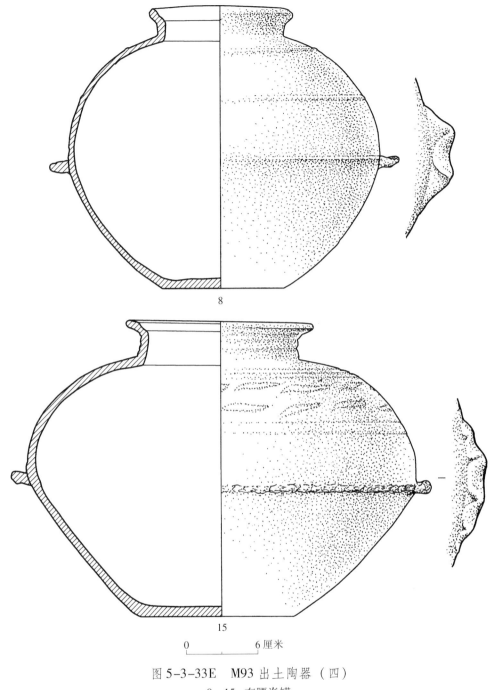

图 5-3-33E　M93 出土陶器（四）

8、15. 有腰脊罐

圈足上饰三道细凸弦纹，以及两组对称的圆形与三角形镂孔组合。口径 23.2、足径 18.3、高 11.0
厘米。（图 5-3-33D；图版 5-3-179：1）

　　M93：20，泥质灰陶，胎色发红。敛口，圆唇，弧壁，深盘，矮喇叭形圈足。圈足上饰有凸
棱两道，间饰以圆形、三角形镂孔组成的纹饰。口径 22.2、足径 18.8、高 9.8 厘米。（图 5-3-
33D；图版 5-3-179：2）

　　M93：21，泥质灰陶。敛口，圆唇，弧壁，盘腹较深，矮喇叭形圈足。盘外壁中部饰一道细
凸棱，圈足饰四道凸棱及四个对称的圆形镂孔。口径 20.1、足径 14.7、高 9.1 厘米。（图 5-3-

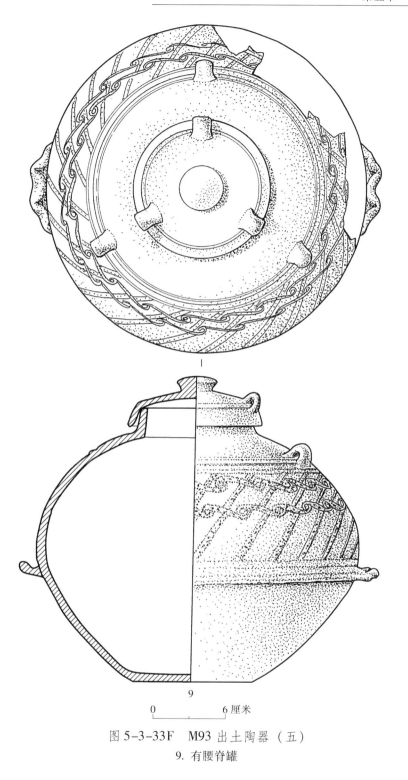

图 5-3-33F　M93 出土陶器（五）

9. 有腰脊罐

33D；图版 5-3-179：3）

陶盘　1 件。

M93：22，泥质灰黑陶，胎色发红。敞口，圆唇，沿下略弧收，浅弧腹，平底。口径 24.8、底径 6.5、高 5.6 厘米。（图 5-3-33C；图版 5-3-179：4）

陶大口缸　1 件。

M93：16，圜底大口缸。夹粗砂红陶，胎体厚重。口近直，方圆唇，深腹，圜底。口沿下饰五

道凹弦纹。口径 32.7、高 29.0 厘米。（图 5-3-33C；图版 5-3-180）

玉璜 1 件。

M93：24，透闪石—阳起石，灰白色，有褐色沁斑。整体似半璧状，内凹的形状稍小于半圆形，底部平弧，两端各对钻一孔，横截面近扁长方形。器表有线状工具切割痕迹。外径 8.6、内径 2.3、孔径 0.2~0.3、厚 0.1~0.4 厘米。（图 5-3-33G；图版 5-3-181：1~4）

玉镯 1 件。

M93：27，黄白色，有褐色沁斑。外缘尖薄，横截面近棱形。外径 6.2、内径 4.7、厚约 0.5 厘米。（图 5-3-33G；图版 5-3-182：1）

镯形玉饰 1 件。

M93：19，灰白色，有褐色沁斑。器形扁薄，内外缘斜直，横截面近梯形。外径 4.9、内径 2.9、厚 0.2~0.3 厘米。（图 5-3-33G；图版 5-3-182：2）

玉环 7 件。

M93：11，灰绿色，有褐色及绿色沁斑。窄边环，器形较小，横截面近扁长方形，中孔对钻。外径 2.5、内径 1.1、厚 0.15 厘米。（图 5-3-33G；图版 5-3-183：1）

M93：14，黄白色，有褐色沁斑。窄边环，横截面近梯形，中孔单面钻。外径 1.8、内径 1.1、厚 0.2 厘米。（图 5-3-33G；图版 5-3-183：2）

M93：26，乳白色，有褐色沁斑。窄边环，横截面呈梯形，中孔对钻。外径 1.8、内径 1.0、厚 0.2~0.3 厘米。（图 5-3-33G；图版 5-3-183：3）

M93：29，灰绿色，有褐色沁斑。窄边环，横截面呈梯形，中孔单面钻。外径 3.3、内径 2.0、厚 0.35 厘米。（图 5-3-33G；图版 5-3-183：4）

M93：30，黄白色，有褐色沁斑。宽边环，横截面呈扁长方形，中孔对钻。外径 2.5、内径 1.0、厚 0.15 厘米。（图 5-3-33G；图版 5-3-183：5）

M93：31，黄白色，有褐色沁斑。宽边环，横截面近梯形，中孔单面钻。外径 3.3、内径 1.2、厚 0.2~0.3 厘米。（图 5-3-33G；图版 5-3-183：6）

M93：33，灰绿色，有褐色沁斑。窄边环，横截面呈五边形，中孔对钻。外径 2.7、内径 1.7、厚 0.3 厘米。（图 5-3-33G；图版 5-3-184：1）

钩形玉饰 1 件。

M93：25，灰白色，有褐色沁斑。形似弯钩状，器身的横截面近方形，近顶端呈 90 度对钻两孔，两孔略有错开。长 2.0、最宽 1.2、厚 0.35~0.5 厘米。（图 5-3-33G；图版 5-3-184：3、4）

半圆形玉饰 1 件。

M93：28，灰白色，有墨绿色沁斑。半圆形，中间有半圆状的条形镂孔，横截面近五边形。外径 1.6~2.1、厚 0.25 厘米。（图 5-3-33G；图版 5-3-184：2）

钥匙形玉饰 1 件。

M93：32，透闪石—阳起石，灰白色，有褐色沁斑。一端为圆饼状，一端近三角状，在圆饼状上钻一系孔，横截面呈扁长方形。长 3.9、最宽 2.0、厚 0.15 厘米。（图 5-3-33G；图版 5-3-184：5、6）

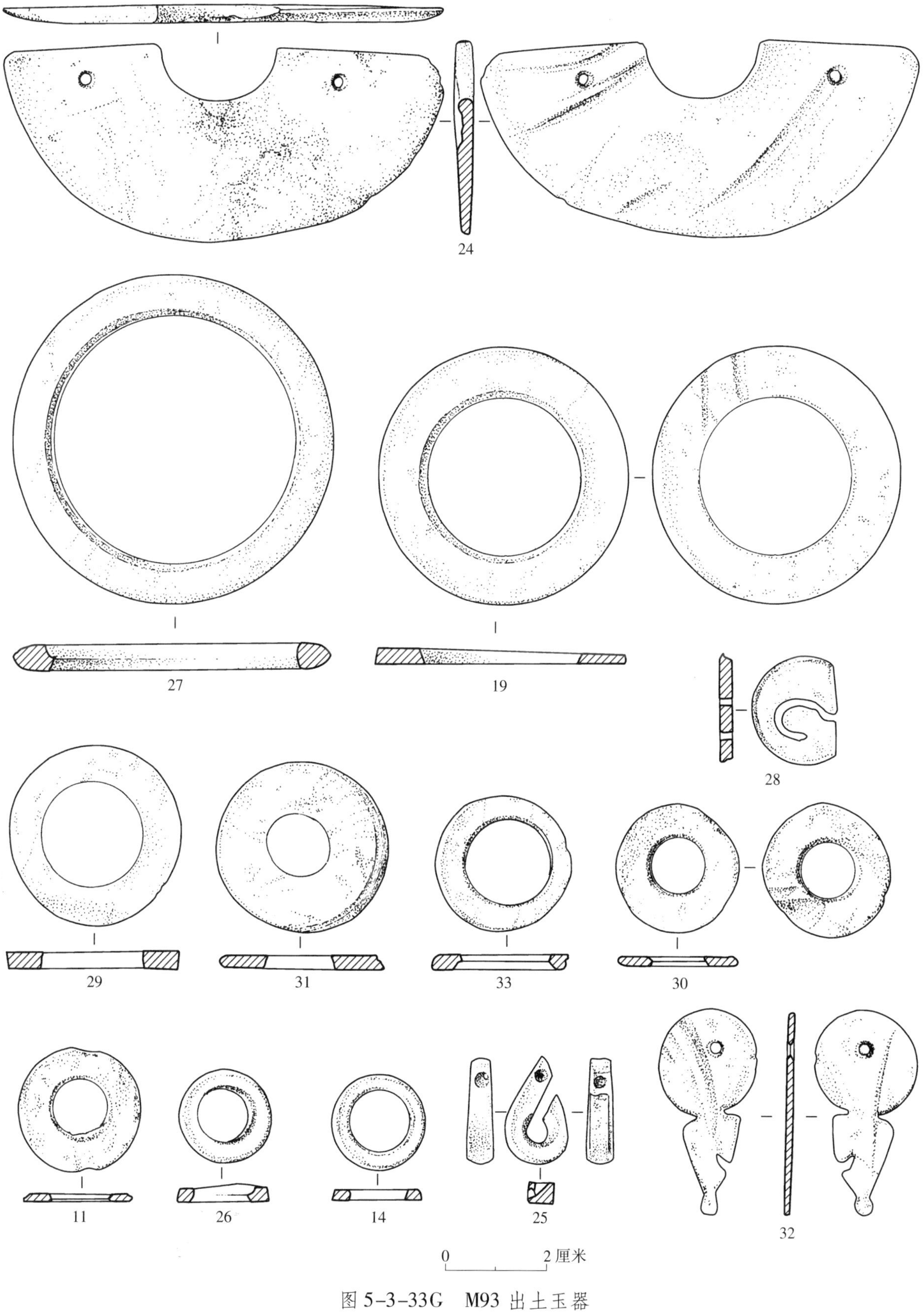

图 5-3-33G M93 出土玉器

11、14、26、29~31、33. 环 19. 镯形饰 24. 璜 25. 钩形饰 27. 镯 28. 半圆形饰 32. 钥匙形饰

M94

位于 T0710 东偏北处，开口于第 4 层下，打破第 5 层。方向 345 度。长方形竖穴土坑墓，墓口长 3.05、宽 1.55 ~ 1.6 米，墓底长 2.95、宽 1.45 ~ 1.5 米，墓深 0.5 米。为了解墓葬是否有葬具，清理时在墓坑内留了"T"字形隔梁进行仔细观察。墓内填土呈灰褐色。人骨基本腐朽殆尽（图 5-3-34A；图版 5-3-185 ~ 5-3-190）。

墓内共出土随葬器物 22 件（套），其中陶器 15 件（套），玉器 5 件，石器 2 件。墓内的陶器大致分放四处：一处在墓坑中部略偏东北处，置陶杯 1 件；一处在墓坑中部的略偏西北处，自北向南整齐摆放有罐、鬶、杯、豆等（图版 5-3-191：1）；另一处在墓坑略偏西南处，放置罐、钵、壶等 3 件（图版 5-3-191：2）；再一处在墓坑的略偏东南处，置豆、带盖陶鼎各 1 件（图版 5-3-192：1）。

玉器有镯、系璧、珠等 5 件。2 件玉镯，1 件置于墓坑东北处陶杯北侧，另 1 件则紧贴墓坑西壁中部放置，出土时已残断为 3 段。玉饰、玉系璧及玉珠各 1 件，分别散落在墓坑东北、西北及

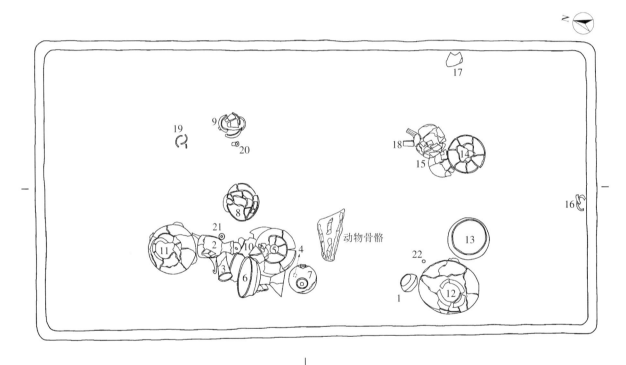

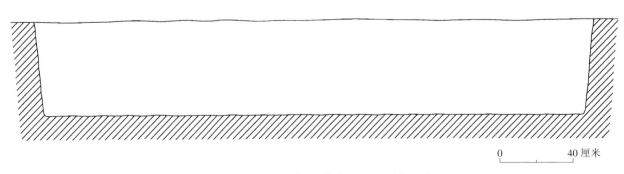

图 5-3-34A   崧泽文化墓葬 M94 平剖面图

1. 陶壶   2、7. 陶鬶   3、9. 陶杯   4. 陶纺轮   5、6、8、10、14. 陶豆   11、12. 陶罐   13. 陶钵   15. 陶鼎
16、19. 玉镯   17. 砺石   18. 石锛   20. 钥匙形玉饰   21. 玉系璧   22. 玉珠

西南的陶器（群）旁。

石器 2 件，其中 1 件石锛置于东南处的陶鼎旁；砺石 1 件，靠墓坑东壁略偏南处放置。

另外，在墓坑中部偏西，有一处动物骨骼痕迹，由于朽腐较甚，已难以知道其形状（图版 5-3-192：2）。

陶鼎 1 件。

M94：15，铲形足鼎。带盖。夹砂红褐陶。侈口，圆唇，溜肩，弧腹，圜底，铲形实足。盖矮喇叭形纽，弧壁，敞口。盖径 12.7、高 3.9 厘米，鼎口径 13.5、高 13.6 厘米，通高 17.5 厘米。（图 5-3-34C；图版 5-3-193：1）

陶鬶 2 件。均为凿形足鬶。

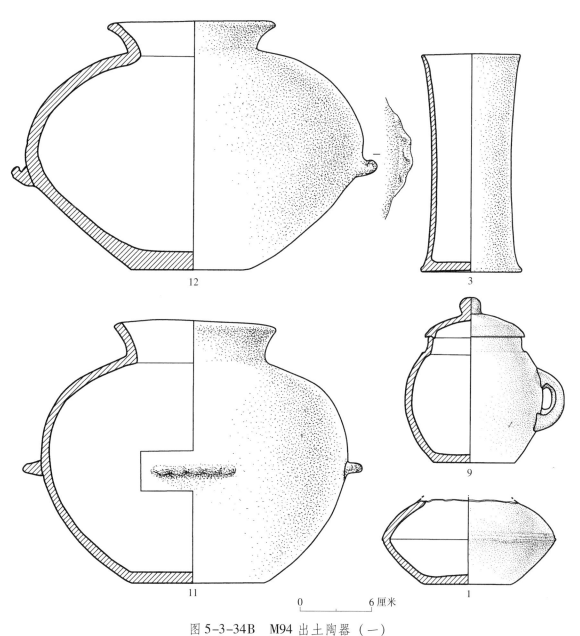

图 5-3-34B　M94 出土陶器（一）

1. 壶　3. 觚形杯　9. 带把杯　11、12. 无腰脊罐

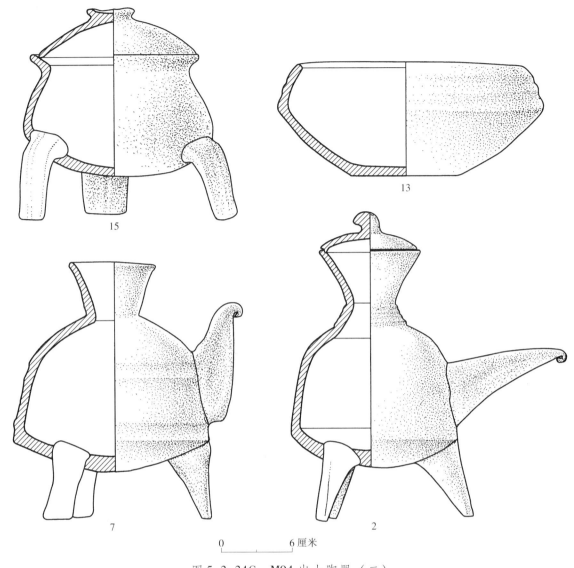

图 5-3-34C M94 出土陶器（二）
2、7. 凿形足鬶 13. 钵 15. 铲形足鼎

M94：2，带盖。器盖为泥质黑陶，器身为泥质灰黑陶，胎色发红。喇叭形口，颈中部收束呈亚腰状，圆唇，溜肩，斜弧腹，圜底。一足上方附一个三角形把手，尾部卷翘。颈部饰四道凸弦纹。盖为鸟首状纽，弧腹，子母口。盖口径 7.2、高 3.2 厘米，鬶口径 7.8、高 21.5 厘米，通高 24.7 厘米。（图 5-3-34C；图版 5-3-193：2）

M94：7，泥质灰陶。喇叭形口，折肩，宽腹。肩部及近底部各有一道较宽的浅凹痕，使得器身初具瓦楞状风格。把手上扬，尾部卷曲。口径 6.6、高 20.4 厘米。（图 5-3-34C；图版 5-3-193：3）

陶豆 5 件。

M94：5，盘形豆。泥质灰黑陶，胎色发红。敛口，圆唇，弧壁，无柄，盘下直接接圈足，圈足与豆盘相接处内凹，圈足底出短沿。口沿下有一道折棱，豆盘下部饰一道凸棱，圈足上饰有菱形、三角形镂孔组成的纹饰。口径 20.3、足径 14.3、高 10.1 厘米。（图 5-3-34D；图版 5-3-194：1）

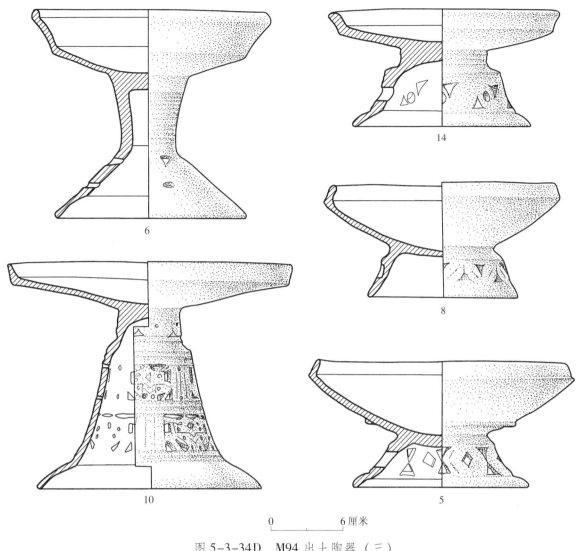

图 5-3-34D　M94 出土陶器（三）

5、6、8. 盘形豆　10、14. 碟形豆

M94∶6，盘形豆。泥质灰黑陶，胎色发黄。敛口，圆唇，折壁，柄部整体呈束腰状，柄上部较粗，下部转折成宽沿。圈足饰有三组圆形、三角形镂孔组成的纹饰，柄部数道轮修形成的浅弦纹。口径 18.5、足径 15.2、高 16.5 厘米。（图 5-3-34D；图版 5-3-194∶2）

M94∶8，盘形豆。泥质灰陶。敛口，圆唇，弧壁，无柄，盘下直接接圈足，圈足与豆盘相接处略凹。柄部饰有弧线三角形及细长条形镂孔组成的纹饰，孔均未钻透。口径 18.0、足径 12.2、高 9.3 厘米。（图 5-3-34D；图版 5-3-195∶1）

M94∶10，碟形豆。泥质黑陶，胎色发红。敞口，尖圆唇，折壁，浅盘，三段式豆柄，豆柄束颈、中部为台状、底口为宽沿。台部饰有繁缛的方形、圆形、椭圆形、三角形等镂孔及细刻划纹组成纹饰。口径 23.0、足径 18.1、高 18.0 厘米。（图 5-3-34D；图版 5-3-196∶1～3）

M94∶14，碟形豆。泥质灰黑陶。敞口，圆唇，浅盘，三段式豆柄，豆柄束颈、中部为台状、底口为宽沿。台部饰有圆形、三角形镂孔组成的纹饰，部分孔未钻透。口径 18.6、足径 14.4、高 9.3 厘米。（图 5-3-34D；图版 5-3-195∶2）

陶罐　2 件，均为无腰脊罐。

M94：11，泥质灰黑陶，胎色发黄。侈口，方唇，束颈，鼓肩，弧腹，平底。腹中部饰四个对称的鸡冠形耳錾。口径13.1、底径10.8、高20.8厘米。（图5-3-34B；图版5-3-197：1）

M94：12，泥质灰黑陶，胎色发红。侈口，圆唇，束颈，鼓肩，弧腹略扁，平底。腹中部饰两个对称的鸡冠形耳錾。口径13.6、底径9.4、高19.8厘米。（图5-3-34B；图版5-3-197：2）

陶壶　1件。

M94：1，泥质黑陶，胎色发红。口、颈部残，扁折腹，平底。腹中部饰三道凹弦纹。底径7.1、残高6.7厘米。（图5-3-34B；图版5-3-198：1）

陶钵　1件。

M94：13，泥质灰黑陶。敛口，圆唇，折弧腹，平底。肩部饰两道不连贯的浅凹棱。口径18.0、底径8.6、高9.1厘米。（图5-3-34C；图版5-3-198：2）

陶杯　2件。

M94：3，觚形杯。泥质灰黑陶。侈口，尖圆唇，筒形腹，束腰，平底略内凹。口径8.0、底径8.0、高17.3厘米。（图5-3-34B；图版5-3-197：3）

M94：9，带把杯，带盖。杯身为泥质黑陶，器盖为泥质红陶。直口圆唇，肩略折，圆弧腹，平底。腹一侧附一半环形把手。盖实心纽，弧壁，子母口。盖径6.0、高3.2厘米，器口径7.5、底径6.5、高10.0厘米，通高13.2厘米。（图5-3-34B；图版5-3-197：4）

陶纺轮　1件。

M94：4，泥质红褐陶。平面近圆形，剖面顶面略弧，底面平直，两侧略弧，中有一圆孔。直径3.6、最厚0.9、孔径0.4厘米。（图5-3-34E；图版5-3-198：3）

石锛　1件。

M94：18，硅质泥岩。器表呈青灰色，长条形，上部略窄，下部略宽，单面锋，直刃。长5.0、上宽2.1、下宽2.4、厚1.0厘米。（图5-3-34E；图版5-3-198：4）

砺石　1件。

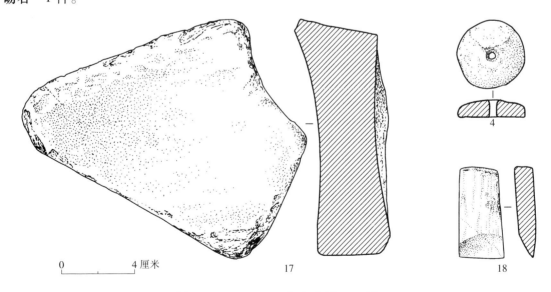

0　　　　4厘米

17　　　　　　　　18

图5-3-34E　M94出土陶器、石器

4. 陶纺轮　17. 砺石　18. 石锛

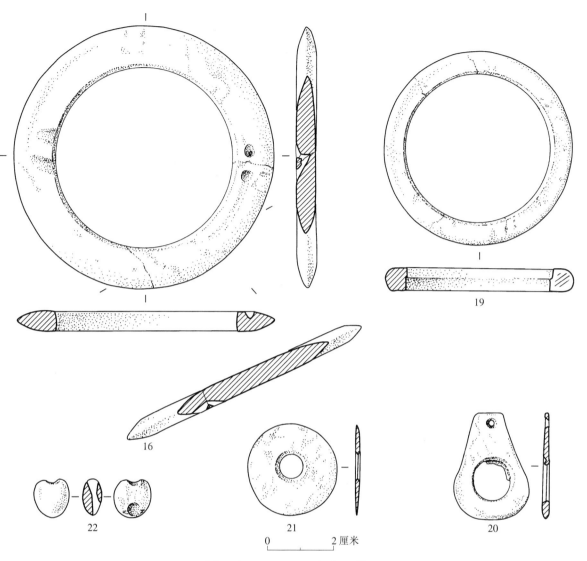

图 5-3-34F　M94 出土玉器

16、19. 镯　20. 钥匙形饰　21. 系璧　22. 珠

M94：17，砂岩。器形呈不规则的四边形，四周略厚，中部略凹薄。最长 15.5、最宽 12.8、厚 3.1~4.6 厘米。（图 5-3-34E；图版 5-3-198：5）

玉镯　2 件。

M94：16，铝含量较高的透闪石，青白色，有墨绿色沁斑。外缘尖薄，横截面近棱形。断为两半，在残断处的外侧各钻两个成 90 度的系孔，用以系缚相连。外径 7.8、内径 5.3、最厚 0.6 厘米。（图 5-3-34F；图版 5-3-199：1~4）

M94：19，灰白色，有褐色沁斑。出土时断为三节。外缘圆弧，横截面近半圆形。外径 5.8、内径 4.4、厚 0.7 厘米。（图 5-3-34F；图版 5-3-200：1）

钥匙形玉饰　1 件。

M94：20，乳白色。一端近环形，一端为梯形，在梯形的顶端钻一系孔，横剖面近扁方形。长径 3.2、短径 2.3、大孔径 1.1~1.2、小孔径 0.15~0.3、厚 0.1~0.2 厘米。（图 5-3-34F；图版 5-3-200：3、4）

玉系璧　1件。

M94：21，乳白色，有青绿色沁斑。器身扁平，孔径小于边宽，横剖面近扁椭圆形。外径2.7、内径0.7、厚0.15厘米。（图5-3-34F；图版5-3-200：2）

玉珠　1件。

M94：22，灰白色。半球形，略残，斜向对钻一系孔。直径0.7～1.0、孔径0.2～0.4厘米。（图5-3-34F；图版5-3-198：6）

M95

位于T0510中部略偏东南，开口于第5层下，打破第6层（图版5-3-201：1、2）。方向335度。长方形竖穴土坑墓，墓口长3.1、宽1.6米，墓底长3.0、宽1.5米，墓深0.37米。为了解墓葬是否有葬具，清理填土时在墓坑中间留了东西向30厘米宽的小隔梁，以辅助观察葬具痕迹（图版5-3-202：1）。在清理了10～20厘米填土并铲清平面后发现，紧贴墓坑四壁周围的是比较纯净的细黄土，被细黄土围绕在墓坑中间部位的是夹细小红烧土颗粒的黄褐土（图版5-3-202：2）。黄褐土的平面形状大体近长方形，北部比较规整，为圆角方形，南面的则不甚规整。黄褐土范围南北长约277厘米，南宽约96厘米，北宽约108厘米。由于两种土色区别明显，东、西、北的相接线亦比较直，因此，判断墓葬是有葬具的。但是，比较困惑的是，按照两种土色划分出来的范围线，个别地方被一些器物隔断，仿佛范围线从器物中间穿过。清理时，按照先清理晚期堆积再清理早期堆积的原则，我们先清理了外围的细黄土（图版5-3-203：1），再清理中间的黄褐土（图版5-3-203：2）。清理后，我们同样有个疑惑，即部分器物是处在两种土色的交接处的。如果说没有葬具，那么细黄土和黄褐土的界限为什么那么明显，这种现象说明了什么？如果是葬具，为什么会出现部分器物"跨界"的现象？这些困惑，我们一时还难以弄清，只能期待以后在工作中继续求证。

墓葬内的人骨位于墓底的中部偏北，虽已朽腐，但是整体骨架保存尚好。墓主仰身直肢，头向西北，面向东北。经初步鉴定，墓主为成年女性。（图5-3-35A；图版5-3-204，5-3-205）

墓葬内共出土随葬品55件（套），其中陶器32件（套），玉器12件，石器11件。陶器摆放于墓主的头部、身体的左右两侧以及脚部下方，几乎摆满了墓主的身体周围（图版5-3-206～5-3-208）。其中，墓主头部正上方置陶壶1件，左上置豆、壶等3件，右上置鬶、壶等4件（图版5-3-207：1）。身体右侧的陶器自北向南放置有壶、罐、鬶、鼎等（图版5-3-207：2）。身体左侧的陶器较少，在紧贴上肢骨处置盘、钵各1件，下肢骨旁置豆、罐等3件。墓主脚部下方堆放大量陶器，主要为罐，另外还有大口缸、豆、盘等（图版5-3-206：2）。

出土玉器12件，种类有环、管、玦、璜等。其中，在墓主头部上方置玉环1件，其周围散置6件小玉管；在墓主下颌骨下压有小玉管1件；1件分体玉璜置于墓主颈部处，其中一半压在颈骨下方（图版5-3-208：1、2）；2件玦形饰置于墓主右侧锁骨处。另在墓主右手腕处出土玉镯1件，出土时已残断为2段。

出土石锛、石凿各4件，石钺2件，石斧1件。其中，在墓主头部放置石凿2件，墓主右侧的陶器堆内有石凿2件、石锛1件，其下叠压石锛1件，右脚处的豆、罐下叠压石锛1件，左脚处的豆旁放置石锛1件。2件石钺分别置于墓主的右侧盆骨上方、右侧股骨旁，其刃部均朝向西南；1件石斧置于左侧胫骨旁，刃部朝向西北。

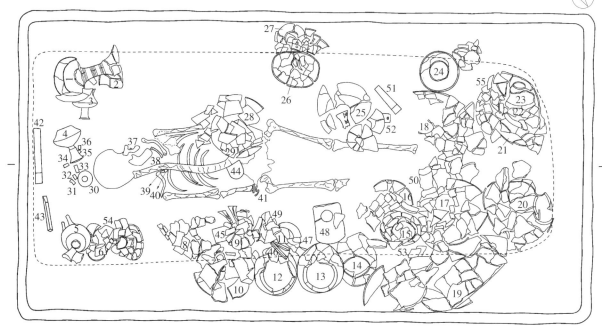

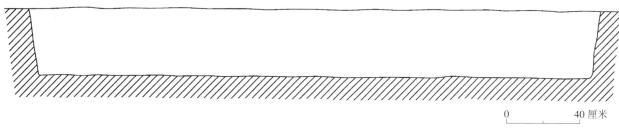

0　　　　　40 厘米

图 5-3-35A　崧泽文化墓葬 M95 平剖面图

1、16、23、25、26. 陶豆　2~4、6、8、11、54. 陶壶　5、9. 陶鬶　7. 陶盉　10、14、15、17、18、20~22、24、27、53. 陶罐　12、13. 陶鼎　19. 陶大口缸　28、55. 陶盘　29. 陶钵　30. 玉环　31~37. 玉管　38. 玉璜　39、40. 玉玦　41. 玉镯　42、43、46、47. 石凿　44、48. 石钺　52. 石斧　45、49~51. 石锛

陶鼎　2 件。

M95：12，凿形足鼎。夹砂红褐陶。侈口，折沿，圆唇，溜肩，圆腹，圜底，凿形实足。肩腹处转折明显。口径 15.8、高 19.0 厘米。（图 5-3-35B；图版 5-3-209：1）

M95：13，铲形足鼎。夹砂红褐陶。侈口，短折沿，方圆唇，溜肩，圆腹，圜底，铲形实足。口径 17.0、高 18.7 厘米。（图 5-3-35B；图版 5-3-209：2）

陶鬶　2 件。均为凿形足鬶。

M95：5，泥质黑陶，胎色发红。喇叭形口，尖圆唇，宽圆肩，腹较直，大圜底。一足上方附一个三角形把手，把手略翘。口径 7.1、高 23.0 厘米。（图 5-3-35B；图版 5-3-209：3）

M95：9，泥质黑陶。喇叭形口，尖圆唇，宽圆肩，腹较直，圜底。一足上方附一个三角形把手，把手略翘。口径 7.4、高 23.0 厘米。（图 5-3-35B；图版 5-3-209：4）

陶豆　5 件。

M95：1，盘形豆。泥质灰黑陶。敛口，圆唇，豆盘上部圆弧，下部折收，柄部整体呈束腰状，

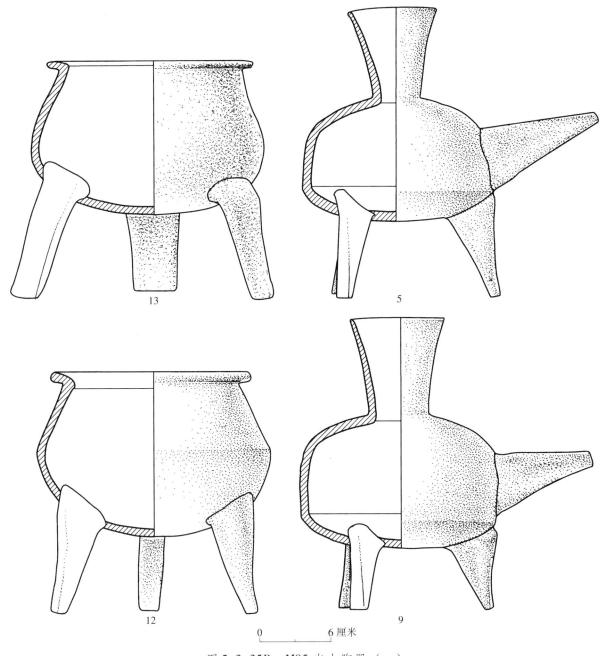

图 5-3-35B   M95 出土陶器（一）

5、9. 凿形足鬶   12. 凿形足鼎   13. 铲形足鼎

上粗下细，矮喇叭形圈足。柄部饰三组细凸弦纹，每组弦纹上附饰四组细长镂孔，孔未钻透。口径 20.6、足径 15.2、高 25.8 厘米。（图 5-3-35C；图版 5-3-210：1）

　　M95：16，碟形豆。泥质灰陶，胎色发黄。敞口，圆唇，折壁，束腰状高柄，喇叭形圈足。柄部饰两组细弦纹，其间饰以大长方形镂孔。口径 17.0、足径 14.2、高 21.2 厘米。（图 5-3-35C；图版 5-3-210：3）

　　M95：23，盘形豆，残剩豆盘。泥质灰黑陶，胎色发红。敛口，圆唇，折壁，豆盘以下残。盘中部饰一周细凸棱。口径 19.6、残高 6.3 厘米。（图 5-3-35C；图版 5-3-210：2）

　　M95：25，盘形豆。泥质灰黑陶，胎色发红。口微敛，圆唇，折壁，柄部整体呈束腰状，上部

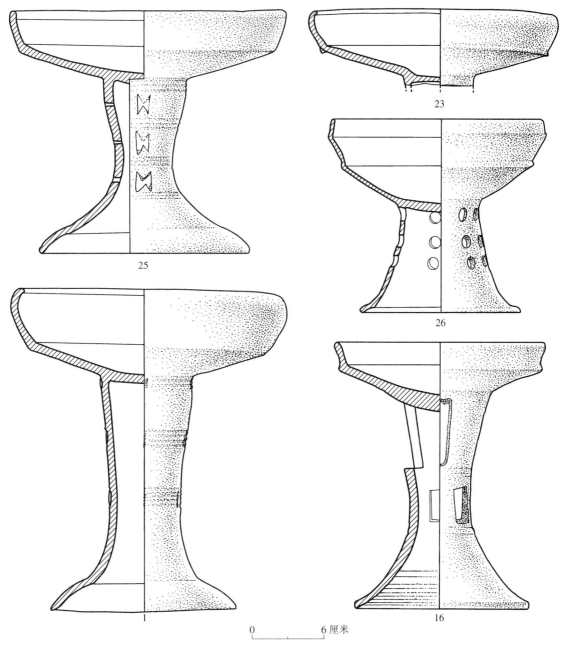

0　　　　　6厘米

图 5-3-35C　M95 出土陶器（二）

1、23、25、26. 盘形豆　16. 碟形豆

外鼓突出，下部转折成大宽沿。柄部饰四组细弦纹，其间饰四组两相对的三角形镂孔，圈足上饰两道细弦纹。口径22.0、足径16.8、高19.3厘米。（图5-3-35C；图版5-3-210：4）

M95：26，盘形豆。泥质灰陶。敛口，尖圆唇，豆盘较深，圈足较矮。口沿下有一道折痕，豆盘中部饰一周凸棱。足上饰三组对称分布的圆形镂孔。口径17.0、足径13.0、高15.3厘米。（图5-3-35C；图版5-3-210：5）

陶罐　11件。

M95：10，有腰脊罐。泥质灰陶。侈口，尖圆唇，束颈，圆肩，弧腹，平底。腹中部饰一周附加堆纹，堆纹上贴附两个对称的鸡冠形耳銴。口径13.8、底径9.2、高20.4厘米。（图5-3-

35E；图版5-3-211：1）

M95：14，有腰脊罐。泥质灰黑陶。侈口，圆唇，束颈，宽圆肩，弧腹，平底。腹中部饰一周附加堆纹，其上堆贴两个对称的耳錾。口径12.0、底径8.8、高20.0厘米。（图5-3-35E；图版5-3-211：2）

M95：15，三足罐。带盖。泥质灰黑陶。口微侈，圆唇，宽圆肩，肩部弧凹，弧腹内收，底近平，三个矮方足。肩上部出二级台阶，下部两道细弦纹，腹中部饰一道凸棱。盖扁方形纽略残，下部钻一圆孔，弧壁，口微敛。盖口径8.0、高5.7厘米，罐口径10.0、高18.5厘米，通高23.4厘米。（图5-3-35F；图版5-3-212：1）

M95：17，圜底罐。泥质红褐陶，器表施红衣。侈口，圆唇，束颈，圆肩，弧腹，圜底。器腹中部饰四个对称的鸡冠形耳錾。口径12.8、高22.3厘米。（图5-3-35D；图版5-3-213：1）

M95：18，折肩折腹罐。泥质灰陶。侈口，圆唇，颈微束，折肩，上腹弧凹，下腹折收，平底。肩腹处饰四道凹弦纹，折腹处饰两道凸弦纹。口径10.0、底径9.5、高18.0厘米。（图5-3-35F；图版5-3-213：4）

M95：20，圜底罐。夹砂红褐陶。侈口，方唇，颈微束，圆肩，弧腹，圜底。器腹中部饰四个对称的耳錾。口径14.6、高25.0厘米。（图5-3-35D；图版5-3-213：2）

M95：21，有腰脊罐。泥质灰陶，胎色发黄。侈口，圆唇，圆肩，弧腹，平底。器腹中部饰一周附加堆纹，其上贴塑两个对称的鸡冠形耳錾。口径16.0、底径12.0、高28.1厘米。（图5-3-35E；图版5-3-211：3）

M95：22，折肩折腹罐。泥质黑陶，

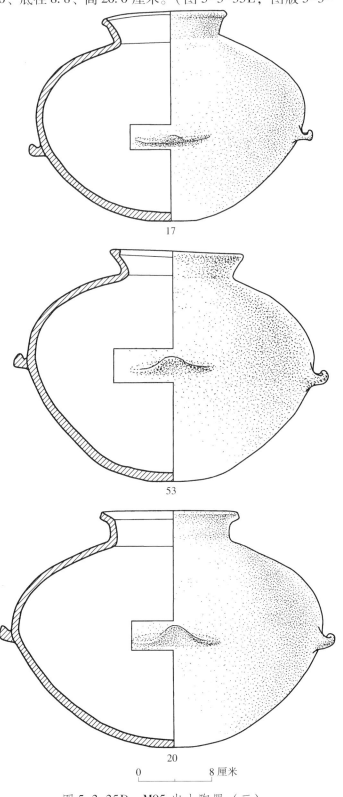

0   8厘米

图5-3-35D　M95出土陶器（三）
17、20、53. 圜底罐

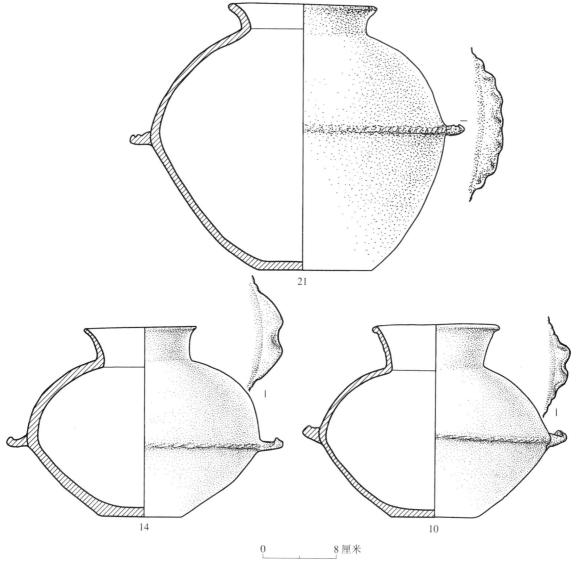

0　　　　　8厘米

图 5-3-35E　M95 出土陶器（四）
10、14、21. 有腰脊罐

胎色发红。侈口，圆唇，颈微束，折肩，肩部出台阶状，扁鼓腹，平底。颈部饰两周浅掐印纹及两道弦纹，腹中部略偏下饰两周附加堆纹。口径 10.3、底径 8.4、高 21.8 厘米。（图 5-3-35F；图版 5-3-212：2）

M95：24，有腰脊罐。泥质灰陶。直口微侈，圆唇，直颈，宽圆肩，弧腹，平底。肩腹转折处有一道细腰脊。口径 10.5、底径 9.1、高 16.1 厘米。（图 5-3-35F；图版 5-3-214：1）

M95：27，折肩折腹罐。泥质黑陶。侈口，圆唇，颈微束，圆肩略折，上腹略弧凹，下腹折收，平底。唇面一道细弦纹。口径 6.8、底径 7.2、高 14.1 厘米。（图 5-3-35F；图版 5-3-214：2）

M95：53，圜底罐。泥质红陶。侈口，圆唇，唇面微折，束颈，圆肩，弧腹，圜底，最大径在器腹中部。器腹中部饰四个对称的耳錾。口径 14.1、高 24.6 厘米。（图 5-3-35D；图版 5-3-213：3）

0 ____ 6厘米

图 5-3-35F　M95 出土陶器（五）

7. 盉　15. 三足罐　18、22、27. 折肩折腹罐　24. 有腰脊罐

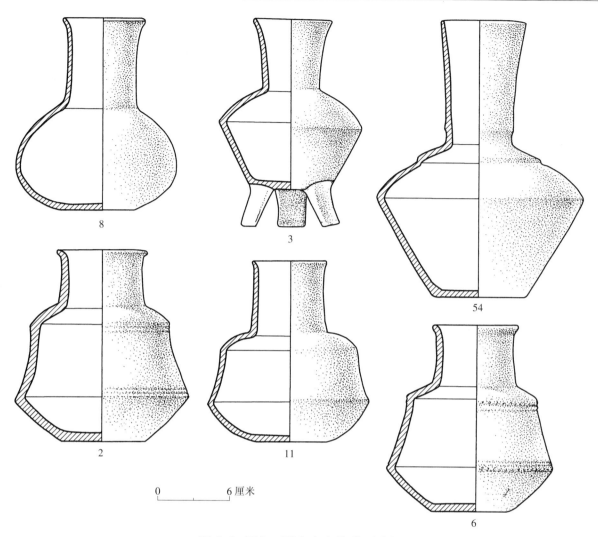

图5-3-35G　M95出土陶器（六）

2、3、6、8、11、54. 壶

陶壶　7件。

M95:2，泥质灰黑陶，胎色发红。口微侈，尖圆唇，直颈，鼓肩，上腹弧凹，下腹折收，平底。肩部及折腹处各饰两道细凸弦纹。口径7.2、底径6.9、高15.2厘米。（图5-3-35G；图版5-3-214：3）

M95:3，夹细砂灰黑陶。侈口，尖圆唇，高直颈，弧肩，斜直腹，平底，下装三个扁平实足。口径6.1、高16.5厘米。（图5-3-35G；图版5-3-211：4）

M95:4，泥质灰黑陶。侈口，尖圆唇，高颈，下部略收，弧肩，扁弧腹，平底。颈下部饰数道细弦纹，上腹部饰三组螺旋状细弦纹。口径7.2、底径6.9、高16.9厘米。（图5-3-35H；图版5-3-214：4）

M95:6，泥质灰黑陶，胎色发红。侈口，圆唇，直颈，折肩，上腹弧凹，下腹折收，平底。肩、腹处各饰一周浅掐印纹及两道凹弦纹。口径6.8、底径6.2、高14.7厘米。（图5-3-35G；图版5-3-215：1）

M95:8，泥质灰黑陶。口微侈，尖圆唇，高直颈，溜肩，圆腹略扁，平底。口径6.6、底径5.8、高15.2厘米。（图5-3-35G；图版5-3-215：3）

M95:11，泥质灰陶，胎色发黄。口微侈，尖圆唇，直颈，折肩，上腹弧凹，下腹折收，平

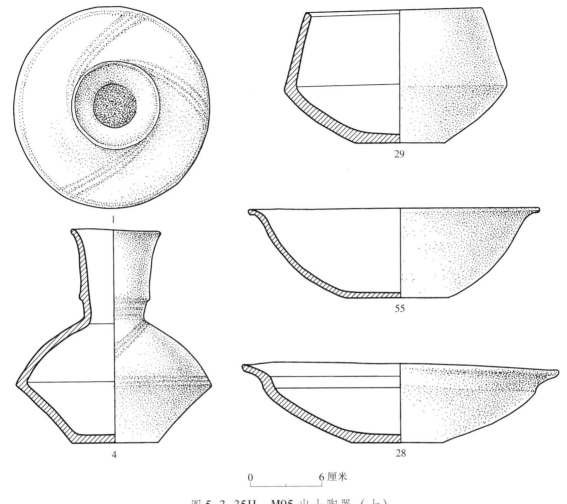

图5-3-35H M95 出土陶器（七）
4. 壶 28、55. 盘 29. 钵

底。口径5.8、底径5.7、高14.3厘米。（图5-3-35G；图版5-3-215：2）

M95：54，泥质灰黑陶。口近直，尖圆唇，高直颈，下部略收，宽圆肩，肩上部折痕明显，斜直腹，平底。颈部饰一道细弦纹。口径6.8、底径7.8、高21.9厘米。（图5-3-35G；图版5-3-215：4）

陶钵 1件。

M95：29，泥质灰黑陶。敛口，圆唇，斜壁，折腹，平底。口径14.2、底径7.2、高10.7厘米。（图5-3-35H；图版5-3-216：1）

陶盘 2件。

M95：28，泥质灰黑陶，胎色发红。敞口，圆唇，浅弧腹略折，平底。口径25.7、底径7.4、高6.4厘米。（图5-3-35H；图版5-3-216：3）

M95：55，泥质灰黑陶。敞口，圆唇，弧腹，平底。口径23.4、底径8.2、高7.1厘米。（图5-3-35H；图版5-3-216：4）

陶盉 1件。

M95：7，夹粗砂红褐陶。侈口，圆唇，束颈，溜肩，圆鼓腹，平底。腹一侧装有一宽梯形把手。口径7.3、底径9.0、高18.0厘米。（图5-3-35F；图版5-3-216：2）

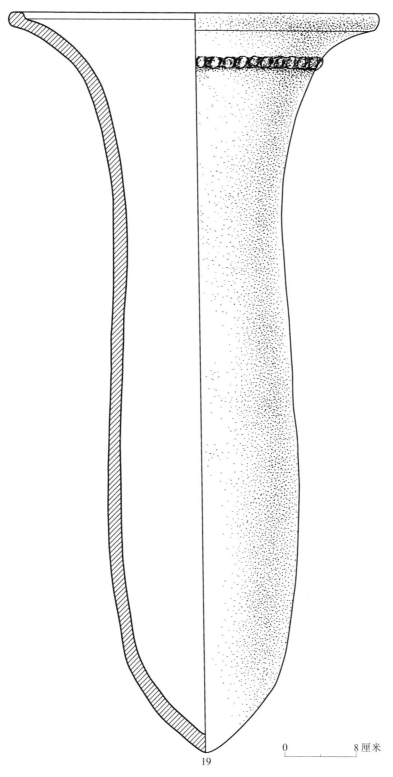

图 5-3-35I M95 出土陶器（八）

19. 尖底大口缸

陶大口缸 1 件。

M95∶19，尖底大口缸。夹粗砂红褐陶。敞口，圆唇，深弧腹，尖底。颈部一周附加堆纹。口径 39.5、高 78.4 厘米。（图 5-3-35I；图版 5-3-217）

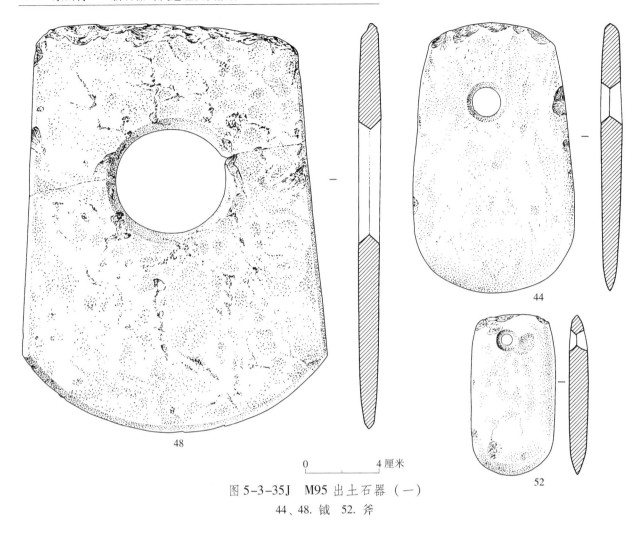

图 5-3-35J M95 出土石器（一）

44、48. 钺 52. 斧

石钺 2 件。

M95：44，石英岩。整器上窄下宽，顶部圆钝，留有打制成坯的石片疤，器身磨制光滑，短刃圆弧，两面管钻，孔中留有对钻痕迹。长 14.4、上宽 6.7、下宽 8.7、最厚 1.1、孔径 1.5 ~ 2.1 厘米。（图 5-3-35J；图版 5-3-218：1）

M95：48，硅质灰岩。整器上略窄下略宽，顶部平直，留有打制成坯时的石片疤，器身磨制光滑，短刃圆弧，未见使用痕迹，两面管钻，孔中留有对钻痕迹。长 21.7、上宽 14.3、下宽 16.8、最厚 1.2、孔径 5.6 ~ 6.5 厘米。（图 5-3-35J；图版 5-3-218：3、4）

石斧 1 件。

M95：52，凝灰岩。整器上下大体同宽，器身磨制光滑，刃部圆弧，两面管钻，孔中留有对钻痕迹。长 8.5、宽 4.6、最厚 1.0、孔径 0.6 ~ 1.1 厘米。（图 5-3-35J；图版 5-3-218：2）

石锛 4 件。

M95：45，硅质岩。宽长条形，较扁薄，顶部未经打磨，器身打磨光滑，上部略窄，下部略宽，单面锋，直刃。长 21.0、上宽 7.4、下宽 8.1、最厚 1.5 厘米。（图 5-3-35K；图版 5-3-219：1）

M95：49，泥岩，器表呈灰白色。器形较扁薄，顶部未经打磨，器身打磨光滑。上部略窄，下部略宽，单面锋，直刃。长 6.6、上宽 2.8、下宽 3.3、厚 0.9 厘米。（图 5-3-35K；图版 5-3-219：2）

M95：50，粉砂岩，器表呈灰白色。长条形，顶部较粗糙，器身有崩损，上部略薄，下部略厚，背、

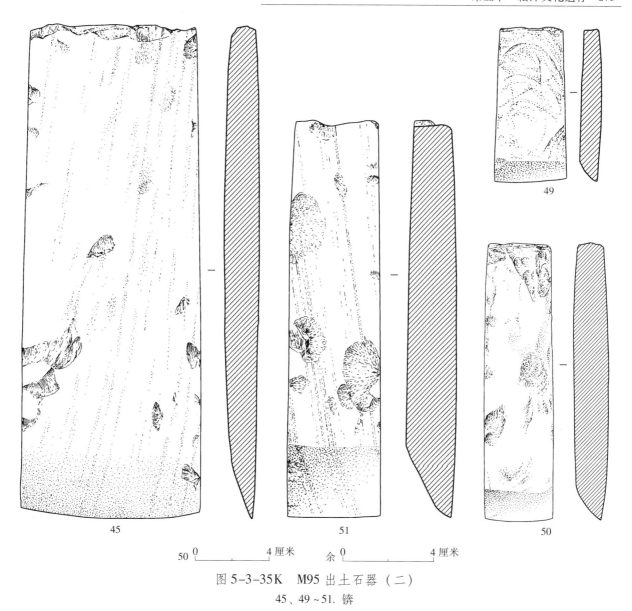

图 5-3-35K　M95 出土石器（二）

45、49~51. 锛

腹面大体同宽，单面锋，直刃。长 14.8、宽 3.9、厚 1.4~2.0 厘米。（图 5-3-35K；图版 5-3-219：3）

　　M95：51，泥岩。长条形，顶部较粗糙，上部略窄薄，下部略宽厚，背、腹面大体同宽，单面锋，直刃。长 16.8、上宽 3.4、下宽 4.1、上厚 1.6、下厚 2.2 厘米。（图 5-3-35K；图版 5-3-219：4）

　　石凿　4 件。

　　M95：42，泥岩。长条形，器形整体窄厚，上、下部略窄，中部较宽，上部较下部略薄，单面锋，直刃。长 29.1、最宽 3.8、上厚 3.3、下厚 4.4 厘米。（图 5-3-35L；图版 5-3-220：1）

　　M95：43，砂岩。长条形，器形整体窄厚，上、下部略窄，中部较宽，上部较下部略薄，单面锋，刃部较弧。长 17.1、最宽 2.8、上厚 2.2、下厚 2.9 厘米。（图 5-3-35L；图版 5-3-220：4）

　　M95：46，泥岩。长条形，上、下部及背、腹面大体同宽厚，双面锋，一侧刃部较直，一侧较弧。长 9.2、宽 1.5、最厚 1.5 厘米。（图 5-3-35L；图版 5-3-220：2）

　　M95：47，粉砂岩。长条形，上部略窄薄，下部略宽厚，单面锋，刃部较弧。长 12.4、上宽 2.1、下宽 2.7、上厚 1.3、下厚 1.8 厘米。（图 5-3-35L；图版 5-3-220：3）

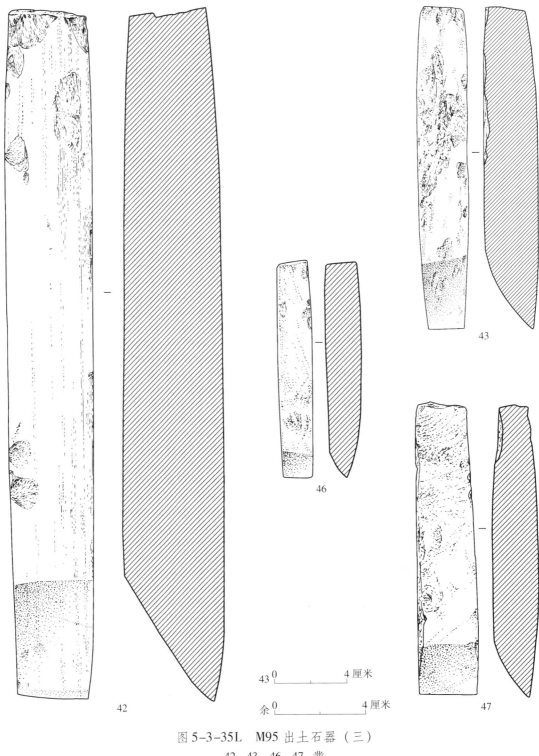

图 5-3-35L　M95 出土石器（三）
42、43、46、47. 凿

玉璜　1 件。

M95：38，阳起石—透闪石，左半呈灰绿色，有绿色沁斑；右半为青绿色，半透明，有白色沁斑。折角形璜，内凹较浅，左半首端对钻一孔，右半首端对钻一大一小两孔。已残断，在残断两端的之处各横向对钻一修补孔，孔的上下刻有一道浅槽，以便于系缚连缀。外径 14.5、内径 12.5、厚 0.45 厘米。（图 5-3-35M；图版 5-3-221：1 ~ 3）

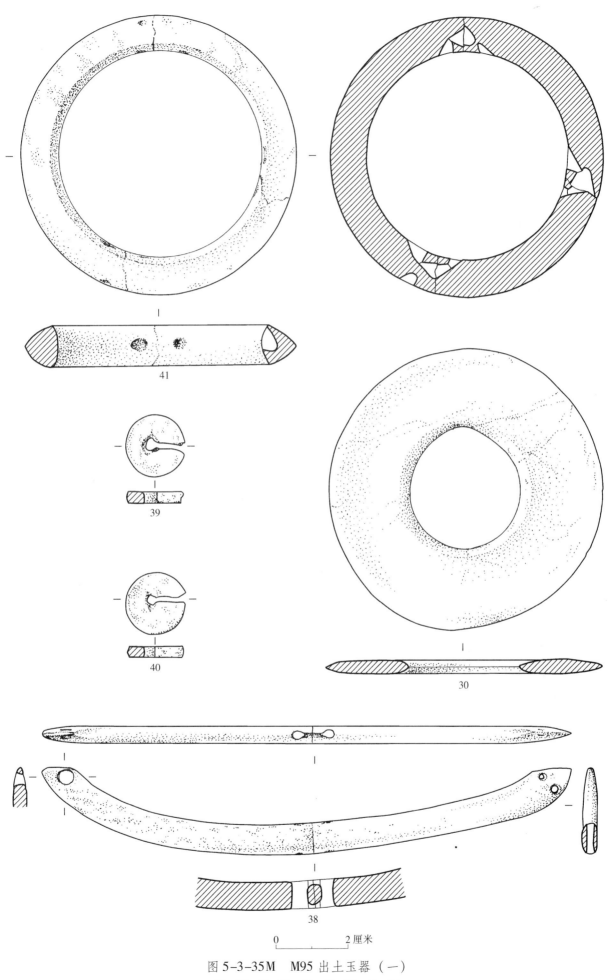

图 5-3-35M M95 出土玉器（一）

30. 环 38. 璜 39、40. 玦 41. 镯

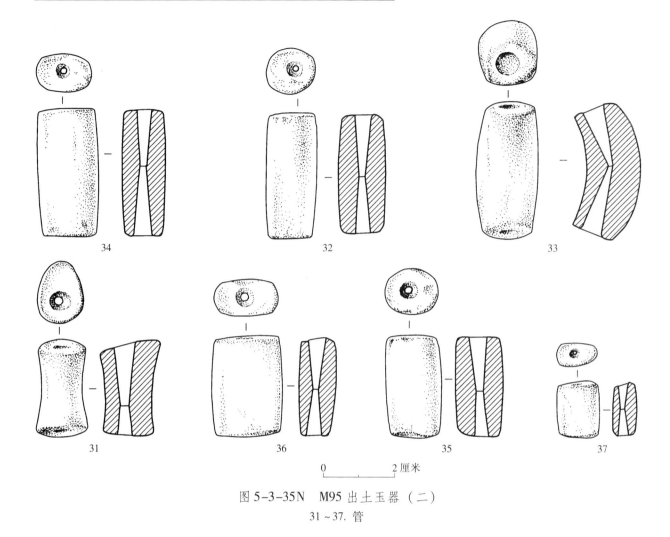

图 5-3-35N M95 出土玉器（二）

31~37. 管

玉镯 1件。

M95：41，阳起石—透闪石，灰白色，有褐色沁斑。外缘尖薄，横截面近三角形。断为三节，三处残断处在内侧均对钻两孔，用以系缚相连。外径7.4、内径5.6、孔径0.1~0.7、最厚1.1厘米。（图5-3-35M；图版5-3-222：1~3）

玉环 1件。

M95：30，透闪石—阳起石，灰白色，有少量的褐色沁斑。宽边环，横剖面呈扁椭圆形。外径7.6、内径3.0、厚0.35厘米。（图5-3-35M；图版5-3-223：1）

玉玦 2件。

M95：39，阳起石—透闪石，青白色，有褐色沁斑。器形较小，孔径小于边宽，横截面近长条形。外径1.6、内径0.3、玦口宽0.1~0.3、厚0.3厘米。（图5-3-35M；图版5-3-223：2）

M95：40，阳起石—透闪石，青白色，有较多的青色沁斑。器形较小，孔径小于边宽，横剖面近方形。外径1.6、内径0.2、玦口宽0.2、厚0.3厘米。（图5-3-35M；图版5-3-223：3）

玉管 7件。其中6件出土在一起，可能为串饰。（图版5-3-224）

M95：31，含三水铝石的玉髓，半透明。弧形管，两端对钻一孔。长径1.7、短径1.4、孔径0.1~0.4、高2.6厘米。（图5-3-35N；图版5-3-225：1）

M95：32，含三水铝石的玉髓，半透明。柱形管，两端对钻一孔。直径约1.2、孔径0.2~0.5、高3.4厘米。（图5-3-35N；图版5-3-225：2）

M95：33，含三水铝石的玉髓，半透明。弧形管，两端对钻一孔。长径1.7、短径0.8、孔径0.2~0.5、高3.7厘米。（图5-3-35N；图版5-3-225：3）

M95：34，含三水铝石的玉髓，半透明。柱形管，两端对钻一孔。长径1.5、短径1.0、孔径0.2~0.5、高3.3厘米。（图5-3-35N；图版5-3-225：4）

M95：35，含三水铝石的玉髓，半透明。柱形管，两端对钻一孔。长径1.4、短径1.2、孔径0.15~0.45、高2.7厘米。（图5-3-35N；图版5-3-225：5）

M95：36，含三水铝石的玉髓，半透明。柱形管，两端对钻一孔。长径1.9、短径1.0、孔径0.2~0.6、高2.7厘米。（图5-3-35N；图版5-3-225：6）

M95：37，含三水铝石的玉髓，半透明。柱形管，两端对钻一孔。长径1.2、短径0.65、孔径0.1~0.3、高1.6厘米。（图5-3-35N；图版5-3-223：4）

M96

位于T0710南部，开口于第4层下，被H40打破，打破第5层。方向352度。长方形竖穴土坑墓，墓口长3.1、宽1.6米，墓底长3.0、宽1.5米，深0.5米（图5-3-36A；图版5-3-226~5-3-228）。在清理掉墓内填土约20厘米后，发现有葬具的痕迹。痕迹为长条状，平面近"井"字形，推测可能是椁痕（图版5-3-226）。椁痕土色为较纯净的细黄褐土，长2.6、宽1.26~1.3米，厚0.09~0.1米，高0.12~0.18米。椁痕外为黄褐土，夹少量细小颗粒红烧土。椁痕内为灰黄褐色土，含有较多的红烧土块。清理掉椁痕内外的填土后发现，椁内北部的一些随葬品正好贴着椁痕摆放，而南部的一些随葬品有的却压在椁痕下，或是"镶嵌"在椁痕内（图版5-3-227）。这与在M95内发现的情况类似，是令我们感到疑惑的地方。或许是我们的判断能力有限导致发掘失误，或是现象就是如此，只是还不太好解释。在清理掉椁痕本身后，我们可以看到，墓坑东侧、西侧、南侧的随葬品摆放是隐约贴着一条直线的。因此，我们还是倾向认为墓葬是有葬具的。

墓葬的人骨朽腐殆尽，仅在墓坑北部发现有头骨痕迹。

墓葬内共出土随葬品35件（套），其中陶器21件（套），玉器14件。其中陶器主要置于墓主的头部上方、身体两侧以及脚部下方（图版5-3-229，5-3-230：1）。墓主的头部上方置杯、盘各1件（图版5-3-230：2）；大致在身体的左上肢骨旁置豆3件、钵1件，左下肢骨旁自北向南摆放有钵、鬶、纺轮、壶、鼎（图版5-3-231：1）等；大致在身体的右股骨旁置小罐1件，右胫骨旁置带盖三足罐1件；脚部下方摆放的陶器较多，主要有盆、鼎、罐等（图版5-3-231：2）。

出土玉器14件，种类主要有镯形饰、环、璜、系璧、三角形玉饰等。主要分两处放置：一是置于墓主的头部及其周围，其中在头部上方偏西北处集中放置环、系璧等8件（图版5-3-232：1）；头部正上方置镯形饰1件；头部上偏东北处还有1件玉环出土。在墓主头部大致左耳位置处置小玉环1件，下颌骨处置玉璜1件，大致在右肩上方同样放置玉环1件。另一处在墓主的脚部下方，放置玉镯形饰1件。

另外，在墓坑的西北处发现有一处动物骨骼的痕迹（图版5-3-232：2）。骨骼为节段状，由于朽腐较甚，已不明其形状和性质。

陶鼎　4件。

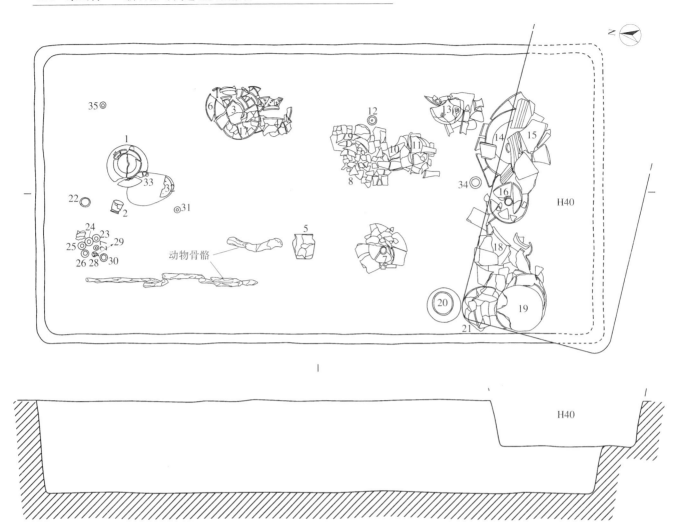

图 5-3-36A 崧泽文化墓葬 M96 平剖面图

1. 陶圈足盘 2. 陶杯 3、4、6. 陶豆 5、7、18、20、21. 陶罐 8. 陶鬶 9. 陶钵 10. 陶壶 11、13、16、19. 陶鼎 12. 陶纺轮 14. 陶器盖 15 陶盆 17. 陶钵 22、34. 镯形玉饰 23~27、30、31、33、35. 玉环 28. 玉系璧 29. 三角形玉饰 32. 玉璜

　　M96：11，铲形足鼎。带盖。夹砂红褐陶。侈口，折沿，方唇，弧腹，圜底，铲形实足。盖鸟首形实心纽，浅弧壁，口微敛。盖口径11.2、高4.3厘米，鼎口径12.2、高16.0厘米，通高20.3厘米。（图5-3-36B；图版5-3-233：1）

　　M96：13，铲形足鼎。带盖。夹砂红褐陶。敞口，方唇，折沿，折腹，圜底，铲形实足，足根捏收。盖矮三足状纽，弧壁略折，敞口。盖径20.0、高5.2厘米，鼎口径20.2、高15.2厘米，通高20.4厘米。（图5-3-36B；图版5-3-233：2）

　　M96：16，残碎较甚，无法复原。

　　M96：19，铲形足鼎。带盖。夹砂红褐陶。敞口，方唇，盆形腹，圜底。盖矮三足状纽，弧壁略折，敞口。盖径31.6、高9.8厘米，鼎口径32.8、高22.2厘米，通高32.0厘米。（图5-3-36B；图版5-3-234：1）

　　陶鬶 1件。

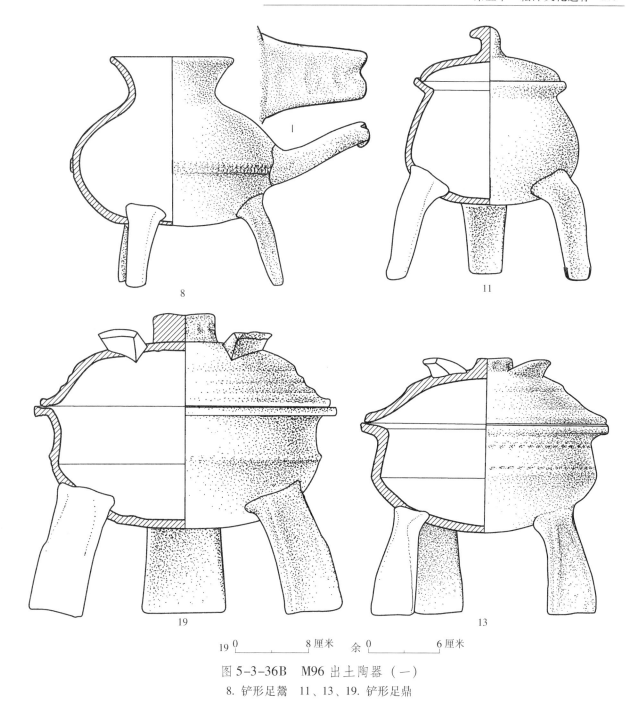

19 0 _____ 8厘米　　余 0 _____ 6厘米

图 5-3-36B　M96 出土陶器（一）

8. 铲形足鬶　11、13、19. 铲形足鼎

M96：8，铲形足鬶。夹砂红陶。喇叭形口，弧肩，扁鼓腹，底近平。一足上方附一扁梯形把手，把手上翘，尾部向下卷曲，正面饰三个浅捺窝。腹中部饰一周附加堆纹。口径 9.6、高 18.3 厘米。（图 5-3-36B；图版 5-3-234：2）

陶豆　3 件。

M96：3，盘形豆。泥质黑陶，胎色发红。敛口，尖圆唇，弧壁，三段式豆柄，盘下直接接圈足，圈足与豆盘相接处内凹，圈足底出短沿。盘壁中部饰一道凸棱，圈足上饰有圆圈及弧线三角镂孔组成的纹饰，孔均未钻透。口径 20.8、足径 14.0、高 11.7 厘米。（图 5-3-36C；图版 5-3-235：1）

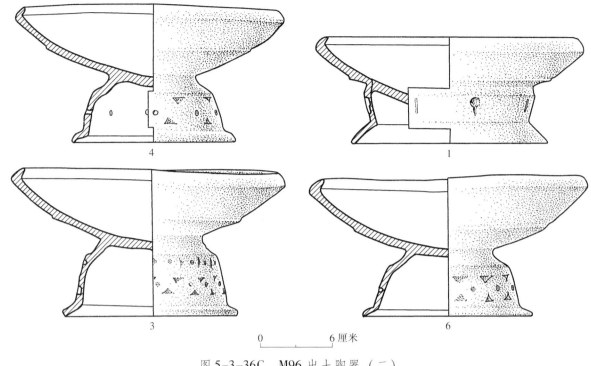

图 5-3-36C　M96 出土陶器（二）
1. 圈足盘　3、4、6. 盘形豆

M96:4，盘形豆。泥质黑陶，胎色发红。敛口，尖圆唇，弧壁，三段式矮豆柄。盘壁中部饰一道凸棱，豆柄中部饰有圆圈及弧线三角镂孔组成的纹饰，孔均未钻透。口径 20.6、足径 13.0、高 11.0 厘米。（图 5-3-36C；图版 5-3-235:2）

M96:6，盘形豆。泥质黑陶，胎色发红。敛口，尖圆唇，弧壁，三段式矮豆柄。盘壁中部饰一道凸棱，豆柄中部饰有圆圈及弧线三角镂孔组成的纹饰，孔均未钻透。口径 20.6、足径 13.7、高 11.2 厘米。（图 5-3-36C；图版 5-3-235:3）

陶罐　5 件。

M96:5，折肩折腹罐。泥质灰陶。侈口，尖圆唇，折肩，上腹略弧凹，下腹弧收，平底。口径 7.8、底径 7.6、高 10.4 厘米。（图 5-3-36E；图版 5-3-237:1）

M96:7，三足罐。带盖。盖为泥质灰陶，器身为泥质黑陶。侈口，圆唇，溜肩，鼓腹略扁，圜底，矮凿形实足。肩部、腹中部及下部各饰两道凸棱，下腹部凸棱上堆贴三个对称分布的贯耳状小纽。盖为喇叭形纽，弧壁，口微敛。盖壁饰两组细弦纹，每组弦纹上各堆贴三个对称分布的桥形小纽，两组稍有错开。盖口径 13.8、高 4.5 厘米，罐口径 15.2、高 14.3 厘米，通高 18.8 厘米。（图 5-3-36D；图版 5-3-236:1）

M96:18，圈足罐。夹砂红褐陶。敞口，圆唇，束颈，圆腹，圜底，矮圈足。颈部两道凸棱，腹中部一道粗凸棱，圈足处三道凸棱。口径 23.4、足径 21.0、高 27.0 厘米。（图 5-3-36D；图版 5-3-236:3）

M96:20，三足无腰脊罐。泥质灰陶。直口微侈，束颈，深圆腹，平底，矮方足。口径 11.2、高 22.0 厘米。（图 5-3-36D；图版 5-3-236:2）

M96:21，无腰脊罐。泥质灰陶。侈口，束颈，圆肩，弧腹，平底。腹中部饰一对小錾。口径

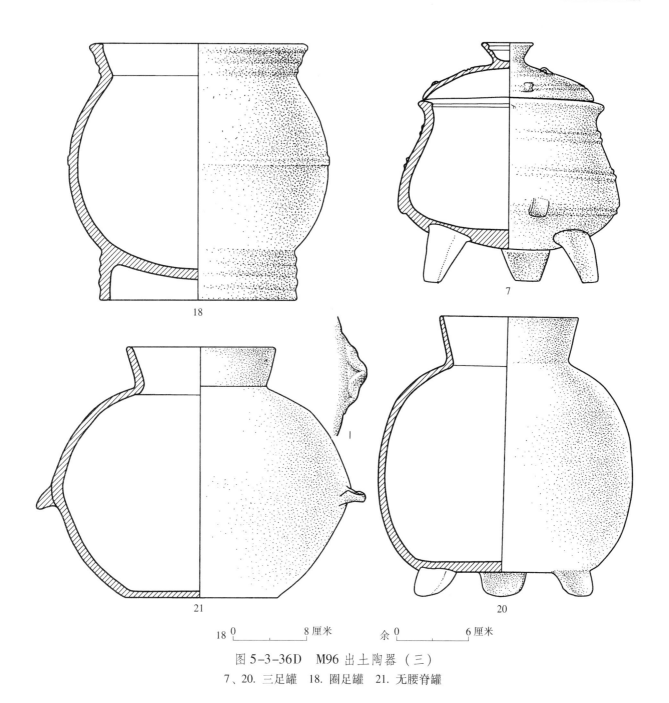

18　　　　　　余
0 ——— 8 厘米　　　0 ——— 6 厘米

图 5-3-36D　M96 出土陶器（三）

7、20. 三足罐　18. 圈足罐　21. 无腰脊罐

11.8、底径 12.1、高 19.8 厘米。（图 5-3-36D；图版 5-3-236：4）

陶壶　1 件。

M96：10，泥质灰陶。口微侈，圆唇，颈微束，深弧腹至底部折收成平底。口径 8.0、底径 7.2、高 12.0 厘米。（图 5-3-36E；图版 5-3-237：2）

陶钵　1 件。

M96：17，泥质灰黑陶。敛口，圆唇，沿下折收，斜直腹，平底。口径 22.0、底径 7.3、高 8.1 厘米。（图 5-3-36E；图版 5-3-237：3）

陶圈足盘　1 件。

M96：1，泥质灰黑陶。敛口，尖圆唇，弧壁，三段式矮豆柄．盘壁下部饰一道凸棱，柄中部

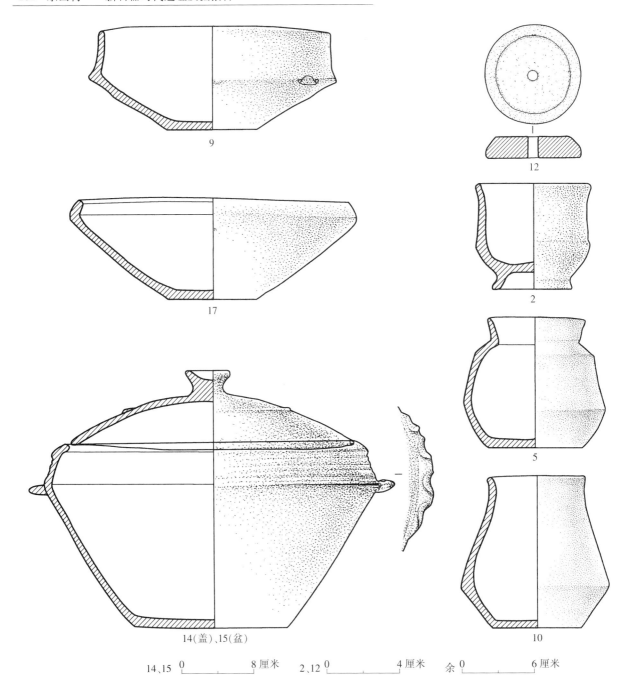

图 5-3-36E　M96 出土陶器（四）

2. 圈足杯　5. 折肩折腹罐　9. 盆　10. 壶　12. 纺轮　15. 带盖盆（盖为 14 号）　17. 钵

饰圆形及细长条形镂孔组成的纹饰，孔均未钻透。口径 20.2、足径 15.8、高 8.4 厘米。（图 5-3-36C；图版 5-3-235：4）

陶盆　2 件。

M96：9，泥质灰陶。直口，圆唇，折腹，腹中部折痕明显，平底。折腹处堆贴四个对称的小泥片。口径 18.6、底径 7.3、高 8.2 厘米。（图 5-3-36E；图版 5-3-237：4）

M96：14、M96：15，带盖。盖夹砂红陶，盆泥质灰黑陶。盆（M96：15）敛口，圆唇，折肩，斜直腹，平底。口沿下饰五道凹弦纹，折肩处饰两个对称的鸡冠形耳鋬。盖（M96：14）喇叭形纽，弧壁，敞口。盖壁中部饰一道凸棱。纽径4.4、盖口径31.0、盖高8.4厘米，盆口径31.5、底径16.8、高19.8厘米，通高27.3厘米。（图5-3-36E；图版5-3-238：1、2）

陶杯　1件。

M96：2，圈足杯。泥质灰黑陶。口微侈，圆唇，直腹至底部弧收为矮圈足。口径6.0、足径4.2、高5.6厘米。（图5-3-36E；图版5-3-237：5）

陶纺轮　1件。

M96：12，泥质红褐陶。平面圆形，剖面呈梯形，两侧略弧，中有一孔。直径3.9~5.1、孔径0.6、厚1.1厘米。（图5-3-36E；图版5-3-237：6）

玉璜　1件。

M96：32，透闪石—阳起石，灰白色，有褐色及墨色沁斑。半璧形璜，内径明显小于边宽，器身较宽，两端平齐，横截面呈扁椭圆形，两端各对钻一孔。器表有线状工具切割痕迹。外径11.5、内径2.1、最厚0.25厘米。（图5-3-36F；图版5-3-239：1~3）

镯形玉饰　2件。

M96：22，灰白色，有褐色沁斑。断为两半，横截面近五边形。外径5.6、内径4.3、厚0.7厘米。（图5-3-36F；图版5-3-240：3）

M96：34，灰绿色，半透明。窄边大孔，保存完好，横截面近方形。外径5.0、内径3.6、厚0.7厘米。（图5-3-36F；图版5-3-240：1、2）

玉环　9件。

M96：23，灰白色，有褐色沁斑。窄边环，横剖面近锥形，中孔对钻。外径3.2、内径1.85、厚0.3厘米。（图5-3-36G；图版5-3-241：1）

M96：24，灰白色，有褐色沁斑。窄边环，横剖面近六边形，中孔对钻。外径3.4、内径1.7、最厚0.37厘米。（图5-3-36G；图版5-3-241：2）

M96：25，青白色，有灰绿色沁斑。窄边环，横剖面近五边形，中孔对钻。外径3.5、内径1.6、最厚0.26厘米。（图5-3-36G；图版5-3-241：3、4）

M96：26，青白色，有墨绿色沁斑。窄边环，横剖面近梯形，中孔对钻。外径3.3、内径1.9、厚0.2厘米。（图5-3-36G；图版5-3-241：5）

M96：27，青白色，半透明。窄边环，横剖面近扁长方形，中孔对钻。外径2.2、内径1.2、厚0.2厘米。（图5-3-36G；图版5-3-241：6）

M96：30，青白色，有墨绿色沁斑。窄边环，横剖面近扁六边形，中孔对钻。外径4.2、内径2.3、厚0.2厘米。（图5-3-36F；图版5-3-242：1、2）

M96：31，乳白色，有褐色沁斑。窄边环，横剖面呈扁椭圆形，中孔对钻，对钻痕迹不明显。外径3.2、内径1.3、厚0.2厘米。（图5-3-36F；图版5-3-242：3）

M96：33，青白色，有半透明沁斑。窄边环，横剖面近六边形，中孔对钻，旁另有一对钻小孔。外径2.3、内径1.2、厚0.2厘米。（图5-3-36G；图版5-3-242：4）

M96：35，青白色，有褐色沁斑。窄边环，横剖面近扁长方形，中孔对钻。外径3.5、内径1.9、厚0.2厘米。（图5-3-36F；图版5-3-242：5）

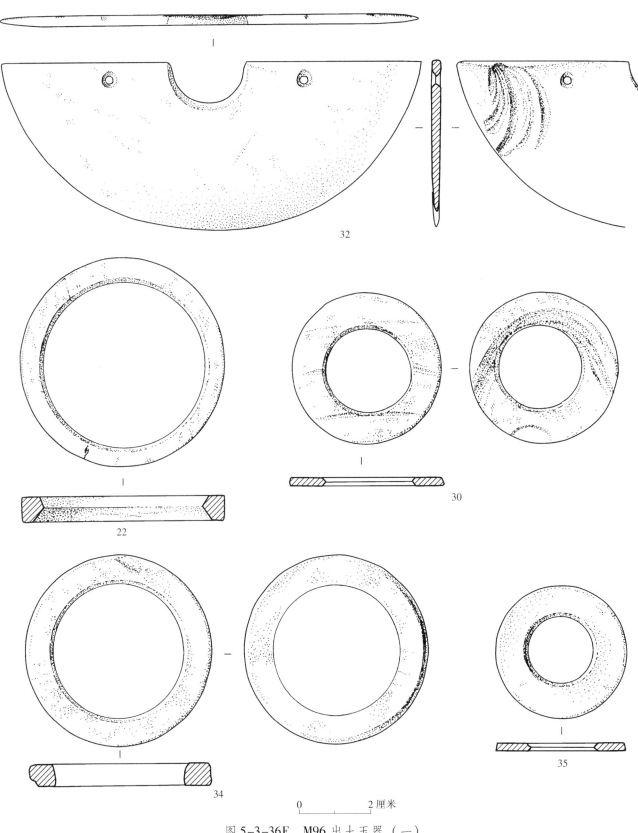

图 5-3-36F　M96 出土玉器（一）

22、34. 镯形饰　30、35. 环　32. 璜

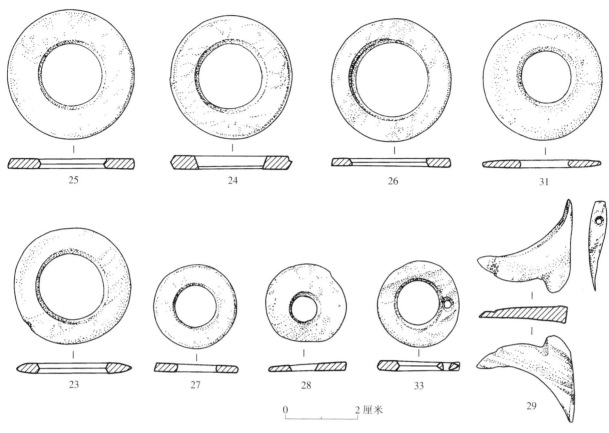

图 5-3-36G　M96 出土玉器（二）

23～27、31、33. 环　28. 系璧　29. 三角形饰

玉系璧　1 件。

M96：28，灰白色，有墨绿色及褐色沁斑。孔径略小于边宽，横剖面近梯形，中孔单面钻成。外径 2.15、内径 0.6、厚 0.25 厘米。（图 5-3-36G；图版 5-3-240：4）

三角形玉饰　1 件。

M96：29，灰白色，有褐色沁斑。近横向的三角形，首端也对钻一系孔，整体好似一只昂首展翅的鸟形。最长 2.6、最宽 2.3、最厚 0.5 厘米。（图 5-3-36G；图版 5-3-242：6）

M98

位于 T0510 西北角，部分北隔梁内，开口于第 5 层下。方向 350 度。长方形竖穴土坑墓，墓口长 3.2、宽 1.52 米，墓底长 3.14、宽 1.46 米，墓深 0.3 米（图 5-3-37A；图版 5-3-243～5-3-248）。为较好的观察墓葬是否有葬具，清理填土时在中间保留了宽约 20 厘米的东西向小隔梁（图版 5-3-244：1）。墓葬在清理掉填土约 10 厘米后，发现有葬具的痕迹，痕迹为细长条状，可能为木椁（图版 5-3-244：2，5-3-245）。椁痕为较纯净的细黄土，平面近长方形，处在墓坑中间略偏西。椁痕长约 2.30、宽 1.11～1.18 米，残高 0.15 米，厚 0.03～0.05 米。椁痕内外填土较一致，为黄褐色，含较多的红烧土块。清理掉椁痕内外的填土后，发现随葬品和椁痕的关系与清理 M95 时相类似，部分随葬品沿着椁痕放置，部分被在椁痕下或在椁痕中间（图版 5-3-245：1、2，5-3-246～5-3-248）。

墓葬内人骨保存尚可，虽已朽腐，但是整体骨架保存尚好，保存有头骨、四肢骨和盆骨痕迹。

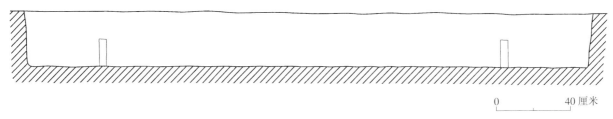

图 5-3-37A　崧泽文化墓葬 M98 平剖面图

1、2、8、12、13、20. 陶豆　3、11. 陶鬶　4、6、22. 陶杯　5、9、10、42. 陶壶　7、14、18、21、44.
陶罐　15. 陶钵　16、17、19. 陶鼎　23、24. 三角形玉饰　25. 带柄钺形玉饰　26、27. 玉管　28. 玉璜
29、43. 玉镯　30 ~ 32. 石钺　33、34、38、40. 石凿　35 ~ 37、39、41. 石锛

从保存现状看，墓主仰身直肢，头部偏向西北，两手垂放于腰部。（图版 5-3-248）

墓葬内共出土随葬器物 44 件（套），其中陶器 24 件（套），玉器 8 件，石器 12 件。陶器主要放置在墓主的周围，墓主头部上方、身体左右两侧以及脚下方均放置有随葬器物。其中，在墓主头部正上方榫痕内侧置陶壶及小陶杯各 1 件，榫痕西北角和东北角分别堆放三足罐、豆、壶和豆、鬶、杯等。墓主身体右侧自北向南摆放有壶、鬶、豆等。榫痕内西南角置罐、钵各 1 件，南部还有 1 件带盖陶鼎。在墓坑靠南壁处还摆放有数量较多的陶器，如豆、罐、鼎、壶等。另在墓主左侧上肢骨旁还放置陶杯 1 件。（图版 5-3-249：1、2）

石器 12 件，其中石钺 3 件，分别置于墓主右肩旁的陶鬶下、右侧肋骨处及盆骨上方，其刃部均朝西。其中两件石钺提取时，在下方的土壤上还发现有朱砂痕迹（图版 5-3-250：1、2），应是石钺上的朱彩纹饰。石锛和石凿 9 件，全部放置于墓主身体的左侧，以头骨及上肢骨旁摆放最为集中，共计 8 件，仅 1 件石锛置于墓主左侧股骨旁。

玉器共出土 8 件，器类有管、璜、镯以及玉饰件等。其中，在墓主头部上方的陶壶旁散置 3 件小玉饰件；在墓主脸部放置 2 件小玉管；下颌骨下方放置玉璜 1 件。出土 2 件玉镯，1 件套于墓主左侧上肢骨，另 1 件则叠压于榫痕与墓坑南壁的陶鼎之下，两件玉镯出土时均已残断。（图

版 5-3-250：3）

此外，在墓主左侧有一处板灰痕迹，在墓主头部上方榫痕外侧有一处动物骨骼痕迹（图版 5-3-249：3），由于两者都朽腐较甚，已难以分辨其形状。其中动物骨骼痕迹在 M96 中亦曾发现，同样为节段状。

陶鼎　3 件。均为凿形足鼎。

M98：16，带盖。器盖为泥质黑陶，器身为夹砂灰黑陶，胎色发红。敞口，方唇，腹壁斜直至底部折收为圜底。盖为实心鸟喙状纽，浅弧壁，敞口。盖径 14.6、高 5.8 厘米，鼎口径 14.2、高 12.5 厘米，通高 18.3 厘米。（图 5-3-37B；图版 5-3-251：1）

M98：17，凿形足鼎。夹砂红褐陶。侈口，折沿，方唇，弧腹折收为圜底。每只足的根部各饰一个捺窝。口径 14.3、高 16.2 厘米。（图 5-3-37B；图版 5-3-251：2）

M98：19，凿形足鼎，带盖。器盖为泥质灰陶，器身为夹砂灰黑陶。侈口，尖圆唇，球腹，圜底，凿形实足。器盖为实心倒三角形纽，弧壁，敞口。盖径 14.1、高 6.4 厘米，鼎口径 11.8、高 16.0 厘米，通高 22.4 厘米。（图 5-3-37B；图版 5-3-251：3）

陶鬶　2 件。均为凿形足鬶。

M98：3，泥质灰黑陶，胎色发红。喇叭形口，尖圆唇，宽圆肩，腹较直，大圜底。一足上附一个三角形把手，把手略翘。口径 6.5、高 21.9 厘米。（图 5-3-37B；图版 5-3-252：1）

M98：11，泥质灰黑陶，胎色发红。喇叭形口，尖圆唇，束颈，弧肩，腹壁较直，圜底。一足上方附一三角形把手。口径 6.5、高 21.4 厘米。（图 5-3-37B；图版 5-3-252：2）

陶豆　6 件。

M98：1，钵形豆。泥质红陶。直口，方唇，弧壁，浅盘，细直柄，喇叭形圈足。柄部饰两组对称分布的圆形镂孔。口径 14.6、足径 13.1、高 19.0 厘米。（图 5-3-37C；图版 5-3-253：1）

M98：2，碟形豆。泥质灰黑陶，胎色发红。口微侈，尖圆唇，折壁，矮柄，矮喇叭形圈足。柄部饰数道弦纹。口径 16.0、足径 11.6、高 9.7 厘米。（图 5-3-37C；图版 5-3-254：1）

M98：8，盘形豆。泥质红陶。敛口，尖圆唇，折壁，柄部呈束腰状，上部外鼓突出，下部转折明显成大宽沿，圈足处有两道明显的折痕。柄部饰数道弦纹，其上饰四组对称分布的圆形小镂孔。口径 22.7、足径 17.1、高 19.4 厘米。（图 5-3-37C；图版 5-3-253：2）

M98：12，盘形豆。泥质灰黑陶，胎色发红。口微敛，圆唇，口沿下及盘壁下部各有一道折痕，柄部略呈束腰状，矮喇叭形圈足。柄部饰两组细弦纹，其间饰以三组圆形镂孔与三组细长条形镂孔，交错分开。口径 19.8、足径 13.4、高 20.1 厘米。（图 5-3-37C；图版 5-3-253：3）

M98：13，盘形豆。泥质灰黑陶，胎色发红。口微敛，尖唇，折壁，柄部略呈束腰状，喇叭形圈足。柄部饰三组细弦纹，间饰以四组细长条形镂孔，弦纹下饰四个对称分布的圆形镂孔。口径 22.0、足径 14.4、高 20.8 厘米。（图 5-3-37C；图版 5-3-253：4）

M98：20，盘形豆。泥质灰黑陶。敛口，尖圆唇，沿下有一道折棱，弧腹，矮柄较直，矮喇叭形圈足。盘壁外侧饰一道细泥条，柄部饰三组对称分布的菱形和圆形镂孔组成的纹饰。口径 22.8、足径 14.1、高 15.7 厘米。（图 5-3-37C；图版 5-3-254：2）

陶罐　5 件。

M98：7，三足罐。泥质灰陶。直口微侈，圆唇，斜直颈，宽折肩，斜腹内收为平底，矮方足。

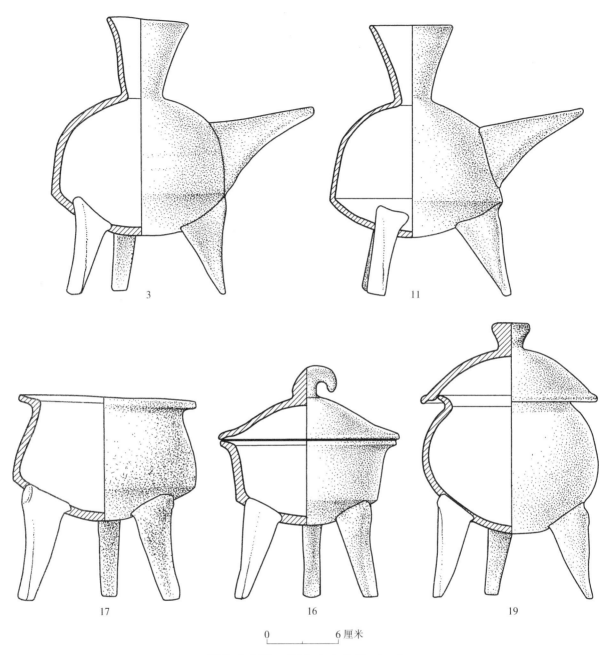

0   6厘米

图5-3-37B   M98出土陶器（一）

3、11. 凿形足鬶   16、17、19. 凿形足鼎

腹下部饰数道弦纹。口径8.0、高16.6厘米。（图5-3-37D；图版5-3-254：3）

M98：14，无腰脊罐。泥质灰黑陶。侈口，圆唇，矮束颈，宽圆肩，斜直腹，平底。折腹处饰两个对称的鸡冠形耳錾。口径13.0、底径9.6、高20.5厘米。（图5-3-37D；图版5-3-255：1）

M98：18，三足罐。泥质灰陶。口近直，尖唇，直颈，折肩，斜直腹，平底，原有三足，残断后磨平。上腹部及近底处饰数道弦纹。口径6.8、高16.9厘米。（图5-3-37D；图版5-3-254：4）

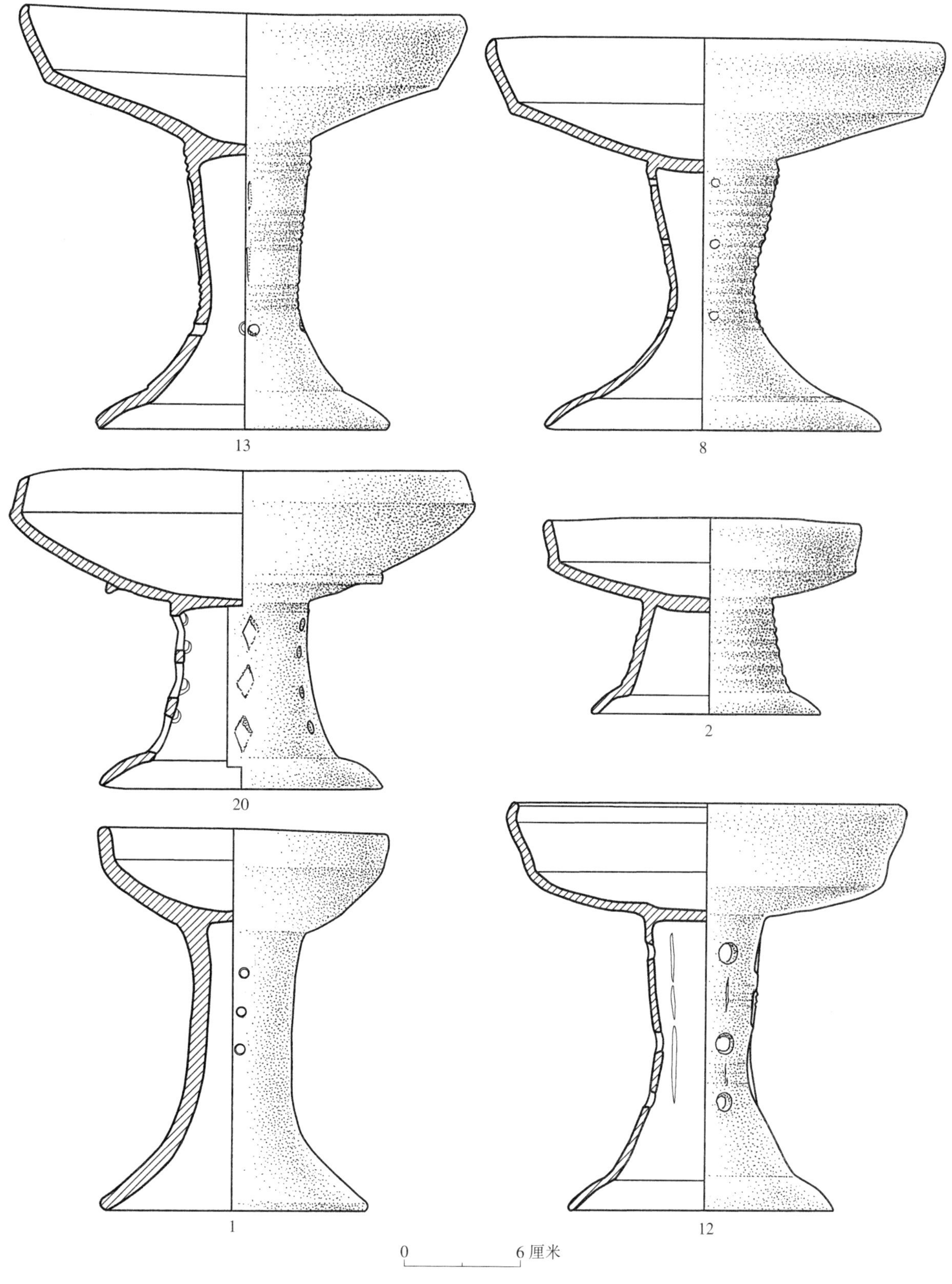

0　　　　　6厘米

图 5-3-37C　M98 出土陶器（二）

1. 钵形豆　2. 碟形豆　8、12、13、20. 盘形豆

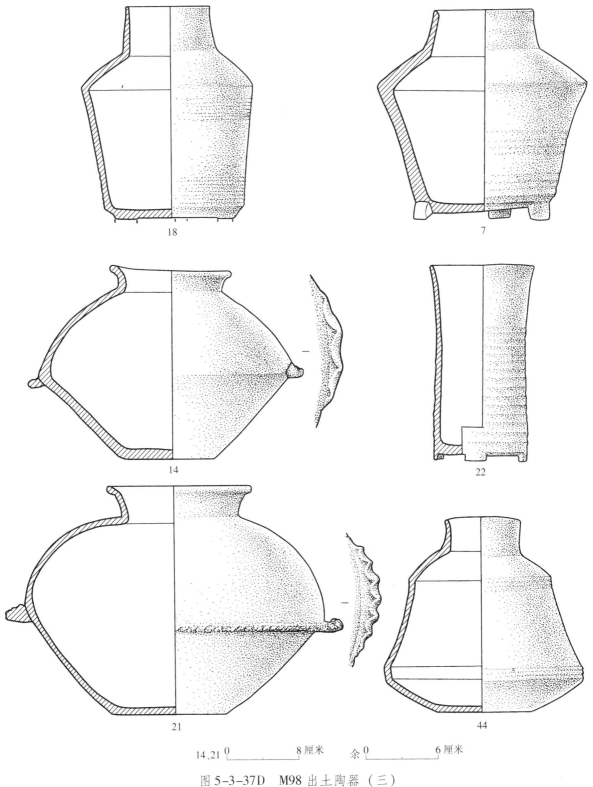

14,21 0   8厘米   余 0   6厘米

图 5-3-37D　M98 出土陶器（三）

7、18. 三足罐　14. 无腰脊罐　21. 有腰脊罐　44. 折肩折腹罐　22. 瓦足杯

M98：21，有腰脊罐。泥质灰黑陶。侈口，圆唇，束颈，宽圆肩，弧腹，平底。腹中部饰一周附加堆纹，其上堆贴两个对称的鸡冠形耳鋬。口径15.7、底径12.4、高24.0厘米。（图5-3-37D；图版5-3-255：2）

M98：44，折肩折腹罐。泥质灰陶，胎色发红。侈口，尖圆唇，矮颈，折肩，上腹弧凹，下腹折收，平底。肩部及折腹处各饰两道凹弦纹。口径 6.0、底径 7.6、高 15.4 厘米。（图 5-3-37D；图版 5-3-251：4）

陶壶　4 件。

M98：5，泥质灰黑陶，胎色发红。口微侈，圆唇，高颈，下部略收，宽圆肩，折腹斜收，平底。颈下部饰数道凸弦纹，肩腹转折处、腹中部及近底部各饰一道凹棱，凹棱间饰数道竖线刻划纹及交错竖线刻划纹。口径 6.0、底径 7.2、高 17.8 厘米。（图 5-3-37E；图版 5-3-256：1）

M98：9，泥质灰陶。口微侈，尖圆唇，高颈，下部较宽，圆肩，折腹斜收，平底。颈下部饰三道细弦纹。口径 6.1、底径 7.6、高 18.2 厘米。（图 5-3-37E；图版 5-3-256：2）

M98：10，泥质灰黑陶，胎色发黄。侈口，尖圆唇，高颈，下部较宽，鼓肩，弧腹，平底。口径 6.2、底径 7.2、高 17.1 厘米。（图 5-3-37E；图版 5-3-256：3）

M98：42，泥质灰黑陶。侈口，尖圆唇，高颈，上略窄下略宽，宽圆肩，折腹弧收，平底。颈下部及肩部饰数道细凸弦纹。口径 6.8、底径 7.2、高 16.0 厘米。（图 5-3-37E；图版 5-3-256：4）

陶钵　1 件。

M98：15，泥质灰黑陶，胎色发红。敛口，圆唇，折腹，平底。口径 14.0、底径 8.0、高 8.6 厘米。（图 5-3-37E；图版 5-3-257：1）

陶杯　3 件。

M98：4，圈足杯。泥质黑陶。敛口，圆唇，圆弧腹，矮圈足。口径 9.7、足径 9.6、高 12.2 厘米。（图 5-3-37E；图版 5-3-257：2）

M98：22，瓦足杯。泥质黑陶。口微侈，尖圆唇，筒形腹略呈束腰状，平底，底附四个瓦片方足。器身饰数道凸弦纹。口径 8.4、高 15.4 厘米。（图 5-3-37D；图版 5-3-257：3）

M98：6，带把杯。泥质灰黑陶。直口微侈，扁鼓腹，平底。腹侧饰一个卷曲的小錾，錾上戳四个圆形小孔，腹中部饰三个对称的泥突。口径 8.1、底径 7.4、高 11.2 厘米。（图 5-3-37E；图版 5-3-257：4）

石钺　3 件。

M98：30，花岗玢岩。整体呈"风"字形，顶部圆弧，留有打制成坯时的石片疤，器身磨制光滑，刃部圆弧厚钝，未见使用痕迹，两面管钻，孔中留有对钻痕迹。长 11.9、上宽 9.4、下宽 10.7、最厚 1.4、孔径 0.8~1.4 厘米。（图 5-3-37F；图版 5-3-259：1）

M98：31，石英岩。上部略窄，下部略宽，顶部未经打磨，留有打制成坯时的石片疤，器身磨制光滑，刃部圆弧厚钝，未见使用痕迹，两面管钻，孔中留有对钻痕迹。出土提取时在下方的土壤上发现有朱砂痕迹。痕迹正处在穿孔的上方，说明石钺在入葬前是有朱彩纹饰的。由于朱砂痕迹比较模糊，具体是什么纹饰不得而知。长 18.1、上宽 8.8、下宽 11.4、厚 1.5、孔径 2.1~3.0 厘米。（图 5-3-37F；5-3-258：1、2）

M98：32，灰岩。整器上窄下宽，顶部圆弧，器身磨制光滑，刃部圆弧，未见使用痕迹，两面管钻，孔中留有对钻痕迹。出土提取时在下方的土壤上发现有朱砂痕迹。痕迹正处在穿

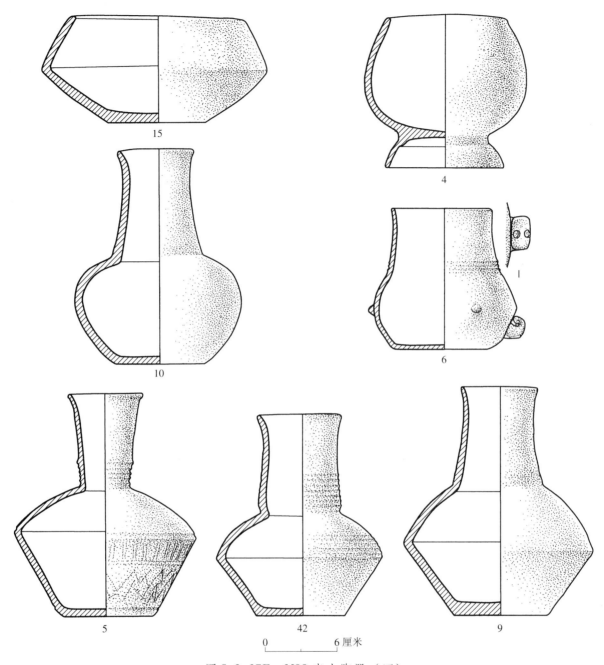

图 5-3-37E　M98 出土陶器（四）

4. 圈足杯　5、9、10、42. 壶　6. 带把杯　15. 钵

孔的上方，说明石钺在入葬前是有朱彩纹饰的。由于朱砂痕迹比较模糊，具体是什么纹饰不得而知。长 15.7、上宽 7.2、下宽 8.4、厚 1.4、孔径 1.8～2.3 厘米。（图 5-3-37F；图版 5-3-258：3、4）

石锛　5 件。

M98：35，硅质泥岩。长条形，上略窄薄，下略宽厚，单面锋，直刃。长 6.1、上宽 1.1、下宽 1.7、上厚 0.5、下厚 1.0 厘米。（图 5-3-37G；图版 5-3-261：1）

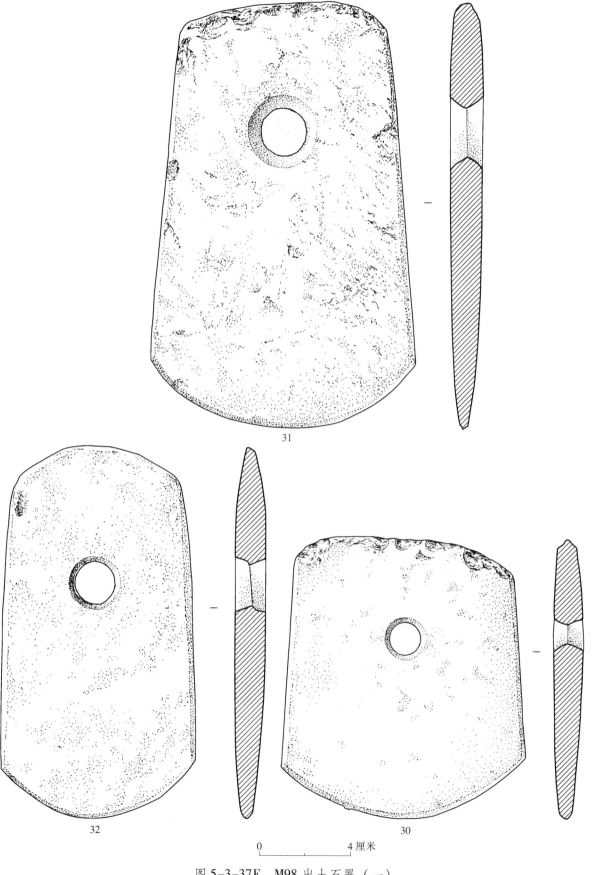

0　　　　　　4厘米

图 5-3-37F　M98 出土石器（一）

30～32. 钺

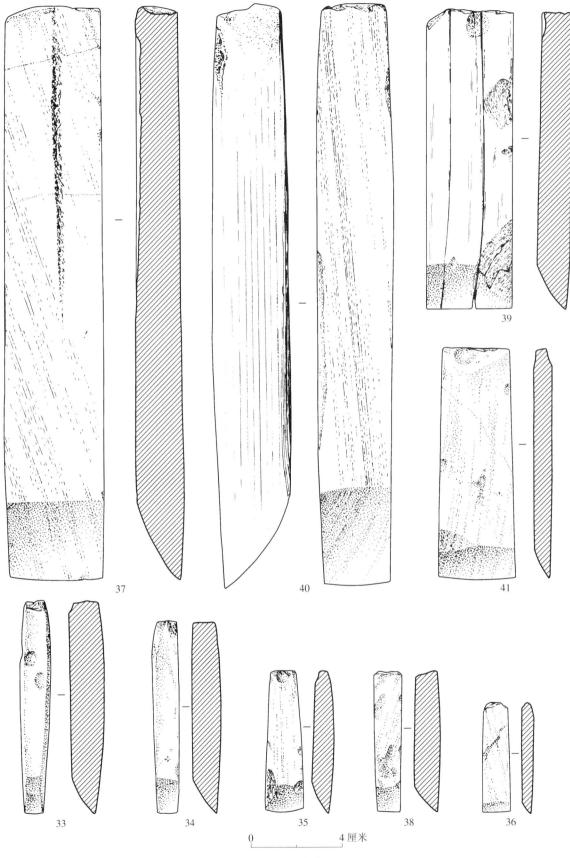

图 5-3-37G M98 出土石器（二）

33、34、38、40. 凿 35~37、39、41. 锛

M98：36，泥岩。长条形，上、下部及背、腹面大体同宽厚，单面锋，直刃。长 4.7、最宽 1.2、厚 0.5 厘米。（图 5-3-37G；图版 5-3-261：2）

M98：37，泥岩。长条形，通体磨制光滑。上、下部大体同宽，上部略薄，下部较厚，单面锋，直刃。长 24.3、宽 4.4、上厚 1.6、下厚 2.0 厘米。（图 5-3-37G；图版 5-3-261：5）

M98：39，硅质泥岩。长条形，上、下部大体同宽，上部略薄，下部较厚，单面锋，直刃。长 12.6、宽 3.8、上厚 1.2、下厚 1.5 厘米。（图 5-3-37G；图版 5-3-261：3）

M98：41，硅质泥岩。长条形，上、下部及背、腹面大体同宽厚，单面锋，直刃。长 9.8、宽 3.3、厚 0.8 厘米。（图 5-3-37G；图版 5-3-261：4）

石凿　4 件。

M98：33，泥岩。长条形，顶部较粗糙，上、下两端较窄，中部略宽，上、下部较中部略薄，单面锋，直刃。长 9.1、最宽 1.4、厚 1.5 厘米。（图 5-3-37G；图版 5-3-259：2）

M98：34，泥岩。长条形，通体磨制光滑。上、下部及背、腹面大体同宽厚，单面锋，直刃。长 8.3、宽 1.1、最厚 1.3 厘米。（图 5-3-37G；图版 5-3-259：3）

M98：38，硅质泥岩。长条形，上部略宽，下部略窄，单面锋，直刃。长 6.0、上宽 1.2、下宽 1.0、厚 1.1 厘米。（图 5-3-37G；图版 5-3-259：4）

M98：40，泥岩。长条形，长条形，顶部较粗糙，上、下两端较窄，中部略宽，上部较下部略薄，单面锋，直刃，在石凿的一侧有数道细刻槽。长 25.0、最宽 3.3、上厚 2.8、下厚 3.5 厘米。（图 5-3-37G；图版 5-3-260：1、2）

玉璜　1 件。

M98：28，透闪石—阳起石，灰白色，有褐色沁斑。折角形璜，通体磨制光滑，内径明显大于边宽，内、外缘平弧，两端折收，两端各对钻一孔，横剖面近扁椭圆形。外径 14.2、内径 8.4、厚 0.3 厘米。（图 5-3-37H；图版 5-3-262：1～3）

玉镯　2 件。

M98：29，透闪石—阳起石，灰绿色，有较多的墨绿色沁斑。断为两半，残断处均对钻一孔，孔，上下刻槽各一道，用以系缚相连，横截面近三角形。外径 7.3、内径 5.5、厚 0.55 厘米。（图 5-3-37H；图版 5-3-263：1～3）

M98：43，乳白色。残损严重，镯身留有两个对钻圆孔。外径 8.2、内径 6.4、最厚 0.8 厘米。（图 5-3-37H；图版 5-3-264：1）

玉管　2 件。

M98：26，灰白色，有褐色沁斑。横截面近椭圆形，两端单面钻孔。长径 0.7、短径 0.6、孔径 0.2～0.4、高 1.0 厘米。（图 5-3-37H；图版 5-3-264：3）

M98：27，灰白色。横截面近圆形，两端单面钻孔。直径 0.7、孔径 0.2～0.4、高 0.8 厘米。（图 5-3-37H；图版 5-3-264：4）

三角形玉饰　2 件。

M98：23，灰白色，有墨绿色沁斑。横截面呈扁椭圆形，顶部对钻一孔，未钻透。最长 3.0、最宽 1.5、最厚 0.39 厘米。（图 5-3-37H；图版 5-3-262：4）

M98：24，灰白色，有墨绿色沁斑。长 3.7、最宽 1.7、厚 0.45 厘米。（图 5-3-37H；图版 5-3-

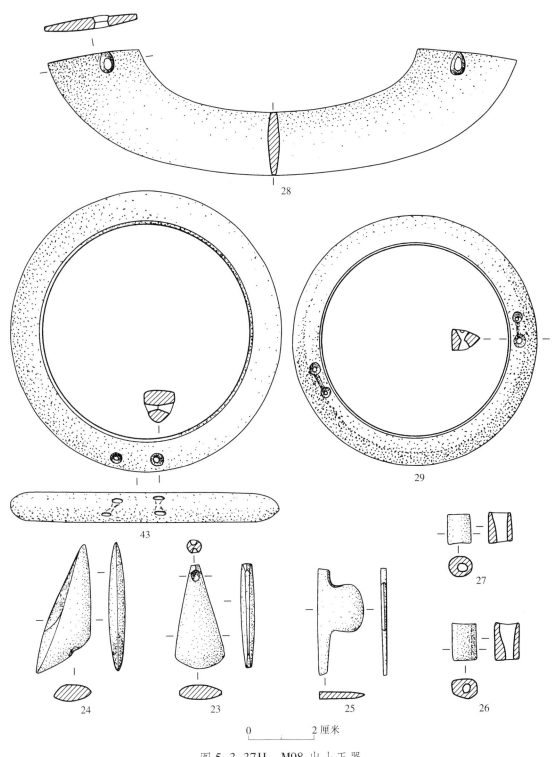

图 5-3-37H　M98 出土玉器

23、24. 三角形饰　25. 带柄钺形饰　26、27. 管　28. 璜　29、43. 镯

262：5）

带柄钺形饰　1件。

M98：25，透闪石—阳起石，乳白色，有墨绿色沁斑。这件玉器由一个长条形和扁方形结合

而成，形状酷似一把带柄的玉石钺，横截面呈细长条形。长 3.0、最宽 2.5、厚 0.15 厘米。（图
5-3-37H；图版 5-3-264：2）

M99

位于 T0611 西南角，部分进入 T0511 东隔梁内，开口于第 5 层下，打破第 6 层。方向 355 度。
长方形竖穴土坑墓，墓口长 2.07、宽 0.8 米，墓深 0.25 米。清理时同样在墓坑中间留了约 20 厘
米的东西向小隔梁，清理后没有发现有葬具的现象。填土呈黄褐色，土质较硬。人骨基本朽蚀殆
尽，仅在墓坑北部保存有头骨痕迹。（图 5-3-38A；图版 5-3-265：1~3）

出土随葬品共计 13 件，其中陶器 11 件，除 1 件陶罐置于墓主头部上方外，其余陶器自墓坑
中部沿东壁自北向南摆放，有鼎、豆、盆、壶、罐以及纺轮等（图版 5-3-266：1、2）。另出土玉
璜及玉饰件各 1 件，玉璜置于墓主下颌部（图版 5-3-266：3），玉饰件置于墓主头部。

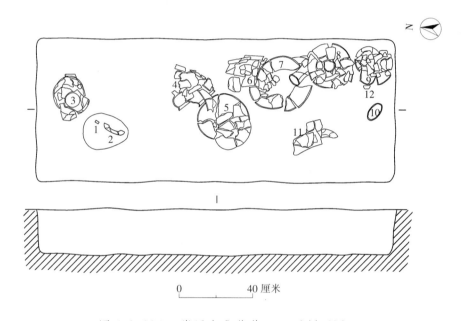

图 5-3-38A 崧泽文化墓葬 M99 平剖面图
1. 玉饰件 2. 玉璜 3、11. 陶罐 4. 陶鼎 5、7. 陶豆 6. 陶盆 8、10、13. 陶壶 9. 陶鬶 12. 陶纺轮

陶鼎 1 件。

M99：4，锥形足鼎。夹粗砂红褐陶。侈口，圆唇，短束颈，圆腹，圜底。口径 13.4、高 16.2
厘米。（图 5-3-38B；图版 5-3-267：1）

陶鬶 1 件。

M99：9，凿形足鬶。泥质灰陶，胎色发黄。喇叭形口，宽圆肩，大圈底，凿形实足。一足上
方附一个三角形把手，尾部略翘。口径 7.2、高 24.0 厘米。（图 5-3-38B；图版 5-3-267：2）

陶豆 2 件。

M99：5，盘形豆。泥质灰陶。敛口，圆唇，折壁，浅盘，柄部整体呈束腰状，上部略粗，下
部略细，外撇成喇叭形圈足。柄部饰两组细弦纹，其间饰以三组三角形、细长条形以及圆形镂孔
组成的纹饰，部分细长条形镂孔未钻透。口径 26.0、足径 17.1、高 20.0 厘米。（图 5-3-38C；图
版 5-3-267：3）

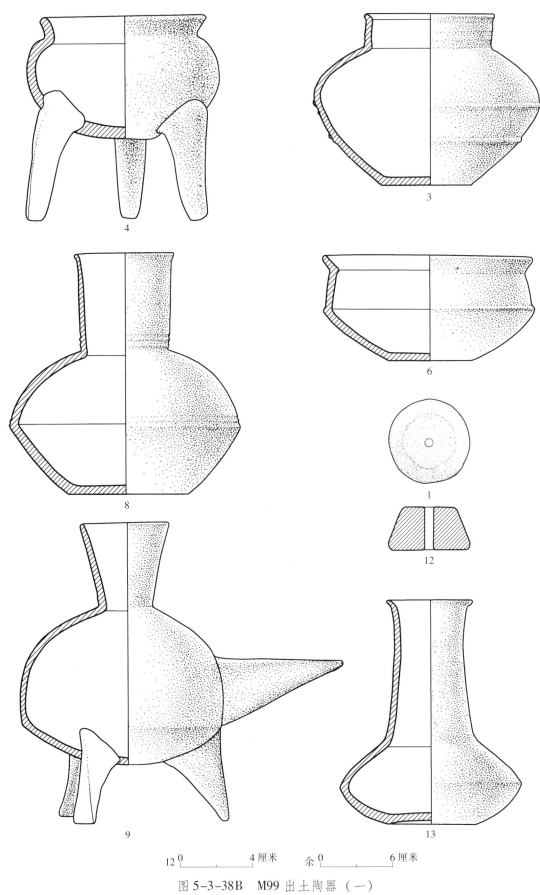

图 5-3-38B　M99 出土陶器（一）

3. 有腰脊罐　4. 锥形足鼎　6. 盆　8、13. 壶　9. 凿形足鬶　12. 纺轮

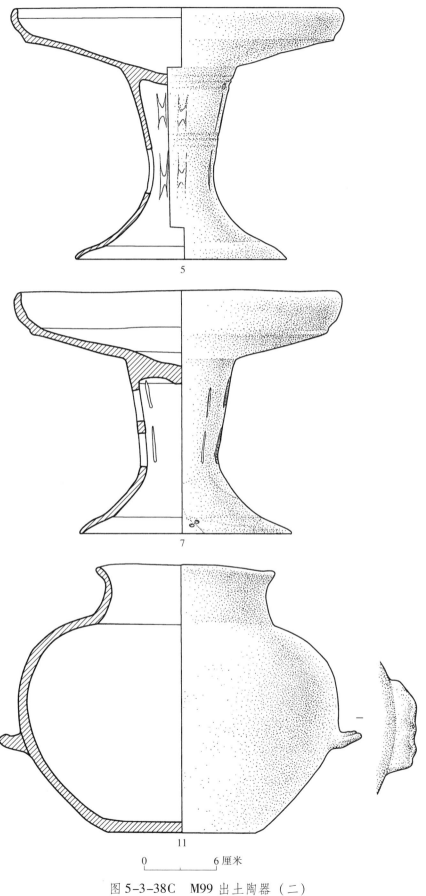

0　　　　6厘米

图 5-3-38C　M99 出土陶器（二）

5、7. 盘形豆　11. 无腰脊罐

M99：7，盘形豆。泥质灰陶，胎色发黄。敛口，尖圆唇，折壁，浅盘，柄部呈束腰状，上部较粗，下部较细，外撇呈喇叭形圈足。柄部饰有七组细长条形镂孔组成的纹饰，盘壁中部及圈足处各有一道明显的转折，近足边缘处饰两个圆形小镂孔。口径 26.0、足径 17.1、高 19.4 厘米。（图 5-3-38C；图版 5-3-267：4）

陶罐 2 件。

M99：3，有腰脊陶罐。泥质黑陶。直口微侈，圆唇，矮直颈，圆肩，弧腹，平底。颈部饰数道凸弦纹，肩腹处及下腹部各饰一道凸棱。口径 10.4、底径 7.2、高 13.6 厘米。（图 5-3-38B；图版 5-3-268：1）

M99：11，无腰脊陶罐。泥质灰黑陶。侈口，尖圆唇，束颈，圆肩，弧腹，平底。腹中部饰两个对称的耳鋬。口径 14.4、底径 12.0、高 21.2 厘米。（图 5-3-38C；图版 5-3-268：2）

陶壶 3 件。

M99：8，泥质灰黑陶。直口微侈，尖圆唇，高颈，下部略收，宽圆肩，弧腹，平底。颈下部及腹中部饰数道凹弦纹。口径 8.1、底径 10.0、高 19.2 厘米。（图 5-3-38B；图版 5-3-269：1）

M99：10，泥质灰黑陶。残碎较甚，未能复原。

M99：13，泥质灰陶。侈口，尖圆唇，长颈，下部略宽，扁折腹，平底微内凹。口径 7.0、底径 6.8、高 17.9 厘米。（图 5-3-38B；图版 5-3-269：2）

陶盆 1 件。

M99：6，泥质灰黑陶，胎色发红。侈口，折沿，圆唇，上腹较直，下腹弧收，平底。上下腹处转折明显。口径 16.8、底径 6.8、高 8.4 厘米。（图 5-3-38B；图版 5-3-269：3）

陶纺轮 1 件。

M99：12，泥质灰陶。平面呈圆形，剖面近梯形，中钻一圆孔。直径 2.8~4.2、孔径 0.4、厚 2.3 厘米。（图 5-3-38B；图版 5-3-270：3）

玉璜 1 件。

M99：2，灰白色。器体风化残损严重。外径 13.2、内径 7.0、最厚 0.3、孔径约 0.2 厘米。（图 5-3-38D；图版 5-3-270：1）

玉饰件 1 件。

M99：1，半透明。横截面近三角形，中部有一圆柱状突起，已残断。残长 1.8、最宽 0.9 厘米。（图 5-3-38D；图版 5-3-270：2）

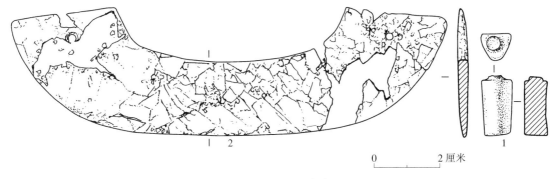

图 5-3-38D　M99 出土玉器
1. 饰件　2. 璜

M102

位于 T0611 西南，开口于第 5 层下，打破第 6 层。大部被 M82 打破，仅保存南部小部分。方向 347 度。长方形竖穴土坑墓，墓口残长 0.82 米，墓底残长 0.78 米、宽 1.03 米，墓深 0.35 米。填土为黄褐色，土质较硬。未发现有人骨。在墓坑底部残剩 6 件随葬陶器，为鼎、罐、壶、豆等。（图 5-3-39A；图版 5-3-271：1、2，5-3-272：1、2）

陶鼎　1 件。

M102：1，铲形足鼎，带盖。夹砂红褐陶。侈口，折沿，圆唇，溜肩，鼓腹略折，圜底。每只足的根部饰两个捺窝。盖实心柱状纽，弧壁，敞口。盖口径 15.2、高 7.2 厘米，鼎口径 15.4、高 19.8 厘米，通高 27.0 厘米。（图 5-3-39B；图版 5-3-273：1）

陶豆　1 件。

M102：4，盘形豆。泥质灰黑陶。口微敛，圆唇，折壁，浅盘，盘腹中部折痕明显，束腰状豆柄，上部略鼓，下部外撇成喇叭形圈足。柄部饰四组凸弦纹，其上饰有细长条形镂孔，孔多钻透。口径 21.6、足径 14.0、高 20.5 厘米。（图 5-3-39B；图版 5-3-273：2）

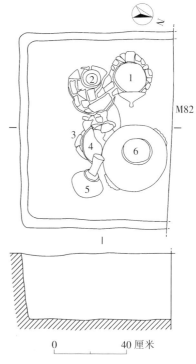

图 5-3-39A　崧泽文化墓葬 M102 平剖面图
1. 陶鼎　2、6. 陶罐　3、5. 陶壶　4. 陶豆

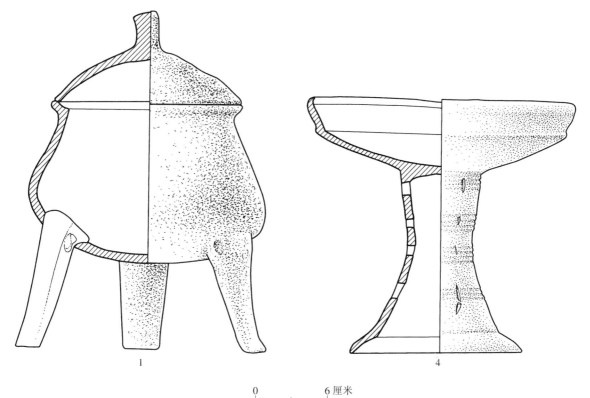

图 5-3-39B　M102 出土陶器（一）
1. 铲形足鼎　4. 盘形豆

陶罐　2件。

M102:2，无腰脊罐。泥质红陶。侈口，圆唇，颈微束，圆肩，圆腹，底近圜。腹中部饰两个对称的鸡冠形耳錾。颈部饰两道细弦纹。口径11.8、高19.3厘米。（图5-3-39C；图版5-3-274：1）

M102:6，有腰脊罐。夹细砂灰陶。侈口，圆唇，矮束颈，宽圆肩，弧腹，平底。腹中部饰一周附加堆纹，其上堆贴两个对称的鸡冠形耳錾。口径13.8、底径13.4、高24.8厘米。（图5-3-39C；图版5-3-274：2）

陶壶　2件。

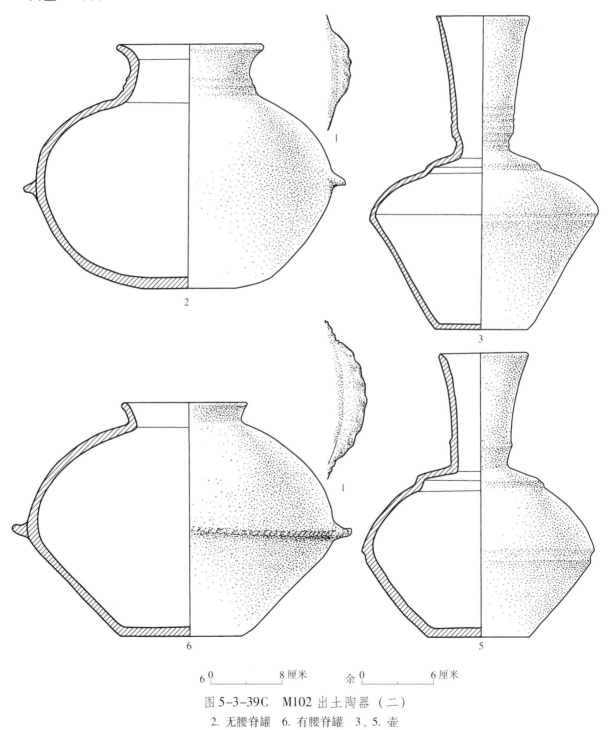

6 0 _____ 8厘米　　余 0 _____ 6厘米

图5-3-39C　M102出土陶器（二）

2. 无腰脊罐　6. 有腰脊罐　3、5. 壶

M102：3，泥质灰黑陶。喇叭形口，长颈，下部内收，广肩，肩部折痕明显，直腹内收为平底。颈部饰数道凹弦纹，肩腹处饰一道凹棱。口径7.6、底径7.6、高24.7厘米。（图5-3-39C；图版5-3-275：1、2）

M102：5，泥质灰黑陶。喇叭形口，长颈，下部内收，广肩，肩部折痕明显，弧腹内收为平底。颈部饰一道凸棱，肩腹处一道凹棱。口径7.2、底径8.4、高22.4厘米。（图5-3-39C；图版5-3-275：3）

第四节　地层出土遗物

崧泽文化的地层堆积中，出土了大量的陶片、石器以及少量玉器等。陶质仍以夹砂红褐陶为主，泥质红陶和红褐陶的数量略有减少，泥质灰陶和灰黑陶数量占比增加，有零星的白陶残片。陶器的表面以素面为主，有少量的弦纹、捺窝、附加堆纹、锥刺纹、绳纹及镂孔等装饰。弦纹多见于鼎、罐的颈肩部以及陶豆的柄部；捺窝多见于鼎足的根部或两侧，以及器錾手上；附加堆纹主要施于大型的罐、鼎的肩腹部；锥刺纹仅见于罐的肩腹部；绳纹仅见于支座表面；镂孔一般见于豆柄。可复原的完整器极少，多为陶片标本，可辨器形有鼎、豆、罐、盆、钵、匜、炉箅、支座、器盖、纺轮、球、拍等。陶器多为用手直接捏制，成型后一般经过慢轮修整。少部分陶器的外表经过磨光且施红衣。

石器数量较多。锛数量最多，另外还有凿、刀、斧、镞、纺轮、砺石等，材质主要有泥岩、硅质岩、硅质泥岩、灰岩、粉砂岩、闪长岩、砂岩等。

以下按区介绍各层位出土器物，由于Ⅰ～Ⅲ区崧泽文化层都是统一的，故介绍时不再将每区内各个探方单独列出介绍。

一　Ⅰ区地层出土遗物

第4a层

陶鼎　1件。

标本T1606-1④a：1，凿形足鼎。夹砂红褐陶。口微侈，圆唇，颈微束，盆形腹，平底内凹，细高的凿形足。口径16.4、高16.5厘米。（图5-4-1：1；图版5-4-1：1）

陶鼎足　4件。均为夹砂红褐陶。宽铲形，器形整体较轻薄。

T1905④a：6，扁平。残高13.0厘米。（图5-4-1：2；图版5-4-1：2）

T1905④a：7，足正面饰浅捺窝。残高5.5厘米。（图5-4-1：3；图版5-4-1：3）

T2006④a：1，足内侧面略凹。残高6.8厘米。（图5-4-1：6；图版5-4-1：4）

T2006④a：2，足正面略凹。残高8.8厘米。（图5-4-1：7；图版5-4-1：5）

陶豆盘　3件。

T1905④a：2，泥质灰陶。直口，尖唇，口下折痕外突明显，弧腹。残高4.0厘米。（图5-4-1：4；图版5-4-2：1）

T1905④a：3，泥质灰黑陶。直口，尖唇，弧腹，口、腹转折处明显。残高3.8厘米。（图5-4-1：5；图版5-4-2：2）

图 5-4-1　崧泽文化地层 T1606-1、T1905、T2006④a 层出土陶器

1. 鼎（T1606-1④a：1）　　2、3、6、7. 鼎足（T1905④a：6、7，T2006④a：1、2）　　4、5、8. 豆盘（T1905④a：2、3、4）

9. 豆柄（T1905④a：5）　　10、11. 罐口沿（T1905④a：9、10）　　12. 盆口沿（T1905④a：8）

T1905④a：4，泥质灰黑陶。敛口，圆唇，豆盘较深，折壁，盘壁上部略弧凹，下部斜直收。残高5.4厘米。（图5-4-1：8；图版5-4-2：3）

陶豆柄 1件。

T1905④a：5，泥质灰陶。柄较粗，柄上部略鼓突，中部略弧凹。柄部饰三组细弦纹，弦纹上饰三角形小镂孔，孔均未钻透。残高8.8厘米。（图5-4-1：9；图版5-4-2：4）

陶罐口沿 2件。

T1905④a：9，夹砂红褐陶。侈口，折沿，束颈，弧肩。肩部堆贴一周附加堆纹，堆纹上饰浅捺窝。残高9.0厘米。（图5-4-1：10；图版5-4-2：5）

T1905④a：10，泥质灰陶，器壁内外施红衣。侈口，圆唇，束颈，圆腹。残高7.0厘米。（图5-4-1：11；图版5-4-2：6）

陶盆口沿 1件。

T1905④a：8，夹粗砂红褐陶。口微敛，折沿，弧腹。残高9.5厘米。（图5-4-1：12；图版5-4-3：1）

陶纺轮 3件。

T1706④a：2，夹粗砂红褐陶。平面圆形，剖面近长方形，两侧略弧，中有一孔。直径4.4、孔径0.55、厚1.4厘米。（图5-4-2：1；图版5-4-3：2）

T1905④a：11，泥质灰褐陶。平面圆形，剖面呈梯形，两侧略弧，中有一孔。直径5.5、孔径0.7、厚1.6厘米。（图5-4-2：3；图版5-4-3：3）

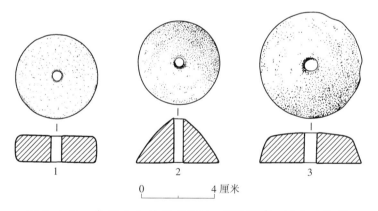

图5-4-2 崧泽文化地层T1706、T1905④a层出土陶器
1~3. 纺轮（T1706④a：2、T1905④a：12、T1905④a：11）

T1905④a：12，泥质红褐陶。平面圆形，剖面近三角形，两侧略弧，中有一孔。最大径4.4、孔径0.6、厚2.2厘米。（图5-4-2：2；图版5-4-3：4）

石锛 5件。完整者均为单面锋，直刃。

T1905④a：1，硅质岩，器表青灰色。刃部残断，两侧崩损较甚，背面略弧，腹面较直，单面锋，直刃。长3.0、最宽2.5、最厚1.0厘米。（图5-4-3：1；图版5-4-4：1）

T1905④a：14，硅质岩，器表青灰色。背、腹及刃部崩损较甚。残长7.0、残宽3.1、残厚1.6厘米。（图5-4-3：2）

T1906④a：2，泥岩，器表青灰色。上部残断。腹面较直，背面略弧，短直刃。残长9.6、最宽

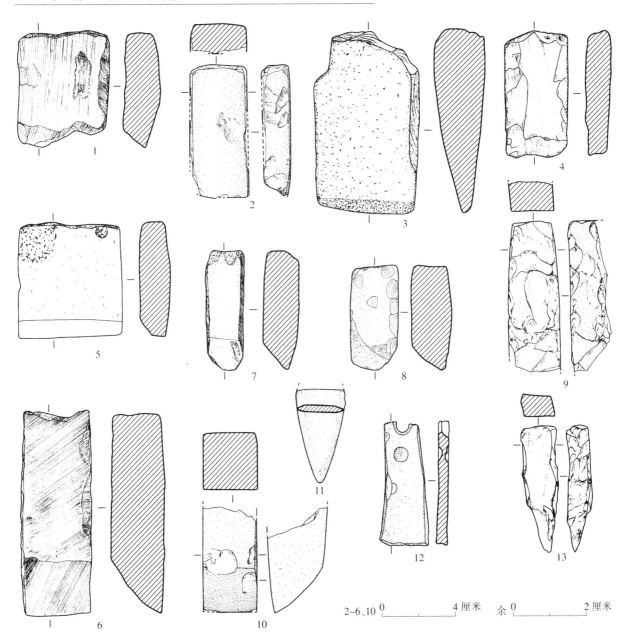

图5-4-3　崧泽文化地层T1706、T1905、T1906、T2005、T2006④a层出土石器

1～5. 锛（T1905④a：1、14，T1906④a：2，T2006④a：4，T1906④a：3）　6～10. 凿（T1706④a：1、T1906④a：1、T2005④a：1、T1906④a：4、T2006④a：3）　11. 镞（T1905④a：13）　12. 刀（T2005④a：2）　13. 残石器（T1906④a：5）

5.8、最厚2.6厘米。（图5-4-3：3；图版5-4-4：4）

　　T1906④a：3，器表青色，器形较小轻薄。腹面较直，背面略弧，背、腹面大体同宽，宽短刃。长6.2、宽5.6、最厚1.7厘米。（图5-4-3：5；图版5-4-4：5）

　　T2006④a：4，器表青灰色。背、腹面均较直且大体同宽，刃部残断。长6.8、最宽3.4、最厚1.4厘米。（图5-4-3：4；图版5-4-4：2）

　　石凿　5件。

　　T1706④a：1，硅质岩，器表青灰色。残断。整器较宽厚，背、腹面较直且大体同宽。残长

11.0、最宽3.8、最厚2.8厘米。（图5-4-3：6；图版5-4-5：1）

T1906④a：1，石英岩，器表黑色。器身崩损较甚。背、腹面均较直且大体同宽，单面直刃。残长3.2、最宽1.05、最厚0.9厘米。（图5-4-3：7；图版5-4-5：3）

T1906④a：4，硅质泥岩，灰黑色。器表崩损较甚。腹面较直，刃部残。残长4.0、残宽1.35、最厚1.0厘米。（图5-4-3：9；图版5-4-5：2）

T2005④a：1，硅质岩，灰白色。背、腹面较直且大体同宽，刃部崩损较甚。长2.8、最宽1.3、最厚1.05厘米。（图5-4-3：8；图版5-4-5：4）

T2006④a：3，硅质岩，器表黑色。器形较宽厚。上部残断。残长5.6、最宽3.2、最厚3.0厘米。（图5-4-3：10；图版5-4-5：5）

石镞　1件。

T1905④a：13，硅质岩，器表灰色。器形扁薄。残长2.45、最厚0.2厘米。（图5-4-3：11；图版5-4-4：6）

石刀　1件。

T2005④a：2，灰岩，器表黑色。残留两孔，一孔未钻透。残长3.2、最宽1.3、最厚0.3厘米。（图5-4-3：12；图版5-4-4：3）

残石器　1件。

T1906④a：5，硅质岩。背、腹及刃部崩损较甚。残长3.3、残宽0.9、残厚0.7厘米。（图5-4-3：13）

第4b层

陶鼎口沿　3件。均为夹砂陶，器表红褐色，内壁灰黑色。

T1905④b：2，胎体轻薄。敛口，折沿，唇略外卷，颈微束，斜直腹。残高6.6厘米。（图5-4-4：1；图版5-4-6：1）

T1905④b：3，敛口，折沿，颈微束，腹壁较直。颈部饰数道细突弦纹。残高7.7厘米。（图5-4-4：3；图版5-4-6：2）

T2006④b：3，敛口，折沿，圆唇，束颈，弧肩。口径20.0、残高7.2厘米。（图5-4-4：2；图版5-4-6：3）

陶鼎足　4件。均为夹砂红褐陶。

T1905④b：4，铲形。胎体较轻薄。宽铲形，下部残，足内侧略凹。残高8.7厘米。（图5-4-4：5；图版5-4-6：4）

T2006④b：4，凿形足。足两侧略内凹。残高8.9厘米。（图5-4-4：4；图版5-4-6：5）

T2006④b：5，铲形。整体较轻薄。残高8.2厘米。（图5-4-4：6；图版5-4-6：6）

T2006④b：6，铲形。夹砂红褐陶。宽铲形，整体较轻薄。残高8.0厘米。（图5-4-4：7；图版5-4-6：7）

陶豆盘　1件。

T1905④b：1，泥质灰陶。敛口，圆唇，弧壁。口径22.9、残高4.7厘米。（图5-4-4：8；图版5-4-7：1）

陶罐口沿　4件。

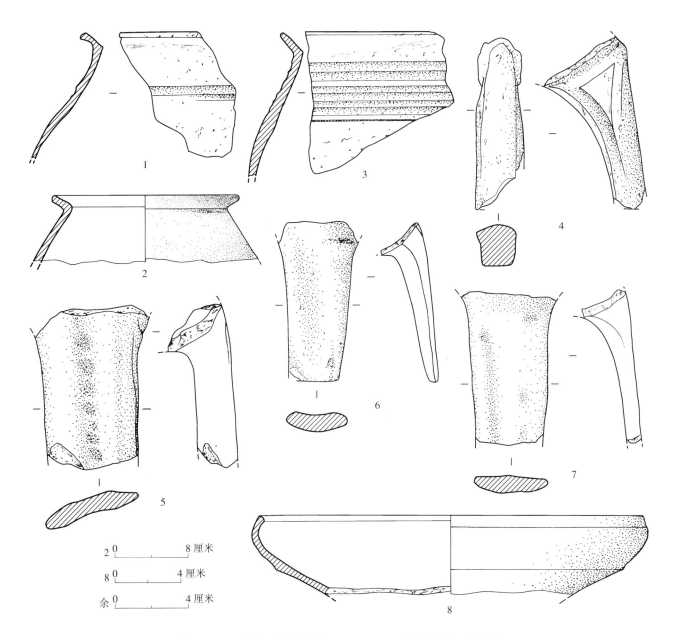

图 5-4-4 崧泽文化地层 T1905、T2006④b 层出土陶器

1、3. 鼎口沿（T1905④b：2、3） 2. 鼎口沿（T2006④b：3） 4～7. 鼎足（T2006④b：4，T1905④b：4，T2006④b：5、
6） 8. 豆盘（T1905④b：1）

　　T1905④b：5，泥质红褐陶，胎色发黑，器壁内外施红衣。侈口，尖圆唇，颈微束，弧肩。颈内侧饰数道细凹弦纹。口径 14.8、残高 6.4 厘米。（图 5-4-5：2；图版 5-4-7：4）

　　T1905④b：6，夹砂红褐陶。直口微侈，圆唇，直颈微束，弧肩。颈肩交接处及肩部饰有细小的刻划纹。口径 15.1、残高 5.8 厘米。（图 5-4-5：1；图版 5-4-7：5）

　　T1905④b：7，泥质红褐陶，胎色发黑，器壁内外施红衣。直口微侈，圆唇，斜肩，折腹。口径 8.7、残高 4.7 厘米。（图 5-4-5：3；图版 5-4-7：6）

　　T2006④b：2，夹粗砂红褐陶。侈口，折沿，圆唇，束颈，弧肩。口径 19.8、残高 6.6 厘米。（图 5-4-5：4；图版 5-4-7：7）

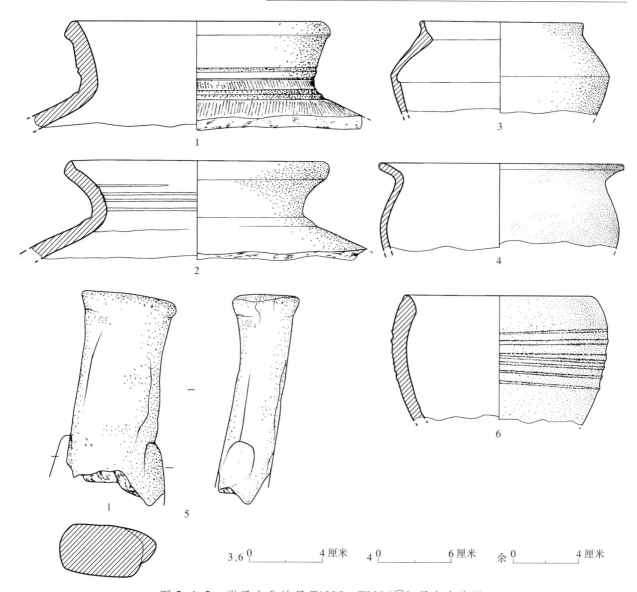

图5-4-5　崧泽文化地层 T1905、T2006④b 层出土陶器

1、2. 罐口沿（T1905④b：6、5）　　3、4. 罐口沿（T1905④b：7、T2006④b：2）　　5. 支座（T1905④b：9）　　6. 钵口沿（T2006④b：1）

陶钵口沿　1件。

T2006④b：1，夹砂红褐陶。敛口，圆唇，弧腹。口沿下饰数道凹弦纹。口径10.3、残高6.5厘米。（图5-4-5：6；图版5-4-7：2）

陶支座　1件。

T1905④b：9，夹砂红褐陶。横截面近椭圆形。残高12.6厘米。（图5-4-5：5；图版5-4-7：3）

石锛　1件。

T2006④b：7，泥岩，青灰色。器身崩损较甚，腹面略弧，背面较直，刃部残。残长5.9、最宽3.0、最厚1.4厘米。（图5-4-6：1；图版5-4-8：1）

石凿　4件。

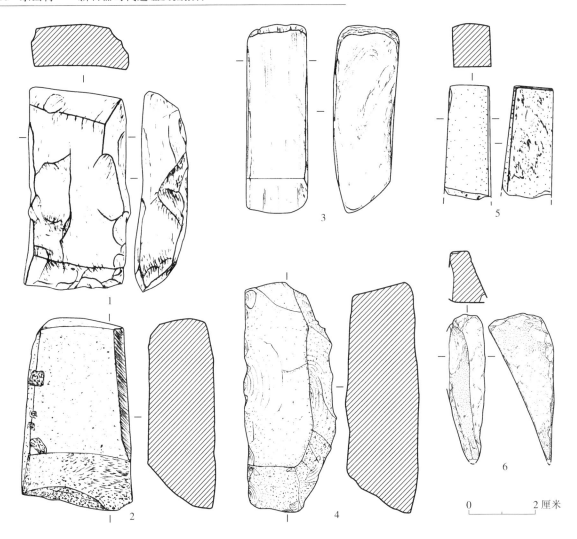

图5-4-6 崧泽文化地层T1905、T2006④b层出土石器

1. 锛（T2006④b：7） 2～5. 凿（T1905④b：8，T2005④b：1，T2006④b：8、9） 6. 残石器（T2006④b：10）

T1905④b：8，器表黑色。上部略窄下部略宽，背、腹面均较直，腹宽略小于背宽，刃部残。残长5.7、最宽3.3、最厚2.1厘米。（图5-4-6：2；图版5-4-8：2）

T2005④b：1，泥岩，灰白色。器形较小轻薄，背、腹面均略弧且大体同宽，单面锋，直刃。残长5.3、最宽1.8、最厚1.8厘米。（图5-4-6：3；图版5-4-8：3）

T2006④b：8，硅质岩，器表灰黑色。器身崩损较甚，腹面较直，背部略弧，刃部残。残长6.8、最宽2.6、最厚2.2厘米。（图5-4-6：4；图版5-4-8：4）

T2006④b：9，硅质岩，器表灰色。刃部崩损，背、腹大体同宽。残长3.3、最宽1.3、最厚1.6厘米。（图5-4-6：5）

残石器 1件。

T2006④b：10，泥岩，器表灰绿色。崩损较甚。残长4.5、宽1.7厘米。（图5-4-6：6）

第5层

陶鼎口沿 1件。

T2006⑤：3，夹砂红褐陶。口微敛，宽折沿，颈微束。残高4.8厘米。（图5-4-7：1；图

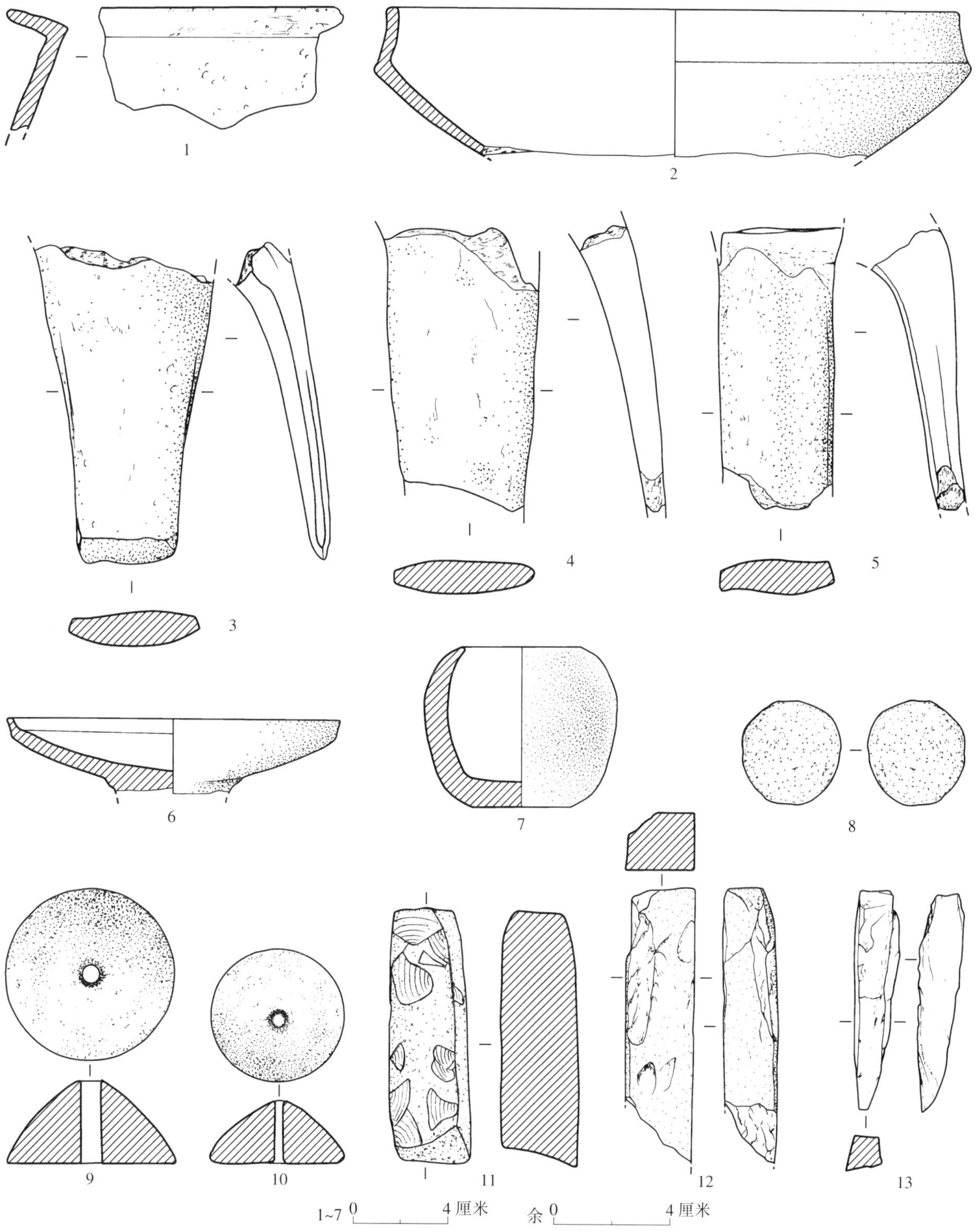

图 5-4-7 崧泽文化地层 T1706、T1905、T2005、T2006⑤层出土陶器、石器

1. 陶鼎口沿（T2006⑤：3） 2. 陶盆口沿（T1905⑤：1） 3～5. 陶鼎足（T1905⑤：2、3，T2006⑤：2） 6. 陶豆盘（T2006⑤：1） 7. 小陶钵（T2006⑤：5） 8. 小陶球（T1706⑤：1） 9、10. 陶纺轮（T2006⑤：6、4） 11～13. 石凿（T2005⑤：1，T2006⑤：7、5）

版5-4-9：1）

陶鼎足　3件。均为夹砂红褐陶，铲形足，整器较扁薄。

T1905⑤：2，宽铲形。残高13.1厘米。（图5-4-7：3；图版5-4-9：2）

T1905⑤：3，宽铲形。残高11.6厘米。（图5-4-7：4；图版5-4-9：3）

T2006⑤：2，足上下大体同宽。残高11.6厘米。（图5-4-7：5；图版5-4-9：4）

陶豆盘　1件。

T2006⑤：1，直口，短沿，方唇，弧壁，浅盘。口径13.9、残高3.0厘米。（图5-4-7：6；图版5-4-10：1）

陶盆口沿　1件。

T1905⑤：1，直口，圆唇，沿下折痕明显，弧壁。口径23.9、残高6.0厘米。（图5-4-7：2；图版5-4-10：2）

小陶钵　1件。

T2006⑤：5，夹粗砂灰褐陶。敛口，圆唇，圆弧腹，平底。口径5.3、底径4.1、高6.5厘米。（图5-4-7：7；图版5-4-10：3）

小陶球　1件。

T1706⑤：1，泥质红褐陶。中空，摇之作响。直径约3.4厘米。（图5-4-7：8；图版5-4-10：4）

陶纺轮　2件。

T2006⑤：6，泥质灰陶。平面圆形，剖面近三角形，中有一孔。直径5.6、孔径0.7、最厚2.7厘米。（图5-4-7：9；图版5-4-10：5）

T2006⑤：4，夹砂灰黑陶。平面圆形，剖面近三角形，两侧略弧，中有一孔。直径4.5、孔径0.3、最厚2.0厘米。（图5-4-7：10）

石凿　3件。

T2005⑤：1，器形较小，背、腹面较直，背面略宽于腹面，刃部残断。长8.2、最宽2.2、最厚2.6厘米。（图5-4-7：11；图版5-4-10：6）

T2006⑤：7，灰岩。器身崩损较甚，刃部残。背、腹面较直。残长9.0、残宽2.4、残厚1.8厘米。（图5-4-7：12）

T2006⑤：5，灰岩。器身崩损较甚。残长7.2厘米。（图5-4-7：13）

二　Ⅱ区地层出土遗物

第4层

陶豆柄　1件。

T1308④：1，泥质灰黑陶。柄较细。柄上饰有弦纹与圆形、三角形、细长条形镂孔等组成的纹饰。残高6.1厘米。（图5-4-8：1；图版5-4-11：1）

陶球　1件。

T1210④：2。泥质红褐陶。中空，摇之作响。直径约4.5厘米。（图5-4-8：2；图版5-4-11：2）

陶纺轮　2件。

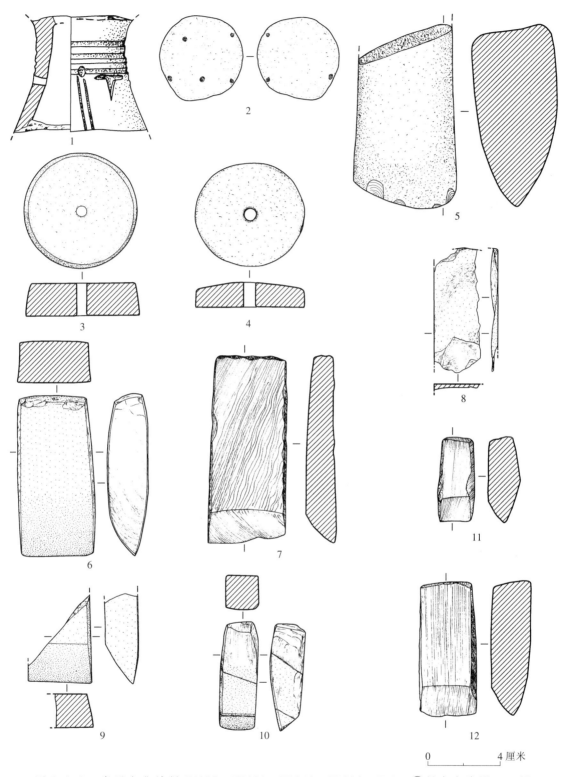

图 5-4-8　崧泽文化地层 T1208、T1209、T1210、T1308、T1310④层出土陶器、石器

1. 陶豆柄（T1308④:1）　2. 陶球（T1210④:2）　3、4. 陶纺轮（T1210④:1、T1310④:2）　5. 石斧
（T1208④:1）　6~9. 石锛（T1210④:4、5、7、8）　10~12. 石凿（T1209④:1，T1210④:3、6）

T1210④:1，夹粗砂红褐陶。平面圆形，剖面近梯形，两侧较直，中有一孔。直径5.5～6.1、孔径0.55、最厚1.7厘米。（图5-4-8：3；图版5-4-11：3）

T1310④:2，夹砂红褐陶。平面圆形，正面弧凸，背面较平直，中有一孔。直径5.8、孔径0.6、最厚1.3厘米。（图5-4-8：4；图版5-4-11：4）

石斧 1件。

T1208④:1，基性侵入岩，器表红褐色。器形整体较宽厚，横剖面近椭圆形，双面锋，直刃。残长9.7、最宽5.7、最厚4.4厘米。（图5-4-8：5；图版5-4-12：1）

石锛 4件。

T1210④:4，泥岩，器表灰色。器形整体较宽扁，腹、背面均略弧且大体同宽，双面锋，刃部一侧较直，一侧略弧。长8.3、最宽4.1、最厚2.1厘米。（图5-4-8：6；图版5-4-12：2）

T1210④:5，灰岩，器表青灰色。器形整体较宽扁，背面较直，腹面略弧，背、腹面大体同宽，单面锋，直刃。长9.9、最宽4.3、最厚1.6厘米。（图5-4-8：7；图版5-4-12：3）

T1210④:7，闪长岩。器身崩损较甚。残长6.5、残宽2.5、残厚0.3厘米。（图5-4-8：8）

T1210④:8，闪长岩。器身崩损较甚。背、腹大体同宽，单面锋，直刃。残长4.4、宽3.3、最厚1.8厘米。（图5-4-8：9）

石凿 3件。

T1209④:1，泥岩。器形小巧，中部残断，腹面较弧，背面较直，单面锋，直刃。长5.7、最宽2.0、最厚1.6厘米。（图5-4-8：10；图版5-4-12：4）

T1210④:3，器表呈灰褐色。器形小巧，腹面较直，背面略弧，背面略宽于腹面，双面锋，直刃。长4.5、最宽2.0、最厚1.7厘米。（图5-4-8：11；图版5-4-12：5）

T1210④:6，钙质泥岩，器表灰黑色。腹面较直，背面略弧，背、腹面大体同宽，单面锋，直刃。长7.0、最宽3.0、最厚2.0厘米。（图5-4-8：12；图版5-4-12：6）

三 Ⅲ区地层出土遗物

第4层

小陶鼎 1件。

T0509④:1，夹砂红褐陶。侈口，折沿，沿近平，方唇，圆弧腹，圜底，三足残。口径8.1、残高5.1厘米。（图5-4-9：1；图版5-4-13：1）

陶豆柄 3件。

T0610④:1，泥质灰陶。高直柄，喇叭形圈足。柄部饰四组凹弦纹，每组弦纹上（或下）各饰三个较为对称分布的椭圆形小镂孔，个别孔未钻透。残高25.6厘米。（图5-4-9：2；图版5-4-13：3）

T0611④:1，泥质灰黑陶。足较高。足上饰数道细弦纹及三竖排对称分布的圆形镂孔。残高5.6厘米。（图5-4-9：5；图版5-4-13：2）

T0710④:1，泥质灰黑陶。柄部略弧凹。柄其上饰不甚规则的凹弦纹及方形小镂孔。残高8.6厘米。（图5-4-9：3；图版5-4-13：4）

陶盆口沿 1件。

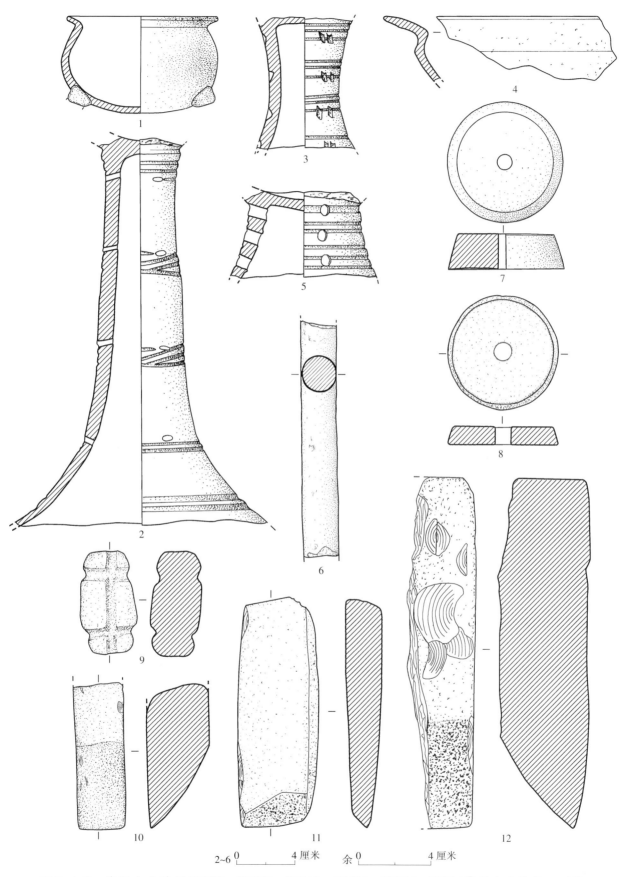

图 5-4-9 崧泽文化地层 T0509、T0510、T0610、T0611、T0710、T0711④层出土陶器、石器

1. 小陶鼎（T0509④:1）　　2、3、5. 陶豆柄（T0610④:1、T0710④:1、T0611④:1）　　4. 陶盆口沿（T0610④:3）
6. 陶炉箅条（T0611④:2）　　7. 陶纺轮（T0610④:2）　　8. 石纺轮（T0509④:2）　　9. 陶网坠（T0510④:1）　　10、
12. 石凿（T0510④:2、T0711④:1）　　11. 石锛（T0711④:2）

T0610④：3，泥质灰黑陶。敞口，宽折沿，颈微束。残高4.3厘米。（图5-4-9：4；图版5-4-13：5）

陶炉箅条 1件。

T0611④：2，夹砂红褐陶，横截面近圆形。残长15.6、直径2.3厘米。（图5-4-9：6；图版5-4-13：6）

陶纺轮 1件。

T0610④：2，泥质黑陶。平面呈圆形，横截面近梯形，两侧较直，中有一孔。直径5.3～6.4、孔径0.8、厚1.8厘米。（图5-4-9：7；图版5-4-13：7）

陶网坠 1件。

T0510④：1，泥质红褐陶。略呈圆柱形，两端横向及中部纵向各有一道捆系绳索用的凹槽。长5.4、最宽3.1、最厚2.6厘米。（图5-4-9：9；图版5-4-13：8）

石纺轮 1件。

T0509④：2，器表深紫色。平面呈圆形，剖面近梯形，两侧较直，中有一孔。直径5.5～6.0、孔径1.0、厚0.9厘米。（图5-4-9：8；图版5-4-14：1）

石锛 1件。

T0711④：2，灰白色。器形扁薄，腹面较直，背面略弧，单面锋，直刃。长12.2、最宽4.4、最厚2.0厘米。（图5-4-9：11；图版5-4-14：2）

石凿 2件。

T0510④：2，泥岩，器表青灰色。上半部残断，背、腹面较直且大体同宽，单面锋，直刃。残长7.8、宽2.7、最厚3.3厘米。（图5-4-9：10；图版5-4-14：3）

T0711④：1，硅质岩，器表灰绿色。一侧残断，背面较直，腹面略弧，单面锋，直刃。残长18.4、最宽3.8、最厚4.9厘米。（图5-4-9：12；图版5-4-14：4）

第5层

陶鼎足 1件。

T0611⑤：2，夹砂红褐陶。铲形，整体较宽厚，足尖略外撇。高11.3厘米。（图5-4-10：1；图版5-4-15：1）

陶豆盘 1件。

T0711⑤：7，泥质灰陶，器表施红衣。口沿残，折腹，宽矮圈足残。残高5.3厘米。（图5-4-10：2；图版5-4-15：2）

陶罐口沿 4件。

T0711⑤：3，夹粗砂红褐陶。侈口，圆唇，束颈，弧肩。残高5.0厘米。（图5-4-10：4；图版5-4-15：3）

T0711⑤：4，夹砂红褐陶。侈口，圆唇，颈微束。残高5.8厘米。（图5-4-10：5；图版5-4-15：4）

T0711⑤：5，夹砂红褐陶。侈口，圆唇，束颈，弧肩。残高5.3厘米。（图5-4-10：6；图版5-4-15：5）

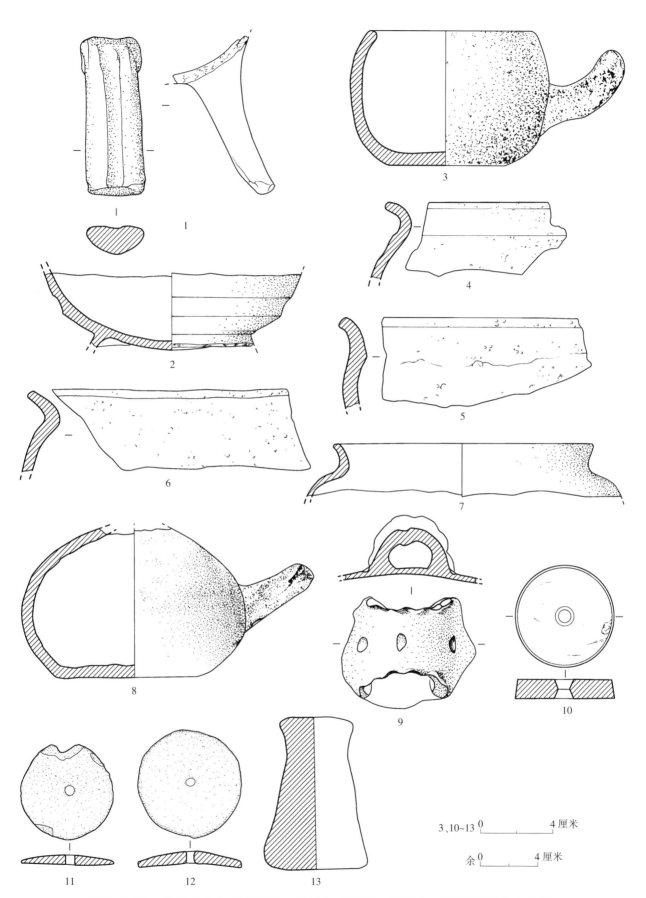

图 5-4-10　崧泽文化地层 T0609、T0610、T0611、T0710、T0711⑤层出土陶器

1. 鼎足（T0611⑤:2）　2. 豆盘（T0711⑤:7）　3、8. 盉（T0711⑤:8、T0710⑤:1）　4～7. 罐口沿（T0711⑤:3、4、5、6）　9. 器盖（T0611⑤:1）　10～12. 纺轮（T0609⑤:1、T0610⑤:2、T0611⑤:4）　13. 拍（T0610⑤:1）

T0711⑤：6，夹砂红褐陶。侈口，圆唇，束颈，弧肩。口径17.6、残高3.5厘米。（图5-4-10：7；图版5-4-15：6）

陶盉 2件。

T0710⑤：1，夹粗砂红褐陶。口残，束颈，扁鼓腹，大平底。腹一侧装一近方形把手。残高9.8、底径9.3厘米。（图5-4-10：8；图版5-4-16：1）

T0711⑤：8，夹粗砂红褐陶。口微敛，圆唇，圆弧腹，平底。腹一侧装一近方形把手，把手向上弯曲。口径8.6、底径6.1、高7.1厘米。（图5-4-10：3；图版5-4-16：2）

陶器盖 1件。

T0611⑤：1，夹砂红褐陶。半环形，边缘捏成花边状，正面饰浅捺窝。长9.1、宽4.5厘米。（图5-4-10：9；图版5-4-16：4）

陶纺轮 3件。

T0609⑤：1，泥质黑陶。平面为圆形，剖面呈梯形，两侧较直，中有一孔。直径5.3、孔径0.8、最厚1.0厘米。（图5-4-10：10；图版5-4-16：5）

T0610⑤：2，泥质陶，正面红褐色，背面黑色。器形扁薄。平面呈圆形，正、背面均弧凸，中有一孔。直径5.1、孔径0.55、最厚0.5厘米。（图5-4-10：11；图版5-4-16：6）

T0611⑤：4，泥质红褐陶。器形扁薄。平面呈圆形，正面弧凸，背面弧凹。中有一孔。直径5.6、孔径0.45、最厚0.55厘米。（图5-4-10：12）

陶拍 2件。

T0610⑤：1，夹砂红褐陶。近似圆柱状，上端略细，下端较粗，拍面近平。把手径3.8、面径5.5、高8.0厘米。（图5-4-10：13；图版5-4-16：3）

石锛 6件。均为单面锋，直刃。

T0510⑤：1，器表灰绿色。器身崩损较甚。背、腹面较直且大体同宽，双面刃较直。长7.4、最宽2.5、最厚1.6厘米。（图5-4-11：1；图版5-4-17：1）

T0510⑤：2，石英岩，灰黑色。器形整体较宽扁，器身崩损较甚。背、腹面较直且大体同宽。长4.4、最宽3.0、最厚0.9厘米。（图5-4-11：3；图版5-4-17：2）

T0611⑤：5，硅质岩，器表灰绿色。器身打磨光滑。背面略弧，腹面略凹，背面略宽于腹面。长4.8、最宽3.6、最厚1.6厘米。（图5-4-11：2）

T0710⑤：1，灰绿色。背、腹面大体同宽且较直，单面锋，直刃。长4.2、最宽2.7、最厚1.3厘米。（图5-4-11：4；图版5-4-17：3）

T0711⑤：1，灰绿色。器表有崩损。腹面均较直，背面弧凸，单面锋，较直。长8.1、最宽3.6、最厚2.3厘米。（图5-4-11：5；图版5-4-17：4）

T0711⑤：10，硅质岩，器表灰黑色。一侧残断，背面略弧，腹面近直，背面略宽于腹面，单面锋，较直。长4.8、最宽3.6、最厚1.4厘米。（图5-4-11：6；图版5-4-17：5）

石凿 1件。

T0611⑤：6，泥岩，器表灰白色。器身磨制较光滑。背、腹面均较直，且大致同宽，单面锋，较直。长3.9、最宽1.1、最厚1.2厘米。（图5-4-11：7）

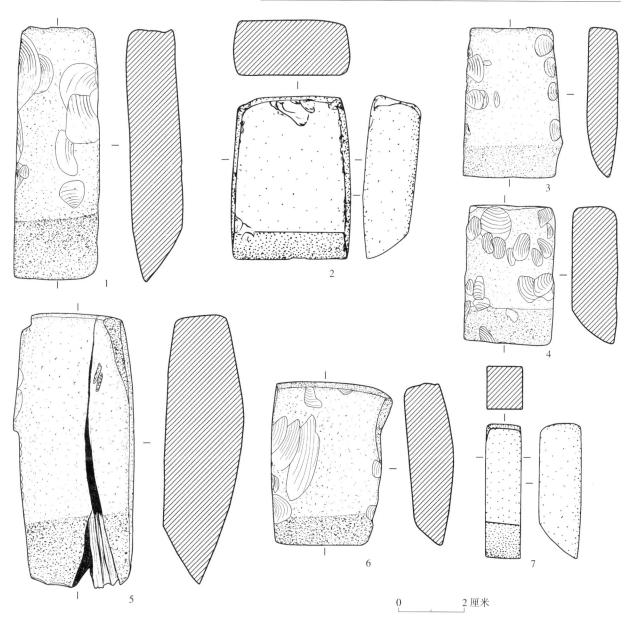

图5-4-11　崧泽文化地层 T0510、T0611、T0710、T0711⑤层出土石器

1～6. 锛（T0510⑤：1、T0611⑤：5、T0510⑤：2、T0710⑤：1、T0711⑤：1、T0711⑤：10）　7. 凿（T0611⑤：6）

四　遗址北部探沟地层出土遗物

主要为 T3⑧a、T4⑩、⑪层出土。

陶鼎口沿　1件。

T4⑪：1，夹砂红褐陶，黑胎。侈口，折沿近平，尖唇，颈微束，弧腹。残高10.0厘米。（图5-4-12：1；图版5-4-18：1）

陶鼎足　2件。铲形。

T4⑩：2，夹砂红褐陶。铲形，外弧。足面饰小圆形镂孔，未钻透。残高9.1厘米。（图5-4-12：2；图版5-4-18：2）

T4⑩：3，夹砂红褐陶。宽铲形。足面饰浅捺窝。残高7.1厘米。（图5-4-12：4；图版5-4-

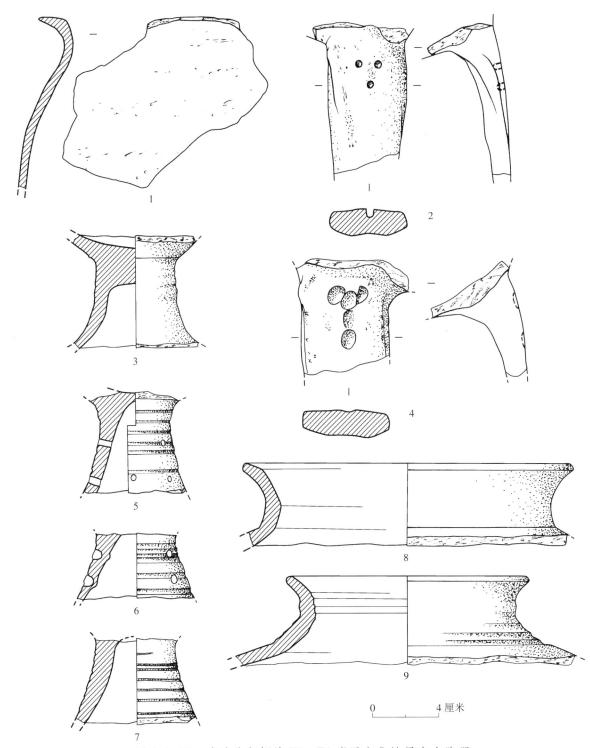

图 5-4-12　遗址北部探沟 T3、T4 崧泽文化地层出土陶器

1. 鼎口沿（T4⑪：1）　2、4. 鼎足（T4⑩：2、3）　3、5~7. 豆柄（T4⑪：5、4，T3⑥a：1，T4⑩：1）　8、9. 罐口沿（T4⑪：2、3）

18：4）

陶豆柄　4 件。

T4⑪：5，泥质灰黑陶。略粗。残高 6.9 厘米。（图 5-4-12：3；图版 5-4-18：3）

T4⑪：4，泥质灰黑陶。略细。饰凹弦纹与圆形小镂孔组成的纹饰。残高 6.0 厘米。（图 5-4-

12：5）

T3⑥a：1，泥质灰黑陶。饰凹弦纹与圆形小镂孔组成的纹饰。残高4.0厘米。（图5-4-12：6）

T4⑩：1，泥质灰黑陶。饰数道凹弦纹。残高5.1厘米。（图5-4-12：7；图版5-4-18：5）

陶罐口沿　2件。

T4⑪：2，泥质灰白陶，器表施红衣。侈口，圆唇，束颈。口径19.6、残高4.8厘米。（图5-4-12：8；图版5-4-18：6）

T4⑪：3，夹砂红褐陶。侈口，圆唇，束颈，弧肩。口径14.1、残高5.2厘米。（图5-4-12：9；图版5-4-18：7）

第六章   分期与年代

第一节   马家浜文化遗存的分期与年代

一   陶器的类型学分析

东山村遗址马家浜文化遗存可分为生活遗存和墓葬遗存两类，其中生活遗存包括房址、灰坑、灰沟以及地层等单位及其出土遗物。由于墓葬中的随葬品与生活遗迹中的出土物在风格、组合以及发展脉络上有所差异，因此对生活遗迹和墓葬中出土器物的研究，分开进行。

（一）生活遗迹出土陶器的类型

马家浜文化地层及生活遗迹单位中共出土陶器及陶片标本 160 余件，器形主要有釜、豆、鼎、罐、盆、盉、尖底缸、钵等。其中，釜、鼎（足）、尖底缸等多为夹砂红褐陶，制法多为泥条盘筑后经慢轮修整，釜的腰沿、鋬手多为手工捏制；豆、罐、盆、盉等多为泥质陶，器表多施红衣，个别豆的盘壁内侧施黑衣，制法多为轮制。纹饰以素面为主，釜的腰沿多为花边状，鋬手外侧捏塑成鸡冠状，豆的柄部有突棱状，有饰细凹弦纹，柄上常钻有圆形小孔，小孔多未钻透；盉、罐等器物把手下方常捏有捺窝，器耳两侧稍捏起呈牛鼻状；鼎足正面常饰有多个捺窝，有的中间加饰竖向细泥条。

一些器物比如鼎腹（T2006⑭：3，存上半部）、鼎腹（F6：4，存下半部）、灶口沿（T0611⑥：13）、盉流（T2006⑭：9）、甗把手（T0610⑥：8）、器把（H34：2）、器足（H18：4）等，仅此一件，没有相关的同类器进行比较，因此在此不作型式分析。另外，出土的玉、石器数量较少，也没型式分析的必要。

下面仅就出土数量较多的釜、豆、罐、鼎、盆、牛鼻耳、尖底缸、钵、盉等陶器及陶片标本做型式分析。

陶釜

马家浜文化地层及生活遗迹单位内出土陶釜标本 38 件。均为夹粗砂或夹砂红褐陶。以往对陶釜的分类，首先是根据底部是平底还是圜底划分为两大类，平底釜主要流行于太湖西部，圜底釜主要流行于太湖东部，两者的形制不同，然后再根据口、腹的不同划分为不同的型。在东山村遗址，马家浜文化地层和生活遗迹单位内未见有明确的平底釜出土，见到的可复原的圜底釜数量也比较少，大多数是陶釜的口沿和腰檐部分，底部多已不存。由于在马家浜文化生活遗存中未见到明确的平底釜出土，暂且将出土的陶釜全部视为圜底釜。

依据釜的口、腹部特征，可将陶釜分为宽折沿釜、窄沿釜、无沿釜等三型。

A型 6件。宽折沿釜。可分为3式。

I式 1件（T1606-1⑬：1）。沿面略凹，腰檐以上较长。

T1606-1⑬：1，残高12.4厘米（图6-1-1：1）。

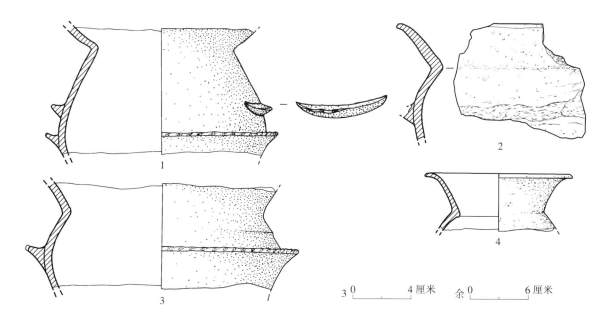

图6-1-1 马家浜文化生活遗迹出土A型陶釜

1. I式（T1606-1⑬：1） 2. II式（T1606-1⑧：4） 3、4. III式（T0611⑥：14、T0611⑥：4）

II式 2件（T1606-1⑧：4、T1606-1⑧：11）。沿面变得斜直，腰檐以上也变得越来越短。

标本T1606-1⑧：4，残高11.5厘米（图6-1-1：2）。

III式 3件（T0611⑥：14、T0611⑥：4、T2006⑧：2）。折沿变得更宽，其上端有外翻之势，腰檐以上部分仍然较短。

标本T0611⑥：14，残高7.0厘米（图6-1-1：3）；标本T0611⑥：4，口径14.8，残高5.8厘米（图6-1-1：4）。

B型 26件。窄沿釜。依腹部特征分为两个亚型。

Ba型 11件。弧腹。分为2式。

I式 6件（T1606-1⑧：8、T1606-1⑧：9、T1905⑪：2、T0711⑦：4、H34：1、T1905⑧：2）。折沿，折角清晰。

标本T1606-1⑧：9，口径23.6、残高9.4厘米（图6-1-2：1）；标本T1606-1⑧：8，口径21.9、残高9.2厘米（图6-1-2：2）；标本T1905⑪：2，残高9.8厘米（图6-1-2：3）；标本T0711⑦：4，残高10.2厘米（图6-1-2：4）。

II式 5件（T0511⑥：2、T0511⑥：3、T0511⑥：4、T1905⑧：1、T1905⑦：3）。折沿变为卷沿

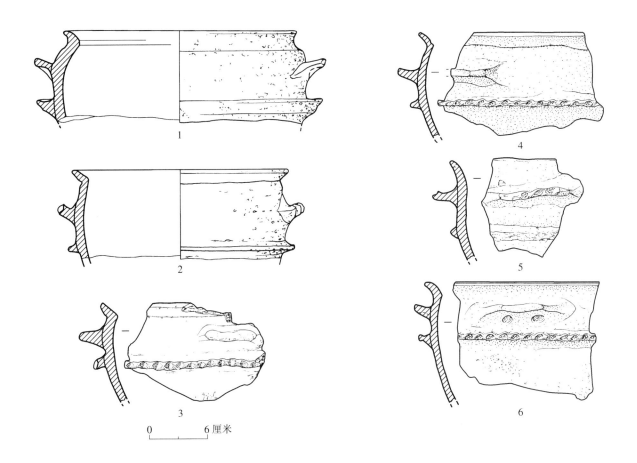

0   6 厘米

图 6-1-2　马家浜文化生活遗迹出土 Ba 型陶釜

1~4. I 式（T1606-1⑧：9、T1606-1⑧：8、T1905⑪：2、T0711⑦：4）　5、6. II 式（T1905⑧：1、T0511⑥：3）

或弧折。

　　标本 T1905⑧：1，残高 9.9 厘米（图 6-1-2：5）；标本 T0511⑥：3，残高 11.8 厘米（图 6-1-2：6）。

　　Bb 型　15 件。直腹或斜直腹。可分为 3 式。

　　I 式　3 件（T2006⑭：4、T1606-1⑬：2、T1905⑩：2）。窄沿转折明显，腰檐距口部距离比较近。

　　标本 T2006⑭：4，残高 6.4 厘米（图 6-1-3：1）；标本 T1606-1⑬：1，残高 6.3 厘米（图 6-1-3：2）。

　　II 式　4 件（F6：1、T2006⑬：1、T1905⑩：1、T3⑦：1）。窄沿变为卷沿，折角不明显，腰檐距口部距离加长。

　　标本 F6：1，口径 25.8、高 29.3 厘米（图 6-1-3：3）；标本 T2006⑬：1，残高 8.4 厘米（图 6-1-3：4）；标本 T1905⑩：1，残高 7.8 厘米（图 6-1-3：5）。

　　III 式　8 件（T1606-1⑧：5、T1606-1⑧：6、T1606-1⑧：7、T1606-1⑦：1、T1606-1⑥：3、T1905⑦：2、T0611⑥：15、T0611⑥：16）。卷沿复又变为小窄折沿，上腹距离进一步拉长。

　　标本 T1606-1⑧：6，残高 11.6 厘米（图 6-1-3：6）；标本 T1606-1⑥：3，残高 14.6 厘米（图 6-1-3：7）。

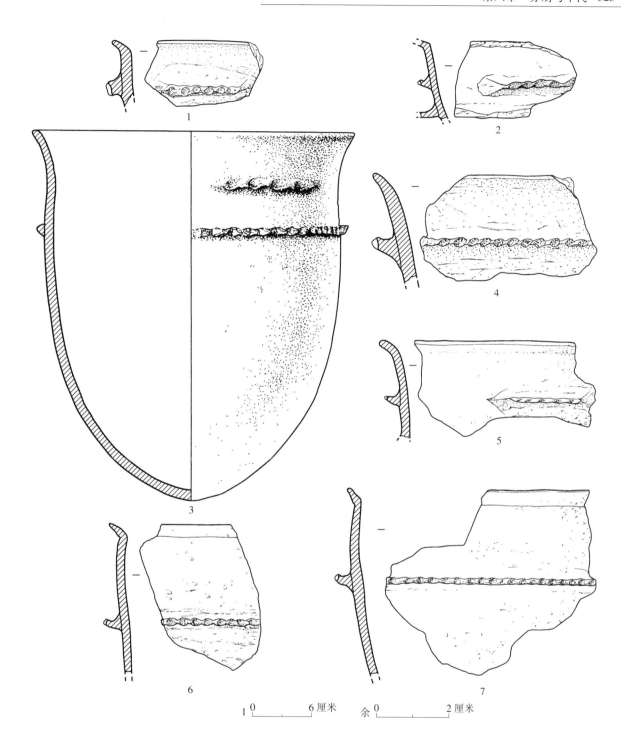

图6-1-3　马家浜文化生活遗迹出土Bb型陶釜

1、2. Ⅰ式（T2006⑭：4、T1606-1⑬：1）　3~5. Ⅱ式（F6：1、T2006⑬：1、T1905⑩：1）　6、7. Ⅲ式（T1606-1⑧：6、T1606-1⑥：3）

C型　6件。无沿釜。据口部特征，可分两亚型。

Ca型　5件（T0611⑥：5、T0611⑥：6、T0611⑥：12、H18：1、T1606-1⑥：4）。斜直口。

标本T0611⑥：6，残高6.4厘米（图6-1-4：1）；标本T1606-1⑥：4，残高10.5厘米（图6-1-4：2）。

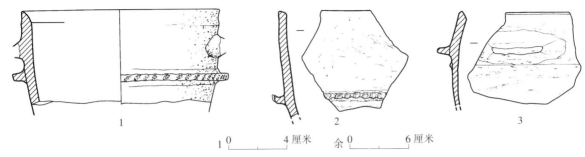

图 6-1-4　马家浜文化生活遗迹出土 C 型陶釜

1、2. Ca 型（T0611⑥：6、T1606-1⑥：4）　　3. Cb 型（T1606-1⑧：10）

Cb 型　1 件（T1606-1⑧：10）。敛口。

T1606-1⑧：10，残高 9.1 厘米（图 6-1-4：3）。

陶豆柄

马家浜文化地层和生活遗迹单位内未出土可复原或完整的陶豆，所见均为豆柄或豆盘残片。由于豆盘和豆柄已难以判断是否属于同一个体，在此将二者分开进行型式分析。

陶豆柄共出土 31 件。绝大多数为红陶，其中以泥质红陶、红褐陶为主，有少量的夹细砂红陶。外壁多施红衣，胎色发红，内壁常见发黑，即所谓的"外红里黑"陶豆。另外见有少量的灰黑陶。在进行型式分析时，发现这些灰黑陶豆柄，似是有自己的发展系列，与红陶的豆柄在形制上亦不大相同，因此，将这些灰黑陶豆柄单独归为一型进行分析。根据柄部的形制并陶色分为四型。

A 型　15 件。素表，柄部无突棱或凹弦纹，偶有小镂孔。分为 2 式。

Ⅰ式　12 件（T1606-1⑬：4、T1606-1⑪：4、T1606-1⑪：2、T1606-1⑧：14、T3⑧：1、H20：2、T2006⑭：8、T2006⑭：6、T2006⑭：5、T2006⑬：3、T1905⑪：3、T0608⑦：2）。柄部较细，近根部外撇程度不大。

标本 T1905⑪：3，残高 9.2 厘米（图 6-1-5：1）；标本 T2006⑭：6，残高 8.8 厘米（图 6-1-5：2）；标本 T2006⑭：5，残高 7.5 厘米（图 6-1-5：3）；标本 T2006⑬：3，残高 6.0 厘米（图 6-1-5：4）。

Ⅱ式　3 件（T0611⑥：7、T0611⑥：8、T2006⑩：1）。柄部变粗，近根部外撇明显，有的上面有小镂孔。

T2006⑩：1，残高 10.1 厘米（图 6-1-5：5）；T0611⑥：8，残高 11.5 厘米（图 6-1-5：6）；T0611⑥：7，残高 12.9 厘米（图 6-1-5：7）。

B 型　9 件。均为红陶。柄部有突节，突节处常有未钻透的小圆孔。分为 2 式。

Ⅰ式　6 件（T1606-1⑧：13、T1606-1⑦：2、T0608⑦：1、H20：4、T2006⑬：4、T2006⑫：1）。柄部为单个突棱。

标本 T2006⑬：4，残高 4.7 厘米（图 6-1-6：1）；标本 T1606-1⑧：13，残高 8.4 厘米（图 6-1-6：2）；标本 T1606-1⑦：2，残高 8.4 厘米（图 6-1-6：3）；标本 T0608⑦：1，残高 10.9 厘米（图 6-1-6：4）。

Ⅱ式　3 件（T2006⑪：4、T1606-1⑥：5、F6：2）。柄部突棱变多，有两个或两个以上，呈竹节状。

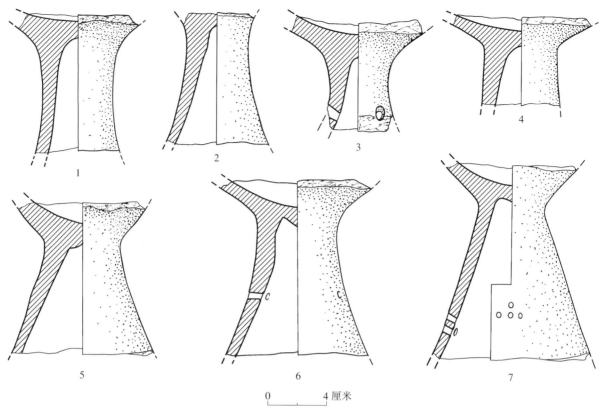

图 6-1-5　马家浜文化生活遗迹出土 A 型陶豆柄

1~4. I 式（T1905⑪：3、T2006⑭：6、T2006⑭：5、T2006⑬：3）　5~7. II 式（T2006⑩：1、T0611⑥：8、T0611⑥：7）

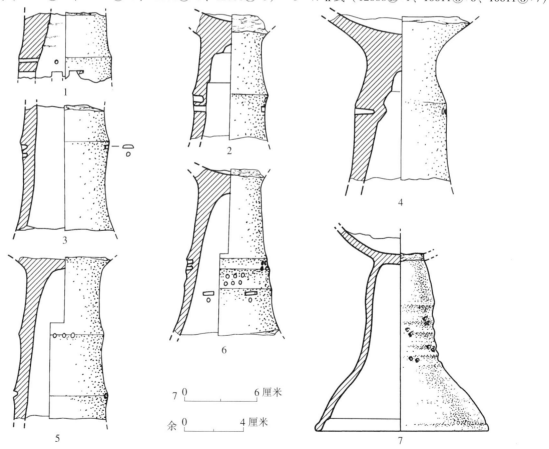

图 6-1-6　马家浜文化生活遗迹出土 B 型陶豆柄

1~4. I 式（T2006⑬：4、T1606-1⑧：13、T1606-1⑦：2、T0608⑦：1）　5~7. II 式（T2006⑪：4、T1606-1⑥：5、F6：2）

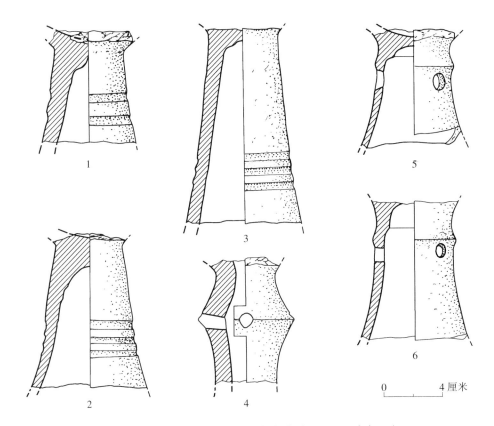

图 6-1-7　马家浜文化生活遗迹出土 C、D 型陶豆柄

1、2. C 型 I 式（T0711⑦：5、T1905⑪：5）　　3. C 型 II 式（T1905⑥：3）　　4. D 型 I 式（T2006⑬：2）

5、6. D 型 II 式（T1905⑦：4、T1905⑦：8）

T2006⑪：4，残高 10.7 厘米（图 6-1-6：5）；T1606-1⑥：5，残高 11.3 厘米（图 6-1-6：6）；F6：2，底径 14.4、残高 15.7 厘米（图 6-1-6：7）。

C 型　3 件。柄部为凹弦纹。可分为 2 式。

I 式　2 件（T0711⑦：5、T1905⑪：5）。柄部凹弦纹靠近根部，柄部整体显得较短。

T0711⑦：5，残高 7.3 厘米（图 6-1-7：1）；T1905⑪：5，残高 10.3 厘米（图 6-1-7：2）。

II 式　1 件（T1905⑥：3）。凹弦纹远离根部，柄部整体显得较长。

T1905⑥：3，残高约 12.9 厘米（图 6-1-7：3）。

D 型　4 件。均为泥质灰黑陶豆柄，器表施黑衣，多经磨光，胎色发红。其柄部在近豆盘处有不同程度的鼓突，在鼓突处或鼓突下方常饰 2~4 个大圆形镂孔。可分 2 式。

I 式　1 件（T2006⑬：2）。柄上部鼓突明显。

T2006⑬：2，鼓突处饰有四个圆形镂孔，残高 8.3 厘米（图 6-1-7：4）。

II 式　3 件（T1905⑦：4、T1905⑦：8、T1905⑥：2）。鼓突变小，为浅突棱。

标本 T1905⑦：8，残高 9.1 厘米（图 6-1-7：6）；标本 T1905⑦：4，残高 7.9 厘米（图 6-1-7：5）。

陶豆盘

共 14 件。豆盘多数不完整，以泥质红陶为主，极个别的灰褐陶。豆盘外壁多施红衣，内里发黑，少部分发红。据口部特征，可分为三型。

A 型　9 件（T0608⑦：3、T0610⑦：1、T0610⑥：6、T0610⑥：7、T0611⑥：9、T0611⑥：10、T0511⑥：5、T0711⑥：5、T0711⑥：4）。敛口，极个别唇下有小器耳。

标本 T0711⑥：4，残高 4.5 厘米（图 6-1-8：1）；标本 T0610⑥：7，唇下有一道折棱，折棱处附一角状突起。残高 4.1 厘米（图 6-1-8：3）；标本 T0608⑦：3 ，口径 19.0、残高 3.6 厘米（图 6-1-8：2）；标本 T0610⑦：1，残高 3.3 厘米（图 6-1-8：4）。

B 型　2 件（T1905⑥：4、H24：2）。直口，折腹。

T1905⑥：4，口径 18.0、残高 3.8 厘米（图 6-1-8：5）；H24：2，残高 5.2 厘米（图 6-1-8：6）。

C 型　3 件。据口部特征可分为两亚型。

Ca 型　2 件。厚唇。

Ⅰ式　1 件（T1606-1⑪：3）。

T1606-1⑪：3，胎厚，弧腹。口径 26.8、残高 10.8 厘米（图 6-1-8：7）。

Ⅱ式　1 件（H18：2）。

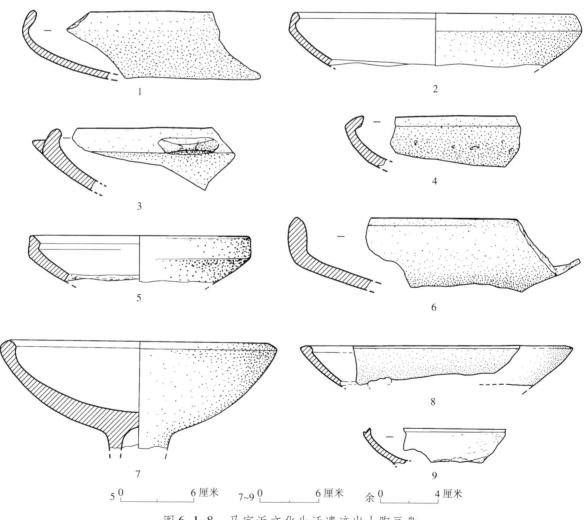

图 6-1-8　马家浜文化生活遗迹出土陶豆盘

1~4. A 型（T0711⑥：4、T0608⑦：3、T0610⑥：7、T0610⑦：1）　5、6. B 型（T1905⑥：4、T0680⑦：3、H24：2）
7. Ca 型Ⅰ式（T1606-1⑪：3）　8. Ca 型Ⅱ式（H18：2）　9. Cb 型（T2006⑪：5）

H18：2，胎体变薄，斜直腹，口径28.2、残高4.0厘米（图6-1-8：8）。

Cb 型　1件（T2006⑪：5）。子母口，尖唇。

T2006⑪：5，残高3.5厘米（图6-1-8：9）。

陶罐

共出土20件。以泥质红陶为主，器表常见施红衣，有少量的泥质灰陶和黑陶、夹砂红褐陶等。器表多素面，一些罐的颈部饰细弦纹。依口颈形态，大致分为五型。

A 型　6件。高领卷沿。可分2式。

Ⅰ式　2件（T0608⑦：4、T1905⑥：6）。领部较直。

标本 T0608⑦：4，口径16.8、残高5.1厘米（图6-1-9：1）。

Ⅱ式　4件（T1905⑥：5、T1905⑥：7、T1905⑦：6、T1905⑨：2）。领部略矮，收束较甚。

标本 T1905⑥：5，口径22.8、残高5.7厘米（图6-1-9：2）；标本 T1905⑨：2，口径13.9、残高6.4厘米（图6-1-9：3）。

B 型　3件。盘口。分为2式。

Ⅰ式　1件（T1905⑪：1）。敛口。

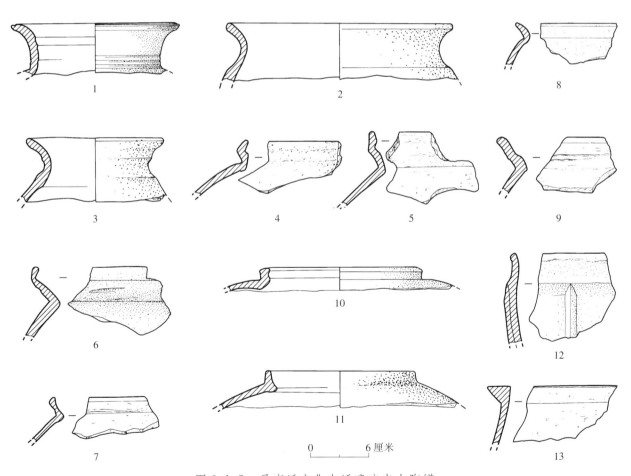

图6-1-9　马家浜文化生活遗迹出土陶罐

1. A 型Ⅰ式（T0608⑦：4）　2、3. A 型Ⅱ式（T1905⑥：5、T1905⑨：2）　4. B 型Ⅰ式（T1905⑪：1）5、6. B 型Ⅱ式（T2006⑦：1、H18：3）　7～9. C 型（H20：6、H31：1、T0711⑥：9）　10. D 型Ⅰ式（T0608⑦：5）　11. D 型Ⅱ式（T1905⑦：5）　12、13. E 型（T0711⑥：8、H20：3）

T1905⑪：1，残高5.3厘米（图6-1-9：4）。

Ⅱ式　2件（T2006⑦：1、H18：3）。直口。

T2006⑦：1，残高7.4厘米（图6-1-9：5）；H18：3，残高6.8厘米（图6-1-9：6）。

C型　7件（T0711⑥：7、T0711⑥：9、H20：5、H20：6、H31：1、H31：2、H35：1）。折沿，束颈。

标本H20：6，残高4.4厘米（图6-1-9：7）；标本H31：1，残高4.1厘米（图6-1-9：8）；标本T0711⑥：9，残高5.5厘米（图6-1-9：9）。

D型　2件。矮领直口。分为2式。

Ⅰ式　1件（T0608⑦：5）。厚唇，唇下有道内凹。

T0608⑦：5，口径15.3、残高2.3厘米（图6-1-9：10）。

Ⅱ式　1件（T1905⑦：5）。方唇，唇下为凹面。

T1905⑦：5，口径15.2、残高3.8厘米（图6-1-9：11）。

E型　2件（T0711⑥：8、H20：3）。无沿直口。

T0711⑥：8，上腹壁残留一道竖向的突脊，残高8.8厘米（图6-1-9：12）；H20：3，尖唇，残高5.6厘米（图6-1-9：13）。

陶鼎足

马家浜文化地层及生活遗迹单位中未出土完整陶鼎，但出土了较多数量的鼎足，共17件。这些足皆为夹砂红褐陶。依据鼎足的整体特征，可将其分为四型。

A型　7件。矮足。依平面形状分为两个亚型。

Aa型　6件（T2006⑭：2、T1606-1⑨：1、T1606-1⑨：3、T0711⑦：2、T0711⑥：1、T0611⑥：1）。鼎足面近方形，面上有多个捺窝，有的有竖向堆纹。

标本T2006⑭：2，足高约6.4厘米（图6-1-10：1）；标本T0711⑥：1，足高约7.0厘米（图6-1-10：2）；标本T1606-1⑨：1，残高7.1厘米（图6-1-10：3）。

Ab型　1件（T0711⑥：3）。鼎足面为三角形。

T0711⑥：3，残高7.8厘米（图6-1-10：4）。

B型　7件。铲形足。依足面宽窄分为两个亚型。

Ba型　4件（T1606-1⑧：1、T0611⑥：2、T0711⑥：11、T0511⑥：1）。宽铲形。

标本T0511⑥：1，残长13.8厘米（图6-1-10：5）；标本T1606-1⑧：1，残高9.2厘米（图6-1-10：6）；标本T0711⑥：11，残高6.3厘米（图6-1-10：7）。

Bb型　3件（T0610⑦：2、T0610⑥：3、T0711⑦：3）。窄铲形。

T0610⑦：2，残高6.3厘米（图6-1-10：8）；T0610⑥：3，残长6.6厘米（图6-1-10：9）；T0711⑦：3，残高8.6厘米（图6-1-10：10）。

C型　2件（T1606-1⑥：2、T1606-1⑨：2）。凿形足。

T1606-1⑥：2，残高约11.4厘米（图6-1-10：11）；T1606-1⑨：2，残高11.0厘米（图6-1-10：12）。

D型　1件（T0711⑥：2）。锥状足。

T0711⑥：2，残高8.6厘米（图6-1-10：13）。

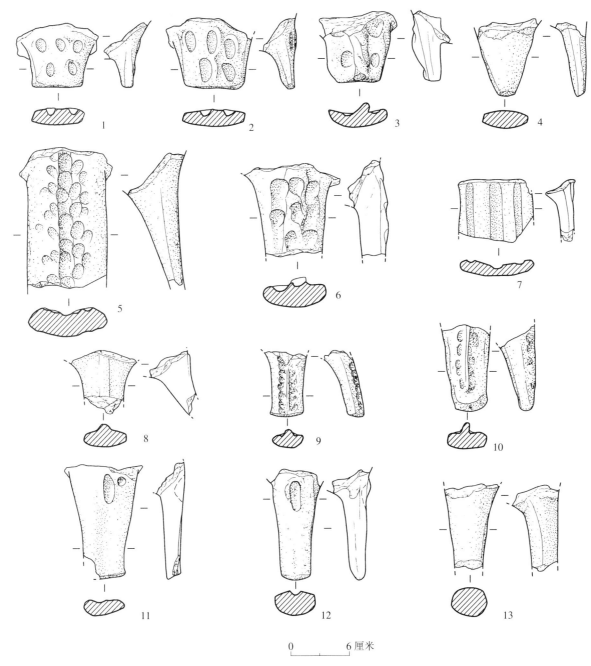

0 _____ 6厘米

图6-1-10　马家浜文化生活遗迹出土陶鼎足

1~3. Aa 型（T2006⑭：2、T0711⑥：1、T1606-1⑨：1）　4. Ab 型（T0711⑥：3）　5~7. Ba 型（T0511⑥：1、T1606-1⑧：1、T0711⑥：11）　8~10. Bb 型（T0610⑦：2、T0610⑥：3、T0711⑦：3）　11、12. C 型（T1606-1⑥：2、T1606-1⑨：2）　13. D 型（T0711⑥：2）

陶盆

地层及生活遗迹单位中出土陶盆数量较少，多为夹砂红褐陶，个别有泥质黑、灰陶，以素面为主。据口部特征可略分三型。

A 型　9 件。敞口。据腹部不同分为三亚型。

Aa 型　3 件（T2006⑭：7、T1606-1⑬：3、H35：2）。深腹。

T2006⑭：7，残高 9.1 厘米（图6-1-11：1）；T1606-1⑬：3，残高 10.9 厘米（图6-1-11：2）。

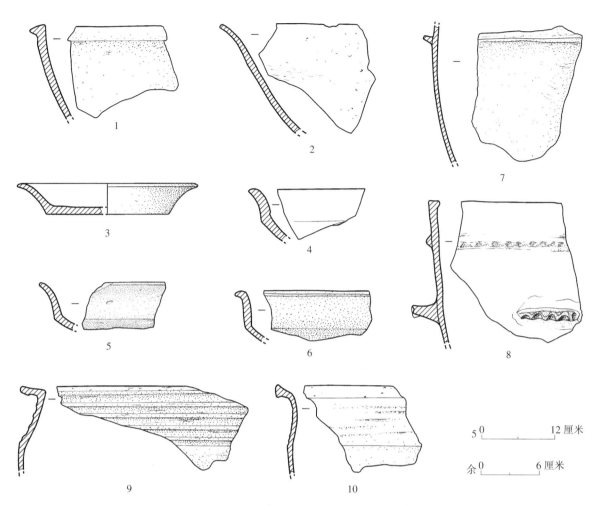

图6-1-11 马家浜文化生活遗迹出土陶盆

1、2. Aa 型（T2006⑭：7、T1606-1⑬：3） 3. Ab 型（T2006⑦：2） 4. Ac 型Ⅰ式（T1905⑪：4） 5. Ac 型Ⅱ式（H24：1） 6. Ac 型Ⅲ式（T0711⑥：6） 7、8. B 型（H4：1、T2006⑬：5） 9. C 型Ⅰ式（T1905⑦：7） 10. C 型Ⅱ式（T1905⑥：8）

Ab 型 1件（T2006⑦：2）。浅腹。

T2006⑦：2，口径18.1、底径12.4、高3.1厘米（图6-1-11：3）。

Ac 型 5件。折腹。可分为3式。

Ⅰ式 1件（T1905⑪：4）。上腹部较短。

T1905⑪：4，残高5.0厘米（图6-1-11：4）。

Ⅱ式 3件（T1905⑨：3、H20：1、H24：1）。上腹部变长。

标本 H24：1，残高7.2厘米（图6-1-11：5）。

Ⅲ式 1件（T0711⑥：6）。上腹由外撇变为近直，同时有小折沿。

T0711⑥：6，残高4.9厘米（图6-1-11：6）。

B 型 2件（H4：1、T2006⑬：5）。直口。均为深腹。

H4：1，残高13.4厘米（图6-1-11：7）；T2006⑬：5，残高13.9厘米（图6-1-11：8）。

C 型 2件。敛口。可分为2式。

Ⅰ式 1件（T1905⑦：7）。折沿近平，上腹收束较甚。

T1905⑦：7，残高8.2厘米（图6-1-11：9）。

Ⅱ式   1件（T1905⑥：8）。折沿斜弧，上腹略微收束。

T1905⑥：8，残高8.7厘米（图6-1-11：10）。

陶牛鼻耳

出土数量较多，多为泥质或夹砂红陶或红褐陶，少数灰黑陶。依据平面形态可分为三型。

A型   8件（T2006⑧：1、T2006⑪：1、T2006⑪：3、T2006⑭：1、T1606-1⑥：1、T1606-1⑪：1、T0610⑥：1、T0711⑦：1）。椭圆形，中间鼓，两头小。

标本T1606-1⑥：1，长约7.5、宽约3.6厘米（图6-1-12：1）；标本T2006⑧：1，长10.5、宽3.5厘米（图6-1-12：2）；标本T2006⑭：1，长约10.0、宽约4.6厘米（图6-1-12：3）。

B型   5件（H4：3、T1905⑥：1、T2006⑪：2、T1905⑨：1、T0610⑥：2）。亚腰形，中间收束，两头略宽。

标本H4：3，长7.8、宽4.6厘米（图6-1-12：4）；标本T2006⑪：2，长约8.5、宽约3.5厘米（图6-1-12：5）；标本T1905⑥：1，长约3.8、宽约2.2厘米（图6-1-12：6）。

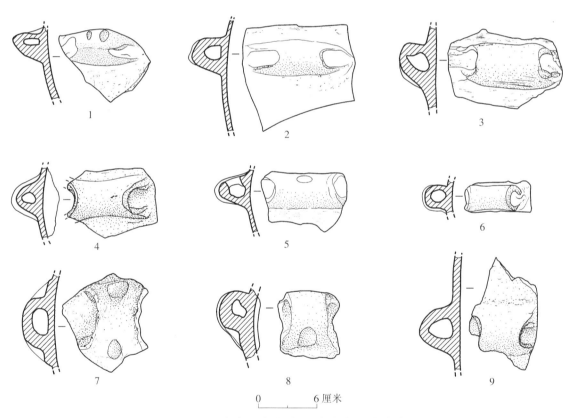

图6-1-12   马家浜文化生活遗迹出土陶牛鼻耳

1~3.A型（T1606-1⑥：1、T2006⑧：1、T2006⑭：1）   4~6.B型（H4：3、T2006⑪：2、T1905⑥：1）7~9.C型（T0611⑥：3、T0610⑥：5、H4：2）

C型   3件（T0611⑥：3、T0610⑥：5、H4：2）。近长方形。

T0611⑥：3，长约9.8、宽约6.3厘米（图6-1-12：7）；T0610⑥：5，长约6.1、宽约6.5厘米（图6-1-12：8）；H4：2，长6.0、宽5.0厘米（图6-1-12：9）。

陶尖底缸

共4件。多残留底部，没有复原件。为夹粗砂的红褐陶或黑褐陶，胎体厚。依据器底尖圜的幅度可将其大致分为2式。

Ⅰ式　2件（T2006⑨：1、T1606-1⑧：12）。底部较平缓。

T2006⑨：1，残高3.3厘米（图6-1-13：1）；T1606-1⑧：12，残高3.5厘米（图6-1-13：2）。

Ⅱ式　2件（T2006⑥：1、T0611⑥：11）。底部较尖。

T2006⑥：1，残高7.0厘米（图6-1-13：3）；T0611⑥：11，残高15.6厘米（图6-1-13：4）。

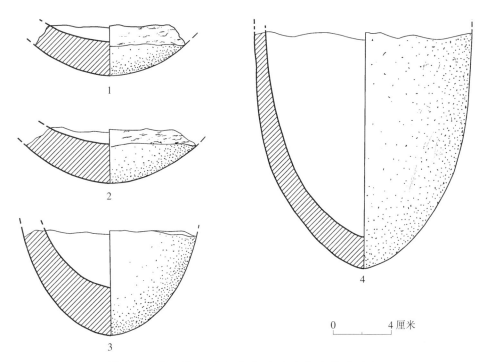

图6-1-13　马家浜文化生活遗迹出土陶尖底缸

1、2. Ⅰ式（T2006⑨：1、T1606-1⑧：12）　　3、4. Ⅱ式（T2006⑥：1、T0611⑥：11）

陶钵

共2件。据口部形制，可分为两型。

A型　1件（T2006⑬：6）。敛口。

T2006⑬：6，口径18.3、残高8.6厘米（图6-1-14：1）。

B型　1件（T1606-1⑥：6）。近直口。

T1606-1⑥：6，口径8.4、底径4.0、高4.0厘米（图6-1-14：2）。

陶盂

共5件。多数为盂把，完整器较少。均为夹砂红褐陶。依据盂把形态，可分为两型。

A型　4件。把手截面近三角形，其上有突起。分为2式。

Ⅰ式　2件（T1606-1⑧：2、T1606-1⑧：3）。器形较宽厚，中部环孔较大。

T1606-1⑧：3，长8.3、宽约6.5厘米（图6-1-14：3）；T1606-1⑧：2，长10.6、宽约6.5厘米（图6-1-14：4）。

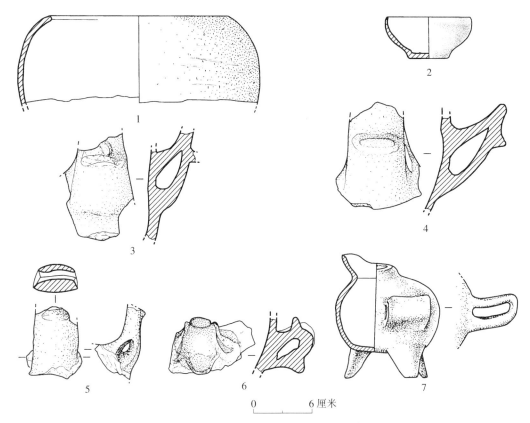

图 6-1-14　马家浜文化生活遗迹出土陶钵、盉

1. A 型钵（T2006⑬：6）　2. B 型钵（T1606-1⑥：6）　3、4. A 型 I 式盉（T1606-1⑧：3、T1606-1⑧：2）　5、6. A 型 II 式盉（T0610⑥：4、T1905⑦：1）　7. B 型盉（F6：3）

II 式　2 件（T0610⑥：4、T1905⑦：1）。器形较小，中部环孔略小。

T0610⑥：4，长 7.1、宽 5.0 厘米（图 6-1-14：5）；T1905⑦：1，长 5.5、宽 5.1 厘米（图6-1-14：6）。

B 型　1 件（F6：3）。盉把呈扁环状，其上无突起。

F6：3，流长径 5.3、短径 2.1、高 11.6 厘米（图 6-1-14：7）。

（二）墓葬出土陶器的类型

东山村遗址 16 座马家浜文化墓葬中共出土随葬陶器约 30 件，多为完整器，器形主要有釜、鼎、豆、钵、盉、罐等。陶器的种类、制法与纹饰与生活遗存中出土陶器基本一致，现将上述器形的分类和演变关系简单归纳和总结如下。

陶釜

5 件。其中 M19：1 残碎过甚，其余 4 件依底部特征可分为圜底釜和平底釜两类。

平底釜　1 件（M80：1）。口沿略残，鼓肩，筒形深腹，平底。

M80：1，底径 8.8、残高 27.6 厘米（图 6-1-15：1）。

圜底釜　3 件。其中 M78：1 底残，据其上部形态，推测为圜底。依器腹深浅又可分为两型。

A 型　2 件。深腹。依口部不同分为两个亚型。

Aa 型　1 件（M78：2）。侈口折沿。

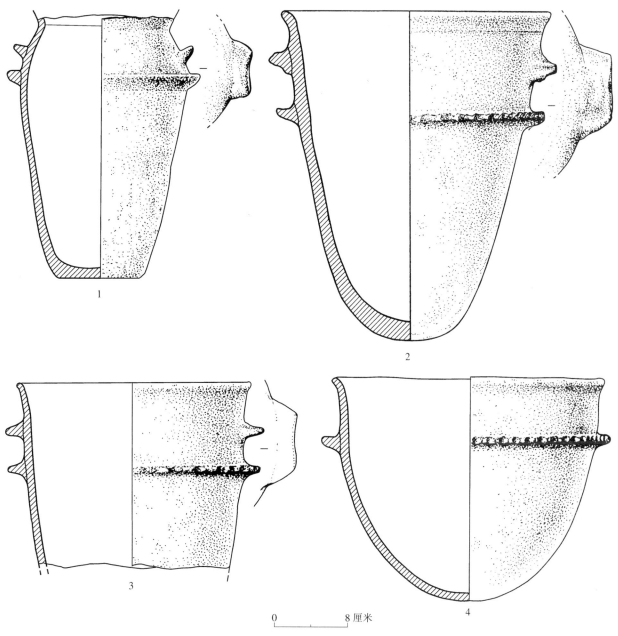

0 _____ 8厘米

图 6-1-15 马家浜文化墓葬出土陶釜

1. 平底釜（M80:1） 2. Aa 型圜底釜（M78:2） 3. Ab 型圜底釜（M78:1） 4. B 型圜底釜（M86:1）

M78:2，口径 28.4、高 34.8 厘米（图 6-1-15：2）。

Ab 型 1件（M78:1）。直口。

M78:1，口径 24.8、残高 19.8 厘米（图 6-1-15：3）。

B 型 1件（M86:1）。浅腹。

M86:1，口径 30.0、高 23.4 厘米（图 6-1-15：4）。

陶鼎

2件。均凿形足鼎，以鼎足不同，分为两型。

A 型 1件（M101:29）。鼎足为扁长方形。

M101:29，带鸟首形纽盖。口径 16.5、高 15.5 厘米，通高 22.1 厘米（图 6-1-16：1）。

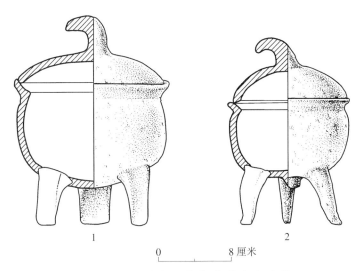

图 6-1-16 马家浜文化墓葬出土陶鼎
1. A 型（M101：29） 2. B 型（M101：30）

B 型 1 件（M101：30）。鼎足近三角形，侧装。

M101：30，带鸟首形纽盖，器底有一乳状突纽，口径 13.0、高 13.3 厘米，通高 19.8 厘米（图 6-1-16：2）。

陶豆

墓葬内出土陶豆共 18 件，其中 M68：2、M19：3 残甚，余 16 件多为完整器。根据豆盘的形状可分为盘形豆、子母口豆、钵形豆等三类。

盘形豆 共 11 件。上腹壁弯折成盘形。依柄部的特征可分为三型。

A 型 7 件。柄部有竹节状突棱。可分为 2 式。

Ⅰ 式 2 件（M73：1、M100：3）。柄部的竹节状突棱比较明显。

M73：1，口径 23.2、足径 19.2、高 29.4 厘米（图 6-1-17：1）；M100：3，口径 24.0、足径 20.8、高 30.8 厘米（图 6-1-17：2）。

Ⅱ 式 5 件（M68：3、M68：5、M79：1、M101：2、M101：4）。柄部的竹节状突棱退化，变得比较模糊。

标本 M68：3，口径 21.2、足径 18.0、高 27.4 厘米（图 6-1-17：3）；标本 M101：4，口径 18.3、足径 17.8、高 23.8 厘米（图 6-1-17：4）。

B 型 3 件（M65：2、M67：1、M78：3，其中 M78：3 仅存豆盘，因豆盘与 M67：1 的相似，暂归到该型）。柄部有凹弦纹。

标本 M65：2，口径 19.8、足径 20.0、高 29.2 厘米（图 6-1-17：5）；标本 M67：1，口径 16.6、足径 17.1、高 26.2 厘米（图 6-1-17：6）。

C 型 1 件（M86：2）。柄部无弦纹及突棱，有若干个未钻透小圆孔。

M86：2，残高 14.3 厘米（图 6-1-18：1）。

子母口豆 2 件（M61：2、M101：31）。口部为子母口，均为灰黑陶豆。其柄部近豆盘处收束形成一道突棱，突棱下方有两个或多个圆形镂孔。

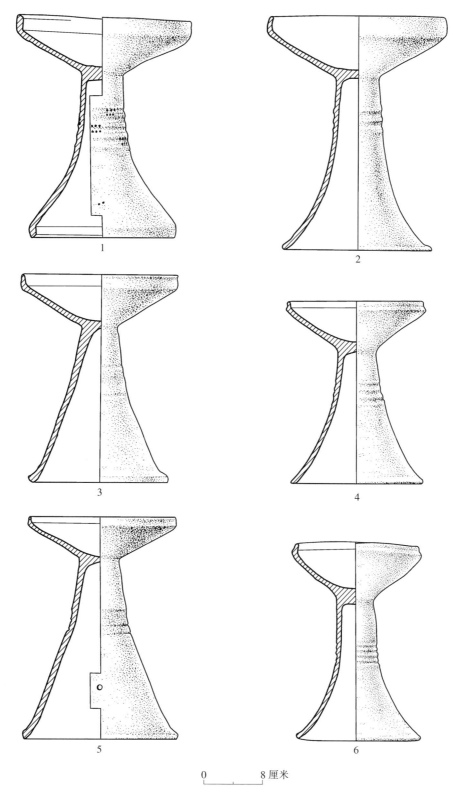

图 6-1-17　马家浜文化墓葬出土 A、B 型盘形陶豆

1、2. A 型 I 式（M73：1、M100：3）　　3、4. A 型 II 式（M68：3、M101：4）

5、6. B 型（M65：2、M67：1）

图 6-1-18 马家浜文化墓葬出土陶豆

1. C 型盘形豆（M86：2） 2、3. 子母口豆（M61：2、M101：31） 4. A 型钵形豆（M40：1） 5、6. B 型钵形豆（M19：5、M19：2）

M101：31，口径 19.4、足径 18.0、高 26.4 厘米（图 6-1-18：3）；M61：2，残存柄部，由于柄部特征与 M101：31 相同，暂归于此。足径 13.5、残高 13.0 厘米（图 6-1-18：2）。

钵形豆 3 件。豆盘为钵形，敛口，腹较深。据柄部高矮，可分为两型。

A 型 1 件（M40：1）。高把。

M40：1，口径 13.7、足径 15.2、高 22.0 厘米（图 6-1-18：4）。

B 型 2 件（M19：2、M19：5）。矮把。

M19：2，口径 16.7、足径 13.0、高 13.0 厘米（图 6-1-18：6）；M19：5，口径 15.6、足径 11.4、高 11.8 厘米（图 6-1-18：5）。

陶罐

共 4 件。以泥质红陶为主，器表常见饰红衣，腹部常见鸡冠形耳，有的有单把手。据领部特征分为三型。

A 型 1 件（M101：6）。高领。

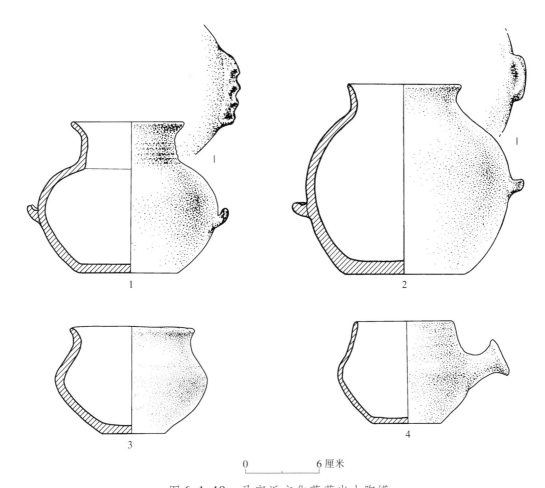

0 _____ 6厘米

图6-1-19 马家浜文化墓葬出土陶罐

1. A型（M101：6） 2、3. B型（M97：8、M67：3） 4. C型（M62：3）

M101：6，卷沿，束颈，腹部有两个对称鸡冠形耳。口径8.9、底径8.2、高11.9厘米（图6-1-19：1）。

B型 2件（M67：3、M97：8）。矮领。

M67：3，卷沿，领部收束。口径9.6、底径4.1、高8.6厘米（图6-1-19：3）；M97：8，侈口，领部收束，腹部有两个对称鸡冠形耳。口径9.0、底径10.2、高15.2厘米（图6-1-19：2）。

C型 1件（M62：3）。无领。

M62：3，敛口，腹侧有圆柱形单把手。口径8.2、底径5.6、高8.2厘米（图6-1-19：4）。

陶盉

3件。依据器形可分两型。

A型 1件（M101：5）。圈足盉。

M101：5，口径7.0～8.6、足径10.4、高16.2厘米（图6-1-20：1）。

B型 2件（M62：1、M101：7）。平底盉。

标本M101：7，把手向上卷曲，口径6.6～7.6、底径9.3、高14.5厘米（图6-1-20：2）。

陶盆

2件。均为泥质红陶，敞口，折腹。略分2式。

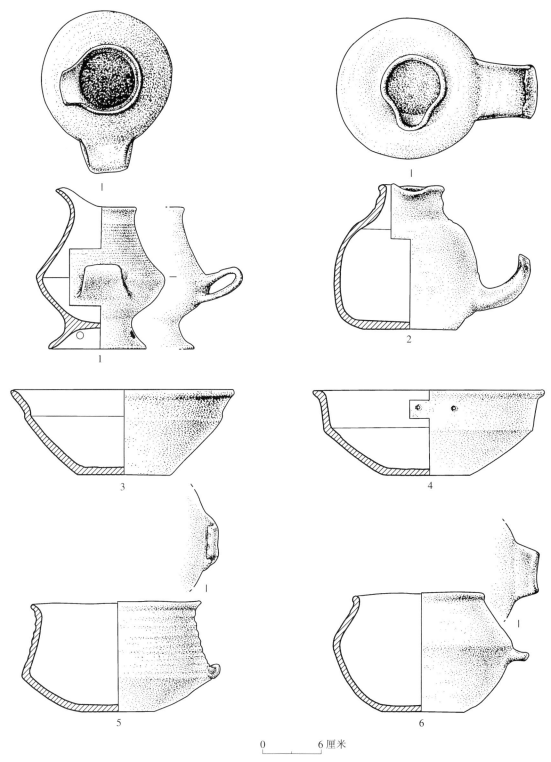

0 ___ 6厘米

图 6-1-20　马家浜文化墓葬出土陶盉、盆、钵

1. A 型盉（M101：5）　2. B 型盉（M101：7）　3. I 式盆（M101：1）　4. II 式盆（M68：4）　5. A 型钵
（M62：2）　6. B 型钵（M101：33）

Ⅰ式　1件（M101：1）。上腹外撇较甚，且收束。

M101：1，口径22.6、底径9.4、高8.3厘米（图6-1-20：3）。

Ⅱ式　1件（M68：4）。上腹稍长，由外撇变斜直，有小折沿。

M68：4，口径23.6、底径8.6、高8.4厘米（图6-1-20：4）。

陶钵

4件。以泥质红陶为主，另有泥质灰黑陶和黑陶。以腹部特征分为两型。

A型　1件（M62：2）。折腹。

M62：2，口径17.2、底径7.7、高10.8厘米（图6-1-20：5）。

B型　3件（M61：3、M101：3、M101：33）。鼓腹。

标本M101：33，口径13.4、底径8.5、高11.8厘米（图6-1-20：6）。

除上述器形外，马家浜文化墓葬中还出土有尖底瓶（M97：7）、灶（M78：4）、甑（M19：4）、杯（M67：2）、器盖（M61：1）、纺轮（M73：2、M101：32）等，因数量较少，在此不作型式分析。

二　地层及各遗迹间的层位关系梳理

（一）遗迹间的层位关系

遗迹间的开口层位和各遗迹间的打破关系，可以确定它们之间的相对早晚，是进行分期的基础。东山村遗址16座马家浜文化墓葬之间以及墓葬与灰坑（沟）之间并没有打破关系，但灰坑间打破关系较多。现将各遗迹的开口层位与打破关系小结如表6-1-1。

表6-1-1　马家浜文化地层及各遗迹层位关系

层位关系		Ⅰ区	Ⅱ区	Ⅲ区	打破关系
④层下	⑤层面		H12、M19		H20→H25 H23→H25 H24→H32→ H33 H35→H36→ H37 H31→H34→ H36→H38
②层下	⑥层面			M97	
④a层下		M61、　M62、　M65、　M67、 M68、M73			
⑤层下		M40		H18、M78～M80、M86、M101	
⑥层下	⑦层面			M100、F6、H20、H23～H25、 H31～H36	
⑩层下（T1905）	⑬层面	G2			
⑦层下	生土层面			M103、H37～H39	
⑬层下（T1606-1）		H4			

由于Ⅰ～Ⅲ区的地层并未统一，因此位于同一层面上但不同区的遗迹，时代未必一致。而同一区中，也存在部分地层被破坏或缺失的情况，因此，在考虑遗迹开口层位的同时，也要同时考虑遗迹所在探方的地层是否被破坏或缺失，即需要考虑遗迹所在的层面。

由上表的层位关系，我们可以将马家浜文化遗存大致分为以下几组：

第一组，Ⅰ区6层面上的M40和M61、M62、M65、M67、M68、M73。M61、M62等墓葬所在探方T1506虽无第5层，但所在层面一样。

第二组，Ⅰ区 T1905⑩层下的 G2。

第三组，Ⅰ区 T1606-1⑬层下的 H4。

上述三组中，第三组 H4 与 T2006⑬同出有 B 型陶盆，因此年代大体相近。而 T2006 和 T1905 探方内的地层是统一的，因此 T2006⑬自然在层位上比打破它的 G2 的相对年代要早，因此这三组的相对年代早晚关系为：第三组早于第二组，第二组早于第一组。

第四组，Ⅱ区 4 层下、5 层面的 H12、M19。

第五组，Ⅲ区 5 层下的 H18、M78 ~ M80、M86、M101。另由于 M97 所在探方无第 3、4、5 层，但所在层面与前者一样，故归为同组。

第六组，Ⅲ区 6 层下、7 层面的 M100、F6、H20、H23 ~ H25、H31 ~ H36。

第七组，Ⅲ区 7 层下的 M103、H37 ~ H39。

第五组—第七组中，第六组中的 H20、H23 ~ H25、H31 ~ H36 等灰坑存在较多的打破关系，但由于打破者与被打破者所出的遗物并无典型的型式演变关系，故不再将其细分开。相反，从这些灰坑内出土的一些器物可以看出，这些灰坑大体是同时期的。比如，H20、H31 和 H35 均出土有 C 型陶罐，H20 和 H24 同出有 AcⅡ式陶盆。第五组—第七组的相对年代早晚关系为第七组早于第六组，第六组又早于第五组。

通过类型学中的横联法，我们可以发现，第一组、第四组和第五组内各遗迹单位，尤其是墓葬的年代基本一致。如，M68、M79 和 M101 均出土有 AⅡ式盘形豆，M61 内出土的子母口豆和 B 型陶钵、M62 内出土的 B 型陶盉分别与 M101 内出土的同类器相同。M65、M67 和 M78 等墓葬均出土有 B 型盘形豆，M67 和 M97 均出土有 B 型矮领罐。M40 出土 A 型钵形豆与 M19 出土的 B 型钵形豆，除了把手有高矮区别，其他形态基本一致，均为敛口、碗形豆盘，深腹，因此两者应为同时代器物。另外，M73 出了 AⅠ式盘形豆，M101 内出了 Ⅰ式陶盆，其中，AⅠ式盘形豆见于Ⅲ区 6 层下的 M100 内，Ⅰ式陶盆与生活遗存Ⅰ区 T1905⑪中的 AcⅠ式陶盆相类似，两者器物在年代上比较早，但是出土单位在层位上却比较晚，因此，可以视为早期器物在晚期单位的遗留。同时应该看到，M40、M65、M67 与 M61、M62、M68、M78、M80、M86 与 M79、M101 等墓葬出土器物中没有相可比器物，但是从空间和层位上看，还应是属于同时期的。

此外，由于Ⅰ区第二、三组以及Ⅲ区第七组等出土器物较少，尚无法进行横向比较，故它们之间的相对年代关系暂不能确定。

通过上述分析，我们可将上述七组遗迹归纳如表 6-1-2，其中相对年代早晚关系为 C 组晚于 B 组、B 组晚于 A 组。

表 6-1-2　马家浜文化遗迹归纳合并

	Ⅰ区	Ⅱ区	Ⅲ区
A 组	H4	?	M103、H37 ~ H39
B 组	G2	?	F6、H20、H23 ~ H25、H31 ~ H36、M100
C 组	M61、M62、M65、M67、M68、M73	M19、H12	M78 ~ M80、M86、M97、M101、H18

（二）地层关系

东山村遗址在发掘时就考虑今后对遗址的保护和展示，因此，绝大多数遗迹就停留在马家浜或崧泽文化的层面上。但为了更好地了解遗址的堆积情况，在遗址Ⅰ、Ⅲ区都选取有个别探方或以开探沟的形式清理至生土面。由于清理至生土面探方的马家浜文化地层中出土了较丰富的陶片，给我们梳理地层间的相对年代提供了便利。但是各区地层并未统一，因此还需要据地层内出土器物进行分析对应。需要说明的是，除了Ⅰ区探沟 T1606-1⑥层下地层独自编号外，Ⅰ区、Ⅱ区和Ⅲ区内的地层是各自统一的。此外，在香山西大街上开的探沟 T3 亦是单独编号。

通过对各地层出土陶片标本进行类比，各区的地层对应关系如下。

（1）Ⅰ区 T1905 和 T2006⑥~⑩层、T1606-1⑥~⑨层和Ⅲ区⑥层，出土陶片的特征基本类似，在年代上应基本相当。如，T0611⑥层与 T2006⑧层同出有 AⅢ式宽折沿釜，T0511⑥层与 T1905⑦、⑧层同出有 BaⅡ式窄沿弧腹釜，T0611⑥层与 T1905⑦和 T1606-1⑥~⑧层同出 BbⅢ式窄沿直腹釜，T0611⑥层与 T2006⑩层同出有 A 型陶豆柄，T0711⑥层与 T1905⑥、⑦、⑨层同出有 AⅡ式高领卷沿罐，T1606-1⑧和 T2006⑨层同出有 Ⅰ式尖底缸等。T1606-1⑨层内除鼎足外，其他器物比较少，考虑到该层出土的 C 型凿形足，在 T1606-1⑥层内也有发现，故将 T1606-1⑨层也归到该时段。

（2）Ⅰ区 T1905 和 T2006⑪层~⑭层、T1606-1⑩~⑬层和Ⅲ区⑦层，出土陶片的特征基本类似，在年代上应基本相当。如，T1905⑪和 T0711⑦层同出有 BaⅠ式窄沿弧腹釜及 CⅠ式陶豆柄，T1905⑪、T0608⑦层与 T2006⑬、⑭和 T1606-1⑪、⑬层均出了 AⅠ式陶豆柄，T0608⑦层与 T2006⑫、⑬层同出了 BⅠ式陶豆柄。此外，T3⑦层内出了 BbⅡ式窄沿直腹釜、T3⑧层内出了 AⅠ式陶豆柄，两种器物在 T2006⑬和 T1905⑪层均有发现，因此，将 T3⑧和 T3⑦层也归到该时段。

（3）遗址Ⅱ区出土器物较少，⑤和⑥层内均出土了 AⅡ式和 DⅡ式陶豆柄，因此Ⅱ区⑤和⑥层的年代，大体与Ⅰ区 T1905 和 T2006⑥~⑩层等相当。

通过以上分析，马家浜文化时期地层大体可以分为两组，如表 6-1-3 所示。

表 6-1-3　马家浜文化地层关系对应表

	Ⅰ区	Ⅱ区	Ⅲ区	探沟
第 1 组	T1905 和 T2006⑪~⑭、T1606-1⑩~⑬		⑦	T3⑦、T3⑧
第 2 组	T1905 和 T2006⑥~⑩、T1606-1⑥~⑨	⑤、⑥	⑥	

（三）各遗迹与层位关系的对应

上述对马家浜文化遗迹和地层的层位关系和相对早晚年代的归纳和梳理，并进而对两者的整合和梳理，是东山村遗址马家浜文化遗存分期的基础。通过比较，我们形成以下认识：

（1）马家浜文化 C 组遗迹的年代与第 2 组地层的年代大体同一时段。虽然从层位上看，C 组遗迹都打破各自所在区的马家浜文化最晚的地层，但是从出土器物的特征看，与第 2 组地层的年代大体处在同一时段。如，C 组中 M65、M67 和 M78 出土的 B 型盘形豆的柄部特征，与第 2 组地层中 T1905⑥层出土的 CⅡ式陶豆柄基本相似，两者的凹弦纹均远离豆盘根部；C 组中 M61 和 M101 出土的子母口豆，与第 2 组地层中 T1905⑥、⑦层出土的 DⅡ式陶豆柄，在柄部特征方面完全相同，均为浅突棱且在下方有小圆形镂孔；C 组中 M86 出土的 C 型盘形豆，与第 2 组地层中 T0611⑥层和 T2006⑩层中的 AⅡ式陶豆柄，形态基本一致，均为粗柄，外撇程度比较大，上无突棱或凹弦纹，装饰有几个细小圆孔；C 组中 M68 出土的 Ⅱ式陶盆，与第 2 组地层中 T0711⑥出土的 AcⅢ式陶盆，其腹部和口沿特征完全相同。

（2）马家浜文化 B 组遗迹的年代与第 1 组地层的时代大体同时。除了 G2 外，B 组遗迹都位于遗址Ⅲ区，在层位上都处于⑥层下，打破⑦层。从这些 B 组遗迹的出土器物看，其时代特征更靠近包括Ⅲ区⑦层的第 1 组地层。如，F6 和 T2006⑬同出有 BbⅡ陶釜；M100 内出土的陶豆 M100：3，与 F6 内的陶豆 F6：2，两者在柄部特征方面基本相同，均为突棱状；H20 内的 AⅠ式陶豆柄，在 T1606-1⑬、⑪层和 T2006⑭、⑬层等均有发现；H34 内的 BaⅠ式窄沿弧腹陶釜，在 T0711⑦层和 T1905⑪层中亦见有出土。

（3）G2、H4、H37～H39 和 M103 的年代大体与第 1 组地层的同时。其中，H4 与 T2006⑬层的年代相当，G2 也处于 T2006⑬层面上，因此，H4 和 G2 的年代基本和第 1 组地层的同时。H37～H39 和 M103 等遗迹，开口于遗址Ⅲ区⑦层下，打破生土，在相对年代上要比⑦层早，但是，由于这些单位出土器物较少或不见器物出土，因此，暂将这些单位的年代视为与第 1 组地层的年代相同。

综上，马家浜文化生活遗存和墓葬遗存可以归为两大时段，如表 6-1-4 所示。

表 6-1-4　马家浜文化生活遗迹与墓葬分段表

	Ⅰ区	Ⅱ区	Ⅲ区	探沟
第 1 段	G2、H40、T1905 和 T2006 ⑪～⑭、T1606-1⑩～⑬		F6、M100、M103、H20、H23～H25、H31～H39、⑦	T3⑦、T3⑧
第 2 段	M40、M61、M62、M65、M67、M68、M73、T1905 和 T2006 ⑥～⑩、T1606-1⑥～⑨	M19、H12、⑤、⑥	M78～M80、M86、M97、M101、H18、⑥	

三　分期与文化特征

通过以上分析，东山村遗址马家浜文化遗存可大致分为以下两段：

第一段：主要有遗址Ⅰ区 G2、H40 和 T1606-1⑩～⑬、T1905 和 T2006⑪层～⑭层，遗址Ⅲ区的⑦层和 T3 内⑦和⑧层，以及 F6、M100、M103、H20、H23～H25、H37～H39 等遗迹。

该阶段以夹砂红褐陶为主，次为泥质红陶，有少量的泥质灰黑陶，另见有零星的白陶。制法上以手制为主，有一定数量的慢轮修整。纹饰以素面为主，有一定数量的突棱纹、凹弦纹以及小圆孔。常见有牛鼻耳、鸡冠形鋬手，鼎足上流行捺窝。

在器形方面，生活遗存中以 AⅠ式宽折沿釜、BaⅠ式、BbⅠ式和 BbⅡ式窄沿釜，AⅠ式、CⅠ式和 DⅠ式陶豆柄，CaⅠ式陶豆盘，AⅠ式、BⅠ式和 DⅠ式陶罐，A 型陶钵以及 B 型陶盉等为该段特征器物，墓葬中以 AⅠ式盘形豆为该段特征器物。所能见到的修复完整的陶釜为圜底釜，未见有明显的平底釜出土。陶釜有宽折沿和窄折沿，宽折沿釜上腹较长，弧腹窄沿釜的折沿比较明显，直腹或斜直腹窄沿釜上腹比较短，且器身比较宽胖。陶豆柄多见细把素面，偶有小圆孔，有一定数量的突棱豆和凹弦纹豆，凹弦纹豆柄部的凹弦纹贴近豆盘根部。高领罐的领部较竖直，盘

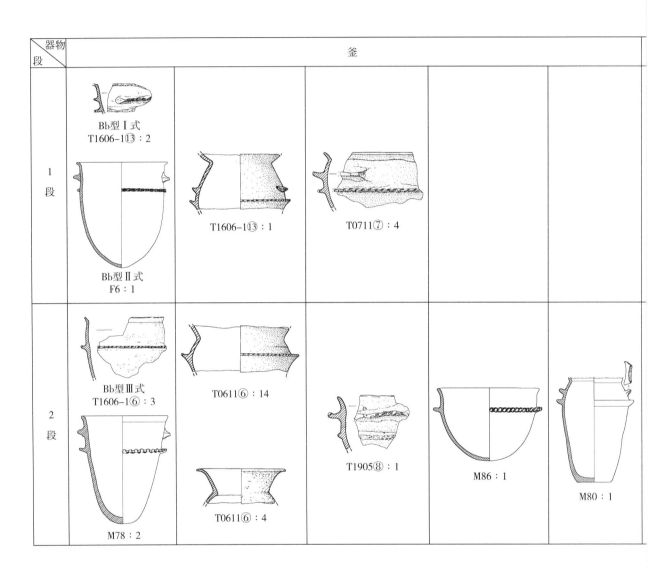

器物段	釜				
1段	Bb型Ⅰ式 T1606-1⑬：2 Bb型Ⅱ式 F6：1	T1606-1⑬：1	T0711⑦：4		
2段	Bb型Ⅲ式 T1606-1⑥：3 M78：2	T0611⑥：14 T0611⑥：4	T1905⑧：1	M86：1	M80：1

口罐的口部收敛较甚。陶盉为三足盉。流行深腹盆和直口盆，折腹盆的上腹较短等等。

第二段：主要有遗址Ⅰ区T1606-1⑥~⑨、T1905和T2006⑥~⑩，遗址Ⅱ区⑤和⑥层，遗址Ⅲ区⑥层，以及M19、M40、M61、M62、M65、M67、M68、M73、M78~M80、M86、M101、H12、H18等遗迹。

该阶段仍以夹砂红褐陶为主，次为泥质红陶，泥质灰黑陶数量有所增加，白陶基本不见。在制法上与前阶段差别不大，手制为主，有一定数量的慢轮修整。纹饰上仍以素面为主，突棱纹减少或退化，凹弦纹有所增加。牛鼻耳仍然流行。鸡冠形錾手数量有所减少，宽梯形錾手数量上升。鼎足上的捺窝仍然流行，新出现一种数道竖条凹槽纹饰。

在器形方面，生活遗存中以AⅢ式宽折沿釜，BaⅡ式和BbⅢ式窄沿釜，C型陶釜，AⅡ式、CⅡ式和DⅡ式陶豆柄，CaⅡ式陶豆盘，AⅡ式、BⅡ式和DⅡ式陶罐，Ab型、Ba型、C型和D型鼎足，Ab型、AcⅢ式和C型陶盆，Ⅰ式和Ⅱ式尖底缸，B型陶钵以及A型陶盉为该段特征器物。墓葬遗存中，以平底釜，A型和B型圜底釜，A型和B型陶鼎，AⅡ式、B型和C型盘形豆，子母口豆，A型和B型钵形豆，A型、B型和C型陶罐，A型和B型陶盉，Ⅱ式陶盆以及A型和B型陶钵为该时段特征器物。本阶段出现了明确的平底釜，釜身较细长，其上腹收敛，下腹斜直。宽折沿釜的上腹变短，窄沿弧腹釜由折沿变为卷沿，窄沿直腹釜由前期宽胖的釜身变为瘦长斜直的釜身，新出现无沿的釜。素面陶豆柄粗大且外撇，凹弦纹豆柄其凹弦纹离豆盘根部变远。豆盘中新出现直口的豆盘。高领卷沿罐的领部更加收束，盘口罐的盘口上部变为直口。鼎足的数量有相当的增加，且种类更加丰富，新出现三角形、宽铲形和凿形鼎足。新出现高把和矮把的钵形豆。折腹陶盆的上腹变得斜直，且有小卷沿。新出现有尖底缸，胎体较厚重。新出现圈足盉和平底盉，盉把上常贴有小乳突。新出现折腹钵和鼓腹钵等。

上述两段典型陶器演化见图6-1-21。

鉴于以上两段在层位上具有相对早晚关系，出土器物发展演变清晰，时代特征比较明显，因此，这两段实际上也代表了东山村遗址马家浜文化遗存的分期。

四　年代

（一）相对年代

马家浜文化遗址至今发现有50多个点，主要分布于环太湖流域。从地理位置看，东山村遗址位于最北边，靠近长江边，恰好处于太湖东部和西部的交汇地带。因此，遗址的一些特征兼有东部和西部的一些因素。

东山村遗址马家浜文化第1段的圜底釜（F6：1）、细柄突棱红陶豆（T2006⑪：2、T0608⑦：1）分别与彭祖墩遗址Aa型Ⅲ式釜（F1①：2）、Bb型豆（F1①：3）相类似，圜底釜均为卷沿、深筒形宽腹，陶豆柄均为细长突棱状，后两者作者归为彭祖墩遗址马家浜文化二期[1]；东山村遗址出土的折腹陶盆T1905⑪：4、H24：1也分别与彭祖墩遗址第二期的陶盆M2：1、T5330⑤：6基本相同，均为敞口，折腹，且上腹向内收束[2]。东山村遗址出土的AⅠ式陶釜，宽折沿，束颈，上腹较长且向内收敛，釜侧有对称錾手。这种风格的陶釜，与罗家角遗址出土的Ⅱa式弧形腰檐釜、骆驼墩遗址

---

①　南京博物院、无锡市博物馆、锡山区文物管理委员会：《江苏无锡锡山彭祖墩遗址发掘报告》，《考古学报》2006年4期。

②　《江苏无锡锡山彭祖墩遗址发掘报告》。

出土的 Aa 型陶釜有些类似，罗家角的为圜底釜，骆驼墩的为平底釜，两者的时代均处在马家浜文化早期阶段①。东山村遗址的陶釜，应是直接或间接受到后两个遗址的影响所致。

东山村遗址马家浜文化第 2 段的圜底釜（M78：2）、灰黑陶突棱豆（T1905⑦：8、M101：31）与绰墩遗址马家浜文化的 AⅣ式釜（T0603⑥：9）、BⅢ式豆（T6302⑦：4）基本相同，圜底釜同为侈口、沿略折、长斜腹，陶豆柄均为浅突棱带镂孔。后两者报告编写者定为绰墩二期②。草鞋山遗址第 8 层和第 9 层墓葬内也曾出土过类似的圜底釜③。圩墩遗址的 BⅢ式豆把，也是柄部为突棱加圆形镂孔，风格与东山村出土的基本一致，年代为遗址马家浜文化晚期④。东山村遗址墓葬中出土的平底釜（M80：1），与彭祖墩马家浜文化二期出土的 Ab 型釜（T5227⑤：1）形态比较接近，均为折沿、束颈、深筒形腹，唯前者为小平底，后者平底略大，在年代上东山村的可能略晚。东山村遗址出土的 AⅢ式宽折沿釜（T0611⑥：14、T0611⑥：4），与圩墩遗址出土的 AⅢ式釜（T806③：30）的形态基本相同，均为宽折沿、沿上部外翻且上腹较短，后者作者归为遗址二期三段⑤。东山村遗址出土的 DⅡ式陶罐（T1905⑦：5），与圩墩遗址的 DaⅠ式陶罐（T705⑩：29）基本类似，同为矮领直口、口内为凹斜面，后者为遗址二期二段⑥。东山村遗址出土的陶盆（M68：4），与新岗 M72：1、绰墩 T6302⑨：3 的基本相似，侈口、小折沿、上腹斜直，唯绰墩的陶盆折腹下尚有一对小器耳。绰墩的年代为遗址一期⑦。

综上，东山村遗址马家浜文化第 1 段相当于彭祖墩遗址马家浜文化二期、圩墩遗址一期，第 2 段相当于草鞋山第 8 层和第 9 层、圩墩遗址二期、绰墩遗址一期和二期。

（二）绝对年代

2010 年初，南京大学地理与海洋科学学院的朱诚教授在东山村遗址 T2006 内提取土样标本，用于年代测定。共有 5 个测试数据（见下表 6-1-5）。样品 ^{14}C 数据由中国科学院广州地球化学所 AMS-^{14}C 制样实验室和北京大学核物理与核技术国家重点实验室联合完成。

表 6-1-5　东山村遗址 T2006 地层 AMS-^{14}C 年龄测试结果

送样编号	样品性质	采样深度	测试编号	C-14 结果（a B. P.）
东山村遗址 ZC-8-14	果实桃仁	第 14 层 385 厘米深处	GZ3917	5125±29
东山村遗址 ZC-9-13	炭化稻米	第 13 层炭化稻米	GZ3918	5139±33
东山村遗址 ZC-10-11	炭屑	第 11 层中部炭屑	GZ3919	5137±28
东山村遗址 ZC-11-7	炭屑	第 7 层中部 295 厘米	GZ3920	5111±34
东山村遗址 ZC-12-X5	沉积物（炭屑）	第 5 层下部炭屑	GZ3955	16155±73

说明：半衰期为 5688 年。

---

① 罗家角考古队：《桐乡县罗家角遗址发掘报告》，《浙江省文物考古所学刊》（1981），文物出版社，1981 年；南京博物院、宜兴市文管办：《宜兴骆驼墩遗址考古发掘报告》，《东南文化》，2009 年 5 期。

② 苏州市考古研究所：《昆山绰墩遗址》，文物出版社，2011 年。

③ 南京博物院：《江苏吴县草鞋山遗址》，《文物资料丛刊》三，文物出版社，1980 年。

④ 常州市博物馆：《1985 年江苏常州圩墩遗址的发掘》，《考古学报》2001 年 1 期。

⑤ 江苏省圩墩遗址考古发掘队：《常州圩墩遗址第五次发掘报告》，《东南文化》，1995 年 4 期。

⑥ 《常州圩墩遗址第五次发掘报告》。

⑦ 《昆山绰墩遗址》。

朱诚教授对上述测试数据进行了树轮较正（表6-1-6）。

表6-1-6　东山村遗址 T2006 地层 AMS-^{14}C 年龄 Oxcal-3 软件程序树轮校正年代表

送样编号	测试编号	AMS^{14}C 实测结果（a B. P.）	树轮校正年代 Cal a/BC/AD
东山村遗址 ZC-8-14	GZ3917	5125±29	3990BC～3910BC
东山村遗址 ZC-9-13	GZ3918	5139±33	4000BC～3910BC
东山村遗址 ZC-10-11	GZ3919	5137±28	4000BC～3930BC
东山村遗址 ZC-11-7	GZ3920	5111±34	3880BC～3790BC
东山村遗址 ZC-12-X5	GZ3955	16155±73	17530BC～17170BC

说明：半衰期为 5688 年。　　　　　　　　　　　　　　　　　　校正人：朱 诚

T2006 第 5 层的年代属于崧泽文化时期，第 7 层～14 层属于马家浜文化时期。由上表可以看出，第 5 层炭屑的测试数据明显偏高，达到了万年以上。第 14 层果实的测试数据反而比第 11 层和第 13 层的数据要低一些。第 11 层和第 13 层稻米和炭屑的测试数据均在距今 6000 年前后，与根据陶器分期得出的年代有所偏差。

东山村遗址马家浜文化第 2 段的年代相当于草鞋山遗址第 8 层和第 9 层、圩墩遗址二期。草鞋山遗址第 8 层的木炭，碳-14 为距今 5380±105 年，树轮校正距今 6010±140 年[①]。圩墩遗址二期的年代下限接近圩墩第二次发掘的下文化层（T1310⑤层的树轮校正年代为距今 5940±135）[②]。因此，东山村遗址马家浜文化第 2 段的年代下限大体在距今 6000 年左右。

东山村遗址马家浜文化第 1 段相当于彭祖墩遗址二期，与圩墩遗址一期、草鞋山遗址第 10 层的年代大体相当。圩墩遗址一期的年代应早于圩墩第三次发掘的 T7801③层（树轮校正为距今 6210±180 年）[③]，草鞋山遗址第 10 层的树轮校正年代为 6275±205 年[④]。另外，考虑到东山村遗址出土的一些陶釜，具有马家浜文化早期的特点，把东山村遗址马家浜文化第 1 段的年代定在距今 6300 年，应是比较合理。

综上，东山村遗址马家浜文化遗存的绝对年代在距今 6300～6000 年间。

第二节　崧泽文化遗存的分期与年代

东山村遗址崧泽文化遗存同样可分为生活遗存和墓葬遗存两大类。生活遗存包括房址、灰坑、灰沟、灶址、红烧土堆积和地层等单位，以及这些单位出土的器物。由于发掘过程中一直秉承"原址保护"的理念，对大多数的生活遗迹未进行清理，故生活遗迹中出土的器物比较少。生活遗迹中出土的可复原的陶器比较少，多数为陶片标本。相对而言，墓葬中出土的陶器大多数是能够复原的。以下分别对生活遗迹和墓葬的出土器物进行类型学分析。

---

① 南京博物院：《江苏吴县草鞋山遗址》，《文物资料丛刊》三，文物出版社，1980 年。
② 江苏省圩墩遗址考古发掘队：《常州圩墩遗址第五次发掘报告》，《东南文化》，1995 年 4 期。
③ 《常州圩墩遗址第五次发掘报告》。
④ 《江苏吴县草鞋山遗址》。

一 生活遗迹出土器物的类型学分析

（一）陶器的类型

崧泽文化地层和生活遗迹单位中共出土陶器（片）标本为130多件。器形有釜、鼎、豆、罐、盆、盉、钵、圜底缸、瓮、支座、器盖等。釜、鼎、圜底缸、器盖等多为夹砂红褐陶，制法多为泥条盘筑，有部分经慢轮修整。鼎足全为手工捏制，足面部分有凹窝，足侧有凹槽。豆、罐、盆、盉多数为泥质陶，豆基本为泥质灰陶或灰黑陶，盆、罐多数为泥质红陶，有的器表施有红衣。纹饰以素面为主，豆的柄部多饰凹弦纹和镂孔组合，鼎身上部多见凹弦纹，盖纽常见花边且面上饰有多个凹窝，鸡冠状耳比较少见。

一些器物如釜（F1：12、F1：4）、瓮（F1：6）、圜底缸（H40：2）、支座（T1905④b：9、H41①：3）、小陶球（T1706⑤：1、T1210④：2）、网坠（T0510④：1）、陶炉算条（T0611④：2）、陶拍（T0610⑤：1）、器圈足（H27：1）、罐底（F1：15）等，仅一两件，在此不做型式分析。

下面仅就出土数量较多的鼎（口沿、鼎足）、豆（豆盘、豆柄）、罐、盆、钵、盉、器盖、纺轮等陶器及陶片标本做类型学上的分析。

陶鼎口沿

共10件。仅存鼎身及口部分，大部分为夹砂红褐陶。口沿下常饰有多道凹弦纹。根据口沿的卷折和沿面情况，可分为三型。

A型　7件。折沿，沿面较平。分为2式。

Ⅰ式　3件（H41①：4、T2006⑤：3、T4⑪：1）。折沿，较为平直。

标本H41①：4，口径29.7、残高9.9厘米（图6-2-1：1）。

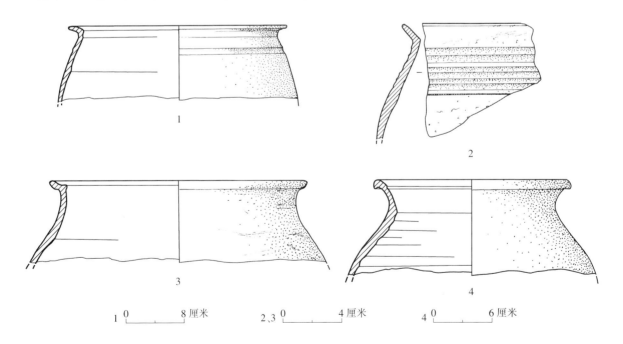

1　　　　2

3　　　　4

1 ┃ 0 ┣━━━┫ 8厘米　　　2,3 ┃ 0 ┣━━┫ 4厘米　　　4 ┃ 0 ┣━━┫ 6厘米

图6-2-1　崧泽文化生活遗迹出土陶鼎口沿

1. A型Ⅰ式（H41①：4）　2. A型Ⅱ式（T1905④b：3）　3. B型（H41②：10）　4. C型（H41②：11）

Ⅱ式　4件（T0509④：1、T1905④b：2、T1905④b：3、T2006④b：3）。折沿，斜直。

标本T1905④b：3，残高7.7厘米（图6-2-1：2）。

B型　2件（H41②：10、H41②：12）。折沿，沿面微凹，类似子母口。

标本H41②：10，口径26.1、残高8.1厘米（图6-2-1：3）。

C型　1件（H41②：11）。卷沿，束颈较甚。

H41②：11，口径19.2、残高9.3厘米（图6-2-1：4）。

陶鼎足

共27件。根据鼎足的整体形状分为铲形足、锥形足、凿形足。

铲形鼎足　共15件。整体比较宽扁，截面近长方形。大体分为2式。

Ⅰ式　12件（T1905④a：6、T2006④a：1、T2006④a：2、T1905④b：4、T2006④b：6、T2006④b：5、T1905⑤：2、T1905⑤：3、T2006⑤：2、T0611⑤：2、H30：3、H30：4）。鼎足面上大多数为素面。

标本T1905⑤：2，残高13.1厘米（图6-2-2：1）。

Ⅱ式　3件（T1905④a：7、T4⑩：2、T4⑩：3）。鼎足整体仍旧宽扁，足面上多饰有数个捺窝纹或未透圆孔纹。

标本T1905④a：7，残高5.5厘米（图6-2-2：2）。

锥形鼎足　共4件。整体近锥状，上粗下细，截面近圆形或椭圆形。大体分为两型。

A型　2件（H41①：13、H41②：7）。截面近圆形，无足尖。

标本H41②：7，近根处有一周平行短线刻划纹，高10.8厘米（图6-2-2：3）。

B型　2件（H41②：3、H41②：6）。截面近椭圆形，有足尖，且外撇。

标本H41②：6，高约12.6厘米（图6-2-2：4）。

凿形鼎足　共8件。整体近凿状，据侧面形状大体分为两型。

A型　6件。其中1件为修复完整鼎，据鼎足形式暂归到该型。鼎足侧视近弧线三角形。分为3式。

Ⅰ式　4件（H41①：1、H41①：2、H41②：4、H41②：8）。足根处多数隆起，足侧常见有长凹槽，整体外撇。

标本H41②：4，高约14.8厘米（图6-2-2：6）。

Ⅱ式　1件（T2006④b：4）。足根处隆起不明显，足侧左右边往中间挤捏，形成倒"人"字纹，整体内收。

T2006④b：4，残高8.9厘米（图6-2-2：7）。

Ⅲ式　1件（T1606-1④a：1）。足侧不见凹槽，整体较竖直。

T1606-1④a：1，侈口，圆唇，颈微束，盆形腹，足细高，较竖直。口径16.4、高16.5厘米（图6-2-2：8）。

B型　2件（H41①：14、H41②：5）。鼎足侧视为近长方形。足端较宽，略有小足尖。足侧常见有数道长凹槽。

标本H41②：5，长约11.8厘米（图6-2-2：5）。

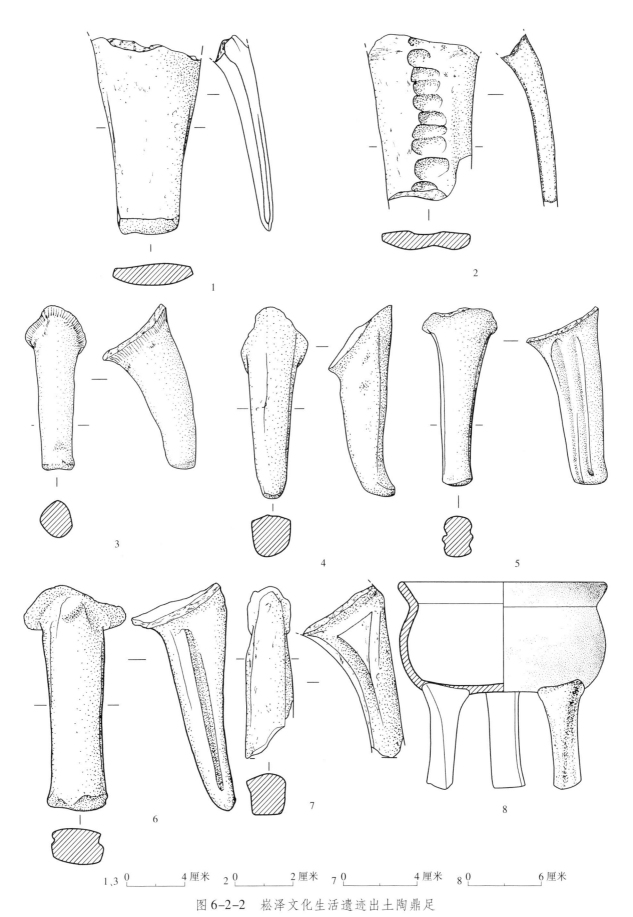

图 6-2-2　崧泽文化生活遗迹出土陶鼎足

1. Ⅰ式铲形鼎足（T1905⑤：2）　2. Ⅱ式铲形鼎足（T1905④a：7）　3. A型锥形鼎足（H41②：7）　4. B型锥形鼎足
（H41②：6）　5. B型凿形鼎足（H41②：5）　6. A型Ⅰ式凿形鼎足（H41②：4）　7. A型Ⅱ式凿形鼎足（T2006④b：4）
8. A型Ⅲ式凿形鼎足（T1606-1④a：1）

陶豆盘

共 9 件。据豆盘的形状可以分为盘形豆盘、钵形豆盘、碟形豆盘等。其中 1 件为完整豆，暂据其豆盘形状，归到本类。

盘形豆盘　共 7 件。其中 T0711⑤：7 口沿略残，暂归到该类。据盘壁状况，可以分为三型。

A 型　2 件。敛口折腹盘，分为 2 式。

Ⅰ式　1 件（T1905④b：1）。弧敛口，折腹上部盘壁略凹。

T1905④b：1，口径 22.9、残高 4.7 厘米（图 6-2-3：1）。

Ⅱ式　1 件（T1905④a：4）。折敛口，折腹上部盘壁内凹明显。

T1905④a：4，残高 5.4 厘米（图 6-2-3：2）。

B 型　4 件。敛口斜腹盘，口沿均内折，斜长腹，未转折。大体分为 2 式。

Ⅰ式　2 件（H41①：6、H41①：7）。折沿较长。

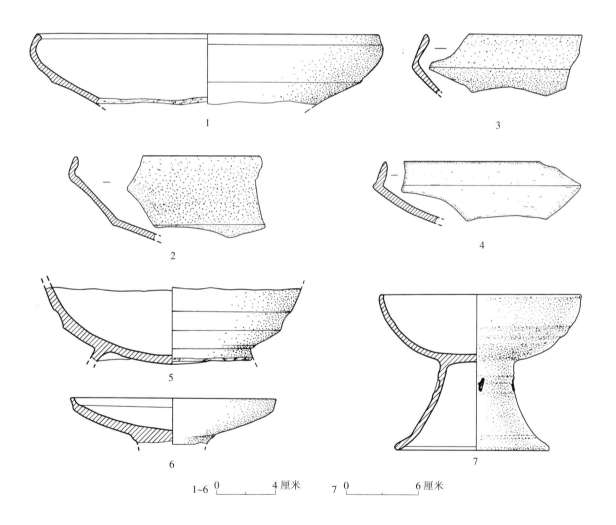

1~6　0　　　　4厘米　　　7　0　　　　6厘米

图 6-2-3　崧泽文化生活遗迹出土陶豆盘

1. A 型Ⅰ式盘形豆盘（T1905④b：1）　2. A 型Ⅱ式盘形豆盘（T1905④a：4）　3. B 型Ⅰ式盘形豆盘
（H41①：6）　4. B 型Ⅱ式盘形豆盘（T1905④a：2）　5. C 型盘形豆盘（T0711⑤：7）　6. 碟形豆盘
（T2006⑤：1）　7. 钵形豆（F1：1）

标本 H41①：6，残高约 3.9 厘米（图 6-2-3：3）。

Ⅱ式　2件（T1905④a：2、T1905④a：3）。折沿变得较短，有些已内凹近子母口。

标本 T1905④a：2，残高 4.0 厘米（图 6-2-3：4）。

C 型　1件（T0711⑤：7）。盘壁为瓦楞状。

T0711⑤：7，柄部较宽，残高 5.3 厘米（图 6-2-3：5）。

钵形豆盘（豆）　共1件。盘为钵形，敞口，弧腹，整器修复完整。

F1：1，柄部较矮，上部饰有细弦纹，中有小长条形镂孔，口径 16.5、足径 12.6、高 12.3 厘米（图 6-2-3：7）。

碟形豆盘　1件。盘近碟状，斜直口较短，浅腹。

T2006⑤：1，口径 13.9、残高 3.0 厘米（图 6-2-3：6）。

豆柄

共 18 件。据柄部高矮和柄上端特征，大体分为三型。

A 型　9件。高柄豆。分为4式。

Ⅰ式　1件（H41①：10）。柄部喇叭状，素面，未见饰有弦纹和镂孔。

H41①：10，夹粗砂红褐陶，残高约 7.5 厘米（图 6-2-4：1）。

Ⅱ式　1件（T0610④：1）。柄部呈喇叭状，上饰多道弦纹带和小镂孔纹。

T0610④：1，残高 25.6 厘米（图 6-2-4：2）。

Ⅲ式　3件（H41①：9、H41①：12、H41②：9）柄部中间开始收束，呈亚腰状。

标本 H41①：12，弦纹间饰两个对称的三角形镂孔，残高约 13.0 厘米（图 6-2-4：3）。

Ⅳ式　4件（H28：1、H41①：8、T0710④：1、T1905④a：5）。柄部中间收束明显，柄上常饰有三道弦纹带夹细长条形镂孔。

标本 H41①：8，残高 7.8 厘米（图 6-2-4：4）。

B 型　9件。矮柄豆。分为3式。

Ⅰ式　2件（H41①：11、H41③：3）。喇叭状。柄上部有一道或两道细弦纹带，弦纹带上或上部常见有 1 组或数组细长条形镂孔，有的未钻透。

标本 H41①：11，两道细弦纹间饰以细椭圆形镂孔，残高 9.1 厘米（图 6-2-4：6）。

Ⅱ式　6件（T0611④：1、T1308④：1、T3⑥a：1、T4⑪：4、T4⑪：5、T4⑩：1）。喇叭状，柄部的弦纹变得比较密集，弦纹间常见有数个小圆镂孔。

标本 T4⑪：4，残高 6.0 厘米（图 6-2-4：7）。

Ⅲ式　1件（H30：1）。喇叭状。柄部上的装饰由原细弦纹带变成瓦楞状纹。瓦楞纹下方再饰有三角和圆镂孔组合。

H30：1，残高 10.0 厘米（图 6-2-4：8）。

C 型　1件（H41③：4）。突棱豆。也即本章第一节马家浜文化墓葬中的子母口豆，其豆柄形态与这里的完全一致，故单独列为一型。

H41③：4，泥质灰黑陶，盘柄部有突棱，突棱下饰三个等分的圆形镂孔，残高 9.2 厘米（图 6-2-4：5）。

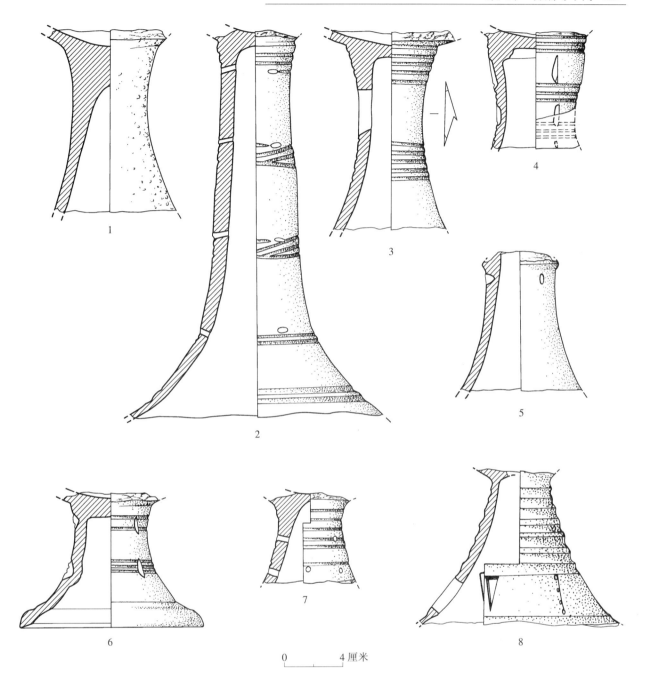

图 6-2-4　崧泽文化生活遗迹出土陶豆柄

1. A 型 I 式（H41①：10）　　2. A 型 II 式（T0610④：1）　　3. A 型 III 式（H41①：12）　　4. A 型 IV 式（H41①：8）
5. C 型（H41③：4）　　6. B 型 I 式（H41①：11）　　7. B 型 II 式（T4⑪：4）　　8. B 型 III 式（H30：1）

陶罐

共有 19 件。基本都为罐口沿，其中仅有 2 件陶罐修复完整。通过对崧泽文化墓葬中出土较多的修复完整的陶罐的类型学分析，陶罐中间部位腰脊的有无是个类上的差别。因此，这里生活遗存中的两件修复完整的有腰脊陶罐（H40：3、H40：4）可以单独归为一型，其他罐口沿由于腹部残缺，有无腰脊情况不明，暂以罐口沿的特征进行分型。

有腰脊罐　共2件。均为卷沿，鼓腹，腹侧有錾手。分为2式。

Ⅰ式　1件（H40：3）。广圆肩，腹部中间鼓突。

H40：3，口径15.0、底径11.0、高28.0厘米（图6-2-5：1）。

Ⅱ式　1件（H40：4）。肩部变得更加外鼓，肩部和腹部上方刻划有纹饰。

H40：4，肩部和腹部上方各刻划有一周"回"字形套环纹，口径15.6、底径14.8、高34.2厘米（图6-2-5：2）。

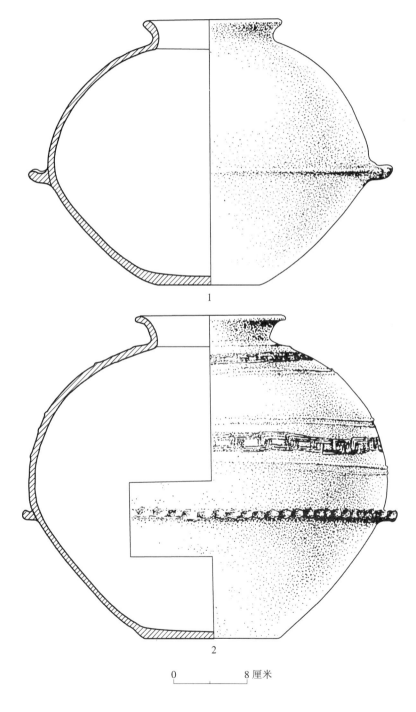

图6-2-5　崧泽文化生活遗迹出土有腰脊陶罐

1. Ⅰ式（H40：3）　2. Ⅱ式（H40：4）

罐口沿 共 17 件。据口沿形状大体分为四型。

A 型 5 件。高领罐。可分为 3 式。

Ⅰ式 1 件（H41③：7）。高领较直，尖圆唇。

H41③：7，口径 15.3、残高 6.0 厘米（图 6-2-6：1）。

Ⅱ式 2 件（T1905④b：5、T1905④b：6）。高领变得较斜直，唇部加厚。肩部一般饰有弦纹和短斜线组合。

标本 T1905④b：6，口径 15.1、残高 5.8 厘米（图 6-2-6：2）。

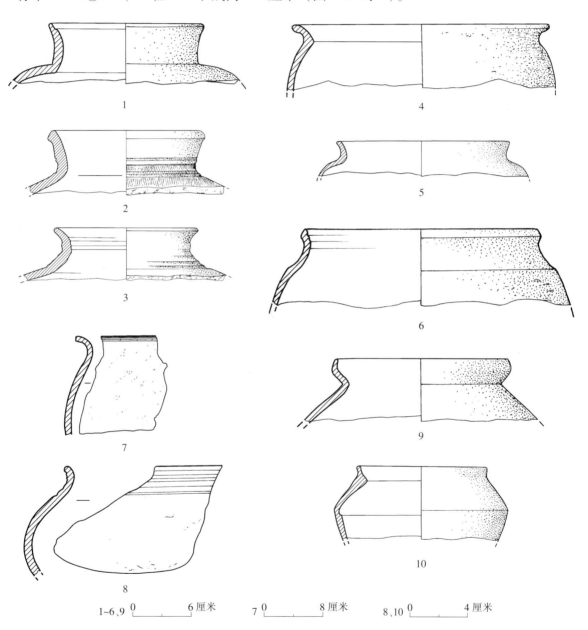

图 6-2-6 崧泽文化生活遗迹出土陶罐口沿

1. A 型Ⅰ式（H41③：7）　2. A 型Ⅱ式（T1905④b：6）　3. A 型Ⅲ式（T4⑪：3）　4. B 型Ⅰ式（H41③：9）
5. B 型Ⅱ式（T0711⑤：6）　6. B 型Ⅲ式（H21：1）　7. C 型Ⅰ式（H41①：5）　8. C 型Ⅱ式（T1905④a：10）
9. D 型Ⅰ式（H41②：13）　10. D 型Ⅱ式（T1905④b：7）

Ⅲ式　2件（T4⑪：2、T4⑪：3）。高领外敞，中间收束较甚。

标本T4⑪：3，口径14.1、残高5.2厘米（图6-2-6：3）。

B型　7件。折沿罐。可分为3式。

Ⅰ式　4件（H41③：9、T1905④a：9、T2006④b：2、T0711⑤：4）。折沿较宽，斜直。

标本H41③：9，口径26.1、残高6.3厘米（图6-2-6：4）。

Ⅱ式　2件（T0711⑤：5、T0711⑤：6）。折沿近竖直。

标本T0711⑤：6，口径17.6、残高3.5厘米（图6-2-6：5）。

Ⅲ式　1件（H21：1）。折沿变短，微内敛。肩部由圆肩变为短折肩。

H21：1，口径23.7、残高7.5厘米（图6-2-6：6）。

C型　3件。卷沿罐。无领。分为2式。

Ⅰ式　2件（H41①：5、T0711⑤：3）。卷沿，沿面较宽。

标本H41①：5，残高约13.0厘米（图6-2-6：7）

Ⅱ式　1件（T1905④a：10）。卷沿变短直，腹部变圆鼓。

T1905④a：10，残高7.0厘米（图6-2-6：8）。

D型　盘形口罐。分为2式。

Ⅰ式　2件（H41②：13、H41③：8）。口部突出，内凹，近盘形。

标本H41②：13，口径17.7、残高6.3厘米（图6-2-6：9）。

Ⅱ式　1件（T1905④b：7）。口部变短，近直，唇下内凹。

T1905④b：7，口径8.7、残高4.7厘米（图6-2-6：10）。

陶盆口沿

共7件。据腹的深浅、口沿有无分为三型。

A型　5件。浅腹盆。分为3式。

Ⅰ式　1件（H41③：5）。方唇，宽沿近平。沿下有道内收凹槽。

H41③：5，口径25.5、残高7.5厘米（图6-2-7：1）。

Ⅱ式　3件（H41③：6、H41①：16、H41①：17）。圆唇，宽沿较斜。沿下内收较甚，形成折肩状。个别折肩处有贴有附耳。

标本H41③：6，口径36.6、残高8.7厘米（图6-2-7：2）。

Ⅲ式　1件（T0610④：3）。尖圆唇，宽沿斜直，沿下略内凹，转折处较靠上。

T0610④：3，残高4.3厘米（图6-2-7：3）。

B型　2件（T1905④a：8、H30：2）。深腹盆。宽折沿近平。

标本H30：2，残高12.2厘米（图6-2-7：4）。

C型　1件（T1905⑤：1）。直口盆。口下内收，转折明显，下腹急收。

T1905⑤：1，口径23.9、残高6.0厘米（图6-2-7：5）。

陶钵

共5件。陶钵中有3件修复完整者，其中有一件器型非常小，近似小杯，暂单独归为一型。其余陶钵据腹部形状分为两型。

A型　3件。弧腹钵。分为3式。

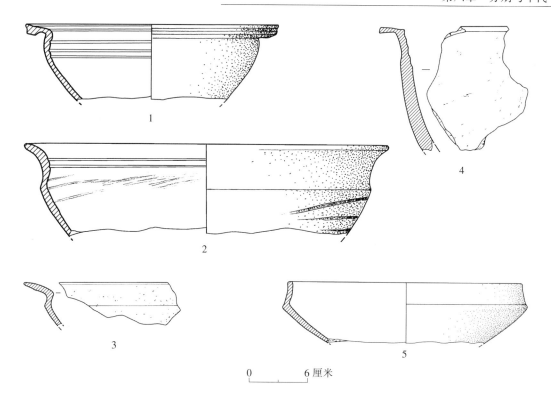

图6-2-7　崧泽文化生活遗迹出土陶盆口沿

1. A 型 I 式（H41③:5）　2. A 型 II 式（H41③:6）　3. A 型 III 式（T0610④:3）
4. B 型（H30:2）　5. C 型（T1905⑤:1）

I 式　1 件（F1:13）。勾敛口，器身最大径近腹中部，下腹收束较缓。

F1:13，腹中部饰 2 个对称的鸡冠形耳鋬，口径 15.0、底径 10.7、高 11.6 厘米（图6-2-8:1）。

II 式　1 件（H40:1）。勾敛口，器身最大径上移到肩部，下腹收束较急。

H40:1，口径 17.1、底径 8.4、高 10.2 厘米（图6-2-8:2）。

III 式　1 件（T2006④b:1）。微敛口，器身最大径偏上。

T2006④b:1，口沿下饰数道凹弦纹。口径 10.3、残高 6.5 厘米（图6-2-8:3）。

B 型　1 件。折腹钵。

F1:8，口径 14.7、残高 5.0 厘米（图6-2-8:4）。

C 型　1 件。小陶钵。敛口，圆腹。

T2006⑤:5，口径 5.3、底径 4.1、高 6.5 厘米（图6-2-8:5）。

陶盉

共 3 件。均带长方形翘把。据口部特征分为两型。

A 型　1 件。小口盉。腹部圆鼓。

T0710⑤:1，残高 9.8、底径 9.3 厘米（图6-2-9:1）。

B 型　2 件。大口盉。分为 2 式。

I 式　1 件（H2:1）。敛口较甚。腹部圆鼓。

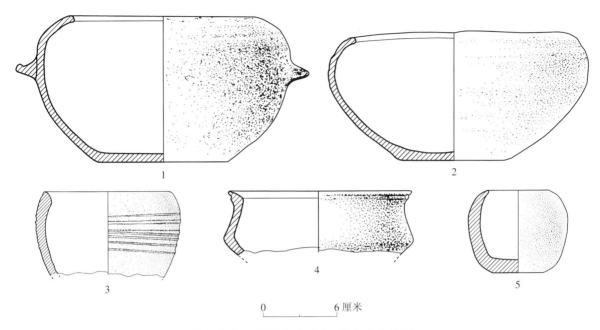

图6-2-8 崧泽文化生活遗迹出土陶钵

1. A 型 I 式（F1:13） 2. A 型 II 式（H40:1） 3. A 型 III 式（T2006④b:1）

4. B 型（F1:8） 5. C 型（T2006⑤:5）

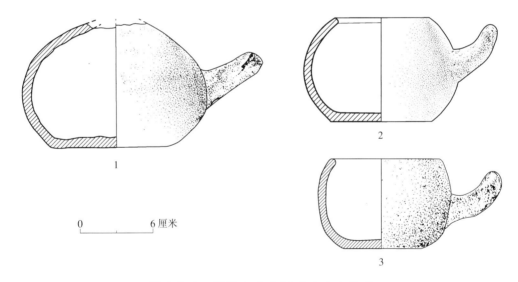

图6-2-9 崧泽文化生活遗迹出土陶盉

1. A 型（T0710⑤:1） 2. B 型 I 式（H2:1） 3. B 型 II 式（T0711⑤:8）

H2:1，口径7.5、底径8.3、高8.3厘米（图6-2-9:2）。

II 式 1件（T0711⑤:8）。微敛口，腹部较直。

T0711⑤:8，口径8.6、底径6.1、高7.1厘米（图6-2-9:3）。

陶器盖（纽）

共7件。其中有两件修复完整器，其余基本残存盖纽部分。据盖（纽）的形状可以分为五型。

A 型 1件（F1:9）。覆盆形盖。无突出纽。

F1:9，顶径6.0、口径19.5、高6.6厘米（图6-2-10:1）。

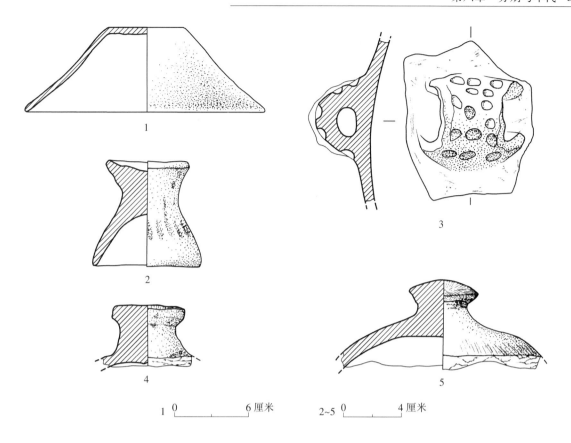

图 6-2-10 崧泽文化生活遗迹出土陶器盖（纽）

1. A 型（F1：9）　2. B 型（H41③：1）　3. C 型（H41③：2）　4. E 型（H41②：2）　5. D 型（H41②：1）

B 型　1 件（H41③：1）。覆杯形盖。

H41③：1，浅圈足抓手。残高约 7.0 厘米（图 6-2-10：2）。

C 型　3 件（H41①：15、H41③：2、T0611⑤：1）。花边桥形纽。纽两端较宽，中间收束，面上常有数排小捻窝（图 6-2-10：3）。

标本 H41③：2，残高约 4.3 厘米（图 6-2-10：3）。

D 型　1 件（H41②：1）。蘑菇状纽。

H41②：1，残高约 5.8 厘米（图 6-2-10：5）。

E 型　1 件（H41②：2）。圆柱状纽。

H41②：2，顶端饼形。残高约 4.0 厘米（图 6-2-10：4）。

陶纺轮

共 14 件。多数修复完整。据截面形状大体分为四型。

A 型　4 件（F1：7、F1：10、T0611⑤：4、T0610⑤：2）。薄饼状。

标本 F1：7，直径 5.1、厚 0.4、孔径 0.6 厘米（图 6-2-11：1）。

B 型　6 件（F1：16、T0610④：2、T1905④a：11、T0609⑤：1、T1210④：1、T1310④：2）。截面呈梯形。顶端多数较平直，个别略弧起。

标本 F1：16，直径 5.0～6.2、厚 1.3、孔径 0.7 厘米（图 6-2-11：2）。

C 型　1 件（T1706④a：2）。截面为圆角长方形。纺轮侧面比较竖直。

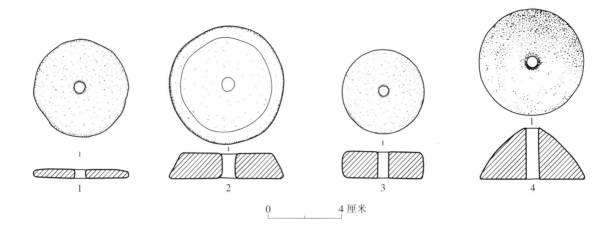

图 6-2-11　崧泽文化生活遗迹出土陶纺轮

1. A 型（F1∶7）　2. B 型（F1∶16）　3. C 型（T1706④a∶2）　4. D 型（T2006⑤∶6）

标本 T1706④a∶2，直径 4.4、孔径 0.55、厚 1.4 厘米（图 6-2-11∶3）。

D 型　3 件（T1905④a∶12、T2006⑤∶6、T2006⑤∶4）。截面近等腰三角形。整体似圆锥体状。

标本 T2006⑤∶6，直径 5.6、孔径 0.7、最厚 2.7 厘米（图 6-2-11∶4）。

（二）石器的类型

东山村遗址生活遗存中共出土石器 47 件。其中房址内出土 5 件，灰坑内出土 1 件，其余 41 件均为地层中出土。地层和灰坑中出土的石器，与墓葬和房址内出土的石器，有很大的不同，即这些石器有相当部分是残缺较甚，有相当部分是遍布疤痕，推测这些石器应是在实用中损毁而遭遗弃。

由于这些石器中，有的残损严重看不出器形，有的仅一两件，故对这部分石器不做型式分析。这些石器有残石器 2 件（T1906④a∶5、T2006④b∶10）、石镞 1 件（T1906④a∶13）、石砸 1 件（F1∶19）、石斧 1 件（T1208④∶1）、石刀 1 件（T2005④a∶2）、石纺轮 2 件（F1∶11、T0509④∶2）等。因此，以下仅对石锛和石凿做型式分析。

石锛

共 18 件。其中由于 6 件石锛（T1210④∶7、T1210④∶8、T1905④a∶14、T1906④a∶2、T2006④a∶4、T2006④b∶7）有的残缺上部，有的残缺下部，难以知道其高低尺寸，在以长度与宽度之比来分型式时，无法得知其两者之比，因此对以上 6 件石锛暂不予型式分析。其余的据长度高低，大体可以分为两型。

A 型　1 件（T0711④∶2）。中型锛。长度在 10 厘米以上，20 厘米以下。

T0711④∶2，长 12.2、最宽 4.4、最厚 2.0 厘米（图 6-2-12∶1）。

B 型　11 件。小型锛，长度在 10 厘米以下。据长宽比可以分为两个亚型。

Ba 型　7 件（F1∶3、T1905④a∶1、T1906④a∶3、T0510⑤∶2、T0611⑤∶5、T0710⑤∶1、T0711⑤∶10）。宽体形，锛的长度与宽度之比在 2 以下。

标本 F1∶3，长 3.6、上宽 2.4、下宽 3.1、厚 1.0 厘米（图 6-2-12∶2）。

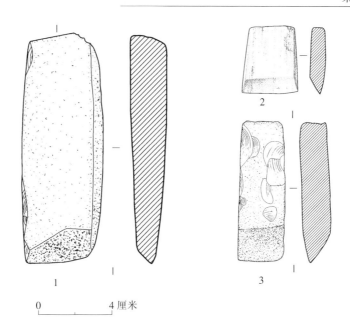

图6-2-12　崧泽文化生活遗迹出土石锛

1. A型（T0711④：2）　2. Ba型（F1：3）　3. Bb型（T0510⑤：1）

Bb型　4件（T1210④：4、T1210④：5、T0510⑤：1、T0711⑤：1）。窄体形，锛的长度与宽度之比在2以上。

标本T0510⑤：1，长7.4、最宽2.5、最厚1.6厘米（图6-2-12：3）。

石凿

共21件。其中由于10件石凿（H41②：14、T0510④：2、T2006④a：3、T1906④a：4、T1905④b：8、T2006④b：8、T2006④b：9、T2006⑤：5、T2006⑤：1、T2006⑤：7）有的残缺上部，有的残缺下部，难以知道其高低尺寸，在以长度与宽度之比来分型式时，无法得知其两者之比，因此对以上10件石凿暂不予型式分析。其余的据长度高低，大体可以分为两型。

A型　3件（F1：2、T0711④：1、T1706④a：1）。中型凿。长度在10厘米以上，20厘米以下。

标本F1：2，长11.2、最宽3.5、最厚2.8厘米（图6-2-13：1）。

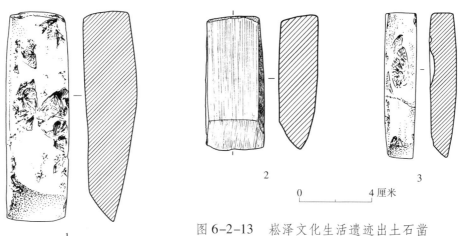

图6-2-13　崧泽文化生活遗迹出土石凿

1. A型（F1：2）　2. Ba型（T1210④：6）　3. Bb型（F1：5）

B 型 8 件。小型凿，长度在 10 厘米以下。据长宽比可以分为两个亚型。

Ba 型 5 件（T1209④：1、T1210④：3、T1210④：6、T2005④a：1、T2005④b：1）。宽体形，长度与宽度之比在 3 以下。

标本 T1210④：6，长 7.0、最宽 3.0、最厚 2.0 厘米（图 6-2-13：2）。

Bb 型 3 件（F1：5、T0611⑤：6、T1906④a：1）。窄体形，长度与宽度之比在 3 以上。

标本 F1：5，长 7.7、宽 1.8、厚 1.5 厘米（图 6-2-13：3）。

东山村遗址生活遗存中出土的玉器仅有 3 件，分别是玉管 1 件（F1：14）、玉玦 2 件（F1：17、F1：18），数量和种类均较少，因此这里不再做型式分析。

二 墓葬出土器物的类型学分析

（一）陶器的类型

崧泽文化墓葬出土的陶器以泥质灰陶为主，次为夹砂红褐陶、泥质红陶、泥质灰黑陶等。器形主要以鼎、鬶、豆、罐、壶为主，另有钵、盘、盆、杯、匜、缸、盉、澄滤器和纺轮等。鼎多为夹砂红褐陶，极个别的泥质陶，豆多为泥质灰陶，罐有夹砂和泥质陶之分，钵、盘、杯、匜、纺轮等均为泥质陶，澄滤器为夹粗砂红陶。纹饰方面，鼎足根处常饰捺窝，足两侧多捏塑成花边状，豆柄多饰弦纹及各类镂孔组合，大、中型罐的腹中部常加固一圈泥条，器耳边缘常捏塑修饰成鸡冠状，中晚期的罐腹部多刻有复杂的纹饰。另外，弦纹装饰也常见于壶、盘、杯等器物。

陶鼎

在东山村遗址崧泽文化墓地出土的器物中，鼎是最主要的炊器，共出土有 39 件，另有少量的甗，有的与鼎同时出土，应是与鼎一起配套使用。鼎多为夹砂红褐陶，另有少量的夹砂灰黑陶及泥质灰陶。同其他崧泽文化遗址相似，东山村遗址出土的陶鼎仍以鼎足最具代表性，最能凸显文化因素的特征。因此，首先按照鼎足的不同，将鼎加以分类，然后在鼎足分类的基础上，再进行分型、分式。36 件陶鼎中，M1：9、M1：16、M2：14、M3：5、M15：8、M43：1、M52：1、M53：3、M91：8、M96：16 残甚，无法复原，其余 26 件鼎依据鼎足的不同，可将其分为铲形足、锥形足以及凿形足三类。

铲形足鼎 26 件。依据鼎身的整体形态可将其分为罐形和盆形两型。另外，部分鼎的腹一侧附带把，本文在此将其单独列出作为一型介绍。

A 型 15 件。罐形鼎。依据腹部特征可将其分为两亚型。

Aa 型 6 件。圆腹。其发展规律为，器形由高大趋于矮小，腹部由圆鼓变为扁鼓，鼎足由细窄较厚趋于宽薄，足上部由向内弯曲到向外弯曲，器足整体由外撇到近高直。可分 5 式。

Ⅰ 式 1 件（M90：13）。器形整体较高大，圆腹较深，圜底，铲形足细窄较厚，且外撇。

M90：13，足两侧各饰一道浅刻槽，口径 21.2、高 27.5 厘米（图 6-2-14：1）。

Ⅱ 式 1 件（M50：2）。口径略宽，圆腹趋浅，窄铲形足仍然较厚。

M50：2，口径 29.8、残高 23.0 厘米（图 6-2-14：2）。

Ⅲ 式 1 件（M89：24）。器形变小，圆腹略扁，底部平圜，铲形足变得宽薄，足上部变为向外弯曲，器足整体外撇。

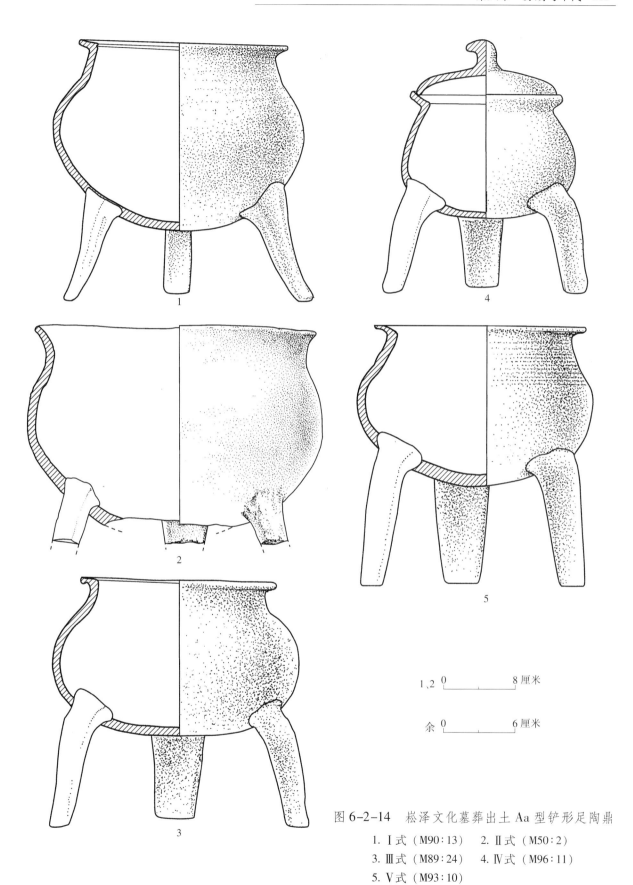

图 6-2-14　崧泽文化墓葬出土 Aa 型铲形足陶鼎

1. I 式（M90：13）　2. II 式（M50：2）

3. III 式（M89：24）　4. IV 式（M96：11）

5. V 式（M93：10）

M89：24，口径 15.5、高 18.9 厘米（图 6-2-14：3）。

Ⅳ式 2 件（M85：12、M96：11）。器形愈显矮小，铲形足愈发显得宽薄，器足外撇较甚。

标本 M96：11，带盖，口径 12.2、通高 20.3 厘米（图 6-2-14：4）。

Ⅴ式 1 件（M93：10）。器形略高，宽扁的铲形足由外撇较甚变为内收高直。肩部饰细弦纹。腹部变得扁鼓。

M93：10，口径 17.1、高 20.7 厘米（图 6-2-14：5）。

Ab 型 9 件。垂腹。发展规律与 A 型鼎相似，器形均由高大趋于矮小，器腹变化不甚明显，鼎足同样由细窄较厚趋于宽薄外曲，复又变得高直。可分 6 式。

Ⅰ式 1 件（M90：6）。器形高大，铲形足较高，细窄略厚，足上部向内弯曲。

M90：6，口径 21.8、高 25.9 厘米（图 6-2-15：1）。

Ⅱ式 2 件（M58：1、M75：7）。器形略小，足变得较宽薄，足上部由前式的向内弯曲变为向外弯曲。

标本 M75：7，口径 18.7、高 24.0 厘米（图 6-2-15：2）。

Ⅲ式 2 件（M95：13、M102：1）。足略矮，外撇较甚。

标本 M95：13，口径 17.0、高 18.7 厘米（图 6-2-15：3）。

Ⅳ式 1 件（M94：15）。器形显得矮小。矮足，足根外曲明显。

M94：15，带盖，鼎口径 13.5、通高 17.5 厘米（图 6-2-15：4）。

Ⅴ式 1 件（M83：5）。与Ⅳ式相近，口径较宽，足上部弯曲不明显。

M83：5，口径 15.0、高 17.0 厘米（图 6-2-15：5）。

Ⅵ式 2 件（M1：17、M4：27）。铲形足趋高变直。

标本 M4：27，口径 13.4、高 19.2 厘米（图 6-2-15：6）。

B 型 6 件，盆形鼎。器形整体一般较高大，多带盖，敞口，宽沿，浅腹。鼎腹早晚变化不甚明显，主要是鼎足由较宽厚变为扁薄，且装饰手法趋于多样化。分 4 式。

Ⅰ式 1 件（M92：8）。平折沿，腹壁较直，浅圜底，铲形足较窄略厚。腹、底连接处饰以一道凹槽以示转折。器身光素无纹。

M92：8，带盖，鼎口径 25.8、通高 27.2 厘米（图 6-2-16：1）。

Ⅱ式 3 件（M91：17、M96：13、M96：19）。颈部略束，圜底略深，铲形足变的宽薄，且两侧上卷，有的饰以花边。上腹部多有纹饰，有的为突棱数道，有的为米粒状凹窝数周。

标本 M96：13，铲形足的足根处捏起，腹部饰以两周米粒状凹窝纹，器盖为三矮足状纽，内侧饰捺窝，鼎口径 20.2、通高 20.4 厘米（图 6-2-16：2）。

Ⅲ式 1 件（M93：13）。附盖。器形整体变得高大，铲形足变得更宽，足两侧折起，足根处饰一横排捺窝。腹部饰有细凸棱，腹、底相接的地方饰一周较粗的凸棱，其上有浅捺窝。

M93：13，鼎口径 31.0、高 20.6 厘米，通高 30.4 厘米（图 6-2-16：3）。

Ⅳ式 1 件（M1：13）。器形整体与Ⅲ式相近，但铲形足的装饰手法略有不同，即足的两侧不是上折，而是在足面中部堆贴一齿状竖条堆纹。

M1：13，带盖，鼎口径 28.6、通高 29.2 厘米（图 6-2-16：4）。

C 型 3 件。带把。分 3 式。

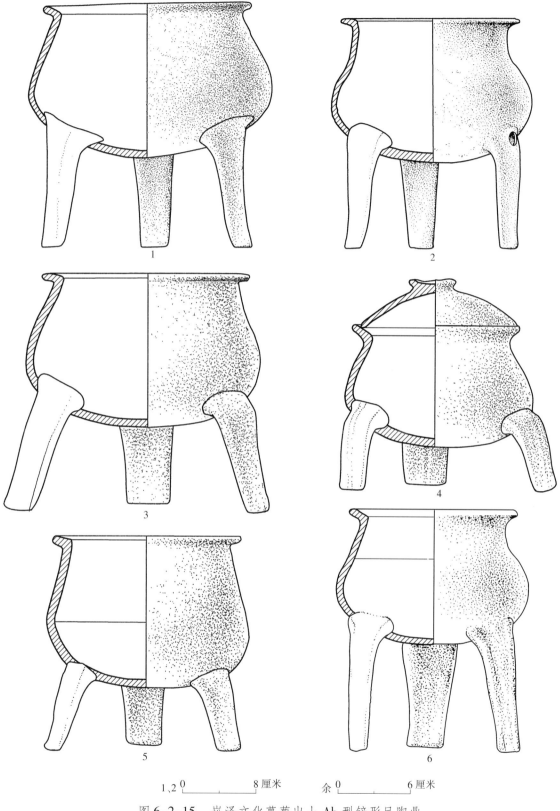

图 6-2-15 崧泽文化墓葬出土 Ab 型铲形足陶鼎

1. Ⅰ式（M90：6） 2. Ⅱ式（M75：7） 3. Ⅲ式（M95：13） 4. Ⅳ式（M94：15） 5. Ⅴ式（M83：5）
6. Ⅵ式（M4：27）

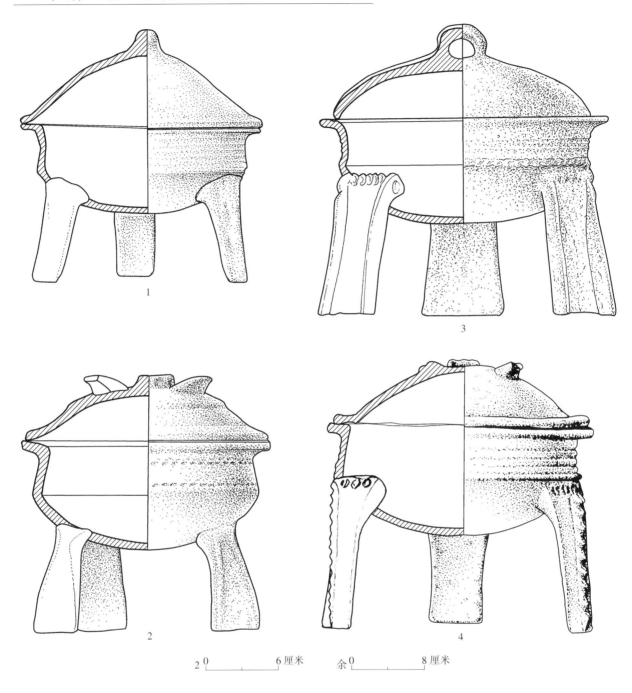

图6-2-16 崧泽文化墓葬出土B型铲形足陶鼎

1. Ⅰ式（M92：8）　2. Ⅱ式（M96：13）　3. Ⅲ式（M93：13）　4. Ⅳ式（M1：13）

Ⅰ式　1件（M89：25）。颈部不显，鼎身较正，深垂腹，鼎身光素无纹。

M89：25，带盖，鼎口径14.0、通高22.5（图6-2-17：1）。

Ⅱ式　1件（M91：20）。颈部略束，鼎身略斜，最大径在器中部偏下，上腹部饰数道细弦纹。

M91：20，带盖，鼎口径13.2、通高21.6厘米（图6-2-17：2）。

Ⅲ式　1件（M93：17）。束颈，腹部变圆鼓，最大径在器腹中部略偏上，上腹饰两周浅凹窝纹。

M93：17，带盖，鼎口径12.4、通高21.6厘米（图6-2-17：3）。

另有M2：13、M4：28残剩铲形鼎足，不能确定型式。

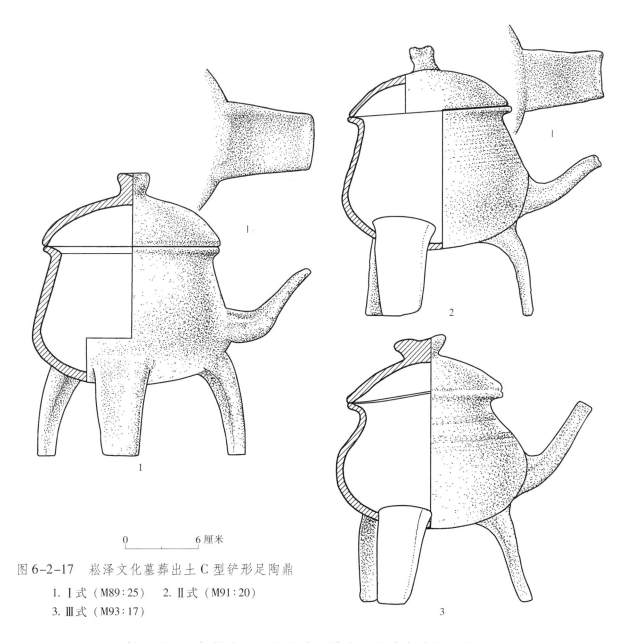

图 6-2-17　崧泽文化墓葬出土 C 型铲形足陶鼎

1. Ⅰ式（M89∶25）　　2. Ⅱ式（M91∶20）

3. Ⅲ式（M93∶17）

锥形足鼎　6 件。器形一般较小，足根出尖。其发展规律大致为，器腹由弧腹到圆腹再到垂腹，足尖由较直演变为足尖外撇。可分 4 式。

Ⅰ式　1 件（M14∶8）。器身变形较甚，小折沿，颈微束，弧腹。

M14∶8，口径 13.0、残高 8.7 厘米（图 6-2-18∶1）。

Ⅱ式　3 件（M87∶1、M92∶6、M99∶4）。宽折沿，束颈，腹部圆鼓，锥形足较细长，足尖较直。

标本 M99∶4，器腹扁鼓。口径 13.4、高 16.2 厘米（图 6-2-18∶2）。

Ⅲ式　1 件（M83∶11）。折沿，垂腹较深，足略变矮，足尖外撇。

M83∶11，附盖，鼎口径 13.4、通高 20.0 厘米（图 6-2-18∶4）。

Ⅳ式　1 件（M2∶9）。宽折沿，扁垂腹，足尖外撇，一足上方装一近长方形纽。

M2∶9，口径 16.0、高 14.8 厘米（图 6-2-18∶3）。

凿形足鼎　7 件。器形一般较小，根据腹部形态可将其分为罐形鼎和盆形鼎两型。

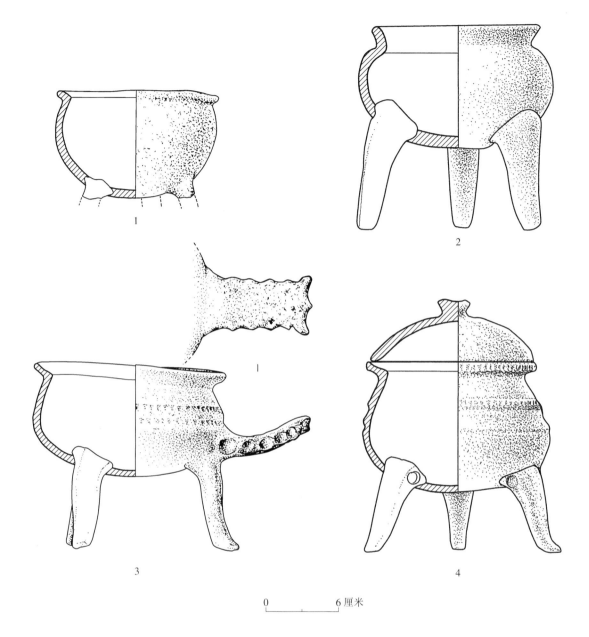

0   6厘米

图 6-2-18   崧泽文化墓葬出土锥形足陶鼎

1. Ⅰ式（M14∶8）   2. Ⅱ式（M99∶4）   3. Ⅳ式（M2∶9）   4. Ⅲ式（M83∶11）

A 型   4 件。罐形鼎。其发展规律为，口部由短卷沿演变为折沿略宽；上腹由较直到收束明显，腹部越来越鼓突，到晚期腹部变得扁鼓；足根折角由明显到弱化，到消失。分 4 式。

Ⅰ式   1 件（M90∶23）。器形较小，短卷沿，上腹壁较直。足根处折角明显，其上有凹窝。

M90∶23，带盖，鼎口径 10.7、通高 18.3 厘米（图 6-2-19∶1）。

Ⅱ式   1 件（M98∶19）。卷沿，上腹收束，腹部圆鼓，足根折角弱化，无凹窝。

M98∶19，带盖，鼎口径 11.8、通高 22.4 厘米（图 6-2-19∶2）。

Ⅲ式   1 件（M95∶12）。折沿，上腹壁较直，收束明显，腹部较鼓，足根折角消失。

M95∶12，口径 15.8、高 19.0 厘米（图 6-2-19∶3）

Ⅳ式   1 件（M3∶4）。腹部变扁鼓，三足较矮且外撇。

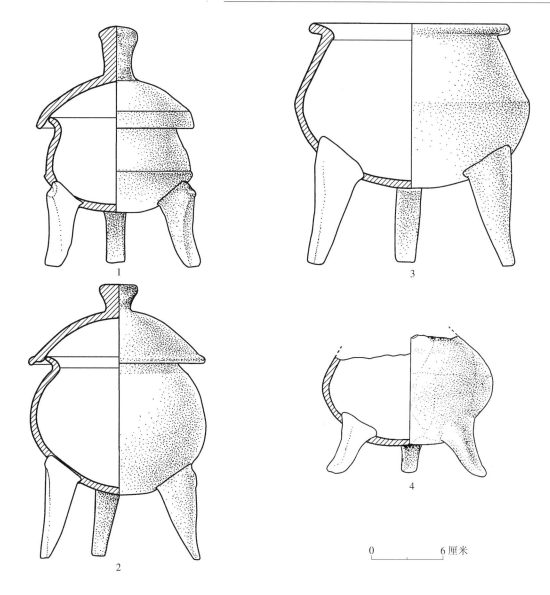

图 6-2-19　崧泽文化墓葬出土 A 型凿形足陶鼎

1. Ⅰ式（M90：23）　　2. Ⅱ式（M98：19）　　3. Ⅲ式（M95：12）　　4. Ⅳ式（M3：4）

M3：4，残高 11.0 厘米（图 6-2-19：4）。

B 型　3 件。盆形鼎。变化规律为，腹部由亚腰形，到斜直，再发展为收束；口沿由较窄，到略宽，再到较宽。分 3 式。

Ⅰ式　1 件（M90：61）。窄折沿，腹部收束成亚腰状，且饰满弦纹。

M90：61，带盖，鼎口径 15.0、通高 22.1 厘米（图 6-2-20：1）。

Ⅱ式　1 件（M98：16）。折沿略宽，腹部变为微斜直。

M98：16，带盖，鼎口径 14.2、通高 18.3 厘米（图 6-2-20：2）。

Ⅲ式　1 件（M98：17）。折沿较宽，腹部由微敞变为向内收束。

M98：17，口径 14.3、高 16.2 厘米（图 6-2-20：3）。

除上述陶鼎外，尚有 2 件陶鼎形制比较特殊，未进行类型分析。它们是 M15：13 和 M92：4，前者鼎足为矮方足略残（参见图 5-3-12B），后者鼎足为曲形足（参见图 5-3-32B）。

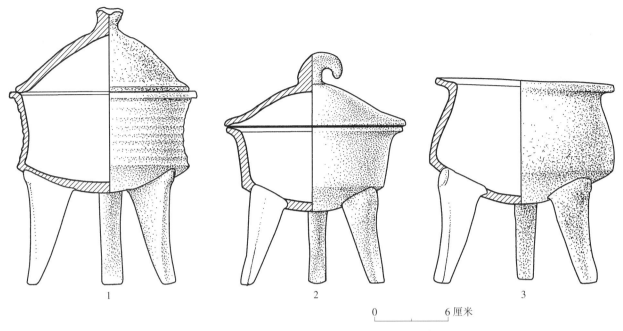

图 6-2-20　崧泽文化墓葬出土 B 型凿形足陶鼎
1. Ⅰ式（M90：61）　2. Ⅱ式（M98：16）　3. Ⅲ式（M98：17）

陶鬶

水器，均为实足鬶。依据足部差异可将其分为凿形足鬶和铲形足鬶两类。

凿形足鬶　20 件。以泥质灰陶和灰黑陶为主，个别为夹砂陶，部分胎色发红或发黄。依据腹部形态差别可将其分为两型。

A 型　17 件。腹、底连接处锐折。其发展规律为，细喇叭形口趋粗，至晚期喇叭形口略呈束腰状；肩部由圆弧变为弧折；器腹由光素无纹演变为瓦楞状；腹侧的把手在早期为三角形，到了晚期呈现多样化。可分 6 式。

Ⅰ式　1 件（M9：4）。细喇叭形口，溜肩，腹部较深长，三角形把手的尾部近平。

M9：4，口略残。口径 5.6、残高 23.1 厘米（图 6-2-21：1）。

Ⅱ式　6 件（M15：11、M90：9、M90：60、M92：3、M92：5、M99：9）。喇叭形口变宽，肩、腹部整体趋于宽圆，器腹变短，把手尾部上翘。

标本 M90：60，口径 6.4、高 19.8 厘米（图 6-2-21：2）。

Ⅲ式　2 件（M98：3、M98：11）。与Ⅱ式形态接近，但肩部较鼓，腹壁略斜直。

标本 M98：3，口径 6.5、高 21.9 厘米（图 6-2-21：3）。

Ⅳ式　4 件（M89：16、M89：19、M95：5、M95：9）。肩部转折明显，器腹变浅，器壁较直。

标本 M95：5，口径 7.1、高 23.0 厘米（图 6-2-21：4）。

Ⅴ式　2 件。本式有两种变化，一是器身不变，口部变化；一是口部不变，器身发生变化。分为 2 亚式。

Ⅴa 式　1 件（M94：2）。器身不变，口部变化。器身基本与Ⅳ式的相同，在喇叭形口与肩部间增加了段颈部，且颈部收束，与喇叭形口呈亚腰状，颈部饰三道宽凹弦纹，斜直腹较深，光素无纹，三角形把手尾部微卷。

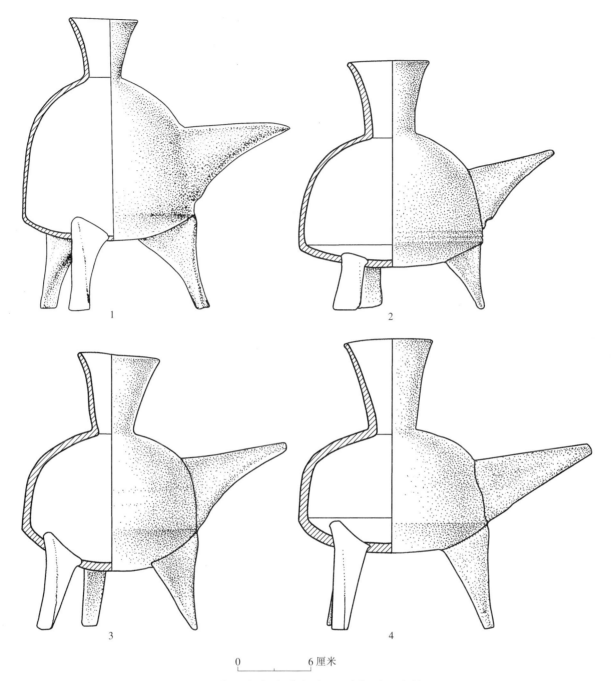

0   6厘米

图 6-2-21　崧泽文化墓葬出土 A 型凿形足陶鬶（一）

1. Ⅰ式（M9：4）　2. Ⅱ式（M90：60）　3. Ⅲ式（M98：3）　4. Ⅳ式（M95：5）

M94：2，带盖，鬶口径 7.8、高 21.5 厘米，通高 24.7 厘米（图 6-2-22：1）。

Ⅴb 式　1 件（M94：7）。口部不变，器身变化。喇叭形口与Ⅳ式的相同基本，器腹变深，肩部及近底部各有一道较宽的浅凹痕，使得器身初具瓦楞状风格。把手上扬，尾部卷曲。

M94：7，口径 6.6、高 20.4 厘米（图 6-2-22：2）。

Ⅵ式　2 件（M91：13、M91：14）。本式综合了前式的变化于一身，并在把手上有新的变化。为喇叭形口，颈部收束，两者呈亚腰状。器腹加深，腹壁满饰瓦楞纹。

M91：13，肩腹部转折明显，绞索状半环形把手，鬶口径 9.4、通高 29.6 厘米（图 6-2-22：

图 6-2-22　崧泽文化墓葬出土 A 型凿形足陶鬶（二）

1. Ⅴa 式（M94：2）　2. Ⅴb 式（M94：7）　3、4. Ⅵ式（M91：14、13）

4）；M91：14，肩腹部转折不明显，三角形把手尾部卷曲较甚，把手两侧各有三道凹痕，鬶口径 9.3、通高 25.8 厘米（图 6-2-22：3）。

　　B 型　2 件。腹、底连接处为圆弧，腹部圆鼓。变化规律为，腹部由扁圆鼓到球形腹，把手由三角形变为半环形。分为 2 式。

Ⅰ式　1件（M93：18）。

M93：18，带盖，喇叭形口，扁圆腹，三角形把手上翘，尾部卷曲。鬶口径8.7、通高23.4厘米（图6-2-23：1）。

Ⅱ式　1件（M4：25）。

M4：25，喇叭形口下部较直，球形腹，半环状把手。口径9.4、高24.0厘米（图6-2-23：2）。

除了以上进行类型分析的陶鬶外，尚有1件陶鬶未进行排队。该件陶鬶为M90：59（参见图5-3-30C），喇叭形小口，器身大体与M9：4的相同，比较深长，但鬶足比较特殊，为矮小凿形足。

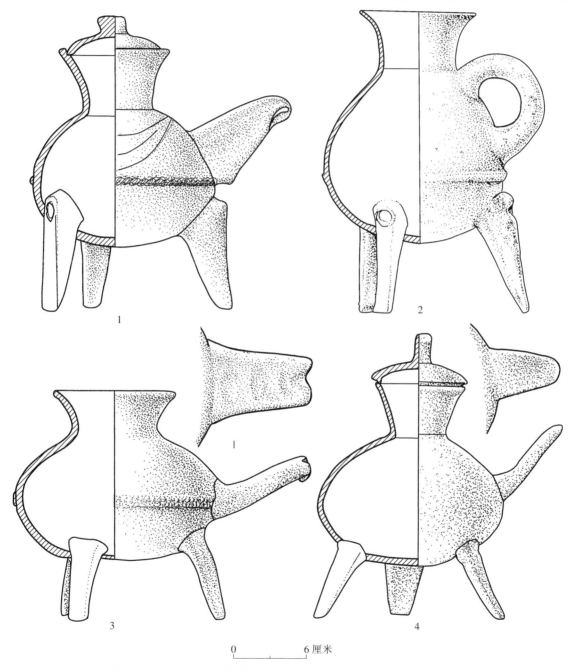

图6-2-23　崧泽文化墓葬出土B型凿形足陶鬶及铲形足陶鬶

1. B型Ⅰ式凿形足鬶（M93：18）　2. B型Ⅱ式凿形足鬶（M4：25）　3. Ⅰ式铲形足鬶（M96：8）

4. Ⅱ式铲形足鬶（M93：6）

铲形足鬶 2件。该型鬶器物整体风格与凿形足鬶有明显的区别，均为夹砂红褐陶，胎体较轻。喇叭形口，器腹扁圆，铲形足，把手宽扁。变化规律为，喇叭口由粗口到细口，铲形足由向外弯曲到向内弯曲。可分2式。

Ⅰ式 1件（M96:8）。喇叭形口较宽，铲形足向外弯曲。

M96:8，扁梯形把手，把手上翘，尾部向下卷曲，正面饰三个浅捺窝，腹中部饰一周附加堆纹，口径9.6、高18.3厘米（图6-2-23:3）。

Ⅱ式 1件（M93:6）。喇叭形口变小，铲形足向内弯曲，

M93:6，带盖，把手宽扁近三角形，上翘，鬶口径7.1、通高22.6厘米（图6-2-23:4）。

陶豆

豆是崧泽文化饮食、盛储器中十分重要而常见的器物，多用以盛放珍馐果品以及菜蔬之类。东山村遗址墓葬中共出土的豆76件，形式多样，变化规律与节奏明显。一般以泥质灰陶、灰黑陶制成，少量的泥质红陶。早期的豆一般器形高大厚重，宽盘、高柄，柄部饰以简单的弦纹或镂孔。晚期的器形则趋于矮小轻巧，小盘，矮柄，柄部常饰以繁缛的刻划及镂孔纹饰。但无论是早期的豆还是晚期的豆，应该多为墓主人生前的实用器，没有发现制作粗糙，器形小而不实用的明器化陶豆。

M2:12、M76:3、M85:7残甚，未能复原，其余73件依据豆盘形态的差异，可以将其先分为盘形豆、碟形豆和钵形豆三类。

盘形豆 61件。是崧泽文化陶豆的主要形式。其整体特征为盘口，喇叭形圈足。依据盘、柄整体风格特征，分为四型。

A型 共16件。敛口折腹粗柄豆。其基本特点及发展规律为，粗柄柄部较直分界不显，到收束明显成亚腰状；豆盘折腹上腹由外鼓到略内凹再到内凹较甚；豆盘和柄部连接处越到晚期越内凹，柄部上部越来越鼓突，呈三段式风格，最后柄部上部鼓突消失，与下部直接相连，形成外撇粗喇越叭形。可分6式。

Ⅰ式 2件（M90:11、M92:24）。折腹上部略鼓，柄部近直，上下段分界处不明显。柄部饰多组细弦纹带，有的有细长小镂孔。

标本M90:11，柄部饰有六组细弦纹带。口径22.7、足径15.4、高22.0厘米（图6-2-24:1）。

Ⅱ式 7件（M14:7、M75:1、M90:2、M90:30、M90:58［柄］-65［盘］、M99:5、M99:7）。柄中部收束，上下段界限明显，呈亚腰状。柄部多饰细弦纹带，且在细弦纹带之间或其上刻有细长条形镂孔，有的刻有对三角形镂孔。豆柄两段式风格明显。其中M90:30仅存豆柄，暂归该式。

标本M75:1，柄部饰三组细弦纹，在弦纹带上各饰以两组对称细长条镂孔，孔均未钻透，口径24.2、足径17.4、高19.8厘米（图6-2-24:2）。

Ⅲ式 4件（M89:20、M95:1、M95:25、M102:4）。折腹上部盘壁较直或略内凹，柄与盘底相接处开始内束，柄部中部收束更甚，整个柄的上部显现外鼓态势，豆柄三段式风格渐显。柄部镂孔流行对三角形孔。

标本M95:25，折腹上部较直，柄部饰四组细弦纹带，其间饰三组两两对称的对三角形镂孔，圈足上饰两道细弦纹，口径22.0、足径16.8、高19.3厘米（图6-2-24:3）。

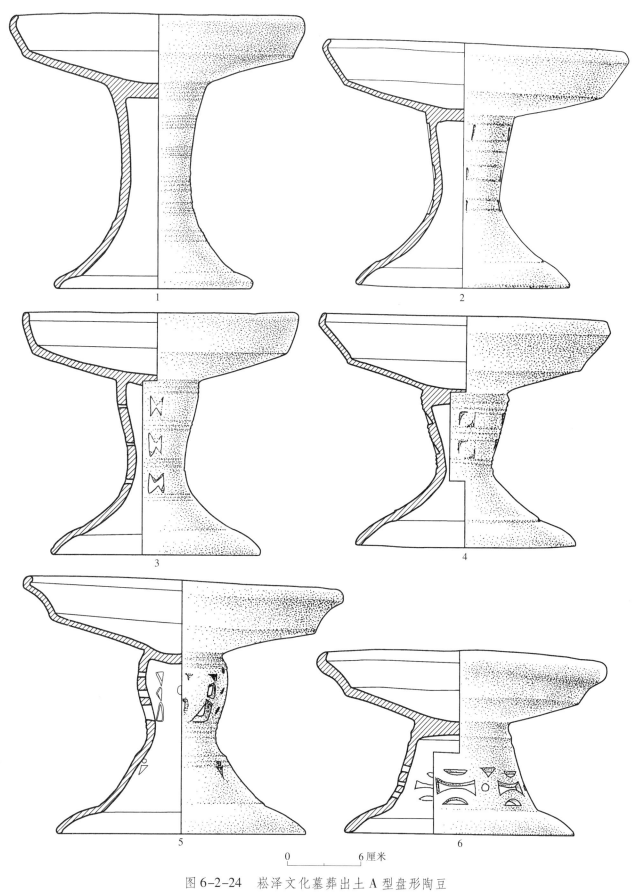

图 6-2-24 崧泽文化墓葬出土 A 型盘形陶豆

1. Ⅰ式（M90∶11）　　2. Ⅱ式（M75∶1）　　3. Ⅲ式（M95∶25）　　4. Ⅳ式（M89∶6）　　5. Ⅴ式（M91∶6）　　6. Ⅵ式（M83∶9）

Ⅳ式 1件（M89:6）。折腹上部内凹，豆盘与柄部相接处内束较甚，豆柄三段式风格明显。柄部饰三组细弦纹，弦纹间饰以两两相对的未钻透弧线三角形孔。

M89:6，口径23.2、足径18.0、高18.5厘米（图6-2-24:4）。

Ⅴ式 1件（M91:6）。豆盘与柄部相接处进一步收束，柄部上部整体外鼓，圈足下方的折沿更加宽大，且转折更加明显，柄部整体呈现三段式风格。柄部纹饰较复杂，镂孔种类繁多。

M91:6，口径25.2、足径20.1、高20.4厘米（图6-2-24:5）。

Ⅵ式 1件（M83:9）。豆盘与柄部相接处微内束，柄上部的鼓突消失，与下部直接相连，成粗喇叭状。柄上部饰三道宽凹弦纹。中部饰六组弧线四边形、半圆形、圆形及三角形镂孔组成的纹饰。

M83:9，口径22.8、足径19.1、高14.8厘米（图6-2-24:6）。

B型 21件。敛口折腹细柄豆。根据柄部形制与柄部装饰风格特征可将其分为两亚型。

Ba型 12件。柄部的纹饰风格为多段式，即常在柄部饰多组弦纹将豆柄分为若干段，弦纹间常饰镂孔等。其发展规律为，柄部由外撇喇叭形到高直柄再到亚腰形；豆盘与柄部相接处由平滑到微内束到收束较甚，柄部上部渐趋外鼓，至晚期阶段柄部呈三段式风格。可分6式。

Ⅰ式 1件（M9:5）。豆盘略小，高喇叭形圈足，柄部从豆盘底部逐渐外撇，柄部饰五组细弦纹带。

M9:5，口径18.0、足径16.8、高31.2厘米（图6-2-25:1）。

Ⅱ式 1件（M90:5）。豆盘变浅，腹壁转折明显，柄部较直，从下部开始外撇。饰四组细弦纹带，其上有零星圆形小镂孔。

M90:5，口径15.8、足径16.6、高24.8厘米（图6-2-25:2）。

Ⅲ式 3件（M15:12、M87:3、M90:63）。豆盘变大，折腹上部外鼓。柄部变矮，且中部收束，略呈亚腰形，其上饰数组细弦纹带，在弦纹带间饰以细长条形孔、较大的三角形镂孔等。

标本M15:12，柄部饰四组细弦纹，在弦纹带间饰以细长镂孔，口径20.6、足径14.0、高21.2厘米（图6-2-25:3）。

Ⅳ式 3件（M98:8、M98:12、M98:13）。折腹上部的盘壁较直或微内凹，豆柄中部进一步收束，上下分界比较明显，呈亚腰状。

标本M98:12，折腹上部的腹壁略内凹，柄部饰两组细弦纹带，其间交错饰以三组圆形镂孔与三组细长条形镂孔，口径19.8、足径13.4、高20.1厘米（图6-2-25:4）。

Ⅴ式 3件（M3:2、M85:10、M91:5）。折腹上部的盘壁内凹明显，豆盘底与柄部交接处内收，柄部中间收束较甚，转折更明显。柄上部外鼓，整体三段式风格明显。柄部仍饰以数组细弦纹带，弦纹带间有的为素面，有的刻有多组镂孔。

标本M3:2，柄部饰三组细弦纹带，口径19.6、足径17.0、高20.1厘米（图6-2-25:5）。

Ⅵ式 1件（M85:6）。豆盘与柄部相接处收束更甚，柄部上部鼓突，且饰以繁缛的镂孔及弦纹纹饰，神似兽面。豆柄三段式风格显著。

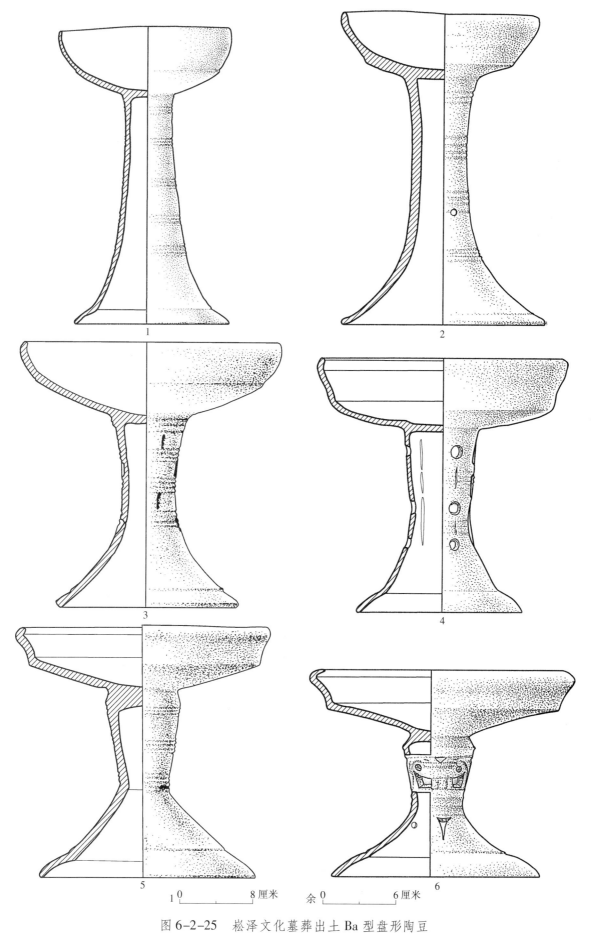

图 6-2-25　崧泽文化墓葬出土 Ba 型盘形陶豆

1. I 式（M9∶5）　2. II 式（M90∶5）　3. III 式（M15∶12）　4. IV式（M98∶12）　5. V 式（M3∶2）　6. VI式（M85∶6）

M85:6，口径19.6、底径17.0、高16.6厘米（图6-2-25：6）。

Bb型 9件。柄部的纹饰风格为两段式，即在柄部饰两组纹饰，通常是在柄上部饰多道弦纹，下部素面或饰各类小镂孔等。其发展规律为，折腹上部的腹壁由较直到略内凹再到内凹明显，最后又变为略内凹；柄部由外撇喇叭形，到柄部较直，再到收束呈亚腰状，最后又变为喇叭形外撇；柄上部的纹饰由细弦纹到瓦楞状，柄下部的纹饰由素面到三角形和圆形镂孔组合。可分5式。

Ⅰ式 1件（M9:7）。折腹上部腹壁较直，柄部从豆盘底部逐渐外撇。柄上部饰数道细弦纹及圆形小镂孔。

M9:7，口径22.2、足径17.0、高20.2厘米（图6-2-26：1）。

Ⅱ式 2件（M92:7、M92:10）。折腹上部的盘壁较直或略内凹，柄上部较直，下部微束，略呈两段式风格。柄上部饰满细弦纹，下方饰圆形小镂孔，下部为素面。

标本M92:7，口径20.8、足径14.5、高19.2厘米（图6-2-26：2）。

Ⅲ式 2件（M74:3、M94:6）。折腹上部腹壁内凹明显，柄部中间收束更甚，形成亚腰状。整体两段式风格明显。柄上部饰细弦纹或瓦楞状纹，下部饰小镂孔组合。

M74:3，柄上部饰瓦楞状纹，下部饰两组对称的小圆形与三角形镂孔组合，口径21.6、足径17.3、高19.7厘米（图6-2-26：3）；M94:6，柄上部饰多道细弦纹，下部饰以三组小圆形和三角形镂孔组合，口径18.5、足径15.2、高16.5厘米（图6-2-26：4）。

Ⅳ式 3件（M43:3、M52:2、M83:6）。折腹上部腹壁略内凹，柄部变为喇叭状，从豆盘底部逐渐外撇，亚腰状消失。柄上部有的饰以瓦楞纹，有的饰以细弦纹。柄下部有的素面，有的饰以圆形和三角形镂孔组合。

标本M83:6，豆盘残，柄上部饰瓦楞纹，下部饰七个圆形、弧线三角形镂孔及细刻划纹组合，底径11、残高10.3厘米（图6-2-26：5）。

Ⅴ式 1件（M1:15）。器形变小，似有简化趋势。折腹上部腹壁略内凹，柄上部仅有两三道瓦楞纹，下部饰三组一个圆形和两个弧线三角形镂孔组合。

M1:15，口径16.0、足径11.4、高11.7厘米（图6-2-26：6）。

C型 12件。敛口斜腹高柄豆（此处的"高柄"相对于D型敛口斜腹矮柄豆而言）。其基本特点为，敛口，尖唇，唇下折痕明显，豆盘斜弧，盘壁外侧常饰一道细泥条。其发展规律为，早期豆柄呈喇叭形，其后豆盘与柄部收束，柄部中部呈台状，整体呈三段式风格，柄部中间的纹饰较繁缛；到了晚期，器形简化，三段式风格不显，柄部中间的纹饰亦大大简化，腹壁下方的细泥条不见或弱化。分5式。

Ⅰ式 1件（M69:1）。折敛口，沿斜直，腹壁下方无突棱。柄部为喇叭形。

M69:1，柄下部残，口径17.7、残高8.4厘米（图6-2-27：1）。

Ⅱ式 2件（M95:26、M98:20）。折敛口，斜腹壁下加饰突棱或细泥条。柄部饰多组成排圆形或菱形和圆形镂孔相间组成的纹饰。

标本M98:20，口径22.8、足径14.1、高15.7厘米（图6-2-27：2）。

Ⅲ式 2件（M13:1、M91:4）。折敛口更加向内收，沿面略内凹，使得口部与子母口相类似。豆盘变浅，斜腹较直。豆盘与柄部相接处收束明显，圈足下方的折沿更加宽大，柄部中间呈台状，

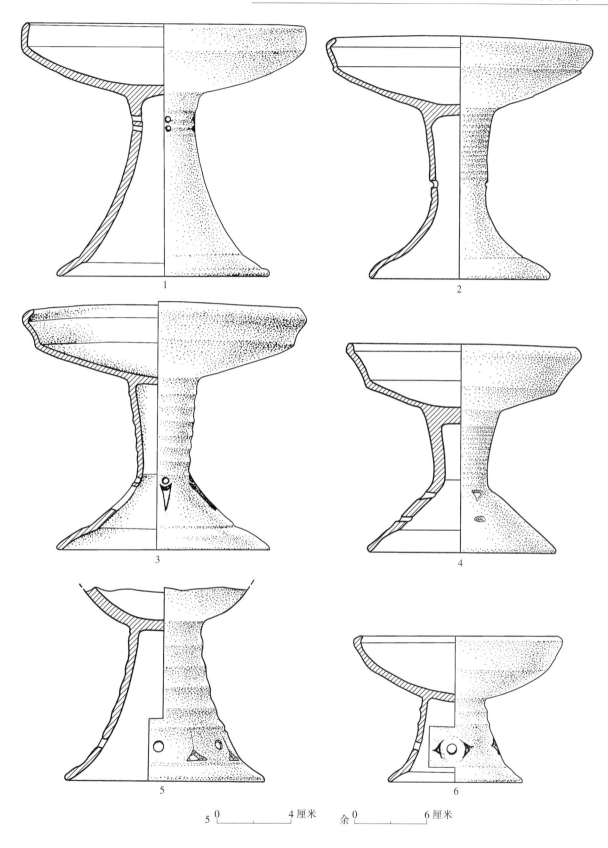

图 6-2-26 崧泽文化墓葬出土 Bb 型盘形陶豆

1. I 式（M9：7） 2. II 式（M92：7） 3、4. III 式（M74：3、M94：6） 5. IV 式（M83：6） 6. V 式（M1：15）

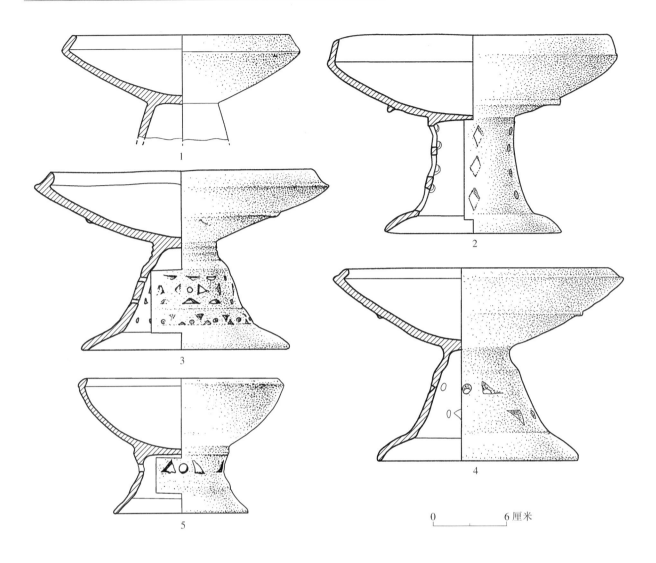

图 6-2-27   崧泽文化墓葬出土 C 型盘形陶豆
1. Ⅰ式（M69:1）   2. Ⅱ式（M98:20）   3. Ⅲ式（M91:4）   4. Ⅳ式（M93:2）   5. Ⅴ式（M4:22）

三段式风格显著。柄部纹饰较繁缛。

标本 M91:4，柄部中间饰多组小圆形、半月形、弧线三角形等镂孔组合。口径 21.3、足径 16.8、高 14.4 厘米（图 6-2-27:3）。

Ⅳ式   5 件（M2:6、M2:8、M93:1、M93:2、M93:3）。形制基本与Ⅲ式相近，但胎体明显变的轻薄，折沿普遍变短，柄部的纹饰也趋于简化。其中 M2:8 仅存豆柄，暂归于此。

标本 M93:2，豆盘与柄部相接处收束较前式为弱，转角处比较钝圆，柄部中间饰数组小圆形和弧线三角形镂孔，口径 21.4、足径 16.2、高 15.4 厘米（图 6-2-27:4）。

Ⅴ式   2 件（M4:22、M5:14）。器形更加简化，折沿变得更短，豆盘与柄部相接处收束甚微或不收束。圈足下方的折沿有的与柄部的转折不再显著，三段式风格逐渐消失。柄部中间的纹饰变得简单，有的饰多个单圆形镂孔，有的饰多组两个弧线三角形夹一个小圆形镂孔组合。盘壁下方的细泥条普遍不见。

标本 M4:22，柄部饰三组圆形及三角形镂孔组成的纹饰，口径 15.5、足径 11.0、高 10.8 厘米

（图6-2-27：5）。

D型　7件。敛口斜腹矮柄豆。该型的特点是，敛口，斜腹，圈足粗大，较矮。豆盘与圈足相接处向内收束。根据足底是否出沿分两亚型。

Da型　2件。足底无沿。发展规律是，口部折沿变尖短且向内收束，器物整体变的轻薄。分2式。

Ⅰ式　1件（M94：8）。折敛口，沿面斜直，柄部饰有弧线三角形和细长条形镂孔组成的纹饰，孔均未钻透。

M94：8，口径18.0、足径12.2、高9.3厘米（图6-2-28：1）。

Ⅱ式　1件（M83：8）。与Ⅰ式形制基本相近，但胎体变得轻薄，折沿内收，沿面内凹，接近子母口状。圈足上饰八组弧线菱形镂孔及三角形镂孔组成的纹饰，部分镂孔未钻透。

M83：8，口径15.5、足径12.6、高9.0厘米（图6-2-28：2）。

Db型　5件。足底出沿。与Da型不同之处还有，盘壁下方堆贴有道细泥条，而Da型没有。发展规律是，口部折沿面到后期同样向内收束，沿面内凹，接近子母口；胎体同样变得轻薄，纹饰趋于简化。分2式。

Ⅰ式　4件（M94：5、M96：3、M96：4、M96：6）。折敛口，沿面外鼓或斜直，柄部纹饰较繁缛，多为小圆形和弧线三角形镂孔的组合。

标本M96：3，口部折沿面略外鼓，柄部饰有小圆形和弧线三角镂孔的多种组合，孔均未钻透，口径20.8、足径14.0、高11.7厘米（图6-2-28：3）。

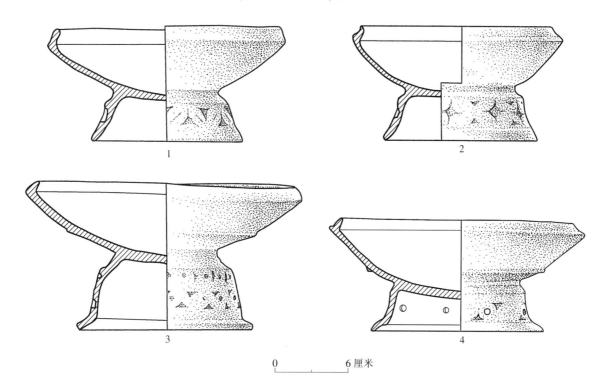

0　　　　　6厘米

图6-2-28　崧泽文化墓葬出土D型盘形陶豆

1. Da型Ⅰ式（M94：8）　2. Da型Ⅱ式（M83：8）　3. Db型Ⅰ式（M96：3）　4. Db型Ⅱ式（M83：2）

Ⅱ式 1件（M83:2）。口部折沿面内凹，接近子母口状。胎体变得轻薄，柄部纹饰趋于简化，上饰有八组两个弧线三角形加一个小圆形镂孔组合的纹饰，其中三角形镂孔未钻透。

M83:2，口径19.1、足径14.1、高9.0厘米（图6-2-28:4）。

另有M54:2、M95:23残剩豆盘，M90:1、M90:21、M92:49形制特殊，未做型式分析。

碟形豆 8件。数量较少。其基本特征为直口微侈，斜直腹，盘壁普遍较浅。依据豆柄高矮可将其分为A、B两型。

A型 3件。高柄。柄部从亚腰形，到三段风格稍显，再到风格显著，柄部中间纹饰更加繁缛。分3式。

Ⅰ式 1件（M95:16）。侈口，柄部中间收束成亚腰状。柄部饰两组细弦纹，其间饰以大长方形镂孔。

M95:16，口径17.0、足径14.2、高21.2厘米（图6-2-29:1）。

Ⅱ式 1件（M89:3）。豆盘与柄部相接处开始收束，收束的这部分距离很短。圈足下方为短折沿，柄部三段式风格不显著。柄部中间饰四组细弦纹带，弦纹带间刻有多组两个弧线三角形夹一个小圆形镂孔组成的纹饰。

M89:3，口径17.3、足径15.8、高16.0厘米（图6-2-29:2）。

Ⅲ式 1件（M94:10）。豆盘与柄部相接处收束较甚，且距离较长，圈足下方的折沿变的宽大，且转折很明显，中间呈台状，柄部三段式风格显著。柄部中间纹饰分为上下两段，上下段刻有基本相同的兽面图案。

M94:10，口径23.0、足径18.1、高18.0厘米（图6-2-29:3）。

B型 4件。矮柄。柄部从喇叭形外撇，到三段式风格明显，再到三段式风格弱化；折沿直口到后期变为无沿敞口。分4式。

Ⅰ式 1件（M98:2）。柄部成喇叭形，豆盘与柄部相接处不收束，柄部上饰数道弦纹。

M98:2，口径16.0、足径11.6、高9.7厘米（图6-2-29:4）。

Ⅱ式 1件（M94:14）。豆盘与柄部相接处收束，收束部分较短，与下方的柄部转折明显形成阶梯状，整体呈三段式风格。柄部中间饰多组两个弧线三角形夹一个小圆形镂孔组合纹饰，部分孔未钻透。

M94:14，口径18.6、足径14.4、高9.3厘米（图6-2-29:5）。

Ⅲ式 1件（M91:37）。豆盘与柄部相接处仍然收束，且收束部分距离加长，但是与下方豆柄的转折呈缓坡状，圈足下方的折沿同样转折不大，柄部中间的台状较弱化。柄部中间纹饰较为繁缛，刻有半圆形、圆形、弧线三角形、弧线四边形镂孔等多个组合。

M91:37，口径21.4、足径16.0、高11.9厘米（图6-2-29:6）。

Ⅳ式 1件（M1:5）。由折沿直口变为无沿敞口，豆盘与柄部相接处由前式的收束变为近直，且上端有点外鼓。该部分与下方的柄部直接相接，没有形成台阶状。柄部纹饰趋于简化，在柄部上方有多组两个弧线三角形夹一个小圆形组合纹饰。

M1:5，口径19.2、足径15.6、高12.8厘米（图6-2-29:7）。

另有M89:26残剩豆盘，仅可确定为碟形豆，不能参与型式分析。

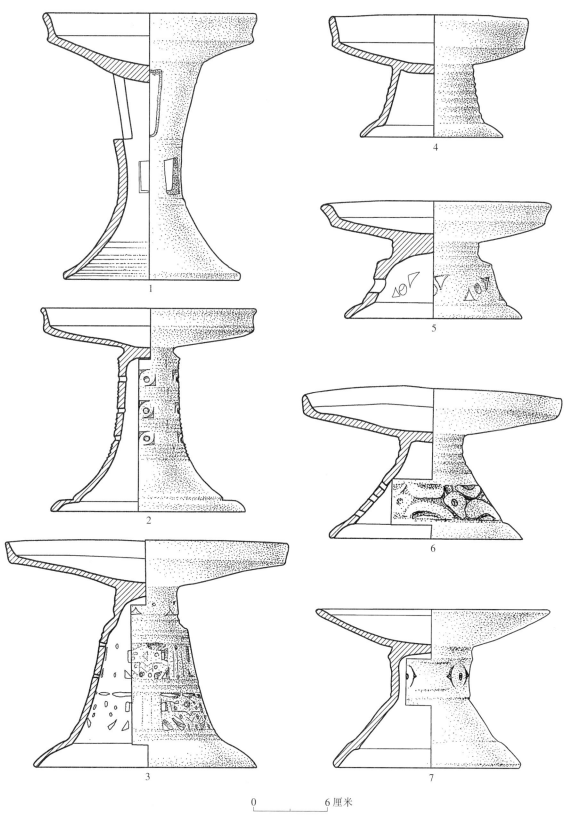

图 6-2-29 崧泽文化墓葬出土碟形陶豆

1. A 型 I 式（M95∶16） 2. A 型 II 式（M89∶3） 3. A 型 III 式（M94∶10） 4. B 型 I 式（M98∶2） 5. B 型 II 式（M94∶14） 6. B 型 III 式（M91∶37） 7. B 型 IV 式（M1∶5）

0   6厘米

图 6-2-30   崧泽文化墓葬出土钵形陶豆

1. A 型 I 式（M9:1）   2. A 型 II 式（M15:9）   3. A 型 III 式（M98:1）
4. B 型 I 式（M87:2）   5. B 型 II 式（M89:5）

    钵形豆   7 件。数量较少。基本特征为侈口或微敛口，多为弧腹，个别为折腹，盘腹较深，豆盘近钵形。依柄部高矮可分两型。

    A 型   5 件。高柄。发展规律为，柄部从喇叭形演变为中间收束呈亚腰形，再到直柄。

柄部纹饰从细弦纹加小圆形或长条形镂孔，到细弦纹消失，仅饰有若干组小圆形镂孔。可分3式。

Ⅰ式 3件（M9∶1、M9∶8、M10∶1）。侈口，柄部为喇叭状外撇，其上有的为素面，有的饰一组或多组细弦纹带，弦纹带间还刻有小圆形镂孔。

标本 M9∶1，柄上部饰一组细弦纹带，带下饰三个对称分布的圆形小镂孔。口径17.5、足径15.5、高20.2厘米（图6-2-30∶1）。

Ⅱ式 1件（M15∶9）。敛口，细高柄中部微束略呈亚腰状。柄部饰两组弦纹带，其间饰三个对称分布的细长条形镂孔。

M15∶9，口径18.7、足径15.0、高19.8厘米（图6-2-30∶2）。

Ⅲ式 1件（M98∶1）。侈口，柄部较直，细弦纹消失，柄部饰两组对称分布的三个小圆形镂孔。

M98∶1，口径14.6、足径13.1、高19.0厘米（图6-2-30∶3）。

B型 2件。矮柄。发展规律为，豆盘由浅到深，由弧腹变为折腹。可分2式。

Ⅰ式 1件（M87∶2）。弧腹，器腹加深，腹壁下方有道浅突棱。柄部上方有道折痕，圈足下方折沿宽大。柄部饰有圆形、长方形镂孔及细弦纹组合的纹饰。

M87∶2，口径16.3、足径13.8、高13.8厘米（图6-2-30∶4）。

Ⅱ式 1件（M89∶5）。口微侈，折腹，上腹略内凹，柄部为喇叭形状，足端折沿消失。柄部上饰四组两个小圆形镂孔。

M89∶5，口径14.1、足径13.2、高13.4厘米（图6-2-30∶5）。

陶罐

是用以储存粮食或液体容器的主要器具。东山村遗址墓葬所出陶罐数量最多，达103件，形态也多样。陶罐以泥质灰陶为主，次为泥质红陶，有相当数量的泥质灰黑陶，有少量的夹砂红褐陶。器腹两侧流行鸡冠形耳，早期素面居多，中期有一部分陶罐的上腹部刻划有较为复杂的纹饰。以手制为主，器腹常上下对接而成。

由于陶罐形制多样，类型丰富，在这里有必要对分型的依据加以说明。

首先，以罐底有无器足以及器足的形制，可以分为五类：平底罐、圜底罐、三足罐、花瓣圈足罐、圈足罐等。其中圈足罐仅有1件，为夹砂红陶罐M96∶18，因此，型式分析时可以不用考虑。如此，余下陶罐分为四类：平底罐、圜底罐、三足罐、花瓣圈足罐。在进行类型学排比研究时发现，花瓣圈足罐基本上是在晚期出现并盛行，而从形制发展上考察，花瓣圈足罐应是从前期的各种平底罐演变过来，有比较清晰的演化轨迹。因此，花瓣圈足罐不能单独列出作为一大类进行型式排比，而应合并到平底罐中加以考察。此外，在这些罐中，折肩折腹的陶罐其特征比较明显，与其他的平底罐、圜底罐或三足罐在形制上有较大的区别。其他的陶罐仅有折肩或折腹，或者弧腹，不同时具备这两种。因此，考虑把折肩折腹的陶罐单独列出作为一类。进一步分析发现，在圜底罐、三足罐以及折肩折腹罐等以外的陶罐中，即余下的平底罐及部分花瓣圈足罐，以器腹中部是否有一圈加固泥条（有加固泥条的陶罐，器身制作时基本上是上下部对接，为了加固在对接处另外堆贴的一圈泥条。为叙述方便，以下叙述时以"腰脊"称之），可以分为两大类，一类为无腰脊陶罐，一类为有腰脊陶罐。这两类陶罐，均有各自的发展演变轨迹。因此，也可以专门分出来。

综上，除了圈足罐外，M2：11、M3：3、M53：1、M54：1、M69：2、M90：62 六件陶罐残甚，未能复原，其余 96 件陶罐大体可以分为无腰脊罐、有腰脊罐、折肩折腹罐、三足罐以及圜底罐等五类。

无腰脊陶罐　39 件。此类罐的基本形态一般为侈口或直口，矮束颈，弧肩，有折腹或圆腹，大多为平底，有少量花瓣圈足底，腹中部多数饰双錾或四錾。器形较大者多为泥条盘筑法制成，部分器物分为上下两段对接制成，对接处虽未见泥条加固，但可见明显的对接痕迹。器物制成后经过慢轮修整。根据器形的大小，可分两型。

A 型　24 件。中型罐。形体稍大。根据口、腹差异，又可分为四个亚型。

Aa 型　5 件。卷沿折腹罐。其发展趋势为器腹由深到浅，肩部由斜直变为弧鼓，腹中部由锐折到弧折。可大致分为 3 式。

Ⅰ式　1 件（M92：12）。卷沿略束，肩部斜直，深腹，腹中部锐折，器腹整体似菱形。

M92：12，口径 12.0、底径 10.7、高 24.0 厘米（图 6-2-31：1）。

Ⅱ式　3 件（M89：13、M89：21、M98：14）。口部变宽，卷沿外敞，肩部略鼓，器腹变浅，整个形体显得扁宽，腹中部转折仍然较明显。折腹处饰一对鸡冠形耳。

标本 M98：14，泥质灰黑陶，口径 13.0、底径 9.6、高 20.5 厘米（图 6-2-31：2）。

Ⅲ式　1 件（M94：12）。肩部愈加鼓突，腹中部变为弧折。

M94：12，口径 13.6、底径 9.4、高 19.8 厘米（图 6-2-31：3）。

Ab 型　13 件。卷沿圆腹罐。其发展趋势为圆唇到尖圆唇，卷沿由窄到宽，再变为窄卷沿；矮颈近直到收束，再趋消失；器腹由圆鼓，到扁鼓。可大致分为 4 式。

Ⅰ式　1 件（M9：11）。圆唇，窄卷沿，矮颈近直，器腹较深，腹部圆鼓。

M9：11，口径 12.3、底径 11.0、高 20.1 厘米（图 6-2-32：1）。

Ⅱ式　8 件（M90：10、M90：12、M90：19、M92：11、M92：14、M94：11、M99：11、M102：2）。圆唇，卷沿变宽且外翻，小矮颈收束或消失，肩腹部更加圆鼓。

标本 M92：14，卷沿外敞，矮颈消失，肩腹部鼓突，口径 12.7、底径 10.0、高 22.4 厘米（图 6-2-32：2）。

Ⅲ式　1 件（M89：17）。尖圆唇，卷沿变窄，腹部扁圆，器身整体显得矮胖。

M89：17，口径 13.4、底径 17.4、高 25.3 厘米（图 6-2-32：3）。

Ⅳ式　3 件（M85：9、M85：11、M85：13）。与前式基本相同，唯卷沿略宽，腹部有的更加宽扁。

标本 M85：9，口径 12.7、底径 13.5、高 20.0 厘米（图 6-2-32：4）。

Ac 型　2 件。卷沿垂腹。基本特征是卷沿，短颈，垂腹，平底。可分 2 式。

Ⅰ式　1 件（M90：3）。溜肩，最大腹径偏下。

M90：3，口径 12.7、底径 12.0、高 18.6 厘米（图 6-2-32：5）。

Ⅱ式　1 件（M14：1）。肩部略鼓，最大腹径略偏上。

M14：1，口径 9.5、底径 10.7、高 14.8 厘米（图 6-2-32：6）。

Ad 型　4 件。直口圆腹罐。基本特征是，直口或斜直口，矮颈，圆腹，平底。其演变规律为，

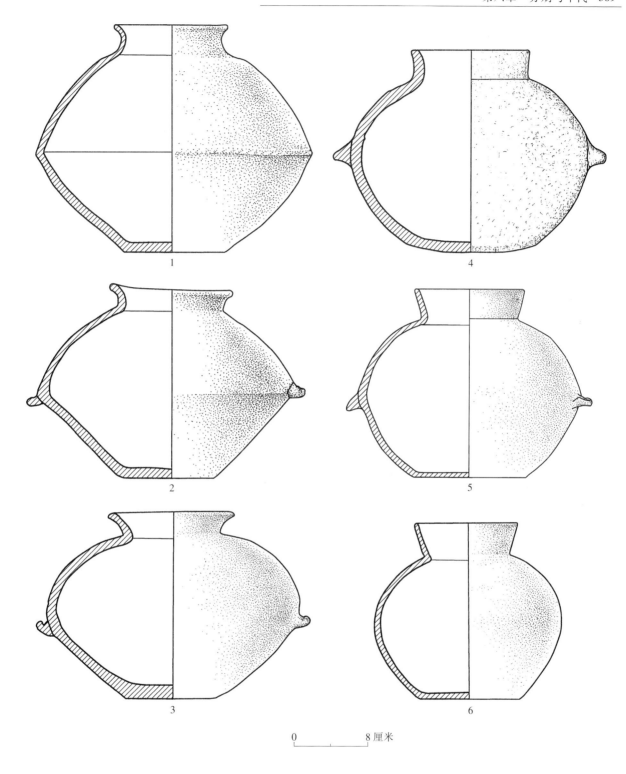

0 ⊢——————⊣ 8厘米

图 6-2-31　崧泽文化墓葬出土 Aa、Ad 型无腰脊陶罐

1. Aa 型 Ⅰ 式（M92：12）　2. Aa 型 Ⅱ 式（M98：14）　3. Aa 型 Ⅲ 式（M94：12）　4. Ad 型 Ⅰ 式（M90：17）
5. Ad 型 Ⅱ 式（M96：21）　6. Ad 型 Ⅲ 式（M1：8）

口部从直口到斜直，颈部从较短到略高。可大致分 3 式。

Ⅰ 式　1 件（M90：17）。直口，颈部较短，平圜底。

M90：17，口径 13.0、底径 12.0、高 21.2 厘米（图 6-2-31：4）。

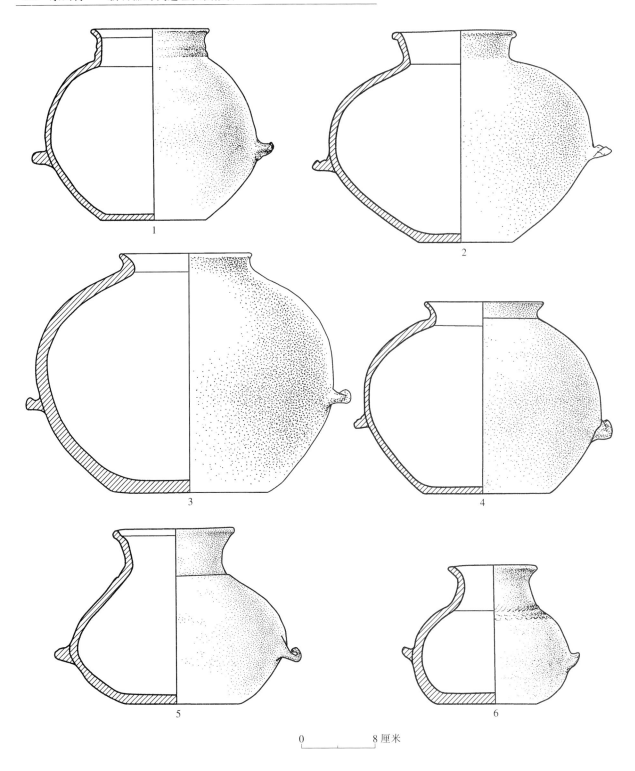

0 ————— 8厘米

图 6-2-32　崧泽文化墓葬出土 Ab、Ac 型无腰脊陶罐

1. Ab 型 Ⅰ 式（M9：11）　　2. Ab 型 Ⅱ 式（M92：14）　　3. Ab 型 Ⅲ 式（M89：17）　　4. Ab 型 Ⅳ 式（M85：9）
5. Ac 型 Ⅰ 式（M90：3）　　6. Ac 型 Ⅱ 式（M14：1）

Ⅱ式　2件（M96：20、M96：21）。斜直口，圆腹，颈部比前式略高。

M96：21，平底，口径 11.8、底径 12.1、高 19.8 厘米（图 6-2-31：5）；M96：20，底部附有三个矮方足（由于该形制仅此一件，现暂归到该式），口径 11.2、高 22.0 厘米（参见图

5-3-36D）。

　　Ⅲ式　1件（M1∶8）。斜直口，颈部稍高，腹部鸡冠形耳消失。

　　M1∶8，口径11.4、底径10.8、高18.5厘米（图6-2-31∶6）。

　　B型　12件。小罐。基本特征是，器形较小，矮颈，弧腹，大多数为平底，个别为花瓣圈足底。其发展趋势为由小口到大口，最大腹径由肩部逐渐下移到下腹部，器腹上部由素面到修饰成瓦楞纹，底部到晚期由平底普遍变为花瓣圈足底。可大致分为6式。

　　Ⅰ式　1件（M10∶2）。小口，颈部收束较甚，最大腹径在肩部。

　　M10∶2，口径6.0、底径8.0、高11.0厘米（图6-2-33∶1）。

　　Ⅱ式　1件（M75∶2）。直口，口部变宽，最大腹径仍然在肩部。颈部饰数道凹弦纹。

　　M75∶2，口径6.7、底径7.8、高10.7厘米（图6-2-33∶2）。

　　Ⅲ式　1件（M13∶2）。口部略收敛，变得更宽，最大腹径移到腹中部。

　　M13∶2，底径8.4、残高11.5厘米（图6-2-33∶3）。

　　Ⅳ式　4件（M2∶4、M2∶5、M4∶7、M93∶4）。斜直口外敞，溜肩，最大腹径偏腹中部以下。

　　标本M93∶4，口径7.8、底径8.3、高10.6厘米（图6-2-33∶4）。

　　Ⅴ式　2件（M2∶1、M4∶9）。斜直口，最大腹径再往下偏移，腹中部饰有瓦楞纹。

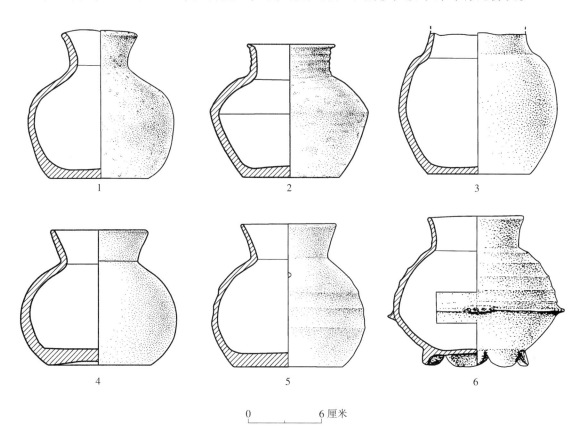

0　　　　　　6厘米

图6-2-33　崧泽文化墓葬出土B型无腰脊陶罐

1. Ⅰ式（M10∶2）　2. Ⅱ式（M75∶2）　3. Ⅲ式（M13∶2）　4. Ⅳ式（M93∶4）　5. Ⅴ式（M2∶1）

6. Ⅵ式（M4∶21）

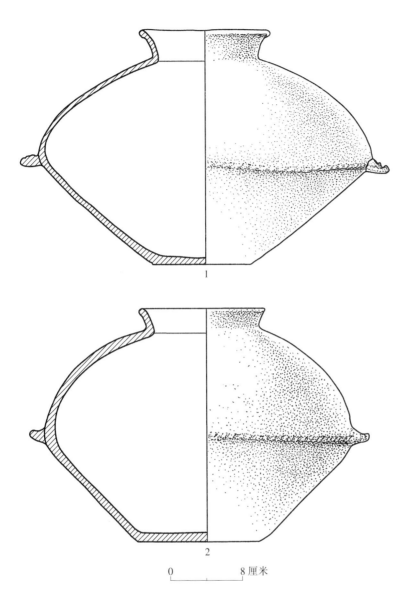

图 6-2-34 崧泽文化墓葬出土 Aa 型有腰脊陶罐（一）
1. I 式（M92:16）　2. II 式（M102:6）

标本 M2:1，口径 7.6、底径 8.8、高 11.5 厘米（图 6-2-33:5）。

VI式　3 件（M4:21、M5:5、M5:12）。口部近直或斜直，腹上部普遍饰满瓦楞纹，最大腹径偏腹下部。器底部由之前的平底变为花瓣圈足底或三足底。

标本 M4:21，花瓣圈足底，在最大腹径处有道浅突棱，口径 8.0、高 12.1 厘米（图 6-2-33:6）。

除了以上的陶罐进行型式分析外，另有 M76:4、M91:1、M91:19，因形制较为特殊，或残缺较甚，无法进行类型学排比。

有腰脊陶罐　25 件。此类罐的基本形态为侈口，小部分为直口，矮颈，圆弧肩，平底，腹部有一对或两对鸡冠形耳。此类罐的形体普遍较大，制作时一般分为上下两段对接而成，对接处普遍堆贴一周泥条以加固，为美观多数对泥条修饰成花边状。根据器形大小，可分为两型。

A 型　10 件。大型罐。根据器腹最大径的位置又可分为两亚型。

Aa 型　7 件。最大腹径在器腹中部。其发展规律大致为口沿从外敞无颈到有段小矮颈；器身从扁鼓形到圆鼓再到球形；腹上半部纹饰从素面到有数道突棱纹再到有繁缛的刻划纹，最后纹饰趋于简化。可大致分 5 式。

I 式　1 件（M92:16）。广肩，腹中部突出，下腹斜直，整个器形近菱形状。

M92:16，口径 13.2、底径 10.7、高 24.8 厘米（图 6-2-34:1）。

II 式　3 件（M89:22、M98:21、M102:6）。肩部比前式圆鼓，腹部不似前式突出，比较圆弧。下腹仍然比较斜直。

标本 M102:6，口径 13.8、底径 13.4、高 24.8 厘米（图6-2-34:2）。

Ⅲ式　2件（M2：10、M91：2）。肩、腹部愈加圆弧，下腹部也变得圆弧，器腹整体近球形。个别器物的肩部堆贴有数道细凸棱。

标本 M91：2，肩部饰两道凸棱。口径 13.8、底径 11.2、高 28.8 厘米（图6-2-35：1）。

Ⅳ式　1件（M1：11）。口部有段直矮颈，器形整体较前式显得略矮，但是腹部仍然圆鼓。肩部繁缛的刻划纹消失，仅堆贴细凸棱。

M1：11，口径 14.0、底径 10.6、高 25.2 厘米（图6-2-35：2）。

Ab型　3件。最大腹径在腹中部以上。其发展规律为，由直颈较高变为矮颈微束，肩部由高耸到溜肩再到圆鼓，器腹上部由素面到加饰细凹弦纹和刻划纹，器腹由较深到略矮。可大致分3式。

Ⅰ式　1件（M90：16）。直颈略高，肩高耸，腰脊在腹中部以下。无錾。

M90：16，口径 11.8、底径 8.2、高 26.4 厘米（图6-2-36：1）。

Ⅱ式　1件（M95：21）。由直高颈变为矮束颈，溜肩，腰脊上升，在腹中部偏上，腰脊上饰两个对称的鸡冠形耳錾。

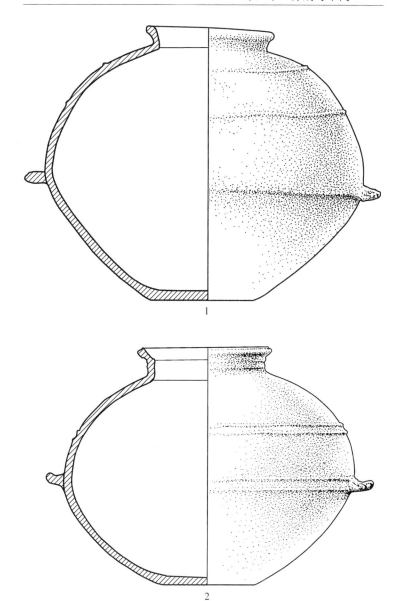

图 6-2-35　崧泽文化墓葬出土 Aa 型有腰脊陶罐（二）
1. Ⅲ式（M91：2）　2. Ⅳ式（M1：11）

M95：21，口径 16.0、底径 12.0、高 28.1 厘米（图6-2-36：2）。

Ⅲ式　1件（M93：15）。矮颈较直，略内收，肩部圆鼓，器腹比前式较矮。器腹上部饰两组细凹弦纹，弦纹间饰满柳叶形纹饰。

M93：15，口径 15.0、底径 12.4、高 23.4 厘米（图6-2-36：3）。

B型　15件。中型罐。根据器腹最大径位置及口部特征可分为四亚型。

Ba型　6件。卷沿，最大径在器腹中部。其发展规律与 Aa 型罐基本类似，器身从扁鼓形到圆鼓再到球形，腹上半部纹饰从素面到有数道突棱，此外，颈部由高到矮，肩部由光素无纹到饰细凸棱。可分4式。

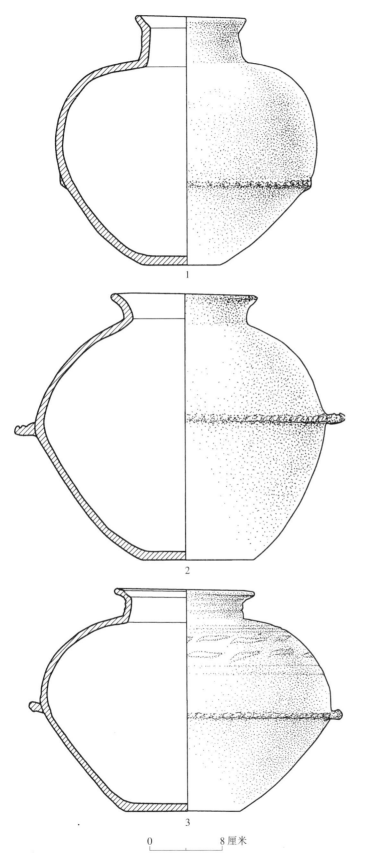

图 6-2-36　崧泽文化墓葬出土 Ab 型有腰脊陶罐
1. Ⅰ式（M90：16）　2. Ⅱ式（M95：21）　3. Ⅲ式（M93：15）

Ⅰ式　1件（M9：9）。高颈，颈中部微束，溜肩，腹中部弧折，整体显得较扁宽。腰脊为花边状，无耳錾。

M9：9，口径9.1、底径8.8、高16.8厘米（图6-2-37：1）。

Ⅱ式　2件（M95：10、M95：14）。颈部仍然较高，口沿外敞，肩部较耸，腹中部圆弧，器腹整体显得较为扁鼓。腰脊呈绞索状。

标本 M95：10，口径13.8、底径9.2、高20.4厘米（图6-2-37：2）

Ⅲ式　2件（M91：9、M91：10）。颈部变矮，器腹加深，整体近球形。上腹部多饰有数道细凸棱。

标本 M91：9，上腹部饰有三道细凸棱，腹中部的腰脊为较粗的突棱，口径11.9、底径10.8、高23.0厘米（图6-2-37：3）。

Ⅳ式　1件（M93：8）。整体形状与Ⅲ式相近，不过变得更加浑圆。

M93：8，口径11.0、底径10.0、高22.4厘米（图6-2-37：4）。

Bb型　5件。卷沿，最大腹径位于腹中部偏上。其发展趋势大致为，口部由小到大，卷沿由略直到外敞，再到小平沿；肩部略窄到宽广；上腹部由光素无纹到加饰数道细凸棱，最后又消失。可大致分4式。

Ⅰ式　1件（M92：48）。卷沿略直，口小，肩部不宽较圆鼓，腰脊位于腹中部以下。无耳錾。

M92：48，口径9.4、底径6.5、高17.2厘米（图6-2-37：5）。

Ⅱ式　1件（M91：12）。卷沿外敞，肩部宽广，腰脊位于腹中部以

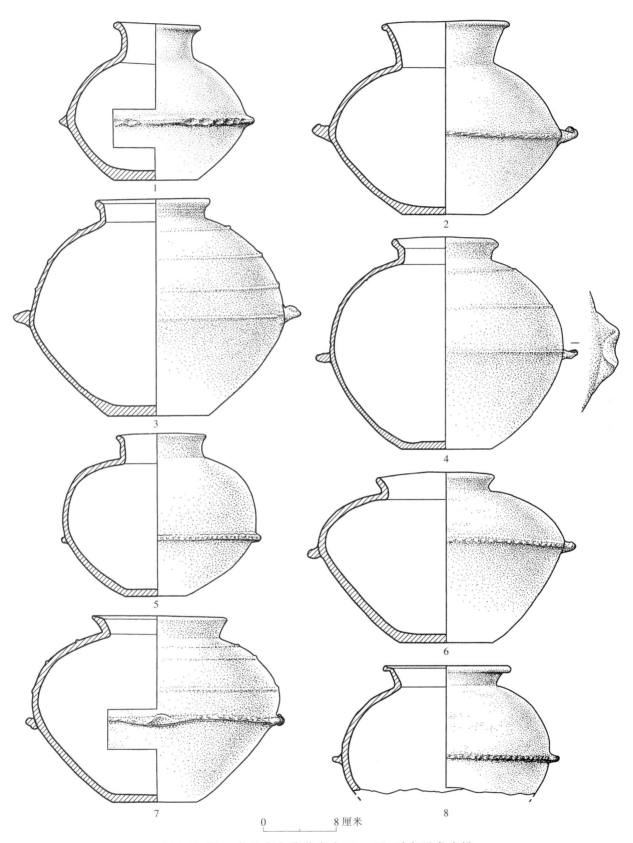

图 6-2-37　崧泽文化墓葬出土 Ba、Bb 型有腰脊陶罐

1. Ba 型Ⅰ式（M9：9）　2. Ba 型Ⅱ式（M95：10）　3. Ba 型Ⅲ式（M91：9）　4. Ba 型Ⅳ（M93：8）　5. Bb 型Ⅰ式（M92：48）　6. Bb 型Ⅱ式（M91：12）　7. Bb 型Ⅲ式（M83：13）　8. Bb 型Ⅳ式（M4：24）

上，腰脊两侧饰对称的鸡冠形双錾。

M91：12，口径12.6、底径10.2、高18.1厘米（图6-2-37：6）。

Ⅲ式　2件（M43：2、M83：13）。口沿顶部近平，肩部圆鼓，腰脊位于腹中部。腰脊上饰对称的鸡冠形四錾，上腹部饰三道细凸棱。

标本M83：13，口径14.4、底径9.0、高19.6厘米（图6-2-37：7）。

Ⅳ式　1件（M4：24）。口部有小平沿，沿面略凹，肩部圆鼓，腰脊大体位于腹中部。

M4：24，口径13.8、残高13.2厘米（图6-2-37：8）。

Bc型　2件。直口长颈，最大腹径位于腹中部以上。变化规律为，长颈由矮到高，肩部由圆鼓到近斜直，肩腹相接处由弧折到锐折。

Ⅰ式　1件（M99：3）。颈部较长，肩部圆鼓，腰脊位于腹中部以上。下腹处有道浅突棱。

M99：3，口径10.4、底径7.2、高13.6厘米（图6-2-38：1）。

Ⅱ式　1件（M95：24）。颈部变得更长，肩部变为近斜直，肩腹相接处由弧折变为锐折。腰脊位于腹中部以上。

M95：24，口径10.5、底径9.1、高16.1厘米（图6-2-38：2）。

Bd型　2件。直口短颈，最大腹径位于腹中部。此类罐均带有器盖，器形整体近球形，最大腹径及腰脊一般位于腹中部。肩部一般饰细凸棱，凸棱上附三个或四个桥形系耳，盖有喇叭形纽，盖面也饰细凸棱，其上堆贴四个小耳。发展趋势为，颈部由较矮到略高，下腹斜直到圆弧。上腹部由光素到饰有繁缛的刻划纹。可大致分2式。

Ⅰ式　1件（M91：16）。颈部较矮，下腹部斜直，腰脊位于腹中部。肩上部加饰两道细凸棱，其上堆贴四个对称的桥形贯耳。

M91：16，盖口径16.2、高7.7厘米，罐口径9.2、底径10.8、高22.2厘米，通高29.0厘米（图6-2-38：3）。

Ⅱ式　1件（M93：9）。颈部稍长，下腹部变得圆弧，腰脊位于腹中部。肩部加饰两道凸弦纹，其上堆贴三个桥形纽。腹中部饰两道凹弦纹及一周凸棱，其上堆贴两个对称的鸡冠形耳錾。上腹部饰有斜线条带和"⌒"形相连的繁缛纹饰。

M93：9，盖口径10.8、高3.9厘米，罐口径8.6、底径9.6、高21.8厘米，通高25.7厘米（图6-2-38：4）。

折肩折腹罐　16件。此类罐的器形一般适中或较小，其基本形态为侈口，圆唇，矮颈微束，折肩，折腹，多数为平底，少部分为花瓣圈足底。器形较大者在制作时可能采取上下对接制成，小者多为手制。根据器形大小，可分为A、B两型。

A型　9件。中型罐。器形较规整。根据肩部是否出阶又可分为两亚型。

Aa型　7件。肩部无阶。其发展规律为，口部由侈口卷沿变为直口，颈部由细颈微束变为高颈较直，肩部的折痕由不明显变得明显，上腹由斜直变为弧凹，至晚期修饰成瓦楞状，底部由平底演变为花瓣圈足。可分4式。

Ⅰ式　2件（M90：8、M92：9）。侈口卷沿，矮束颈，肩部折痕不甚明显，折腹，平底。折肩折腹处常饰细弦纹。

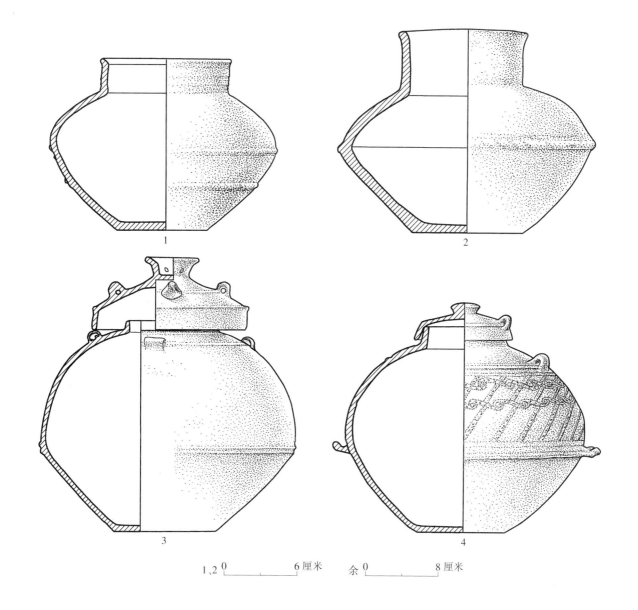

1、2 0 ————— 6 厘米   余 0 ————— 8 厘米

图 6-2-38 崧泽文化墓葬出土 Bc、Bd 型有腰脊陶罐

1. Bc 型 I 式（M99：3）   2. Bc 型 II 式（M95：24）   3. Bd 型 I 式（M91：16）   4. Bd 型 II 式（M93：9）

标本 M90：8，口径 11.0、底径 8.2、高 19.2 厘米（图 6-2-39：1）。

II 式　1 件（M92：17）。肩部折痕明显，上腹部由斜直变为内凹。折肩折腹处修饰成绳索状花边。

M92：17，口径 7.5、底径 7.6、高 16.6 厘米（图 6-2-39：2）。

III 式　2 件（M95：18、M98：44）。与 II 式相比颈部较直，上腹加深。折肩折腹处多饰细弦纹。

标本 M95：18，口径 10.0、底径 9.5、高 18.0 厘米（图 6-2-39：3）。

IV 式　2 件（M4：12、M4：16）。近直口，口部变宽，颈部较直，上腹部修饰成瓦楞纹，底附花瓣形圈足。

标本 M4：12，带盖，盖口径 11.0、高 4.0 厘米，罐口径 10.6、高 17.3 厘米，通高 21.3 厘米（图 6-2-39：4）。

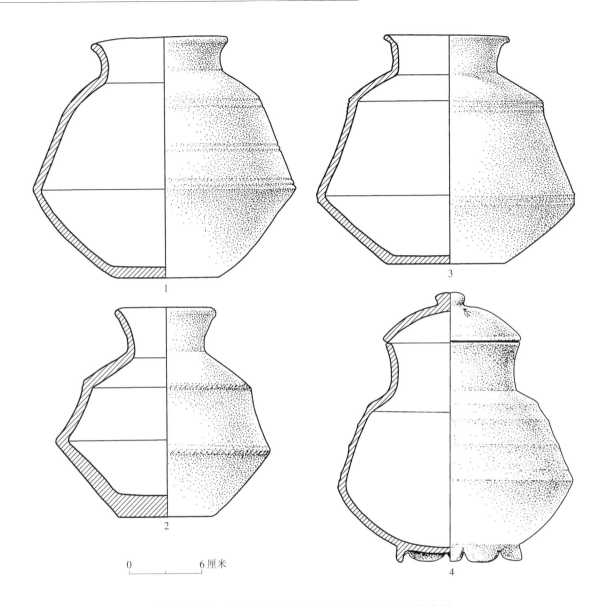

图 6-2-39　崧泽文化墓葬出土 Aa 型折肩折腹陶罐

1. I式（M90：8）　　2. II式（M92：17）　　3. III式（M95：18）　　4. IV式（M4：12）

Ab 型　2 件。肩部有阶。可大致分 2 式。

I式　1 件（M90：64）。侈口，颈部较高，束颈，折肩处有短阶。颈部饰三道凹弦纹。上腹部有一道明显的折痕。

M90：64，口径 8.8、底径 6.8、高 16.8 厘米（图 6-2-40：1）。

II式　1 件（M95：22）。颈部变得更高，肩部有短阶，折腹处锐折变为弧折。腹中部饰两道绳索状浅突棱。颈部饰两周浅捏印纹及两道弦纹。

M95：22，口径 10.3、底径 8.4、高 21.8 厘米（图 6-2-40：2）。

B 型　6 件。小型罐。器形整体较小。多为手制，器形不甚规整。其发展趋势为，直口变为斜直口，颈部较矮到略高，肩部折痕由弧折到锐折，腹中部由光素发展为瓦楞纹，底部由平底普遍变为花瓣圈足底。分 3 式。

I式　1 件（M92：19）。直口，矮颈，肩部弧折，上腹弧凹，平底。

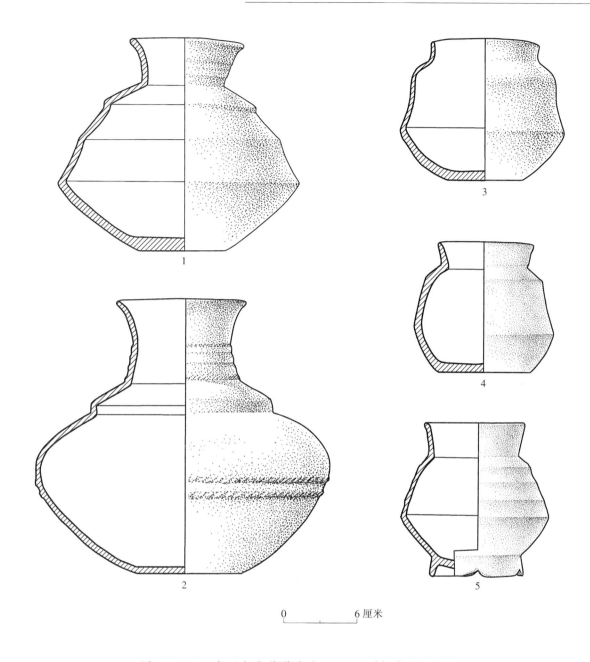

图 6-2-40 崧泽文化墓葬出土 Ab、B 型折肩折腹陶罐

1. Ab 型 I 式（M90：64）　2. Ab 型 II 式（M95：22）　3. B 型 I 式（M92：19）　4. B 型 II 式（M96：5）
5. B 型 III 式（M5：6）

M92：19，口径 8.5、底径 6.0、高 11.3 厘米（图 6-2-40：3）。

II 式　1 件（M96：5）。斜直口，颈部略高，肩部折痕明显，上腹弧凹，平底。

M96：5，口径 7.8、底径 7.6、高 10.4 厘米（图 6-2-40：4）。

III 式　4 件（M4：6、M5：3、M5：6、M5：7）。斜直口，颈部比前式略高，上腹由光素修饰成瓦棱纹，底附花瓣状圈足。

标本 M5：6，底附四个花瓣状足，口径 8.2、高 12.0 厘米（图6-2-40：5）。

除了上述折肩折腹罐外，尚有 1 件折肩折腹罐 M95：27（参见图 5-3-35F）形制特殊未参与排队。

三足罐 11件。此类罐的器形一般适中或较小，口近直，折肩略宽，下腹较长，斜直或内收，平底，底附三足，个别器物的三足残断后经磨平。依据器形大小分为A、B两型。

A型 4件。中型罐。器形稍大。其发展趋势为，由大口到小口；肩部由鼓突到圆弧再到内收；肩部由不出阶到有一级阶再到二级阶。下腹由弧凹较甚到斜直或近斜直；肩腹部早段光素无纹，晚段饰细弦纹或浅刻划纹。大致分3式。

Ⅰ式 1件（M89:27）。直口，口部较宽，肩部鼓突，下腹内收较甚，底附三个矮方足。

M89:27，口径11.1、高17.6厘米（图6-2-41:1）。

Ⅱ式 1件（M89:12）。直口，口部变小，肩部不似前式鼓突、比较圆弧，颈肩交接处有一级台阶，下腹斜直，底附三个矮方足。

M89:12，口径7.4、高17.2厘米（图6-2-41:2）。

Ⅲ式 2件（M89:15、M95:15）。肩部由外鼓变斜直或内收。肩上部出二级台阶，肩腹部饰细弦纹或浅刻划纹。

标本M95:15，肩部内收，有二级阶，肩下部饰两道细弦纹，腹中部饰一道凸棱，附盖，罐口径10.0、高18.5厘米，通高23.4厘米（图6-2-41:3）。

B型 6件。小型罐。器形较小。其发展趋势是，直颈略高到矮颈微束；肩部由斜直到圆弧再到鼓突；下腹由斜直发展为内收较甚；早期器身多饰细弦纹，晚期器表多光素无纹。可分4式。

Ⅰ式 1件（M98:18）。直颈较高，肩部斜直，下腹斜直，原有三足，残断后经磨平。上腹部及近底处饰数道弦纹。

M98:18，口径6.8、高16.9厘米（图6-2-41:4）。

Ⅱ式 2件（M89:4、M98:7）。直颈略矮，肩部圆弧，下腹略内收。

标本M89:4，泥质灰黑陶，胎色发红，腹部饰三组凹弦纹。口径7.0、高14.4厘米（图6-2-41:5）。

Ⅲ式 2件（M85:5、M85:8）。直颈与前式基本同，肩部比前式圆鼓，下腹也内收较甚。

标本M85:5，腹下部饰数道细弦纹，口径7.9、高16.0厘米（图6-2-41:6）。

Ⅳ式 1件（M91:11）。直颈，颈部变矮，肩部更加鼓突，下腹内收更甚，外表光素。

M91:11，口径7.8、残高13.0厘米（图6-2-41:7）。

除了以上三足罐外，尚有1件三足罐M96:7（参见图5-3-36D）形制比较特殊，未参与排队。

圜底罐 5件。均为红陶罐，以泥质为主，少数为夹粗砂，器表多施红衣，基本剥落殆尽。基本特点为矮颈，圆腹，圜底。其发展趋势大致为，由大口到小口，从卷沿到斜直再到近直；腹部最大径从腹中部到肩部再到腹中部。可分3式。

Ⅰ式 1件（M15:10）。卷沿，大口，矮颈微束，球形腹。最大径位于腹中部。肩部饰细小的掐印纹，腹中部饰两个对称的耳錾。

M15:10，口径17.3、高20.3厘米（图6-2-42:1）。

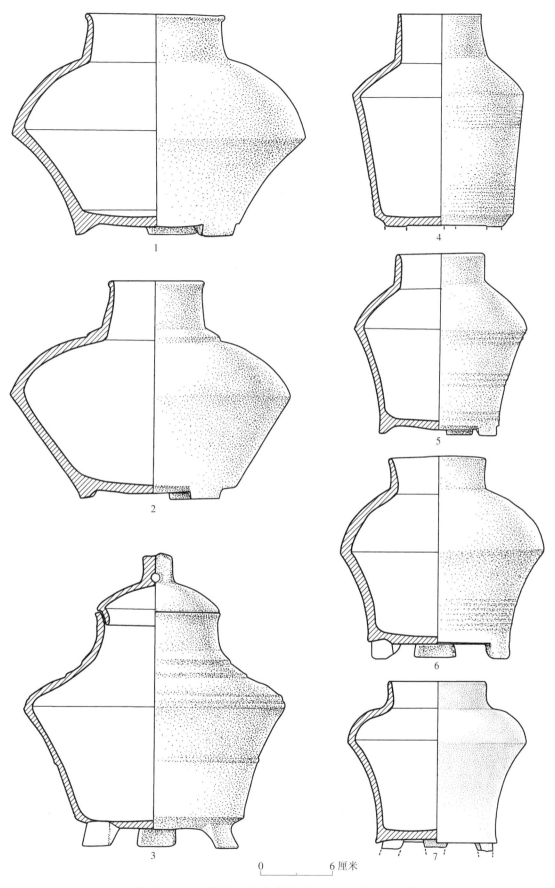

图 6-2-41　崧泽文化墓葬出土 A、B 型三足陶罐

1. A 型 I 式（M89：27）　　2. A 型 II 式（M89：12）　　3. A 型 III 式（M95：15）　　4. B 型 I 式（M98：18）

5. B 型 II 式（M89：4）　　6. B 型 III 式（M85：5）　　7. B 型 IV 式（M91：11）

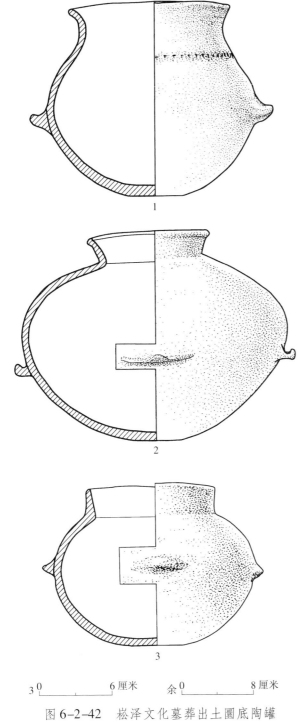

图 6-2-42　崧泽文化墓葬出土圜底陶罐
1. Ⅰ式（M15：10）　2. Ⅱ式（M95：17）　3. Ⅲ式（M4：8）

Ⅱ式　3 件（M95：17、M95：20、M95：53）。器形整体较大，口部变小，矮颈斜直，肩部鼓突，器身最大径位于肩部。腹中部饰四个对称的鸡冠形耳錾。

标本 M95：17，口径 12.8、高 22.3 厘米（图 6-2-42：2）。

Ⅲ式　1 件（M4：8）。器形整体较小，似与前式为不同型，现暂归到该式。口部近直，器身最大径位于腹中部，腹部饰四个对称的小耳錾，耳錾趋于简化。

M4：8，口径 10.4、高 12.9 厘米（图 6-2-42：3）。

陶壶

陶壶是用以饮用和盛放液体的主要器具，东山村墓葬中所出的陶壶数量达 45 件，形态多样，具有明显的演变发展规律。依据颈部和腹部的差异，可以分为七型。

A 型　7 件。细长颈宽腹壶。此类壶的基本特点为，颈部细长，折肩，肩部较宽圆，腹部较深且斜长，平底；颈下部多饰细凹弦纹。其发展规律为，长颈由内敛到外敞成喇叭形，肩腹相接处由弧折到转折明显，最后肩部出现有折阶。可分 4 式。

Ⅰ式　1 件（M90：22）。口沿略残，细长颈上部内敛，下部略内收，肩部圆弧，肩腹相接处弧折，下腹略外弧。颈下部饰两道细弦纹。

M90：22，最大腹径 14.5、底径 7.3、残高 19.8 厘米（图 6-2-43：1）。

Ⅱ式　1 件（M92：25）。细长颈由内敛变外敞，呈喇叭形，肩部近斜直，肩腹相接处转折比较明显。颈下部饰四道凹弦纹，腹部上方有道折棱。

M92：25，口径 7.2、底径 9.1、高 21.4 厘米（图 6-2-43：2）。

Ⅲ式　2 件（M95：4、M98：5）。喇叭形长颈下部内凹，修饰成数道凹弦纹。腹部上方的突棱消失，下腹近斜直或略内凹，平底由较宽变的较小。肩部或腹部有刻划纹。

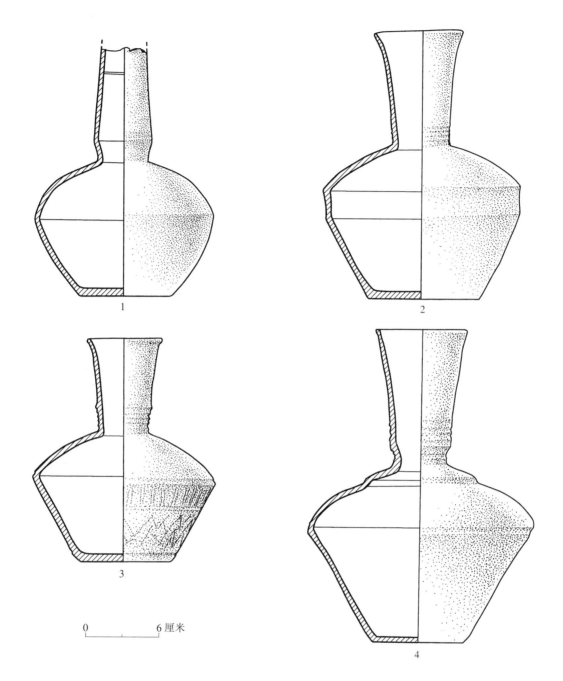

0 ——————— 6厘米

图6-2-43 崧泽文化墓葬出土 A 型陶壶

1. Ⅰ式（M90：22） 2. Ⅱ式（M92：25） 3. Ⅲ式（M98：5） 4. Ⅳ式（M102：3）

标本 M98：5，颈下部饰数道凹弦纹，肩腹转折处、腹中部及近底部各饰一道凹棱，凹棱间饰数道竖线刻划纹及交错竖线刻划纹，口径6.0、底径7.2、高17.8厘米（图6-2-43：3）。

Ⅳ式　3件（M95：54、M102：3、M102：5）。肩部出现小折阶。肩部仍然较宽，平底较小，下腹近斜直。肩部和腹部纹饰消失。

标本 M102：3，肩部有道折阶，下腹近斜直，颈部饰数道凹弦纹，口径7.6、底径7.6、高24.7厘米（图6-2-43：4）。

B 型　5 件。粗长颈宽腹壶。此类壶的基本特点为，颈部粗长，折肩，肩部较圆鼓，腹部较深，平底；颈下部多饰细凹弦纹。其发展规律为，粗长颈由较直到略束再到内收明显，圆肩较宽到略窄，下腹由外弧到内凹。可分 4 式。

Ⅰ式　1 件（M99:8）。粗颈近直，上下大体同宽，肩部较宽圆，下腹略外鼓，平底。颈下部及腹中部饰数道凹弦纹。

M99:8，口径 8.1、底径 10.0、高 19.2 厘米（图 6-2-44:1）。

Ⅱ式　1 件（M87:5）。粗颈较直，上端微侈，肩部变略窄，圆鼓，下腹变内凹。颈部饰数道凹弦纹，肩部饰一道凹弦纹，其下饰一周捺窝。

M87:5，口径 7.8、底径 6.6、高 17.4 厘米（图 6-2-44:2）。

Ⅲ式　1 件（M98:42）。侈口，粗颈上部略内收，肩部和腹部与前式基本相同，颈下部及肩部饰数道细凸弦纹。

M98:42，口径 6.8、底径 7.2、高 16.0 厘米（图 6-2-44:3）。

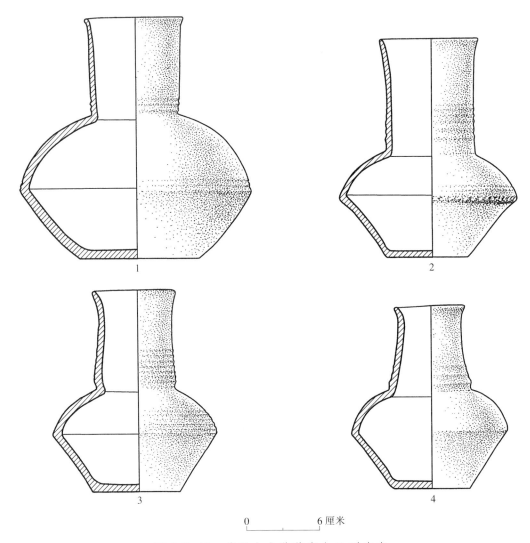

图 6-2-44　崧泽文化墓葬出土 B 型陶壶

1. Ⅰ式（M99:8）　　2. Ⅱ式（M87:5）　　3. Ⅲ式（M98:42）　　4. Ⅳ式（M89:1）

Ⅳ式 2件（M89：1、M98：9）。粗颈上部内收明显，呈喇叭形。

标本 M89：1，颈部饰三道凸弦纹。口径 5.6、底径 6.0、高 14.5 厘米（图 6-2-44：4）。

C 型 3件。粗长颈扁腹壶。其基本特点是，粗颈较长，腹部扁折。其发展趋势是，颈部越来越长，腹部从较浅到略深。可分 3 式。

Ⅰ式 1件（M90：28）。侈口，粗直颈上端略窄，下部略宽，扁折腹，平底。颈下部饰数道细凸弦纹。

M90：28，口径 5.5、底径 5.4、高 14.1 厘米（图 6-2-45：1）。

Ⅱ式 1件（M99：13）。侈口，粗颈更加长，中部略内收，器腹愈显扁折，平底微内凹。

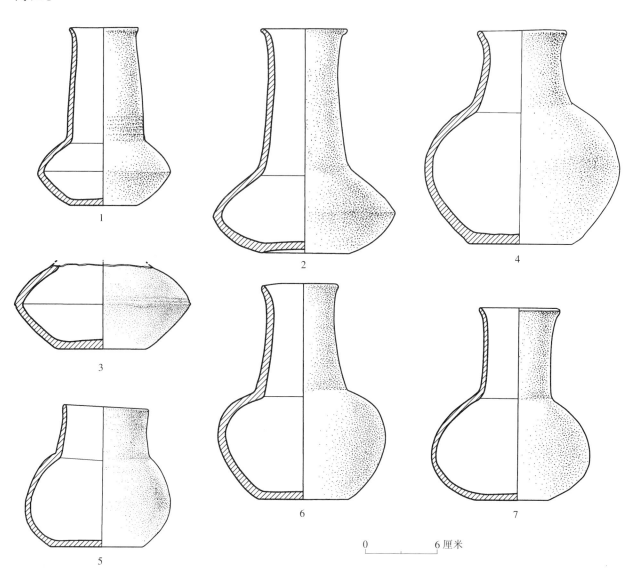

图 6-2-45 崧泽文化墓葬出土 C、D 型陶壶

1. C 型 Ⅰ式（M90：28） 2. C 型 Ⅱ式（M99：13） 3. C 型 Ⅲ式（M94：1） 4. D 型 Ⅰ式（M9：10）
5. D 型 Ⅳ式（M5：8） 6. D 型 Ⅱ式（M98：10） 7. D 型 Ⅲ式（M95：8）

M99：13，口径 7.0、底径 6.8、高 17.9 厘米（图 6-2-45：2）。

Ⅲ式　1件（M94：1）。颈部残，腹部扁折，暂归该式。腹部比前式略深，腹中部饰三道凹弦纹。

M94：1，底径 7.1、残高 6.7 厘米（图 6-2-45：3）。

D 型　5件。粗颈圆腹壶。基本特点是粗颈，腹部圆弧，平底。发展趋势是，颈部由内收到较直，腹部由圆鼓到扁鼓。可分 4 式。

Ⅰ式　1件（M9：10）。侈口，粗颈略矮，颈中部收束，腹部较深且圆鼓。

M9：10，口径 7.2、底径 8.4、高 17.0 厘米（图 6-2-45：4）。

Ⅱ式　1件（M98：10）。粗颈变高，颈部仍然收束，器腹趋扁。

M98：10，口径 6.2、底径 7.2、高 17.1 厘米（图 6-2-45：6）。

Ⅲ式　1件（M95：8）。侈口，粗颈变直，上下大体同宽，溜肩，腹部扁圆。

M95：8，口径 6.6、底径 5.8、高 15.2 厘米（图 6-2-45：7）。

Ⅳ式　2件（M4：5、M5：8）。粗颈变的略矮，近直，腹部仍然显得扁圆。

标本 M5：8，口径 6.8、底径 7.4、高 11.2 厘米（图 6-2-45：5）。

E 型　5件。大口折腹壶。基本特点是，口部较大，折腹明显。其发展规律为，口径趋宽，颈部略收变为无颈，平底演变为花瓣圈足底。可分 3 式。

Ⅰ式　1件（M89：23）。颈部收束明显，上腹弧凹，下腹折收，平底。

M89：23，口径 7.3、底径 6.8、高 14.7 厘米（图 6-2-46：1）。

Ⅱ式　1件（M96：10）。口径变宽，颈部消失，上腹略弧，下腹折收，平底。

M96：10，口径 8.0、底径 7.2、高 12.0 厘米（图 6-2-46：2）。

Ⅲ式　3件（M1：10、M1：12、M5：15）。宽口，上腹内收，下腹转折，底附花瓣圈足。

标本 M5：15，带盖，底附四个花瓣形足，杯口径 7.4、通高 13.4 厘米（图 6-2-46：3）。

F 型　2件。双腹壶。腹部形制比较特殊，为双腹部。发展趋势为口部变的略大，器身中部由收束到外扩，与下腹直接相连。可分 2 式。

Ⅰ式　1件（M90：29）。颈略高微束，上腹扁鼓明显，器身中部较直，下腹扁折，平底微内凹。腹中部饰数道细凹弦纹。

M90：29，口径 6.3、底径 6.4、高 18.2 厘米（图 6-2-46：4）。

Ⅱ式　1件（M89：8）。口部变宽，颈部略矮，上腹显圆鼓，器身中部外扩至下腹转折处，器身整体显得宽胖，下腹折收，平底。

M89：8，口径 7.7、底径 7.0、高 18.5 厘米（图 6-2-46：5）。

G 型　10件。折肩折腹壶。基本特点是，颈部略高，折肩折腹，器身最大径处于下腹部，平底。其发展趋势为，由侈口演变为直口，肩部由弧折演变为折痕明显，腹中部由较直或略外弧到内凹明显。可分 4 式。

Ⅰ式　3件（M15：14、M92：2、M92：21）。侈口，肩部弧折，腹中部较直或略弧鼓。

标本 M15：14，泥质红褐陶，口径 7.2、底径 5.9、高 12.8 厘米（图 6-2-47：1）。

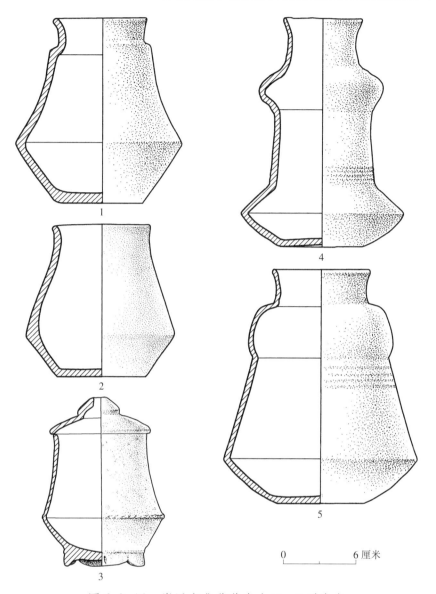

图 6-2-46　崧泽文化墓葬出土 E、F 型陶壶

1. E 型 I 式（M89：23）　2. E 型 II 式（M96：10）　3. E 型 III 式（M5：15）　4. F 型 I 式（M90：29）

5. F 型 II 式（M89：8）

II 式　2 件。肩部折痕明显。依腹中部差异又可分 2 亚式。

II a 式　1 件（M90：4）。矮颈微束，腹中部较长且内凹，下腹比上腹要宽。

M90：4，口径 6.2、底径 7.0、高 13.3 厘米（图 6-2-47：2）。

II b 式　1 件（M92：20）。矮颈微束，器腹略深，腹中部较短且略内凹，下腹比上腹略宽。

M92：20，口径 7.8、底径 6.8、高 13.6 厘米（图 6-2-47：3）。

III 式　4 件。同样依据腹中部的不同分为 2 亚式。

III a 式　3 件（M95：2、M95：6、M95：11）。形制上延续 II a 式特点，颈部增高且近直，腹中部内凹较甚，下腹与上腹的宽比略小。

标本 M95：2，肩部及折腹处各饰两道细凹弦纹，口径 7.2、底径 6.9、高 15.2 厘米（图 6-2-47：4）。

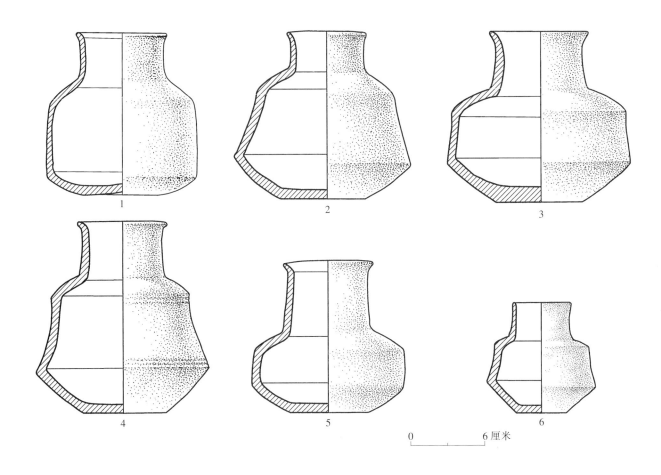

图 6-2-47 崧泽文化墓葬出土 G 型陶壶

1. Ⅰ式（M15：14）　　2. Ⅱa式（M90：4）　　3. Ⅱb式（M92：20）　　4. Ⅲa式（M95：2）　　5. Ⅲb式（M89：30）
6. Ⅳ式（M83：7）

Ⅲb式　1件（M89：30）。形制上延续Ⅱb式的特点，颈部增高且近直，腹部变浅，腹中部近直，腹部整体显扁矮。

M89：30，口径7.2、底径6.4、高12.1厘米（图6-2-47：5）。

Ⅳ式　1件（M83：7）。器形较小，因该型式仅有一件，现暂归该式。卷沿消失，颈部较直，肩部升高，腹中部略内凹。

M83：7，口径4.6、底径4.0、高8.8厘米（图6-2-47：6）。

除上述陶壶外，尚有4件陶壶形制较为特殊，未参与排队，它们是M15：6（参见图5-3-12C）、M89：18（参见图5-3-29D）、M89：29（参见图5-3-29C）、M95：3（参见图5-3-35G）。另有M14：3、M83：12、M92：18、M99：10残甚，未能复原。

陶钵

共11件。应是用于盛放熟食、菜蔬以及液体等器物，依据其腹部形态可分为两型。

A型　2件。弧腹（肩）。基本特点是，多数为敛口，晚期出现有直口矮颈，腹部圆弧，最大径一般位于器腹中部偏上。其发展规律为，由敛口、圆肩、弧腹较深，演变为直口、鼓肩、斜直腹略浅。可分2式。

Ⅰ式 1件（M93:5）。器腹变浅，肩腹部比较圆鼓。

M93:5，肩腹部饰4个对称的鸡冠形小鋬，口径15.2、底径9.7、高9.6厘米（图6-2-48:1）。

Ⅱ式 1件（M93:23）。加装有矮颈，直口，肩腹部更加鼓突。

M93:23，口径16.3、底径9.3、高9.0厘米（图6-2-48:2）。

B型 9件。折腹（肩）。根据器形大小，可分为两亚型。

Ba型 6件。基本特点为，器形稍大，敛口，折腹，平底。其发展规律为，折腹处由器腹中部偏下逐渐上移至口沿下，器腹由深到浅，器身由窄到宽。可分5式。

Ⅰ式 1件（M92:1）。口微侈，腹部较深，折腹处位于腹中部偏下。

M92:1，口径12.0、底径7.1、高13.1厘米（图6-2-48:6）。

Ⅱ式 2件（M92:23、M95:29）。敛口，上腹变短，腹部变浅。

标本M92:23，下腹略内凹。口径12.8、底径8.1、高10.2厘米（图6-2-48:7）。

Ⅲ式 1件（M98:15）。腹部继续变浅，器身变的略宽，折腹处位于腹中部。

M98:15，口径14.0、底径8.0、高8.6厘米（图6-2-48:8）。

Ⅳ式 1件（M94:13）。折腹处位于腹中部以上，器身继续变宽，肩部饰两道不连贯的浅凹弦纹。

M94:13，口径18.0、底径8.6、高9.1厘米（图6-2-48:9）。

Ⅴ式 1件（M96:17）。折腹处继续上升，移至口沿下，或可称为折肩，器身继续变宽，腹部变浅。

M96:17，口径22.0、底径7.3、高8.1厘米（图6-2-48:10）。

Bb型 3件。基本特点是，器形较小，折腹，平底。发展趋势是，上腹由收敛到外敞，最大腹径由下腹上升到肩部，晚期加装有矮颈。可分3式。

Ⅰ式 1件（M10:3）。侈口，无颈，上腹收束，最大腹径位于下腹折腹处。

M10:3，口径10.2、底径5.1、高5.5厘米（图6-2-48:3）。

Ⅱ式 1件（M59:1）。有小矮颈，最大腹径上升。

M59:1，口径9.8、底径8.0、高8.6厘米（图6-2-48:4）。

Ⅲ式 1件（M89:2）。直口，矮颈，肩部弧折，下腹折收，最大腹径位于肩部。

M89:2，口径11.4、底径5.5、高7.1厘米（图6-2-48:5）。

陶盆

6件。基本特点为，侈口或直口，折腹，平底。发展趋势是，从有折沿变无沿，下腹从略外弧到略内收。分为2式。

Ⅰ式 2件（M90:24、M99:6）。折沿，上腹较直，下腹略外弧。

标本M90:24，口径18.5、底径6.2、高8.3厘米（图6-2-49:1）。

Ⅱ式 1件（M96:9）。折沿消失，上腹、下腹略收束，折腹比较鼓突。

M96:9，口径18.6、底径7.3、高8.2厘米（图6-2-49:2）。

陶盆M96:15（参见图5-3-36E）因形制特殊，未参加排队。另有M3:6、M52:3残甚，无法复原。

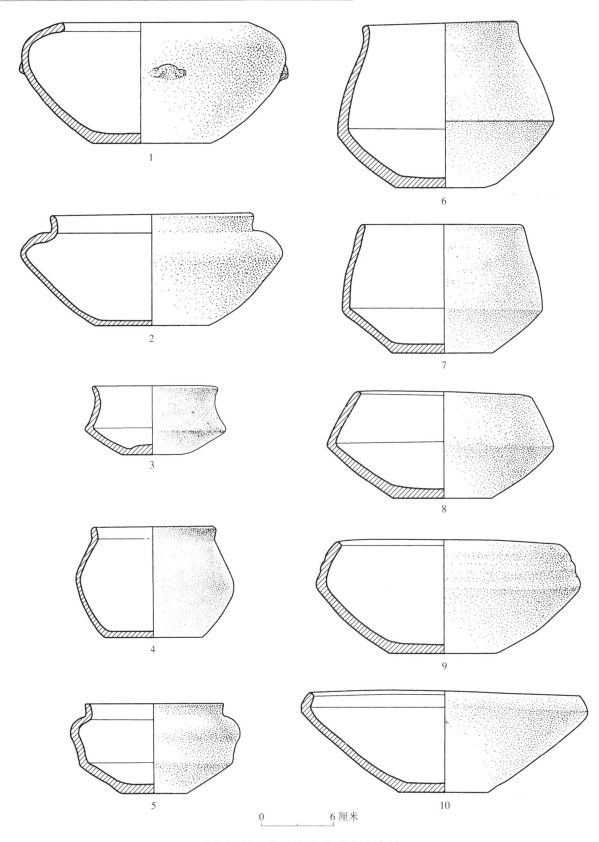

图 6-2-48　崧泽文化墓葬出土陶钵

1. A 型 Ⅰ 式（M93：5）　　2. A 型 Ⅱ 式（M93：23）　　3. Bb 型 Ⅰ 式（M10：3）　　4. Bb 型 Ⅱ 式（M59：1）
5. Bb 型 Ⅲ 式（M89：2）　　6. Ba 型 Ⅰ 式（M92：1）　　7. Ba 型 Ⅱ 式（M92：23）　　8. Ba 型 Ⅲ 式（M98：15）
9. Ba 型 Ⅳ 式（M94：13）　　10. Ba 型 Ⅴ 式（M96：17）

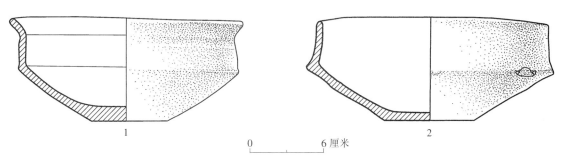

图 6-2-49 崧泽文化墓葬出土陶盆

1. Ⅰ式（M90∶24） 2. Ⅱ式（M96∶9）

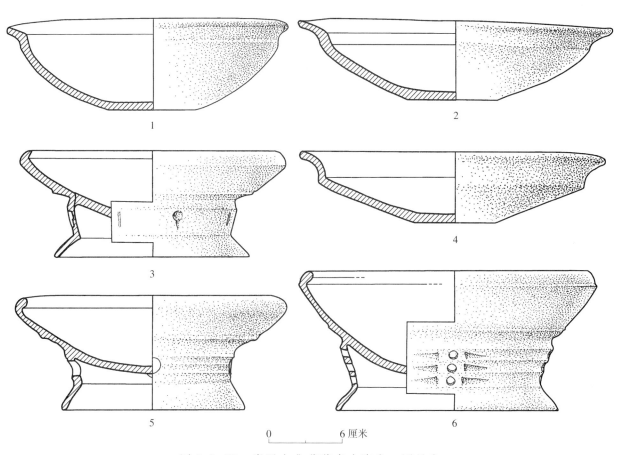

图 6-2-50 崧泽文化墓葬出土陶盘、圈足盘

1. Ⅰ式盘（M90∶26） 2. Ⅱ式盘（M95∶28） 3. Ⅰ式圈足盘（M96∶1） 4. Ⅲ式盘（M93∶22） 5. Ⅲ式圈足盘
（M93∶21） 6. Ⅱ式圈足盘（M93∶7）

陶盘

4 件。应与豆有着相似的功能，适用于盛放珍馐果品与菜蔬之类。一般形态为敞口，有沿，浅弧腹或斜直腹，平底。其发展规律为，上腹由弧折不显到弧折略现再到转折明显，下腹由外弧到斜直。可分 3 式。

Ⅰ式 2 件（M90∶26、M95∶55）。敞口，上腹转折不显，腹壁外弧。

标本 M90∶26，口径 22.7、底径 7.0、高 7.2 厘米（图 6-2-50∶1）。

Ⅱ式 1 件（M95∶28）。敞口，上腹部弧折，下腹略外弧。

M95：28，口径25.7、底径7.4、高6.4厘米（图6-2-50：2）。

Ⅲ式　1件（M93：22）。敞口，上腹转折明显，略内收，下腹斜直。

M93：22，口径24.8、底径6.5、高5.6厘米（图6-2-50：4）。

陶圈足盘

5件。基本特点为，敛口，在盘底加附宽矮圈足，圈足上扩与豆盘外壁呈曲线相接，外观如假腹形态。发展趋势为，勾敛口从弧折到锐折再到弧折，腹部由浅到深再到略浅，胎体变得越来越轻薄。可分3式。

Ⅰ式　1件（M96：1）。勾敛口弧折，盘腹较浅。圈足上饰圆形及细长条形镂孔组成的纹饰，孔均未钻透。

M96：1，口径20.2、足径15.8、高8.4厘米（图6-2-50：3）。

Ⅱ式　2件（M93：7、M93：20）。勾敛口锐折，盘腹趋深。

标本M93：7，圈足上饰三道细凹弦纹，以及两组对称的圆形与三角形镂孔组合。口径23.2、足径18.3、高11.0厘米（图6-2-50：6）

Ⅲ式　2件（M76：2、M93：21）。勾敛口有的变短，有的弧折，器腹略浅，整体制作趋于简化，胎体轻薄。

标本M93：21，圈足饰四道凹弦纹及四个对称的圆形镂孔。口径20.1、足径14.7、高9.1厘米（图6-2-50：5）。

陶杯

33件。水器。形态各异。其中M2：3、M4：13、M4：20、M5：2、M5：13残甚，未能复原。其余28件，按其形制可分为瓠形杯、瓦足杯、带把杯、圈足杯四类。

瓠形杯　19件。基本形态为筒形，直腹或束腰，器身多饰弦纹或瓦楞纹。其发展规律为，束腰筒形变为直腹筒形，再到下腹略鼓、上腹略收，腹深趋浅，从平底到花瓣圈足底。可分4式。

Ⅰ式　4件（M85：4、M91：15、M91：18、M94：3）。束腰，器腹较深，有的器身为光素，有的饰有凹弦纹。

标本M91：18，腹中部以下饰有数道凹弦纹，口径8.5、底径9.0、高20.1厘米（图6-2-51：1）。

Ⅱ式　1件（M85：3）。器腹变浅，器身饰数道凹弦纹，间饰以不规则的浅弧线纹。

M85：3，口径8.1、底径7.5、高11.9厘米（图6-2-51：2）。

Ⅲ式　1件（M2：2）。筒形直腹，上部略收敛。

M2：2，口径7.0、底径8.0、高12.2厘米（图6-2-51：3）。

Ⅳ式　13件（M1：6、M1：7、M4：10、M4：11、M4：14、M4：15、M4：17、M4：18、M4：19、M4：26、M5：4、M5：9、M5：11）。下腹略鼓，上腹略收，平底演变为花瓣圈足底。器身有的光素，有的饰凹弦纹，有的饰瓦楞纹。

标本M1：7，六个花瓣形足，器身饰数道凹弦纹，口径7.5、高13.8厘米（图6-2-51：4）。

瓦足杯　3件。与瓠形杯形态功能相似。深筒形，腹部略束腰，底附三个或四个瓦片状方足。发展趋势为，腹部近直到收束，呈亚腰状。分2式。

Ⅰ式　1件（M98：22）。筒形腹近直，底附四个瓦片状方足。器身饰数道凹弦纹。

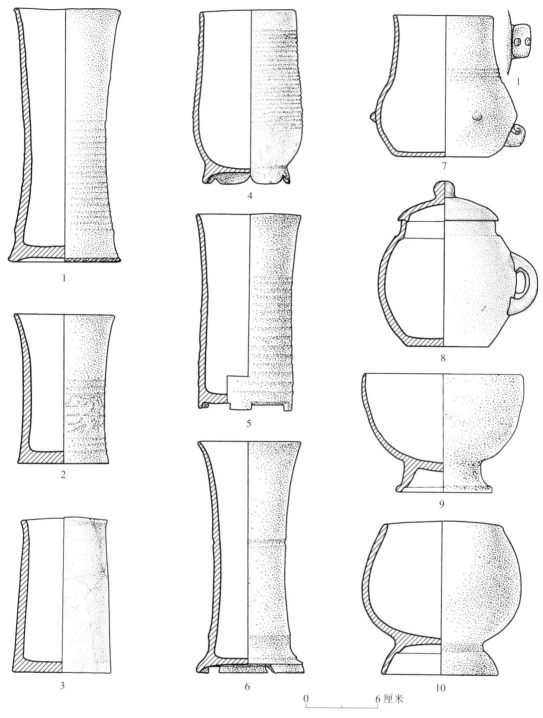

图 6-2-51　崧泽文化墓葬出土陶杯

1. Ⅰ式觚形杯（M91∶18）　2. Ⅱ式觚形杯（M85∶3）　3. Ⅲ式觚形杯（M2∶2）　4. Ⅳ式觚形杯（M1∶7）
5. Ⅰ式瓦足杯（M98∶22）　6. Ⅱ式瓦足杯（M83∶3）　7. Ⅰ式带把杯（M98∶6）　8. Ⅱ式带把杯（M94∶9）
9. Ⅰ式圈足杯（M15∶7）　10. Ⅱ式圈足杯（M98∶4）

M98∶22，口径8.4、高15.4厘米（图6-2-51∶5）。

Ⅱ式　2件（M83∶3、M76∶5）。筒形腹束腰明显。

标本 M83∶3，器腹中部有道凹弦纹，近底部有道突棱，底附3个瓦片状方足。口径8.3、高18.4厘米（图6-2-51∶6）。

带把杯　2件。基本特点为，大口，有把手，平底。发展趋势为，从垂腹到圆鼓腹，从直口无颈到有小矮颈。可分为2式。

Ⅰ式　1件（M98：6）。直口微侈，垂腹，平底。腹侧饰一个卷曲的小耳，腹中部饰三个均分的泥突。

M98：6，口径8.1、底径7.4、高11.2厘米（图6-2-51：7）。

Ⅱ式　1件（M94：9）。带盖，直口，有小矮颈，圆鼓腹。腹一侧附一半环形把手。

M94：9，杯口径7.5、底径6.5、通高13.2厘米（图6-2-51：8）。

圈足杯　2件。基本特点为，弧腹，圈足底。发展趋势为，从敞口到敛口，圈足从内收到外鼓。分为2式。

Ⅰ式　1件（M15：7）。微敞口，弧腹，圈足内收。

M15：7，口径12.6、足径7.8、高9.6厘米（图6-2-51：9）。

Ⅱ式　1件（M98：4）。敛口，鼓腹，圈足外鼓。

M98：4，口径9.7、足径9.6、高12.2厘米（图6-2-51：10）。

另有2件圈足杯未进行排队，为M89：10、M96：2（参见图5-3-36E）。

陶盉

6件。水器。根据口部形制可以分为两型。

A型　3件，其中完整器2件。小口。均为夹粗砂红褐陶制成。其基本形态为小口、细颈、宽圆腹，腹一侧安一长条形或宽梯形把。发展趋势为，由直颈到束颈，腹部由扁鼓到圆鼓。可分2式。

Ⅰ式　2件（M14：6、M87：4）。侈口，直颈，腹部扁鼓。

标本M87：4，口径5.9、底径10.2、高17.0厘米（图6-2-52：1）。

Ⅱ式　1件（M95：7）。敞口，束颈，腹部圆鼓。

M95：7，口径7.3、底径9.0、高18.0厘米（图6-2-52：2）。

B型　2件。大口。基本特征是，大口，圆腹，腹侧有圆角方形把手。发展趋势为，从无颈到有小矮颈，从鼓腹到垂腹。分为2式。

Ⅰ式　1件（M9：6）。敛口，无颈，腹部圆鼓。

M9：6，口径10.0、底径9.1、高10.3厘米（图6-2-52：3）。

Ⅱ式　1件（M14：2）。侈口，小矮颈略束，垂腹。

M14：2，口径8.5～9.2、底径9.1、高13.2厘米（图6-2-52：4）。

陶匜

3件。水器。基本特点为，敛口，口部一侧带一短流，平底。发展趋势为，肩部由锐折到弧折，流口下部由收束较甚到微束。可分2式。

Ⅰ式　1件（M91：38）。流口处内束较甚，肩部折痕明显，腹壁较斜直。

M91：38，口径17.1～19.6、底径6.0、高7.8厘米（图6-2-53：1）。

Ⅱ式　1件（M4：23）。流口处微束，肩部折痕不甚明显，弧腹。

M4：23，口径21.0～22.0、底径9.0、高8.6厘米（图6-2-53：2）。

另还有1件圈足匜M89：9（参见图5-3-29D），因数量少，未进行排队。

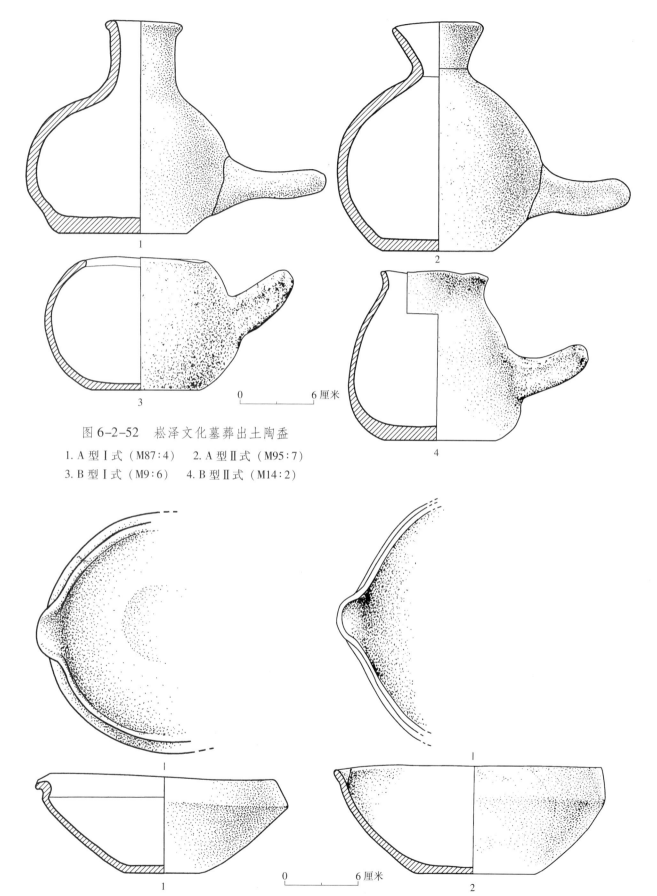

图 6-2-52　崧泽文化墓葬出土陶盉

1. A 型 Ⅰ 式（M87:4）　　2. A 型 Ⅱ 式（M95:7）

3. B 型 Ⅰ 式（M9:6）　　4. B 型 Ⅱ 式（M14:2）

0　　　　　　　　6 厘米

图 6-2-53　崧泽文化墓葬出土陶匜

1. Ⅰ 式（M91:38）　　2. Ⅱ 式（M4:23）

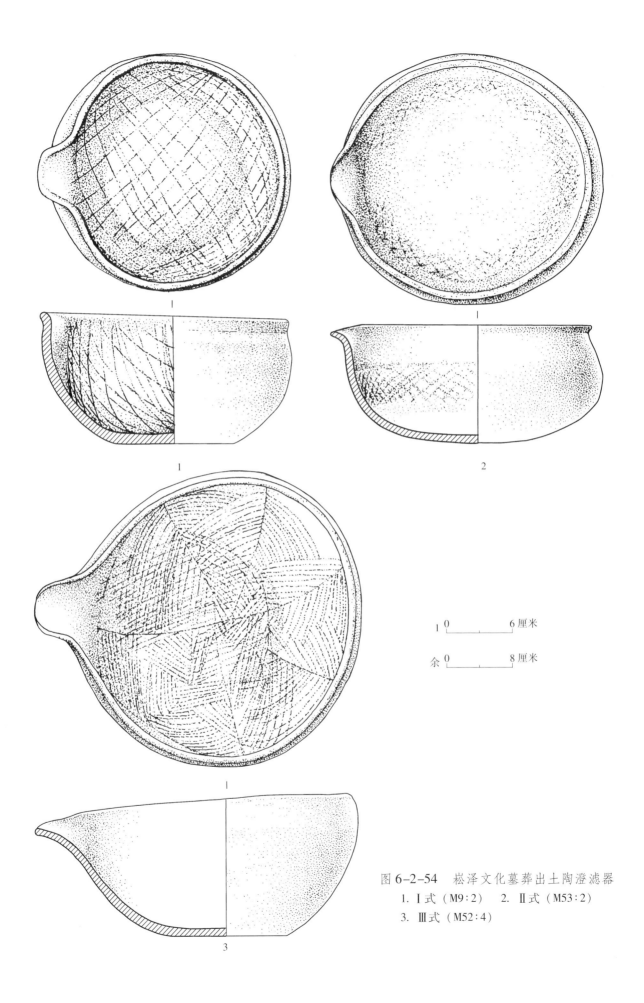

图 6-2-54　崧泽文化墓葬出土陶澄滤器
1. Ⅰ式（M9:2）　2. Ⅱ式（M53:2）
3. Ⅲ式（M52:4）

陶澄滤器

3件。基本特点是，夹砂或粗泥红陶制成，形体一般较大，带流，内壁刻细槽，外壁光素无纹，其功能一般认为是淘米滤沙之用。发展规律为，器形渐大，流口从短流到长流，流从高于对侧到基本等高再到低于对侧。可分3式。

Ⅰ式 1件（M9:2）。器形略小，口微侈，流较短，弧腹，流侧高于对侧。内壁有网格状刻槽。

M9:2，口径20.4~22.5、底径10.5、高11.7厘米（图6-2-54:1）。

Ⅱ式 1件（M53:2）。流略长，弧腹外鼓，流与对侧等高。内壁刻槽不甚规则，多被磨平。

M53:2，口径28.0~31.2、高13.6厘米（图6-2-54:2）。

Ⅲ式 1件（M52:4）。器形变大，长流，流低于对侧。内壁有叶脉状刻槽。

M52:4，口径32.8~39.0、底径13.6、高16.8厘米（图6-2-54:3）。

陶背壶

2件。基本特点是，直口长颈，器身较长，腹部有一对系耳和一个鸟喙状泥突，器身一半圆鼓，一半较扁圆。发展趋势是，口部从微侈到内敛，器身从瘦长到宽胖。可分为2式。

Ⅰ式 1件（M92:22）。直口微侈，器身较瘦长。

M92:22，口径4.8、底径10.1、高25.2厘米（图6-2-55:1）。

Ⅱ式 1件（M75:6）。口部变粗且内敛，器身变宽胖。

M75:6，口径6.8、底径13.5、高26.0厘米（图6-2-55:2）。

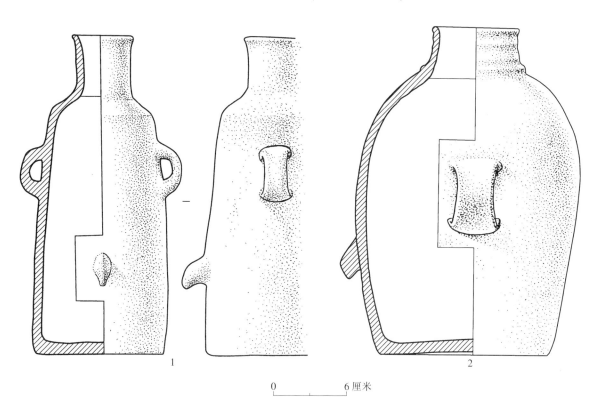

0   6厘米

图6-2-55 崧泽文化墓葬出土陶背壶

1. Ⅰ式（M92:22） 2. Ⅱ式（M75:6）

陶大口缸

6件。出土数量不多，是东山村遗址中的重器。主要见于高等级大墓中。依据底部形态，可分为尖底大口缸和圜底大口缸两类。

尖底大口缸　3件。基本特点是，均为夹粗砂红陶，胎体厚重，大口，器身较长，尖底。发展趋势是，器腹从筒形外撇到器腹上部收束下腹略鼓，最后器身变的更长。分为3式。

Ⅰ式　1件（M90:18）。筒形腹，上部外撇，口沿下饰两个不对称的鸡冠形小耳。

M90:18，口径29、底径3.4、高52.1厘米（图6-2-56:1）。

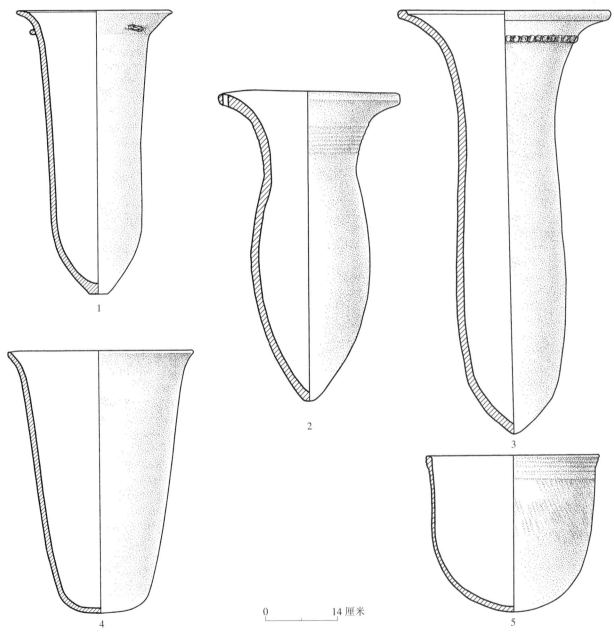

图6-2-56　崧泽文化墓葬出土陶大口缸

1. Ⅰ式尖底大口缸（M90:18）　2. Ⅱ式尖底大口缸（M92:15）　3. Ⅲ式尖底大口缸（M95:19）

4. Ⅰ式圜底大口缸（M90:7）　5. Ⅱ式圜底大口缸（M93:16）

Ⅱ式　1件（M92:15）。器腹上部收束，下部略鼓，近橄榄形状。口沿一周饰五个对称的圆孔，颈部饰八道凹弦纹。

M92:15，口径34.4、高57.6厘米（图6-2-56:2）。

Ⅲ式　1件（M95:19）。器身更加长，上部略收束。颈部一周绞索状花边纹。

M95:19，口径39.5、高78.4厘米（图6-2-56:3）。

圜底大口缸　3件。基本特点是，大口，筒形腹，圜底。发展趋势是，由敞口到直口，器腹由斜直到竖直。分为2式。

Ⅰ式　1件（M90:7）。敞口，器腹斜直，底部平圜。

M90:7，口径35.2、高48.4厘米（图6-2-56:4）。

Ⅱ式　1件（M93:16）。口部微敞，腹部竖直，器腹变浅，底部圆弧。口下饰多道凹弦纹。

M93:16，口径32.7、高29.0厘米（图6-2-56:5）。

另M91:7酥碎严重，未能修复，无法进行排队。

（二）石器的类型

东山村崧泽文化墓葬内共出土石器79件，其中Ⅰ区及Ⅲ区中小型墓葬出土28件，Ⅲ区大型墓葬出土51件。79件石器中，石钺19件，2件为小型墓葬所出，余者17件为大中型墓葬所出；石锛33件，中小型墓葬出土17件，大型墓葬出土16件；石凿17件，中小型墓葬出土6件，大型墓葬出土11件。

在型式分析前，需要对石钺和石斧、石锛和石凿的名称界定加以简单说明。从东山村遗址出土材料来看，石钺和石斧的区别是，石钺一般形体较大，基本在10厘米以上，刃部基本不见有使用痕迹；石斧一般形体较小，基本在10厘米以下，刃部常见有使用痕迹。石锛和石凿的区别，器身宽度的一半超过厚度的为石锛，未超过的为石凿。

石钺

19件。依器身长度与平均宽度的比可分为两型。

A型　12件。宽胖形。器身长度与平均宽度的比在1.5以下。发展趋势是，早期端刃部与器身两侧弧接、界限不明，其后器身两侧变直、与端刃部转折明显，最后器身两侧外撇，呈"风"字形。分为3式。

Ⅰ式　8件（M87:6、M90:31、M90:34、M90:35、M92:31、M92:32、M92:34、M92:44）。器身两侧与端刃部弧接，界限不明。

标本M90:35，长16.2、宽12~14.7、厚1.0厘米（图6-2-57:1）。

Ⅱ式　3件（M74:2、M95:48、M98:30）。器身两侧开始变得较直，与端刃部相接转折明显。

标本M74:2，长13.3、上宽9.1、下宽10.7、厚1.1厘米（图6-2-57:2）。

Ⅲ式　1件（M4:3）。器身两侧由较直到外撇，整体呈"风"字形。

M4:3，长14.3、上宽9.9、下宽11.9、最厚1.1厘米（图6-2-57:3）。

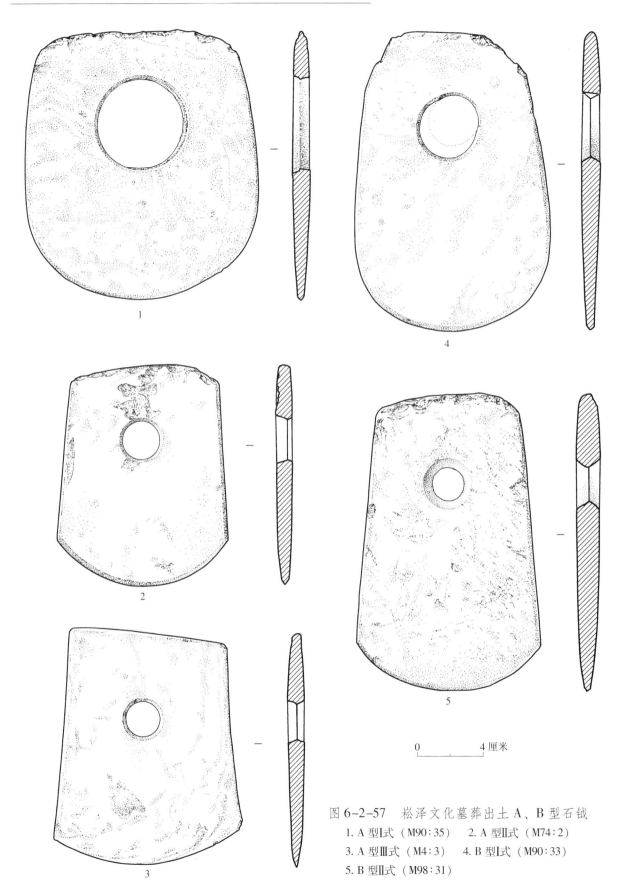

图 6-2-57　崧泽文化墓葬出土 A、B 型石钺
1. A 型Ⅰ式（M90∶35）　　2. A 型Ⅱ式（M74∶2）
3. A 型Ⅲ式（M4∶3）　　4. B 型Ⅰ式（M90∶33）
5. B 型Ⅱ式（M98∶31）

B 型　7 件。长瘦形。器身比 A 型显得窄长，器身长度与平均宽度的比在 1.5 以上。发展趋势为，器身两侧与端刃部弧接、界限不明，到两侧较直、与端刃部转折明显。分为 2 式。

Ⅰ式　4 件（M90：32、M90：33、M92：33、M95：44）。器身两侧与端刃部相接处为弧边，界限不明。

标本 M90：33，长 18.1、最宽 12.2、最厚 1.2 厘米（图 6-2-57：4）。

Ⅱ式　3 件（M89：11、M98：32、M98：31）。器身两侧变得较直，与端刃相接处转折明显。

标本 M98：31，长 18.1、上宽 8.8、下宽 11.4、厚 1.5 厘米（图 6-2-57：5）。

石斧

3 件。器形一般较小，且刃部多有使用疤痕。依长度与平均宽度之比可以分为两型。

A 型　2 件（M15：1、M15：3）。宽胖形。器身长度与平均宽度比在 1.5 以下。器身宽矮，刃部有疤痕。

标本 M15：3，器身两侧与端刃部相接处为弧折，长 9.6、上宽 5.0、下宽 9.0、最厚 1.7 厘米（图 6-2-58：1）。

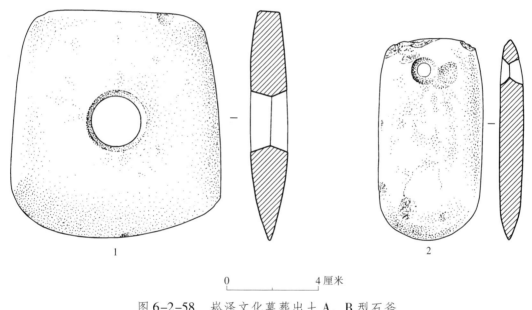

0　　　　　4 厘米

图 6-2-58　崧泽文化墓葬出土 A、B 型石斧
1. A 型（M15：3）　　2. B 型（M95：52）

B 型　1 件（M95：52）。窄长形。器身长度与平均宽度比在 1.5 以上。

M95：52，器身两侧与端刃部相接处为弧边，界限不明，长 8.5、宽 4.6、最厚 1.0 厘米（图 6-2-58：2）。

石锛

33 件。根据石锛长度的大小可以分为三型。

A 型　5 件（M89：14、M89：28、M90：15、M95：45、M98：37）。大型锛。锛的长度在 20 厘米以上。一般在 20 多厘米，有部分锛的长度超过 30 厘米，宽度一般在 6 厘米左右。锛的背面基本都平直。

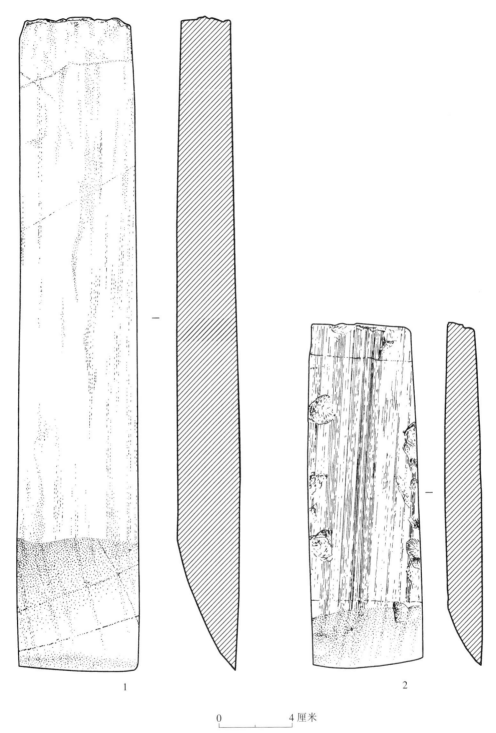

图 6-2-59　崧泽文化墓葬出土 A、B 型石锛

1. A 型（M90∶15）　　2. B 型（M87∶9）

标本 M90∶15，长 34.3、最宽 6.8、上厚 2.6、下厚 3.4 厘米（图 6-2-59∶1）。

B 型　8 件（M15∶2、M87∶7、M87∶8、M87∶9、M92∶30、M95∶51、M95∶50、M98∶39）。中型锛。锛的长度在 10～20 厘米之间（含 20 厘米），锛的正面大都有加工时的疤痕，背面比较平直。

标本 M87∶9，长 18.2，上宽 5.2、下宽 5.8、上厚 1.4、下厚 1.9 厘米（图 6-2-59∶2）。

C 型　20 件。小型锛，锛的长度在 10 厘米以下（含 10 厘米）。据锛长度与平均宽度比可以分为两个亚型。

Ca 型　7 件。宽体型。长度与平均宽度之比在 2 以下。锛身整体显得宽矮，正面多有加工时的疤痕。发展趋势为，锛的背面从较平直到中间鼓突，上、下两端略薄。分为 2 式。

Ⅰ式　3 件（M50：1、M75：4、M91：31）。锛的背面较直，中部鼓突不明显。

标本 M75：4，长 4.7、宽 2.7、厚 0.8～1.0 厘米（图 6-2-60：1）。

Ⅱ式　4 件（M1：4、M4：1、M4：4、M41：1）。锛的背面中间鼓突，上、下两端略薄。

标本 M4：4，长 5.4、宽 3.4、最厚 1.4 厘米（图 6-2-60：2）。

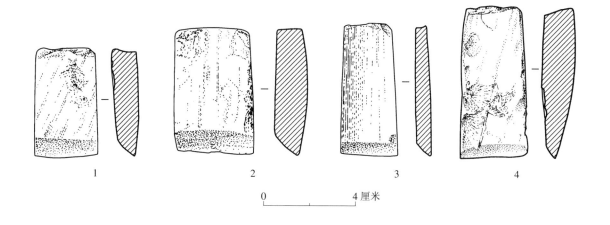

0　　　　　　　　4 厘米

图 6-2-60　崧泽文化墓葬出土 Ca、Cb 型石锛

1. Ca 型Ⅰ式（M75：4）　　2. Ca 型Ⅱ式（M4：4）　　3. Cb 型Ⅰ式（M90：57）　　4. Cb 型Ⅱ式（M5：10）

Cb 型　13 件。窄体型。长度与平均宽度之比在 2 以上，器身整体显得窄长。发展趋势为，锛背面从较平直，即锛体截面上、下等宽或刃端略厚，发展为背面中间外鼓、上端略厚、下端较薄。

Ⅰ式　10 件（M15：4、M89：7、M90：57、M91：30、M92：29、M94：18、M95：49、M98：41、M98：35、M98：36）。锛的背面多数较为平直，少部分上端略薄，下端略厚。

标本 M90：57，长 5.6、上宽 2.1、下宽 2.5、最厚 0.65 厘米（图 6-2-60：3）。

Ⅱ式　3 件（M1：14、M4：29、M5：10）。锛的背面外鼓，上端略厚，下端较薄。

标本 M5：10，长 6.6、上宽 2.4、下宽 3.1、最厚 1.5 厘米（图 6-2-60：4）。

石凿

17 件。据器身长度大小可以分为三型。

A 型　4 件（M90：14、M92：26、M95：42、M98：40）。大型凿。长度在 20 厘米以上，个别石凿长度超过 30 厘米。凿的正面多有加工时的疤痕，背面多数比较平直。

标本 M92：26，长 33.4、宽 4.25、厚 4.2 厘米（图 6-2-61：1）。

B 型　5 件（M15：5、M75：5、M92：27、M95：43、M95：47）。中型凿。长度在 10～20 厘米间（含 20 厘米）。凿的正面多有加工时的疤痕，背面多数比较平直。

标本 M95：47，长 12.4、上宽 2.1、下宽 2.7、上厚 1.3、下厚 1.8 厘米（图 6-2-61：4）。

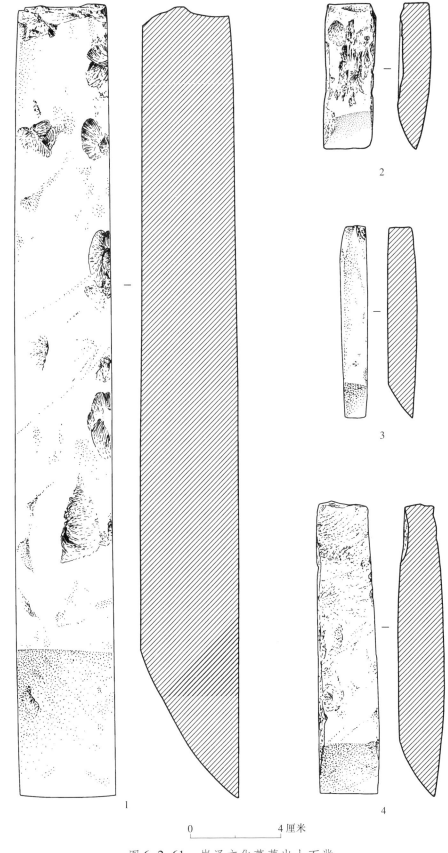

0   4厘米

图 6-2-61 崧泽文化墓葬出土石凿

1. A 型（M92∶26） 2. Ca 型（M3∶1） 3. Cb 型（M98∶34） 4. B 型（M95∶47）

C 型　8 件。小型凿。长度在 10 厘米以下（含 10 厘米）。据长度与平均宽度之比可以分为两个亚型。

Ca 型　3 件（M3∶1、M4∶2、M4∶31）。宽体型。长度与平均宽度比在 3 以下。凿的正面多有加工时的疤痕，背面有的略外鼓，有的较平直。

标本 M3∶1，长 6.2、最宽 2.1、最厚 1.4 厘米（图 6-2-61∶2）。

Cb 型　5 件（M74∶1、M95∶46、M98∶33、M98∶34、M98∶38）。窄体型。长度与平均宽比在 3 以上。凿身整体显得窄长，刃端也多数比较窄小。

标本 M98∶34，长 8.3、宽 1.1、最厚 1.3 厘米（图 6-2-61∶3）。

砺石

6 件。多数是粉砂岩，质地有的较轻，有的较重。据平面形状可以分为三型。

A 型　3 件（M90∶20、M90∶27、M90∶43）。长条形。砺石形状比较细长，上面有磨损痕迹，有的砺石因为磨损呈亚腰状。

标本 M90∶27，长 23.8、宽约 4.1、厚 1.9～3.3 厘米（图 6-2-62∶1）。

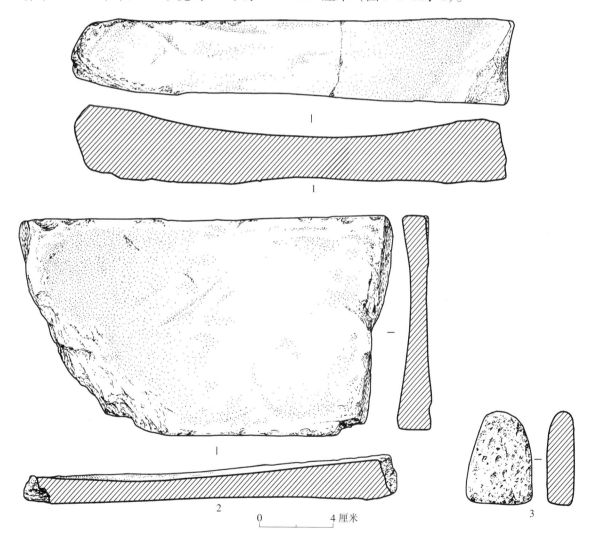

图 6-2-62　崧泽文化墓葬出土 A、B、C 型砺石

1. A 型（M90∶27）　2. B 型（M92∶47）　3. C 型（M90∶25）

B 型　2 件（M92：47、M94：17）。不规则四边形。该型砺石形体较大，不甚规整。上、下面均有磨损痕迹。

标本 M92：47，最长 20.2、最宽 10.6、厚 0.8～1.8 厘米（图 6-2-62：2）。

C 型　1 件（M90：25）。近三角形。

M90：25，砺石上面孔隙大，质地轻。长 4.6、最宽 3.6、厚 1.5 厘米（图 6-2-62：3）。

除了以上进行型式分析的石器外，尚有 1 件石器（M90：41）形制特殊，未能进行排队。

（三）玉器的类型

东山村遗址崧泽文化墓葬共计出土玉器 112 件。其中中小型墓葬出土 15 件、大型墓葬出土 97 件。器类有钺、璜、镯、镯形饰、玦、环、环形饰、系璧、管、管形饰、三角形饰、长条形饰、纽形饰、钥匙形饰、半圆形饰、钩形饰、带柄钺形饰等①。

经鉴定，这些玉器的材质主要有阳起石—透闪石、玉髓、石英岩、蛇纹石等。其中，阳起石—透闪石材质的玉器约占总数的 50%。玉器的加工手法多样，经台湾杨建芳师生古玉研究会陈启贤先生利用显微技术对其工艺进行微痕分析，发现加工手法主要有：线状工具切割、片状工具切割，环形玉器内外缘采用旋钻和旋截、实心钻头旋钻成孔，以及采用砂岩类工具直接挫制等。

玉璜

9 件。除 M85、M99 各出土 1 件外，余均出自大型墓葬。依整体形态可分三型。

A 型　2 件（M90：42、M92：36）。半环形璜。整体近半环状，内径明显大于边宽，内、外缘圆弧，两端弧收，器身较窄，薄厚不一。

标本 M90：42，外径 10.1、内径 7.3、厚 0.3～0.6、孔径 0.2～0.6 厘米（图 6-2-63：1）。

B 型　3 件（M95：38、M98：28、M99：2）。折角形璜。又可称作桥形璜，整体似倒置的拱桥形，内径明显大于边宽，内、外缘平弧，两端折收，器身较窄，厚薄不一。个别的璜为两小半相接的合体璜。

标本 M98：28，外径 14.2、内径 8.4、厚 0.3 厘米（图 6-2-63：2）。

C 型　4 件（M85：2、M92：45、M93：24、M96：32）。半璧形璜。整体似半璧状，内径明显小于边宽，器身较宽，大多数为片状，个别比较浑厚，两端基本平齐。

标本 M96：32，外径 11.5、内径 2.1、最厚 0.35 厘米（图 6-2-63：3）。

玉镯

12 件（M90：55、M90：56、M91：23、M91：34、M91：36、M92：35、M93：27、M94：16、M94：19、M95：41、M98：29、M98：43）。均出自大型墓葬，形制基本相同，均为窄边大孔。外缘比较圆滑。近半数以上玉镯在入葬前既已断为两段或三段，后经在断裂两端各钻小孔缚系。外径约在 6～8 厘米，内径约在 5～7 厘米，可以佩戴在手臂上。

标本 M90：55，外径 7.3、内径 5.7、孔径 0.1～0.4、厚 0.3～0.6 厘米（图 6-2-64：1）。

---

① 本章节玉器的分类和命名主要依据本书杨晶《江苏张家港市东山村遗址出土玉器形态研究》一文。

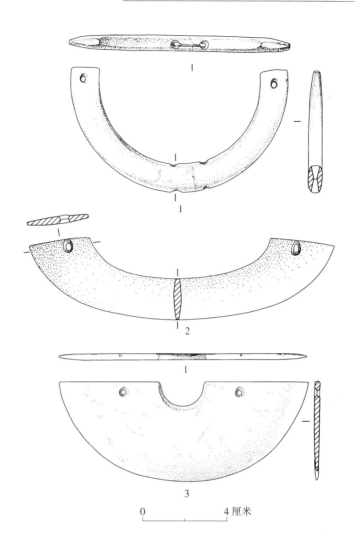

图 6-2-63　崧泽文化墓葬出土 A、B、C 型玉璜

1. A 型（M90:42）　　2. B 型（M98:28）　　3. C 型（M96:32）

镯形玉饰

3 件（M93:19、M96:22、M96:34）。同样均出自大型墓葬，形制与镯基本相似，但器形较小，且外缘为方折。外径在 4.9~5.6 厘米之间，内径在 2.9~4.4 厘米之间，不宜佩戴在手腕上。

标本 M96:22，断为两半，横截面近方形，外径 5.6、内径 4.3、厚 0.7 厘米（图6-2-64:2）。

玉玦

8 件。均出自大型墓葬。按照边宽和孔径的大小关系，又可分为环形、璧形两种类型。

A 型　4 件（M90:36、M90:44、M90:49、M90:50）。环形玦。形体似环，孔径大于边宽。这类玦的尺寸较大，外径多在 4~6 厘米。

标本 M90:50，外径 4.2、内径 2.1、玦口宽 0.2~0.3、厚约 0.8 厘米（图6-2-64:3）。

B 型　4 件（M90:51、M90:52、M95:39、M95:40）。璧形玦。形体似璧，有的孔径与边宽相差无几，有的孔径则明显小于边宽。这类玦的尺寸较小，外径多在1.5~3.0 厘米。

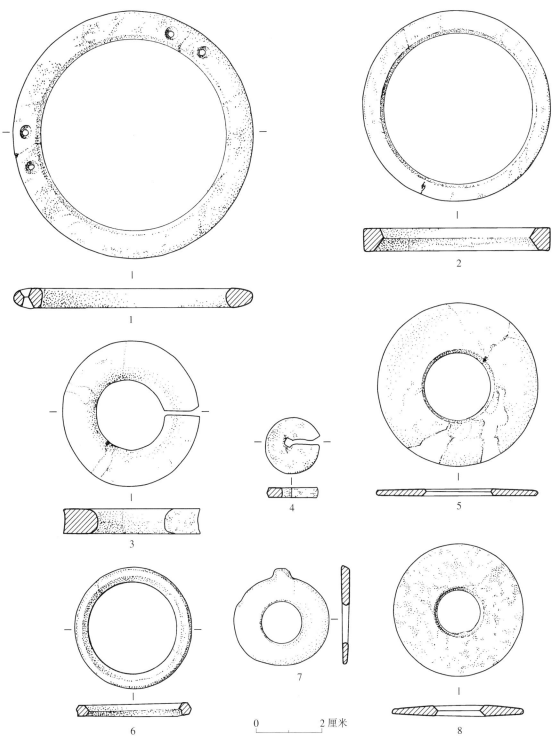

图6-2-64 崧泽文化墓葬出土玉镯、镯形饰、玦、环、环形饰、系璧

1. 玉镯（M90:55）　2. 镯形玉饰（M96:22）　3. A型玉玦（M90:50）　4. B型玉玦（M95:40）
5. A型玉环（M85:1）　6. B型玉环（M91:26）　7. 环形玉饰（M89:31）　8. 玉系璧（M76:1）

标本M95:40，外径1.6、内径0.2、玦口宽0.2、厚0.3厘米（图6-2-64:4）。

玉环

29件。均出自于大、中型墓葬。此类器的器身扁平，孔径大于边宽，大都是利用废件玉芯制成的，按照器体的形状，大体可分为宽边环、窄边环两种类型。

A 型 13 件（M83：1、M85：1、M91：24、M91：28、M93：11、M93：30、M93：31、M95：30、M96：25、M96：27、M96：31、M96：33、M96：35）。宽边环。器体扁平，孔径通常略大于边宽，横截面呈扁条形。器形较小，个别器形较大。外径在 2.3~7.6 厘米之间。

标本 M85：1，外径 4.8、内径 1.9、厚 0.1~0.2 厘米（图 6-2-64：5）。

B 型 16 件。（M91：21、M91：22、M91：25、M91：26、M91：27、M91：32、M91：33、M91：35、M93：14、M93：26、M93：29、M93：33、M96：23、M96：24、M96：26、M96：30）。窄边环。器体略厚，孔径通常数倍于边宽，横截面近长方形，形体较小，外径多在 2~3 厘米左右。

标本 M91：26，外径 3.6、内径 2.8、厚 0.4 厘米（图 6-2-64：6）。

环形玉饰

1 件（M89：31）。平面近圆形，剖面扁平，中孔对钻。

M89：31，环外侧有一突起，残断。外径约 2.9、内径 1.1~1.2，厚 0.1~0.2 厘米（图 6-2-64：7）。

玉系璧

3 件（M76：1、M94：21、M96：28）。器身扁平，孔径小于边宽。直径 2.2~3.9、孔径 0.6~1.2 厘米。

标本 M76：1，外径 3.9、内径 1.2、厚 0.2~0.35 厘米（图 6-2-64：8）。

玉管

22 件。大中型墓葬出土。按照外轮廓的形状，大体可分为柱形管、弧形管两种类型。

A 型 20 件。柱形管。外侧近垂直，器体上下的粗细相差不多。据形体大小可以分为两个亚型。

Aa 型 16 件（M83：10、M89：32、M90：40、M90：47、M92：37、M92：38、M92：39、M92：40、M92：41、M92：42、M92：46、M95：32、M95：34、M95：35、M95：36、M95：37）。形体较大，器高在 1厘米以上。器高在 1.4~4.4 厘米之间。

标本 M92：38，长径 1.6、短径 0.9、高 3.1、孔径 0.2~0.4 厘米（图 6-2-65：1）。

Ab 型 4 件（为 M90：38、M90：39、M98：26、M98：27）。形体较小，器高在 1 厘米以内（含1 厘米）。

标本 M90：38，直径约 1.0、孔径 0.2~0.3、高约 0.5 厘米（图 6-2-65：2）。

B 型 2 件（为 M95：31、M95：33）。弧形管。外侧弯曲，器体上下的粗细不尽相同。

标本 M95：33，器身弯曲，高约 3.7 厘米（图 6-2-65：3）。

管形玉饰

1 件（M90：48）。形制虽与玉管相似，但除了上下贯通的孔外，其上还钻有系孔，故而单独列出，以示区别。

M90：48，长径 1.4、短径 0.8、高 4.2、孔径 0.15~0.55 厘米（图 6-2-65：4）。

三角形玉饰

8 件。器形较小，平面近三角形。据孔的有无可分两型。

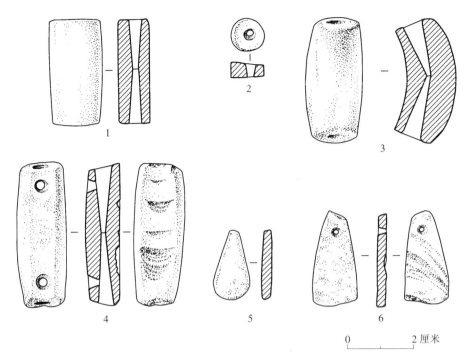

图 6-2-65　崧泽文化墓葬出土玉管、管形饰、三角形饰

1. Aa 型玉管（M92∶38）　2. Ab 型玉管（M90∶38）　3. B 型玉管（M95∶33）　4. 管形玉饰
（M90∶48）　5. A 型三角形玉饰（M90∶46）　6. B 型三角形玉饰（M4∶30）

A 型　5 件（M89∶33、M90∶45、M90∶46、M98∶23、M98∶24）。多数无钻系孔，个别有孔但未钻透。

标本 M90∶46，长 2.0、最宽 1.1、厚 0.28 厘米（图 6-2-65∶5）。

B 型　3 件（M1∶3、M4∶30、M96∶29）。钻有系孔。

标本 M4∶30，残长 2.6、最宽 1.3、厚 0.2、孔径 0.1～0.2 厘米（图 6-2-65∶6）。

除上述器类外，还有钺、凿、带柄钺形饰、钥匙形饰、长条形饰、半圆形饰、钩形饰、纽形玉饰、船形玉饰、玉饰件以及玉珠等，因出土数量较少，在此不再进行分类。

三　分期

由于崧泽文化生活遗迹中出土的器物大多数难以修复完整，并且型式不多，难以排成系列。相比之下，东山村遗址崧泽文化墓葬出土的材料丰富且更具有代表性，因此对崧泽文化遗存的分期主要以墓葬材料为主，兼及一些较为重要的地层及生活遗迹，如 F1、H40、H41 等。

（一）墓葬分期

墓葬的开口层位和墓葬之间的打破关系，可确定墓葬之间的相对早晚，是墓葬进行分期的基础。东山村遗址 37 座崧泽文化墓葬之间，并没有打破关系，因此需要根据墓葬的层位关系以及出土器物的类型学比较，对墓葬进行大致的分组。

由于Ⅰ区和Ⅲ区的地层并未统一，并且有部分墓葬由于所处地势较高，其上直接压着历史时期的文化层，因此，根据开口层位来判断墓葬间的早晚关系会有偏差，需要进一步对所在层面及随葬品进行类型学的考察，并将考察结果与层位关系结合，推断这批墓葬的相对年代早晚关系。

以下分别将东山村Ⅰ区 22 座墓葬和Ⅲ区 15 座墓葬的层位关系列表（表 6-2-1、6-2-2）如下。

表 6-2-1　Ⅰ区墓葬层位关系一览表

开口层位	打破层位	墓葬
3a 层下	打破 4a 层	M1、M4、M5、M41
3c 层下	打破 4a 层	M43、M74、M51 ~ M54
4a 层下	打破 4b 层	M59、M69
ST1 下	打破 5 层	M2、M3、M13
4a 层下	打破 5 层	M15
4b 层下	打破 5 层	M50、M75
5 层下	打破 H41（H41→6 层）	M58
3a 层下	打破 6 层	M14
5 层下	打破 6 层	M9、M10

表 6-2-2　Ⅲ区墓葬层位关系一览表

开口层位	打破层位	墓葬
3 层下	打破 4 层	M76、M83
4 层下	打破 5 层	M85、M91、M93、M94、M96
5 层下	打破 6 层	M87、M89、M90、M92、M95、M98、M99、M102

从表 6-2-1 中可以得知，M9、M10 和 M58，M50 和 M75，M59 和 M69，M1、M4、M5 和 M41 这四组墓葬具有明确的层位早晚关系。此外，M14 所在区域缺少第 4 层或第 5 层文化堆积，M2、M3、M13 的开口层位被破坏，从层位年代上看，M14 的年代不早于第 6 层，M2、M3 和 M13 的年代不早于第 5 层。另外，M15 的层位年代要晚于 M9、M10 和 M58 等墓葬，而早于 M1、M4、M5 和 M41 等墓葬，M43、M51 ~ M54 和 M74 等墓葬在层位年代要晚于 M59 和 M69。

从表 6-2-2 中可以得知，M87、M89、M90、M92、M95、M98、M99 和 M102，M85、M91、M93、M94 和 M96，M76 和 M83，这三组墓葬具有明确的层位早晚关系。

由于遗址Ⅰ区和Ⅲ区的地层并不统一，因此对墓葬的分期，拟分区进行，然后再整合。

根据前文对崧泽文化墓葬出土器物的型式分析（房址、灰坑及地层年代讨论在下文另外涉及），我们先将陶器型式分析的结果回归到Ⅰ区的墓葬中，做成表 6-2-3。

从表 6-2-3 中可以归纳出遗址Ⅰ区大致可分为以下几组墓葬：

第 1 组，为 M9 和 M10。M9 和 M10 同出有 AⅠ式钵形豆，两者墓葬年代大致相同。

第 2 组，为 M14、M58 和 M75。其中 M14 和 M75 同出有 AⅡ式盘形豆，M58 和 M75 同出有 AbⅡ式铲形足鼎，三者墓葬年代基本相同。

第 3 组，为 M43 和 M52。M43 和 M52 同出有 BbⅣ式盘形豆，两者墓葬年代大致相同。

第 4 组，为 M1、M4 和 M5。其中 M1 和 M4 同出有 AbⅥ式铲形足鼎，M1 和 M5 同出有 EⅢ式陶壶，M4 和 M5 同出有 CⅤ式盘形豆、BⅥ式无腰脊罐、BⅢ式折肩折腹罐和 DⅣ式壶等，M1、M4 和 M5 同出有Ⅳ式觚形杯等等，三者墓葬年代基本相同。

表6-2-3 遗址Ⅰ区崧泽文化墓葬出土陶器型式组合表

墓葬	铲形足鼎			鼎	锥形足鼎	凿形足鼎		凿形足甗		铲形足甗	盘形豆						碟形豆		钵形豆	
	A型 Aa	A型 Ab	B型	C型		A型	B型	A型	B型		A型	B型 Ba	B型 Bb	C型	D型 Da	D型 Db	A型	B型	A型	B型
M9																			I_2	
M10												I	I						I	
M14					I			I			II									
M15												III							II	
M50	II							II												
M58		II																		
M75		II																		
M69														I						
M59											II									
M3						IV						V								
M13													III	III						
M74													III							
M2					IV									IV_2						
M43													IV							
M51																				
M53																				
M52													IV							
M54														IV				IV		
M1		VI											V							
M4		VI	IV						II					V						
M5														V						
M41																				

续表 6-2-3

墓葬	罐 无腰脊罐 A型 Aa型	A型 Ab型	A型 Ac型	A型 Ad型	无腰脊罐 B型	有腰脊罐 A型 Aa	A型 Ab	B型 Ba	B型 Bb	B型 Bc	B型 Bd	折肩折腹罐 A型 Aa	A型 Ab	折肩折腹罐 B型	三足罐 A型	三足罐 B型	圜底罐	壶 A型	B型	C型	D型	E型	F型	G型
M9																								
M10					I			I													I			
M14			II																					
M15																	I							I
M50																								
M58																								
M75					II																			
M69																								
M59																								
M3																								
M13				III	III				III															
M74				III																				
M2					IV₂、V	III																		
M43						IV																		
M51																								
M53																								
M52																								
M54																								
M1					IV、V、VI				IV													III₂		
M4												IV₂		III			III				IV			
M5					VI₂									III₃							IV	III		
M41																								

续表6-2-3

墓葬	钵 A型	钵 B型 Ba	钵 B型 Bb	盆	盘	圈足盘	瓠形杯	瓦足杯	带把杯	圈足杯	盉 A型	盉 B型	匜	澄滤器	背壶	尖底大口缸	圆底大口缸
M9											I			I			
M10			I														
M14												I					
M15												II					
M50										I							
M58																	
M75															II		
M69																	
M59			II														
M3																	
M13																	
M74																	
M2							III										
M43																	
M51																	
M53														II			
M52														III			
M54																	
M1							IV₂										
M4							IV₈						II				
M5							IV₃										
M41																	

其他墓葬由于缺乏相比较器物，需要从其他途径探讨。

从表6-2-1的层位关系及分析中可知，第1组早于第2组，第2组早于第3组和第4组，第3组和第4组同样打破4a层，早晚关系暂不好确定。

此外，我们注意到B型无腰脊陶罐，第1组出有Ⅰ式，第2组出有Ⅱ式，第4组出有Ⅵ式，可以看出该型陶罐的变化规律是由小口到大口，最大腹径由肩部移到下腹部，由平底变为花瓣圈足底。而处于中间式别的是，其中M13出土有Ⅲ式，M2出土有Ⅳ式和Ⅴ式。Ⅲ式的器腹最大径由前式的肩部下移到中部，Ⅳ式和Ⅴ式的器腹最大径由中部移到下腹，并且Ⅴ式的器身已开始出现瓦楞状。因此，从器物演变规律的角度分析，M13和M2的年代应处于第2组和第4组之间。考察M13和M2的层位关系，两者的实际开口层位被清代水塘破坏不甚清楚，但是均打破第5层，而第2组也同样打破第5层。因此，从层位关系考察，M13和M2出土的B型无腰脊陶罐式别与该型的演变逻辑没有相违背。

同样，我们注意到M2出土的CⅣ式盘形豆，介于M13出土的CⅢ式盘形豆和第4组墓葬出土的CⅤ式盘形豆之间。因此，我们大致可以将M13的年代排在第2组墓葬之后，M2之前。虽然M2与第3组墓葬无可比较器物，但是由上文分析得知，M2是介于第2组和第4组墓葬之间，因此暂把M2合并到第3组墓葬也是合理的。另外，我们观察到第4组墓葬中的M4与M2都出土BⅣ式和BⅤ式无腰脊罐，但显然，M4除出土有BⅥ无腰脊罐、CⅤ式盘形豆外，还出土较多晚期式别的器物，因此，M4中的BⅣ式和BⅤ式无腰脊罐可以看作是早期器物到晚期的遗留。

综上，上述遗址Ⅰ区的4组墓葬可以细分为5组。分别是：

第一组，为M9和M10。

第二组，为M14、M58和M75。

第三组，为M13。

第四组，为M2、M43和M52。

第五组，为M1、M4和M5。

上述5组墓葬年代的早晚是，第一组墓葬最早，第五组墓葬最晚，中间依次。

其余10座墓葬M3、M15、M41、M50、M51、M53、M54、M59、M69和M74等暂时不能归组。

这5组墓葬出土器物型式组合可归纳为表6-2-4。

我们再来看遗址Ⅲ区的墓葬。同样也是将前文陶器型式分析的结果回归到各自的墓葬，并做成表6-2-5。

从表6-2-5中可以归纳出遗址Ⅲ区大致可分为以下几组墓葬：

第1组，为M87、M90、M92和M99。其中M87、M90同出有BaⅢ式盘形豆，M90、M92同出有AⅠ式盘形豆、AaⅠ式折肩折腹罐，M90、M99同出有AⅡ式盘形豆、Ⅰ式陶盆，M87、M92和M99同出有Ⅱ式锥形足鼎，M90、M92和M99同出有AⅡ式凿形足鬶、AbⅡ式无腰脊陶罐，因此，这四座墓葬的年代基本相同。第2组，为M89、M95、M98和M102。其中M89、M95同出有AⅣ式凿形足鬶、AⅢ式三足罐，M89、M98同出有AaⅡ式无腰脊罐、BⅠ式三足罐、BⅢ式壶，M95、M98同出有CⅡ式盘形豆、AaⅢ式折肩折腹罐、AⅢ式壶，M95、M102同出有AbⅢ式铲形足鼎、AⅣ式壶，M89、M95和M102同出AⅢ式盘形豆，M89、M98和M102同出AaⅡ式有腰脊罐，因此，这四座墓葬的年代基本相同。

表6-2-4　遗址Ⅰ区五组墓葬出土陶器型式组合表

鼎、鬶、豆

器类	鼎								鬶			豆									
型式	铲形足鼎				锥形足鼎		凿形足鼎		凿形足鬶		铲形足鬶	盘形豆				D型		碟形豆		钵形豆	
	A型 Aa	A型 Ab	B型	C型	A型	B型	A型	B型	A型	B型		A型	B型 Ba	B型 Bb	C型	Da	Db	A型	B型	A型	B型
第一组													I	I						I	
第二组		II					II														
第三组					I										III						
第四组					IV									IV	IV						
第五组		VI	IV	III						II				V	V				IV		

罐、盆、盘、圈足盘、钵、壶

器类	罐																盆	盘	圈足盘	钵		壶						
型式	无腰脊罐					有腰脊罐						折肩折腹罐			三足罐		圈底罐				A型	B型	A型	B型	C型	D型	E型	F型	G型
	Aa型	Ab型	Ac型	Ad型	B型	Aa	Ab	Ba	Bb	Bc	Bd	Aa	Ab	B型	A型	B型					Ba	Bb							
第一组					I			I															I						
第二组			II		II																		II						
第三组					III																	I		I	I				
第四组					IV、V	III			III																	IV	III		
第五组				III	IV、V、VI	IV			IV			IV		III			III								III			II	III

杯、盉、澄滤器、背壶、大口缸

器类	杯				盉		澄滤器	背壶	大口缸	
型式	觚形杯	瓦足杯	带把杯	圈足杯	A型	B型			尖底大口缸	圜底大口缸
第一组										
第二组					I	I	I			
第三组					II	II				
第四组	III									II
第五组	IV						III			

表6-2-5 遗址Ⅲ区崧泽文化墓葬出土陶器型式组合表

分组	墓葬	鼎 铲形足鼎A型 Aa	铲形足鼎A型 Ab	铲形足鼎B型	鼎C型	锥形足鼎	凿形足鼎A型	凿形足鼎B型	鬶 凿形足鬶A型	凿形足鬶B型	铲形足鬶	豆 盘形豆A型	盘形豆B型 Ba	盘形豆B型 Bb	盘形豆C型	盘形豆D型 Da	盘形豆D型 Db	碟形豆A型	碟形豆B型	钵形豆A型	钵形豆B型
第1组	M90	Ⅰ	Ⅰ					Ⅰ	Ⅱ$_2$			Ⅰ、Ⅱ$_3$	Ⅱ、Ⅲ								
	M92			Ⅰ		Ⅱ	Ⅰ		Ⅱ$_2$			Ⅰ		Ⅱ$_2$							
	M99					Ⅱ			Ⅱ			Ⅱ$_2$									
	M87	Ⅲ				Ⅱ						Ⅲ	Ⅲ								Ⅰ
第2组	M98							Ⅱ、Ⅲ	Ⅲ$_2$				Ⅳ$_3$		Ⅱ					Ⅲ	
	M95		Ⅲ				Ⅲ		Ⅳ$_2$			Ⅲ$_2$			Ⅱ			Ⅰ			
	M102		Ⅲ									Ⅲ									
	M89		Ⅳ		Ⅰ				Ⅳ$_2$			Ⅲ、Ⅳ						Ⅱ	Ⅰ		Ⅱ
第3组	M94									Ⅴa、Ⅴb				Ⅲ		Ⅰ	Ⅰ	Ⅲ	Ⅱ		
	M85	Ⅳ											Ⅴ、Ⅵ								
	M91			Ⅱ	Ⅱ				Ⅵ$_2$			Ⅴ	Ⅴ		Ⅲ				Ⅲ		
	M96	Ⅳ		Ⅱ$_2$	Ⅲ						Ⅰ				Ⅳ$_3$		Ⅰ$_3$				
第4组	M93	Ⅴ									Ⅱ										
	M76			Ⅲ																	
	M83	Ⅴ	Ⅴ		Ⅲ	Ⅲ						Ⅵ		Ⅳ		Ⅱ	Ⅱ				

续表 6-2-5

分组	墓葬	罐·无腰脊罐 A型 Aa型	罐·无腰脊罐 A型 Ab型	罐·无腰脊罐 A型 Ac型	罐·无腰脊罐 A型 Ad型	罐·无腰脊罐 B型	罐·有腰脊罐 A型 Aa	罐·有腰脊罐 A型 Ab	罐·有腰脊罐 B型 Ba	罐·有腰脊罐 B型 Bb	罐·有腰脊罐 B型 Bc	罐·有腰脊罐 B型 Bd	罐·折肩折腹罐 A型 Aa	罐·折肩折腹罐 A型 Ab	罐·折肩折腹罐 B型	罐·三足罐 A型	罐·三足罐 B型	罐·圜底罐	壶 A型	壶 B型	壶 C型	壶 D型	壶 E型	壶 F型	壶 G型
第1组	M90		II$_3$	I	I			I					I	I					I		I			I	IIa
第1组	M92	I	II$_2$				I			I			I、II		I				II						I$_2$、IIb
第1组	M99		II								I										II				
第1组	M87	II																		II					
第2组	M98						II						III			III	I、II		III、IV	III、IV					
第2组	M95						II	II	II$_2$		II		III	II		III		II$_3$	III、IV	I		III			IIIa$_3$
第2组	M102						II$_2$												IV$_2$						
第2组	M89		III													I、II、III	I			III		II		II	IIIb
第3组	M94	III	II		II$_2$																				
第3组	M85		IV$_3$										III		II		III$_2$				III				
第3组	M91						III		III$_2$	II		I					IV						I		
第3组	M96					IV		III	IV			II											II		
第4组	M93																								
第4组	M76									III$_2$															
第4组	M83																								IV

续表 6-2-5

分组	墓葬	钵 A型	钵 B型 Ba	钵 B型 Bb	盆	盘	圈足盘	觚形杯	瓦足杯	带把杯	圈足杯	盂 A型	盂 B型	匜	澄滤器	背壶	尖底大口缸	圜底大口缸
第1组	M90				I	I											I	I
	M92		I、II													I	II	
	M99				I													
	M87																	
第2组	M98		III			I、II			I	I		I						
	M95		II									II					III	
	M102																	
	M89			III						I	II							
第3组	M94		IV					I		II								
	M85							I、II										
	M91							I_2						I				
	M96		V		II	III	I											
第4组	M93	I、II					II_2、III											
	M76						III		II									
	M83								II									II

第 3 组，为 M85、M91、M94 和 M96。其中 M85、M91 同出有 Ba Ⅴ 式盘形豆，M85、M96 同出有 AaⅣ式铲形足鼎，M91、M96 同出有 B Ⅱ 式铲形足鼎，M94、M96 同出有 Db Ⅰ 式盘形豆，M85、M91 和 M94 同出有 Ⅰ 式觚形杯，因此，这四座墓葬的年代大致相同。

第 4 组，为 M76、M83 和 M93。其中 M76 和 M93 同出有Ⅲ式圈足盘，M76 和 M83 同出有Ⅱ式瓦足杯，因此这三座墓葬大致相同。

从上文表 6-2-2 的层位关系及分析中可知，遗址Ⅲ区的第 1 组和第 2 组墓葬早于第 3 组，第 3 组墓葬早于第 4 组中的 M76 和 M83。而第 1 组和第 2 组墓葬的早晚关系，第 3 组墓葬与 M93 的早晚关系，需要从其他途径探讨。

我们注意到 A 型盘形豆，其中第 1 组墓葬出有 Ⅰ 式和 Ⅱ 式，第 2 组墓葬出有Ⅲ式和Ⅳ式，第 3 组墓葬出有Ⅴ式，第 4 组墓葬出有Ⅵ式。很明显的可以看出该型盘形豆的演变规律为，豆柄开始时柄部较直分界不显著，之后收束明显成亚腰状且分界清晰；豆柄根部与豆盘相接处开始时为外撇弧接，之后微内收，再到内收较甚，同时柄部上部越来越外鼓，到中期呈三段式风格，最后柄部上部鼓突消失，弱化为一道突棱，亚腰状消失，形成外撇粗喇叭形；豆盘上腹由外鼓到略内凹，再到内凹较甚。从该型盘形豆的演变轨迹可知，第 2 组的逻辑位置应处在第 1 组与第 3 组之间。相应的，第 1 组墓葬的年代要早于第 2 组。

此外，我们从 A 型凿形足鬶的演变规律也可以得出第 1 组墓葬的年代要早于第 2 组。第 1 组出有 A Ⅱ 式凿形足鬶（该组虽然没有 A Ⅰ 式凿形足鬶，但是从 A Ⅱ 式凿形足鬶开始的演变规律，同样能说明问题），第 2 组出有 A Ⅲ 式和 A Ⅳ 式，第 3 组出有 A Ⅴ 式和 A Ⅵ 式。该型陶鬶的变化主要在肩腹部。陶鬶开始时肩部为溜肩，之后肩部外鼓耸起，接着肩部变为圆折，其后在此基础上器身开始出现局部瓦楞，肩部和流口之间增加了颈部，到最后器身满饰瓦楞纹，把手也有些新变化。因此，从这些式别凿形足鬶可以看出，该型的陶鬶演变序列清晰，符合逻辑。再次验证了第 1 组墓葬的年代要早于第 2 组。

第 3 组墓葬和 M93 的早晚关系可以从 B 型铲形足鼎和 C 型铲形足鼎的演变序列得知。其中第 1 组出有 B Ⅰ 式铲形足鼎，第 3 组出有 B Ⅱ 式铲形足鼎，M93 出有 B Ⅲ 式铲形足鼎。该型鼎的演变规律为，鼎足从较窄且厚变为较为宽薄，并且鼎足两侧向外卷起，在此基础上鼎足变得更加宽大，并且两侧的卷起演变为方折。从该型鼎的发展轨迹看，M93 所处的位置应放在第 3 组后面。此外，第 2 组出有 C Ⅰ 式铲形足鼎，第 3 组出有 C Ⅱ 式铲形足鼎，M93 出有 C Ⅲ 式铲形足鼎。可以明显地看出该型鼎的演变规律为，鼎身颈部由收束不显，到略微收束，再到收束明显，同时，鼎身腹部由垂鼓逐渐变得圆鼓。从该型铲形足鼎的演变轨迹看，M93 所处的位置同样应在第 3 组之后。因此，第 3 组墓葬早于 M93，综合前文对层位关系的分析，第 3 组墓葬早于第 4 组。

此外，第 1 组墓葬和第 2 组墓葬，第 3 组墓葬和 M93 的早晚关系还可以从 B 型盘形豆、C 型盘形豆、Aa 型无腰脊罐、Aa 型有腰脊罐、Ab 型有腰脊罐、Ba 型有腰脊罐等器物的发展演变序列中得知，此处不再赘述。

综上，遗址Ⅲ区的四组墓葬，第 1 组墓葬年代最早，第 4 组墓葬年代最晚，中间两组墓葬年代依次。

遗址Ⅲ区的四组墓葬出土器物型式组合归纳为表 6-2-6。

表6-2-6　遗址Ⅲ区崧泽文化四组墓葬出土陶器型式组合表

鼎、鬶（甗）、豆

器类	鼎							鬶（甗）			豆									
型	铲形足鼎 A型		铲形足鼎 B型	铲形足鼎 C型	锥形足鼎	凿形足鼎 A型	凿形足鼎 B型	凿形足甗 A型	凿形足甗 B型	铲形足甗	盘形豆 A型	盘形豆 B型		盘形豆 C型	盘形豆 D型		碟形豆 A型	碟形豆 B型	钵形豆 A型	钵形豆 B型
式	Aa	Ab										Ba	Bb		Da	Db				
第1组	I	I	I		II		I				I、II	II、III	II	II						I
第2组	III	III	II、III	I		II	I	II			III、IV	IV	IV	III			I、II	I		II
第3组	IV	IV	II	II		III、IV				I	V	V、VI	III	IV	I	I	III	II、III	III	
第4组	V	V	III	III	III	Va、Vb、VI			I	II	VI		IV		II					

罐、壶

器类	罐																壶						
型	无腰脊罐 A型		无腰脊罐 Ac型	无腰脊罐 Ad型	无腰脊罐 B型	有腰脊罐 A型		有腰脊罐 B型				折肩折腹罐 A型		折肩折腹罐 B型	三足罐 A型	三足罐 B型	圈底罐	圆底罐	A型	B型	C型	D型	E型	F型	G型
式	Aa	Ab				Aa	Ab	Ba	Bb	Bc	Bd	Aa	Ab												
第1组	I	I	I	I		I	I	I	I	I		I、II	I	I				I、II	I、II、III	I			I	I、IIa、IIb
第2组	II	II	II	II		II	II	II	II	II		III	II		I、II、III	I	I、II、II、III	I、II	III、IV	I、II、III	III、IV、IV	II、III	I	II	IIIa、IIIb
第3组	III	III				III	III	III	III	III	I			II		III、IV	III、IV			III	III	III	II		
第4组					IV			II、III			II										II	III			IV

盆、盘、钵、杯、盉、大口缸、陶背壶、澄滤器、匜

器类	盆	盘	钵			杯				盉		大口缸		陶背壶	澄滤器	匜
型		圈足盘	A型	B型		瓠形杯	带把杯	瓦足杯	圈足杯	A型	B型	尖底大口缸	圆底大口缸			
式				Ba	Bb											
第1组		I	I、II	I、II		I、II					I、II		I	I		
第2组	I	I、II		II、III	III		I	I	II	I		I、II			I	
第3组	II	III		IV、V		I、II	I、II			II		III				I
第4组	II、III	IV	II			II		II					II	II		

将遗址Ⅰ区五组墓葬的器物组合型式（表6-2-4）与遗址Ⅲ区四组墓葬的器物组合型式（表6-2-6）进行比较，可得出以下认识：

1. 遗址Ⅲ区第1组墓葬的年代与遗址Ⅰ区第二组的大体相当。两组同出有AⅡ式盘形豆、AⅠ陶盉。

2. 遗址Ⅲ区第3组墓葬的年代与遗址Ⅰ区第三组的基本相同。两组同出有CⅢ式盘形豆。

3. 遗址Ⅲ区第4组墓葬的年代与遗址Ⅰ区第四组的基本一致。两组同出有BbⅣ式盘形豆、CⅣ式盘形豆、BⅣ式无腰脊陶罐和BbⅢ式有腰脊陶罐等器物。

因此，遗址Ⅰ区五组墓葬和遗址Ⅲ区四组墓葬可以归为以下六组（见表6-2-7）：

A 组：M9、M10。

B 组：M14、M58、M75、M87、M90、M92 和 M99。

C 组：M89、M95、M98 和 M102。

D 组：M13、M85、M91、M94 和 M96。

E 组：M2、M43、M52、M76、M83 和 M93。

F 组：M1、M4 和 M5。

表6-2-7　遗址Ⅰ区和遗址Ⅲ区崧泽文化墓葬组别对应表

	遗址Ⅰ区	遗址Ⅲ区
A 组	第一组（M9、M10）	
B 组	第二组（M14、M58、M75）	第1组（M87、M90、M92、M99）
C 组		第2组（M89、M95、M98、M102）
D 组	第三组（M13）	第3组（M85、M91、M94、M96）
E 组	第四组（M2、M43、M52）	第4组（M76、M83、M93）
F 组	第五组（M1、M4、M5）	

此外，遗址Ⅰ区尚有未归组的 10 座墓葬，分别为 M3、M15、M41、M50、M51、M53、M54、M59、M69 和 M74。以下分别分析。

M3 出有 BaⅤ式盘形豆，与遗址Ⅲ区第 3 组墓葬中的同类器相同，可归入 D 组。

M15 出有 AⅡ式凿形足鬶、BaⅢ式盘形豆和 GⅠ式陶壶，与遗址Ⅲ区第 1 组的相同，可归入 B 组。

M41 出土陶器较为破碎未复原，从层位上看与遗址Ⅰ区第五组墓葬的相同，可暂归入到 F 组。

M50 出土有 AaⅡ式铲形足鼎，形态上介于遗址Ⅲ区第 1 组和第 2 组之间，考虑到其层位关系和 M75 的相同，可归入到 B 组。

M51、M53 和 M54 等 3 座墓葬，M51 因陶片破碎未修复出器物，M53 出土了一件澄滤器，M54 出土了一件残豆盘因无可相比器物未进行型式分析。由于这三座墓葬均开口于 3c 层下，打破 4a 层，与遗址Ⅰ区第四组墓葬中 M52 的相同，又因为 M54 内出土的澄滤器与 M52 内的接近，因此暂把这三座墓葬的年代视同于 M52，如此，可归入到 E 组。

M59 内出土 Bb Ⅱ 陶钵，其形态排在遗址 Ⅲ 区第 2 组墓葬中 M89 的同类器之前，其年代当不晚于 M89，考虑到 M59 在层位上要晚于遗址 Ⅰ 区第二组墓葬中的 M75，因此把 M59 的年代视同于 M89，应是比较合理的。如此，可归入到 C 组中。

M69 内出土了 C Ⅰ 式盘形豆，其形态排在遗址 Ⅲ 区第 2 组墓葬中 M95 和 M98 的同类器之前，其年代当不晚于 M95 和 M98，考虑到 M69 在层位上同样要晚于遗址 Ⅰ 区第二组墓葬中的 M75，因此把 M69 的年代视同于 M95 和 M98，也应是比较合理的。如此，同样可归入到 C 组中。

M74 中出土了 Bb Ⅲ 式盘形豆，与遗址 Ⅲ 区第 3 组中的同类器相同，因此可归入到 D 组中。

综上，遗址 Ⅰ 区和遗址 Ⅲ 区发现的 37 座墓葬，可以归为以下 6 组（表6-2-8）：

表 6-2-8　遗址 Ⅰ 区和遗址 Ⅲ 区崧泽文化墓葬分组表

	遗址 Ⅰ 区	遗址 Ⅲ 区
A 组	M9、M10	
B 组	M14、M15、M50、M58、M75	M87、M90、M92、M99
C 组	M59、M69	M89、M95、M98、M102
D 组	M3、M13、M74	M85、M91、M94、M96
E 组	M2、M43、M51～M54	M76、M83、M93
F 组	M1、M4、M5、M41	

这六组墓葬的划分，前文已经分析，是依据相互间的层位关系，没有一组是与层位关系相违背的。此外，在各器物型式的发展演变上，有比较清晰的演变规律和发展序列，因此，这 6 组墓葬的划分应是比较合理的。其中 A 组年代最早，F 组年代最晚，中间四组年代依次。

将以上 6 组墓葬出土器物型式组合制表如 6-2-9：

从表 6-2-9 可以看出，六个组别之间的变化比较明显，相当多的器物演变规律清晰，发展序列完整，代表了整个墓地的不同发展阶段。因此，这六组可各代表一段，整个墓地可以分为前后发展的六段：

第 1 段　A 组
第 2 段　B 组
第 3 段　C 组
第 4 段　D 组
第 5 段　E 组
第 6 段　F 组

表6-2-9　遗址Ⅰ区和遗址Ⅲ区崧泽文化墓葬出土陶器型式组合表

（上半部）

器类	鼎							鬶			豆									
	铲形足鼎				锥形足鼎	锗形足鼎		锗形足鬶		铲形足鬶	盘形豆						碟形豆		钵形豆	
	A型		B型	C型		A型	B型	A型	B型		A型	B型		C型	D型		A型	B型	A型	B型
型 / 式	Aa	Ab										Ba	Bb		Da	Db				
A组								Ⅰ				Ⅰ							Ⅰ	Ⅰ
B组	Ⅰ、Ⅱ	Ⅰ、Ⅱ	Ⅰ	Ⅰ	Ⅰ	Ⅰ		Ⅱ	Ⅰ		Ⅰ、Ⅱ	Ⅱ、Ⅲ	Ⅱ	Ⅰ、Ⅱ				Ⅰ	Ⅱ	Ⅰ
C组	Ⅲ	Ⅲ	Ⅱ	Ⅰ	Ⅱ	Ⅱ	Ⅰ	Ⅲ、Ⅳ	Ⅱ	Ⅰ	Ⅲ、Ⅳ	Ⅳ	Ⅲ	Ⅲ	Ⅰ		Ⅰ、Ⅱ	Ⅰ	Ⅲ	Ⅱ、Ⅲ
D组	Ⅳ	Ⅳ	Ⅲ	Ⅱ	Ⅲ、Ⅳ	Ⅲ、Ⅳ	Ⅱ	Ⅴa、Ⅴb、Ⅵ		Ⅱ	Ⅴ	Ⅴ、Ⅵ	Ⅳ	Ⅳ	Ⅰ	Ⅰ	Ⅲ	Ⅱ、Ⅲ		
E组	Ⅴ		Ⅳ	Ⅲ		Ⅴa、Ⅴb、Ⅵ					Ⅵ		Ⅴ	Ⅴ	Ⅱ					Ⅳ
F组	Ⅵ			Ⅲ	Ⅳ、Ⅴ、Ⅵ													Ⅳ		

（下半部）

器类	罐																壶						
	无腰脊罐					有腰脊罐						折肩折腹罐			三足罐		圜底罐							
	A型				B型	A型		B型				A型		B型	A型	B型		A型	B型	C型	D型	E型	F型	G型
型 / 式	Aa	Ab	Ac	Ad		Aa	Ab	Ba	Bb	Bc	Bd	Aa	Ab											
A组								Ⅰ																
B组	Ⅰ	Ⅰ	Ⅰ、Ⅱ	Ⅰ	Ⅰ	Ⅰ	Ⅰ		Ⅰ	Ⅰ		Ⅰ、Ⅱ	Ⅰ	Ⅰ	Ⅰ、Ⅱ、Ⅲ	Ⅰ	Ⅰ、Ⅱ	Ⅰ、Ⅱ、Ⅲ、Ⅳ	Ⅰ、Ⅱ、Ⅲ、Ⅳ	Ⅰ、Ⅱ	Ⅰ		Ⅰ	Ⅰ、Ⅱa、Ⅱb
C组	Ⅱ	Ⅱ、Ⅲ	Ⅲ	Ⅱ	Ⅱ	Ⅱ	Ⅱ	Ⅱ	Ⅱ	Ⅱ		Ⅲ	Ⅱ			Ⅲ、Ⅳ	Ⅲ、Ⅳ	Ⅲ、Ⅳ	Ⅲ、Ⅳ	Ⅲ	Ⅱ、Ⅲ	Ⅰ	Ⅱ	Ⅲa、Ⅲb
D组	Ⅲ	Ⅱ、Ⅳ		Ⅲ		Ⅲ	Ⅲ	Ⅲ	Ⅲ		Ⅰ			Ⅱ								Ⅱ		
E组	Ⅳ					Ⅳ	Ⅳ	Ⅳ			Ⅱ													
F组					Ⅳ、Ⅴ、Ⅵ				Ⅳ			Ⅳ		Ⅲ			Ⅲ				Ⅳ	Ⅲ		Ⅳ

续表 6-2-9

器类 式型 组（分组）	钵 A型	钵 B型 Ba	钵 B型 Bb	盆	盘	圈足盘	杯 觚形杯	杯 瓦足杯	杯 带把杯	杯 圈足杯	盃 A型	盃 B型	匜	澄滤器	背壶	大口缸 尖底大口缸	大口缸 圜底大口缸
A组			I														
B组		I、II		I	I					I	I	I		I	I、II	I、II	I
C组		II、III			I、II			I	I	II	II	II					III
D组		IV、V		II		I	I、II	II	II				I				
E组					III	II、III	III							II、III			II
F组							IV						II				

（二）生活遗存分期

尽管在东山村遗址中，崧泽文化墓地是整个崧泽文化遗存中最重要的部分，墓葬的分期，在很大程度上可以反映整个遗存的分期，但东山村遗址崧泽文化遗存是包括墓地以及房址、灰坑等各类生活遗迹在内的一个有机整体，除墓葬外的其他遗迹同样也是整个聚落的重要组成部分。因此，要全面反映整个崧泽文化聚落的发展脉络和轨迹，还需要对包括房址等在内的生活遗存进行全面的考察和分析。

除墓葬外，东山村崧泽文化遗存还包括Ⅱ区5座房址F1～F5，Ⅰ～Ⅲ区内的10座灰坑H2、H3、H6～H8、H17、H21、H22、H40、H41和2座灶址Z1和Z2，遗址北部探沟T4内的5座灰坑H26、H27、H28、H29、H30和1条灰沟G4，以及各探方、探沟地层。

Ⅱ区的五座房址，仅F1经过局部解剖，出土陶、玉、石等遗物19件。从陶器形态特征来看，与墓葬器物存在较大差别。出土的一件钵形豆（F1：1），口微侈，深腹，矮柄，喇叭形圈足，显然是从马家浜文化墓葬M19中出土的陶豆演化而来，与第二段M87内出土的BⅠ式钵形豆较接近。此外，F1还出土有残陶釜，或剩口沿或剩器底。其中一件陶釜（F1：12），残剩器腹、底，腹中部堆贴一周窄腰沿，似为马家浜文化时期发达的釜腰沿的遗留。而另一件陶釜（F1：4），器底缺失，残剩口部，口、肩部及腰沿特征与马家浜文化时期陶釜更为接近，但功能似已不再作为炊器，可能是作器座之用。因此，从出土豆、釜的特征来看，F1中还保留有较多的马家浜文化因素，因此，它的年代不会太晚，应该与M9和M10的年代接近，或略早。

同样，F2～F5与F1位于同一区且开口层位一致，F1与F4、F2与F3还极有可能为同一组建筑，F4和F3可能分别是F1和F2的附属建筑。因此，这五座房址的年代应该比较一致。从地层内出土的器物分析，遗址Ⅱ区第4层大致与遗址Ⅰ区第5层年代相当。

其他灰坑、灰沟和灶址中，H2出土有与M9相同的陶盉，可归入到第1段；H40打破M96，且出有与M93相同的AⅠ式陶钵，因此可归入到第5段；H41开口于遗址Ⅰ区第5层下，打破第6层，出土的陶豆柄和鼎足具有早期特征，多数见有马家浜文化因素的残留，但是其中部分豆柄如H41①：12、H41②：9、H41③：3等，与M15和M87中的M15：9、M87：2均较相似，因此可归入到第2段；H30出土有与M83相似的BbⅣ式盘形豆，因此可归入到第5段；其余的灰坑、灰沟和灶址由于多数未做清理，或出土标本不具可比性，或未见器物出土，暂依据其层位对这些遗迹进行大致的年代判断。

此外，从文化层堆积中出土的陶片分析，遗址Ⅰ区4a层、4b层和5层的年代大体与第5段、第3段和第2段相当，遗址Ⅱ区第4层的年代大体与第2段相当，遗址Ⅲ区第4层和第5层的年代大体分别与第5段和第3段相当。

综上，东山村遗址崧泽文化遗存可以分为前后发展的六段。此外，从陶豆、陶鬶、陶壶等典型器物的变化（图6-2-66A、B）来看，在第3段和第4段之间，以及第5段和第6段之间，有比较大的转变，可以归为三期，其中第1段、第2段和第3段归为第一期，第4段和第5段归为第二期，第6段为第三期（表6-2-10）。

表 6-2-10　崧泽文化遗迹分期表

期别	段别	遗址 I 区	遗址 II 区	遗址 III 区	北部探沟
第一期	第 1 段	H2、H41、M9、M10	H6 ~ H8、F1 ~ F5		
	第 2 段	⑤、H41、M14、M15、M50、M58、M75	④	M87、M90、M92、M99	H28、H29、G4、T4⑫
	第 3 段	④b、H3、M59、M69		⑤、M89、M95、M98、M102	T3 ⑥ a、T3 ⑥ b、T4⑪
第二期	第 4 段	M3、M13、M74		H17、H21、H22、Z1、Z2、M85、M91、M94、M96	T3⑤a、T3⑤b
	第 5 段	④a、M2、M43、M51 ~ M54		④、H40、M76、M83、M93	T4⑩、H26、H27、H30
第三期	第 6 段	M1、M4、M5、M41			

（三）　各期段文化特征

东山村遗址崧泽文化遗存分为前后发展的六个阶段，现以墓葬材料为主，兼及部分房址和灰坑材料，对每个阶段的文化特征小结如下：

1. 崧泽文化第 1 段

本阶段以 F1、M9、M10 为代表。东山村崧泽文化六个阶段遗存中，仅本阶段发现有房址，共计发现 5 座，集中发现于遗址 II 区内。其中以 F1 保存最好且揭露最为完整。F1 平面近长方形，保留有较多的红烧土倒塌堆积，从解剖倒塌红烧土堆积中存有大量的印有芦苇杆状印痕的红烧土土块以及房址内部南北两处柱洞来看，F1 应是一座单间大房址，先开挖柱洞立柱，再在柱子间以木骨泥墙构筑，内部以南北两柱支撑房顶。房址应是失火烧毁，在解剖清理的红烧土下面揭露有较多的陶器、石器、玉器等，陶器基本可完整复原。墓葬数量发现的不多，仅 2 座，占已发现的墓葬总数的约 5%。墓葬方向基本一致，均为西北—东南方向。墓葬大小一般，长约 2 米、宽约 0.8 米、深约 0.2 米。随葬品多少不一，M9 随葬较多有 11 件，M10 出有 3 件。在随葬品摆放位置上，M10 有 2 件放置于墓葬中间，另外一件放置于墓坑的东南角。M9 的随葬品主要放置于墓坑的东西两侧，这种摆放方式，似乎成为以后随葬品放置位置的主流。

在陶质方面，有泥质陶和夹砂陶，以泥质陶为主。泥质陶颜色有灰陶、灰黑陶、黑陶、红陶、红褐陶等，夹砂陶有红陶、红褐陶等。夹砂陶中有少量的夹砂夹蚌陶，约占 7%，器形主要是盉。泥质陶在墓葬陶器中的占比约 85%，在房址中的比例为 50%。泥质陶和夹砂陶中，红陶系①的占比在墓葬和房址（主要是指 F1）中有所差别。在墓葬中，红陶系的比例约为 29%。在房址中，红

---

① 红陶系指红陶和红褐陶。红陶的器表颜色一般比较均匀，红褐陶的器表局部发褐色，后者可能是火候不均所致。此处把红陶和红褐陶同归为红陶系，其与灰陶系在烧法上应有截然区别。早期，红陶系占有相当比例，越到晚期，占比越小。这种变化可能与烧制技术的不断改进有所关联。

陶系的比例约为 55%，占有一半以上的分量。一方面，可能是墓葬与房址的出土器物确存差别；另一方面，在本段中，可能是由于 F1 的年代比 M9 和 M10 要早的缘故。F1 出土器物保留有较多的马家浜文化因素，而马家浜文化陶器的陶色以红陶系为主。夹砂陶的器形主要有釜、钵、澄滤器等，泥质陶的器形有豆、罐、壶、鬶、盆、瓮等。

本阶段主要以平底器和圈足器为主，有少量三足器。器物组合以豆、罐为主，另有部分鬶、壶、钵、瓮、澄滤器、器盖、纺轮等。本阶段在房址和墓葬中皆未见有鼎出土（这或许与考古工作的规模有关）。鬶的足为凿形足，器身较深，喇叭形小口，腹侧有三角形把手。豆有盘形豆和钵形豆，豆柄均为外撇的喇叭形圈足，流行在豆柄根部饰多道凹弦纹，以及在凹弦纹带上镂刻小圆孔或细纵长方形镂孔。豆柄上饰多组凹弦纹带的风格已经出现，并且成为后来的装饰主流。罐有无腰脊陶罐和有腰脊陶罐两种，腹侧多有长方形或鸡冠形耳。壶以粗颈圆鼓腹为特征，未见其他型式的壶。陶盉以大口无流的盉为主。澄滤器的流较短，但比对侧要高。

在纹饰方面，多数陶器不加修饰，主要以凹弦纹为主，另见有小圆形镂孔、纵细长方形镂孔、细绳纹等。

石器在墓葬中未见出土，在房址中出有石锤、小型石锛、中型和小型石凿等，均见有使用痕迹。

玉器在墓葬中同样未见出土，在房址中出有 3 件，为玉玦和玉管，均为石英质。与马家浜文化时期的玉器基本相似。

本阶段应是在本遗址马家浜文化晚期的基础上发展而来，基本不见其他的外来文化因素。发现的墓葬数量不多，但是个别墓葬的随葬品数量在 10 件左右。90 年代的发掘，相当于本阶段的墓葬也有发现[①]。此外，以 F1 为代表的大房址的发现，也显示出本阶段的整体社会发展水平，绝不是普通的村落。在墓葬方向上，本段仍然与马家浜文化晚期晚段盛行的西北—东南方向保持一致。在陶器上，有较多的马家浜文化的孑遗，如房址内出土的弱化腰檐的平底釜、腹侧有牛鼻穿耳的陶瓮等。本阶段的陶豆均为灰陶系，与马家浜文化时期的陶豆有很大区别，但是柄部外撇的大喇叭形圈足仍然与马家浜文化时期的比较一致，一些凹弦纹和镂孔的风格也是在前期的基础上发展而来。另外，本阶段的一些陶罐、陶钵等器物也可以在本遗址马家浜文化晚期中找到原型。陶鬶的出现是本阶段的一大特点，喇叭形小口、附三凿形足和一三角形把手，该型器物在马家浜文化晚期晚段尚未找到原型，可能是由本阶段更早时期的细颈带把盉和三足器结合而产生的新器物。这种新器形在东山村此后的阶段里有新的发展演变序列，应是东山村遗址自身发展的一大特点，对周边遗址有广泛影响。此外，有腰脊陶罐也是本阶段的一个特点，虽然发现数量不多，但在以后的阶段中大量流行。该种器物同样在马家浜文化晚期未找到原型，其腰脊推测应是借鉴腰檐釜的形式。

总而言之，本阶段在前期的基础上逐渐发展起来，虽保留前期较多因素，但也形成了自己的特点，并在之后将逐渐发展壮大。

----

① 张照根、姚瑶：《张家港东山村遗址发掘的主要收获》，《东南文化》1999 年 4 期；苏州博物馆、张家港市文物管理委员会：《张家港市东山村遗址发掘简报》，《文物》2000 年 10 期。例如 M3 和 M5，亦属本阶段。

2. 崧泽文化第二段

本阶段以 M14、M15、M87、M90、M92、M99 和 H41 等遗迹为代表。自本段开始，在已发掘的区域未再发现有崧泽文化时期的房址。仅在中心区域北部的探沟、东部探方中发现有若干灰坑和灰沟。本阶段的墓葬数量明显增多，已清理有 9 座，占墓葬总数的约 25%。在葬地方面，除了遗址 I 区的墓地继续沿用外，还把遗址 III 区也开辟为墓地。并且从本段开始，在相当长的一段时间内，高等级大墓和中型墓均埋葬在遗址 III 区，而小型墓均埋葬在遗址 I 区。在墓葬方向上，所有墓葬与前期保持高度一致，仍然是西北—东南方向。高等级大墓一般长在 3 米左右，宽在 1.2~1.7 米，深约 0.4~0.6 米。中型墓一般长在 2~2.5 米，宽在 0.8~1 米，深约 0.25 米。小型墓一般长在 2 米左右，宽约 0.8 米，深约 0.3 米。在随葬品数量上，高等级大墓一般随葬在 45 件（套）以上，其中 M90 出土有 65 件（套），是目前崧泽文化墓葬随葬器物最多的一座。中型墓一般在 10 件左右，小型墓在 1~14 件之间，多数是 10 件以下，极个别达到 10 件以上。在随葬品的放置上，主要还是放置于墓坑的两侧，而大墓由于随葬品较多，在墓坑的四周及墓主的身上均有放置。在随葬玉器上，大型墓一般随葬在 10 件以上，中型墓为 0~2 件，小型墓未见玉器出土。

在陶质方面，还是泥质陶和夹砂陶两大类，泥质陶和夹砂陶的颜色与前段无较大差别，唯泥质陶中新增灰褐陶、夹砂陶中新增黑褐陶。夹砂陶中的夹砂夹蚌陶的比例仍然维持在 7% 左右，器形主要是鼎和盉。泥质陶在墓葬陶器中的占比约为 74%，比例有所下降。红陶系的比例约为 36%，与前段墓葬中的比例比较接近。夹砂陶的器形主要是鼎、A 型无腰脊罐、圜底罐、尖底大口缸、圜底大口缸、簋等，泥质陶的器形主要是豆、鬶、壶、钵、盆、盘、圈足杯等。

本阶段仍然以平底器和圈足器为主，但是三足器的数量有很大增加，与圈足器占有同样比重。另见有少量圜底器、尖底器。器物组合上，以鼎、鬶、豆、壶、罐为主，另有部分钵、盆、盘、圈足杯、盉、背壶、尖底大口缸、圜底大口缸等。本阶段墓葬中出有陶鼎，并且数量比较多，占本段陶器的 15%。有铲形足鼎、锥形足鼎和凿形足鼎。铲形鼎足有罐形鼎和盆形鼎，鼎足的形态在本段偏早时期比较窄且厚，到了偏晚时期，变得比较宽薄。锥形足鼎的鼎足根部后期已不见圆窝。凿形足鼎的鼎足为侧装的近三角形足，足的棱角比较分明，与陶鬶的凿形足比较相似，但是凿形足鼎的足根部有转角或鼓突，有的在转角上有凹窝，足尖外撇，例如 H41①:2。凿形足鼎在附近的其他遗址难以找到同类器，应是东山村遗址自身特有的。此外，尚见有一种曲尺形足带把鼎（M92:4），三足向外弯曲，足尖略向上翘，腹侧附一长方弯曲把手。陶鬶在前期的基础上，不仅在形制有所发展变化，并且在数量上占据相当比重。陶鬶在形制上的变化主要是口部和器身，口部由前段的小口变大口，器身由较深变略矮。陶豆在本阶段有了较多的发展，在前段盘形豆和钵形豆的基础上，新增加了敛口折腹粗柄盘形豆，与敛口折腹细柄盘形豆成为该阶段的主流。此期的盘形豆多数由前段的外撇喇叭形发展为柄部稍直、再到略束腰的演变轨迹，并且柄部多数饰三道或数道细弦纹带，且在弦纹带之间镂刻纵长方形孔或三角形孔，孔有的钻透有的未钻透。钵形豆有高柄和矮柄之分。在本阶段，高柄钵形豆的柄部由前式的外撇喇叭形演变为稍直，在柄上部饰两组细弦纹带，并在细弦纹带间镂刻纵长方形孔。矮柄钵形豆与前段形制差别不大，比较明显的是前段弦纹带间的长方形镂孔较小，本段的纵长方形镂孔变得比较长且宽，与同阶段的高柄钵形豆的柄部镂孔风格基本上是一致的。陶罐在本阶段发展迅速，本遗址之后阶段的各种型式陶罐，基本在本阶段就已奠定下来（除了三足罐）。无腰脊陶罐新增了卷沿折腹罐、卷沿垂腹罐、直口圆腹罐。有腰脊陶罐中新出现的两个型式大型罐（Aa、Ab 型），在同阶段的周边遗址中尚未见到同类器形，应是东山村自身特有器形。此外，陶罐还新增两个型式的中型罐（Bb、Bc 型）。折肩折腹罐在本阶段开始出现，器身最大径一般在下折腹处。陶壶在本阶段同样有极大的发展，新增了细长颈宽腹壶、粗长颈宽腹壶、粗长颈扁腹壶、双腹壶、折肩折腹壶等。这些陶壶不仅数量较多，而且更新的速率比较快，多数在本阶段即完成了一次演变。陶钵中新出现了一种折腹大钵，上腹比下腹长，该型或是从马家浜晚期晚段的单耳折腹钵（M62∶2）发展而来。本段出现的陶盆，折沿，上腹较直，下腹斜收，很明显是由马家浜文化晚期晚段的小折沿陶盆（M68∶4）发展而来。陶盉有小口和大口，小口为新出现的器形，大口是在前段基础上发展而来。圈足杯敞口，矮圈足，或是由马家浜文化晚期晚段的圈足豆（M19∶2）演变而来。新出现背壶。尖底大口缸器身修长，胎体厚重，在前段虽未见到，但是在马家浜文化晚期晚段的地层中见有较多的尖底器，因此推测是在本地发展演变而来的。圜底大口缸同样在第 1 段未见到，敞口，底略平圜，推测是由马家浜文化晚期的敞口腰檐釜演变而来。

在纹饰方面，流行细弦纹带、纵长方形镂孔、纵三角形镂孔、齿状花边纹等，以及少量圆窝、网格纹等。

石器在本阶段不仅在种类上有增加，而且在数量上有很大突破，共出土 46 件，其中墓葬出土 35 件，约占墓葬出土石器总数的 42.2%。石器新增加有钺、斧、大型和中型锛、大型凿、砺石、锥等。其中钺—大型石凿—小型石锛是稳定组合。石钺有宽胖和窄长两型式，器身两侧与端刃弧接，界限不明，并且两侧常开刃。多数没有使用痕迹。大型石锛和大型石凿的长一般在 20 厘米以上。石钺、大型石锛和大型石凿均制作比较精致，打磨抛光技术较为成熟。部分石钺上还有朱彩纹饰，说明石钺已经具有礼仪性质。

玉器在本阶段同样有长足的发展。不仅种类丰富，而且数量较多。共计出土 33 件，均为墓葬内出土，约占墓葬出土玉器总数的 28.7%。在器类上，除了前段的玦和管外，新增加了璜、镯、管形饰、凿、三角形饰、纽形饰、钥匙状饰、柱形饰等。其中璜—镯—管是稳定组合。本段在玉器的选材和辨识上有很大发展，已经普遍出现有透闪石—阳起石系列和蛇纹石系列等软玉。本段还出现了一些加工玉器的工具。如 M90 头骨附近出土的含铁量高的石锥、一堆石英砂、一件砺石等。

本阶段在前期发展积淀的基础上，全面地跨越式地高速地向前迈进。不仅在葬地的选择上，已经出现明显的分区埋葬，即大型和中型墓葬均埋葬在遗址Ⅲ区，小型墓则安排埋葬在遗址Ⅰ区。而这种状况至少一直维持到第 5 段，即崧泽文化中期①。这种现象不仅反映贫富分化显著，社会已有明显分层，而且透露出对墓地已有严格的规划和管理。本阶段的器物型式全面发展。陶鼎中凿形足型式多样，其他的铲形足和锥状足的陶鼎也得到了较多的发展。陶鬶延续前段并有所变化且得到较多的发展，仍然是东山村遗址自身的一大特点。陶豆、陶壶、陶罐等同样型式多样，发展

----

① 东山村遗址在目前的发掘区域内尚未发现有相当于崧泽文化晚期的高等级大墓。从已揭露大墓的埋葬规律来看，或者崧泽文化晚期的大墓在 T0710 和 T0711 的东面，这个只能期待在今后的考古工作中进一步证实。

迅速，其中有较多型式与周边的崧泽遗址、钱底巷遗址、新岗遗址等同类器相似，应是时代的统一性所致。而大型陶罐在周边遗址中未见到同类器，显然是东山村的特色。器物群中鼎、鬶、豆、罐、壶的组合很稳定，另有钵、盆、盘、圈足杯、盉等。需要注意的是，在大墓随葬的陶器中，相当多的陶器是成组陪葬，比如鬶、豆、壶、罐等。此外，大墓中还固定用大口缸（尖底大口缸和圜底大口缸）陪葬，一般每座随葬一件，个别大墓随葬两件。这种现象也是东山村遗址的一大特点。本段陶器中，还见到少量外来文化因素，比如 M92 中的背壶和曲尺形足鼎。另外，在大墓的随葬石器和玉器中还见到有稳定的组合，石器中是钺—大型凿—小型锛，玉器中是璜—镯—管。说明在大墓的随葬品中，对陶器、石器和玉器的陪葬种类和数量似乎有一套规定，或者可称之为初级的礼制。

　　总之，在本阶段，东山村遗址在继承前段的基础上，不断开拓，积极创新，器物型式多样，组合稳定，同时也吸收些外来文化因素，自身的特点已经基本形成。与前段相比，本段可说是跨越式发展，但联系前段及马家浜文化晚期晚段的发展状态，本阶段的飞跃还是有坚实的基础的。

　　3. 崧泽文化第 3 段

　　以 M59、M69、M89、M95、M98 等为代表。本阶段揭露的墓葬略少，共有 6 座，占墓葬总数的 16%。在葬地的规划上，大型墓和中型墓仍然与小型墓分别葬在遗址Ⅲ区和遗址Ⅰ区里。在墓葬方向上，仍然与前段保持一致，为西北—东南方向。大中型墓长为 2.65～3.2 米，宽为 1.1～1.6 米。小型墓一般长为 1.8 米、宽 0.7 米左右。在随葬品数量上，大型墓一般在 40 件以上。小型墓随葬品一般在 2 件左右。在随葬品的放置上，小墓有的偏于墓坑一侧，有的主要放置于北部。大墓的随葬品放置位置比较固定，与前段一致，放置于墓主的四周，有些放置与墓主身上。在随葬玉器上，大型墓一般在 10 件左右，小型墓则未见玉器出土。

　　在陶质上，依旧是泥质陶和夹砂陶。两种陶质的颜色与前段无较大区别。但是夹砂陶中的夹砂夹蚌陶消失。泥质陶在墓葬陶器中的占比为 86%，有所回升。红陶系的比例约 19%，在数量上有明显下降。夹砂陶的器物略微有点变化，主要还是鼎、圜底罐、尖底大口缸，另见有个别的壶、盉、杯等。泥质陶的器形主要是鬶、豆、无腰脊罐、有腰脊罐、折肩折腹罐、三足罐、壶、钵、盘、瓦足杯、圈足杯、匜等。

　　本阶段同样以平底器为主，圈足器和三足器约占相同比重，另有少量圜底器、尖底器。器物组合上，鼎、鬶、豆、壶、罐仍然是主要组合，另有钵、圈足杯、盉、尖底大口缸等，新出现瓦足杯和带把杯，背壶彻底消失。陶鼎中的铲形足鼎继续发展变化，宽扁铲形足均以向外弯曲为主。新出现腹侧附一长方形弯曲把手鼎，该型鼎的鼎足同样为铲形足。盆形鼎和锥形鼎暂时不见。曲尺形足鼎未延续发展，已彻底消失。凿形足鼎仍然存在，且变化速率较快。陶鬶继续发展演变，在数量上保持稳定。本段陶鬶最主要的变化在于器身的肩部，在偏早时期，肩部由前段的溜肩变为耸肩外鼓，之后变为弧折，肩以下腹部变得近直。陶豆在前段基础上继续发展变化。敛口折腹粗柄盘形豆柄根部开始向内收束，并且收束越来越明显。敛口折腹细柄豆中的多段式风格陶豆，其变化速率比敛口折腹粗柄豆慢一拍，在本阶段的变化是柄部中间开始收束呈亚腰状。高柄和矮柄的钵形豆，柄部同为喇叭形圈足，在本阶段的装饰风格变化较大，一改之前的细弦纹和纵长方形镂孔组合的固定模式，两种型式的陶豆步调一致的"复古"，高柄钵形豆柄部上饰两列对称的纵排的三个小圆形镂孔，矮柄钵形豆上饰两列对称的纵排的两个小圆形镂孔。此外，陶豆中还新增了敛口斜腹高柄豆和碟形豆，在往后的阶段中也将占有重要位置。陶罐在本段继续发展，并新出现三足罐。有腰脊大型陶罐进一步发展，在数量上有所增加，特色不断加强。三足罐虽然新出现，但是更新的速率很快，中型三足罐在本段完成了两次演变，小型三足罐完成了一次演变。圈底罐的数量也有所增加，口部由前式的大口变为中口。此外，部分型式的陶罐在本段可能存有缺环，比如直口圆腹无腰脊中型罐、无腰脊小型罐、折肩折腹小型罐等。陶壶继续得到充足的发展，多数型式陶壶更新较快，在本段又完成一次变化，新增大口折腹壶。折腹大陶钵的上腹变短，最大腹径处于腹部中间。陶盆在本段存有缺环。圈足杯由敞口变为敛口。小口陶盉由直颈发展为束颈。尖底大口缸器身变得更加修长。圜底大口缸在本段存有缺环。瓦足杯在前两段均未发现，在周边同阶段的遗址中也难见到相似器，但在今后的阶段中，大多数遗址比较流行。

在纹饰上，装饰方法比前段有所增多，除了常见的细弦纹和纵长方形镂孔组合，还常见到细弦纹和对三角形镂孔或对弧线三角形组合、细弦纹和对弧线三角形夹一个圆形镂孔组合以及纵排多个小圆形或菱形镂孔组合。前段的陶罐腰脊上的齿状花边继续流行，还见到在器身上刻划波浪状折线纹、宽凹弦纹（窄瓦楞纹）等。

石器在本段不仅种类上有所减少，并且在数量上也有所降低，共出土40件，其中大中型墓葬内出土27件，约占墓葬出土石器总数的32.5%。宽体斧、砺石、锥在本段基本消失。墓葬内的石器组合中仍以钺—大型凿—小型锛为比较稳定的组合，但是大型锛的数量增多，可添加到组合内。宽体钺的数量减少较多，中型锛也有所减少。瘦长形石钺数量比较稳定，大型石锛、小型石凿的数量增加较多。此外，还见到极少量的长体石斧。宽体石钺和长体石钺的器身两侧变得较直，与端刃相接处变得明显。本段的石钺在材质和磨光程度上，感觉整体不如前段。

玉器的数量比前段略少，在种类上也有所减少。玉器共计出土23件，均为墓葬内出土，约占墓葬出土玉器总数的20%。玉器在材质的选择上与前段基本相似，但透闪石—阳起石系列的比例上有所上升，石英岩的比例有所下降，说明对玉的认识上有很大发展。前段的半环形玉璜、环形玦、管形饰、凿、纽形饰、柱形饰等消失。新出现宽边环、环形饰、弧形管、带柄钺形饰等。玉璜以折角形璜为主，镯仍然盛行，玦以璧形玦为主。玉器仍是以璜—镯—管为稳定组合。

本阶段继续维持较为强劲的发展，虽然整体上较前段略微逊色，但是在各方面也不断发展并有所突破。长过3米的大墓的数量与前段基本上相当，在葬地选择和墓葬方向上与前段保持高度一致。大墓的随葬品同样比较多，随葬种类也比较丰富。器物组合中鼎、鬶、豆、罐、壶相当稳定，但也见到部分型式此消彼长。一些非本地特色的器形消失，如背壶和曲尺形足鼎等。但也吸收、融合一些外来因素，如瓦足杯和带把杯等。陶鼎、陶鬶继续往前发展并保持平稳。陶壶的各型式继续向前演变，在数量上略微上升，并增加了新的型式。陶豆依旧不断变化，同样有两型新的陶豆出现。陶罐中的大型陶罐继续保持本地特色不断发展，其他各型式有的继续发展，有的暂有缺环，有的型式数量增加较多。此外，还新出现数量较多的三足罐，这种三足罐在同阶段的周边遗址中尚未发现，也应是东山村自身的创造。石器的数量虽有所减少，但是仍以钺—大型凿—小型锛为比较稳定的组合，并增加大型石锛为新组合成员。宽体石钺和长体石钺在形制上均有发展变化。玉器的种类和数量在本段有所减少，但是仍以璜—镯—管为稳定组合。在对玉的认识上有很大发展，透闪石—阳起石系列软玉所占比例超过半数。玉环开始出现，并将成为今后玉器新的组合之一。

总之，本阶段继续保持前段的强劲发展态势，在墓地格局、大墓规模、随葬品种类和数量上保持平稳发展。在稳固自身传统和特色外，在局部有所突破和创新，同时也剔除一些非本地文化因素。此外，又吸收和融合一些外来因素，为本地增添了活力，从宏观来看，本阶段和前段一起，整体构筑和搭建了东山村遗址崧泽文化辉煌的舞台，铿锵有力地唱出了一首动人心魄的歌曲，久久回荡在长江下游的上空。

4. 崧泽文化第 4 段

以 M3、M13、M85、M91、M94、M96 等为代表。此外，在遗址Ⅲ区揭露有若干灰坑和灶坑。其中两个灶坑均较小，周围未发现有房址的迹象，似与居住无关。本段发现的墓葬数量与前段基本相当，共有 7 座，约占墓葬总数的 19%。仍然实行分区埋葬，即大型墓和中型墓埋在遗址Ⅲ区，小型墓埋在遗址Ⅰ区。墓葬方向仍是与前段保持一致，为西北—东南方向。大型墓一般长还是在 3 米以上，宽在 1.5 米以上。中型墓长约在 2 米，宽 0.8 米。小型墓长在 2 米左右，宽在 0.8 米左右。在随葬品数量上，大型墓的数量有所减少，一般在 30 件以上，个别的在 20 多件。中型墓在 10 件以上，小型墓在 2~6 件之间。在随葬品的放置上，大型墓主要还是围绕墓主四周放置，随葬品较少的放置于墓主左右两侧。中型墓则偏于墓主一侧。小型墓有的偏于一侧，有的放在中间部位。在随葬玉器上，大型墓一般在 10 件以上，个别的随葬较少，有 5 件，中型墓随葬为 2 件，小型墓未见玉器出土。

在陶质上，为泥质陶和夹砂陶。两种陶质的颜色与前段大体相似。夹砂陶中的夹砂夹蚌陶依旧不见。泥质陶在墓葬陶器中的占比为 78%，有所下降。红陶系的比例为 27%，在数量上有所上升。夹砂陶的器物还是以鼎为主，另见有圜底大口缸、甗、无腰脊罐、圈足罐等。泥质陶的器形与前段大体相似，主要为豆、鬶、无腰脊罐、有腰脊罐、三足罐、瓠形杯、壶、钵等，另见有带把杯、圈足盘、圈足杯、匜等。

本段仍然是以平底器为主，圈足器和三足器约占相同比重，有少量圜底器，但是尖底器消失。器物组合上，有比较显著的变化，主要以鼎、鬶、豆、罐为主。陶壶的数量急剧下降，仅有少量存在。新出现瓠形杯，并占有相当比例。另有钵、盆、带把杯、圜底罐等。新出现的器形还有圈足盘、匜等。陶鼎中，铲形足罐形鼎和带把鼎继续流行。铲形足鼎中的盆形鼎又开始出现，不仅在数量上有所上升，在鼎足的形制上也变化多样。宽扁的鼎足其两侧开始向上捏起，或者两侧卷起捏成花边状。锥形足鼎在本段暂有缺环。凿形足鼎中的盆形鼎消失，罐形鼎的数量也有减少，并且凿形足变得低矮，器腹变得扁圆。此段的陶鬶发生了较大的转变。凿形足鬶在口部、器身、把手等部位均有较大的演变：一是在口部加装了颈部，使得原来的长喇叭口分为两个部分，上部是短的喇叭口，下部是喇叭形颈部，中间转折明显，并且多数陶鬶口部配有器盖；二是器身由原来的素面修饰为瓦楞状，最初是在腹部上、下各饰一道宽凹弦纹，之后器身是满饰宽凹弦纹（即瓦楞纹）；三是把手由原来的三角形，变为尾部稍内卷的三角形，或横装或斜竖装，再之后，有的三角形把手尾部内卷更甚，或者有的三角形把手被绞索状半环耳把手所替换。此外，在陶鬶中新出现了窄铲形足鬶，大喇叭口，扁圆形腹，近长方形把手。该型陶鬶将成为以后主要的陶鬶样式之一。陶豆的数量在整体上保持平稳，但在个别的型式上有所变化。敛口折腹粗柄盘形豆的数量下降较多，在形制上柄上部更加鼓突。敛口折腹多段式细柄盘形豆的数量保持平稳，柄根部从略微收束到收束明显。敛口折腹两段式细柄盘形豆又复出现，柄中间分界较为明显并且下部常见圆形和三角形组合镂孔。敛口斜腹高柄豆和碟形豆的柄部演变为三段式风格，且柄部镂孔繁缛，极具时代特征。钵形豆彻底消失，新出现了敛口斜腹矮柄豆，柄部常饰对弧线三角形夹一圆形纹饰。陶罐的数量有所下降，但在各型式上继续向前发展。直口圆腹无腰脊陶罐和小型无腰脊陶罐又复出现，形制上有所变化。有腰脊大型陶罐数量减少，最大径在腹部以上的大型陶罐在本段尚有缺环，最大径在腹部中间的大型和中型陶罐，器腹均由扁圆腹发展成球形腹。有腰脊陶罐中新出现直口短颈带盖中型罐，上腹圆鼓，下腹斜直，该型肩部装有四个对称的桥形系耳，在周边遗址中比较少见。折肩折腹中型罐在本段缺失，折肩折腹小型罐重又出现。前段比较流行的三足中型罐在本段消失，三足小型罐继续发展变化。圜底罐在本段缺失。陶钵继续变化，器身变得更宽。陶盆又出现，折沿消失。新出现少量的圈足盘和陶匜。虽然瓢形杯也为新的器形，但是数量较多。陶盉和尖底大口缸彻底消失，圜底大口缸继续存在。

在纹饰上，有细弦纹、瓦楞纹、刻划纹、突棱纹等，镂孔组合盛行，常见对三角形夹一个圆形镂孔组合，另外还见到有兽面纹镂孔。

石器在本段不仅数量剧减，种类也减少较多。共出土7件，均为墓葬中出土，约占墓葬出土石器的8.4%。长体钺、斧、中型和大型锛、中型和大型凿等彻底消失。中型墓不见石器出土，出土石器的大型墓和小型墓，每墓石器出土数量不超过3件。而有的大型墓甚或不随葬石器。出土的石器以小石锛、小石凿为主。唯一的一把石钺是在小墓中出现。大型墓中石器种类和数量的急剧减少，说明石器已经不再作为随葬品的重要内容而出现，反映了在埋葬制度和思想信仰上有重大的变化。

玉器在本段的数量比较多，是东山村崧泽文化六个阶段中出土玉器数量最多的时段。共计出土35件，均为墓葬内出土，约占墓葬出土玉器总数的30.4%。玉器在材质的认识上较前段又有很大进步，该阶段的玉器绝大多数是透闪石—阳起石系列的软玉，石英岩系列的基本消失。在玉器种类上有所变化。前段的折角形璜、玦、环形饰、管等基本不见，新出现钺、片状的半璧形璜、镯形饰、系璧等。玉镯、玉环尤其是玉环的数量增加较多。玉器以半璧形璜—镯—环为稳定组合，还常见镯形饰、系璧等，另有珠、三角形饰、钥匙状饰等。此阶段玉器的加工技术有极大进步，已经可以切割较大型的玉器，比如半璧形璜和钺等。

本阶段继续往前发展，但是在文化面貌上有较多的显著变化，前进的步伐有所放缓。超过3米多的大墓数量基本保持平稳，在葬地选择和墓葬方向上与前段也一致。但是大型墓葬的随葬品数量有较多的下降，随葬种类也有所减少。陶器组合有较大变化，主要以鼎、鬶、豆、罐为主，陶壶的重要地位丧失，退出舞台。多数器物型式继续发展，保持东山村自身的特色。铲形足鼎中盆形鼎的数量有回升，且鼎足变化较大。凿形足鼎接近消失。陶鬶的数量整体保持稳定，但形制上有很大的变化，并且出现了新的器形。陶豆的发展比较平稳，但是各型式的变化也比较明显。多数陶豆的柄根部收束明显，柄中部为台阶状，呈时代特征明显的三段式风格。另外，钵形豆消失，新出现敛口斜腹矮柄豆。陶罐的发展也比较平稳，但也有几个显著变化。其中直口长颈中型罐、折肩折腹中型罐、三足中型罐、圜底罐等基本消失。陶壶的变化最为显著，多数型式的陶壶基本消失，保留下来的陶壶的数量也比较少。尖底大口缸彻底消失。新出现圈足盘和瓢形杯。其中的瓢形杯的数量还比较多。石器的变化非常大，不仅数量少，而且种类也减少。大墓中有的甚至没有随葬石器，有随葬石器的数量上都不超过3件。前两阶段中随葬的大型石钺、大型和中型石锛、大型和中型石凿已难觅踪影。玉器的数量较前段增加了不少，达到了顶峰。玉器组合上稍有变化，以半璧形璜—镯—环为稳定组合，另见有镯形饰、系璧等。在对玉材的辨识进一步加强，几乎用的全是透闪石—阳起石系列软玉。在玉器的加工技术上有很大的进步，能够切割和制作较大型的玉器。

总之，本阶段继续发展，但是强劲的发展势头有所减弱。在墓地格局、大墓规模和数量上基本保持平稳。但是大墓的随葬品数量和种类减少明显。在尽力维持自身特点的同时，难以阻止部分器物型式的消亡。尤其是陶壶重要组合地位的丧失以及石器在随葬品种类中已不占重要地位，反映了在墓葬制度和思想信仰上有较大的变故。即使如此，本段也还在陶器和玉器方面展示出相当的活力和创新，与同时期的遗址相比，东山村遗址依然遥遥领先。

5. 崧泽文化第 5 段

以 M2、M76、M83、M93 和 H40 等为代表。本阶段生活遗存中主要见有数个灰坑，其中以 H40 为典型。本阶段发现的墓葬数量稍有增加，共有 9 座，约占墓葬总数的 24%。在葬地的安排上，大型墓和中型墓仍然是埋葬在遗址Ⅲ区，小型墓埋葬在遗址Ⅰ区。墓葬方向仍然保持高度的一致，为西北—东南方向。本段的大型墓目前仅发现一座，长为 2.8 米，宽约 1.6 米，深 0.4 米。中型墓 2 座，长约 2 米，宽约 0.8 米。小型墓 6 座，长一般 2 米左右，宽约 0.8 左右。在随葬品数量上，大型墓为 33 件，中型墓在 10 左右，小型墓一般在 5 件以下，个别有 10 多件。在随葬品的放置上，大型墓主要放置于墓主的两侧，中型墓偏于一侧，小型墓主要放置于墓底大部。在随葬玉器上，大型墓仍然在 10 件以上，中型墓为 1~2 件，小型墓未见出土。

在陶质上，依旧是两大类，泥质陶和夹砂陶。两种陶质的陶色与前段相比略有区别，夹砂陶中增加了灰褐陶，泥质陶中增加了灰褐和黄褐陶。泥质陶在墓葬陶器中的占比约占 68%，有所下降。红陶系的占比为 40%，数量上有上升。夹砂陶的器物主要为鼎、甗、鬶、圜底大口缸、澄滤器等，泥质陶的器物主要为豆、罐、钵、觚形杯、圈足盘、瓦足杯等，另见壶、盆、平底盘等。

本段仍以平底器为主，三足器和圈足器的数量基本相当，尚存在少量的圜底器。但平底器所占的比例有所下降，三足器和圈足器的比例有所上升。器物组合上，与前段基本保持平稳，主要以鼎、鬶、豆、罐为主，另常见有圈足盘、钵、圜底大口缸、瓦足杯、澄滤器、盘、觚形杯等。陶鼎中，铲形足鼎继续发展，数量略有减少。锥形足鼎复又出现。凿形足鼎已不见踪影。陶鬶中，基本不见器身为瓦楞纹、腹底转折显著的凿形足鬶，新出现了腹部为圆腹的凿形足鬶，鬶足根部有凹窝。此外，铲形足鬶继续发展，口部由大口变为小口。陶豆中，敛口斜腹高柄盘形豆的数量有所增加，但在柄部镂孔上似有简化趋势。敛口斜腹矮柄盘形豆的数量有所减少，形制上变化不大。敛口折腹多段式细柄盘形豆已难觅踪影，敛口折腹两段式细柄盘形豆的柄部复又发展为喇叭形。敛口折腹粗柄盘形豆的数量依然较少，柄部同样演变为喇叭形状。碟形豆在本段缺失。陶罐中，卷沿折腹和卷沿圆腹中型罐、三足小型罐消失不见，直口圆腹中型罐、折肩折腹罐等在本段存有缺环。有腰脊中型罐和大型罐继续发展，器身上的纹饰更加多样化。无腰脊小型罐的数量有增加，形制上有所变化，稍晚阶段器身上出现瓦楞纹。弧腹陶钵复又出现，且变化型式较多。折腹陶钵消失。陶盆也不见踪影。陶匜在本段有缺环。圈足盘的数量增加较多，形制上变化不大。瓦足杯复又出现，形制上杯身收束更加明显，数量上有所增加。觚形杯在数量上有所减少，形制上不呈亚腰状，发展为口略小底略大的斜直筒形腹杯。澄滤器复又出现，且更新的较快。圜底大口缸依旧存在，稍晚阶段器身变得较矮。

在纹饰上，有细弦纹、齿状花边纹、凹窝纹、三角形和圆形镂孔等，新见有套"回"字形连环纹、柳叶形纹、"〜"形连环和戳点条带组合纹等。

石器在前段衰减的基础上，本段在墓葬中不管是小墓还是大墓，出土的器物中已彻底不见石器的踪影。而与本段相当的地层中却发现有一些石器。因此，说明和前段一样，石器已经不再作为随葬品的重要部分而出现。在前段即已发生改变的墓葬制度，在本段得到了全面加强。

玉器在本段的数量由于大墓数量的减少而急剧减少。共出土玉器16件，均为墓葬中出土，约占墓葬出土玉器总数的13.9%。虽然在总数上减少甚多，但是大墓出土的玉器数量还是在10件以上。中型墓葬的玉器出土数量基本维持在1～2件之间。玉器在材质的认识与前段基本相当，该阶段的玉器绝大多数是透闪石—阳起石系列的软玉，偶尔见有用白云石制作的玉管。在玉器的种类上，与前段大体相当，仍是以半璧形璜—镯—环为稳定组合，另见有镯形饰、系璧、管、半圆形饰、钩形饰、钥匙状饰等。

本阶段依然继续向前发展，但是与前段相比，已逐渐衰弱。虽然在葬地选择和墓葬方向上与前几段保持一致，继续维持着固有的传统和习惯，但在大墓的数量上有所减少。本段目前仅发现一座大墓，并且大墓的长度已经低于3米了。大墓中随葬品数量与前段基本相当，维持在30件以上，但玉器种类进一步减少。陶器组合与前段相差不大，在原有的鼎、鬶、豆、罐为主的基础上，新增加了圈足盘。陶鼎中，铲形足鼎发展保持平稳，凿形足鼎彻底消失。陶鬶的数量较少，形制上也发生变化。陶豆的发展也呈现衰微的迹象，较大型的陶豆已很少见，在装饰上也趋简单化。陶罐中有一些型式已消失，或存有缺环，但在直口短颈有腰脊中型罐和有腰脊大型罐上，依然可以看到精致的刻划纹，保持着一定的发展态势，维持着东山村自身的特点。陶壶的颓势依然存在，仅见到极个别的型式。本阶段的圈足盘数量增多，跻身到陶器组合里。此外，瓦足杯、澄滤器、陶钵等的数量有所增加。石器在本阶段彻底消失，已不见踪影。玉器的数量虽有减少，但在组合上与前段基本保持一致。在对玉材的辨识上与前段也基本相当。

总之，本阶段虽继续往前发展，但已逐渐显示出衰弱迹象。不仅在大墓数量和规模上开始衰减，在随葬品种类上亦有相当减少。石器在本阶段已彻底被抛弃。相当部分器物型式也难觅踪影。唯一保持东山村特色的，是大墓中依然能见到早前形成的若干器物组合和成组陶器陪葬的传统，以及玉器在数量上的优势。

6. 崧泽文化第6段

以M1、M4、M5为代表。本阶段的生活遗存暂未发现。发现的墓葬数量不多，共4座，约占墓葬总数的11%。目前在遗址Ⅲ区内尚未发现本阶段的墓葬，发现的四座墓葬均位于遗址Ⅰ区。四座墓葬的方向与前段基本一致，均为西北—东南方向。墓葬一般长2米左右，个别达到2.4米，宽在0.7～0.9之间。随葬品数量一般在10件以上，个别达到30多件。在随葬品的放置上，似乎没有什么一致性，有的放置于墓主两侧，有的放置于中西部，有的放置于中南部。在随葬玉器上，多数墓葬出土随葬在1～3件之间。

在陶质上，还是泥质陶和夹砂陶。两种陶质的颜色与前段基本相似。泥质陶在墓葬陶器中的占比约为82%，略有上升。红陶系的比例约为18%，有所下降。夹砂陶器物依然以鼎、鬶为主，另有圜底罐、壶等。泥质陶的器形以豆、无腰脊罐、有腰脊罐、折肩折腹罐、花瓣圈足杯等为主，另有壶、匜等。

本阶段陶器一改之前的以平底器为主的面貌，而以圈足器为绝对主流，三足器和平底器占相同比例，圜底器仍有极少量存在。器物组合上，有明显变化，以鼎、豆、罐、杯、壶为主，鬶已不占主要地位。陶鼎中，铲形足鼎仅盆形鼎和垂腹罐形鼎还存在，其他型式的陶鼎已难觅踪影。盆形鼎典型特征是宽扁鼎足中间有齿状花边堆纹。陶鬶数量已极少，仅存圆腹的凿形足鬶，铲形足鬶已消失。陶豆的形制越来越简化，较大型陶豆难觅踪影，前段特征明显的柄部三段式风格已基本不见。陶罐的数量与前段基本相当，但在一些型式上有所差别。直口圆腹无腰脊陶罐复又少量出现。小型无腰脊陶罐发展为器身上腹满饰瓦楞纹的花瓣圈足罐。中型和小型的折肩折腹陶罐也复出现，器身的装饰风格与小型无腰脊陶罐完全一致，上腹均满饰瓦楞纹，器底为花瓣圈足底，时代特征非常明显。最大径在腹部以上的大型有腰脊陶罐、最大径在腹部中间的中型有腰脊罐和直口短颈中型有腰脊罐在本段已难觅踪影，最大腹径在腹部中间的大型和中型有腰脊陶罐虽然存在，但在形制上也趋简单化。此外，圜底罐复又出现，但是器形上变得较小。陶壶中的折肩折腹壶已难以见到，但粗颈圆腹壶和大口折腹壶复又出现，其中的大口折腹壶与多数的陶罐一样，底部增加了花瓣圈足底。本段的花瓣圈足觚形杯数量非常多，成为陶器的主要组合之一，该型陶杯应是在前段平底觚形杯的基础上，加装花瓣圈足而成，其与无腰脊小型罐、折肩折腹中型和小型罐、大口折腹壶等的形制一样，成为时代特征显著的标型器。此外，前段常见的陶钵、圈足盘、圜底大口缸、瓦足杯、澄滤器等已难以见到。

在纹饰上，以瓦楞纹、密集的细弦纹以及简化的对三角形夹一圆形镂孔组合为主，另见有凹窝、突棱、齿状花边等。

石器在本阶段复又出现，在发现的 4 墓葬中均有出土，一般在 1~2 件之间，个别的达到 6 件。共出土 10 件，约占墓葬出土石器的 12%。石器的种类主要为小石锛和小石凿，另见有 1 件石钺。石器在随葬品器物中的重现，说明埋葬制度又复归到原先传统和习惯上。

玉器的出土数量比较少，共计出土 5 件，约占墓葬出土玉器总数的 4.3%。虽然出土数量少，但是均为软玉。这五件玉器均为小型玉饰，有三角形玉饰，有长条形玉饰，有船形玉饰。

本阶段依然向前发展，但是已有较大的减退。相当于本段的大型墓葬未发现（也可能和考古工作的规模有关，不排除将来会有发现。但是以下分析，仅从目前掌握的材料出发）。从遗址 I 区发现的四座墓葬来看，在许多方面存在退化趋势。陶器组合有了新变化，以鼎、豆、罐、杯、壶为主要组合，陶鬶的组合地位已丧失。陶鼎的型式较前段减少明显。陶鬶仅个别存在。陶豆的型式也减少较多，器形更加小型化，纹饰更加简单化。陶罐虽存留有较多型式，但也趋简单化。陶壶的型式略有增加，但器形也是小型化。本阶段见到的最具活力的因素，应是花瓣圈足觚形杯，非常盛行，其在本段墓葬出土陶器中的占比达到了 26%。前段在大型墓或中型墓中经常出现的陶圈足盘、瓦足杯、圜底大口缸、钵等，在本段已难觅踪影。本段的随葬陶器虽然在诸多方面有衰退现象，但是石器和玉器在随葬品中的表现似乎又挽回了一点颓势。石器重又出现在墓葬随葬品中，甚至个别墓葬还见到了石钺，说明在墓葬制度上有极力回归早期传统的迹象。玉器出土数量虽然较少，且都是小型玉饰，但与同区前几段的小型墓中未出土任何玉器相比，已进一步不少。

总之，本阶段虽继续向前发展，但衰退的趋势比较明显。各墓葬中虽然随葬品数量较多，多数在 10 件以上，个别达到 30 多件，但是从陶器的形制和制作来看，已呈现衰退和简化趋势。花瓣圈足觚形杯的盛行，石器和玉器的表现，虽也呈现出一点发展态势，但与往日相比，已不能望其项背。即便陶器的衰退和简化反映了社会生产力和经济也呈衰落现象，我们仍然无法确定在遗址Ⅲ区或在其他区域不再发现如前几段规模的大型墓。恰恰相反，我们倾向于认为目前在遗址Ⅰ区发现的 4 座本阶段的墓葬还是属于小型墓葬。这些小型墓葬的随葬品都在 10 件以上，个别墓葬还达到了 30 多件，出土有小玉饰和石钺，那么与之同阶段的大型墓或是中型墓，其墓葬规模和随葬品程度将是怎样的丰富程度？我们期待着将来新的令人震撼的发现。

通过以上对崧泽文化六个阶段小结的文化特征分析可知，这六个阶段在葬地规划、墓坑规模和墓葬方向等方面基本保持一致，相当多的器物形制发展演变序列完整，组合稳定，逻辑清晰，是一个连续发展的过程，中间不存在缺环。此外，我们发现，在第 3 阶段和第 4 阶段之间，第 5 阶段和第 6 阶段之间，在陶器、石器、玉器等的组合和形制演变上，有比较显著的转变。因此，第 1 阶段、第 2 阶段和第 3 阶段可以归为第一期，第 4 阶段和第 5 阶段可以归为第二期，第 6 阶段归为第三期。

三期的整体特征概括如下：

第一期　随葬品以陶鼎、鬶、豆、罐、壶等为主要组合。以器形较大的铲形足鼎、凿形足鼎、喇叭口溜肩和弧折肩凿形足鬶、柄部呈喇叭形或柄上部略粗下部略细呈束腰状的盘形豆、器腹中部多堆贴细泥条的有腰脊陶罐以及数量较多、造型多样的陶壶、尖底大口缸等器物为其典型文化特征。遗址Ⅲ区中型及大型墓葬中，多随葬体型较大的长条形石锛、石凿以及石钺等。玉器基本组合为璜—镯—管，另有三角形饰、纽形饰、钥匙状饰等较为多样的玉器。Ⅰ区小型墓葬中多为体型小巧的长方形石锛、石凿，个别宽体石钺，不见长体石钺。小型墓葬中未见出土玉器。

第二期，随葬品以鼎、鬶、豆、罐等为主要组合。与第一期墓葬器物相比，铲形足鼎中，罐形鼎的器形趋于矮小，铲形足愈发显得宽薄，足根外弧明显，足两侧光素无纹。盆形鼎的器形依旧高大，足根处多捏束或装饰捺窝。喇叭口弧肩折腹鬶不见，此时的鬶多附盖，颈部最细处由颈、腹连接处，移至颈、腹连接处的上方，器身被修饰成瓦楞状，鬶的把手多样化，有上扬卷曲状、绳索状等，新出现夹砂陶质的圆腹鬶。柄上略粗下略细呈束腰状的盘形豆数量骤减，柄部外鼓较甚、镂孔发达、数量最多的是三段式矮柄盘形豆和碟形豆，柄部纹饰少见弦纹，常满饰弧线三角、圆形、半圆形等各类小镂孔，以及细线刻划纹等。灰陶圆腹罐器形趋小，各类壶、罐的数量骤减，新出现觚形杯和圈足盘。Ⅲ区大中型墓葬中未见随葬第二期墓葬中常见的大型石锛、石凿及石钺等，仅见个别体型小巧的长方形石锛。玉器组合为璜—镯—环，基本不见玦，流行系璧，以及少量钺、珠、半圆形饰、钩形饰、钥匙形器等玉饰件。小型墓葬常见器形短小的长方形石锛、石凿，以及个别刃角尖锐的石钺，同样未见出土玉器。

第三期，随葬品以鼎、豆、罐、杯、壶等为主要组合。器物整体风格趋于小型化，器物制作也不及前两期规整。与前一期器物相比，铲形足鼎中，罐形鼎的足愈发显得细高，变窄。盆形鼎的器形较高大，宽足足面中部多堆贴一竖条附加堆纹。折腹鬶不见，仅有个别圆腹鬶。三段式矮柄豆又趋于简单的喇叭形矮柄豆。花瓣形足的罐、壶、杯类特别发达。石器同样多见器形短小的长方形石锛、石凿，以及个别刃角尖锐的石钺等，小墓中出有个别长条形、三角形等玉饰件。

四 年代

（一）相对年代

东山村遗址崧泽文化遗存可以分为前后发展的六个阶段，这六个阶段可以与周边地区同时期遗址作如下比较。

第1段 东山村遗址崧泽文化第1段的Ba I 式盘形豆（M9∶5）与江阴南楼遗址 M24∶3 的相似，细长柄，柄上饰多组细弦纹带，后者在弦纹带间加饰小圆孔。作者年代定为崧泽文化早期①。与南楼 M24∶3 共出的细颈带把壶，90 年代在东山村遗址墓葬中也曾出土过，发掘者认为是马家浜文化向崧泽文化过渡阶段器物②。这种细颈带把壶，在常州新岗遗址 M120 内也出有相似的一件（M120∶7），并且与同东山村遗址第1段 A I 式钵形豆相似的陶豆（M120∶1、5）共出。报告发掘者将新岗 M120 的年代归为遗址二期，认为大致相当于崧泽文化早期偏晚③。这个年代可能定的偏晚点，M120 的年代应该可以早到崧泽文化早期早段④。东山村遗址第1段的 Ba I 式盘形豆和钵形豆 F1∶1 分别与常熟钱底巷遗址的 A I 式高柄豆（ⅣT1106⑥∶2）和 B I 式矮喇叭形豆（ⅣT1106⑥∶10）比较相似，后者报告归为遗址第一期，并认为第一期保留了较多的马家浜文化时期的遗风，其年代上限早于青浦崧泽墓地的第一期墓葬⑤。我们对此基本认可。同样的，在东山村遗址第1段中也保留了较多的马家浜文化时期的遗风，如 F1 出土的一些器物等。东山村遗址崧泽文化第1段钵形豆 F1∶1 的柄部装饰风格与崧泽遗址下层陶豆 T1∶19 的比较相似，两者同样在柄部饰多道凹弦纹和纵长方镂孔，在年代应比较接近。又如，东山村遗址崧泽文化第1段陶钵 F1∶13，与绰墩遗址 M77 内出土的陶钵比较相似，同为敛口且有对称的鸡冠形耳，唯前者为平底，后者为平圜底，东山村的陶钵在形制上可能略晚。后者报告定为绰墩二期，为马家浜文化向崧泽文化过渡阶段器物⑥。东山村遗址的 Ba I 式盘形豆与石马兜崧泽早期早段 M62 内出土的陶豆（M62∶3）⑦也比较相似。

第2段 东山村遗址崧泽文化第2段出土的 A II 式凿形足鬶（M90∶9、M92∶3、M15∶11等）与薛家岗 M5 出土的一件鬶（M5∶1）基本相同，喇叭口、长颈、鼓肩，圆腹折收，近圜底。此外，东山村出土的 G II a 式陶壶（M90∶4）、I 式圈足杯（M15∶7）与薛家岗 M5 中出土的陶壶（M5∶5）和陶簋（M5∶4）也相类似。薛家岗 M5 的年代报告编写者归为薛家岗一期，即相当于崧泽中层偏早阶段⑧。东山村遗址出土的 A II 式盘形豆（M90∶2 等），与崧泽遗址 M13∶4 和 M21∶13、薛家岗遗址 M5∶3、石马兜遗址 M49∶2 等陶豆相似，柄部中间略收束近亚腰状，柄

① 江苏江阴南楼遗址联合考古队：《江苏江阴南楼新石器时代遗址发掘简报》，《文物》2007 年 7 期。
② 张照根、姚瑶：《张家港东山村遗址发掘的主要收获》，《东南文化》1999 年 2 期。
③ 常州博物馆：《常州新岗——新石器时代文化遗址发掘报告》，234、273 页，文物出版社，2013 年。
④ 新岗遗址在报告分期中，将 4 层和 5 层下的墓葬均归为遗址二期，并认为遗址二期大体相当于崧泽文化早期偏晚阶段。据笔者观察，其 5 层下的墓葬大多数年代比较早，处于崧泽文化早期偏早阶段。如 M108、M119、M120 等相当于东山村崧泽文化第 1 段，M53、M109、M118 等相当于东山村崧泽文化第 2 段。
⑤ 南京大学历史系考古专业、常熟博物馆：《江苏常熟钱底巷遗址发掘报告》，《考古学报》1996 年 4 期。
⑥ 苏州市文物研究所：《昆山绰墩遗址》，66、201 页，文物出版社，2011 年。
⑦ 浙江省文物考古研究所：《良渚石马兜遗址发掘简报》，《浙北崧泽文化考古报告集》，文物出版社，2014 年。
⑧ 安徽省文物考古研究所：《潜山薛家岗》，75、412 页，文物出版社，2004 年。

根部与豆盘相连处为外撇相接，尚未内收。崧泽遗址 M21 的年代为崧泽遗址中层一期[①]，薛家岗遗址 M5 的年代为薛家岗遗址一期亦相当于崧泽墓地稍早阶段[②]，石马兜遗址 M49 的年代为崧泽文化早期[③]。东山村遗址内出土的 BaⅢ式盘形豆（M15：12 等）、尊形器（M14：5）与新岗遗址 M109 内出土的陶豆（M109：5）和夹砂红陶尊（M109：10）基本相似，后者报告编写者把 M109 的年代定为崧泽文化早期偏晚[④]。

　　第 3 段　东山村遗址崧泽文化第 3 段 AⅣ式鬶（M89：16、M95：9 等）与薛家岗 M90 内出土的陶鬶（M90：3）基本相同，鬶身肩部均为弧折。出土的 AⅣ式盘形豆（M89：6）与薛家岗 M90 同出土的陶豆（M90：6）也比较接近，豆柄根部与盘底相接处开始内束，柄上部略外鼓，腰部分界明显，柄部整体三段式风格渐显。薛家岗 M90 的时代报告编写者归为薛家岗一期[⑤]，但是总体上从 M90 内出土的陶鬶（M90：3）和陶豆（M90：6）来看，要比同期的 M5 内出土的陶鬶（M5：1）和陶豆（M5：3）在形制上要晚，在年代应为薛家岗一期偏晚阶段。东山村遗址出土的 AⅢ式盘形豆（M95：25 等）与崧泽遗址 M11 出土的盆形豆（M11：3）、石马兜遗址 M55 中的陶豆（M55：14）等基本相同，同为粗柄部，柄根部与豆盘相接处内收，柄部中间收束明显呈分界显著的亚腰状。崧泽的年代报告定为崧泽中层二期[⑥]，我们认为年代上应稍早些，放在早期偏晚阶段应该比较合适。石马兜 M55 的年代为崧泽文化早期[⑦]。

　　第 4 段　东山村遗址崧泽文化第 4 段的 AⅤ式盘形豆（M91：6）与崧泽遗址 M20 内出土的盆形豆（M20：7）、绰墩遗址 M35 内出土的陶豆（M35：5）基本相同，柄部上部外鼓显著，柄根部收束较甚，柄部三段式风格显著。其中崧泽 M20 的年代为崧泽中层二期[⑧]，绰墩遗址 M35 的年代为绰墩四期，大体相当于崧泽文化中期[⑨]；东山村遗址 M91 内与 AⅤ式盘形豆共存的 AⅥ式凿形足鬶（M91：14）同绰墩遗址 M35 内的陶鬶（M35：1）也非常相似[⑩]，大喇叭口，瓦楞纹器身，尾部内卷的把手。东山村遗址出土的 BaⅤ式盘形豆（M3：2 等）、AⅤb 式凿形足鬶（M94：7）分别与绰墩遗址 M31 内出土的陶豆（M31：10）和陶鬶（M31：3）基本相似，其中陶豆同为细柄，柄上部略鼓，根部收束，中间分界明显。陶鬶的口部和器身基本一致，唯东山村的把手为上翘，绰墩的为横把。绰墩 M31 的年代定为绰墩遗址四期，相当于崧泽文化中期[⑪]。东山村遗址出土的 CⅢ式盘形豆（M91：4）、DbⅠ式盘形豆（M96：3 等），分别与石马兜 M48 和 M7 出土的陶豆（M48：12、M7：1）基本相同，CⅢ式盘形豆还与崧泽遗址 M33 出土的盆形豆（M33：1）比较一致，这些豆的

---

①　上海市文物保管委员会：《崧泽——新石器时代遗址发掘报告》，14、15 页，文物出版社，1987 年。

②　安徽省文物考古研究所：《潜山薛家岗》，406、412 页，文物出版社，2004 年。

③　浙江省文物考古研究所：《良渚石马兜遗址发掘简报》，《浙北崧泽文化考古报告集》，文物出版社，2014 年。

④　常州博物馆：《常州新岗——新石器时代文化遗址发掘报告》，217、273 页，文物出版社，2013 年。据笔者对东山村遗址崧泽的分期来看，新岗遗址二期中的部分崧泽墓葬可以早到崧泽文化早期稍早阶段。

⑤　《潜山薛家岗》，213、406 页。

⑥　《崧泽——新石器时代遗址发掘报告》，53、98 页。

⑦　《良渚石马兜遗址发掘简报》。

⑧　《崧泽——新石器时代遗址发掘报告》，53、98 页。

⑨　苏州市文物研究所：《昆山绰墩遗址》，103、202 页，文物出版社，2011 年。

⑩　《昆山绰墩遗址》报告中将 M35：1 等的器物称为“陶盉”。

⑪　《昆山绰墩遗址》，98、201、261 页。报告在文字叙述中将开口于Ⅰ区 3 层下的 M31 归为绰墩遗址四期，而在陶器分期表中将 M31 归为三期，我们倾向于将 M31 归为绰墩遗址四期。

三段式风格明显，柄部纹饰繁缛。石马兜的年代定为崧泽晚期早段①，崧泽遗址的年代定为崧泽遗址中层二期②。东山村遗址出土的Ⅰ式觚形杯（M85：4 等），与南河浜 M59：7 的基本相似，后者报告定为崧泽文化晚期早段③，大体相当于崧泽遗址中层二期。东山村遗址出土的Ⅰ式圈足盘（M96：1）、Ⅰ式觚形杯（M91：15）、BaⅣ陶钵（M94：13）、BⅡ式折肩折腹罐（M96：5）等分别与海安青墩遗址中层墓葬 M64 内出土的陶豆（M64：2）、陶杯（M64：4）、陶钵（M64：1）、陶罐（M64：6）等相同④，在年代上亦应相当。青墩 M64 内出土的鬶形器（M64：3）与下层墓葬 M82 内出土的鬶形器（M82：1）基本相似，同为喇叭口、球形腹，上方有捺窝的铲形扁足，腹侧有一把手⑤。M82 内出土的另一件陶钵（M82：7）与东山村第 4 段的 BaⅤ陶钵（M96：37）基本相同。因此，青墩 M64 和 M82 内出土的器物与东山村出土的同类器在年代上亦应相当。此外，东山村遗址第 4 段出土的Ⅰ式觚形杯（M85：4）、BaⅣ陶钵（M94：13）、陶罐（M91：19）还分别与张家港徐家湾下层墓葬出土的陶杯（M9：3）、陶钵（M8：13）、陶壶（M1：4）等相似⑥。徐家湾下层墓葬的年代大体相当于崧泽文化中期。

第 5 段　东山村遗址崧泽文化第 5 段的 AⅣ式盘形豆（M83：9），与崧泽 M92 出土的盆形豆（M92：9），在柄部的形制上基本相似，同为粗柄，柄根部收束，下方有道突棱，其下为镂孔装饰带。因此在年代应比较接近。崧泽 M92 的年代为崧泽中层二期⑦。东山村遗址的 BbⅣ式盘形豆，与崧泽 M91 的盆形豆（M91：2）同样在柄部的形制上基本相似，同为喇叭形圈足，柄部上部为较密的细弦纹，下方为镂孔，在年代上应大体同时，崧泽 M91 的年代同样为崧泽中层二期⑧。东山村遗址出土的Ⅱ式圈足盘，与石马兜遗址 M24 出土的陶豆（M24：8）很相似。石马兜的年代为崧泽文化晚期早段⑨。本段内出土的 CⅣ式豆（M93：3 等）、Ⅱ式铲形足鬶（M93：6）、GⅣ式陶壶（M83：6）、Ⅱ式圜底大口缸（M93：16）和 BⅣ式无腰脊陶罐（M2：5）等，与圩墩遗址 M122 内出土的陶豆（M122：26）、陶鬶（M122：19）、陶壶（M122：29）、陶尊（M122：27）和陶罐（M122：18）基本相同，其中陶鬶仅把手和器足略有差异，喇叭口和器身完全相同。圩墩 M122 的年代发掘者定为崧泽文化中期偏晚⑩。东山村遗址的Ⅲ式圈足盘（M93：20）与南河浜 M74 的宽把豆（M74：4）的基本相同，南河浜 M74 的时代归为崧泽文化晚期一段⑪，大体相当于崧泽文化中期偏晚。

第 6 段　东山村遗址崧泽文化第 6 段的 BⅥ式铲形足鼎（M1：13）、BbⅤ式盘形豆（M1：15）、CⅤ式盘形豆（M4：22、M5：14）、BⅣ式碟形豆（M1：5）、Ⅳ式觚形杯（M4：17等）分别与崧泽遗址的釜形鼎（M59：1）、盆形豆（M42：6、M95：11、M87：3）、盘形豆（M35：1）、陶杯

①　浙江省文物考古研究所：《良渚石马兜遗址发掘简报》，《浙北崧泽文化考古报告集》，文物出版社，2014 年。
②　上海市文物保管委员会：《崧泽——新石器时代遗址发掘报告》，48、100 页，文物出版社，1987 年。
③　浙江省文物考古研究所：《南河浜——崧泽文化遗址发掘报告》，194 页，文物出版社，2005 年。
④　南京博物院：《江苏海安青墩遗址》，《考古学报》1983 年 2 期。青墩遗址内出土的陶豆（M64：2）和陶杯（M64：4）等类型的器物，东山村分别称之为圈足盘和觚形杯。
⑤　《江苏海安青墩遗址》。
⑥　苏州博物馆、张家港市文物管理委员会：《江苏张家港徐家湾新石器时代遗址》，《考古学报》1995 年 3 期。
⑦　《崧泽——新石器时代遗址发掘报告》，51、104 页。
⑧　《崧泽——新石器时代遗址发掘报告》，48、104 页。
⑨　《良渚石马兜遗址发掘简报》。
⑩　常州市博物馆：《1985 年江苏常州圩墩遗址的发掘》，《考古学报》2001 年 1 期。
⑪　《南河浜——崧泽文化遗址发掘报告》，307 页。

（M87：2）等基本相同，崧泽的这些器物年代都为崧泽中层三期[1]。东山村遗址的Ⅳ式觚形杯（M4：17等），还与南河浜遗址的觚形杯（M26：4、M78：12）基本一致，年代也应基本相同，后者的时代为崧泽文化晚期二段[2]。东山村遗址的AaⅣ式折肩折腹罐（M4：12），器身饰有瓦楞纹，花瓣圈足底，与南河浜遗址 M23 出土的同类器相似（M23：2），后者年代为崧泽晚期二段[3]。

综上，东山村遗址崧泽文化遗存的六个阶段与周边主要的崧泽文化遗址的年代大体对应如下（表6-2-11）：

表6-2-11　东山村遗址与其他主要遗址崧泽文化遗存年代对应关系表

东山村			崧泽中层	钱底巷	南河浜	南楼	绰墩	薛家岗	新岗	石马兜	徐家湾	青墩
崧泽早期	第一期	第1段		一期	早期一段	早期			二期	早期		
		第2段	一期		早期二段			一期				
		第3段		二期	早期三段		三期					
崧泽中期	第二期	第4段	二期		晚期一段	中期	四期	二期	三期	晚期早段	下层	下层、中层墓葬
		第5段		三期				三期			中层	
崧泽晚期	第三期	第6段	三期		晚期二段	晚期			四期	晚期晚段		上层部分墓葬

东山村遗址崧泽文化第 1 段，相当于常熟钱底巷遗址第一期、南河浜遗址崧泽早期第一段、石马兜遗址崧泽早期偏早阶段、南楼遗址崧泽早期偏早阶段。

东山村遗址崧泽文化第 2 段，相当于崧泽中层一期偏早阶段、南河浜早期二段、石马兜遗址崧泽早期晚段、新岗遗址二期偏早阶段、薛家岗一期偏早阶段[4]。

东山村遗址崧泽文化第 3 段，相当于崧泽中层一期偏晚阶段、南河浜早期三段、绰墩遗址三期、新岗遗址二期偏晚阶段、石马兜遗址早期偏晚阶段、薛家岗遗址一期稍晚阶段。

东山村遗址崧泽文化第 4 段、第 5 段，大体相当于崧泽中层二期、南河浜晚期一段、南楼崧泽中期、绰墩遗址四期、海安青墩下层和中层[5]、徐家湾下层和中层。其中第 4 段还与钱底巷二期晚段、薛家岗一期偏晚阶段、薛家岗二期相当，第 5 段与钱底巷三期和薛家岗三期有部分重合。

东山村遗址崧泽文化第 6 段，大体相当于崧泽中层三期、南河浜晚期二段、石马兜晚期晚段、

---

[1]　上海市文物保管委员会：《崧泽——新石器时代遗址发掘报告》，42、53、54、56、98 页，文物出版社，1987 年。

[2]　浙江省文物考古研究所：《南河浜——崧泽文化遗址发掘报告》，160、194 页，文物出版社，2005 年。

[3]　《南河浜——崧泽文化遗址发掘报告》，165、194 页。

[4]　薛家岗遗址一期墓葬中有部分墓葬的年代可能要晚到崧泽中期阶段，而到不了早期。比如报告中的 M113，其出土的陶豆（M113：2），在报告中分为 AbⅠ式豆，与出有 AaⅠ式豆的 M5 同属遗址第一期。从东山村遗址的 A 型豆或是 Ba 型豆的发展演变规律来看，柄部上部鼓突明显的三段式风格陶豆，要到崧泽中期稍早阶段形成，而其前身即是类似薛家岗 M5 出土的 AaⅠ式豆（M5：3）。

[5]　海安青墩下层和中层的墓葬基本上都相当于崧泽文化中期，这点燕生东曾做过专门分期（《江苏海安青墩遗存再分析》，《东南文化》，2004 年 4 期。）。虽然笔者认为燕的分期仍然有相当部分需要调整，但是大体集中在该时期。此外，青墩下文化层的年代基本在马家浜文化晚期，另有少量是崧泽文化早期偏早阶段的遗物。青墩上层墓葬有些是良渚文化时期，尚有相当部分是崧泽文化晚期。

南楼遗址晚期，与钱底巷三期、薛家岗三期和新岗四期有部分重合。

（二）绝对年代

2010 年 3 月，我们将崧泽文化大墓内收集的 10 个年代测试标本，请陈星灿先生帮忙，寄至新西兰地质和原子能科学研究所拉福特碳十四实验室进行测试①。由于人骨和兽骨朽腐比较厉害，大多数未能提取出测样，没有出数据。其他 4 个木炭标本和 1 个兽骨标本均测出数据（详细报告见附录十一）。

表 6-2-12　东山村遗址墓葬年代测试标本一览表

序号	墓号	标本类型	测试结果	序号	墓号	标本类型	测试结果
1	M90	兽骨	未出数据	6	M92	木炭	有数据
2	M91	人骨	未出数据	7	M95	木炭	有数据
3	M92	人骨	未出数据	8	M96	木炭	有数据
4	M95	人骨	未出数据	9	M93	木炭	有数据
5	M98	人骨	未出数据	10	M98	兽骨	有数据

校正数据结果如下：

1. M92：在 95% 的置信区间里，94.7% 的数据落在公元前 3944 ~ 前 3769 年（距今 5893 ~ 5718 年）。

2. M95：在 95% 的置信区间里，80.7 % 的数据落在公元前 3981 ~ 前 3938 年（距今 5930 ~ 5887 年）。

3. M98：在 95% 的置信区间里，95.1% 的数据落在公元前 1935 ~ 前 1692 年（距今 3884 ~ 3641 年）。

4. M93：在 95% 的置信区间里，88.3 % 的数据落在公元前 3799 ~ 前 3706 年（距今 5748 ~ 5655 年 ）。

5. M96：在 95% 的置信区间里，94.9 % 的数据落在公元前 3951 ~ 前 3785 年（距今 5900 ~ 5734 年）。

其中，M98 的兽骨标本测试年代数据为距今 4000 年后，显然偏离太远，已进入历史时期，数据不可参考。

M92 和 M95 的年代数据处在距今 5900 ~ 5700 之间，M96 也处在距今 5900 ~ 5700 之间，M93 处在距今 5800 ~ 5600 之间。M92 和 M95 分属东山村崧泽文化第 2 段和第 3 段，M96 属第 4 段，M93 属第 5 段。测试出来的年代顺序大体与前文分期的结果比较一致，同时也侧面验证了分期的合理性。

M92 和 M95 属于东山村崧泽文化第一期，其测试年代与原来我们推断的早期大墓大体在距今 5800 年左右相吻合②。此外，青浦崧泽 M90 出土的陶罐（M90∶4）的形制处在东山村遗址第 2 段 Aa Ⅰ 式罐（M92∶12）和第 3 段 Aa Ⅱ 式罐（M89∶13）的中间，青浦崧泽 M90 的人骨年代测试数据为距今 5230 ± 200 年，树轮校正为距今 5860 ± 245 年，与东山村 M92 和 M95 的年代测试数据非常吻合。因此，将东山村遗址第 2 段和第 3 段的年代定在距今 5800 左右，其下限或可到距今 5700 年，应该是比较合理的。

---

① 对这些测试标本，我们并未向对方实验室工作人员提供任何有关这些标本的文化背景。

② 南京博物院、张家港市文广局、张家港博物馆：《江苏张家港市东山村新石器时代遗址》，《考古》2010 年 8 期。

　　M93 和 M96 属于东山村崧泽文化第二期，M96 在年代上应比 M92 和 M95 要晚，而应与 M93 比较靠近。与 M96 同属第 4 段的 M91，我们最初推断其具体年代在距今 5500 年左右[1]，与 M93 的测试年代非常接近。如此，将东山村遗址崧泽文化中期的年代大体定在距今 5500 年或距今 5600 年，也应是没有多大问题的。此外，与东山村遗址崧泽文化第二期相当的海安青墩遗址下文化层和中文化层，有两个碳十四年代数据，下文化层为距今 5035±80 年，树轮校正为距今 5645±110 年。中文化层为距今 5015±85 年，树轮校正为距今 5625±110 年[2]。两个数据基本在距今 5600 年左右。另外，张家港徐家湾下层墓葬 M7 有一个木炭年代测试数据，树轮校正为距今 5547±142 年[3]。徐家湾下层 M7 出土的器物形制相当于东山村遗址崧泽文化第 5 段，即崧泽文化中期偏晚。因此，综合考虑，东山村遗址崧泽文化第二期的年代在距今 5600 左右。

　　东山村遗址崧泽文化第 1 段和第 6 段没有碳十四年代测试数据。但也可以从与其他遗址的器物类型对比分析和年代测试数据中推知。

　　东山村遗址崧泽文化第 1 段的年代显然要比 M92 所在的第 2 段要早，因此第 1 段的年代应该在距今 5800 年以前。从前文分析中得知，东山村遗址崧泽文化第 1 段 F1 的部分器物与崧泽遗址下层的同类器相似，且 F1 中也同样保留有较多的马家浜文化因素，因此两者年代大体相当，至少有部分是重合的。崧泽遗址下层共有 5 个年代测试数据，包括 61T1 在内有 4 个数据的测试结果集中在距今 5300 年前后，其中 61T1 经树轮校正，年代在距今 5985±140 年[4]。崧泽遗址下层年代应在距今 6000 年或 5900 年。同时，在前文分析中可知，东山村遗址史前遗存虽然分为马家浜文化和崧泽文化，但是从文化面貌、丧葬习俗等方面来看，是个连续不断发展的过程。东山村遗址马家浜文化的年代下限前文已论及在距今 6000 年。因此，东山村遗址崧泽文化第 1 段的年代当在距今 6000~5800 年之间，其上限可到距今 6000 年。

　　相当于东山村遗址崧泽文化第 6 段即崧泽文化晚期这一阶段的碳十四测年数据比较多。主要有青浦崧泽遗址、福泉山遗址、龙南遗址等。

　　青浦崧泽中层三期 M87 的人骨年代测试数据为距今 4635±105 年，树轮校正年代为距今 5180±140 年[5]。M87 内出土的盆形豆和陶杯在东山村遗址第 6 段中都能找到相似的同类器，因此，两者在年代上大体相当。

　　福泉山遗址灰黑土层清理的 10 座崧泽文化时期墓葬，其陶器风格与东山村遗址崧泽文化第 6 段相当，以附角尺形足盆形鼎、矮直扁铲足鼎、花瓣足杯以及弧边三角和圆形镂孔组合等为时代特征。该层所出炭化木的碳十四年代数据经树轮校正为距今 5295±110 年。

　　龙南遗址第一期保留有较多的崧泽文化因素，如铲形足鼎、花瓣形足杯、矮宽把豆以及小弧线三角形和圆形镂孔组合纹饰等，但也出现了少量鱼鳍形鼎足。此外，在龙南遗址第一期还出有东山村遗址未见的凿形足釜形鼎和甗。鱼鳍形鼎足在龙南第二期开始大量出现，并且出现了明确良渚文化早期的贯耳壶。龙南遗址第一期，发掘者认为处于崧泽文化向良渚文化过渡阶段。龙南

①　南京博物院、张家港博物馆：《江苏张家港东山村遗址 M91 发掘报告》，《东南文化》2010 年 6 期。
②　南京博物院：《江苏海安青墩遗址》，《考古学报》1983 年 2 期。
③　苏州博物馆、张家港市文物管理委员会：《江苏张家港徐家湾新石器时代遗址》，《考古学报》1995 年 3 期。
④　上海市文物保管委员会：《崧泽——新石器时代遗址发掘报告》，87、106 页，文物出版社，1987 年。
⑤　《崧泽——新石器时代遗址发掘报告》，107 页。

遗址第一期 T4611⑦木头的碳十四年代数据为距今 4785±80 年，树轮校正为距今 5360±92 年。第二期 88F1 草木灰的碳十四测年数据为距今 4685±90 年，树轮校正为 5240±92 年。同期 88H22 草木灰的碳十四测年数据为 4595±80 年，树轮校正为 5135±92 年①。因此，龙南遗址第二期即良渚文化早期的年代大体距今 5200 年。

从以上三个遗址的测年数据可以看出，崧泽文化晚期的具体年代不尽相同，大体在距今 5300～5100 年左右。

由于各地的社会生产、经济结构、地理环境、生活习俗、思想信仰等各方面的不同，在社会变革和转型期间，各区域的社会发展并不协调统一。必然会有一些地区提前步入一种新的社会形态，而有的地区还固守在老的传统生产和生活方式中。这种不一致在考古学遗存上的表现经常反映在一个考古学文化向另一个考古学文化发展转变的过渡期。具体到以上所提的三个遗址，龙南遗址第一期在距今 5300 左右，就已开始出现少量良渚文化因素。到了距今 5200 年前后，已有良渚文化典型的贯耳壶和鱼鳍形足鼎等。而在距今 5200 或是距今 5100 年，福泉山遗址和崧泽遗址尚未见有明显的良渚文化因素存在，虽然已经到了崧泽文化的晚期。当然，这种推论的前提是碳十四的测年数据足够准确。但是，历史前进的步伐始终是不以人意志为转移，社会发展的复杂化程度也远远超出我们所努力架构的"想象"。区域发展的不平衡，不仅在现代社会普遍存在，同样"古已有之"。

因此，考虑到东山村遗址第 6 段和龙南遗址第一期在文化面貌上有较多的差异性，而与福泉山遗址黑灰土层中出土的 10 墓葬文化特征更接近，我们采用福泉山遗址的碳十四年代数据。东山村遗址崧泽文化第 6 段即第三期的年代大体距今 5300 左右。

综上，东山村遗址崧泽文化第一期第 1 段的年代上限大体到距今 6000 年，第 2 段和第 3 段的年代在距今 5800 前后，下限到距今 5700 年；第二期第 4 段和第 5 段的年代下限到距今 5500 年；第三期的年代大体距今 5300 年（表 6-2-13）。

表 6-2-13　东山村遗址崧泽文化遗存年代

东山村遗址崧泽文化遗存分期	年代	考古学文化分期
第一期（第 1、2、3 段）	距今 6000～5700 年	崧泽早期
第二期（第 4、5 段）	距今 5700～5500 年	崧泽中期
第三期（第 6 段）	距今 5500～5300 年	崧泽晚期

---

①　苏州博物馆、吴江县文物管理委员会：《江苏吴江龙南新石器时代村落遗址第一、二次发掘简报》，《文物》1990 年 7 期。

第七章 相关问题研究

第一节 聚落形态分析

聚落考古的理念和方法自 20 世纪 80 年代从美国传入后，在国内越来越受到重视，并已在实践中开始普遍运用。也早已有著名学者对聚落考古的理念、方法、研究内容以及需要注意的问题进行过一些概括和指引①。2009 年 12 月 28 日至 30 日，由中国社会科学院考古研究所、郑州市文物考古研究院、新密市人民政府主办的"中国聚落考古的理论与实践暨纪念新砦遗址发掘 30 周年学术研讨会"在新密召开。这是一次以新砦遗址考古发掘 30 周年为契机而召开的聚落考古研究的全国性会议。会议对聚落考古的理念和方法、聚落考古和文明化进程以及应用聚落考古取得的新发现和新探索进行了比较全面的讨论②。聚落考古已经成为中国考古学的重要研究内容之一。

聚落考古"就是以聚落为对象，研究其具体形态及其所反映的社会形态，进而研究聚落形态的演变所反映的社会形态的发展轨迹"③。目的就是"探讨居住于同一聚落中的人与人的关系（或曰聚落社会的结构）和聚落社会之间的相互关系与聚落社会的时空变异，以及聚落社会同自然环境的关系"④。因此，对东山村遗址进行聚落形态的分析，以及在分期的基础上，考察聚落演变的轨迹，将有助于我们深入了解其时的社会结构及社会性质。

东山村遗址地处香山向东延伸的坡地上。香山海拔高度为 136.6 米，全山占地面积 4.37 平方千米。山体呈菱形，由大、小香山组成。北坡险峻，南坡平缓，顶部开阔。遗址所在香山东面坡地的海拔在 4~9 米之间。遗址的重心区域处于遗址的中部偏北，即原南沙街道办事处及西侧的苗圃区域，此处的海拔在 6~9 米之间，而最高处位于遗址发掘Ⅲ区的北侧约 15 米处，现地表海拔高度为8.9 米。外围较低的区域海拔一般在 4~5 米之间。遗址北面偏东约 300 米为镇山，镇山原海拔为 60 多米，东西长约 900 米，南北长约 500 米，占地面积约 0.45 平方千米。现因土地开发，已夷为平地。

东山村遗址本身由于多年来的土地开发和建设，现地表大部分是居民楼、商店、水泥路、厂房等，原地形地貌已大为改观。通过调查、勘探和探沟发掘，遗址大体呈圆角方形，总面积约 27 万平方米。其中遗址西界大体以江海南路为界，往西渐与香山相连。遗址北界尚保留有一段河道。

---

① 严文明：《聚落考古与史前社会研究》，《文物》1997 年 6 期；张忠培：《聚落考古初论》，《中原文物》1999 年 1 期。
② 中国社会科学院考古研究所、郑州市文物考古研究所编：《中国聚落考古的理论与实践（第一辑）——纪念新砦遗址发掘 30 周年学术研讨会论文集》，科学出版社，2010 年。
③ 严文明：《关于聚落考古的方法问题》，载《中国聚落考古的理论与实践（第一辑）——纪念新砦遗址发掘 30 周年学术研讨会论文集》。
④ 张忠培：《聚落考古初论》，《中原文物》1999 年 1 期。

通过在香山西大街东部的 T5 发掘可知，此处为遗址的东北界。T5 探沟往东，在原修路铺垫厚约 1 米多的土石堆下即为生黄土。在 T5 探沟内的文化层堆积整体向西向下倾斜，由于探沟靠西侧地下水较多，T5 未发掘到底。但从文化层堆积的形状以及勘探得知，T5 所在可能为条古河道。此外，在遗址的南界进行勘探时，也曾发现有古河道的迹象。据此，初步可以复原东山村遗址的原地形。遗址最高处位于原南沙街道办和西侧苗圃地，往西略低有起伏渐与香山相连，遗址外围北面、东北面以及南面有古河道存在。有一点需要说明的是，虽然遗址东北处探沟 T5 靠西壁未发掘到底，从探沟内坡状文化层堆积分析，整个探沟可能处于一条古河道的东侧，但是从探沟内所能出土的陶片分析，其时代最早也只到商周时期。因此，现今东山村新石器时代遗址部分的范围应该会小于遗址的总面积，即小于 27 万平方米。

东山村遗址的文化内涵以马家浜文化和崧泽文化为主，文化层堆积丰富，出土器物较多。由于在近年的考古发掘中一直秉承"原址保护"的理念，考古工作基本停留在崧泽文化层面，仅个别探方或探沟清理至生土。相当多的探方未再往下清理，导致对下面的堆积内涵了解不够。此外，囿于发掘地点和发掘规模的局限，对遗址的了解也不够全面。因此，对遗址的聚落形态的讨论仅是从现有的考古发掘材料出发，得出一些粗略的认识，由此得出的认识也一定是暂时的。

近年来的发掘探方主要是位于遗址的重心区域，即原南沙办事处和西侧苗圃区域，从东到西分别编为遗址 I 区、II 区和 III 区（参见图 2-2-1）。此外，在遗址 II 区和 III 区之间开了条探沟 T1，在遗址南面开了条探沟 T2，在香山西大街上布了 4 条探沟 T3～T6。经过发掘，主要揭示了马家浜文化时期的房址 1 处、灰坑 16 个、灰沟 1 条和墓葬 16 座，崧泽文化时期房址 5 座、红烧土堆积 2 处、灶址 2 处、灰坑 15 个、灰沟 1 条和墓葬 37 座等遗迹。

另外，谈论本遗址的聚落形态，尚需要结合 1990 年前后的发掘材料。东山村遗址在 1989 年和 1990 年也做过一些小规模发掘，发掘地点均位于原南沙办事处内（参见图 2-1-1）。主要揭露马家浜文化和崧泽文化时期的房址和墓葬等遗迹[1]。其中，90T3 位于现遗址 I 区北面约 10 多米[2]，共清理了灰坑 1 个和墓葬 8 座；90T4 位于南沙办事处大门的西侧，共清理了房址 5 座；90T1 和 90T2 位于现遗址 II 区东北处约 45 米处，与遗址 I 区相距约 80 米，两个探沟内发现了房址 1 座，当时为保留遗迹未再往下清理。正如发掘者所认为的，90T1、90T2 和 90T3 为居住区，90T4 为墓葬区。通过与近年来东山村遗址考古出土的器物进行对比分析，这些遗迹的时代可以做以下判定：

90F4、90F5 和 90M8 的年代相当于本报告分期的马家浜文化一段；

90F1～90F3、90F6、90M6、90M7 和 90H2 的年代相当于本报告分期的马家浜文化二段；

90M3 和 90M5 的年代相当于本报告分期的崧泽文化第 1 段；

90M4 的年代相当于本报告分期的崧泽文化第 2 段；

90M1 和 90M2 的年代相当于本报告分期的崧泽文化第 4 段。

东山村遗址在马家浜文化一段时，居住区主要位于遗址 III 区的北部及北面的 90T3 内，并且发现的房址均保留有较多的红烧土倒塌堆积。尤其是 F6，在红烧土堆积中还出土了较为完整的器物

---

① 《张家港东山村遗址发掘的主要收获》；苏州博物馆、张家港市文物管理委员会：《张家港市东山村遗址发掘简报》，《文物》2000 年 10 期。

② 为区别与近几年发掘的探方和遗迹编号，90 年代前后发掘的探方和遗迹一律在前面冠以"90"年份。T1 为"90T1"，F1 为"90F1"，M1 为"90M1"等。

陶釜和陶盉等（参见图4-1-2）。生产区目前尚没有明显证据显示。但是在遗址的北部，现海拔高度为5米多的香山西大街上，探沟T3的发掘显示，该探沟内马家浜文化时期的文化层堆积比较水平，土色青黑，土质细腻湿软，第8层下为更为纯净的青黑淤土，说明该区域地势低洼，一直处于水浸当中。该区域或为当时的生产区之一。该时期的墓葬数量较少（或许是由于考古工作的原因），主要在遗址Ⅰ区北侧的90T4内和遗址Ⅲ区的南部有发现。其中在遗址Ⅲ区南部的墓葬周围清理了较多的灰坑，这些灰坑多呈椭圆状，坑内堆积都比较纯净，出土陶片较少，似不是一般意义的垃圾坑。目前尚难以判明这些灰坑的性质，但有一点可以肯定的是，除埋葬外，尚有其他活动比较频繁地在该区域进行。此外，在遗址Ⅰ区内也发现有少量灰沟和灰坑等遗迹。该时期的聚落布局大体为，居住区主要位于遗址重心区域的西北部，生产区处于遗址重心区域外围的北部，埋葬地大体有两处，分别位于遗址重心区域的东部和西部。虽然其中一处的埋葬地周围发现有较多的灰坑，但是并未与房址混合在一起，至少从本期开始，已经有所分开。

东山村遗址马家浜文化二段时，聚落结构有一定的变化。该时期的居住区除了仍然在北部的90T3内有发现外，还向东分布，在东面的90T1和90T2内发现有房址的迹象。但在前期发现有房址的遗址Ⅲ区北部已不见有房址，而已成为墓葬区。该阶段的墓葬增加较多[1]，墓葬区与前期相比略有变化。墓葬区基本维持前期的分布，主要分为两处，仍然处于遗址重心区域的东部和西部。两个墓葬区相距约70多米。在东部，除了在90T4内有墓葬发现外，在其南面的遗址Ⅰ区西侧T1506有较多的本阶段墓葬发现。此外，在遗址Ⅱ区的东侧边缘还有零星墓葬发现。90T4和遗址Ⅰ区中间相隔不远，仅隔着条水泥道路。虽然未经过发掘，但是在发掘遗址Ⅰ区时可知，该片墓地尚向北延伸。因此，从遗址Ⅱ区东部边缘向东，90T4向西及向南，遗址Ⅰ区及附近区域的墓葬区应是连在一起的，应作为一个墓葬区来对待。在西部，墓葬区的位置较前期向北迁移，主要集中在遗址Ⅲ区的北部。换言之，原遗址Ⅲ区南部的墓葬区弃之不用，将前期的遗址Ⅲ区北部的居住区开辟为墓葬区。该时期的墓葬有往地势较高区域埋葬的现象。其中，遗址Ⅲ区内以西北部地势为高，遗址Ⅰ区内以西侧的地势为高。这两处的墓葬分布均比较密集。此外，该时期开始出现了个别比较大型的墓葬，比如M101，墓内共出土有陶器、玉器和石器33件（套）。无论是墓葬的规模，还是随葬品的数量和质量，都超过了以往发现的马家浜文化墓葬，是迄今为止马家浜文化墓葬中规模等级最高的一座。该阶段的生产区目前尚不明了，推测应还在遗址重心区域外围的较为低洼的区域。总之，本阶段的聚落布局较前期略有变化，规模较前期有较大的扩散。居住区集中到遗址重心区域的北部，墓葬区仍然分为两处，并且面积有较大增加，一处位于遗址重心区域的东南部，一处位于遗址重心区域的西部。开始出现个别等级较高的墓葬。

经过一个时期的自身嬗变和外部因素的催化，马家浜文化最终演变为崧泽文化。东山村遗址崧泽文化第一期即崧泽文化早期时，聚落结构有新的变化。此时的居住区由前期所在的北部向南转移，主要处于遗址Ⅱ区及附近区域，也即在遗址Ⅰ区、90T4与遗址Ⅲ区之间的地带。共发现该时期偏早阶段的房址5处，有2处房址保留有大面积的红烧土倒塌堆积（F1、F2）。这两处房址平面均为长方形，其中F1全面揭露，F2的北半部尚向探方外延伸。F1经解剖，在红烧土堆积下压有较多的石器和陶器，以及少量玉器。另三处房址（F3～F5）仅残留柱洞，未发现有倒塌的红烧

---

① 也可能与发掘深度有关，很多探方未清理到底。不排除这些探方下面尚有马家浜文化一段时期的墓葬。

土堆积，从空间分布和规模分析，其中的 F4 和 F3 可能分别是 F1 和 F2 的附属建筑。F1 以柱洞的范围来计算房址面积的话，大约有 85 平方米。如果计上 F4 以及少量活动空间，单 F1 这组建筑所占面积至少为 200 平方米。F2 的结构和规模与 F1 基本相似，也应该为大房址，其所占面积同样不小。从目前发掘的情况来看，遗址 Ⅱ 区及附近区域可能以大房址为主。这样的大房址显然非一般村民可以拥有。而可能属于聚落中的首领所享用。虽然遗址 Ⅱ 区及附近区域有数千平方米的空间，但也容纳不了多少这样的大房址。因此，推测该时期的居住区应不止一处，在遗址重心区域的外围应还有普通村民所使用的房址。从遗址北部香山西大街上的探沟 T4 清理的一些该时期的灰坑和灰沟看，其中的堆积比较杂，出土有一定数量的陶片，附近可能存在有房址。本期的墓葬区与前期马家浜文化时期区别不大，仍然是加以沿用。墓葬区依旧分为两处，分别位于遗址重心区域的东南部和西部，即遗址 Ⅰ 区和 90T4 区域，以及遗址 Ⅲ 区。两者相距约 80 多米。或许是与前期相隔时间不远，依旧清楚前阶段墓葬的埋葬地方，或许是墓葬上有某种标识，总之该时期的墓葬均避开了前期的埋葬，其中，在遗址 Ⅲ 区，本期的墓葬主要选择在前期墓葬群的南部进行埋葬。在遗址 Ⅰ 区，本期的墓葬主要选择在前期墓葬群的东侧进行埋葬。两个墓葬区所处的地势均较前期即马家浜文化二段时要略低。本期墓葬有一个非常重要的变化，就是在遗址 Ⅲ 区出现了本阶段的大型墓葬，以及若干座中型墓葬。与之相对的，是小型墓葬均埋在遗址 Ⅰ 区和 90T4 内。可以看出，至少从本期开始，大中型墓和小型墓有了比较固定的埋葬场所，对墓地有了比较严格的管理。而行使这种管理权力的，无疑是来自聚落中的上层社会。显然，自本期开始，社会已经出现了明显的分化，阶层已经产生，出现了高高在上的领导层，文明化程度较前期有了很大的发展。本期的生产区暂不明确，可能还和前期一样，处在遗址重心区域外围的低洼地。该时期的聚落布局，较马家浜文化时期虽有变化，但大体相似。聚落内部的功能分区更加明确。居住区由北向南略为迁移，处于中间位置，墓葬区分置居住区的东部和西部。但是对墓地的使用已经有了较为严格的管理，大中型墓开始出现并有专属自己的"墓园"，而小型墓被限制在另一片墓地。

东山村遗址崧泽文化第二期即崧泽文化中期时，像前期那样的大房址在本期未见，明确的居住区暂时未发现。在香山西大街上的探沟 T4 内清理了若干灰坑，坑内堆积较杂，出土了一些陶片。推测在附近可能有房址。本期的墓葬区与前期基本保持一致，仍然是有两处墓葬区。其中，遗址 Ⅰ 区和 90T4 内依旧埋葬小型墓，遗址 Ⅲ 区还是作为大中型墓葬的专属墓地。在入葬的具体位置上，与前期保持相同做法，即总是避开前期的墓葬群进行埋葬，相互间也未见有叠压和打破关系。在遗址 Ⅲ 区，本期的大中型墓葬均集中埋在前期墓葬群的东侧。在遗址 Ⅰ 区，本期的小型墓葬埋在前期墓葬群的中间空白地带。此外，在遗址 Ⅲ 区的大中型墓葬的中间及外围发现有部分灰坑和少量小型灶址。其中 H40 还打破 M96 的南端。坑内共出土了 4 件陶器，其中 2 件陶罐、1 件陶圈底大口缸器形均比较大，推测该灰坑可能是用于祭祀的。两个灶址处于大中型墓葬的东北处，其中一个灶址有相连的两个锅底状浅坑，其下部用大陶片铺垫圈底，其上有较厚的烧结面。另一灶址只有一个小圈底状浅坑，局部有较薄的烧结面。由于灶址附近并未有房址类遗迹发现，估计两个灶址也是进行墓葬祭祀活动后所遗留。本期的生产区暂不明确，可能还是处于遗址重心区域外围的低洼地带。该时期的聚落布局除居住区、生产区不太明确外，发现的墓葬区与前期基本保持一致，遗址 Ⅲ 区仍然是作为大中型墓葬的专有"墓园"，遗址 Ⅰ 区依旧是小型墓葬的墓地。

东山村遗址崧泽文化第三期即崧泽文化晚期，本时段清理的遗迹不多，仅发现部分墓葬，居住区和生产区位置暂不明确。发现的墓葬在遗址 I 区，从墓坑大小看，均为小型墓葬。在遗址 III 区，未发现有本阶段的大中型墓葬。个中原因可能有两种情况，一种情况是限于考古工作的原因，大中型墓葬暂未发现。从大中型墓葬的分布规律看，本阶段的墓葬可能分布在前期即崧泽文化中期大中型墓葬的东边，而该区域尚未进行考古工作。另一种情况是，本阶段聚落开始衰退，大中型墓葬已不复存在，遗址 III 区的专属墓地已废弃不用，仅沿用遗址 I 区的墓地。究竟是何种原因，尚期待将来的考古工作来证实。本阶段的聚落形态较为简单，仅在前期小型墓葬的葬区发现有部分该时期的墓葬，其他居住区和生产区暂不明确。

通过以上分析，以目前考古出土材料，东山村遗址史前聚落形态大致可以简单概括如下：

整个史前聚落的发展是一个较为连续的过程。遗址自马家浜文化晚期一直持续到崧泽文化晚期，前后跨度长达约 1000 年。在马家浜文化稍早阶段，居住区偏于遗址重心区域的西北部，和墓葬区有所区分。墓葬材料显示，社会地位相对平等，未见比较明显的贫富分化和社会分层。到了马家浜文化晚期，社会规模扩大，人口增加，居住区集中于遗址重心区域的北部，原遗址西北部的部分居住区废弃作为墓葬区使用。墓葬区在前期的基础上，规模有一定的扩大。分别处于遗址重心区域的东部和西部，且已比较清楚的作为两个墓葬区同时使用，并出现了个别等级较高的墓葬。墓葬资料显示，社会开始有一定的分化，文明化进程在加速推进。进入崧泽文化阶段，早期的居住区由北部略向南移，并处于遗址重心区域中间位置。房址的规模变大，出现了大房址。埋葬区位置与前期基本相同，仍然位于遗址重心位置的东部和西部，其中间恰好隔着居住区。从崧泽文化早期到中期，西部埋葬区一直作为大中型墓葬的专属"墓园"，东部埋葬区一直作为小型墓葬的墓地。聚落中大房址和高等级大墓的出现，并且大型墓与小型墓在相当长的时期内实行分区埋葬，说明至少从崧泽文化早期开始，聚落社会已经明显分化，出现了高高在上的领导阶层。到了崧泽文化晚期阶段，西部埋葬区未再发现本阶段的大中型墓葬，但东部埋葬区依然作为墓地在使用。在东部埋葬区发现的这些墓葬，其身份是否仍然是崧泽文化早中期时的"小型墓主"，还是中间也有崧泽文化晚期阶段没落的"大型墓主"，目前尚难以做出确切判断。在西部埋葬区是否还有崧泽文化晚期的大型墓？是否能有崧泽文化早中期的辉煌？这些疑问只能留待将来进一步的考古工作来解答。

对于东山村遗址崧泽文化时期出现了大型墓，并且大型墓和小型墓分区埋葬的现象，李伯谦先生曾有过简短而精辟的评价："东山村遗址崧泽文化聚落暴露出来的分化，已不是青浦崧泽遗址墓葬区看到的氏族内部并不突出的贫富分化，而是以 III 区墓葬为代表的富裕权势氏族和以 I 区墓葬为代表的平民氏族之间的分化。……聚落的结构布局表明，在同一个聚落内部，富裕权势氏族的墓地和平民氏族墓地了不相涉，两者以房屋建筑区为中心，一西一东，泾渭分明。如果没有较长时间的发展演变，这样的格局是难以形成的"[1]。

因此，墓葬材料所反映的社会组织状况及社会结构表明，至少在崧泽文化早期，社会就已形成了富裕权贵及平民百姓两大阶级，这两大阶级划分明确，结构稳定。且从东山村遗址马家浜文化二段的材料来看，这种泾渭分明的两极格局最早肇始于马家浜文化晚期。这一社会分层的时间，显然大大早于在此之前所普遍认为的仰韶文化晚期（距今 5500～4500 年）。

---

① 李伯谦：《崧泽文化大墓的启示》，北京大学震旦古代文明研究中心编《古代文明研究通讯》总第 44 期。

第二节 墓地布局研究

东山村遗址迄今为止共发现史前墓葬 61 座。其中马家浜文化时期墓葬 19 座，崧泽文化时期墓葬 42 座，主要集中在遗址重心区域的东部和西部。虽然近年来未对整个墓地进行揭露，且探方多数未发掘到底，但是该区域的墓葬分布尤其是崧泽文化时期的墓地布局，还是比较清楚的。

东山村遗址马家浜文化早期阶段的墓葬数量发现不多，仅有 3 座，应与考古工作的局限有关。其中 1 座墓葬（90M8）位于遗址重心区域东部 90T4 探方内，另 2 座墓葬（M100、M103）位于遗址重心区域西部 T0608 内，基本处于东西横线上。两者相距约 100 米。由于墓葬数量相对较少，此阶段尚难以明确判断是否已经形成两个墓葬区。在西部发现的两座墓葬周围还清理出较多的灰坑，其北面约 15 米处即为同阶段的 F6，说明墓葬区和居住区有所隔开，但尚未形成独立区域。

到马家浜文化晚些阶段，墓葬数量有大幅增加，墓地的范围也随之扩大，目前发现有 16 座墓葬。在遗址重心区域西部，墓葬集中发现于遗址Ⅲ区北部探方 T0511 和 T0611 内。该区域现地表高度比周围其他地方要高。其中有 4 座墓葬相临近（M86、M80、M78、M79），处于西南—东北斜线上；在遗址重心区域东部，除了在 90T4 内仍有墓葬发现外，在遗址Ⅱ区的东部边缘也有发现，还比较集中发现于遗址Ⅰ区西侧探方 T1506 中。在遗址Ⅰ区，T1506 所在位置也是坡地的高处，比东侧 T1606 等探方要高。同样，也有 4 座墓葬相邻近（M65、M68、M67、M73），处于西南—东北斜线上。本期可以看出，东山村遗址在本阶段已大体形成东部和西部两个埋葬区的格局，两者相距约 70 米。在各区内有相对集中的墓葬群。墓葬多数按照西南—东北一线进行排葬。

进入崧泽文化时期，东山村遗址墓葬数量有较多的增加。但是墓葬依然集中埋葬在遗址重心区域的东部和西部，即主要还是遗址Ⅰ区和Ⅲ区。计上 1990 年发现的墓葬，东山村遗址目前共发现 42 座崧泽文化时期墓葬。以下重点谈论崧泽文化时期的墓地布局。

从平面上看，东山村遗址崧泽文化墓葬与前期相似，基本可以分为两个区。其中，一个墓葬区处于遗址Ⅰ区和 90T4 等区域，即从 T1606 东半部和 T1705 向东，到 T2005 和 T2006 探方，以北到 90T4，该墓葬区约 1500 平方米，目前已发现 27 座。另一墓葬区处于遗址Ⅲ区，该区域发现的崧泽文化墓葬主要集中在 T0510、T0511、T0610、T0611、T0710 和 T0711 等探方内，面积近 550 平方米，目前已发现 15 座。在遗址Ⅱ区和 T1 内未发现有崧泽文化时期墓葬，遗址Ⅰ区和遗址Ⅲ区相隔约 80 多米。

在遗址Ⅰ区的 22 座墓葬[①]，平面分布显得比较分散，没有成排成列的情况（参见图 5-3-1）。以空间相近原则，似乎可以将这些墓葬分为 A、B、C、D 组等 4 组。这 4 组分别是，A 组为 T1606 东半部和 T1706 西半部的 3 座（M9、M10、M15），B 组为 T1706 东半部和 T1806 西半部的 5 座（M1 ~ M5），C 组为 T1905 和 T1906 内的 8 座（M43、M51 ~ M54、M59、M74、M75），D 组为 T2005 和 T2006 内的 3 座（M50、M58、M69）。此外，在外围，零星分布有 M13、M14、M41 等。

---

① 由于 90T4 内的墓葬没有总平面图，其平面分布情况暂不清楚。其与遗址Ⅰ区的中间地带由于未发掘，墓葬平面情况也尚不清楚，因此主要谈论遗址Ⅰ区的墓葬分布情况。

显然，由于整个墓地未完全揭露，这样的分组是否具有意义，尚待进一步工作来检验。

在遗址Ⅲ区的 15 座墓葬，平面分布显得比较紧凑，明显可以分为 A、B 两组（参见图 5-3-2）。A 组集中在Ⅲ区的西侧，共有 7 座墓葬（M89、M90、M92、M95、M98、M99、M102）；B 组集中在Ⅲ区的东侧，共有 7 座墓葬（M76、M83、M85、M91、M93、M94、M96）。两组墓葬相距约 6 米多。此外，尚有 1 座墓葬（M87）处于两组墓葬中间空白地带的上方。

以上分析可知，东山村遗址崧泽文化墓葬可以分为明确的两个区，一个墓葬区处于遗址Ⅰ区及以北区域，另一个墓葬区处于遗址Ⅲ区，两区相隔约 80 多米。从两个墓葬区的内部分布情况看，遗址Ⅰ区似乎可以分为 4 组，遗址Ⅲ区则可以分为明确的两组。

通过将崧泽文化墓葬的分期结果反映到两个墓葬区的平面分布上看，我们还可以得出以下认识。

在遗址Ⅰ区，东山村遗址崧泽文化 6 个阶段的墓葬均有发现。原先以空间相邻区域划分的 4 个组中，存在有不同阶段的墓葬。比如，A 组有第 1 段和第 2 段墓葬，B 组有第 4~6 段墓葬，C 组有第 2~5 段墓葬，D 组有第 2 段和第 3 段墓葬。换言之，第 1 段墓葬仅出现在 A 组（当然在 90T4 中也存在）；第 2 段墓葬分别出现在 A、C、D 组中，另有 M14 在 B 组和 C 组的上方；第 3 段墓葬仅出现在 C 组和 D 组；第 4 段和第 5 段出现在 B 组和 C 组中；第 6 段仅在 B 组出现。除了第 2 段墓葬出现在 3 个组中，同阶段墓葬一般不会超过两组。

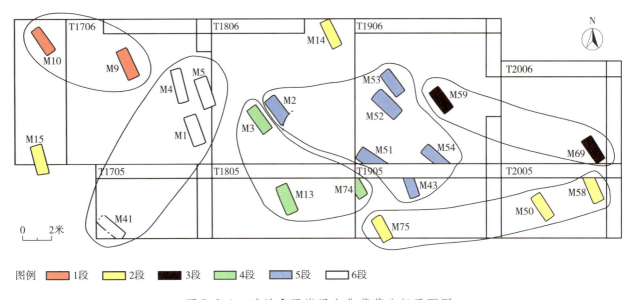

图 7-2-1　遗址Ⅰ区崧泽文化墓葬分组平面图

在遗址Ⅰ区中，如果换种方式分组，即将同阶段墓葬画个圈归为一组的话，那么除了第 2 段的 M14 和 M15 未能圈进来外，其余可以分为互不交叉的 6 个圈组（图 7-2-1）。虽然每个圈形状不一，但是依然可以看出同阶段墓葬埋在相邻的区域。同时，这样圈出的 6 组也比较清晰地显示出各阶段墓葬埋葬的区域。第 1 段墓葬埋葬在西北处；第 2 段墓葬则比较分散，一座处于北面，一座处于西面，多数埋在东南处；第 3 段埋在第 2 段的北面；第 4 段则埋在第 3 段的西面；第 5 段埋在第 4 段的东面；第 6 段埋在第 4 段的西面。虽然这些墓葬有的层位不一样，但是目前尚未发现有叠压和打破现象。而且可以看出后阶段墓葬总是避开前阶段所葬区域，甚至至少出现三次后阶段葬者选择在前两阶段（不一定是连续的两个阶段）中间空白地带埋葬。比如，第 4 段处于第

1 段和第 2 段或第 3 段中间，第 5 段处于第 3 段和第 4 段中间，第 6 段处于第 1 段和第 4 段中间。个中原因，一是有可能当时墓上已有标识（限于考古技术水平未能发现），二是后人对前人的埋葬位置非常了解，三是对整个墓地有预先规划。而从这 6 个阶段的埋葬先后看，即从西到东，再到北，又返西，再到东，然后又回西，如此反复，应该不是预先就严格规划好埋葬区域的。而更多的是避开前阶段所葬区域，同阶段的相对靠在一起。

显然，由于遗址 I 区以及以北区域未能全部揭露，对遗址 I 区墓葬的分组讨论以及一些认识也只能是暂时的。

再来看遗址 III 区的情况。在遗址 III 区，目前尚未发现有崧泽文化第 1 段和第 6 段的墓葬。上文已经分析了，遗址 III 区可以分为明确的 A、B 两组。从平面上看，两组同样包含了不同阶段的墓葬。A 组有第 2 段和第 3 段墓葬，B 组有第 4 段和第 5 段墓葬。两组同样包含了 2 个阶段的墓葬。所不同的是，A 组的时代在前，B 组的时代在后。换言之，崧泽文化早期，大中型墓葬集中埋在西侧，到了崧泽文化中期，则向东集中埋葬，与早期墓葬保持一段距离。说明对葬地的安排有比较明确的规划。

此外，与遗址 I 区的同阶段墓葬相对比，我们发现，在遗址 III 区，第 2 段和第 3 段墓葬选择在西边，第 4 段和第 5 段则在前者的东边。与此相反，在遗址 I 区，第 2 段和第 3 段墓葬选择在东边，第 4 段和第 5 段墓葬则在前者的西边。在崧泽文化早期和中期，大中型墓葬和小型墓葬对这种方向的选择是否有深层意义，目前尚难以推知。另外，遗址 I 区和遗址 III 区的第 2 段墓葬都有个别墓葬埋在外围，可能说明此阶段墓葬的"聚群而葬"观念还相对比较薄弱。

同样，如果我们将同阶段墓葬也画个圈归组的话，可以将遗址 III 区的大中型墓葬画圈如下（图 7-2-2）。原西侧 A 组可以细分为 3 组：其中第 2 段墓葬为一组（M90、M92、M99），第 3 段墓葬圈为两组，分别位于第 2 段墓葬组的东西两侧（东侧为 M89、M102，西侧为 M95、M98）。原东侧 B 组则可以圈为 2 组：其中第 4 段大型墓为一组（M91、M94、M96），该组西侧的第 5 段墓葬圈为一组（M76、M93）。此外，B 组中另有第 4 段墓葬 M85 和第 5 段墓葬 M83 为单独墓分别处于第 4 段墓葬组和第 5 段墓葬组的两侧。进一步考察，东侧 B 组可能保持与西侧 A 组相同的埋葬模式，即 A 组中第 2 段墓葬组先埋，然后在东西两侧再埋葬第 3 段墓葬组，B 组中则先埋葬第 4 段墓葬组，然后在东西两侧再埋葬第 5 段墓葬组。如此，我们或可以将 M83 单独圈为一组，在 M83 的南面可能还存在有大中型墓葬。而从整个墓地的埋葬过程看，随着时代的推移，墓地不断的向东扩张。在 M83 的南面或东面，可能还有同阶段或后阶段的大中型墓葬。对于这点，期待将来的考古工作来证实。

通过上段分析，除了第 2 段墓葬 M87 和第 4 段 M85 外，其余墓葬则可以细分为 6 组。同样的，这 6 组没有相互交叉。西侧的 3 组属于崧泽文化早期，东侧的 3 组属于崧泽文化中期。崧泽文化中期的大中型墓埋葬的结构与崧泽文化早期基本保持一致，即采取了"先中间后两边"的埋葬模式。这也从侧面进一步验证了第 2 段和第 3 段墓葬归为一期，第 4 段和第 5 段墓葬归为另一期的合理性。

综上，东山村遗址马家浜文化早段时，整个墓地墓葬数量较少，但在遗址重心区域的东部和西部均有所发现。到了马家浜文化晚段，墓葬数量增加较多，整个墓地的格局基本形成，分为东西两个墓葬区。并在西部墓葬区出现了个别等级较高的墓葬。到了崧泽文化时期，东西两个墓葬

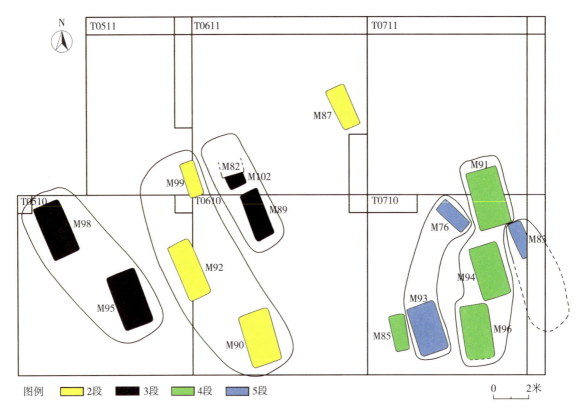

图 7-2-2　遗址 Ⅲ 区崧泽文化墓葬分组平面图

区继续加以使用，并在以后很长一段时期内保持这种格局。从崧泽文化时期开始，对东西墓葬区的使用已有较为严格的规定。其中东部墓葬区只埋葬小型墓葬，西部埋葬区则埋葬大中型墓葬。东部埋葬区的墓葬从崧泽文化早期一直贯穿到晚期，西部埋葬区目前仅发现崧泽文化早期和中期的大中型墓葬，崧泽文化晚期的大型墓尚未发现。两个墓葬区基本遵循了同阶段"聚群而葬"的习俗，并且后阶段墓葬总是避开前阶段墓葬。东侧墓葬区的埋葬过程为从西到东，再从东到西，反复地选择空白地带进行埋葬。西侧墓葬区整体上从西到东，早期墓葬埋在西侧，中期墓葬埋在东侧。早期和中期各阶段墓葬中，基本保持以"先中间后两边"的模式进行埋葬。

第三节　墓葬形制探讨

一　墓葬等级的界定

东山村遗址崧泽文化高等级大墓的发现，填补了长江下游崧泽文化缺乏大型墓发现的空白，对重新审视环太湖流域崧泽文化时期的社会结构和文明化进程提供了极其重要的资料。

崧泽文化时期，整个墓地的格局是东西并峙两个墓葬区，并且大型墓葬集中发现在西部埋葬区，小型墓葬集中发现于东部埋葬区，东西两个墓葬区至少在崧泽文化早期和中期是共时的。如此可见大型墓葬和小型墓葬已经开始实行分区埋葬，对墓地的使用已有严格规划。说明东山村聚落社会中已出现了凌驾于一般聚落村民的管理层。由于在大型墓埋葬区还发现一些较前者规格略低的墓葬，而与东部埋葬区中的小型墓葬还存在一些差别。因此，这里有必要对东山村遗址崧泽文化时期墓葬的等级进行分析和界定。

现将东部埋葬区即遗址Ⅰ区和90T4内墓葬的墓口尺寸、随葬品总数、玉器数量等信息统计如下表（表7-3-1）。

表7-3-1　遗址东部埋葬区崧泽文化墓葬尺寸和随葬品数量统计表

时代	段别	墓葬	墓葬尺寸（长、宽、深）	随葬品总数	玉器数
崧泽早期	第1段	M9	2.1×0.8-0.25	11	0
		M10	2.0×0.7-0.15	3	0
		90M3	1.48×0.44-0.22	13	2
		90M5	1.56×1.03-0.23	3	0
	第2段	M14	2.1×0.8-0.45	8	0
		M15	2.1×0.8-0.3	14	0
		M50	2.0×0.76-0.6	2	0
		M58	1.5~1.85×0.8-0.17	1	0
		M75	1.8×0.76-0.3	7	0
		90M4	1.55×1.03-0.23	9	0
	第3段	M59	1.8×0.7~0.8-0.17	3	0
		M69	1.85×0.75~0.8-0.3	2	0
崧泽中期	第4段	M3	2.0×0.78-0.1	6	0
		M13	2.1×0.8-0.2	2	0
		M74	0.5~1.15×0.7-0.38	3	0
		90M1	2.18×0.8-0.1	11	0
		90M2	1.75×0.62~0.15	11	0
		M2	2.1×0.89-0.15	14	0
	第5段	M43	1.15~1.4×0.7-0.37	3	0
		M51	0.8~2.2×0.9-0.3	3	0
		M52	2.1×0.8~0.95-0.2~0.27	4	0
		M53	1.9×0.77-0.21~0.25	3	0
		M54	1.2~2.1×0.75-0.25~0.3	2	0
崧泽晚期	第6段	M1	2.1×0.9-0.2	17	3
		M4	2.4×0.7-0.15	31	1
		M5	2.1×0.9-0.15	15	1
		M41	2.0×0.75-0.3	2	0

说明：其中M43、M51、M54、M58和M74等墓葬尚有部分压在隔梁下方未清理，以上数据为揭露部分的尺寸。90M5的墓葬尺寸在原发掘简报中未见报道，只提供数座墓葬的最低和最高数据，据原简报中"6座（M3～M8），……长1.13～1.56、宽0.37～1.03、深0.12～0.23米"，暂将90M5的长宽深取其最高值，为1.56×1.03-0.23米。M51由于清理后填埋未提取器物，随葬品总数不明，但是从清理后的现场分析，至少随葬3件器物。

从表7-3-1中可以看出，近年来清理的墓葬除了M43、M51、M54、M58和M74等5座墓葬尚有部分压在隔梁下方未清理，墓葬实际长度不明外，其余有16座墓葬的长度在1.8～2.1米之间，仅有 1 座墓葬（M4）的长度为 2.4 米。如果计上前 5 座墓葬的话，有 21 座墓葬的宽度在 0.7 ~ 0.9 米之间，唯一一座略宽的为 M52，宽度为 0.8 ~ 0.95 米，在墓葬的一头略微宽点。如果考虑找墓边可能有数厘米的误差，东山村遗址近年来发现的 22 座墓葬的宽度均在 0.7 ~ 0.9 米之间。而史前墓葬一般长宽比比较固定，以此宽度推算，前 5 座墓葬虽然实际长度不明，但推算长度也应在 1.8 ~ 2.1 米范围内。1990 年清理的 5 座崧泽文化墓葬，其中 90M1 和 90M2 的长度和宽度与近年来发掘的基本接近，也在 1.8 ~ 2.1 米前后。90M3、90M4 和 90M5 等三座墓葬的长度在 1.5 米左右，其中有两座墓葬的宽度在 1 米多。此三座墓葬在形制上略显短宽。我们以为，这三座墓葬有可能是由于土质土色较难区分而据墓葬随葬品的位置来划出的墓框，与实际墓葬长宽有些出入。因此，这三座墓葬的尺寸暂存疑。如此，东山村遗址东部埋葬区墓葬的长宽基本为，长 1.8 ~ 2.1 米，宽 0.7 ~ 0.9 米，极个别的墓葬长度为 2.4 米。从随葬品总数来看，1 ~ 10 件的有 18 座，占比约 66.7%。11 ~ 20 件的有 8 座，占比约 29.6%[①]。仅有 1 座超过 30 件的，占比约 3.7%。若以 1 ~ 20 件计，则有 26 座，占比约 96.3%。以随葬玉器来看，仅有 4 座墓葬随葬，占比约 14.8%。其中，随葬 1 件的有 2 座，随葬 2 件的 1 座，随葬 3 件的有 1 座。绝大多数墓葬未随葬玉器。从时代来看，随葬玉器的墓葬在早期也有，但主要集中在崧泽文化晚期。

同样，将西部埋葬区即遗址Ⅲ区内墓葬的墓口尺寸、随葬品总数、玉器数量等信息统计如下（表 7-3-2、7-3-3、7-3-4）。

表 7-3-2　遗址西部埋葬区部分崧泽文化墓葬尺寸和随葬品数量统计表

时代	段别	墓葬	墓葬尺寸	随葬品总数	玉器
崧泽早期	第 2 段	M90	3.05 × 1.7 ~ 1.8-0.4	65	19
		M92	3.3 × 1.26-0.6	49	12
	第 3 段	M95	3.1 × 1.6-0.37	55	12
		M98	3.2 × 1.52-0.3	44	8
崧泽中期	第 4 段	M91	3.15 × 1.76-0.5	38	14
		M94	3.05 × 1.55 ~ 1.6-0.5	22	5
		M96	3.1 × 1.6-0.5	35	14

表 7-3-3　遗址西部埋葬区部分崧泽文化墓葬尺寸和随葬品数量统计表

时代	段别	墓葬	墓葬尺寸	随葬品总数	玉器
崧泽早期	第 3 段	M89	2.65 × 1.1-0.4	33	3
崧泽中期	第 5 段	M93	2.8 × 1.6 ~ 1.65-0.4	33	13

---

① 其中 M43、M51、M54、M58 和 M74 等墓葬虽尚有部分压在隔梁下方未清理，但墓葬主体已清理出来。如果完全揭露，可能个别墓葬随葬品会有所增加，但也很有限，对整体数据的统计结果影响甚微。目前，暂以揭露出的部分进行统计。

表 7-3-4 遗址西部埋葬区部分崧泽文化墓葬尺寸和随葬品数量统计表

时代	段别	墓葬	墓葬尺寸	随葬品总数	玉器
崧泽早期	第 2 段	M87	2.46 × 1.0 ~ 1.04-0.25	9	0
		M99	2.07 × 0.8-0.25	13	2
	第 3 段	M102	0.82 × 1.03-0.35	6	0
崧泽中期	第 4 段	M85	2.05 × 0.8 ~ 0.9-0.25	13	2
	第 5 段	M76	2.0 × 0.8 ~ 0.85-0.15	5	1
		M83	2.05 × 0.83-0.25	13	2

从表 7-3-2 中，可以看出，7 座墓葬的长度均在 3 米以上，最长为 3.3 米。有 6 座墓葬的宽度在 1.5 米以上，1 座墓葬略微显窄为 1.26 米，最宽有 1.8 米。7 座墓葬中除 1 座随葬品总数低于 30 件外，余 6 座均在 30 件以上。而其中有 4 座在 40 件以上，最高有 65 件（套）。从随葬玉器数量看，有 5 座墓葬在 10 件以上，有 2 座在 5 ~ 10 件之间，最高有 19 件。因此，本表中墓葬基本特点为：长在 3 米以上，宽在 1.5 米以上，随葬品在 30 件以上，玉器在 10 件以上。

从表 7-3-3 中，可以看出，M89 和 M93 的墓葬长度均低于 3 米，在 2.6 ~ 2.8 米之间，M89 的宽度较窄为 1.1 米，M93 较宽为 1.6 米以上。在随葬品总数上，两座墓葬相同，均在 30 件以上。在玉器随葬数量上，差异较大，M89 在 10 件以下，为 3 件，M93 在 10 件以上，为 13 件。无疑，以上分析可以得知，除了在墓葬长度略显不足外，M93 在墓葬宽度、随葬品总数和玉器总数等方面，都符合表 7-3-2 中墓葬的基本特点。M89 在墓葬长度和宽度，以及玉器总数上与表 7-3-2 中墓葬尚有差距。

从表 7-3-4 中，可以看出，除 M102 被历史时期墓葬打破原长度不明外，有 4 座墓葬的长度在 2.0 ~ 2.1 米、宽度在 0.8 ~ 0.9 米，有 1 座墓葬的长度在 2.4 ~ 2.5 米，有 2 座墓葬的宽度在 1.0 ~ 1.1 米。从随葬品总数看，均在 30 件以下。其中，有 3 座在 1 ~ 10 件之间，有 3 座墓葬在 10 ~ 20 件之间。从玉器随葬总数看，均在 0 ~ 2 件之间。其中，有 3 座随葬 2 件，有 1 座随葬 1 件，另有 2 座未见玉器出土。本表中墓葬的一般特点为，长度在 2.0 ~ 2.1 米之间，宽度在 0.8 ~ 0.9 之间，随葬品总数在 1 ~ 20 件之间，玉器总数在 0 ~ 2 件之间。从该特点看，本表中墓葬与表 7-3-1 中的墓葬比较接近。

通过以上分析，东山村遗址东部和西部埋葬区的墓葬在墓葬尺寸、随葬品总数和玉器数量等方面存在明显差异[①]，应有等级之分。而在具体以哪方面要素如墓葬尺寸、随葬品总数或玉器数量来确定为大型墓、中型墓或是小型墓，还是需要兼具其中几个方面，需要进行综合考量。对表 7-3-2 中墓葬的分析可知，该组墓葬的基本特点是长在 3 米以上，宽在 1.5 米以上，随葬品在 30 件以上，玉器在 10 件以上。如果严格的以兼具这四个方面要素来定义大型墓的话，则只有 M90、M95、M91 和 M96 等 4 座墓葬称得上"大型墓"。其他 M92、M98 和 M94 等 3 座墓葬则只具备其中两方面或三方面要素。但显然，仔细分析和综合考虑，M92、M98 和 M94 等 3 座墓葬也应是属于"大型墓"。

M92，除了在墓葬宽度方面略微不足外，在墓葬长度、随葬品总数和玉器数量等方面均

---

① 显示墓葬等级的因素较多，不仅在墓葬尺寸、随葬品总数和玉器数量等方面体现显著，在陶器和石器的种类、大小，以及玉器的大小等均有表现。

符合上述要求。其墓葬长度甚至达到了 3.3 米，不仅是东山村遗址史前墓葬中最长的一座，也是目前环太湖流域已发现崧泽文化墓葬中最长的一座。M92 的随葬品总数为 49 件，上述严格意义的"大型墓"M91 和 M96 则分别只有 38 件和 34 件，M92 大大超过了后两者。此外，从随葬陶器和石器看，其鼎、鬶、豆、罐、壶等陶器组合齐全，另出有大件器物大口尖底缸和 5 把石钺等器物，也应是"大型墓"的规格。如此，M92 也应归到"大型墓"之列。前述兼具四个方面要素似可修改为兼具三方面要素，分别为长在 3 米以上、随葬品在 30 件以上、玉器数量在 10 件以上。

M98，除了在玉器数量为 8 件，未到 10 件以上外，在墓葬长度、墓葬宽度和随葬品总数等均达到了上述要求。其随葬品总数为 44 件，也超过了严格意义的"大型墓"M91 和 M96。此外，从随葬陶器和石器看，其鼎、鬶、豆、罐、壶等陶器组合齐全，另出有 3 把石钺、5 把石锛和 4 件石凿等，与 M92 的内涵基本相同。将 M98 归入"大型墓"中，也应是没多大问题的。如此，前述兼具四个方面要素似可修改为兼具三方面要素，分别为长在 3 米以上、宽度在 1.5 米以上、随葬品在 30 件以上。与 M92 的共同要素为两点，分别为长在 3 米以上、随葬品在 30 件以上。

M94，对照上述四个方面要素，只有墓葬长度和宽度符合上述要求。在随葬品总数和玉器数量方面尚有差距。分析出土的陶器和玉器，陶器中出土有严格意义"大型墓"中常见的鼎、鬶、豆、罐、壶等组合，玉器中出土了 2 件玉镯，也是上述"大型墓"中才有的贵重物品。此外，M94 的墓坑尺寸与表 7-3-1 和表 7-3-4 中的墓葬相比，大出了许多。因此，M94 虽然在随葬品总数和玉器数量方面与其他大型墓有一定差距，但在墓葬尺寸、随葬品种类和内涵上也可比肩"大型墓"。所以，以 M96 为标准的话，上述兼具四个方面要素似可修改为兼具两方面要素，分别为长在 3 米以上、宽度在 1.5 米以上。

再看表 7-3-3 中的 M89 和 M93。M93 除了在墓葬长度方面略微显不足外，其他在墓葬宽度、随葬品总数和玉器数量等方面均符合上述要求。其在陶器组合和玉器种类方面也配称得上"大型墓"。如此，上述兼具四个方面要素似可修改为兼具三方面要素，分别为墓葬宽度、随葬品总数和玉器总数。M89，除了在随葬品总数上超过 30 件以上符合要求外，其在墓葬长度、墓葬宽度和玉器总数方面均未达到要求。虽然 M89 中也见到其他大型墓中常有的鼎、鬶、豆、罐等固定组合，由于在玉器方面不仅数量少且未见到璜或镯等大件玉器配伍，在墓葬长度和宽度方面也还有不小的差距，因此，M89 与"大型墓"的规格尚有一定距离，"大型墓"M92 和 M93 在墓葬长度或宽度中的一方面虽略显不足，但在其他三方面均表现出色。而如从墓口的面积来定位"大型墓"的话，也可以看出 M89 与其他"大型墓"的差距（表 7-3-5）。

表 7-3-5　遗址西部埋葬区部分墓葬墓口面积一览表

时代	段别	墓葬	墓葬尺寸	墓口面积（平方米）
崧泽早期	第 2 段	M90	3.05×1.7～1.8-0.4	5.338
		M92	3.3×1.26-0.6	4.158
		M95	3.1×1.6-0.37	4.960
	第 3 段	M98	3.2×1.52-0.32	4.864

续表

时代	段别	墓葬	墓葬尺寸	墓口面积（平方米）
崧泽中期	第4段	M91	3.15×1.76-0.5	5.544
		M94	3.05×1.55~1.6-0.5	4.804
		M96	3.1×1.6-0.5	4.960
崧泽晚期	第5段	M93	2.8×1.6~1.65-0.4	4.550
崧泽早期	第3段	M89	2.65×1.1-0.4	2.915

从上表中可以看出，M89的墓口面积与M90等8座墓葬存在较大的差距。M90等8座墓葬的墓口面积均在4平方米以上[①]，M89则还不到3平方米。以墓口面积来定义"大型墓"的话，上述在四方面要素都有一个或两个方面略显不足的M92、M93、M94和M98等4座墓葬，与严格兼具四方面要素的M90、M91、M95和M96等4座"大型墓"相比，墓口面积均在4平方米以上，因此前4座墓葬也是"大型墓"。这与上文对前4座墓葬的分析定义为"大型墓"也是相呼应的。因此，从墓口面积来看，M89还不是"大型墓"。其在玉器数量上的不足，也使其规格有所下降，定位为"中型墓"似乎更合理些。

综上，单纯的以某一方面或严格的以兼具某几方面要素来定义"大型墓"，都会有所偏差。从东山村遗址的这些发现看，"大型墓"需满足以下条件：

1. 墓口长度在3米左右、宽度在1.5米左右、墓口面积不低于4平方米的墓葬[②]。

2. 随葬品总数一般在30件以上[③]。

3. 玉器数量一般在10件以上，在5~9件之间的应有大件玉器[④]。

需要说明的是，上述3点条件中，以第1条为必要条件。其他两条可具或兼具。依上述三点条件，表7-3-2中的所有墓葬和表7-3-3中的M93等共8座墓葬为大型墓。表7-3-3中的M89仅符合随葬品总数这一条件，与大型墓的标准尚有差距。

对表7-3-1中墓葬的分析可知，东山村遗址东部埋葬区墓葬的基本特点为，长1.8~2.1米，宽0.7~0.9米，随葬品1~20件，玉器0~3件[⑤]。对表7-3-4中墓葬的分析得出，遗址西部埋葬区部分墓葬的基本特点为，长2~2.1米，宽0.8~0.9米，随葬品总数1~20件，玉器总数0~2件[⑥]。将两个表进行对比，表7-3-4中墓葬在综合数据上要比表7-3-1中墓葬的要强。例如，在墓葬长度上，表7-3-4中墓葬长度均在2米以上，表7-3-1中至少有7座墓葬的长度在1.8~2米之间。在墓葬宽度上，表7-3-4中墓葬宽度均在0.8米以上，表7-3-1中至少有10座墓葬的宽度不到0.8米。在随

---

① 如果以表6-5-2中墓葬长度和宽度的基本特点，即墓葬长度一般在3米以上，宽度一般在1.5米以上，则墓口面积在4.5平方米以上才能成为"大型墓"。而M90等8座墓葬中，除了M92低于4.5平方米外，其余7座均符合要求。然则M92无疑也是"大型墓"，因此，虑及M92的情况，将符合"大型墓"的墓口面积设定为4平方米。

② 墓口面积亦可以规定为不低于4.5平方米，然则有一墓例外，即M92低于规定不在"大型墓"之列。编者以为，该时期墓葬的等级高低主要还是在墓坑的大小。相应的墓坑大的墓其随葬品都比较丰富，随葬品的种类、数量和大小也比一般墓葬规格要高。

③ 随葬品总数若严格的以"30件以上"作为限定条件，则有一墓例外，即M94低于该条件不在"大型墓"之列。

④ 玉器数量若严格的以"10件以上"作为条件，则有两墓例外，即M94和M98低于该条件不在"大型墓"之列。"5~9件之间"中的"5"为下限，则是以M94中出土的玉器数量为5件为参照。

⑤ 长度超过2.1米的仅有一墓为M4，其随葬品总数也超过20件，有31件。

⑥ 除了M102外，仅M87的墓葬长度为2.46米，宽约1米。

葬品平均数上，表 7-3-1 中墓葬随葬品平均数为 7.4 件，表 7-3-4 中的随葬品平均数为 9.8 件①。从出土玉器来看，表 7-3-4 中除了 M102 被打破未发现玉器出土外，5 墓葬中有 4 座出土了玉器，占比约 80%。表 7-3-1 中仅有 4 座墓葬出土了玉器，占比约 14.8%。即使不统计 M43 等 5 座部分压在隔梁下未完全清理的墓葬，出土玉器的比例也只有 18.2%，与表 7-3-4 中的墓葬差距较大。从出土玉器墓葬的时代看，表 7-3-4 中的墓葬时代集中在崧泽文化早中期②，表 7-3-1 中墓葬的时代主要集中在崧泽文化晚期。换言之，在崧泽文化早期和中期时候，遗址西部埋葬区的这些墓葬（即表 7-3-4）绝大多数出土有玉器（M87 中虽未见有玉器出土，但出土了一件石钺和 3 件石锛，其他墓葬则未见有石器出土，某种程度上弥补了未随葬玉器的不足。此外，M87 的墓葬尺寸亦较大，显示并非一般墓葬）。而在遗址东部埋葬区中的墓葬，则只有极个别墓葬见有玉器出土③。这种差别，当不是埋葬习俗、个人喜好或是受考古工作局限等原因造成，而更多地体现在墓主身份和地位的缘故。一言以概之，遗址西部埋葬区的这些墓葬（表 7-3-4），在墓葬级别上要比同时期的遗址东部埋葬区的墓葬要高。

此外，从表 7-3-4 中墓葬出土的随葬品本身看，这些墓葬的规格亦不低。M87，共出 9 件器物，其中陶器 5 件、石钺 1 件、石锛 3 件。其中的石锛体格较宽大，通体磨制精良，刃部未见明显使用痕迹。虽然未见有玉器出土，但是出土了其他墓葬没有的石钺和石锛。M99，共出土随葬品 13 件，其中陶器 11 件、玉器 2 件。玉器中的一件玉璜，虽残损较甚，但其形制大小，与 M98 所出玉璜几乎一样。M102，虽仅残存墓的南端，仍出有 6 件陶器，陶器的器形普遍都比较大，且出土了两件遗址东部墓葬区罕见的长颈壶，其中一件在颈部还涂有朱彩，显然非一般用器。M85，共出土 13 件器物，其中陶器 11 件、玉环和玉璜各 1 件。M76 和 M83 分别出土 6 件和 11 件器物，两座墓葬虽被后期扰乱较甚，有的陶器仅存下半部。但 M76 内仍出土玉环 1 件，M83 出土玉环和弦纹玉管各 1 件。M85、M76 和 M83 中出土的玉器与大型墓中出土的相比，器形略小。但在同时期的东部埋葬区墓葬中并未发现玉器出土，即使是与后来崧泽文化晚期墓葬（M1、M4 和 M5）中出土的玉器相比，在器形大小方面也胜出较多。因此，表 7-3-4 中墓葬的规格显然要比表 7-3-1 中墓葬的要高一些。

通过以上分析，遗址东部埋葬区墓葬的等级在遗址中是最小的，因此，可以"小型墓"称之。遗址西部埋葬区中部分规格较上述 8 座大型墓低、但较东部埋葬区小型墓规格要高的这些墓葬，可以"中型墓"来定义。其中 M89 上文已经分析，离"大型墓"尚有差距，但明显比东部埋葬区的小型墓规格要高，因此可以归到"中型墓"中。同时可以看出，M89 与其他中型墓相比，不仅在墓葬长度和宽度、随葬品总数和玉器数量等方面规格是最高的，其在随葬陶器的种类上甚至可比肩大型墓。因此，在中型墓中可能还有等级高低之别，由于这部分材料相对较少，这里不再细分。此外，由于遗址西部埋葬区尚未发现崧泽文化晚期的大型墓或中型墓，导致遗址东部埋葬区的这些墓葬缺乏对比材料。但是从墓葬尺寸、随葬品总数和玉器数量来看，M1、M5 和 M43 等三座墓葬仍是"小型墓"，而 M4 比较接近 M89，这里不妨暂以"中型墓"对待。

综上，东山村遗址崧泽文化时期的墓葬可以分为大型墓、中型墓和小型墓。其中，表 7-3-1 中的墓葬除 M4 为中型墓外，其余均为小型墓；表 7-3-2 中的墓葬均为大型墓；表 7-3-3 中 M93

---

① 该统计包括了被打破的 M102。如果未被打破，M102 应有更多的随葬品出土，表 7-3-4 中的墓葬随葬品平均数还会上升。

② 可能受考古工作的局限，目前东山村遗址西部埋葬区尚未发现属崧泽文化晚期的墓葬。

③ 当然也不排除 M43 等 5 座局部压在隔梁下的墓葬将来会有玉器出土的可能。

为大型墓，M89 为中型墓；表 7-3-4 中的墓葬均为中型墓。以时代来看，在崧泽文化早期和中期时，大型墓和中型墓集中埋葬在遗址重心区域的西部，小型墓集中埋葬在遗址重心区域的东部。到崧泽文化晚期，遗址重心区域东部依然为小型墓的集中埋葬地，但也见到有个别的中型墓开始埋葬在该区域。

二　埋葬习俗

东山村遗址史前墓葬包含马家浜文化和崧泽文化，但整个遗址的发展基本是连续的过程。对两个文化埋葬习俗的梳理也可以看到期间不断发展的过程。

1. 墓向

东山遗址墓葬中的人骨大多保存不佳，相当多已是朽腐殆尽，仅有小部分残留人骨痕迹。依据这些人骨痕迹，大体可以判断出墓葬的方向。马家浜文化一段时，遗址东部仅在 90T4 内有 1 座墓葬（90M8），该墓葬方向 285°[①]，略呈西北—东南方向。遗址西部埋葬区的两座墓葬（M103、M100），墓向均为正北。其中 M103 保存有较完整的人骨痕迹，可以清楚看出墓主头北脚南。M100 在墓坑南部中间保留有两段下肢骨。马家浜文化二段时，遗址东部 90T4 中有 2 座墓葬（90M6、90M7），一座方向为 355°，一座方向为 185°。由于两座墓葬的长分别为 1.13 米和 1.23 米，宽为 0.37 米和 0.64 米[②]，简报中并未提到被其他遗迹所打破，墓葬的长度有别以往的一般发现，长宽比例不协调，因此这两座墓葬的方向暂存疑。在遗址 I 区内清理的墓葬则基本为西北—东南方向。遗址西部埋葬区的墓葬，除了少部分墓葬保留前期的正北方向外，多数为西北—东南方向。到了崧泽文化时期，除了极个别的墓葬为正北方向外（90M4），在遗址东部和西部埋葬区发现的墓葬都为西北—东南方向，且从崧泽文化早期直到崧泽文化晚期，一直保持这个墓向。

以上可以看出，在马家浜文化早些阶段，墓向以正北向为主，个别墓葬略呈西北—东南方向。在马家浜文化晚些阶段，则以西北—东南方向为主，另有少量墓葬保留正北方向。到了崧泽文化阶段，自早期直到晚期，基本上以西北—东南向为主。

2. 葬式

东山村遗址史前墓葬中的人骨大多数朽腐殆尽，仅有少部分保留有人骨痕迹。在能观察到人骨痕迹的墓葬中，均为单人葬，未见到有二次葬或合葬的迹象。一些保存较好的人骨痕迹，可以辨认出为仰身直肢葬，如 M91、M95、M101 和 M103 等。从 M101 和 M95 两座墓葬还可以看出，墓主面向偏向东侧。未见到有俯身葬。

3. 随葬品

马家浜文化一段时，多数有随葬品，一般在 2～5 件。有陶器和石器，陶器有釜、鼎、豆等，石器为石钺、锛和凿。随葬品主要放置于头部或下肢部位。马家浜文化二段时，墓葬中大多数有随葬品，一般在 2～5 件，个别的达到了 30 多件。放置位置一般在头部、中部或墓主的一侧，随葬品较多的则是放置在墓主的周围。考察该时段的墓葬，可以看出遗址东部埋葬区和西部埋葬区墓葬中的随葬品有一些区别。东部埋葬区墓葬中的随葬品一般随葬豆、罐、钵、盆和杯等，未见有

---

① 张照根、姚瑶：《张家港东山村遗址发掘的主要收获》，《东南文化》1999 年 4 期。
② 《张家港东山村遗址发掘的主要收获》。

陶釜随葬，偶尔有玉管等玉器。西部埋葬区墓葬中的随葬品常见陶釜和陶豆等。随葬品比较丰富的墓葬均发现在遗址西部埋葬区，比如 M97 和 M101。M97，共随葬了 6 件玉器、1 件陶罐、1 件线纹陶尖底瓶。其中的 6 件玉器，尽管器形较小，磨制较粗，且不乏用废弃玉器边角打磨重新改制而成的，但仍显示出该墓的主人生前在财富占有或社会地位方面要高于东部埋葬区的墓葬以及西部埋葬区一些墓葬。而出土的线纹红陶尖底瓶，应该不是本地马家浜文化的产物。虽然在更早时期，东山村遗址也发现了相当部分的素面尖底器，但是线纹和口部下方有"〜"形系纽应不是本地风格，其纹饰特征与黄河中游如华县泉护村遗址泉护一期的尖底瓶或葫芦瓶上的纹饰相近，带有浓厚的同时期黄河中游的文化特色。因此，M97 的主人，在生前似乎还扮演着黄河中游地区与长江下游地区两地往来使节的角色，甚或就是来自黄河中游地区的客人，在本地亡故后便葬于本地。M101，该座墓葬除随葬了鼎、豆、盂、罐、钵等 12 件陶器外，同时还随葬了 21 件玉器。其中，用石英岩、蛇纹石、透闪石—阳起石以及玉髓等 4 种玉石料制成的 5 件套玉璜，无论是形制、大小、组合还是制作工艺，在迄今为止发现的马家浜文化墓葬中都是绝无仅有的。另外还有 2 件玉玦及 10 件玉管。M101 可以说是迄今为止发现的马家浜文化墓葬中规模最大、随葬品数量最多、种类最为丰厚的一座墓葬。

此外，在东部埋葬区中还见到若干座有意把陶器砸碎后再放置于墓主身边的墓葬，如 M68 和 M73。

崧泽文化时期，继续沿用马家浜文化晚段形成的东部和西部埋葬区，并且对两个埋葬区有比较严格的使用和管理。在随葬品方面，数量有了极大的提高。遗址东部埋葬区小型墓的随葬品在 5 件以上的占了近一半，其中 10 件以上的占了三分之一。西部埋葬区大中型墓葬的随葬品数量均在 5 件以上，10 件以上的占了约 73%，30 件以上的占了约 53%。可以明显看出，随时代的发展，崧泽文化较马家浜文化在物质生产、消费等方面有极大的提高。

分析崧泽文化时期的墓葬，遗址东部埋葬区小型墓和遗址西部埋葬区大中型墓在随葬品的种类和数量上有明显差别。尤其是大型墓中的随葬品，似有一套比较固定的习俗，或许已经开始有了一套初级的礼制。对大型墓的随葬品分析，将在下文另外讨论，这里着重对小型墓和中型墓中的随葬品陪葬情况进行概括。

遗址东部埋葬区小型墓的随葬品摆放主要放置于墓主的左右两侧、头部或脚部。随葬品由陶器、石器或玉器组成。陶器中以鼎、豆、罐或壶为基本组合，常见鬶、杯、盂、钵、澄滤器或纺轮等相伴，个别还见有陶缸、背壶、盆、匜或甗等。随葬陶鼎的共有 15 座，占比约 55.6%。有近一半是随葬 1 件陶鼎，有三分之一随葬 2 件陶鼎。随葬陶豆、陶罐的情况基本相似，有 20 座墓葬随葬了陶豆，有 18 座墓葬随葬陶罐。其中有一半以上是随葬了 1 件陶豆或陶罐。有 5 座墓葬随葬了陶鬶，占墓葬总数的 18.5%，每座墓葬随葬了 1 件陶鬶。在陶鬶的随葬上，小型墓和大型墓有较大的区别。大型墓基本上都有陶鬶随葬，并且绝大多数是随葬 2 件。小型墓随葬陶鬶的数量不到五分之一，并且目前见到的都是随葬 1 件。陶缸基本上是大型墓中才有，在小型墓中仅发现 1 座有随葬。石器中以石锛较为常见，其次是石凿、石钺，另见有个别的石斧。其中，共有 10 座墓葬随葬了石锛，数量一般在 1~3 件之间。有 3 座墓葬随葬了石钺，占墓葬总数的约 8%，每座墓葬均随葬了 1 件。随葬玉器目前仅发现 4 座，随葬 1 件的有 2 座，2 件的有 1 座，3 件的有 1 座。出土玉器均为小型玉器。

遗址西部埋葬区中型墓的随葬品摆放情况同样以墓主两侧为主，有的集中于一侧，有的摆放在墓主头部周围或脚部。随葬品由陶器、石器或玉器组成。陶器中以鼎、豆、罐或壶为基本组合，这一点与小型墓的相同。常见杯、鬶等，还见有个别的钵、盆、盘、盉、匜和纺轮等。随葬陶鼎的共有 6 座，占比约 86%。其中有 4 座随葬 1 件陶鼎，有 2 座随葬 2 件陶鼎。中型墓中均随葬有陶豆，数量在 1~6 件之间，平均数为 2.7 件，比小型墓的比例要高。陶罐的随葬情况与陶豆基本相似，几乎每座墓葬内都出有陶罐，数量在 1~8 件之间，平均数也是 2.7 件。随葬陶壶的墓葬有 5 座，占比约 71.4%，数量在 1~5 件之间。随葬陶鬶的有 2 座，共出土有 3 件，其中 M89 出土了 2 件陶鬶。在这些中型墓中，唯独 M89 的随葬品数量超过了 30 件，为 33 件，在数量上可进大型墓之列。石器的随葬不多，仅有 2 座墓葬出土有石器，为 M87 和 M89。两座墓葬均出土了 1 件石钺和 3 件石锛。随葬玉器的墓葬有 5 座，种类有璜、管、环、系璧和小玉饰等，数量 1~3 件。玉器的器形相对比较大，有的墓葬也出土了与 M98 相似的大玉璜，这一点在小型墓中尚未见到。

综上，小型墓和中型墓的随葬品均以鼎、豆、罐或壶为基本组合，常见有鬶、杯、盉、盆等。石器中以锛、凿、钺为较常见。在玉器的随葬上，中型墓出土玉器的比例较小型墓的要高，且在器形大小方面要比小型墓的要大。

三　大型墓的葬制

东山村遗址目前共发现 8 座大型墓（M90、M91、M92、M93、M94、M95、M96、M98），从这些大墓出土器物的种类和组合分析，东山村遗址崧泽文化高等级大墓的随葬已经有一套初级的礼制。

现将这 8 座大型墓出土器物种类和数量统计成表 7-3-6。

从表 7-3-6 中可以看出，东山村崧泽文化时期的先民对这些大墓的随葬已然有一些固定的形式。

从随葬陶器来看，大型墓中基本有比较固定的陶器组合，为鼎、鬶、豆、罐、壶等。8 座大型墓中，除 M91 和 M93 未见有陶壶出土外，都有这种固定的陶器组合。其中鼎的数量一般为 3~4 件，计有 6 座。M90 和 M96 均有 4 件。陶鬶的数量大多数是 2 件，计有 6 座。可以看出随葬 2 件陶鬶，是大型墓的标配。最多的有 3 件陶鬶，为 M90。陶豆的数量一般在 3 件以上，有 8 座处于 3~6 件之间，另有 1 座出土有 8 件，同样为 M90。但是早期和中期大型墓中随葬陶豆的数量有些差别，早期的随葬数量多一些。陶罐的数量是这个陶器组合中最多的，随葬 5 件以上的有 7 座，最多的有 11 件，为 M95。M90 随葬的数量也比较多，有 9 件。陶壶的数量在崧泽早期和中期差异较大，基本流行于崧泽早期，到了崧泽中期则出土较少，反映了在日常生活或埋葬习俗中有比较大的改变。早期的 4 座大型墓中，均随葬有 4 件以上的陶壶。到了崧泽中期，仅 2 座大型墓各随葬 1 件陶壶。

此外，8 座大型墓中常配以陶大口缸、陶钵、陶杯等器物。其中，有 5 座大型墓随葬有陶大口缸，有 6 座随葬陶钵，有 4 座随葬陶杯。陶大口缸一般是随葬 1 件，M90 则随葬了 2 件。陶大口缸的器形一般都比较大，器身高，胎体厚重，最高的达到了 78.4 厘米（M95：19）。随葬陶盆、陶盘或是陶匜的也有一些，分别是 2 座、3 座和 2 座。另外，有些器形仅在早期或中期出现。比如，在崧泽早期阶段，大型墓中见有个别的背壶、篮或盉等。在崧泽中期，大型墓中多见有圈足盘、陶甑或陶纺轮等。

表7-3-6　东山村遗址大型墓葬出土器物统计表

期	段	墓葬	件数	陶器																	石器					玉器									
				鼎	鬶	豆	罐	壶	大口缸	钵	杯	盆	盘	背壶	篮	盃	匜	圈足盘	甑	纺轮	锛	凿	砺石	斧	锥	璜	镯/镯形饰	玦	管	环	系璧	钺	珠	凿	其他玉饰
崧泽早期	第2段	M90	65	4	3	8	9	4	2			1	1								5	2	4		1	1	2	6	5						5
		M92	49	3	2	4	8	5	1	2				1	1						5	2	1			2	1		7					1	1
	第3段	M98	44	3	2	6	5	4	1	1	3		2			1					3	4		1		1	2		2						3
		M95	55	2	2	5	11	7		1											2	4				1	1	2	7	1					
崧泽中期	第4段	M94	22	1	2	5	2	1	1	1	2								1		1					2				1		1		1
		M91	38	3	2	4	8				2						1		1			2	1			1	3			10		1			
		M96	34	4	1	3	5	1	1	1	1	2							1							2			9					1
	第5段	M93	33	3	2	3	4			2			1					3	1						1	2			7					3

从随葬石器来看，崧泽早期和中期差别较大，早期大墓中普遍随葬有较多的石器，到了中期却已不盛行，甚至急剧衰减。中期 4 座大墓中仅 2 座墓葬分别随葬了两件石器，并且这两件石器都是小型器。虽然早期和中期在用石器陪葬方面发生较大的变化，但在早期的大墓中，我们依然可以看出存在有比较固定的石器组合。早期 4 座大型墓中，均有钺、锛、凿这一固定的石器组合。其中石钺绝大多数器形比较大，以 M90 出土的 5 把石钺制作最为精良，尺寸也相对比较大。4 座大墓中均有出土超过 20 厘米的石锛或是石凿，或是两者均有。其中也有超过 30 厘米的超长石锛或石凿，比如石锛 M90：15 长为 34.3 厘米，石凿 M92：26 长为 33.4 厘米等。此外，早期 4 座大型墓中，有 2 座还随葬砺石，有 1 座随葬石斧，有 1 座随葬石锥。以上可以看出，在早期大型墓中，石器陪葬以石钺、锛、凿为固定组合，且常见大型的石锛或石凿。到了中期，石钺和石凿在大型墓中未见出土，见到的石锛也是小型器，早期以石钺、大型石锛和石凿为代表的某种理念在中期变得非常弱化，反映了当时社会尤其是上层社会在日常行为和思想中出现了较大的改变，个中原因值得我们深入探讨。

从随葬玉器来看，大型墓中也存在有比较固定的玉器组合。从表中可以看出，崧泽早期和中期的组合稍有不同。在崧泽早期 4 座大型墓中，均有随葬璜、镯（镯形饰）、管这一比较固定的组合。璜一般是 1 件，镯是 1~2 件，管有 3 座为 5 件以上（其中有 2 座可能是串饰）。此外，大多数大型墓随葬有几何型小玉饰，有部分墓葬还随葬有玉玦，比如 M90 随葬了 6 件玉玦。环的数量较少，仅有 1 座出土 1 件。到了中期，4 座大墓中，除 M91 未见璜、M94 未见璜和环外，都有璜、镯、环这一较固定的组合。璜同样是 1 件；镯的数量有所增加，一般是 2 件，个别有 3 件；环的数量激增，均是 7 件以上。早期组合之一的管到了本期为环所替代。M91 中虽未见有璜，但是出土了一把玉钺，足见墓主身份等级之显贵。几何型小玉饰仍然流行，部分墓葬新出现了系璧。

从以上分析可知，东山村遗址崧泽文化时期的大型墓在陶器、石器、玉器等方面的随葬已经有比较固定的组合。在陶器方面，以鼎、鬶、豆、罐、壶为稳定组合，鼎的数量一般在 3~4 件，鬶一般为 2 件，豆一般在 3 件以上，罐一般在 5 件以上，壶在早期均随葬 4 件以上，到了中期基本少见。大墓中还常见有陶大口缸、陶钵和陶杯，陶大口缸多数随葬一件，并且常放置于墓底东南角。在石器方面，崧泽早期以钺、锛、凿为稳定组合，并且常见大型器，数量一般在 2 件以上。在玉器方面，崧泽早期以璜、镯、管为固定组合，崧泽中期以璜、镯、环为稳定组合。这一现象说明，崧泽文化早中期的东山村先民在大墓随葬器物的组合和数量方面，已经有比较固定的形式，或者可以称之为初级的礼制。

综上，东山村遗址至少在崧泽文化早期，就已出现了大型墓。这些大型墓的墓葬尺寸一般长在 3 米以上、宽在 1.5 米以上，比较集中地埋葬在遗址Ⅲ区内，且墓葬的方向也比较一致。每座大型墓的随葬品数量一般在 30 件以上，在器物组合和数量方面已经有一套比较固定的形式。与之相对的小型墓则被集中安排埋葬在遗址东部，在随葬品组合和数量方面与大型墓有较大的差距。所有这些说明了当时社会已经开始明显分层，整个社会至少产生了富裕权贵和一般平民两大阶层。而在遗址Ⅲ区内，在大型墓周围中型墓的发现，使得阶层的构成更加复杂化。显然，中型墓能与大型墓一起享用该片墓地，中型墓主与大型墓主之间的关系比之与小型墓主的关系要更加亲近①。

---

①　由于大部分大型墓和中型墓内的人骨保存不佳，对墓主的性别、年龄等方面的研究则缺乏最直接的证据。大型墓主和中型墓主之间也可能存在有"夫妻"这种关系，即大型墓主为"夫"，中型墓主为"妻"。但由于人骨材料方面的匮乏，这种关系只能止于推测。

如果大型墓主是富裕权贵阶层即"高层"（统治层）、小型墓主是一般平民阶层即"底层"（被统治层），那么中型墓主就是为"高层"（统治层）服务并在"高层"授意下管理聚落事务的"中层"。

第四节　社会性质探讨

由于东山村遗址未对居住区进行大面积的揭露，因此要从聚落房址的整体结构和布局来探讨当时社会的结构和性质显得比较困难。遗址中马家浜文化和崧泽文化时期的墓葬倒是揭露了较多，因此，拟以这些墓葬材料为主，结合发现的房址，对东山村遗址史前社会的性质做简要探讨。

马家浜文化一段时，遗址内发现的墓葬共有 3 座（M100、M103、90M8）。M103 没有随葬品，90M8 和 M100 分别有 3 件和 6 件。M103 与 M100 处在同一探方内。从随葬品数量和埋葬区域看，3 座墓葬相互间没有较大的差别。M100 和 90M8 的人骨基本朽腐殆尽，M103 虽然保存有人骨痕迹，但也难以鉴定出性别和年龄。本阶段发现的房址有 3 座（F6、90F4、90F5）。90F4 和 90F5 的面积都基本在 13 平方米左右，唯 F6 的面积比较大，其红烧土倒塌的面积约 90 平方米（房址南部尚压在 6 层下，据清理 M91、M94、M96 等墓葬推测其红烧土范围），在 T0711 内揭露的红烧土倒塌面积约有 50 平方米。由于 F6 未完全清理，其倒塌堆积下面的房址到底是多大面积，以及推测出的红烧土倒塌堆积范围下是一座还是两座房址均为未知数，因此，F6 的实际面积还有待确认，这里暂存疑不予谈论。如此，从以上墓葬和房址来看，墓葬内随葬品的随葬数量基本相等，没有出现特别大的房址，该阶段的社会还基本是平等的，没有出现比较明显的贫富分化。

马家浜文化二段时，仅在 90T1 和 90T2 内清理一座房址 90F6，由于发现后即回填掩埋未清理，因此对 90F6 的结构和面积均不甚清楚。该阶段揭露较多的为墓葬，共有 14 座。其中有 12 座墓葬的随葬品在 1～5 件之间，另有 2 座墓葬的随葬品数量分别为 8 件和 33 件（M97 和 M101）。M97 的随葬器物为陶尖底瓶、陶罐和 6 件玉器。由于陶尖底瓶形制比较特殊，以及随葬有玉璜、玉玦、玉锛、长条形玉饰、带柄形玉饰等 6 件玉器，M97 的墓主身份应具有一定的地位。M101 随葬有陶器 11 件、石器 1 件、玉器 21 件。其中随葬的 21 件玉器，为玉璜 5 件、玉玦 2 件、玉管 10 件、管形饰 4 件等，是马家浜文化墓葬中见到的随葬最多玉器的墓葬。尤其是项颈处出土的 5 件玉璜，从弯曲度、大小分析，似乎是一套"列璜佩"[①]，这在马家浜文化墓葬中也是首次发现。M101 如此丰富的随葬品，显然已不是一般聚落村民可以拥有，而应是有一定的身份和地位才可以配如此规格的厚葬。因此，从墓葬随葬品的种类和数量可以看出，马家浜文化二段时，社会大体还比较平等，但社会财富已开始有所分化，较高等级墓葬已经出现，个别人士占有较多的稀缺资源。M101 的人骨保存尚可，经鉴定为成年女性。墓葬内随葬有一件石纺轮，而未发现有石钺出土，似也佐证了墓主为女性。一般认为，马家浜文化，处于母系氏族社会时期，这可从草鞋山遗址、圩墩遗址、绰墩遗址等揭露的众多马家浜文化时期的墓葬可以分析得知，比

---

① 南京博物院、张家港博物馆：《江苏张家港东山村遗址 M101 发掘报告》，《东南文化》2013 年 3 期。

如墓葬中存在有一些同性合葬墓、极个别女性墓葬有相对较多的随葬品、但整个墓地中未出现明显的贫富分化等现象①。在东山村遗址，马家浜文化二段时绝大多数墓葬的随葬品数量没有明显差别，唯一一座人骨保存尚好能鉴定出性别的墓葬为随葬丰富玉器的 M101，而 M101 的墓主为成年女性。因此，东山村遗址在马家浜文化二段时，似也应处于母系氏族社会。由于目前能鉴定出性别的墓葬只有 M101 一座，还只是个例，因此其所在社会为母系氏族社会的推定还不能完全确定。但是，有一点比较显著的是，到了马家浜文化二段时，社会开始出现了一些分化，个别聚落成员可以占有更多的财富。

进入崧泽文化时期，在早期偏早阶段，开始出现了一些大型房址，其中以 F1 揭露的较为完整，保存的也较完好。F1 为长方形地面建筑，四周有柱洞，木骨式泥墙，保存有大面积的红烧土倒塌堆积。经解剖，红烧土堆积下有较多的陶器、石器以及玉器等，房址总面积约 85 平方米。类似的房址还有 F2，其结构和规模与 F1 基本相同。显而易见，这些较大面积的房址，非一般聚落村民可以拥有，而应是聚落中身份地位较高的人士才可以。在崧泽文化早期，遗址内共发现墓葬 20 座，其中有 4 座大型墓，4 座中型墓，12 座小型墓。尤其是大型墓的揭露，在环太湖流域属首次发现。大型墓不仅墓坑规模大，而且随葬品极其丰富，并且大中型墓葬与小型墓实行分区埋葬，说明对墓地已有比较严格的管理，社会分化已经非常明显。早期的大型墓中，普遍随葬有较多的石钺、大型石锛和石凿等，这些石器基本未见使用痕迹，应属礼器。例如，M90 内出土了 5 把较大型石钺，其中一把石钺出土时在穿孔上方还有朱彩纹饰，明显具有礼仪性质。崧泽文化中期时，共发现墓葬 18 座，其中 4 座大型墓，3 座中型墓，11 座小型墓。大中型墓仍然与小型墓分开埋葬。墓地的这种格局从早期一直保持到中期，延续的时间较长，说明社会一直处于比较稳定的状态。8 座大型墓中，唯有 2 座墓葬的人骨虽朽腐但人骨框架和痕迹尚在，其中 M95 的人骨经初步鉴定为成年女性②，M91 经鉴定为成年男性③。由于 2 座墓葬人骨朽腐较甚，我们对此鉴定结果持谨慎态度。学界一般认为，出土石钺的墓葬为男性。男性由于身体的原因，更适合在部落的斗争中脱颖而出。从整个历史的发展趋势来看，也是男性越来越占主导地位。从崧泽文化早期大型墓中普遍出土石钺、大型石锛和石凿来看，大型墓主应是男性。因此，在崧泽文化时期，男性应是占据主要地位，当时的社会应是父权制社会。张忠培在论述良渚文化墓地所表述的文明社会时曾提到，"已有的考古学研究证明，不但良渚文化社会，即使是前身的崧泽文化社会，都已进入了父系社会"④。东山村遗址崧泽文化时期，因有较多的大型墓葬，社会性质表现得更加典型。

此外，通过对 8 座大型墓埋葬先后的分析，以及东山村遗址出土陶鬶与其他遗址的比较，可以看到，以 M90 为首的东山村崧泽文化时期的聚落社会，已经进入了一个"英雄崇拜"的时代，或者说一个"王者"时代的到来。

从东山村遗址目前发现的材料分析，M90 是 8 座大型墓中年代最早的。东山村遗址发现的 8

---

① 南京博物院：《江苏吴县草鞋山遗址》，《文物资料丛刊》，文物出版社，1980 年；《1985 年江苏常州圩墩遗址的发掘》；《昆山绰墩遗址》）。

② M95 和 M101 均为南京博物院考古所朱晓汀博士鉴定。

③ 南京博物院副院长李民昌研究员鉴定。

④ 张忠培：《良渚文化墓地和其表述的文明社会》，《考古学报》2012 年 4 期。

座大型墓属于崧泽文化早期和中期，其中崧泽文化早期又可以细分为 3 段，崧泽中期细分为 2 段。崧泽文化第 1 段目前未发现大型墓，崧泽文化第 2 段有 2 座为 M90、M92，崧泽文化第 3 段有 2 座为 M95 和 M98，崧泽文化第 4 段有 3 座为 M91、M94 和 M96，第 5 段有 1 座为 M93。从一些典型器尤其是陶鬶的形制演变，还可以看出同阶段大型墓的埋葬先后。

东山村遗址出土的陶鬶，可以分为凿形足鬶和铲形足鬶。凿形足鬶据腹底的不同，又可分为 A、B 两型（图 7-4-1）。A 型为腹底锐折状，B 型为圆弧状。两型的式别在本章第二节中的"出土器物的类型学研究"中已有详细分析。A 型凿形足鬶最初为小喇叭口，长身，溜肩，接着口部变大，腹部变短，之后肩部不断外鼓，由圆弧状演变成折弧状，再接着是口部有新变化，原来的长喇叭口变短，在其下新接一段喇叭形的颈部，最后器身满饰瓦楞纹，把手由三角状发展为半环形。从 A 型凿形足鬶完整的发展序列可以看出，M90 比 M92 早，M98 比 M95 早，M94 比 M91 早。M90 是这些大墓中的"第一代"。此外，我们还可以看出，A 型凿形足鬶主要流行于崧泽文化早中期，B 型凿形足鬶和铲形足鬶出现于崧泽文化中晚期。

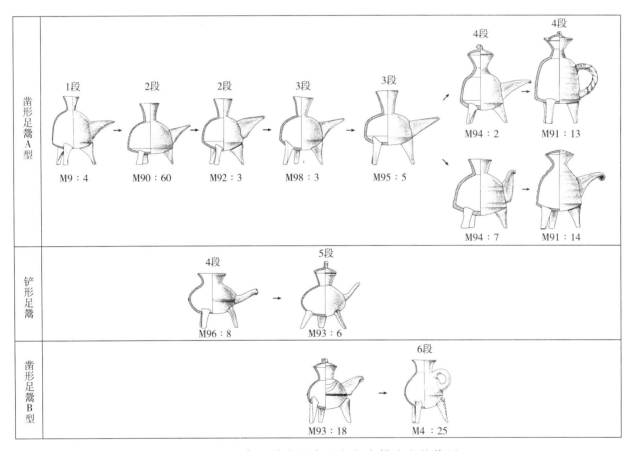

图 7-4-1　东山村遗址崧泽文化陶鬶演变趋势图

M90 及其他大型墓的厚葬，显然说明这些墓主生前具有极高的地位和威望，应该是聚落中的首领。而大墓中出土的石钺说明这些首领握有"兵权"，其生前可能在维护本部族生存或扩张中不断与外族进行战争。例如，M90 和 M92 均出土 5 把石钺，M95 和 M98 分别有 2 把和 3 把石钺出土。M90 和 M92 均有出土超过 30 厘米长的石锛或石凿，而这类大型的制作精致的石器，显然也是作为礼器，与石钺具有相同的象征意义。我们知道，崧泽文化在早期曾强烈地向西推进，在宁镇地区和皖江平原的诸考古学文化中占据了相当的比重。其中比较典型的有潜山薛家岗遗址。该遗址中相当多的陶器与崧泽文化很相似。薛家岗遗址的报告编写者同样谈到，"薛家岗文化……融合了较多的崧泽文化因素"①。在这较多崧泽文化因素当中，其中的一种陶器——陶鬶，就比较典型。

在薛家岗遗址中，我们同样看到有相当多的陶鬶出土。薛家岗遗址中崧泽文化时期出土相对完整的陶鬶共有 21 件，其中墓葬出土 18 件，灰坑 2 件，地层 1 件②。在形制上，有 8 件属于 A 型凿形足鬶，有 13 件属于 B 型凿形足鬶。在年代上，有 1 件 A 型凿形鬶（薛 M5：1）相当于东山村遗址崧泽文化第 2 段，有 1 件 A 型凿形足鬶（薛 M90：3）相当于东山村遗址崧泽文化第 3 段，其余 6 件 A 型凿形足鬶（薛 M65：5、M84：4、M108：4、M113：3、H41：15、T13④：7）相当于东山村遗址崧泽文化第 4 段。13 件 B 型凿足鬶则大体处于东山村遗址崧泽文化第 4 段～第 6 段期间。可以看出，在崧泽文化早期，薛家岗遗址仅有 2 件 A 型凿足鬶。

在东山村遗址，包括 90 年代发掘的 90M1 和 90M4 出土的陶鬶③，迄今共发现比较完整的崧泽文化时期陶鬶 24 件。其中凿形足鬶 22 件，铲形足鬶有 2 件。腹底转折的 A 型凿形足鬶有 20 件，圆腹的 B 型凿形足鬶有 2 件。A 型凿形足鬶从崧泽文化第 1 段一直延续到崧泽文化第 4 段，有较完整的发展序列。其中，属于崧泽文化第 1 段～第 3 段即崧泽文化早期的 A 型凿形足鬶共有 14 件。

目前，在环太湖流域和宁镇地区的相当于崧泽文化时期的其他遗址当中，尚未看到如东山村遗址这样具有较完整发展序列的 A 型凿形足鬶。比如，绰墩遗址共出土崧泽文化时期陶鬶 7 件，其中 A 型凿形足鬶 4 件，铲形足鬶 3 件（均为圆腹)④。两型陶鬶均为崧泽文化中期，未见到有崧泽文化早期的 A 型凿形足鬶。新岗遗址中，未见到有凿形足鬶，所见到的陶鬶多为铲形足，另有部分为锥状足或柱状足，均为圆腹，共有 22 件（墓葬出土 21 件，灰坑 1 件），年代上相当于东山村崧泽文化第 4 段～第 6 段即崧泽文化中晚期，未见到有崧泽文化早期的陶鬶出土⑤。北阴阳营遗址中，相当于崧泽文化时期的陶鬶仅出土了 2 件，一件为居住区墓葬出土的侧装凿形足鬶（M237：1），一件为第二层墓葬出土的铲形足鬶（M111：7），两件均为圆腹，时代大体相当于崧泽文化中晚期⑥。南楼遗址中，见到发表的仅 1 件凿形足鬶，折肩，腹底转折明显，伴出有花瓣形圈足杯，在时代上属于崧泽文化晚期⑦。钱底巷遗址中，同样未见到崧泽文化早中期的凿形足鬶，仅见到墓葬中出土一件圆腹的铲形足鬶（M3：4），年代上属于崧泽文化晚期。圩墩遗址中，仅见到墓葬出土了一件圆腹的柱状足鬶（M122：19），年代上相当于东山村遗址崧泽文化第 5 段，即崧泽

---

① 安徽省文物考古研究所：《潜山薛家岗》，文物出版社，2004 年。

② 《潜山薛家岗》。灰坑出土的 2 件（H41：15 和 H42：17）及地层出土的 1 件（T13④：7）与墓葬中出土的相同。墓葬中出土相对完整的 18 件，报告编写者归为薛家岗一期～四期，而薛家岗一期～四期相当于崧泽文化时期，薛家岗五期和六期已进入良渚文化时期，其出土的陶鬶形制已变，与前四期不同。

③ 90M1 出土的陶鬶形制与 M94：7 相似，相当于本文崧泽文化第 4 段。90M4 内出土的陶鬶形制与 M90：60 相似，相当于崧泽文化第 2 段。90M1 和 90M4 出土的两件陶鬶从形制看，均应是凿形足鬶。

④ 苏州市文物研究所：《昆山绰墩遗址》，文物出版社，2011 年。

⑤ 常州博物馆：《常州新岗——新石器时代文化遗址发掘报告》，234、273 页，文物出版社，2013 年。

⑥ 南京博物院：《北阴阳营——新石器时代及商周时期遗址发掘报告》，文物出版社，1993 年。

⑦ 江苏江阴南楼遗址联合考古队：《江苏江阴南楼新石器时代遗址发掘简报》，《文物》2007 年 7 期。

文化中期偏晚阶段①。青墩遗址中，墓葬内出土了 2 件圆腹的铲形足鬶（M64：3、M82：1），年代上属于崧泽文化中期②，相当于东山村遗址崧泽文化第 4 段。安乐遗址中，见到发表的有 3 件，2件为铲形足鬶（96M9：1、96M16：1），1 件为凿形足鬶（M18：1），前两件时代属于崧泽文化早期，后一件大体相当于崧泽文化中期③。仙坛庙遗址中，见到发表的有 3 件，均为圆腹铲形足鬶（M37：9、M87：6、M166：3），年代上属崧泽文化早期④。江家山遗址中，在 2014 年 11 月于良渚博物院举办的"崧泽之美——浙江崧泽文化考古特展"中曾展览一件凿形足陶鬶（M111：13），小喇叭口，溜肩，腹底转折明显，与东山村遗址崧泽文化第 1 段墓葬 M9 中的陶鬶（M9：4）基本相似，年代上属于崧泽文化早期。崧泽遗址中，在 1994～1995 年的发掘中，于崧泽文化墓葬中出土了 3件陶鬶，其中 1 件为 A 型凿形足鬶（M135：2），2 件为铲形足鬶（M122：5、M123：5）⑤。前者年代相当于东山村遗址第 3 段，后两件年代相当于东山村遗址崧泽文化第 6 段。其他遗址如福泉山遗址、南河浜遗址以及徐家湾遗址等均未见到有陶鬶出土。

　　因此，从目前发表的材料来看，在环太湖流域和宁镇地区只有东山村遗址具有较完整发展序列的 A 型凿形足鬶。在薛家岗遗址中，虽然也出土了较多的陶鬶，但是相当于崧泽文化早期的 A型凿形足鬶仅有 2 件，同时缺乏东山村遗址中 A 型凿形足鬶的最初型式如 M9：4，还缺乏一些中间型式如东山村 M92：3、M98：3、M94：2 等，以及后来的一些式别如 M91：13（如 M91：13 的式别在绰墩遗址也见到，为绰墩 M5：1，说明东山村遗址出土的并非孤例）。鉴于此，我们认为，薛家岗遗址早期中的 A 型凿形足鬶（如 M5：1、M84：4、M90：3、M113：3、M65：5、M108：4）⑥，应该是来源于东山村遗址。而其中数量较多的 B 型圆腹凿形足鬶可能是从 A 型凿形足鬶转化而来，具有薛家岗遗址自身的特点。除了陶鬶外，薛家岗遗址中相当多的陶豆、陶壶等，亦可从东山村遗址中找到源头。

　　综上，在崧泽文化早期，以 M90 墓主为首的东山村先民曾经沿江西上，在对外扩张中将相当多的文化因素带到了皖江平原。对当地的文化产生了巨大的影响。在对外扩张中，也给东山村遗址带来了极大的活力和快速发展。而为纪念这些首领的功勋，或者说这些首领成了东山村人心目中的"英雄"，是他们的"王"，在这些"英雄"过世后，部族人开创性地以大型墓的礼遇埋葬他们心中的"英雄"。除了随葬大量日常陶器外，还用具有礼器性质的陶大口缸、石钺、大型石锛或石凿，以及较多的玉器来陪葬。而 M90 作为"第一代王"，拥有了更高规格的礼遇，不仅其随葬的 5 把石钺比其他大墓随葬石钺质地更坚实制作更精美，而且其陪葬的陶鼎、鬶、豆、缸以及玉器的数量比其他大墓都要多。自 M90 开始，一个"英雄崇拜"或者"王者"的时代悄然来临。李伯谦先生曾谈到，"东山村崧泽文化早中期大型墓和小型墓分区而葬现象的发现，在一座大型墓中随葬了 5 把石钺和 19 件玉器及大量陶器现象的发现，不仅表明距今 5800 年前长江下游早于其他

---

① 常州市博物馆：《1985 年江苏常州圩墩遗址的发掘》，《考古学报》2001 年 1 期。
② 南京博物院：《江苏海安青墩遗址》，《考古学报》1983 年 2 期。
③ 浙江省文物考古研究所、安吉县博物馆：《安吉安乐遗址第一次发掘简报》、《安吉安乐遗址第三、四次发掘的阶段性收获》，《浙北崧泽文化考古报告集》。
④ 浙江省文物考古研究所、海盐县博物馆：《海盐仙坛庙遗址的早中期遗存》，《浙北崧泽文化考古报告集》。
⑤ 上海市文物管理委员会：《1994–1995 年上海青浦崧泽遗址的发掘》，《上海博物馆集刊》第八期，上海书画出版社，2000 年。
⑥ 安徽省文物考古研究所：《潜山薛家岗》，文物出版社，2004 年。

地区已率先出现社会分级，而且表明军权、王权相结合的初级王权已露端倪"①。因此，东山村崧泽文化时期的社会，不仅是已经进入了父系社会，还是一个"英雄崇拜"、产生"王者"的时代，为良渚时期文明古国的到来奠定了坚实的社会和物质基础。

第五节　生业、手工业与环境

一　生业

东山村遗址马家浜文化时期的遗存大体处于马家浜文化晚期。在此阶段，江南地区主要以稻作农业为主。目前在草鞋山遗址、绰墩遗址中已经发掘出138块水田遗迹②。对两个遗址水田中出土的炭化米，经过鉴定，都属粳型稻，且是野生稻向栽培稻进化的过渡型栽培稻③。东山村遗址马家浜文化遗存大体与草鞋山遗址和绰墩遗址同时，在马家浜文化地层中也漂洗出较多的稻米遗存④。显然，东山村遗址与草鞋山遗址、绰墩遗址等其他遗址一样，生业方式主要是以稻作农业为主。

在东山村遗址马家浜文化层中还漂洗出较多的植物遗存，经北京大学考古文博学院秦岭老师鉴定，植物种属有葫芦、莲子、梅、桃、山楂、芡实、樱属、葡萄属、山胡椒属、葎草、苍耳、菱角、朴属、山胡椒/山姜子属、无根藤属/樟属、朱砂根（？）、山茱萸、栝楼、栎果等⑤。其中以稻米、葫芦、桃等植物遗存出土最多，另有相当部分的山楂和芡实等。东山村遗址在以稻作农业为主外，还相当程度上兼事采集工作。不仅遗址西侧的香山提供了极其丰富的植物资源和果实，遗址周边低洼的湿地还盛产一些可供食用的植物。

在遗址的文化层堆积中出土一些动物骨骼标本。或许是保存的原因，出土的动物骨骼标本比较小，大尺寸的骨骼标本比较罕见。在马家浜文化地层中出土的动物骨骼经鉴定有，鹿科、犬科、偶蹄类、鱼类、龟鳖类、鸟类、蟹类、蛙类、鸭类、松鼠类、兔类等，可鉴定出的种属有鹿、猪、狗、鸭、牛、兔、蛇、松鼠、鸦、燕鸥、鸬鹚、鲤、蟹、龟、鲷鲨、鲈、鲻、无鳔鮋等。可以看出，东山村先民由于得天独厚的地理环境优势，在狩猎和捕鱼方面亦占有相当比重。由于遗址靠长江入海口，先民还捕获如鲷鲨等大型鱼类。从遗址中出土的少量陶网坠来看，先民们还靠渔网捕鱼。此外，遗址中还出土了不少猪的骨骼标本，从猪的牙齿形状分析，已经是家养的猪，说明畜牧业也占一定比重。

以上可以看出，东山村遗址史前时期主要以稻作农业为主，优越的地理环境使得其采集、渔猎和畜牧业方面也占有相当比重，物质生活方面还比较丰富。

---

① 李伯谦：《关于文明形成的判断标准问题》，《中国聚落考古的理论与实践（第一辑）》，科学出版社，2010年。

② 丁金龙：《马家浜文化时期水田与稻作农业》，《嘉兴学院学报》2010年5期。

③ 邹厚本主编：《江苏考古五十年》，第103页，南京出版社，2000年10月。《昆山绰墩遗址》，第206页。

④ 可能是由于深度的原因，崧泽文化层由于堆积靠上，堆积土壤中水分较少，动植物遗存保存不佳，出土非常少。而在靠下的马家浜文化堆积层中，由于包含水分较多，动植物遗存尤其是植物果实遗骸保存得比较好，漂洗出土的植物标本较丰富。

⑤ 见本书附录三。

二 手工业

东山村遗址的手工业从出土器物方面看，主要体现在陶器、石器、玉器和骨器等方面。

1. 陶器

目前东山村遗址尚未发现史前时期的陶窑。从遗址的使用时间跨度来看，从马家浜文化晚期，一直持续到崧泽文化晚期，前后至少存在了 1000 年。从遗址中出土较多的史前墓葬来看，聚落中的人口当有相当的规模。从以上两点可以看出，在日常生活中消耗最多的陶器，应当是在本地所制造。当然，由于东山村遗址处在环太湖东部和环太湖西部的北部中间地带，使得遗址兼有东部和西部的文化特征，最明显的当是遗址中不仅出土有圜底釜，还出土有平底釜。相邻地区间的文化交流可能还是比较频繁，比如 M101 中出土的陶盉（M101∶7），与宁镇地区三星村遗址出土的同类器比较相似（三星村遗址称匜形豆或匜）①。而后者不仅在三星村遗址中数量较多，形态也多样，有圈足的，也有三足的，因此，这类陶盉应是三星村遗址比较有特征的器物。东山村遗址出土的这件陶盉无疑是受三星村遗址的影响。

此外，遗址中出土的一件尖底瓶似乎还见到了北方黄河流域的文化因素。M97 中出土的尖底瓶，直敛口，细长身，腹部略鼓，尖底。口沿下饰凹弦纹带，在凹弦纹带下方饰数个"➊"形实心纽，器身中部饰斜向线纹，中部偏下饰交叉线纹，靠下部饰右斜向线纹，纹饰特征与华县泉护村遗址泉护一期中的尖底瓶有一些相似。为了进一步判别该件尖底瓶是从外地传入还是在当地烧造，除尖底瓶外我们另从同时期的墓葬、房址和地层中提取了 5 个陶器样本进行成分分析②。此外，还挑选了崧泽文化时期具有自身特征的 2 件陶器样本一起进行了成分测试。通过对主量元素和微量元素的比较及对 Al_2O_3-K_2O 以及 Rb-Sr 散点分布图的分析，无论是主量元素还是微量元素的分布都比较分散，同时其绝对值的差别并不是很明显。造成多元统计非常分散的原因是制陶黏土来源相近而不是有差别。这说明所有陶器很可能是同源的，其陶土来源并无太大差异。线纹尖底瓶的化学组成与其他陶器的化学组成比较接近，这类尖底瓶和其他的陶器产地应该相同，最有可能的是所有陶器都是当地所生产的。尖底瓶有典型的北方文化风格，体现了南北方文化的交流。这种交流很可能是技术、工艺或者观念上的交流。东山村遗址正是通过这种文化间的交流，吸纳、融合、创新，再到输出，形成良性循环，到崧泽文化时期终于达到了一个高峰。

2. 石器

目前东山村遗址上也未发现有专门加工石器的场所。通过对史前时期出土石器质地的鉴定，及对遗址周边岩石出露情况的分析，可以知道沉积岩、侵入岩和火山岩等大部分石器的原料在遗址附近可以找到，石英岩等小部分石器在遗址附近没有产出，石器报告鉴定者推测原料可能是河流搬运到遗址附近所致③。对这小部分石英岩石器的原料来源或成品来源也存在从邻近区域输入的可能。

通过初步统计，马家浜文化时期出土的石器数量要比崧泽文化时期的少。一方面可能与石器的制造技术水平有关。崧泽文化时期，技术越来越高，磨制得越来越熟练，制造一件石器需要的

---

① 南京师范大学、金坛市博物馆：《金坛三星村——出土文物精华》，南京出版社，2004 年。
② 见本书附录十。
③ 见本书附录七。

时间越来越短。另一方面，可能与对石器的消费需求有关。伴随着人口规模的扩大，在生产、建筑、埋葬甚至在聚落间的冲突上，都需要制造较多的石器来使用。例如，在崧泽文化早期的大型墓中，每座大型墓普遍随葬有数量超过 10 件的石器，并以钺、锛、凿为固定组合。

崧泽文化时期的石器不仅在数量上有极大增加，在石器的加工技术上更有较大的进步。例如，马家浜文化时期的石器体形一般不大，长度很少超过 20 厘米，宽度很少超过 10 厘米。到了崧泽文化时期，则经常见到超过 30 厘米长的石锛或石凿，宽度超过 10 厘米的石钺。从社会生产力的进步和社会结构的变化来看，相当一部分石器尤其是石钺已渐渐脱离实用价值而上升为代表身份和地位的礼器。东山村遗址崧泽文化早期大型墓中随葬的石钺、超长的石锛和石凿等，应该是这种变化的典型体现。而部分石钺上面还涂绘朱彩，更加说明了是礼器而非实用器。

为了更加深入地了解石器的使用情况，我们对一些墓葬内出土的石器进行了微痕观察和分析，通过对比研究，观察的这些样本中，石锛和石凿未经使用的比例较高，石钺虽多数使用过，但没有发现砍砸运动所易产生的大的阶梯状的疤痕，所以观察的这些石钺不会作为实用的武器使用①。因此，东山村遗址墓葬内尤其是大型墓中出土的石器多数应是礼器。

在东山村遗址马家浜文化墓葬中出土了一件形制比较特殊的刻槽石锛（M100∶2）。这件石锛长 14.6 厘米，为硅质泥岩，长条形，通体磨制光滑，背面刻满了多道规整的凹槽，凹槽的横截面为半圆形（图版 4-3-26∶3）。检查同时期或较早的遗址中，均未发现出土有这种刻槽石锛。即使在东山村遗址崧泽文化时期也未再发现有这种刻槽石锛。而在巢湖流域的凌家滩遗址 07M23 中则出有几乎相同的刻槽石锛（07M23∶226），这件石锛长 20 厘米，其背面也是满刻规整的凹槽，而凹槽的横截面也是半圆形。凌家滩遗址 07M23 的年代大体在距今 5300 年②。凌家滩遗址的这件石锛在皖江流域的同时期或较早遗址中找不到源头。东山村遗址的刻槽石锛与凌家滩遗址的刻槽石锛两者年代至少相差 900 年。在上文曾提到，薛家岗遗址中的很多文化因素尤其是 A 型凿形足陶鬶，其源头应该是来自于东山村遗址。从凌家滩遗址中同样出土有 A 型凿形足陶鬶来看，凌家滩遗址至少直接或间接受到东山村遗址的影响。而两地出土相同的形制特殊的刻槽石锛，东山村遗址在距今 6000 多年时就已开始出现，在目前掌握的考古学资料情况下，无疑只能解释为凌家滩遗址的刻槽石锛是受到了东山村遗址的影响。而这种独特的技术经数百年流转在异地复现，实在令人匪夷所思。这中间曾经历了怎样的过程，需要给予怎样的解释，实是文化传播理论要重点研究的课题。

3. 玉器

东山村遗址目前共发现史前时期玉器 147 件。其中马家浜文化时期玉器 32 件，崧泽文化时期玉器 115 件。陈启贤先生对其中的 65 件玉器质地进行了近红外吸收光谱分析。经过光谱分析，其中 27 件为阳起石—透闪石系列，7 件为蛇纹石系列，30 件为石英岩系列，1 件为白云石③。其中，马家浜文化时期的阳起石—透闪石系列有 6 件，蛇纹石系列有 2 件，石英岩系列有 14 件；崧泽文化时期的阳起石—透闪石系列有 21 件，蛇纹石系列有 5 件，石英岩系列有 16 件，白云石有 1 件。可以看出，在马家浜文化时期，主要是以石英岩为主，次为阳起石—透闪石系列、蛇纹石系列。

---

①　见本书附录八。
②　安徽省文物考古研究所：《安徽含山县凌家滩遗址第五次发掘的新发现》，《考古》2008 年 3 期。
③　见本书附录四。

到了崧泽文化时期，随着人们对玉材辨识水平的提高，主要以阳起石—透闪石系列为主，石英岩系列还占有相当比重。从时代来看，崧泽文化时期的石英岩系列主要集中在崧泽文化早期，到了中晚期则基本消失不见，说明对玉料的认识随着时代的推移，越来越进步，社会对玉材质地的认同感也越来越一致。

东山村遗址附近没有玉矿产出，这些玉器或许是从邻近地区比如宁镇地区交流而来，有可能是成品或半成品输入，也可能是获取原料而在本地加工。这种玉器的输入性交流，早在马家浜文化时期就已开始。例如，东山村遗址 M101 内，则出土了璜、玦、管、管形饰等共 21 件。其中大多数的璜、玦、管和管形饰与宁镇地区北阴阳营遗址和金坛三星村遗址出土的相似。而 M101 内出土的形制比较特殊的陶盉（M101：7），在北阴阳营遗址和金坛三星村遗址中有比较多的发现。而上文已经提到，这种形制比较特殊的陶盉，在金坛三星村发现较多，应是三星村遗址有自身特点的器物。因此，东山村遗址、北阴阳营遗址和三星村遗址在马家浜文化晚期彼此间有文化上的交流。

从东山村遗址 M101 内出土的 1 件玉管分析，遗址内至少部分玉器可能是获取原料后在本地加工而成。这件玉管（M101：24）为含白云石云母片的石英岩，黄白色，竹节状，中间有突棱，横截面近圆形，两端对钻一孔，直径 1.5、孔径 0.3～0.5、高 1.8 厘米。检查北阴阳营遗址、三星村遗址和草鞋山遗址等同时期或稍早的遗址，均未见到类似东山村遗址这种竹节状的玉管。从目前资料来看，这件玉管应是东山村遗址自己的创造。虽然东山村遗址未见有马家浜文化时期明显的与加工玉器有关的工具，但在崧泽文化早期的墓葬中则出土有一套和玉石器加工有关的器物。

在东山村遗址崧泽文化大型墓 M90 中，在墓主的头部出土有一件红褐色石锥、一件断为两截的砺石和一堆石英砂颗粒。石锥，深红褐色，圆锥状，横截面近圆形，锥尖刃部为小扁平，有疤痕，长 8.4 厘米。石锥质地经鉴定为赤铁矿（或菱铁矿），其赤铁矿矿物（Fe_2O_3）含量可达 90%左右[①]。这种以赤铁矿为原料磨制而成的石锥，无疑硬度非常高。可以用来切割玉料或打孔等作业。墓主头部出土的一堆石英砂不仅可以用来配合切割玉料，还可以用来打磨玉坯。而砺石也是打磨工具。这套工具集中出现在墓主头部，其与墓主人的关系非同寻常。一方面，玉资源为稀缺资源，对稀缺资源的占有和控制、分配和使用被牢牢掌控在少数人手里。另一方面，要对玉料进行加工，需要有一套有别于加工石器的特殊工具，没有这套工具，有再好的玉料也加工不出精美的玉器。而谁掌握了这套工具，就掌握了制造玉器的权力。因此，这套工具本身也非常珍贵，而非一般人所能拥有。在东山村遗址崧泽文化墓葬中出土一些新造型的玉器，这些玉器为其他同时期遗址所不见，也应是说明东山村遗址能自己加工玉器的实物资料。这些新造型玉器有锥形玉饰（M92：43）、钩形玉饰（M93：25）、半圆形玉饰（M93：28）、钥匙状玉饰（M93：32、M94：20）、带柄钺形玉饰（M98：25）等。

2011 年 11 月，我们请杨晶老师和陈启贤老师通过显微痕迹，对东山村遗址出土玉器的工艺进行了研究。陈启贤老师按照玉器制作程序和相关部位，共显微拍摄了 11 种痕迹，这些痕迹有：线状工具切割显微痕迹、片状工具切割显微痕迹、环形玉器外缘显微痕迹、环形玉器内缘显微痕迹、环形玉器外缘旋切痕迹、环形玉器内缘旋切痕迹、实心钻头钻制显微痕迹、管形玉器中孔显微痕

---

① 见本书附录九。

迹、小形孔洞钻孔显微痕迹、凹槽制作显微痕迹、器物表面显微痕迹[①]。涉及玉器制作的切割、钻孔、开口、打磨、抛光等步骤。通过细致的观察，陈启贤认为东山村遗址出土玉器存在着"旋截"技术。在东山村史前环形玉器的圆形中孔与圆形外缘的制作工艺有两种：一种是使用管形工具带动蘸水解玉砂旋钻玉材，如：东山村 M93：34 玉环、M96：30 玉环；另外一种是使用楔形石核工具尖端直接接触玉材并加压旋截。管形旋钻工艺与楔形旋截工艺皆有单方向旋转和往复双向旋转两种动作。单方向加工形成的痕迹一般较为锐利，如东山村 M96：30 玉环与 M91：26 玉镯。往复双向加工的痕迹较为和缓，如 M93：34 玉环与 M93：27 玉镯。使用旋截工艺完成的外缘或内孔保留原生旋截痕迹者有：M91：22 玉环、M91：23 玉镯、M91：24 玉环、M93：26 小玉环、M93：29 玉环、M93：33 玉环及 M95：39、40 玉玦等 8 件。"旋截"玉器加工技术的首次发现，对于史前治玉工艺技术的研究，占据着不可替代的地位。

东山村遗址史前文化墓葬中出土的玉器，尤其是崧泽文化墓葬中出土的玉器，不仅玉器数量在环太湖流域同时期遗址中是最多的，且在玉器的形制上也是最丰富多样的，其在大型墓中的固定配伍组合，也是其他遗址所未能见到的。通过微痕观察，首次在史前玉器中发现了"旋截"技术，对史前治玉工艺技术研究，提供了重要的考古学实物资料。东山村遗址崧泽文化时期的出土玉器，对崧泽文化玉器的深入和扩展研究，有着极其重要的意义。不仅如此，东山村遗址马家浜文化时期 M101 的出土玉器，对重新审视环太湖流域马家浜文化时期的玉器发展水平和埋葬制度也提供了全新的考古学资料。

4. 骨器

东山村遗址史前文化堆积中，可能是上部堆积比较干燥骨器难以保存，崧泽文化和马家浜文化时期的文化层堆积、遗迹和墓葬中均少见有骨器出土。在崧泽文化一些大型墓中，则见有一些骨制品（或骨料），但保存不佳难以辨识。比如在崧泽文化早期的大型墓 M98 中，在墓底的北部，随葬有一长段和一小段动物骨骼（骨制品或骨料），由于朽腐较甚，仅存痕迹，已难以辨认其形状（图版 5-3-249：3）。还有在崧泽文化中期的大型墓 M96 中，在墓底的西北部，同样随葬有两处动物骨骼（骨制品或骨料），似是由分段组成，由于朽腐较甚，同样也难以辨认（图版 5-3-232：2）。

我们在遗址Ⅰ区东部偏下的马家浜文化地层堆积里，漂洗出一些保存比较好的骨器。这些骨器主要集中出土于 T1905⑪、T1905⑫和 T2006⑬层中有 32 件之多，基本上是小型骨器，种类有骨环、骨针、骨锥和一些锥形圆柱状骨器（实心，或为牙质）等，其中以骨环和锥形圆柱状骨器形制比较独特。

马家浜文化堆积层中出土的骨环，共有 16 件。骨环有大有小，形制大体相似，均为一侧稍窄一侧稍宽的喇叭状，中部略束腰。窄侧一端的截面较厚，且顶端有圈小斜面。宽侧一段截面渐薄，边缘呈外撇状。大的骨环最大径一般在 2.5 厘米左右，小的在 1.5 厘米左右。其骨料来源为何种动物现已难以辨别，推测为利用中小型动物的长骨所制而成。骨环全身磨制光滑，厚度从窄段向宽段渐薄，一般在 1～2.5 毫米之间，有的边缘还不到 1 毫米，显示了较为高超的磨制技术。

马家浜文化堆积层中出土的锥形圆柱状骨器，共有 6 件。该骨器均较小，多数残，呈片状剥落，剥落处多为凹弧面。该骨器原形制大体与骨环相似，但是中间没有穿孔，为实心。同样也是

---

① 见本书附录六。

一侧稍窄一侧稍宽，多数窄端出一小平沿，沿下收束，然后外撇呈喇叭状。个别的无沿，纵截面呈等腰梯形。锥形圆柱状骨器周身同样磨制光滑。

东山村遗址出土的骨针和骨锥为一般遗址常见之物，为日常生活中缝纫、织网、剔刺等行为所用。

遗址中出土数量较多的骨环有些类似现代生活中缝纫修补用的"顶针"，但是大的骨环可以套到拇指上，小的骨环则没办法穿过去（有的小骨环中间穿孔仅4毫米）。此外，在这些大骨环的外周边也没观察到凹坑（如果是类似现代的"顶针"，则在骨环外表会有使用痕迹）。因此，这些大小骨环的用途应与现代"顶针"有别。鉴于骨环的管壁都比较薄，不大可能作为工具用在日常生活中，我们推测其属装饰品的可能性大些，或者与耳饰有关。锥形圆柱状骨器大多数比较残碎，其具体用途暂时不明，或许也是某种装饰品。骨环和锥形圆柱状骨器的真实用途还有待将来更多的考古发现来揭晓。

此外，遗址中还出土一些石纺轮和陶纺轮，说明纺织技术也有一定规模。由于纺织物易朽腐，未见有残留物出土。

三 环境

张家港地处古长江入海口的南岸，亚洲大陆东岸中纬度地带，属亚热带湿润季风气候。东山村遗址靠近太平洋，受海洋性气候影响明显，四季分明、季风显著。现代植被属亚热带针阔叶混交林，森林中热带阔叶树种较少生长，林地边缘草本植物不是很发育。为对东山村遗址的古环境有一个比较全面的认识，我们请南京大学地理与海洋科学学院的朱诚教授和他的博士李兰女士对东山村遗址的 T2006 和 T3 两个典型剖面进行采样，并对样品进行多方面分析和研究①，现简要概述如下。

1. 孢粉分析

采用 T3 剖面的 20 块样品进行孢粉分析。

孢粉鉴定结果共发现 52 个科属，其中乔木及灌木植物花粉有 26 个科属。根据本剖面所获得的孢粉组合特征，厚 2.83 米的地层所负载的古植物及古沉积环境信息可划分为 4 个孢粉组合带。

这 4 个孢粉组合带有以下几个特征：

1）孢粉带 I 所处的是距今 7000 多年前的全新世大暖期的前期（Q_4^2），孢粉带 I 的孢粉组反映的是亚热带针阔叶混交森林，森林中热带阔叶树种较少生长，森林外草原不发育的植被景观，反映距今 7600～7400 期间气候温暖较湿。孢粉带 II 反映距今 7400～2350 年之间气候整体温暖湿润，但中途出现较多的气候短暂变化事件。这跟当地所处的亚洲大陆东岸、中纬度的亚热带湿润季风气候区有很大关系。同时该研究与太湖地区其他地区自然钻孔的孢粉分析结果相一致。

2）孢粉带 II 和孢粉带 III 中孢粉含量比较接近，孢粉带 I 中的木本植物占优势到孢粉带 II 的草本植物占优势，孢粉带 II 中草本植物花粉含量由前带（孢粉带 I）的 30.3% 上升到 40.1%，这可能是由禾本科植物花粉含量较高做出的贡献，究其原因，其一可能距今 7000 年以来人类种植农作物有关，其二可能与太湖地区的生态环境有关。孢粉中喜湿的水生草本植物种类和数量逐渐增加，

---

① 详见本书附录一。

反映遗址附近区域水体规模变大、水域扩张。

3）孢粉带Ⅳ代表当时为针阔叶混交林植被，反映气候温暖较干。孢粉含量和孢粉浓度均较小，说明植被覆盖度相对降低，这可能与近代人类在此区域活动频繁有关。

从整个剖面来看，孢粉含量和孢粉浓度由下而上逐渐降低，说明孢粉沉积数量减少，可能与该区域植被覆盖率降低有关。

2. 植物遗存的鉴定和分析

对 T3 剖面第 6、7、8 层的 24 个样品进行了沉积物组成成分和微体古生物分析。

在实验样品中没有发现有孔虫等海相类生物化石，第 6 层以动物骨骼碎屑和石英等白色矿物晶体为主，第 7 层以动物骨骼碎屑和红烧土颗粒为主，第 8 层以植物碎屑为主，包含大量的轮藻遗存，同时在第 8 层底部发现了较多的黑色和墨绿色矿物颗粒。研究者利用南京大学区域环境演变研究所的 VHX-1000 超景深三维电子扫描系统和南京大学现代分析中心用日本 Hitachi 公司生产的 S-3400N Ⅱ型电子显微镜分别对第 8 层中的轮藻拍摄了三维彩色和黑白图片。标本所在地层的年代在距今 7600～7500 年之间。研究者通过标本表面微形态和结构特征的鉴定发现，轮藻遗存种属基本一致，均属于左旋轮藻目中的似轮藻属。此属轮藻世界性分布，时代为晚白垩世至今，广温性，生活于淡水或半咸水水体中，尤其是稻田、河流沼泽、滨湖等水体流速较缓的浅水环境。由此可知，东山村遗址附近海拔较低区域在距今 7500 年之前经历过水体流速较缓的浅水环境。

研究者还对 T3 第 8 层底部中较多的黑色和墨绿色矿物颗粒进行了仔细测试和分析，认为东山村遗址 T3 附近区域在距今 7600 年之前经历过长期的湖沼相沉积环境，T3⑧层可能经历了一次快速埋藏的突发性事件。

此外，研究者对遗址 T2006 地层的 194 个样品和 T3 探孔的 56 个样品的 Rb、Sr、Ti 元素含量变化和磁化率进行了测试和分析，并对前者样品进行了 26 种氧化物含量测定与分析。同时，还对遗址 T3 地层的 64 个样品和 T3 探孔的 56 个样品进行粒度测定和分析。

在距今 7600～7400 年，降水量迅速增加，沉积动力由强变弱再变强，气候温暖偏湿；在距今 7400～7200 年，沉积动力十分不稳定，在距今 7200 年左右达到最强，此时期可能出现一次暖湿的气候异常事件；在距今 7200～6700 年，沉积动力由强变弱，气候相对稳定；在距今 6000～5700 年，气候以暖湿为主，但在距今 5900 年左右气候出现了一次突然的冷干事件；在距今 5700～5600 年，风化作用时强时弱，降水量时大时小，气候在干湿冷暖之间波动频繁；在隋唐末期气候出现了一次冷干事件。

第六节　与周边文化的关系

东山村遗址地处长江下游东部、环太湖流域北部，古长江口的南岸。北距长江约 4 千米，西邻香山东坡，南面和东面为开阔的平原。优越的地理环境为东山村遗址与周边同时期遗址的交往提供了极大的便利。东山村遗址的文化内涵主要为马家浜文化和崧泽文化。前者的时代主要处于马家浜文化晚期，后者的时代从崧泽文化早期一直延续到崧泽文化晚期。东山村遗址所处的区位环境，必然会与太湖流域、宁镇地区、江淮地区以及皖江地区等各文化进行广泛的交流。

一　马家浜文化时期

马家浜文化是长江下游环太湖地区新石器时代中期文化中文化特征显著、发展脉络清晰、延续时间较长的一支考古学文化。根据现有的资料，马家浜文化可大致分为环太湖西部地区呈"C"形分布的以骆驼墩遗址为代表的平底釜类型和环太湖东部地区呈反"C"形分布的以草鞋山为中心的圜底釜类型。至迟到马家浜文化晚期，这两种文化类型曾并行发展过。东山村遗址正处在这两大文化类型交合的北部地带。

20世纪90年代发掘后的报道说遗址中有少量马家浜文化早期的遗迹和遗物，但本次发掘未见有明显的马家浜文化早期遗存。从前后两次发掘出土的陶釜均为圜底的情况来看，此时东山村遗址的文化特征还是与太湖东部的圜底釜类型更为接近。

到了马家浜文化晚期，整个环太湖流域的考古学文化面貌呈现复杂多变的态势。就马家浜文化本身而言，又可大致分为太湖西部的西溪—神墩晚期类型、太湖北部的祁头山—彭祖墩类型、太湖东部的草鞋山类型以及太湖南部的罗家角类型等。与此同时，马家浜文化还受到来自宁镇地区北阴阳营文化系统的部分影响。

从东山村遗址马家浜文化晚期平、圜底釜共存的情况看，它是与祁头山—彭祖墩类型一致的，但从具体器物如釜、豆、罐、钵等的特征来看，它依然与太湖东部关系密切。如东山村遗址常见的圜底釜，多为窄沿短唇，沿下饰一对或两对宽梯形的短錾，錾手下饰一周花边状腰沿，筒形腹。此类型的釜在草鞋山、广福村、绰墩、彭祖墩、圩墩等遗址中较为常见。东山村遗址中修复完整的平底釜仅1件，从器形看，它与祁头山、彭祖墩所常见的四錾发达的直筒形平底釜差别还很大，倒是与草鞋山M156∶1的圜底筒形釜器形接近，区别在于一个为圜底，一个为平底。另外形态接近的器物还有泥质红衣高圈足陶豆、泥质黑陶柄上部外凸且饰钻孔的陶豆、牛鼻耳陶罐、泥质红陶侈口钵等，也与上述遗址中出土的同类器接近。

相比之下，东山村遗址与太湖西部的西溪—神墩晚期类型的关系显得较为疏离。西溪—神墩晚期类型最常见的各类型鼎，如侈口罐形、敛口钵形、束颈折腹形以及多种平底形等均未见于东山村遗址，单从鼎足的形态来看，东山村遗址常见的宽铲形、正面中间堆饰附加堆纹、两侧饰捺窝的鼎足也少见于西溪、神墩等遗址，后两者常见的鼎足是以宽短的铲形或凿形为主。尽管如此，仍有个别器形如泥质红陶高圈足陶豆、蛋形腹的大口缸等显示出两者间也不乏交流和互动。

东山村遗址马家浜文化时期在文化特征上与单纯的北阴阳营文化相似之处比较少见，但是东山村M101内出土的带把圈足盉以及F6出土的带把三足盉却与纳入北阴阳营文化系统的三星村遗址出土的同类器形态接近，同样显示出两者之间有着一定的关系。

另外，东山村遗址马家浜文化墓葬中还出土了一件形制特殊的刻槽石锛（M100∶2），显示其与凌家滩07M23出土的刻槽石锛（07M23∶226）有渊源关系（前文已述及），其技术流转途径有待考证；而东山村遗址马家浜文化墓葬M97所出的夹砂红陶线纹尖底瓶，更显示出其与黄河中游地区的史前文化有千丝万缕的联系，由于材料太少，我们对这一可能存在的交流方式和途径还难以深入探讨。

二 崧泽文化时期

(一) 环太湖流域内的交流

崧泽文化是继马家浜文化之后在太湖流域发展起来的一支考古学文化。1996 年浙江省文物考古研究所发掘的嘉兴南河浜遗址，年代贯穿了崧泽文化的始终，其出土器物的发展演变序列为我们认识崧泽文化提供了较为完整的时间坐标和器物体系，使我们认识到以往所归纳总结的崧泽文化的内涵特征，仅仅是崧泽文化晚期阶段的部分内涵。随着近些年来太湖流域东北部及沿江地区绰墩、南楼、新岗、东山村遗址，太湖西南部的长兴江家山、安吉芝里和安乐、湖州昆山遗址，太湖南部及东南部的余杭石马兜和官井头以及海宁小兜里、仙坛庙、皇坟头遗址等一批崧泽文化遗存的发掘及资料的刊布，使我们进一步认识到，之前以南河浜出土器物为标尺建立起来的崧泽文化的年代框架和总结归纳的文化内涵，仅仅是太湖流域崧泽文化的一个地方类型，不同的区位环境，崧泽文化所表现出的文化特征也不尽相同。

从空间分布与现有材料的文化特征来看，环太湖流域的崧泽文化大致可分为三个区域：一个区域是太湖北部及沿江地区，主要是指自吴淞江一线向西北，沿长江两岸向西，至滆湖、长荡湖一线以东的广大地区内，主要遗址有常州新岗、圩墩，江阴南楼，张家港东山村、徐家湾，常熟钱底巷，以及昆山绰墩等；一个区域是在太湖东南部，主要指吴淞江一线向南，余杭、杭州以北，东苕溪以东的广大地区内，主要遗址有上海崧泽、福泉山，吴县同里，嘉兴南河浜、大坟，海宁仙坛庙、小兜里、皇坟头，桐乡普安桥以及余杭茅山、石马兜、官井头等遗址；另外，太湖西部的广大山地地区也可视为一个崧泽文化类型的区域，主要遗址有宜兴下湾，长兴江家山、红卫桥，湖州邱城、昆山、章家埭以及安吉安乐、芝里等。当然，三个区域内各自还存在一些地方差异，还可以再进一步细分。

在环太湖流域，目前发现的相当于东山村遗址一期一段的材料，太湖北部及沿江地区主要有南楼遗址的 M22、M24，新岗遗址的 M119、M120[①] 和钱底巷遗址一期等。太湖东南部地区主要有南河浜遗址早期一段、石马兜遗址早期早段以及仙坛庙早期遗存。太湖西部地区主要有长兴江家山遗址崧泽早期墓葬以及安吉安乐、芝里遗址等。

东山村遗址中，实足鬶（比如 M9：4）的出现是本阶段的一大特点，倒喇叭形小口，弧腹，凿形足，腹身装一个三角形把手（东山村遗址 1990 年发掘的 M4 中也曾出土一件陶鬶[②]，除腹略扁，三足残外，与 M9 出土的陶鬶形制一致）。并且从本阶段开始，该型陶鬶一直传承有序地演化发展到二期四段，即从崧泽文化早期偏早持续到崧泽文化中期偏晚阶段。这是太湖北部及沿江地区崧泽文化中非常具有特色的因素之一。与东山村遗址 M9：4 相似的实足鬶目前仅在太湖西南部的长兴江家山遗址见到 1 件[③]，说明两地之间应有直接或间接的交流。该型陶鬶在马家浜文化晚期未找

---

① 新岗遗址在报告分期中，将④层和⑤层下的墓葬均归为遗址二期，并认为遗址二期大体相当于崧泽文化早期偏晚阶段。据笔者观察，其⑤层下的墓葬大多数年代比较早，处于崧泽文化早期偏早阶段。如 M108、M119、M120 等相当于东山村崧泽文化第 1 段，M53、M109、M118 等相当于东山村崧泽文化第 2 段。

② 苏州博物馆、张家港市文物管理委员会：《张家港市东山村遗址发掘简报》，《文物》2000 年 10 期。

③ 在 2014 年 11 月于良渚博物院举办的"崧泽之美——浙江崧泽文化考古特展"中曾展览一件江家山遗址出土的凿形足陶鬶（M111：13），小喇叭口，溜肩，腹底转折明显，与东山村遗址崧泽文化第 1 段墓葬 M9 中的陶鬶（M9：4）基本相似。

到原型，在本阶段崧泽文化的其他两个区域内也尚未发现，很可能是源自东山村遗址 90M4 中的平底盉（简报中称为"鬶"）。此种平底盉，也是倒喇叭形细长口，肩部圆弧，其平底与 M9∶4 的近底折收比较接近，腹侧有一把手，所不同的是，缺少三凿形足。

东山村遗址此时的生活遗迹和墓葬中比较少见陶鼎的出土，而与其同时期的太湖东南部的南河浜遗址和石马兜遗址则发现有一些鱼鳍形鼎足。与此比较接近的是，稍晚东山村遗址生活遗迹中出土一些侧视近弧线三角形或长方形且足侧常饰长凹槽的凿形鼎足。在东山村遗址马家浜文化晚期出土的鼎足中，常见的为铲形足和锥形足，类似足侧饰有长凹槽的凿形鼎足则基本未见。南河浜遗址和石马兜遗址等此时出土的鱼鳍形足鼎则成为后来重要的组合之一，并一直持续发展演化到良渚文化时期。东山村遗址足侧饰有长凹槽的鼎足可能是受到了太湖南部区域的影响。

陶豆的风格在整个环太湖流域比较统一，柄部较直，圈足外撇，一些细弦纹及小镂孔的风格也具有马家浜文化晚期的特征。

玉、石器在各遗址中少见或不见，偶见的小玉玦、管及小型石锛、凿等，与马家浜文化晚期的同类器相似。

相当于东山村遗址一期二、三段的材料，在太湖北部及沿江地区主要有新岗遗址二期和钱底巷二期的部分墓葬、绰墩遗址三期；太湖东南部地区主要有崧泽遗址中层一期、南河浜遗址早期二、三段以及石马兜遗址早期晚段和仙坛庙遗址早期遗存等；太湖西部地区主要有安吉安乐、芝里遗址，长兴江家山遗址及湖州章家埭遗址等。

凿形足陶鬶仍然是此时东山村遗址墓葬中重要的随葬品，形制延续前期，口部变宽，器身略矮。与东山村遗址同时期的环太湖流域目前仅在崧泽遗址（M135∶2）和安乐遗址（96M9∶1）中各见有 1 件，显示了东山村遗址与这两个遗址有一定的联系。此时在皖西南的薛家岗遗址中也出现了凿形足鬶，形制与东山村遗址的基本相同，说明两地虽相隔较远却有较多的来往。

本阶段东山村遗址和新岗遗址墓葬中出土的陶鼎以铲形足鼎为主，另有少部分凿形足鼎和锥形足鼎，后者的鼎身一侧还常带有宽扁上翘的把手；而此时太湖南部的仙坛庙、石马兜遗址的墓葬中出土陶鼎均以鱼鳍形足鼎为主。东山村遗址生活遗迹中见到的侧视近弧线三角形或长方形且足侧饰长凹槽的凿形鼎足，应是受了太湖南部鱼鳍形鼎足的影响。此时期在东山村遗址、安乐遗址和仙坛庙遗址还常见到一种泥质红胎红衣陶鬶（有的称为三足盉或三足壶，东山村 90M5∶3，安乐 96M16∶1，仙坛庙 M37∶9、M87∶6、M166∶3），常常是细长颈，腹侧有一把手，三扁方足。而东山村遗址 90M5∶3 这件似是该型陶鬶的原型。显示出太湖北部和太湖南部之间的交流还是比较频繁的。

此时各地区陶豆的风格较为统一，高柄豆的豆柄下部略束腰，矮柄豆的豆柄较直，圈足外撇，各类豆的柄部流行饰多道弦纹、三角形、长方形及细条形镂孔。壶、罐的造型多样，在各遗址中不尽相同。东山村遗址中出土的大型陶罐，腹中部多堆贴细泥条用以加固，在其他遗址中比较罕见，为其自身特色。壶的种类繁多，更新速率较快。东山村遗址Ⅲ区中型及大型墓葬中，多随葬体型较大的长条形石锛、石凿以及石钺等。玉器基本组合为璜＋镯＋玦＋组管，另有三角形饰、纽扣形饰、钥匙状饰等较为多样的玉器。Ⅰ区小型墓葬中多为体型小巧的长方形石锛、石凿，个别宽体石钺，不见长体石钺。

在整个崧泽文化早期，东山村遗址最大的亮点在于一批高等级墓葬的发现，墓葬中出土了大量具有典型崧泽文化早期特点的陶器和风格鲜明的玉、石器。这些器物充实了崧泽文化早期的序列框架，凸显了环太湖流域崧泽文化早期在各区域间的差异性，使得分区的可能进一步加强。东山村遗址在本阶段极具个性的文化特征，不仅体现在与太湖东南及太湖西部地区的比较上，即使在其所在的太湖北部及沿江地区内，东山村遗址与其他遗址相比，也显现出与众不同的特色。

相当于东山村二期四、五段的材料，主要有太湖北部及沿江地区的徐家湾遗址下层和中层、南楼遗址中期、绰墩遗址四期、新岗遗址三期、青墩遗址的下层和中层、圩墩遗址以及钱底巷遗址二期的部分。太湖东南部地区主要有崧泽遗址中层二期，南河浜遗址晚期一段，石马兜遗址晚期早段以及太湖西部的安吉安乐和芝里遗址，长兴江家山遗址等。

在本阶段，陶鬶依然是太湖北岸及沿江地区的重要器形之一，在绰墩、新岗、圩墩及青墩遗址中均有发现，其中，新岗、圩墩及青墩遗址中发现的陶鬶多为铲形足、锥状足及柱状足鬶，未见凿形足鬶；绰墩遗址中出土7件陶鬶，其中凿形足鬶4件，铲形足鬶3件，前者与东山村遗址A型凿形足鬶形态接近。在太湖东南及西部地区，目前仅安乐遗址见到出土有1件（M18∶1）。

在太湖北部及沿江地区，墓葬中出土的铲形足鼎依然在陶鼎中占绝大多数，有少部分的凿形足鼎，不见鱼鳍形足鼎。其中，新岗遗址位于太湖北部的最西端，出土陶鼎全部为圆腹略垂的罐形或釜形鼎，多数鼎身一侧带有宽扁上翘的把手；徐家湾位于太湖北部的东端，出土陶鼎几乎全部为直腹圜底的盆形鼎，鼎身侧不见把手；圩墩、南楼及东山村等遗址位于两者之间，出土陶鼎两种类型兼而有之。在太湖东南及南部地区，铲形足鼎和鱼鳍形足鼎继续沿各自轨迹发展，墓葬中仍以鱼鳍形足鼎为主，凿形足鼎为新出现的器形。

在本阶段，东山村遗址在文化面貌上除延续自身特色外，也愈来愈多地表现出与其他遗址在文化特征上的相似之处。陶豆在三个区域内的发展有着高度的相似性，高柄束腰状盘形豆的数量骤减，流行三段式矮柄盘形豆和碟形豆；豆柄部的弦纹少见，常满饰弧线三角、圆形、半圆形等各类小镂孔，以及细线刻划纹等。陶壶和大型罐少见，觚形杯、圈足盘、敛口钵、敞口盆等器的数量较多。墓葬中随葬的石器以小型的凿、锛为主，不见大型器；玉器以半璧形璜＋镯＋环为稳定组合。

相当于东山村遗址第三期六段的材料比较多，主要有太湖北部及沿江地区的南楼晚期、新岗四期、青墩上层部分墓葬以及钱底巷三期部分等。太湖东南、南部地区主要有崧泽中层三期、南河浜晚期二段、石马兜晚期晚段、普安桥、仙坛庙、小兜里、达泽庙等一批遗址；太湖西部地区则有安吉安乐、芝里，长兴红卫桥以及湖州塔地、昆山、邱城等遗址。

本阶段，在太湖北部及沿江地区，陶鬶的数量已极少；依旧盛行铲形足鼎，鼎足宽大扁薄，中间有齿状花边堆纹，不见鱼鳍形足鼎；东山村遗址内，不见青墩、徐家湾等沿长江分布的遗址中常见的明显受龙虬庄文化影响的三足钵；整个地区内也不见太湖东南部及西部常见的受大汶口文化影响的高脚杯。特别是在本阶段，在太湖东南、南部及西部地区，都发现有祭器或艺术品，如南河浜发现的兽面壶、鹰首壶、塔形壶及陶龟；嘉兴大坟发现的人首葫芦瓶；昆山发现的陶禽鸟；安乐发现的塔形壶等。在海宁小兜里、昆山赵陵山、长兴江家山、安吉安乐、嘉兴南河浜等遗址出土的器盖盖面及纺轮上，还发现有构图繁复、富于变化的刻划编织纹。这些器物和纹饰应该是包含了当地先民的某种精神信仰。在太湖北部及沿江地区，仅新岗遗址出土一件刻划精细纹饰的猪形尊，发掘者认为它"应该是作为一种特殊用途的礼器无疑"，至于其来源，"可能是龙虬庄猪形壶向长江南岸传播的嬗变"①。在东山村遗址中，则少见此类有象征或精神内涵的祭器或艺术品。

至崧泽文化中晚期，崧泽文化内部的文化共性越来越大，区域间的共性进一步增强，纹饰简化的喇叭形矮把豆、假圈足宽把豆及各类花瓣足的罐、壶、杯在各地区内也开始流行起来。

（二）与宁镇地区、皖江地区的交流

从东山村遗址的发现表明，早在崧泽文化早期，崧泽文化已呈强势之态，开始了其对外影响的步伐。

崧泽文化的对外影响，不仅在宁镇地区的北阴阳营、高淳薛城、芜湖月堰等遗址发现崧泽文化因素和崧泽文化遗物，而且崧泽文化的势力甚至可达皖西的潜山薛家岗、鄂东的黄梅塞墩，即崧泽文化向西的扩张可达长江中游地区。这一点，已有学者专文谈到崧泽文化的西进问题②。

崧泽文化早期，宁镇地区的聚落有个非常重要的现象，就是此时的聚落趋于衰落，如三星村、北阴阳营、薛城等大型遗址大体上都在此期衰落了，与之相反的是，皖江平原出现了繁荣的景象，各个遗址墓葬数量增多，新出现薛家岗、天宁寨、黄家堰等一大批遗址。这些聚落的兴衰，与以东山村遗址为首的崧泽文化的西扩有着密切的联系。

从文化因素相似性来看，在薛家岗遗址中，出土有较多的凿形足鬶，相当于崧泽文化早期的A型凿形足鬶仅2件（M5：1、M90：3），缺乏东山村遗址中A型凿形足鬶的最初型式M9：4，以及一些中间型式，凿形足鬶的序列也不如东山村遗址中的完整。因此，薛家岗遗址中早期A型凿形足鬶应是来源于东山村遗址。除此以外，薛家岗遗址中的敛口折腹直柄豆、侈口垂腹鼎、折肩弧凹腹罐等器物，也可以在东山村遗址中找到源头。从这些情况可以看出，以东山村遗址为代表的崧泽文化，甚至可以说东山村遗址的大部分文化因素，交流到了薛家岗遗址并且对其产生了深刻的影响。

巢湖地区稍晚则出现了主葬玉、石器的凌家滩墓地。东山村遗址中出土的玉器及装饰风格，与凌家滩玉器有着较多的相似性。如东山村M90出土的纽形玉饰（M90：37、M90：53和M90：54），分别与凌家滩出土的菌状饰（87M4：127）、玉饰（87M14：12、87M14：13）形制一样；东山村M92的钥匙形玉饰（M92：43），与凌家滩的玉饰（87M2：20）相似；东山村M92内的五孔玉璜（M92：36）与凌家滩墓地的三孔玉璜（凌家滩称为"玉珩"，比如87 M17：26、87M17：27等）比较相似。近来有些学者指出，东山村遗址崧泽文化的玉器是受凌家滩文化的影响，是凌家滩的传统。"崧泽文化耳珰发现的极少，M90耳珰显然也是受到了凌家滩玉文化的影响"，"东山村M91墓室两端、M96墓室一端不作穿戴用的成组环镯，作为棺饰，只有凌家滩显贵墓葬中才有"③。显然，这里面有个年代早晚的问题。我们在谈到一个文化因素来源于另一个文化因素，或者受到另一个文化因素的影响时，首要的前提是前者的年代要晚于或相当于后者的年代，而不可能早于后

---

① 常州博物馆：《常州新岗——新石器时代文化遗址发掘报告》，276页，文物出版社，2014年。

② 张敏：《关于环太湖地区原始文化的思考》，吉林大学边疆考古研究中心编《庆祝张忠培先生七十岁论文集》，科学出版社，2004年。

③ 方向明：《崧泽文化的玉器》，浙江省文物考古研究所、良渚博物院编《崧泽之美——浙江崧泽文化考古特展》，浙江摄影出版社，2014年。

者的年代。

凌家滩墓地的年代，报告发掘者推定为距今 5600～5300 年，这个年度跨度相当于崧泽文化中晚期。多数学者也对凌家滩墓地的分期和年代做过研究。其中，杨晶认为其早期年代的上限大体距今 5600～5500 年，晚期年代的下限在距今 5300～5200 年左右①。田名利等认为，凌家滩墓地的相对年代与崧泽文化中晚期大致相当，或可能进入良渚文化早期早段②。因此，凌家滩墓地的年代大体处在距今 5600～5200 年左右。东山村遗址 M90、M92 的年代属于崧泽文化早期偏早阶段，绝对年代约距今 5800 年。显然，从目前两地出土的材料来看，年代更早的东山村遗址 M90 和 M92 内出土的纽形玉饰和钥匙形玉饰，并非来自凌家滩墓地。那么，反过来说，是不是东山村遗址影响了凌家滩墓地？这种可能是存在的，因为目前凌家滩墓地没有更早的材料来推翻这种可能。那么还有没有可能，东山村遗址和凌家滩墓地共同存在一个相同的源头，相互间并没有谁影响了谁，而只是从第三方存在的一个共同的源头那里获得些相同的文化因素？这种可能性也是存在的，但是目前也还没有发现比东山村遗址和凌家滩墓地年代更早或相当的遗址或墓地出土有以上这些高度相似的玉器。而东山村遗址的另一些发现，使我们选择相信是东山村遗址影响了凌家滩墓地，至少，凌家滩墓地的部分玉器风格是来源于东山村遗址的。

在上文中，已经提及东山村遗址马家浜文化时期墓葬中还出土了一件形制特殊的刻槽石锛（M100：2）。这种刻槽石锛，顶端略窄，刃端略宽，在有刃部的一面，刻满纵向细长条凹槽，凹槽横截面近半月形。这种石锛，在其他马家浜文化遗址或同时期的其他遗址中，尚没有发现。在环太湖流域的崧泽文化遗址中，也没有发现。而新近在凌家滩 07M23 中则发现有类似的刻槽石锛（07M23：226）。同样也是顶端略窄，刃端略宽，在一面刻满纵向细长条凹槽。众所周知的是，马家浜文化的年代是距今 6000 年前，是崧泽文化的前身。而凌家滩墓地的年代则只相当于崧泽文化中晚期，还没有发现能进入马家浜文化时期的墓葬。因此，从这件形制特殊的石锛来看，东山村遗址对凌家滩墓地的影响是显而易见的。当然，这种影响并不一定是来自东山村遗址本身，而很可能是通过中间过程来完成。此外，在东山村遗址马家浜文化时期的地层中出土了较多的骨环，其中有的骨环（T1905⑪：12、T1905⑪：17）与圩墩遗址马家浜文化地层中的"滑轮状骨器"③ 比较相似。东山村遗址 M90 的纽形玉饰（M90：53、M90：54）则很可能是这些骨环或滑轮状骨器的玉质版，换言之，前者来源于后者。另外，凌家滩墓地中的玉喇叭（98M16：41）还与东山村遗址马家浜文化地层中的一些喇叭形状的骨环（T1905⑪：15、T1905⑪：18）比较相似，推测玉喇叭的最初形式也是来源于这些喇叭状的骨环。因此，不论是从东山村遗址崧泽文化早期的玉器，还是马家浜文化时期的石器和骨器，均可以看出东山村遗址对凌家滩墓地的影响。而作为凌家滩遗址主要内涵的玉器，其风格部分当来源于东山村遗址。

综上，可以看出，至少在崧泽文化早期，以东山村遗址为代表的崧泽文化已经对皖江地区的薛家岗遗址形成文化上的强势输出，并对其后的凌家滩墓地等造成深刻的影响。至崧泽文化中晚期，凌家滩墓地发达的玉器有向外传播的趋势。例如在南京浦口营盘山遗址、安吉安乐遗址等地

① 杨晶：《关于凌家滩墓地的分期与年代问题》，《文物研究》（第十五辑），黄山书社，2007 年。
② 田名利、陈晓亮：《凌家滩文化玉（石）器的形成和影响简论》，《玉魂国魄——中国古代玉器与传统文化学术讨论会文集（五）》，浙江古籍出版社，2012 年。
③ 吴苏：《圩墩新石器时代遗址发掘简报》，《考古》1978 年 4 期。

发现的花边玉璜，与凌家滩墓地出土的别无二致，应是凌家滩的玉器风格。但在东山村遗址，目前还没有明显的材料看出有凌家滩墓地传来的因素。

从聚落群体的角度考察，在崧泽文化早期，本阶段的聚落发展并没有出现遗址大量的裂变和扩增，相反与马家浜文化晚期相比，遗址数量还呈现递减的现象，此时最多是各自遗址内部的调整和重新布局。究其原因，与当时的自然环境有一定的关系。根据古气候和古地理环境资料，距今6000年左右，正是全新世大暖期中由稳定的暖湿阶段向气候波动剧烈、环境较差的阶段过渡的时期，而此时带给长江下游东部地区居民的自然灾害还包括全新世最后一次海侵而导致的海平面上涨，原来处于太湖东南部地势较低的地方被回侵的海水重新淹没，马家浜晚期在环太湖东南部定居的居民不得已放弃原来繁衍栖息的家园，开始向环太湖西部和北部地势较高的地方迁徙。

因此，恶劣的自然环境使得崧泽早期环太湖流域的文化发展并未如人们想象的那样延续了马家浜文化的繁荣，相反，与马家浜文化晚期相比则显得平和缓慢，向外扩张的触角并未完全展开。但即便这样，太湖北部的东山村聚落依其较为优渥的地理环境、良好的社会基础，向西迅速扩张，并在这种西进的文化运动中撷取并累积了大量财富，从而引起了本身社会结构的深层分化，出现了高等级大墓，在社会文明化进程上率先在环太湖流域产生明显的阶层分化。

（三）与江淮地区的交流

东山村遗址处在长江南岸，北距长江约4千米。遗址也正处在长江由西北而来向东北转弯的拐角处。这样的地理位置，使得东山村遗址与江北的同时期遗址进行文化交流占有一定的优势。

在长江以北的江淮地区发现的主要遗址有海安青墩、高邮龙虬庄、东台开庄、兴化东台蒋庄遗址等。这些遗址中不仅存在崧泽文化因素，甚至是崧泽文化的遗存。而在淮河以北苏鲁交界的新沂小徐庄、花厅，沭阳万北和邳州大墩子、刘林遗址等，也同样发现了有较多的崧泽文化因素[1]。可见崧泽文化与海岱地区的大汶口文化也有着密切的联系。这里着重谈谈东山村遗址与青墩、龙虬庄遗址的关系。

青墩遗址据报告材料大体可以分为三期。其中第一期以下文化层和早期墓为代表[2]。但实际上，早期墓的年代比较晚，并没有早到下文化层所处的时期。从早期墓的层位"第三层（下）墓主要分布在4C层或4B层的底部与第5层交叠处"来看，这些墓都应当是打破第5层，在相对年代上要晚于第5层。有学者通过对青墩陶器性质演变的分析，对青墩遗存的性质重新进行了审视。其中认为"不包含墓葬的下文化层堆积应是一个单独的文化时期"，"可把青墩第二期的遗存（包括中文化层、早期墓和中期墓，笔者注）定在崧泽文化的中晚期"[3]。笔者基本上赞同这些意见。如此，青墩遗址的第一期即以下文化层为代表，第二期以中文化层、早期墓和中期墓为代表，第三期以晚期墓为代表。青墩遗址第一期的年代相当于龙虬庄第二期早段，大体处于距今6300～6000年。该时期的遗存面貌与龙虬庄第二期早段的基本相同，属于龙虬庄文化范畴。东山村遗址

---

① 栾丰实：《大汶口文化与崧泽、良渚文化的关系》，《海岱地区考古研究》，山东大学出版社，1997年。
② 南京博物院：《江苏海安青墩遗址》，《考古学报》1983年2期。
③ 燕生东：《海安青墩遗存再分析》，《东南文化》2004年4期。青墩遗址中文化层、早期墓和中期墓的年代基本都落在崧泽文化中晚期阶段，但个别墓葬和型式可能需要调整。比如燕生东认为，平底或凹底觚的年代要比三足觚的年代早。而在东山村遗址中，三足觚（瓦足杯）在崧泽早期偏晚阶段就已出现（例如M98：22），平底或凹底觚（觚形杯）则要到崧泽文化中期才出现，并且两者应当有各自的演变系列。

此时与青墩遗址和龙虬庄遗址两地的交流不多，仅在个别器物例如矮圈足钵形豆方面有相似之处。

在崧泽文化早期，青墩遗址基本为空白阶段，这或许与考古工作的规模有关。而此时东山村遗址与龙虬庄遗址有了一定的交流，例如钵形豆。东山村遗址崧泽文化早期偏晚阶段的钵形豆（M98∶1、M89∶5）柄上饰纵向多个圆形镂孔的特征，在前段时期或者马家浜文化时期的陶豆上未见，应是受到了龙虬庄遗址陶豆（例如 T3729⑦∶12、T1829⑧∶14、T0928⑧∶14 等）的影响。

在崧泽文化中晚期，青墩遗址的遗存最为丰富，共发现墓葬 69 座。对该时期青墩遗址的遗存性质，笔者同样赞同其性质还是属于崧泽文化，而不是龙虬庄文化[①]。东山村遗址此时与青墩遗址在铲形足盆形鼎、折肩折腹罐、陶鬶、三段式把豆、矮柄豆、圈足盘、觚形杯等器物都比较相似，与龙虬庄遗址在圈足盘、花瓣圈足杯、瓦足杯等器物比较相似，与两地均有交流。从程度上看，东山村遗址与青墩遗址的来往更加密切一些。

从东山村遗址对外影响的不同方向来看，其重心似乎更多地放在了皖江地区。其与薛家岗遗址直线距离近 400 千米，在当时交通不甚便利的情况下，要从沿江涉险到达彼地，需要不知克服多少困难险阻。而从"非利不往"的角度分析，东山村遗址居民的远征，也定是为了某种资源。如果说是为了玉石资源，则到达宁镇地区的北阴阳营遗址即可，大可不必绕过玉石器丰富的北阴阳营遗址再往西前进。然则在北阴阳营遗址，从出土的陶器看，与东山村遗址相似的器物确实是比较少，远不及薛家岗遗址与东山村遗址的联系密切。例如，东山村遗址崧泽文化早期典型的陶鬶，北阴阳营遗址就没有。而出土的唯一一件鬶形器（M237∶1），要到北阴阳营第三期即相当于东山村遗址中期偏晚或更晚阶段才出现，与东山村遗址崧泽文化第 5 阶段的凿形足鬶 BⅠ式（M93∶18）比较相似。这里面到底是什么原因，目前尚难以清楚回答。或许对这个问题的解答，也正是打开东山村遗址崧泽文化高等级大墓为何出现的谜题之门的一把钥匙。我们期待这把钥匙早日现身！

---

① 燕生东：《海安青墩遗存再分析》，《东南文化》2004 年 4 期。